Ulrich Peter

Möhrenbach – Schwerin – Workuta – Berlin
Aurel von Jüchen
(1902-1991)

Ein Pfarrerleben
im Jahrhundert der Diktaturen

Stock & Stein

Impressum

© Stock & Stein Verlags GmbH, Schwerin
1. Auflage 2006

Typografie/Satz: vanDerner. medien, Torsten Nitsche, Diekhof
Druck: cw Obotritendruck GmbH, Schwerin
Buchbindearbeiten: Lüderitz & Bauer classic GmbH, Berlin

printed in Germany — gedruckt auf Gardapat 13

ISBN-10 3-937447-28-8
ISBN-13 978-3-937447-28-5

Ulrich Peter

Möhrenbach – Schwerin – Workuta – Berlin
Aurel von Jüchen
(1902-1991)

Ein Pfarrerleben
im Jahrhundert der Diktaturen

Stock & Stein

Inhaltsverzeichnis

Quellen und Literaturverzeichnis

Einleitung

„Wir müssen den Mut haben, das auf uns zu nehmen, was die Verantwortung auf uns legt, auch auf die Gefahr hin, daß wir daran scheitern. Die an notwendigen Aufgaben scheitern, haben wohl auch ihre Bedeutung für das Werden, das sich über uns hinaus vollzieht" (Emil Fuchs, 1925).

„Löscht, wenn ihr die Wunden heilt, nicht zugleich die Erinnerung aus!"
(Graham Greene)

Wer war Aurel von Jüchen? Nur wenige wissen mit diesem Namen heute etwas anzufangen. Für die einen war er ein mutiger Pfarrer in der Zeit des Nationalsozialismus, der den Nazis die Stirn bot; für andere ein Mitbegründer der „Religiösen Sozialisten", dieser aus der Schweiz stammenden Bewegung, in Deutschland; für wieder andere ein Opfer des Stalinismus bzw. Kommunismus, das es besonders hart traf; und schließlich für diejenigen, die seine Bücher und Kinderbücher, seine religiösen Theaterspiele oder seinen Adventskalender kannten, ein begnadeter Schriftsteller. Er war dies alles zugleich und zudem Zeuge seines Jahrhunderts. Daher diese Biographie, die nicht ohne geschichtliche Exkurse auskommen wird.

Diese Biographie ist das Ergebnis einer Suchbewegung, die 1985 begann, als ich Aurel von Jüchen in Berlin erstmals begegnete. In den folgenden sechs Jahren haben wir ein gutes Stück des Lebens geteilt, miteinander diskutiert, voneinander gelernt. Der Wunsch, die Biographie Jüchens zu schreiben, entstand 1986. In der Zeitschrift des Bundes der religiösen Sozialisten erschien im gleichen Jahr ein Auszug aus einem mehr als fünfstündigem Interview, das Gunter Schwarze (Berlin) und ich mit v. Jüchen geführt hatten. Es stellte sich sehr schnell heraus, dass das Material dazu nicht reichte und dass weitere Recherchen notwendig waren. Diese Recherchen förderten derart viel bislang unbekanntes wie spannendes Material zu Tage, daß es sich anbot, zuerst andere Forschungslücken zu schließen. Dies habe ich mit Studien zur Geschichte der religiösen Sozialisten in Berlin-Brandenburg und in Westfalen-Lippe getan und das Vorhaben der Biographie zurückgestellt. Als dann nach 1989 die Archive der DDR-

Staatsorganisationen zugänglich wurden, habe ich zugunsten einer größeren Materialbasis die Erstellung der Biographie erneut verschoben.

Jüchens Leben bildet quasi folienhaft das Jahrhundert der Diktaturen ab. Aufgewachsen in einer liberalen bürgerlichen Familie in Gelsenkirchen, sozialisiert in einer deutsch-nationalen Schule während des Weltkrieges, erlebt er die Umbrüche nach dem Zusammenbruch der gewohnten Ordnung, Revolution, Kapp-Putsch und Reaktion. Die Studentenzeit als Werkstudent, als Theologiestudent auf Erkundung im Milieu der atheistischen Arbeiter, als Pfarrer im thüringischen Armenhaus des Thüringer Waldes. Die „Bekehrung zur Welt", die ihn zur Bewegung der religiösen Sozialisten führt, zu deren wichtigsten Wortführern er bald gehört. Prophetischer Warner vor den Nationalsozialisten innerhalb und außerhalb der Kirche, Kämpfer auf der Straße und in den Versammlungssälen. Als meist-disziplinierter Pfarrer der Weimarer Republik 1932 dienstentsetzt, Organisationsleiter der religiösen Sozialisten in Westfalen in der vergeblichen Abwehr des nationalsozialistischen Einbruchs in die Gremien der Evangelischen Kirche in Westfalen. Es folgen nach der „Machtübernahme" bittere Jahre der Perspektivlosigkeit, der Verzweiflung. 1935 wird er Pfarrer in Mecklenburg, in einer „nationalsozialistischen, braunen Kirche" und wird Mitglied des „Bundes der NS-Pfarrer." 1937 Übergang zur „Bekennenden Kirche", Kriegsdienst, 1945 Desertion. Sozialdemokrat, SED-Funktionär, Jugendpfarrer, Kulturpolitiker. 1949 wegen Kirchenloyalität SED-Ausschluss, 1950 Verhaftung. 6 Jahre Gefängnis und Zwangsarbeitslager in Russland. Rückkehr und Gefängnispfarrer in Berlin. Und das ist nur ein Teil des Lebens und noch nicht die gesamte Person.

Ich lasse mich bei der historischen Arbeit von einer Maxime des Kirchenhistorikers Klaus Scholder leiten. „Nicht Klage, Anklage und Verteidigung" kann das Ziel zeithistorischen Arbeitens sein, sondern „Verstehen und Urteilen." Dies beinhaltet das Ziel, möglichst viel von den jeweiligen zeithistorischen Umständen, dem Milieu, den Fragen der Zeit und den in ihr dominanten Konflikten zu erfassen und darzustellen.

An dieser Stelle habe ich denjenigen Personen Dank zu sagen, die mich in den Archiven betreuten, mir wichtige Hinweise gaben, Material vermittelten oder als Zeitzeugen zu Auskünften bereit waren. Stellvertretend nennen möchte ich Herrn Piersig vom Schweriner Kirchenarchiv, den verstorbenen Sohn Aurel von Jüchens, Hanspeter von Jüchen, Frau Lampe vom Eisenacher Kirchenarchiv, Frau Eva Storrer, Schwerin; Pfarrer Martin Germer, Berlin, Michael Hinz, Berlin, Christoph Kleinschmidt, Berlin und Michael Rudloff, Leipzig. Mein ganz besonderer Dank gilt Frau Edith von Jüchen-Weiß, die die Entstehung dieses Buches mit großer Aufmerksamkeit begleitete. Ihr verdanke ich viele wichtige Hinweise, Korrekturen und Materialien und nicht zuletzt anregende Gespräche. Der Bund der religiösen Sozialistinnen und Sozialisten Deutschlands erleichterte durch eine finanzielle Unterstützung die aufwendigen Recherchen. Hierfür sei dem Vorstand des BRSD gedankt.

Autor und Verlag danken darüber hinaus der Zeit-Stiftung Ebelin und Gerd Bucerius – Hamburg, für die Unterstützung des Drucks und insbesondere Herrn Rechtsanwalt Peter Schulz – Hamburg, für sein umfangreiches persönliches Engagement zur Beförderung des Gesamtprojektes.

Dieses Buch ist ein Kompromiss zwischen zwei Möglichkeiten: Der Möglichkeit, die Studie zu umfangreich werden zu lassen und der anderen Möglichkeit, wichtige Facetten und Bereiche zu verkürzen oder völlig zu vernachlässigen. Die Leserinnen und Leser werden beurteilen müssen, ob der Kompromiss gelungen ist.

Mein Freund Frank Miething sah das Manuskript kritisch durch und gab mir viele Anregungen, die den Text lesbarer machten. Er konnte das Erscheinen dieses Buches nicht mehr erleben. Der Romanist und Judaist Frank Miething, geboren am 5. März 1953, starb nach kurzer Krankheit am 15. März 2006 in Berlin. Er wurde am 24. März 2006 auf dem Zehlendorfer Waldfriedhof beigesetzt, auf dem sich auch Aurel von Jüchens Grab befindet.

Im Chassidismus heisst es: „Der Mensch ist erst dann tot, wenn auch die Erinnerung an ihn erloschen ist."

Dieses Buch, um das sich Frank sehr verdient gemacht hat und das ihm ein Herzensanliegen war, möchte ich ihm in Dankbarkeit und zum Gedächtnis widmen.

I. Der bisherige Forschungsstand und die Quellenlage

Es existiert über Aurel von Jüchen keine längere Darstellung. In einer Reihe von Publikationen gibt es mehr oder weniger kurze Biographien, die wohl längste Biographie war bis 2003[1] das „Nachwort von Reinhard Gaede" zu Jüchens Buch „Jesus zwischen reich und arm. Mammonworte und Mammongeschichten im Neuen Testament." Fast alle diese Darstellungen fußen auf schriftlichen oder mündlichen Befragungen von Jüchens und ebenso fast alle weisen die Kinderkrankheiten der oral-history auf. Was der Zeitzeuge sagt, wird unüberprüft als historische Wahrheit anerkannt und gedruckt. Schließlich ist er kein Lügner und die Erinnerung über Ereignisse vor 60 Jahren scheint noch frisch zu sein. So werden aus Ungenauigkeiten im Laufe der Interviews massive Fehler und die Erinnerung verschwimmt immer weiter. Eines der unter Historikern gebräuchlichsten Bonmots nennt den „Zeitzeugen als geborenen Feind des Historikers." Nur wer richtig fragt, bekommt richtige Antworten. Und nur wer als Interviewer bereits den Kontext, nach dem er fragt, einigermaßen kennt und strukturiert hat, fordert dem Zeitzeugen das ab, was er wirklich an Ressourcen hat und womit er geschichtliche Darstellungen bereichern kann.

Dies macht ein bestimmtes methodisches Vorgehen bei der biographischen Arbeit notwendig. Ein konkretes Leben fand sicherlich subjektiv statt, wurde aber auch wesentlich von objektiven Faktoren und Rahmenbedingungen beeinflusst, vielleicht sogar wesentlich bedingt. Es ist eine Binsenwahrheit, dass die Rahmenbedingungen im Faschismus anders waren als in der Weimarer Republik und wiederum anders in der DDR als in der BRD. Diesen Zusammenhang von subjektiven und objektiven Faktoren zu dechiffrieren ist die Aufgabe des Historikers. Bezogen auf lebensgeschichtliche Interviews bedeutet dies, daß mindestens vier verschiedene Ebenen des individuellen und des kollektiven Gedächtnisses zu analysieren sind:

1 Die Ereignisebene: Was geschah tatsächlich in einer bestimmten historischen Situation/in einer bestimmten Zeitphase?

---

[1] Die bisher ausführlichste Darstellung zur Biographie Jüchens habe ich im Band 26 (2002) von „Herbergen der Christenheit" publiziert, der im Jahr 2003 erschienen ist.

2 Die Erfahrungsebene: Wie wurde es erlebt? Vielleicht sogar: Wo wurde es erlebt? In Berlin z.B. wurde die Massenarbeitslosigkeit am Ende der Weimarer Republik im gutbürgerlichen Dahlem anders erlebt als im proletarischen Wedding.

3 Die Verarbeitungsebene: Wie wurde es zeitnah erinnert? Von wann stammen die ersten überlieferten Erinnerungen? Bezogen auf die Biographie von Jüchens bedeutet dies z.B.: Aus welcher Zeit stammen die ersten Lebensläufe, die ersten publizierten Interviews, die ersten autobiographischen Versuche?

4 Die Reflexions- bzw. Überprüfungsebene: Wie wird die gleiche Situation, das gleiche Ereignis, die gleiche Person mit dem Abstand von Jahrzehnten bewertet? Was hat sich an den Bewertungsmaßstäben geändert?

Dies lässt sich allerdings nur wissenschaftlich befriedigend realisieren, wenn die schriftliche Überlieferung und die Quellenbasis insgesamt ausreicht, um die tatsächlichen Ereignisse adäquat zu verstehen, zu analysieren und sie damit beschreibbar zu machen. Zu Beginn meiner Beschäftigung mit der Biographie von Jüchens musste ich feststellen, dass er aus der Zeit vor 1950 so gut wie keine Unterlagen mehr besaß. Nach 1933 musste er mehrere Haussuchungen überstehen, vieles vernichtete er selbst, um sich nicht in Gefahr zu bringen. Als er 1950 in Schwerin verhaftet wurde, gingen wiederum viele Unterlagen verloren. Als er 1955 in Berlin-West ankam, besaß er faktisch keine schriftlichen Unterlagen mehr, mit denen er sein Gedächtnis hätte unterstützen können. Dies führte manchmal auch zu interessanten Episoden. Zwei Beispiele seien genannt. Zum einen wurde er 1967 für eine 41-jährige Mitgliedschaft in der SPD geehrt, in die er tatsächlich erst 1929 eingetreten war. Zum anderen existieren in seinen Berliner Personalunterlagen mehrere unterschiedliche Daten zu seiner Ordination und seinen theologischen Examina. Selbst von den meisten Büchern, die er vor 1956 publiziert hatte, besaß er nicht einmal ein Belegexemplar. Durch intensive antiquarische Suche, in den letzten Jahren auch dank des Internets, ist es mittlerweile gelungen, fast alle seine Schriften wieder zu beschaffen und für diese Darstellung auszuwerten. Die wichtigsten Quellen, auf denen die folgende Darstellung fußt, wurden im Zeitraum von 1988 bis 2001 erschlossen.

Es handelt sich zum einen um den Nachlass Karl Kleinschmidts und weitere Archivalien zum religiösen Sozialismus in Thüringen und Mecklenburg, die sich mittlerweile in der Sammlung „Bredendiek" in der Berliner Stadtbibliothek befinden. Ein Teilnachlass von Jüchens aus der Zeit von 1926 bis 1950, den er verloren glaubte, hat in Schwerin die Jahrzehnte überdauert und befindet sich im mecklenburgischen Landeskirchenarchiv. Seine Personalakten im Landeskirchenarchiv Berlin umfassen nur die Zeit ab 1931, und bestehen aus Akten der mecklenburgischen Kirche, einer Disziplinarakte der thüringischen Kirche und den in Berlin ab 1955 geführten Personalunterlagen. Die Personalakte der Jahre von 1926 bis 1931 konnte im Landeskirchenarchiv in Eisenach aufgefunden werden.

Die staatlichen Archivalien und die Akten von SED, FDJ und Kulturbund waren erstmals nach dem Ende der DDR 1990 einsehbar und verfügbar. Im Bundesarchiv Berlin, Bestand Sammlung der Parteien und Massenorganisationen der DDR, fanden sich viele wichtige Unterlagen zu unserem Kontext. Ebenso konnte die regionale Überlieferung der SED/FDJ-Mecklenburg im Mecklenburgischen Landes-Hauptarchiv in Schwerin ausgewertet werden.

Aus Jüchens Besitz erhielt ich eine Reihe von Selbstauskünften aus den Jahren 1956 bis 1990, die er für Anfrager aus Kirche und Wissenschaft formuliert hatte. Ebenso Fotos aus der Familiengeschichte, Gedichte aus der Workuta-Zeit, unpublizierte Texte etc. Besonders wichtig war eine große Kiste mit Fotokopien von Materialien zu seiner Biographie, die er mir zur Auswertung übereignete, ohne sich an die Quelle dieser Kopien zu erinnern oder erinnern zu wollen. Mittlerweile habe ich festgestellt, dass es sich dabei überwiegend um Kopien aus den verschiedenen Bänden der Berliner Personalakte handelte.

Zwischen 1985 und 1990 habe ich viele Stunden Interviews mit ihm geführt, die z.T. auf Tonband gesichert sind, z.T. transkribiert wurden. Ebenso fand eine ausführliche Korrespondenz statt. 1990 begann er auf meine Bitte mit einer Autobiographie, deren ersten Teil „Abschied vom Kriege" er mir im September 1990 übergab und den zweiten Teil für das Jahresende ankündigte. Diesen Teil erhielt ich bis zu seinem Tod am 15. Januar 1991 nicht mehr. Als ich im Mai 2001 nach dem Tod seiner Witwe Gerda von Jüchen erstmals Jüchens Nachlass im Evangelischen Zentralarchiv einsehen und auswerten konnte, fand ich in einer Mappe dieses zweite Kapitel, fertig gestellt und zum Versand vorbereitet.

Der umfangreiche Bestand „Nachlass Aurel von Jüchen" rundete die Quellenbasis ab. Er enthält vor allem Unterlagen zur Familiengeschichte, Korrespondenz von 1955 bis 1990 sowie viele Materialien zu Jüchens literarischem Schaffen. Interviews mit Angehörigen und Freunden gaben weitere Informationen.

Durch meine bisherigen Publikationen zur Geschichte der religiösen Sozialisten und der Regionalgeschichte in Westfalen hatte ich darüber hinaus viele Jüchen betreffende Archivalien aus diesen Kontexten erschlossen und ausgewertet, die auch für die Biographie sinnvoll zu verwerten waren.

II. Die Kinder- und Jugendzeit in Westfalen

1. Kindheit in behüteter Umgebung

Aurel von Jüchen wurde am 20. Mai 1902 in Gelsenkirchen geboren. Diese Stadt, heute vor allem durch Schalke 04 bekannt, war zu dieser Zeit eine der größten deutschen Bergarbeiterstädte.

Die heutige Stadt Gelsenkirchen ist ein Kind der Industrialisierung. Im Gefolge der Förderaufnahme der Steinkohlenzechen ab 1860 begannen zunächst langsam, nach der Hochkonjunktur der Jahre nach 1870 zunehmend schneller um die Zechen herum Siedlungsgebiete der Bergarbeiter zu entstehen.

Den großen Bedarf an Arbeitskräften konnte Westfalen nicht decken. Die Bergwerksgesellschaften warben deshalb schwerpunktmäßig in den östlichen Provinzen des Kaiserreichs um Arbeiter. Durch diese Zuwanderung – von 1885 bis 1914 wurden rund 160.000 Ostdeutsche in den Gelsenkirchener Einwohnerkarteien registriert[2] – wuchs die Einwohnerzahl Gelsenkirchens rapide.

Gelsenkirchen war eine unangefochtene Montanmetropole. Im Jahr 1921 wohnten etwa 5% aller Ruhrbergleute im Stadtbezirk Buer, und 5% der gesamten Ruhrkohleförderung vollzog sich auf buerschem Gebiet.[3] Die Bevölkerungsstatistik wies für 1925 aus: „Unter den Berufstätigen Gelsenkirchens dominieren die Arbeiter mit 70,8%, … es folgt die Gruppe der Angestellten mit 15,7%."[4]

Die Familie von Jüchen war erst nach 1900 nach Gelsenkirchen zugezogen. Die Familie von Aurels Vater, Aurel von Jüchen Senior, war in der rheinischen Kleinstadt Viersen ansässig. Das früheste Zeugnis, das ich über die Vorfahren fand, war das Original der Traueranzeige für „meinen Liebwerthesten Ehe-Gemahl Herrn Arnold Wilhelm von Jüchen, weyland Sr. Königl. Majestät in Preußen wirklicher Regierungsrath des Fürstentums Meurs." Er starb im 63. Jahr in der niederrheinischen Stadt Moers am 22.10.1751.[5]

---

2   Stadtsparkasse Gelsenkirchen (Hg.): 1869 - 1969. Ein Rückblick, S. 59 (abgekürzt als „Rückblick").

3   Rückblick, S. 69.

4   Rückblick, S. 75.

5   NLJ-233 (Nachlaß Aurel von Jüchen im Ev. Zentralarchiv Berlin)

Die Familie von Jüchen war in Viersen eine alteingesessene und angesehene Kaufmannsfamilie. Aurel sen. Mutter[6] Emilie wurde am 3.4.1840 in Viersen als Tochter von Lukas und Charlotte Cunz geboren. Sie heiratete mit 20 Jahren den 26-jährigen Kaufmann August von Jüchen, Sohn des preußischen Majors Wilhelm von Jüchen. Beide Eltern waren unterschiedliche Charaktere. August v. Jüchen las nicht viel, sie dagegen war bildungsbeflissen. Sie schrieb Gedichte und war musikalisch, sprach Englisch, Französisch und lernte später noch Italienisch und sprach alle drei Sprachen fließend und konversationsreif.

Als sie 48 Jahre alt war, starb ihr Mann. Nunmehr ungebunden, nutzte sie ihre zweite Lebenshälfte zu ausgedehnten Reisen, was zu dieser Zeit selbst im Bürgertum ungewöhnlich war. So reiste sie nach Italien und nach Norderney und 1905 nach Paris.

Diese persönliche Entwicklung korrespondierte mit der Grundüberzeugung ihres Mannes in einem wichtigen Punkt. Beide Elternteile waren Freimaurer. „Unser Vater war schon mit 24 Jahren, im Frühjahr 1859, Mitglied des Freimaurerbundes und der Loge Vorwärts in Gladbach-Rheydt geworden und hat sein Schurzfell und Hämmerchen lebenslänglich als Ehrenkleid angesehen." Sie war überzeugte „Logenschwester"[7] und vertrat aktiv den freimaurerischen Grundkonsens.

„Glaubens-, Gewissens- und Denkfreiheit sind den Freimaurern höchstes Gut. Freie Meinungsäußerung im Rahmen der Freimaurerischen Ordnung ist Voraussetzung freimaurerischer Arbeit … Die Freimaurer sind durch ihr gemeinsames Streben nach humanitärer Geisteshaltung miteinander verbunden."[8]

Diese aufklärerischen Traditionen sind seit der Nazi-Zeit durch die völlige Verzeichnung der Freimaurerei, wesentlich geprägt und transportiert durch die faschistischen Schriften einer Mathilde von Ludendorff und eines Alfred Rosenberg[9] mit ihrer paranoiden Beschwörung der angeblich konspirativ wirkenden „überstaatlichen Mächte der jüdisch-bolschewistischen

---

6   NLJ-225 enthält ein Manuskript zur Biographie von Aurel sen. Mutter mit dem Titel „Unser Mütterlein", 377 S. Maschinenschrift im Format A 4. Eine Hommage zum Geburtstag (post mortem), datiert: „Gelsenkirchen 3. April 1927 am Geburtstag unseres Mütterleins." Verfasser ist Aurel sen. Hieraus die folgenden Angaben. Im folgenden als „Manuskript" zitiert.

7   Manuskript, S. 150.

8   Horst Kischke: Die Freimaurer, München 1999, S. 14.

9   Alfred Rosenberg: Der Mythus des 20. Jahrhunderts, München 1930, S. 201ff.

Freimaurer" und ihrer angeblichen Geheimbünde, überlagert worden. Der religiös-sozialistische Pfarrer Gotthilf Schenkel, in der Weimarer Republik Kampfgefährte Aurel jun., stellte in einer Untersuchung der freimaurerischen Inhalte fest,

> *„daß in diesem fest gefügten Bund freier und gebildeter Männer das Erbe der klassischen deutschen Geistesepoche weiterlebt, daß hier der klassische deutsche Idealismus die Stätte seiner praktischen Auswirkung hat, und daß hier der Ertrag der Geistesarbeit des protestantischen Liberalismus fruchtbar gemacht wird."*[10]

Schenkels Beschreibung trifft genau die Geisteshaltung im Hause Jüchen. Frau von Jüchen schloss sich ethisch/philosophisch an Moritz von Egidy an und war auch theologisch interessiert. „Bezüglich der Kirche blieb ihre Lieblingshoffnung ein von Dogma und Bekenntnissen befreiter Glaube."[11] Sie las u.a. die Predigten Jathos.[12] Im Stile der Freimaurersalons der Großstädte wirkte sie auf das wenig entwickelte Kulturleben Viersens ein. Sie organisierte ein Lesekränzchen für Frauen zur Hebung der Kultur, das jeweils im Winterhalbjahr 25 Vorträge anbot. Diese Vorträge, für die Aurel sen. angibt, sie „wurden im allgemeinen von den Damen regelmäßig besucht", hatten mit durchschnittlich 60 Teilnehmerinnen ein beachtliches Publikum. Welche Bedeutung dieses „Kränzchen" für bürgerliche Frauen um die Jahrhundertwende 1900 gehabt hat, belegt ein Brief aus dem Jahr 1963, den ich im Jüchen-Nachlaß fand.

> *„Der Name Frau von Jüchen ist mir aus meinen Kindertagen in guter Erinnerung. Meine Mutter fuhr jahrelang jeden Montag nachmittag von Anrath*[13] *nach Viersen zum ‚Kränzchen' bei Frau v. Jüchen. Dieses Kränzchen hatte in Viersen den Ruf,*

---

[10]   Gotthilf Schenkel: Die Freimaurerei im Lichte der Religions- und Kirchengeschichte, Gotha 1926, S. 175.

[11]   Manuskript, S. 189.

[12]   Carl Jatho (25.9.1851 - 11.3.1913) war seit 1891 Pfarrer in Köln. Er vertrat einen „monistischen Pantheismus" (Walter Nigg, Geschichte des religiösen Liberalismus, Zürich/Leipzig 1937, S. 269), die den Charakter einer „Geheimreligion der Gebildeten" (Nigg, a.a.O., S. 271) besaß. Jatho war in Köln überaus populär und einer der besten Prediger seiner Zeit, dessen „Predigten" Tausende anzogen. Am 24./25.6.1911 wurde gegen ihn erstmals aufgrund des neuen „Irrlehre-Gesetzes" das „Irrlehre-Verfahren" beim EOK in Berlin durchgeführt, das mit einem Urteil endete, „das ihm jede weitere Wirksamkeit in der evangelischen Kirche untersagte" (ebd., S. 270). Das Verfahren erregte ein ungeheures Aufsehen, und hunderte von Pfarrern solidarisierten sich mit ihm. Sogar das theoretische Organ der SPD, „Die neue Zeit", beschäftigte sich damit (Neue Zeit, Nr. 40 v. 7.11.1911, S. 457ff.). Carl Jathos Predigtsammlungen „Der ewig kommende Gott", „Zur Freiheit seid ihr berufen" und „Persönliche Religion" erreichten hohe Auflagen.

[13]   Anrath bei Krefeld.

daß die Damen dort ein gutes Verständnis für die klassische Literatur bekamen, daß ihr Horizont erweitert wurde und Freude am Schrifttum, am guten Schrifttum geweckt wurde. Ich erinnere mich an die Begeisterung meiner Mutter bei dem Lesen des Faust."[14]

Emilie starb am 16.12.1910 in Viersen im Alter von 70 Jahren.

Ihr Sohn Aurel[15] wurde am 19.6.1861 geboren, getauft am 11.8.1861, und sollte das väterliche Kaufmannsgeschäft übernehmen. Es scheint, dass die Mutter andere Pläne hatte. „Ich bin sehr früh in die Volksschule gekommen, aber ich weiß, daß unser Mütterlein mir schon lange vorher das Lesen beibrachte."[16] Er absolvierte die Ober-Realschule in Mülheim/Ruhr und anschließend ein Jahr lang die Obersekunda auf dem staatlichen Gymnasium in Essen.[17] Danach musste er die Schule verlassen. Aurel jun. berichtet über seinen Vater:

„Er war durch die Strenge seines eigenen Vaters früh aus der Lebensbahn geworfen. Weil er in der Schule sitzen geblieben war, nahm sein Vater ihn von der Schule und er konnte nicht studieren. Vor allem konnte er seinem Lieblingsfach Literaturkunde später nur als Liebhaber nachgehen."[18]

Seine Neigungen – ihn interessierten Literatur, Wissenschaften und das Theater – waren offensichtlich das Resultat der mütterlichen Erziehung. In den folgenden Jahrzehnten verfasste er als Autodidakt und Amateurschriftsteller mehrere Manuskripte, die auch publiziert wurden.[19] Das erste Buch erschien mit dem Titel „Fröhliche Geistererscheinungen" 1896 im Theaterverlag Martin Böhm, Berlin SW o.J. im Umfang von 118 Seiten und war eine Sammlung von Humoresken.[20] Obwohl dieses Buch noch eine zweite Auflage erreichte, bot es nicht den Einstieg in eine literarische Karriere.

---

[14] Brief G. L., Essen, den 24.7.1963, in: NL-J, 214.

[15] Angaben zur Biographie v. Aurel v. Jüchen sen. nach NLJ-217 und NLJ-1 und 2.

[16] Manuskript, S. 132.

[17] Lebenslauf, datiert Gelsenkirchen den 23.9.1905, in: NLJ-217.

[18] Aurel v. Juchen, A 21 (vgl. im Anhang das Sigelverzeichnis der autobiographischen Dokumente, abgekürzt mit «A» und fortlaufender Nummer).

[19] Die beiden letzten publizierten Schriften, die ich ermitteln konnte, waren
a das 1920 erschienene Heft „Hermann Franken: Sein Leben und sein Werk. Zur fünfzigsten Wiederkehr des Gründungstages der Firma Hermann Franken Gelsenkirchen", Verlag Stück & Lohde, Gelsenkirchen, im Umfang von 49 S.
b Der 1924 erschienene Band „Geschichte des Feuerschutzes in Rheinland und Westfalen. Hg. Vom Vorstand des Rhein.-Wstf. Feuerwehr-Museums Gelsenkirchen", der ebenfalls im Verlag Stück & Lohde, Gelsenkirchen im Umfang von 158 S. erschien.

Nachdem er die Schule verlassen hatte, absolvierte er den Militärdienst als 1-jährig-Freiwilliger. Nach dieser Zeit lernte er Kaufmann in der Firma Aug. von Jüchen & Lüps, an der sein Vater Teilhaber war, und arbeitete in dieser Firma bis Ende August 1884. Jüchen sen. war sehr sprachbegabt und wurde Korrespondent, im heutigen Sprachgebrauch Außenhandelskaufmann bzw. Fremdsprachenkorrespondent. Seine Arbeitgeber stellten ihm durchweg gute Zeugnisse aus.

> *„Der Genannte trat im April 1879 bei uns ein, führte das Hauptbuch, sowie den größten Teil der Korrespondenz, insbesondere deutsch und französisch. Er hat aber außerdem noch gute Kenntnisse in der englischen und italienischen Sprache und ist zudem ein gewandter Stenograph."*[21]

Von Viersen wechselte er nach Bielefeld. Vom 16.9.1884 bis zum 31.12.1887 war er Buchhalter und Korrespondent in der Bielefelder Firma Junkermann & Speyer und vom 1.1.1888 bis Juni 1889 als Korrespondent in der „Papierfabrik Hillegossen" tätig. Danach kehrte er, wohl auch aufgrund des Todes des Vaters, nach Viersen zurück und wurde Angestellter der Firma M.J. Lüps, des vorherigen Mit-Teilhabers seines Vaters. Als die Firma Lüps Ende 1900 in Liquidation ging, wurde Aurel v. Jüchen sen. bescheinigt:

> *„Der Genannte leistete bei mir selbständig einen Teil des Geschäfts, es war ihm besonders der Verkehr mit den Kunden und die Vertretung der Firma nach außen hin anvertraut, außerdem lag ihm die Besorgung der Kalkulationen und der Korrespondenz, auch in Englisch und Französisch, ob."*

1901 machte sich v. Jüchen selbstständig. Bereits 1898 hatte er sich an der Gründung der Firma „Zuckerwaren-Fabrik für Deutschland, Sturm & Co." beteiligt. In dieser Firma lernte er auch seine spätere Frau Auguste kennen.

Auguste Schäfer[22] wurde am 26.2.1878 in Köln geboren und starb bereits am 2.5.1911.[23]

Beide Schriften stehen insofern in einem Zusammenhang, als der Firmenchef Hermann Franken gleichzeitig langjähriger 1.Korpschef der freiwilligen Feuerwehr Gelsenkirchens (Angabe im Gelsenkirchener Adressbuch 1904) gewesen ist und vermutlich wegen der Würdigung seiner Person Jüchen einen Folgeauftrag zukommen ließ. Im NLJ befinden sich mehrere umfangreiche Manuskripte v. Jüchen sen., die offensichtlich unpubliziert geblieben sind. So als umfangreichstes das in Mappe 227 befindliche und 274 Schreibmaschinenseiten umfassende Manuskript „Der Professor in der Sommerfrische. Beitrag zur Erziehung der Erwachsenen."

[20] Ein Exemplar befindet sich in NLJ-Mappe 223.

[21] Zeugnis-Abschriften, in: NLJ-218. Die folgenden Angaben, wenn keine andere Quelle benannt wird, beziehen sich auf diesen Text.

Sie verbrachte den ersten Teil ihrer Kindheit in Duisburg bei der Großmutter. Ihre Familie war erzkatholisch; Aurel von Jüchen sen. schrieb über seinen Schwiegervater, dass „der alte Schäfer ein katholischer Konfessionsfex ersten Ranges und Ketzerfresser war." Konsequenterweise ging Auguste als Jugendliche in den „katholischen Jungfrauenverein." Eine positive Folge der Erziehung im katholischen Milieu wusste ihr Biograph zu erwähnen. Sie „trank fast keinen Alkohol."

Nach der Volksschule wurde sie Lehrmädchen „in dem Geschäft der feinsten Damenschneiderei in Köln." Nach Beendigung der Lehre wurde sie im Alter von 19 Jahren Verkäuferin in der Süßwarenbranche in der Kölner Niederlassung der Firma „Jos. Sturm" in Köln. Dort lernte sie Jüchen sen., der Teilhaber der Firma war, kennen. Er führte im Dezember 1897 „wegen des Weihnachtsandranges mehrere Tage lang die Kasse im Laden. Die „kleine Schäfer" fiel ihm auf und im Karneval 1898 begann der Kontakt intensiver zu werden.

Im Jahre 1898 expandierte die Firma, und so wurde die „Zuckerwarenfabrik für Deutschland Sturm & Co." mit Sitz in Viersen begründet, „die eine Menge Filialen in Betrieb setzte … Die kleine Schäfer war eine der ersten Damen, denen eine Filiale übertragen wurde, und zwar die in Krefeld." Sie machte daraus ein „gut gehendes Geschäft." 1899 kamen sie sich deutlich näher und Heiratspläne wurden erwogen, allerdings gab es ein wesentliches Hindernis. „Daß wir verschiedener Konfession waren, spielte für sie … eine wichtige Rolle."

Die Heirat mit einem protestantischen Manne bedeutete für sie den Bruch mit dem katholischen Herkunftsmilieu, denn eine Mischehe hatte automatisch für den katholischen Teil den Ausschluss von den Sakramenten, die Exkommunikation, zur Folge; eine Todsünde im Verständnis katholischer Volksfrömmigkeit.

---

22   Angaben in der Meldekarte im Stadtarchiv Gelsenkirchen.

23   Soweit keine andere Quelle genannt wird, stammen die Angaben zur Biographie Auguste von Jüchens aus dem in der NLJ- Mappe 229 befindlichen Manuskript ihres Gatten: „Auguste von Jüchen. Aufzeichnungen über ihr Leben zum Gedächtnis der Frühvollendeten für ihre Nachkommen." Es umfasst 274 S. im Format DIN A5, als Buch gebunden mit Goldprägung auf dem Einband, ohne Datum, und ist auf ca. 1920 zu datieren. Er muß seine Frau abgöttisch geliebt und verehrt haben. Das Buch ist ein einziger Liebesbrief und ist, auch wenn das wilhelminische Pathos abgezogen wird, noch heute anrührend.

Die Heirat wurde verschoben, denn noch im gleichen Jahr ging die Fa. Sturm in Konkurs, und Jüchen sen. hatte durch die Liquidation der Firma sein gesamtes Vermögen verloren. Auguste nahm eine „Stellung in einem größeren Kölner Kaufhaus" an, während Jüchen sen. nun mit Krediten eine eigene Süßwaren-Firma mit dem Namen „Schokoladenhaus Schneewittchen" begründet hatte. Er fing mit zwei Geschäften in Hamburg an, die als „Zuckerwaren-Special-Geschäft Schneewittchen" firmierten und „Aurel von Jüchen, Hamburg" als Inhaber nannten.

> *„In dem Namen ‚Schneewittchen' liegt, was bescheiden und fein ist und dennoch an Lieblichkeit und Süße alle Neider übertrifft, und diesem Namen getreu will ich meine hiesigen Niederlagen in Bonbons, Chocolade, Marzipan und allen anderen Confitüren … führen … Ich gebe mich der angenehmen Hoffnung hin, daß wie Schneewittchen bei den Zwergen, so mein Geschäft bei den verehrten Damen Hamburgs sich einer günstigen Aufnahme erfreuen wird."*[24]

Die Hamburger Filialen blieben ein Intermezzo. Von Jüchen eröffnete im Lauf des Jahres 1899 mehrere Schneewittchen-Filialen in Gelsenkirchen, Herne, Oberhausen, Karlsruhe und Trier. Auguste trat in die Firma als Angestellte ein und wurde Filialleiterin in Herne. Nur diese Filiale schrieb schwarze Zahlen, denn Auguste war eine ausgezeichnete Geschäftsfrau. „Die persönlichen Erfolge meiner Geschäftsführerin grenzten an Hexerei."

Da aber die anderen Filialen defizitär arbeiteten, geriet das gesamte Unternehmen in die Schieflage, und der abermalige Konkurs drohte. Mit Datum vom 1.3.1900[25] übernahm Auguste Schäfer die Firma. Sie schaffte es tatsächlich die Firma zu sanieren. Die Basis des Erfolgs bildete neben der bisherigen Filiale in Herne das Hauptgeschäft in der Gelsenkirchener Bahnhofstr.64, dessen Führung sie selbst übernahm. In den nächsten Jahren baute sie die Firma kontinuierlich aus. Weitere Filialen wurden eröffnet in Köln auf dem alten Markt im November 1901 und in Köln-Ehrenfeld im Oktober 1902, deren Leitung ihre Mutter übernahm. Diese Filiale wurde allerdings im Oktober 1904 geschlossen. Im Ruhrgebiet entstanden Filialen in Essen-Steele (Mai 1903), Wattenscheid (September 1903) und in Oberhausen (Oktober 1904).

---

[24] Werbezettel, datiert Hamburg 25.8.1899, in: NLJ-220.
[25] „Engagementvertrag zwischen Herrn von Jüchen … und Auguste Schaefer", in: NLJ-218.

Die Haupteinnahmequelle blieb weiterhin der von Auguste selbst geführte Laden[26] in Gelsenkirchen, der im Oktober 1903 zur Bahnhofstraße 12 umzog. Den Hauptumsatz machten die Läden mit Konfitüren. Auguste v. Jüchen wurde, bemerkenswert für eine Frau in der männlichen Kaufmannswelt des wilhelminischen Deutschlands, 1906 zur 2. Schriftführerin im „Verband der Konfitürenhändler Deutschlands" gewählt. Diese Funktion behielt sie bis zu ihrem Tod 1911.

Nachdem Auguste mit ihren Unternehmungen die wirtschaftliche Basis für eine Ehe mit Aurel gesichert hatte, wagte sie den Konflikt und den möglichen Bruch mit ihrem Vater. Die Exkommunikation konnte sie nicht mehr schrecken. „Meine Ute stand der katholischen Kirche, in der sie getauft war, fern." Aurel und Auguste heirateten ohne Pomp in Herne, wo die Familie auch eine Wohnung bezog.

Augustes Eltern und die übrige Familie schienen mit der Hochzeit immer noch Probleme gehabt zu haben, wenn auch der Chronist näheres nicht angibt. „Die Gäste passten an einen kleinen Wirtschaftstisch … Die Hochzeitsreise war eine gemeinsame Fahrt der Hochzeitsgesellschaft nach Essen zum Colosseum", – damals das bekannteste Revuetheater des Ruhrgebiets mit angeschlossenem Restaurant.

Jüchen jun. hat sich in einer autobiographischen Schrift, die er nach 1985 verfasste, zur Religion seiner Eltern geäußert:

„Ich stamme aus einer ev.-katholischen Ehe, in welcher beide Partner, wie das in so genannten Mischehen häufig der Fall ist, ihrer eigenen Kirche entfremdet waren, zumal meine Mutter, als sie einen evangelischen Mann heiraten wollte, sehr üble Erfahrungen mit ihrer Kirche machen mußte. Mein Vater huldigte in religiösen Dingen einer bürgerlichen Bildungsreligion, die vornehmlich vom Gedankengut Goethes zehrte."[27]

---

[26] Die Gelsenkirchener Adressbücher bilden die Entwicklung ihrer Arbeit gut ab.
- „Zuckerwarenfabrik und Handlung Schneewittchen, Inh. Aurel von Jüchen Bahnhofstr.70" (Adressbuch der Gewerbetreibenden 1902);
- „Zuckerwarenhandlung „Schneewittchen" Inh. Von Jüchen Aurel. Bahnhofstr.64" (Adressbuch 1904, S. 780).
- „Zuckerwarenfabrik und Handlung … Von Jüchen Aurel. Ehefrau. Zuckerwarenhandlung Bahnhofstr.12 und 88" (Adressbuch 1907: Branchenteil S. 919) .
- „Von Jüchen, Aurel. Ehefrau. Zuckerwarengeschäft Bochumer Str.12." (Adressbuch Gelsenkirchen 1910, Abt. Verzeichnis der Handel- und Gewerbetreibenden, S. 1097).
[27] A 19, S. 1.

Jüchen sen. war zu Beginn der Ehe doppelt so alt wie seine Frau und brachte wenig Voraussetzungen für eine solide Ehe mit. Er war in dieser Hinsicht sich selbst gegenüber sehr kritisch. „Ich taugte zum Ehemann sehr schlecht, als sie mich endlich aus meiner Mutter Händen nahm … Weiter war ich vierzigjähriger Junggeselle sehr an flüchtige Abenteuer gewöhnt, die Don-Juan-Natur … war bei mir kräftig entwickelt." Auguste, die den zeitgenössischen Fotos zufolge eine hübsche junge Frau war, legte auf eine partnerschaftliche Ehe Wert, was Aurel akzeptierte. „In meiner Ehe hat das harte Wort ‚Er soll Dein Herr sein' keine Anwendung gefunden."

Nach dem Konkurs von „Schneewittchen" war Auguste darauf bedacht, ihre Kinder und deren Zukunft gegen künftige wirtschaftliche Misserfolge des Gatten abzusichern.

Die Eltern

„schlossen außerhalb ihrer sehr innigen persönlichen Beziehung einen eigenartigen Ehevertrag. Meine Mutter betrieb eine Reihe von Seriengeschäften mit Zuckerwaren. (Seriengeschäfte lagen damals im Zug der Zeit: Tengelmann, Kaisers-Kaffeegeschäfte usw.) Meine Mutter steckte ihre ganze Arbeit hinein, aber kein Pfennig durfte aus dem Erlös für die Familie verwendet werden. Mein Vater musste sich einen Beruf suchen und die Familie ernähren."[28]

Diese Vorsichtsmaßnahme erstreckte sich einige Jahre später auch auf die Sicherung des Erbes. Am 26. April 1908 schlossen die Eheleute vor dem amtlichen Notar in Viersen einen Vertrag. Emilie von Jüchen firmierte in diesem Vertrag nicht mehr als Frau Aurel von Jüchen, sondern als „Auguste, geborene Schäfer, Kauffrau", ein deutlicher Reflex für das gestiegene Selbstbewusstsein und die veränderte Rolle der erfolgreichen Unternehmerin, die sich nicht mehr durch die Rolle der Gattin und den Stand des Gatten definierte. All ihren Besitz vermachte sie für den Fall ihres Ablebens den Söhnen Karl Heinz und Aurel, wohingegen ihr Gatte lediglich als Testamentsvollstrecker eingesetzt wurde, mit dem Recht, „für die Dauer der Verwaltung … für sich und seine persönlichen Zwecke aus den Nutzungen meines Nachlasses monatlich bis zu zweihundert Mark zu entnehmen."[29]

---

[28] A 4.

[29] Eine Ausfertigung der Urkunde befindet sich im NLJ-13.

Nach dem Ende der freien Unternehmertätigkeit musste sich v. Jüchen sen. neu orientieren. Was konnte mit den erlernten Kompetenzen und Qualifikationen eines kaufmännischen Angestellten angefangen werden?

Es bot sich die Lehrtätigkeit in einer privaten Handelsschule an. Vor dem 1. Weltkrieg gab es keine Möglichkeiten, sich als Arbeiter im staatlichen Schulwesen weiter zu qualifizieren. Dies übernahmen die Betriebe bzw. Arbeitgeberorganisationen selbst. Im Ruhrgebiet mit seiner Bergbau-Prägung bildeten die Zechen ihren Nachwuchs in den sog. „Bergschulen" aus, die u.a. in Essen und Bochum bestanden. Ziel war es „die fähigen jungen Leute aus dem Stande der Arbeiter" zu fachlich und persönlich qualifizierten Gruben- und Reviersteigern, in heutiger Sprachregelung technischen Angestellten heranzubilden.[30] Diese angehenden Steiger hatten auf der Volksschule nur eine mangelhafte Grundbildung erhalten und mussten sich demzufolge erst für die Bergschule vorbereiten. Dies erfolgte in den privaten Handelsschulen v.a. in den Fächern Rechnen und Deutsch. Daneben wurden andere Personen auf kaufmännische Ausbildungen vorbereitet bzw. bereits in diesen Berufen Tätige fortgebildet. Dies erfolgte u.a. in den Fächern amerikanische, einfache und doppelte Buchführung, Korrespondenz, Sprachen, Schreibmaschine usw.

Die erste Stelle als Privatlehrer[31] trat Jüchen am 1. März 1903 in der Essener Privat-Handelsschule Lindermann an. Von hier wechselte er im Mai 1905 an das „Duisburger Kaufmännische Fach-Institut", das er bereits Ende Juni d.J. „aus Gesundheits-Rücksichten" wieder verließ.

Das Adressbuch 1907 gab auf S. 789 „von Jüchen, Aurel. Privatlehrer, Bahnhofstr. 38" an. Mittlerweile hatte er sich selbstständig gemacht, denn im Branchenregister war er mit dieser Adresse als „Lehrinstitut" aufgeführt. Im Jahr 1907 standen in dieser Rubrik 11 Institute, mehrere davon wiesen in ihren Inseraten explizit darauf hin, dass sie auf die Bergschule vorbereiteten.

Am 1.1.1901 wurde ihr erstes Kind geboren. „August, genannt nach meinem Vater." Er starb nach kurzer Zeit. Die folgenden Kinder lebten.

---

[30] Zu den Bergschulen v.a. die S. 253ff. in: Klaus Tenfelde: Sozialgeschichte der Bergarbeiterschaft an der Ruhr im 19. Jahrhundert, Bonn 1981.²

[31] Adressbuch 1904, S.663 (Im Sta Gelsenkirchen).

Aurel jun. wurde am Pfingstdienstag, dem 20. Mai 1902, und sein jüngerer Bruder Karl Heinz am 25.4.1903 geboren. Die beiden Geburten waren sehr schwer, und Auguste brauchte lange Zeit, um sich gesundheitlich wieder zu erholen. Ganz gelang ihr dies nie, denn die Arbeit schwächte sie weiter. Es gelang ihr mit einem immensen Arbeitspensum, den Wohlstand der Familie ständig zu erhöhen, was ebenso kontinuierlich zu neuen Wohnungen führte. Von 1900 bis 1910 zog die Familie siebenmal um. In diesem Jahr endete diese Phase, denn Auguste v. Jüchen kaufte ein Haus an der Schalker Straße/von der Recke in Gelsenkirchen, in dem jedes Kind ein eigenes Zimmer bekam, der Vater eine besondere Studierstube einrichten konnte und noch weiterer Wohnraum vermietet werden konnte. Das zweitwichtigste Ereignis dieses Jahres war der Beginn der Arbeit des „Kinderfräuleins und Haushaltshilfe" Josefine Schui, genannt „Finchen" am 27. März 1909.[32] 1933 schrieb Aurel jun. in einem Lebenslauf: „Ich verlebte eine glückliche Kindheit und Jugend."[33] Von seiner Mutter hatte er allerdings nur wenig.

> *„Meine Mutter war katholisch mit Distanz zu ihrer Kirche. Sie war nur streng moralisch, dabei aber doch sehr fröhlich. Ich war als Kind sehr ungebärdig und bereitete meinen Eltern viel Ärger. So beschäftigte meine Mutter sehr das Problem, ob sie es vorziehen würde, daß Ihr Kind stürbe, ehe sie erlebte, daß es ins Gefängnis käme. Diese Furcht hatte sie ständig für mich … Natürlich übertrug sich Ihre Angst auch auf mich. Zweifellos liebte meine Mutter ihre Kinder … Da sie aber den Typ des modernen Managers, der ständig auf Reisen ist, damals schon vorweggenommen hat, erlebte ich ihre Liebe nicht als Zuwendung. Es war vielmehr eine Liebe, die ihre ganze Arbeitskraft der Zukunft der Kinder widmet. Hinzusetzen muß ich, daß ich sie kaum kennen gelernt habe, da ich sie schon mit sieben Jahren wieder verlor."[34]*

1911 wurde Auguste v. Jüchen ins Krankenhaus eingeliefert, als Diagnose wurde Bauchfellentzündung festgestellt. Sie starb kurze Zeit später, weil der durch die Geburten schon sehr geschwächte Körper durch die permanente Überarbeitung zu wenig Kraft besaß. In der „Konfitürenzeitung"[35]

---

32   Daten nach der Schenkungsurkunde „Ausfertigung" v. 30.4.1919, in: NLJ-219.
33   A 12, S. 1.
34   A 4, S. 1.
35   Nr. 19 d. 6. Jg. v. 14.5.1911.

Die Eltern Aurel und Auguste ca. 1901.

Die Eltern Aurel senior und Auguste mit den Kindern Aurel (links) und Karlheiz (rechts),
ca. 1906

Das Kindermädchen Josefine Schui mit Aurel und Karlheiz (ca. 1910).

erschien ein schöner Nachruf, und die Angestellten von „Schneewittchen" schalteten eine Anzeige in der Lokalzeitung.

„Durch das gestern erfolgte Hinscheiden der Frau Aurel von Jüchen, Inhaberin des Schokoladenhauses Schneewittchen, ist uns eine treusorgende Prinzipalin und Freundin entrissen worden. Ihr strenger Gerechtigkeitssinn, ihr gerader Charakter und unablässiger Fleiß gewannen ihr unsere Herzen und bewirkten, daß wir mit Freude an dem Werke mitarbeiteten, das sie in den verschiedenen Städten des Industriebezirks geschaffen hat und dessen Seele sie war ... Gelsenkirchen, Herne, Dortmund, Bochum. Die Angestellten des Schokoladenhaus Schneewittchen."[36]

Aurel sen. ließ in ihr Grabmal die folgende Inschrift aufnehmen: „Ihr Leben war Liebe und ihre Liebe unser Glück."

Nach dem Tod der Mutter übernahm Josefine Schui nun vollständig die Erziehung der Kinder und wurde für Aurel jun. praktisch von der bisherigen Ersatz-Mutter zur eigentlichen Mutter, wobei Josefine Schui wegen „ihrer Familie" auf die Gründung einer tatsächlichen eigenen Familie verzichtete und nicht heiratete. Aurel war auch ihr Sohn, der seinerseits zu ihr eine enge Beziehung besaß. Dieser intensive Kontakt dauerte bis weit in die 60er Jahre hinein und endete erst mit dem Tod von Frau Schui.

Ein Jahr vor seiner Mutter war Aurels Großmutter Emilie von Jüchen am 16.12.1910 in Viersen gestorben. Sie war bei seiner Taufe am 8.6.1902 Patin gewesen und hatte ihm den Kosename „Rely" gegeben. Die Beziehung zu Emilie war sehr eng. Sehr gefallen hatte ihr die frühe Neigung des Enkels zu Kunst und Theater, die er auch bei Familienfeiern einzusetzen verstand, so etwa beim ihrem 70. Geburtstag am 24.4.1910. „Unser 8-jähriger Aurel begrüßt die Damen im Kostüm als König Winter."[37]

Innerhalb eines Jahres verlor er zwei wichtige Bezugspersonen. Wie verarbeitet ein achtjähriger Junge derartige Schicksalsschläge? Wie wirkt es sich auf seine persönliche und schulische Entwicklung aus?

Dem Zeugnisheft[38] aus der Volksschulzeit v. Jüchens jun. ist zu entnehmen, daß er am 28. April 1908 in die Friedrich-Schule Gelsenkirchen-Neustadt aufgenommen wurde und dort bis zum 29.09.1909 blieb. Da die Familie dann zum letzten Mal umzog, wechselte er an die Pestalozzischule.

---

[36] Gelsenkirchener Allgemeine Zeitung Nr. 104 v. Donnerstag, dem 4.5.1911, in: Stadtarchiv Gelsenkirchen.

[37] Manuskript, S. 286.

[38] In NLJ-Mappe 1.

Das Zeugnis des 1. Schuljahres 1908 wies in allen Fächern ein „genügend"
aus, nur in Gesang gab es ein „kaum genügend." Das nächste Jahreszeugnis
erbrachte dann in allen Fächern ein „genügend."

Zum Schuljahr 1912/13 wechselte Aurel jun. am 15.4.1912 als Sextaner[39]
an das Gelsenkirchener Gymnasium. Das Profil dieser Einrichtung geht
aus dem Schulstatut hervor:

> „§1. Die Schule bezweckt neben einer christlich-sittlichen Erziehung die Erzielung
> einer allgemeinen höheren Bildung, wobei überwiegend die gewerbliche und kauf-
> männische Ausbildung berücksichtigt, jedoch auch die Grundlage der gelehrten
> Bildung nicht ausgeschlossen sein soll.
>
> §8. Am Geburtstage s. M. des Kaisers findet eine Schulfeierlichkeit statt, wobei
> der Rektor oder nach dessen Anordnung einer der wissenschaftlichen Lehrer die
> Festrede hält."[40]

Jüchen hatte in der 3. Klasse, der Quarta[41], 26 Mitschüler. Sein Klas-
senlehrer war Oberlehrer Dr. Anton Meyer. An der Schule gab es auch
eine Gruppe jüdischer Schüler, die von Rabbiner Dr. Galliner in jüdischer
Religion unterrichtet wurden. Die Schulstatistik für 1914/15 nannte 82 ev.
Schüler, 112 kath., 7 Juden und niemand ohne Bekenntnis. An die Schulzeit
erinnerte sich Jüchen nicht gern.

> „Die Schule ist für mich eine düstere Erinnerung, da ich in Mathematik unbegabt
> war und mich in Sprachen für unbegabt hielt. Was mein Leben verdüsterte, war
> die Gleichsetzung von Schule und Leben durch die Lehrer. Das lateinische Wort
> ‚Non scholae sed vitae discimus', das ja eigentlich eine Relativierung der Schule
> aussagt, lehrten uns unsere Lehrer als Gleichung zu verstehen. Wie die Schule so
> das Leben! Ich bildete mir also ein: Im Leben geht alles nach Zensuren, wie in der
> Schule. Wer in der Schule ein schlechter Schüler ist, bleibt es sein ganzes Leben.
> Auf den Zensuren beruhen alle Berechtigungen in der Schule wie im Leben. Immer
> würde ich wegen schlechten Betragens und schlechter Zeugnisse Anstände haben. Ich
> glaubte also in der Schule das Leben schon zu kennen. Alle trüben Erfahrungen des
> Lebens hatte ich in der Schule schon gemacht. Ja, ich war des Lebens überdrüssig,
> weil ich der Schule überdrüssig war ..."[42]

39 Gymnasium zu Gelsenkirchen, Bericht über das Schuljahr 1912/13 (Im Stadtarchiv Gelsenkirchen).

40 Festschrift zum 50jährigen Bestehen des Gymnasiums zu Gelsenkirchen, herausgegeben vom
    Lehrerkollegium Gelsenkirchen 1926, S. 11 (Im Stadtarchiv Gelsenkirchen).

41 Gymnasium zu Gelsenkirchen, Bericht über das Schuljahr 1914/15 (Im Stadtarchiv Gelsenkirchen).

42 A 4, S. 2.

„Auf der Schule war ich ein schlechter Schüler, und ähnlich wie Schillers ,Verbrecher aus verlorener Ehre' glaubte ich die Rolle eines ,naughty boys', eines ungehorsamen und nichtsnutzigen Jungen meinem Status als schlechter Schüler schuldig zu sein."[43]

Er hatte Glück. Sein Vater nahm diese Haltung hin, sich bestimmt an die eigene unglückliche Schulzeit erinnernd, und ersparte ihm das Schicksal, die Schule verlassen zu müssen – anders, als es sein Vater mit ihm Jahrzehnte vorher praktiziert hatte. Er gab sich viel Mühe, der Vaterrolle gerecht zu werden. Manchmal führte dies allerdings beim Sohn zur Verwunderung.

„Eine Seltsamkeit in unserem Verhältnis war, daß er sich bei Gesprächen mit mir ständig stenographische Notizen machte, und daß er dann später auf diese Notizen wieder zurück kam."[44]

Mit der Kirche hatte Jüchen jun. in diesen Jahren wenig zu tun. Wie alle evangelischen Schüler dieser Zeit besuchte er im Alter von 12-14 Jahren den Katechumenen- und Konfirmandenunterricht seiner Ortsgemeinde und wurde am 18. März 1917 in der ev. Altstadtkirche in Gelsenkirchen konfirmiert. Sein Konfirmationsspruch war dem Psalm 92, 2-3 entnommen: „Das ist ein köstlich Ding, dem Herr danken und lobsingen deinem Namen, du Höchster, des Morgens deine Gnade und des Nachts deine Wahrheit verkündigen."[45]

Religionsunterricht war zwar Pflichtfach in der Schule, aber Auswirkungen daraus auf die Entwicklung des Schülers sind nicht zu entdecken.

Über seine Prägungen gab v. Jüchen am 10. März 1982 Auskunft: „Die prägenden Gestalten meiner Kindheit waren in erster Linie mein Vater, meine Mutter, die Schule und der Wandervogel."[46]

---

[43] A 19, S. 1.

[44] A 4.

[45] Das Original des Konfirmationsscheines befindet sich in den Akten des Landeskirchenrats der Thüringer evangelischen Kirche über den Kandidaten der Theologie Aurel von Jüchen aus Gelsenkirchen Jahr 1926, Bd. I, Nr. G 494.

[46] A 4.

2. Jugend im Krieg und in Nachkriegszeiten

Der Kriegsbeginn 1914 sah auch in Gelsenkirchen ein jubelndes Bürgertum im patriotischen Taumel. Dies wirkte sich auch im Gymnasium aus. Am Geburtstag des Kaisers am 27.1.1915 feierte die Schule in der geschmückten Aula. „Ein zahlreiches Publikum, Vertreter der staatlichen und städtischen Behörden, Eltern und sonstige Angehörige der Schüler … hatten sich eingefunden. Die Feier stand natürlich unter dem Zeichen des Krieges." Das Programm[47] hatte ein eindeutig nationalistisches und militaristisches Gepräge.

Ein Programmpunkt wird die Familie von Jüchen besonders erfreut haben. Unter „IV. Deklamationen" wurde angekündigt: „3. ‚U 9‘ von Clem. Wagner, vorgetragen von Aurel v. Jüchen (IV)."[48] Es muß für den Quartaner Aurel ein erhebender Augenblick gewesen sein, ausgerechnet ad coram publico den Nationalhelden zu ehren, der in den Kreisen der bürgerlichen Jugend regelrecht vergöttert wurde und dem eine Vielzahl von schwülstigen Gedichten und Liedern gewidmet waren. Stellvertretend für alle sei eine Strophe aus dem Gedicht „Otto Weddigen" von Hauptmann Albert Mummenhoff zitiert.

„Altengland sich wähnte gen Wunden gefeit
Im Silberpanzer der Wogen,
Da kam er, ein Wiking in ehernem Kleid,
Tief unter den Wellen gezogen."[49]

Auch v. Jüchen sen. stellte sich in den Dienst des Vaterlandes. Zu alt für den Frontdienst, machte er sich an der Heimatfront nützlich. Zum einen wirkte er publizistisch, so z.B. mit einem 1917 erschienen Aufsatz über die Bedeutung der Gelsenkirchener Industrie für das Gelingen des Krieges mit dem Titel „Gelsenkirchen im Dienste des Vaterlandes."[50] Diese Schrift

---

47 Bericht und Programm in: Festschrift zum 50-jährigen Bestehen des Gymnasiums zu Gelsenkirchen, herausgegeben vom Lehrerkollegium Gelsenkirchen 1926, S. 11 (Im Stadtarchiv Gelsenkirchen).

48 Kapitänleutnant Otto Weddigen war zu dieser Zeit „der deutsche Nationalheld" schlechthin. Weddigen war bei Kriegsbeginn 1914 Kommandant des deutschen Unterseebootes U9 und versenkte am Morgen des 22. September drei englische Panzerkreuzer durch sechs Torpedoschüsse innerhalb einer Stunde. Bald nach der beschriebenen Schulfeier ging er mit seinem neuen Boot U 29 am 18. März 1915 unter und starb.

49 Dr. Otto Weddigen: Unser Seeheld Weddigen, Berlin 1915, S. 99.

50 In: Gelsenkirchen. Beiträge zur Heimatkunde. Gelsenkirchen 1917, S. 40-48 (Im Stadtarchiv Gelsenkirchen).

lag ganz auf der chauvinistischen Linie des Kaisers. So prangerte Jüchen England und die „Herrschgelüste des scheinheiligen Inselvolks" an und bekräftigte, dass Deutschland „in diesem Volke den teuflischsten Feind erkannte."[51] Bereits unmittelbar nach Kriegsbeginn hatte er ein patriotisches Buch publiziert,[52] dem 1915 ein weiteres dieser Richtung folgte.[53] Darüber hinaus wurde er auch praktisch-karitativ tätig.

> *„Im ersten Weltkrieg hatte mein Vater einen offenen Abend bzw. einen freien Mittwochnachmittag für Verwundete aus zwei nahe gelegenen Krankenhäusern, und der wurde mit Lesen, mit Gedichten, aber auch mit Erzählen gefüllt. Und zu dem kamen die Verwundeten mit ihren verbundenen Köpfen, mit ihren gebrochenen Armen oder auf einem Bein auf Krücken an, sobald sie aus dem Zustand der Bettlägerigkeit befreit waren, es kamen Angehörige, und es waren alles Soldaten."*[54]

Dieser Kontakt mit den Verwundeten, die von einem wirklichen Krieg mit Leiden, Verzweiflung und Angst erzählen konnten, bewirkte einen allmählichen Sinneswandel des Schülers.

> *„Als der Krieg ausbrach, habe ich noch meine ganze Weisheit aus den Zeitungen bezogen und war eigentlich national gesonnen … Aber die wesentliche Erfahrung war mein Umgang mit den Soldaten, die meine Freunde wurden und wechselten und ja eigentlich dem Einfluß dieser befreundeten Soldaten habe ich zu verdanken, daß gleichsam seismographisch meine nationale und deutschnationale Haltung ganz allmählich zu einem äußersten größeren Skeptizismus und Pazifismus gediehen ist, denn ich habe an den Soldaten nicht nur ihr Leiden, sondern immer auch ihre Einstellung zum Krieg erfahren, die kulminierte, wenn sie wieder ins Feld zurückmußten. Und wenn sie geheult haben, habe ich wie ein Schloßhund mit ihnen geheult, so daß ich von daher auch durch meinen Umgang mit Verwundeten und durch ihre Erfahrungen eigentlich Pazifist geworden war."*[55]

Jüchen Senior vertrat auf politischem Gebiet einen nationalliberalen Standpunkt, nach 1918 war er Wähler der linksliberalen Deutschen Demokratischen Partei. Er hoffte im Kaiserreich auf die Errichtung einer konstitutionellen Monarchie nach englischem Muster mit frei gewähltem Parlament und gleichem Wahlrecht anstelle des preußischen Dreiklassenwahlrechtes

---

[51] Ibid. S. 42.

[52] Es erschien 1914 mit dem Titel „Belgische Kriegsgreuel. Verirrungen menschlicher Scheusale" im Umfang von 64 Seiten als Bd. 4 in der Reihe „Der Weltkrieg" im Dresdener Fischer-Verlag.

[53] Frauenleben im Weltkriege, Xenien-Verlag, Leipzig 1915, 140 S.

[54] A 21, S. 3.

[55] A 21, S. 4.

und hielt vor allem liberale Zeitschriften wie den „März" (benannt nach dem „Vormärz"), den „Simplizissimus" und die von Maximilian Harden herausgegebene „Zukunft."[56]

Der Zusammenbruch des Kaiserreiches und die Niederlage des deutschen Heeres veränderten auch in Gelsenkirchen die vom Bürgertum geprägte politische Landschaft. Erstmalig hatte es den Anschein, als ob der Sozialismus marschierte. Dies bildete sich auch in einem lokalen Kulturkampf ab. Kampffeld war die neu eingerichtete Möglichkeit, sich vom Religionsunterricht abzumelden und, damit einhergehend, die Einrichtung sog. „Freier Schulen", an denen Religion nicht unterrichtet wurde.

In Gelsenkirchen

„begann zur Durchsetzung der schon 1919 geforderten Freien Schule im Oktober 1920 ein Streik von etwa 1200 Schulkindern, der sich bis Dezember hinzog … Schließlich wurde zu Ostern 1921 das Ziel mit der Errichtung von drei Sammelschulen für die ersten 1068 Schulkinder in Schalke, … Bulmke (Fichteschule) und Neustadt (Sammelschule 1) erreicht. Von 31.150 Schulkindern in der Stadt Gelsenkirchen gingen 1922 1107 in bekenntnisfreie Sammelklassen, 1925 von 28.231 Kindern 1466, 1926 von 27.966 1421 Kinder und ein Jahr später 1330 von 28.224 Kindern. Insbesondere den Bergarbeitern fiel eine Abwendung von der Kirche schwer, beispielsweise stammte nur etwa ein Drittel der Schüler der Freien Schule für Bulmke und Hüllen aus Bergarbeiterfamilien, trotz des Überwiegens der Bergarbeiter in der Bevölkerung … Insgesamt dürfte sich der Kreis der Eltern, die ihre Kinder zur weltlichen Schule schickten, aus dem kleinen Kreis überzeugter sozialdemokratischer Aktivisten und Freidenker rekrutiert haben."[57]

Diese Bewegung hatte in Gelsenkirchen bereits Anfang 1919 begonnen, und das Gymnasium war in den Kulturkampf voll einbezogen und verteidigte die alten Werte.

„In Sachen der den Schülern über 14 Jahre gewährten ‚Religionsfreiheit' fand in den Tagen des Umsturzes (Januar 1919) unter dem Vorsitz des Direktors Corssen eine Versammlung der Eltern der Schüler der höheren Lehranstalten Gelsenkirchens statt, in der die Forderung aufgestellt wurde, den Religionsunterricht als lehrplanmäßiges Fach beizubehalten … Der Angriff auf den Religionsunterricht

---

[56] A 20, S. 2.

[57] Stefan Goch: Sozialdemokratische Arbeiterbewegung und Arbeiterkultur im Ruhrgebiet. Eine Untersuchung am Beispiel Gelsenkirchen 1848 - 1975, Düsseldorf 1990, S. 338/39.

ist abgeprallt. Um Dispens vom Religionsunterricht ist in all diesen Jahren kein Schüler, kein Vater eingekommen."[58]

Diese „Tage des Umsturzes" dauerten in Gelsenkirchen bis Ende Februar. In den Tagen vom 19. bis zum 21. Februar 1919 kam es in Gelsenkirchen mehrfach zu bewaffneten Auseinandersetzungen zwischen revolutionären Arbeitern, in der zeitgenössischen Darstellung als „Spartakisten" bezeichnet, und der Polizei, die von der überwiegend mehrheits-sozialdemokratischen „Sicherheitswehr" unterstützt wurde.[59] Bei diesen Schießereien, die auch mit Maschinengewehren ausgetragen wurden und an denen sich mehrere hundert Personen beteiligten – so sollen allein bei einem Gefecht „zirka 260 Spartakisten beteiligt" gewesen sein –, wurden allein am 18. Februar „drei Spartakisten" getötet. Da die Kämpfe sich in wechselnden Stadtteilen entwickelten, wurde auch die Zivilbevölkerung unfreiwillig miteinbezogen. Besonders massiv gestaltete sich dies am Donnerstag, dem 20. Februar.

„Gestern Nachmittag stürmten Spartakisten mit ihrem Anhang – ungefähr 1.000 Personen – das Polizeipräsidium in der Bankstraße. Nach kurzer Verhandlung versuchte der Anführer der Spartakisten, eine Handgranate in das Bureau der staatlichen Polizei zu werfen. Die Sicherheitswehr und die Polizeibeamten nahmen das Gefecht auf. Es sind vier bis fünf Tote und mehrere Schwerverletzte zu beklagen."[60]

Darunter waren mehrere Zivilisten, einer davon Aurel von Jüchens jüngerer Bruder, der auf dem Weg zu einem Lebensmittelgeschäft plötzlich in den Schusswechsel geriet und von einem Querschläger getroffen wurde.

Der *„Sekundaner Karl Heinz von Jüchen wurde am Donnerstag nachmittags 4 Uhr in die Ewigkeit abberufen. Auf einem harmlosen Besorgungsgang traf ihn eine Kugel aus dem Straßenkampf und machte seinem 15-jährigen Leben ... ein jähes Ende.*[61] *... Das Begräbnis meines lieben Sohnes Karl Heinz von Jüchen erfolgt am Dienstag, dem 23. Februar ... vom evang. Krankenhaus aus."*[62]

---

[58] Festschrift zum 50 jährigen Bestehen des Gymnasiums zu Gelsenkirchen. Herausgegeben vom Lehrerkollegium, Gelsenkirchen 1926.

[59] Hierzu die Gelsenkirchener Allgemeine Zeitung des Zeitraumes 15. Februar bis 24. Februar 1919. In: Stadtarchiv Gelsenkirchen.

[60] Ibid.

[61] Gelsenkirchener Allgemeine Zeitung Nr. 45 v. Sonnabend, dem 22.2.1919, in: Stadtarchiv Gelsenkirchen

[62] Gelsenkirchener Allgemeine Zeitung Nr. 46 v. Montag, dem 24.2.1919, in: Stadtarchiv Gelsenkirchen.

Aurel verlor mit seinem Bruder auch einen guten Freund, der mit ihm in der Gelsenkirchener Wandervogelgruppe und der Freideutschen Jugend das Jungenleben geteilt hatte.

Nach dem Tod seines jüngsten Sohnes konzentrierte Jüchen sen. alle Vaterliebe auf Aurel. Zusammen mit Finchen versuchte er ihm eine Familie zu bieten. Er betrieb weiterhin seine Handelsschule,[63] wenn auch aufgrund der politischen Rahmenbedingungen stark eingeschränkt. Gelsenkirchen hungerte, und in Hungerzeiten ist berufliche Weiterbildung nicht im Zentrum menschlicher Existenz. Die Situation war so gravierend, daß in Aurels Gymnasium von 1919 – 23 eine Quäkerspeisung stattfand.[64]

Aurel jun. war zumindest materiell versorgt, denn das „Verzeichnis der Haus- und Grundbesitzer" im Gelsenkirchener Adressbuch von 1920 nannte auf S. 1333 „Von Jüchen Aurel und Karl, je zur Hälfte Schalkerstr. 194." Dies Haus war ein Mietshaus in dem nach dem Verzeichnis von 1920 sieben Mietsparteien wohnten!

Aurel von Jüchen betrachtete seine Jugendphase als wichtigste Prägung für sein gesamtes Leben. Er absolvierte alle 9 Klassen ohne sitzen zu bleiben.[65] Aber sein eigentliches Leben fand nach der Schule statt. „Entscheidend für eine innere Entwicklung wurde der Wandervogel und später die ‚Freideutsche Jugend.'"[66]

Beim Wandervogel war der Name Programm: Wandern, Abenteuer und Naturempfinden waren die Hauptziele der Mitglieder. Man forderte sein eigenes Leben zu führen und eine begrenzte Befreiung von der Bevormundung durch Eltern und Oberlehrer. Die Wandervögel, deren Mitglieder ja hauptsächlich „Stadtkinder" waren, wollten der materialistischen Zivilisation entfliehen. Im Vordergrund stand die Individualität des Einzelnen. Gruppzwang und Konformität waren den frühen Wandervögeln ein Gräuel. In politischer Hinsicht hatte man den Anspruch neutral zu bleiben. Zur Durchsetzung ihrer Ideale wählten die Wandervögel eine

---

63 Einwohnerbuch 1920, S. 758: „von Jüchen, A. Von der Reckestr. 13", und auf S. 1163 unter „Lehrinstitute und Handelslehrer, p.A. von der Reckestr.13", ohne weitere Angaben.

64 Festschrift zum 50jährigen Bestehen des Gymnasiums zu Gelsenkirchen. Herausgegeben vom Lehrerkollegium Gelsenkirchen 1926

65 Akten des Landeskirchenrats der Thüringer evangelischen Kirche über den Kandidaten der Theologie Aurel von Jüchen aus Gelsenkirchen, Jahr 1926, Bd. I, Nr. G 494.

66 A 13, S. 1.

ganz bestimmte Form des Protests: Sie erinnerten sich an die Motive der Romantik zurück, die ja auch eine Protestform gegen die Unterdrückung des individuellen Gefühls war. Und so zog man (bzw. Frau, es existierten durchaus gemischte Gruppen) mit wehenden Haaren, Lauten und Gesang durch die Lande. Seine Mitglieder waren zivilisationskritisch eingestellt, hatten also größte Abneigung gegen die Verstädterung der Gesellschaft und zogen sich auf die als heil angesehene ländliche Idylle zurück. Dies geschah einerseits durch Wanderungen und Fahrten in ländliche Gegenden, andererseits durch die Wiederentdeckung und Übernahme des Volks- und Brauchtums wie Volkslied, Volkstanz und volkstümlicher Bildung.

Das, was den Wandervogel ausmachte, war seine besondere Art des Naturerlebens durch das Wandern, das Zusammensein in einer Gruppe gleichgesinnter Altersgenossen und durch jenen ausgeprägten Idealismus. Denn der Aufenthalt in einer natürlichen Umgebung war der gewünschte, eigene, alternativ gegenüber der Gesellschaft ausgerichtete Lebensstil.[67]

„Der Wandervogel hatte für mich die Bedeutung, zu erkennen, daß es außerhalb der Schule ein anderes Leben gibt. Ich erlebte auf den Fahrten die Schönheit, die Erhabenheit, die Geheimnisse der Natur. Sie wurde zu meinem liebsten tröstlichsten Aufenthalt. Außer dem schenkte der Wandervogel Freunde und Freundschaften mit wunderbaren Mädchen. Wir richteten uns eigene Heime ein in der Stadt und irgendwo auf einem Dorf. Wir hatten unsere eigenen Bibliotheken. Es war eine Zeit der Entdeckungen, wir entdeckten das Volkslied, dessen Poesie mich mächtig ansprach, wir entdeckten den Volkstanz, Volksbräuche, das Märchen, das Dorf, die Landschaft. Der Wandervogel machte mich frei vom Schuldruck, von dem moralischen Druck, der nicht von meinem Vater, sondern von meiner Mutter und von meinem Kinderfräulein (Finchen) ausging. Sogar das Verhältnis zu meinem Bruder änderte sich. Der Wandervogel gab uns neue Namen ‚Püttje Lütt‘ und ‚Lüttje Pütt‘."[68]

Wie stark die Prägung im Wandervogel war, illustriert ein Brief eines Jugendfreundes, den Aurel vierzig Jahre später bekam:

---

[67] Harald Kahl, Die Ursachen für die Entstehung der deutschen Jugendbewegung und ihre Entwicklung zu dem ihr typischen Erscheinungsbild in der Weimarer Republik. Diese Arbeit entstand im Kontext des Proseminars „Jugend, Gesellschaft und Politik im Kaiserreich und in der Weimarer Republik" bei PD Dr. Elfi Bendikat im Wintersemester 1998/99 an der Humboldt-Universität zu Berlin. Eine gute Darstellung über die Wirkungsgeschichte der Jugendbewegung ist: Elisabeth Korn et al.: Die Jugendbewegung. Zur 50. Wiederkehr des Freideutschen Jugendtages auf dem Hohen Meissner, Düsseldorf-Köln 1963.

[68] A 4, S. 2.

„Lieber Aurel (Püttjelütt) …

weiß nicht einmal, ob Du Dich noch an den Freund aus der fernen Wandervo-
gelzeit erinnerst. Die Heimabende bei Lautenspiel und Gesang … Noch habe ich
den Brief, den Du mir einmal schriebst, als eine verirrte Kugel der Mörder Deinen
kleinen Bruder Heinz dahinraffte."[69]

Diese Prägung im Jugendbund war für die Ausbildung der eigenständigen
Persönlichkeit Jüchens lebensentscheidend. Bis kurz vor seinem Tod nahm
er noch am Freideutschen Kreis in Berlin teil, in dem sich die Veteranen
der Jugendbewegung trafen.[70]

Jüchens innere Entwicklung im und nach dem Ersten Weltkrieg führte
auch zur allmählichen Aufgabe des nationalistischen Denkens. Als er als
Oberprimaner ein Referat über die 1920 erschienene Schrift „Preußentum
und Sozialismus" Oswald Spenglers halten muss, distanziert er sich zum
Missfallen des Lehrers von Spengler und dessen Darstellung Friedrichs
des Großen, den dieser als Synonym für Pflichterfüllung, Hingabe und
bedingungslosen Deutschtums, also in summa als vorbildlichen Sozialisten
beschrieb.[71]

Ostern 1922 bestand Jüchen das Abitur am Gelsenkirchener Gymnasium.
Er hatte „Griechisch wie Hebräisch auf dem Gymnasium gepflegt … und
mein Hebraicum zugleich mit meinem Abiturientenexamen gemacht …"[72]
Als einziger von 10 Abiturienten nannte er als Studienfach „Theologie."[73]
Seine Klassenkameraden hielten dies für einen gelungenen Scherz.

„Meine Entscheidung für die Theologie als Studium war eine Entscheidung ins
Dunkle hinein. Als ich kurz vor dem Abitur meine Entscheidung für Theologie
als Studienfach bekannt gab, gab es in der Klasse und bei den Lehrern ein großes
Gelächter. Aus einer Ehe einer aus ihrer Kirche wegen der Heirat mit meinem Vater

---

[69] Brief C. K. datiert Hilden, 22.1.1959. In: NLJ-212.

[70] Ich habe in den letzten Jahrzehnten viele ehemalige „Bündische" kennen gelernt. Die dort
vermittelten Werte und Haltungen, die Eigenverantwortlichkeit und Eigenständigkeit haben in
der Persönlichkeitsbildung derart intensive Spuren hinterlassen, dass ich in Gesprächsrunden mit
Zeitzeugen der Jahre 1900-1920 nach kurzer Zeit auch ohne vorherige Vorstellung wusste, wer
bündisch sozialisiert worden war und wer nicht.

[71] A 20, S. 2.

[72] Akten des Landeskirchenrats der Thüringer evangelischen Kirche über den Kandidaten der
Theologie Aurel von Jüchen aus Gelsenkirchen Jahr 1926, Bd. I, Nr. G 494.

[73] Festschrift zum 50-jährigen Bestehen des Gymnasiums zu Gelsenkirchen, herausgegeben vom
Lehrerkollegium, Gelsenkirchen 1926.

exkommunizierten Mutter und einem der Kirche entfremdeten Vater stammend hatte ich von der Kirche nicht die geringste Ahnung."[74]

Jüchen studierte Theologie weniger aufgrund der Liebe zum unbekannten Pfarrberuf, sondern mit dem Ziel, sich intensiv mit Sinnfragen zu beschäftigen. Hier wird sich mit Sicherheit die bildungsbürgerliche Atmosphäre im Haus der Eltern und der Großeltern ausgewirkt haben.

„Schon als Knabe entschloß ich mich Theologie zu studieren und später Pfarrer zu werden. Dieser Entschluß war zunächst weniger bestimmt durch eine gründliche Kenntnis oder durch ein wirkliches Ergriffensein von der christlichen Verkündigung als durch eine mystische Frömmigkeit und durch eine ehrfurchtsvolle pantheistische Natur- und Weltbetrachtung, die wie ein inneres Glück meine ganze Jugendzeit durchzog. Meine Lieblingsschriften waren in jener Zeit die Schriften eines Meister Eckehard, Tauler, Jakob Böhme und Goethe."[75]

So betrat der frischgebackene Abiturient die terra incognita der theologischen Wissenschaften und immatrikulierte sich in der Gelsenkirchen am nächsten liegenden Universität im erzkatholischen, westfälischen Münster.

---

[74] A 4, S. 1.
[75] A 12, S. 1.

III. Die Zeit des Studiums

1. Student in Münster und Familiengründung

Von Gelsenkirchen nach Münster waren es mit dem Zug nicht einmal 100 Kilometer, aber der frischgebackene Abiturient betrat mit dem Studienbeginn eine völlig andere Welt. Das Wirtschaftsleben der Großstadt Münster war bestimmt durch den Dienstleistungssektor. Seit 1816 war Münster westfälische Provinzhauptstadt und gleichzeitig in der Weimarer Zeit Sitz des 7. Armeekorps der Reichswehr mit großen Kasernenkomplexen. Hinzu kam, dass Münster Universitätsstadt und Sitz des Bistums war. In den 20er Jahren gab es in Münster lediglich 14% Industriearbeiter, aber über 1/3 aller Berufstätigen arbeiteten im Öffentlichen Dienst und weitere 22% im Bereich Handel und Verkehr. Münster war die Stadt der Verwaltungsbeamten.[76]

In der Stadt bestand ein intaktes, alle Lebensbereiche umfassendes katholisches Milieu, das alle Gesellschaftsbereiche von den Unternehmern bis zu den Industriearbeitern dominierte und auch in der – in Münster nur schwach vorhandenen – Arbeiterschaft hegemonial war.[77] In der Stadt Münster soll die SPD Ende 1918 „etwa 20 Mitglieder … in ihrer Kartei geführt haben."[78] Auch wenn die Mitgliederzahl nach 1918 zunahm, blieb die SPD in Münster während der Weimarer Republik eine Randerscheinung.

Die Stadt Münster war am Ende der 20er Jahre mit lediglich „19,34% Evangelische(n)"[79] protestantische Diaspora. Als ein Zeichen der Herrschaft des Katholizismus hingen am Turm der Lamberti-Kirche die drei Käfige, in denen im Mittelalter die Anführer der kurzlebigen Wiedertäufer-Kommune von Münster gefoltert und getötet worden waren. Die Reformation hatte in Münster praktisch keine Spuren hinterlassen.

---

[76] Peter Froese: Streifzüge durch die Geschichte der Metallarbeiter in Münster und Umgebung. Münster 1989, S. 11.

[77] Peter Breßer: Zum Wiederaufbau der Arbeiterparteien und Gewerkschaften in Münster, in: H. G. Thien et al. (Hg.): Überwältigte Vergangenheit. Faschismus und Nachkriegszeit in Münster i. W., Münster 1984, S. 124f.

[78] Quelle: SPD-Unterbezirk Münster (Hg.): 100 Jahre SPD in Münster (1878-1978). Münster 1978, S. 23.

[79] Paul Troschke: Evangelische Kirchenstatistik Deutschlands, Heft 2/3: Konfessionsstatistik, Berlin-Charlottenburg 1929, S. 17.

Während die Universität bereits 1780 gegründet worden war und wie selbstverständlich von Anfang an eine große Fakultät für katholische Theologie besaß, dauerte es bis 1914, ehe eine evangelisch-theologische Fakultät errichtet werden konnte.

Sie blieb in den ersten Jahren sehr klein. In den beiden Semestern, die Jüchen in Münster studierte, gab es im Sommersemester 1922 74 Theologiestudierende und im Wintersemester 1922/23 73, davon zwei Frauen.[80] Die Gesamtuniversität hatte im Sommersemester 1922 2.707 Studierende und im Wintersemester 1922/23 2.700.[81]

Für die Studierenden der Theologie suchte die Evangelische Kirche nach einem gemeinsamen Heim, das sowohl gemeinsames Lernen und Wohnen ermöglichen als auch als Hochschulgemeinde dienen sollte. Gefunden wurde ein Haus, das mit 27 Plätzen begann und heute noch besteht. Das „Hamannstift", das sich in der Weimarer Republik in einem Gebäude am Alten Steinweg befand, wurde in der Zeit der Inflation von der westfälischen Provinzialkirche als Wohnheim für Theologiestudenten erworben. Die ersten Bewohner zogen im Wintersemester 1922/23[82] ein, einer von ihnen war Aurel von Jüchen.[83] Wohnen im Stift bedeutete auch viele Verpflichtungen.

> „Tägliche Andachten, vierwöchentliche Übungen über das Alte und das Neue Testament in der Ursprache sind obligatorisch … Es wird Wohnung mit Morgenkaffee geboten … Die Hausordnung bestimmt, daß das Ausbleiben über Mitternacht und das Verreisen innerhalb der Woche der Genehmigung bedarf."[84]

Die Universität und die Stadt mit ihren vielfältigen kulturellen Angeboten faszinierten den Studienanfänger, der parallel seinen germanistischen Neigungen nachging. „Ich habe aus Vorsicht erst Philologie und Theologie studiert, habe dann das Studium der Philologie erst nach 2 Semestern unterlassen."[85] Bei dem damaligen Münsteraner Privatdozenten und späteren

---

[80] Kirchliches Jahrbuch, 1923, S. 96.

[81] Rainer Pöppinghege: Absage an die Republik. Das politische Verhalten der Studentenschaft der Westfälischen Wilhelms-Universität Münster 1918 - 1935, Münster 1994, S. 24.

[82] Diese Angaben habe ich der Website des Hamannstiftes (hamannstift.de) entnommen.

[83] Brief Jüchen an Pfarrer Vierzig, Bielefeld v. 16.11.1958, in: NLJ-177.

[84] Manfred Jacobs: Die Evangelisch-Theologische Fakultät von 1914 bis 1933, in: W.H. Neuser (Hg.): Die Evangelisch-Theologische Fakultät Münster 1914 bis 1989, Bielefeld 1991, S. 59.

[85] A 21, S. 5.

Ordinarius Paul Kluckhohn (1886-1957) besuchte er ein Seminar über die Kleistschen Novellen und traf dort den späteren Schriftsteller, Redakteur und Kritiker Benno Mascher (1903-1986).[86]

Während die akademische Germanistik seinen Erwartungen entsprach, wurde die Begegnung mit der wissenschaftlichen Theologie zum Schockerlebnis. Jüchen hatte seine Beschäftigung mit den Mystikern mit Theologie verwechselt. „Und dieser Irrtum ist Anlaß gewesen zum Theologiestudium, das mich zunächst bei den meisten Vorlesungen enttäuscht hat."[87]

„Kaum hörte ich an der Universität Münster die ersten theologischen Kollegs, wurde ich an meiner Entscheidung irre. Denn ich geriet in allen neu- und alttestamentlichen Vorlesungen in den Dschungel der Textkritik hinein."[88]

Diese Grunderfahrung teilen viele Theologiestudierende, damals wie heute. Aus der vermeintlichen Sicherheit einer Bibel beider Testamente, in der es um die Begegnung Gottes mit den Menschen geht, wird in der Ausbildung ein in viele Einzelteile zersprengter Kanon mit unzähligen Verfassern, mit verschiedensten Textschichten und exegetischen Vorgehensweisen, und aus dem „Wort Gottes" wird Rohmaterial für philologisches Arbeiten. Die Wiederzusammenführung dieser Trümmer blieb auch damals dem Einzelnen überlassen.

„Allein ein Kolleg des Systematikers Wehrung ... über ‚wahre und falsche Propheten' erneuerte in mir die alte Faszination. So ist also die liberale Theologie die erste Stufe meiner theologischen Entwicklung. Ich lernte durch sie, daß Jesus Christus das primum movens des ganzen Christentums ist und ich lernte zugleich die wahre Menschheit Christi zu erkennen ... Die Einsicht in die Offenbarungsqualität der Anfänge des Christentums, die nur eine existentielle Erfahrung sein kann, blieb mir verschlossen."[89]

„Aber die Beschäftigung mit dem Christentum faszinierte mich und ich hatte anderen Studenten gegenüber den Vorzug, daß ich mich nicht von einer christlichen Erziehung freizuarbeiten hatte, weder von einer moralischen, noch pietistischen, noch orthodoxen."[90]

---

[86] Brief Jüchen an Benno Mascher, Lektor der „dva", datiert „Berlin 18.5.1957", in: NLJ 177.

[87] A 21, S. 5.

[88] A 19.

[89] A 19.

[90] A 4, S. 2.

Seine Studienthemen[91] in Münster waren vor allem Kirchengeschichte (u.a. Geschichte des apostolischen Zeitalters) bei Prof. Georg Grützmacher[92] sowie systematische Theologie (Dogmatik I und II) bei Prof. Georg Wehrung.[93]

„Durch Prof. Wehrung, Münster, trat mir Schleiermacher nahe."[94] Wehrung war sehr national eingestellt und ging 1933 zu den „Deutschen Christen."[95] Daneben absolvierte er im Neuen Testament „Kollegs über die synoptische Frage bei Prof. Klostermann."[96]

Was er theologisch suchte und wo er an seine bündischen Erfahrungen anknüpfen konnte, fand er an der katholischen Nachbarfakultät.

> *„Die existentialistische Theologie war mir schon im ersten Semester nahe gekommen in der einprägsamen Gestalt des katholischen Theologen Peter Wust,[97] bei dem ich zwar nie eine Vorlesung oder ein Seminar besucht habe. Aber Peter Wust hatte die Gewohnheit, Studenten aller Fakultäten in regelmäßigen Abständen zu Ausflügen in die Umgebung von Münster einzuladen. Bei diesen Ausflügen verbrachten wir einen Tag in einsamen, unter alten Kastanien gelegenen Wirtshausgärten und diskutierten einen ganzen Tag über Wusts eigenwillige Theologie. Von diesen Begegnungen her war mir die Geschichtlichkeit und Unverfügbarkeit aller Glaubensaussagen zur Selbstverständlichkeit geworden."[98]*

---

[91] Akten des Landeskirchenrats der Thüringer evangelischen Kirche über den Kandidaten der Theologie Aurel von Jüchen aus Gelsenkirchen Jahr 1926, Bd. I, Nr. G 494.

[92] „Grützmacher, Georg Konstans, evangelischer Theologe, Kirchenhistoriker, *22. Dezember 1866 in Berlin, †28. Februar 1939 in Münster. Zum Wintersemester 1914/15 erhielt G. als ordentlicher Professor im Range eines Ordinarius einen Lehrstuhl für Kirchengeschichte an der Evangelisch-theologischen Fakultät der Westfälischen Wilhelms-Universität zu Münster. Sein Fachgebiet umfaßte auch hier neben der Kirchengeschichte in ihrem gesamten Umfang die neutestamentliche Wissenschaft, aus der er regelmäßig Lehrveranstaltungen anbot. Geh. zu den Gründungsmitgliedern der neuen Fakultät. – Im Mittelpunkt der Forschungen G.s stand die Geschichte der Alten Kirche." Verfasser Christian Weise, in: BBKL, Band XVII, Sp. 508-514.

[93] „Wehrung, Georg, evangelischer Theologe, *6. Oktober 1880 in Dorlisheim (Elsaß), †20. Januar 1959 in Tübingen. – Noch im Frühjahr 1920 wurde er auf eine ordentliche Professur für Systematische Theologie an der Universität Münster berufen. In politischer Hinsicht nahm W. während der Jahre der Weimarer Republik eine konservative Haltung ein." Verfasser Matthias Wolfes, BBKL Band XIX, Sp. 1516-1542.

[94] A 16.

[95] Jacobs, Die Evangelisch-Theologische Fakultät von 1914 bis 1933, a.a.O., S. 57.

[96] „Klostermann, Erich, evangelischer Neutestamentler, Patristiker und Philologe, *14.2.1870 in Kiel, †18.9.1963 in Halle/Saale. – Nach Ende des 1. Weltkriegs aus Straßburg vertrieben, wo er in der Kriegszeit neben seiner Professur auch als Lazarettpfarrer wirkte, wurde K. 1919 nach Münster, 1923 nach Königsberg und schließlich 1928, ein Jahr, nachdem ihn die Berliner Akademie zu ihrem Korrespondierenden Mitglied gewählt hatte, nach Halle berufen." Verfasser Eckhard Plümacher, in: BBKL, Band IV, Sp. 89-92.

[97] Wust, Peter, Philosoph, *28. August 1884 in Rissenthal im Saarland, †April 1940 in Münster.

Sich an der Hochschule politisch zu engagieren lag ihm fern. Zum einen war die Mehrheit der Studierenden in den überwiegend katholischen, schlagenden bzw. auch in selteneren Fällen nichtschlagenden Burschenschaften organisiert, zu denen er als Protestant keinen Zugang hatte. Zum anderen waren die politischen Hochschulgruppen fast durchgängig konservativ und völkisch orientiert. Lediglich zwei Gruppen an der Münsteraner Universität bekannten sich ausdrücklich zur Weimarer Republik.[99] Eine davon, die SPD-orientierte „Sozialistische Hochschulgruppe", hatte im Sommersemester 1921 noch acht Mitglieder und löste sich während des folgenden Wintersemester auf.[100]

Zum anderen gab es in Münster ausreichend Attraktionen außerhalb der Universität. Das reiche Kulturleben wurde genossen, wie auch die üppige Kneipenszene. Daneben boten Stadt und Umland ausreichend Gelegenheit zu Wanderungen und Entdeckungen.

Eine wichtige Entdeckung hatte er bereits Ostern 1922 gemacht, als er unmittelbar nach dem Abitur in Münster war, um die Formalitäten der Immatrikulation zu erfüllen und sich ein Quartier zu suchen. Zu dieser Zeit aßen die Studenten, soweit sie nicht als Korporierte im jeweiligen Korps-Haus speisten, meistens bei Mittagstischen, die entweder von den Vermieterinnen für die studentischen Untermieter angeboten wurden oder in Form von Haus-Imbissen auch für Außenstehende. Jüchen fand seinen Mittagstisch „im Hause der guten Mutter Buhtz."[101] Johanna Buhtz, Witwe eines Rektors, wohnte in der Elisabethstraße 6,[102] und hier traf Aurel jun., ein gebildeter, gut aussehender, charmanter junger Mann, auf eine gebildete, gut aussehende,[103] charmante junge Frau.[104]

Irmgard Thomälen, geb. 12.10.1898 in Aschersleben, arbeitete als Säuglingsschwester in Münster. Sie war die Tochter des Oberingenieurs Hein-

98   A 19.
99   Ulrike Hörster-Philipps/Bernward Vieten: Die Westfälische Wilhelms-Universität beim Übergang zum Faschismus, in: Lothar Kurz et al. (Hg.): 200 Jahre zwischen Dom und Schloß, Münster 1980, S. 77f.
100 SPD-Unterbezirk Münster (Hg.): 100 Jahre SPD in Münster (1878-1978), Münster 1978, S. 28.
101 Brief Mascher an Jüchen, dat. Stuttgart 24.4.1957, in: NLJ-177.
102 Mitteilung Sta Münster v. 14.01.2004. Quelle: Adressbücher der Stadt Münster 1921 und 1924.
103 Fotos in meiner Sammlung, die aus den 30er Jahren stammen, zeigen eine ausgesprochen hübsche Frau.
104 Brief Kleinschmidt an Blomeyer, Eisenberg den 7. Juli 1932, in: PAJ-Disziplinarakte, o. Sign.

Irmgard von Jüchen Ende der 20er Jahre.

rich Thomälen, der in Berlin bei Siemens-Schuckert[105] angestellt war und seinerseits Sohn eines Elektroingenieurs war. Dr. A. Thomälen publizierte 1889 ein „Kurzes Lehrbuch der Elektrotechnik", von dem 1922 die 9. Auflage erschien. Ihre Mutter Maria Luise, geb. Plessmann, stammte aus einem Pfarrergeschlecht. Die Großväter Irmgards waren der Domprediger Heinrich Th. Thomälen, Schwerin, späterer Pastor in Wittenförden, und der Präpositus Friedrich Pleßmann in Dobbertin. Die Familie Thomälen war erst seit 1921/22 in Münster ansässig.[106] Irmgards Mutter, die in den Adressbüchern als „Witwe" aufgeführt ist, scheint mit ihrer Tochter zusammen nach Münster gekommen zu sein. Hier ist sie letztmalig im Adressbuch von 1936, S. 297, aufgeführt als „Marie-Luise, Witwe, Priv. Blumenstr. 20."

Aurel und Irmgard, beide jung, beide kulturell interessiert, beide neu in der Stadt. Und vor allem: beide groß geworden ohne leibfeindliche Sozialisation. Und der Altersunterschied von über drei Jahren spielte auch keine Rolle. Es geschah was zu erwarten war. Zehn Jahre später nannte ein Kirchenbürokrat in Eisenach es aktenkundig so:

„Während des Studiums in Münster lernte er seine spätere Frau Irmgard Thomälen kennen. Er trat zu ihr in geschlechtliche Beziehungen, und da diese nicht ohne Folgen blieben, heiratete er sie bereits am 26. Februar 1923."[107]

Die Heirat erfolgte tatsächlich am 16. Februar 1924 in Münster,[108] und am 27. September 1924 wurde die Tochter Edith geboren. Was das für beide Ehepartner bedeutete, ist heute kaum vorstellbar. Zu dieser Zeit waren Studentenehen ausgesprochen selten, und bei den Theologen, mit Ausnahme derjenigen, die als Soldaten während des Weltkrieges geheiratet hatten, unbekannt. „Muss-Ehen" gab es in der Arbeiterschaft zur Genüge, im Bürgertum, das zumindest offiziell auf Zucht und Sitte achtete und den

---

[105] In der NLJ-Akte 148: Manuskript-Hefte in Kurzschrift in Feldpost-Heften ist, auf französisch, ein Zettel „Description de ma vie." Jüchen schrieb hier, dass Irmgard Thomälen die Tochter eines Ingenieurs sei, der bei Siemens-Schuckert in Berlin gearbeitet habe.

[106] Im Stadtarchiv Münster ist der Alt-Bestand „Melderegister" nur bis 1920 vorhanden. Im Band 1910-1920 ist kein „Thomälen" verzeichnet. Die Adressbücher bzw. Einwohnerbücher Münster weisen erst in der Ausgabe 1922 auf S. 237: „Thomälen. A. Witwe des Oberingenieurs Elisabethstr. 6." auf.

[107] Akten des Landeskirchenrats der Thüringer evangelischen Kirche über das politische Verhalten des Pfarrers Aurel von Jüchen aus Gelsenkirchen Jahr 1929/32. Beiakten zu Nr. G 494, v. Jüchen, Aurel. Der Hochzeitstermin in den Akten ist falsch.

[108] Schriftliche Mitteilung Edith von Jüchens vom 13.4.2004.

vorehelichen Geschlechtsverkehr zumindest für die Bürgertöchter verbot, galten sie als überaus anstößig, und derartige Ehen wurden diskriminiert. Für Aurel als westfälischen Theologiestudenten war es eine regelrechte Katastrophe. Vorehelicher Geschlechtsverkehr war in der konservativen evangelischen Sexualethik per se schon inkriminiert, dann aber noch „ein Mädchen in Schande zu bringen" war der Gipfel. Auch eine Heirat half da nichts. Für evangelische Theologen galt noch bis vor wenigen Jahrzehnten als Norm, daß sie ihre Verlobten dem Superintendenten bzw. manchmal sogar dem Bischof vorzustellen hatten, damit dieser prüfe, ob die ausgewählte Partnerin tatsächlich auch zur Pfarrfrau tauge. Aurel von Jüchen erzählte mir, daß er 1968, als er zum zweiten Mal heiratete, von seiner Berliner Landeskirche scharf kritisiert wurde, als er lediglich eine Hochzeitsanzeige übersandte, ohne die Herzensdame vorher vorgestellt zu haben.

Vierundvierzig Jahre vorher, in der konservativen westfälischen Kirche, war völlig klar, dass sich der Student Jüchen um jegliche Einstellungsmöglichkeit in den Dienst der Landeskirche gebracht hatte. Jüchen heiratete auch „gegen den Willen meines Vaters."[109]

Aber wir sind jetzt zeitlich zu weit vorausgeeilt: Noch während des Wintersemesters erfolgte am 11. Januar 1923 der Einmarsch französischer und belgischer Truppen ins Ruhrgebiet mit dem Ergebnis, dass Reichsregierung und Gewerkschaften den passiven Widerstand ausriefen. Die Resultate sind bekannt, bereits am 11. Februar 1923 betrug das Verhältnis eines Dollars zur Papiermark 1 : 27.900, um im August 1 : 4,6 Millionen Mark zu betragen. Erst als am 15. November 1923 die Rentenmark ausgeben wird – mittlerweile ist ein Dollar 4,2 Billionen Papiermark „wert" – ist die Inflation zu Ende. Viel früher waren bereits die Ersparnisse und alle Rücklagen zu Ende, die sorgsame Väter für die später studierenden Kinder angelegt hatten. Die Geldvermögen hatten sich aufgelöst. Im Ergebnis stand fast eine ganze Studentengeneration vor dem Nichts. Um das Studium fortsetzen zu können, musste Arbeit aufgenommen werden. Und so machten viele Studenten unfreiwillige Arbeitserfahrungen in Industrie und Landwirtschaft. Für die Mehrheit der „Werkstudenten" war diese Zeit nur ein Übergang ohne Auswirkungen auf Identität und Bewusstsein. Für Aurel, der durch diese

---

[109] A 4.

46

Arbeitserfahrungen entscheidende Impulse für seinen weiteren Lebensweg erhielt, galt dies nicht. Als der väterliche Wechsel ausblieb, musste Jüchen sein Studium als Werkstudent selbst finanzieren. Er arbeitete mehr als ein Jahr bei der Baufirma Dyckerhoff und Widmann als Hilfsarbeiter, im Bergwerk und in einer Gelsenkirchener Gießerei.

„Mein Studium fiel in die Zeit der Inflation, durch die mein Vater sein Vermögen verlor, so daß ich mein Studium als Werkstudent verdienen mußte. Ich arbeitete im Bergwerk, in einer Gelsenkirchener Gießerei usw. Diese Zeit wurde für mich entscheidend, dadurch, daß ich in den Betrieben geschulte und klassenbewusste Arbeiter kennen lernte. Das wurde für mich der Anlaß, mich auch theoretisch mit dem wissenschaftlichen Sozialismus (Karl Marx, Landauer, Kautsky, Hilferding, Lenin und Trotzki) auseinander zusetzen. Ich las, was mir an sozialistischer Lektüre erreichbar war."[110] *Das war die Vorbereitung darauf, dass ich später zur sozialistischen Studentengruppe gehörte."*[111]

Und weiter:

„... ich arbeitete als Werkstudent ca. ein Jahr bei der Baufirma Dyckerhoff und Widmann als Hilfsarbeiter."[112]

Im Sommersemester 1923 waren nach einer Erhebung der „Wirtschafts-hilfe der deutschen Studentenschaft" 50,1% der Studenten der ev. Theologie erwerbstätig, davon fast die Hälfte nicht nur in den Semesterferien.[113] Erst nach Beendigung der Inflation konnte Jüchen sein Studium an der Universität Tübingen, einer der größten und angesehensten theologischen Fakultäten Deutschlands, fortsetzen.

2. Student in Tübingen und Jena

Tübingen war eine der klassischen Universitätsstädte Deutschlands. Die evangelisch-theologische Fakultät ist so alt wie die Universität Tübingen. Beide wurden 1477 gegründet. Die Tübinger theologischen Studien wurden vor allem durch die vorherrschende Richtung lutherischer reformatorischer

---

[110] A 10.

[111] A 21, S. 5.

[112] A 3.

[113] Die Broschüre ist faksimiliert enthalten in: Vereinigung der Verfolgten des Naziregimes, Ortsgruppe Tübingen (Hg.): Braunbuch zum 500-jährigen Jubiläum der Eberhard-Karls-Universität Tübingen, Tübingen o.J. (1977), Zitat S. 20.

Theologie geprägt. Zwei herausragende Gelehrte antworteten auf die theologischen Herausforderungen in der ersten Hälfte des 20. Jahrhunderts. Adolf Schlatter[114] kam 1898 an die Fakultät. Er versuchte die Zugänge der liberalen Theologie zum Neuen Testament mit einer den historischen Jesus und den Christus des Glaubens als Einheit sehenden Betrachtungsweise zu vermitteln. Karl Heim[115] kam 1920 zur Fakultät. Er war einer der wenigen Theologen seiner Zeit, die in den Dialog mit den modernen Naturwissenschaften eintraten.

Diese beiden Professoren zogen viele Studierende nach Tübingen. Im Sommersemester 1924 hatte Tübingen 459 eingeschriebene Studierende der evangelischen Theologie.[116] Diese absolute Zahl wird dann bedeutsam, wenn sie mit der Gesamtzahl der deutschen Studierenden in Relation gesetzt wird. Im Wintersemester 1923/24 gab es im gesamten Reich lediglich 1.991 Studierende im Fach ev. Theologie. Somit entfiel allein auf Tübingen ein Viertel der Gesamtzahl.

Unangefochtener Star der Fakultät war Schlatter. Der spätere Erlanger Ordinarius für Kirchengeschichte Walther von Loewenich studierte zur gleichen Zeit wie Jüchen bei Schlatter und berichtet von Seminaren mit über 200 Teilnehmern.

„Den vollsten Hörsaal hatte Schlatter … Er betrat den Hörsaal durch die hintere Türe und genoß auf dem Weg bis zum Katheder offenkundig das dröhnende Getrampel, mit dem er von den begeisternden Hörern begrüßt wurde. Er sprach völlig frei und hatte nicht einmal ein Neues Testament bei sich.“[117]

In Tübingen hatte Jüchen u. a folgende Studienthemen:[118]

---

[114] „Schlatter, Adolf, Prof. für Neues Testament und Systematik in Bern, Greifswald, Berlin und Tübingen; *16.8.1852 in St. Gallen, †19.5.1938 in Tübingen. Seit 1898 hatte S. den neutest. Lehrstuhl in Tübingen inne, wo er den Höhepunkt seiner akademischen Wirksamkeit erreichte und bis 1930 lehrte." BBKL, Band IX (1995) Spalten 232-235. Autor: J. Jürgen Seidel.

[115] „Heim, Karl, ev. Theologe, *20.1.1874 in Frauenzimmern im Zabergäu (Württemberg) als Sohn und Enkel eines Pfarrers, †30.8.1958 in Tübingen. – H. wuchs im pietistischen Geist seines Elternhauses. 1914 o. Professor in Münster/Westfalen und 1920 in Tübingen. H. hat sich intensiv um das Verhältnis des christlichen Glaubens und der Naturwissenschaft bemüht und eine produktive Auseinandersetzung mit dem neuesten naturwissenschaftlichen Denken vollzogen." BBKL, Bd. II (1990), Sp. 661-664. Autor: Friedrich Wilhelm Bautz.

[116] Kirchliches Jahrbuch, 1926, S. 138.

[117] Walther von Loewenich, Erlebte Theologie, München 1979, S. 41.

[118] Akten des Landeskirchenrats der Thüringer evangelischen Kirche über den Kandidaten der Theologie Aurel von Jüchen aus Gelsenkirchen Jahr 1926, Bd. I, Nr. G 494.

Bei Schlatter das „Matthäusevangelium" und das „Seminar Die Sonderquelle des Lukas", bei Heim „Dogmatik I und II", und bei Prof. Dr. Karl von Müller[119] „Kirchengeschichte II." Daneben hörte er bei Prof. Heitmüller[120] „Römerbrief" und „Geschichte der Leben-Jesu-Forschung", und bei dem Indologen und späteren Führer der sog. Deutschgläubigen Bewegung vor und während der NS-Zeit, Dr. Hauer,[121] „Religionskunde." Rückblickend auf die Semester in Tübingen nennt Jüchen vor allem den Einfluss Schlatters auf seinen späteren Lebensweg.

> *„Durch Adolf Schlatter, Tübingen tat sich mir der Reichtum der Bibel auf. Durch seine Arbeit ,Die philosophische Arbeit seit Cartesius' feite er mich gegen die allgemein übliche und kritiklose Überschätzung der Erkenntnistheorie des Deutschen Idealismus."[122]*

> *„Sein Buch …. gab mir früh einen Abstand von der Philosophie des Kantianismus, Neukantianismus und Idealismus, in dem ich später viele meiner Amtsbrüder befangen sah."[123]*

Wie in Münster blieb Jüchen auch in Tübingen politisch unorganisiert, was den ähnlichen Bedingungen in Tübingen geschuldet war. Tübingen war eine beschauliche bürgerliche Stadt mit einem marginalen Arbeiteranteil. Die Universität bestimmte die Stadt, und die Universität wurde von den Korporationen bestimmt.

Der I. Weltkrieg mit seinen Umwälzungen wirkte sich in erster Linie im studentischen Bereich aus. Bereits am 12.11.1918 organisierte sich der erste allgemeine Studentenausschuss auf Fachschaftsebene, in dem dank ihrer inneren Geschlossenheit die Korporationen zunächst eine dominie-

---

[119] „Müller, Karl, evangelischer Theologe, *3.9.1852, †10.2.1940 in Tübingen. Er war seit 1903 in Tübingen Professor für Kirchengeschichte. Kennzeichnend für M. war, daß er die Kirchengeschichte als Teil der allgemeinen Geschichte von Volk und Staat, Wirtschaft und Recht ansah. Entsprechend bediente er sich der Methoden der Geschichtswissenschaft und zog für seine Arbeiten historische Quellen heran." BBKL, Bd. VI (1993), Sp. 294. Autorin: Margit Ksoll.

[120] „Heitmüller, Wilhelm, Theologe, *8.8.1869, †29.1.1926 in Tübingen. Professor für Neues Testament seit 1924 in Tübingen. H. war einer der führenden Theologen der Religionsgeschichtlichen Schule." BBKL, Bd. II (1990), Sp. 694-695. Autor: Friedrich Wilhelm Bautz.

[121] „Hauer, Wilhelm, Indologe, Religionswissenschaftler, *4.4.1881, †18.2.1962 in Tübingen. (bis 1933 ev.), lehrte seit 1927 in Tübingen. Bis 1934 war H. Leiter des von ihm 1920 gegründeten Bundes der Köngener, einer aus der evangelischen und der freien deutschen Jugendbewegung erwachsenen Gemeinschaft für religiöse Duldung, Verständigung, Vertiefung und Erneuerung." BBKL, Bd. II (1990), Sp. 593-594. Autor: Friedrich Wilhelm Bautz.

[122] A 16.

[123] A 17.

rende Rolle spielten. Hauptsächlich aus ihnen rekrutierten sich auch die zum Schutz der neuen Republik gegen die Rätebewegungen vor allem in Bayern im Frühjahr 1919 und im Ruhrgebiet im Frühjahr 1920 eingesetzten Tübinger Studentenkompanien. Sie umfassten 1919 über 800 Mann. Die Blutspur, die die „Tübinger" vor allem durch Bayern zogen, war auch noch Jahrzehnte später berüchtigt. So ermordete die Studentenkompanie 1919 bei Erding mindestens 53 unbewaffnete russische Kriegsgefangene.[124]

Die akademische Jugend wurde zunehmend politisiert und richtete sich in ihrer Mehrheit scharf rechts aus. Es gab an der Universität Tübingen eine kleine Gruppe der „Arbeitsgemeinschaft Sozialistischer Akademiker (ASA)", die aber völlig isoliert war. Wie die Machtverhältnisse an der Universität aussahen, zeigte sich im Juli 1925. Hier kam es aus Anlass des Vortrags von Emil Julius Gumbel[125], eines Heidelberger Pazifisten, zur „Lustnauer Schlacht." Gumbel hatte Untersuchungen über die sog. „Schwarze Reichs-wehr" und über von Rechtsradikalen verübte politische Fememorde und deren Vertuschung durch die reaktionäre Justiz vorgelegt. Er hatte auch angesichts der „Helden-Zelebrierung" der Korporationen geäußert, die Toten von Langemarck zu Beginn des 1. Weltkrieges (als am 10. November 1914 angeblich die freiwillig eingerückten Studenten mit dem Deutschland-lied auf den Lippen gegen die französischen Stellungen marschiert waren – einer der wichtigsten Heldenmythen der Rechtsradikalen der Weimarer Zeit) seien auf dem Felde der Unehre gefallen. Als Gumbel dann, von der ASA eingeladen, referierte, sprengten über 2500 Studenten – die Hälfte aller

---

[124] Hierzu u.a. die SPD-Tageszeitung Vorwärts, 16.1.1926.

[125] Emil Julius Gumbel. Er wurde am 18.7.1891 in München geboren und starb am 10. Sept. 1966 in New York. 1910-1914 studierte er Mathematik und Ökonomie in München und promovierte 1914. Am Ersten Weltkrieg nahm er 1914-1916 als Kriegsfreiwilliger teil. Das Kriegserlebnis machte ihn zum Pazifisten. 1923 habilitierte er sich in Statistik und war bis 1930 Privatdozent. 1930 wurde er außerordentlicher Professor, verlor diese Stelle aber 1932 wieder, weil er öffentlich die Ansicht vertreten habe, das angemessene Heldendenkmal für den Ersten Weltkrieg sei die Steckrübe. Zu dieser Zeit war er schon lange der bestgehasste Mann bei den Nazis und den Deutschnationalen. Erste Ursache hierfür war sein Buch „Vier Jahre politischer Mord" (1922). Hier hatte er als nüchterner Statistiker die politischen Morde der „nationalen Rechten" und eine Justizpraxis, welche die Mörder in der Regel laufen ließ, recherchiert und dargestellt. Einen anderen Grund fand die antidemokratische Rechte, als er 1924 auf einer Veranstaltung der Deutschen Friedensgesellschaft in Heidelberg von den Kriegstoten sprach, die „ich will nicht sagen, auf dem Felde der Unehre gefallen sind, aber die doch auf gräßliche Weise ums Leben kamen." 1933 emigrierte Gumbel zunächst in die USA, dann nach Frankreich, bis er dann 1940 endgültig in die Vereinigten Staaten ging, wo er an der New School for Social Research in New York lehrte.

Studierenden – die Versammlung, randalierten auf der Straße und durften, von der Polizei ungehindert, Gumbel vertreiben.[126] Aber als diese Ereignisse deutschlandweit Furore machten hatte Jüchen bereits Tübingen verlassen. Sechzig Jahre später bewertete er seine Tübinger Phase so:

> *„Nach der politischen Haltung wurde auf der Universität nicht gefragt. Das Verhältnis auf der Universität war rein professoral-schülermäßig. Ich habe einzelne Professoren auch näher kennen gelernt, aber das waren Professoren, die eine Antenne hatten für meine besondere Art, mit denen ich mich gut verstanden habe, so daß das Studium problemlos verlaufen ist. Die Schwierigkeit war während meines Studiums, daß ich als Student geheiratet habe. Das war damals noch eine ganz seltene Sache und bedeutete Anstoß. Aber der Anstoß wurde dadurch gemildert, daß schon damals Soldaten zurückkamen, die ihr theologisches Studium nachholten, die Berufssoldaten waren und durch Arm- oder Beinschüsse militär-untauglich geworden waren und natürlich verheiratet waren, so daß wir einen Club der Verheirateten aufmachen konnten.“*[127]

Jüchen ging von Tübingen nach Jena. Dieses Ziel muss erklärt werden. Ein Student der evangelischen Theologie macht sein Pfarrerexamen nicht vor einem normalen Prüfungsgremium der Universität, sondern vor einer kirchlichen Prüfungskommission, in der sogar überwiegend Universitätsprofessoren sitzen. Entscheidend ist nun, dass zum einen die Prüfungsordnung von der jeweiligen Landeskirche abhängt und zum anderen, dass nur zur Prüfung zugelassen wird, wer offiziell auf der Liste der zugelassenen Theologiestudenten der jeweiligen Landeskirche steht. Diese Zugangsberechtigung wird z.B. dadurch erworben, dass jemand wie Jüchen im westfälischen Gelsenkirchen Abitur macht und damit automatisch als Theologiestudent Examen bei der westfälischen Kirche machen darf und von dieser auch anschließend als Pfarrer beschäftigt wird. Wir haben anhand seiner Hochzeit und des Kindes festgestellt, dass aufgrund seines „Lebenswandels“ keine Hoffnung auf Prüfung und Beschäftigung in Westfalen bestand. Ansonsten hätte Jüchen die letzte Studienphase entweder in Bonn oder wieder in Münster absolvieren müssen.

Dieser Weg war verstellt. Jetzt gab es noch Weg Nummer zwei zum Pfarrdienst. Im ersten Weltkrieg waren sehr viele Pfarrer und Theologies-

---

[126]   Deutscher Gewerkschaftsbund, Kreis Tübingen (Hg.): Arbeitertübingen. Tübingen 1980, S. 162ff.
[127]   A 21.

tudenten gefallen, in den meisten Landeskirchen herrschte Pfarrermangel und die Zahl der Pfarramtskandidaten als Nachwuchs war zu gering.[128] Wie in der Wirtschaft erhöhte auch das geringere Angebot bei gleich bleibend hoher Nachfrage die Aussichten, auch von „Nicht-Top-Ware", einen Käufer zu finden. Eine der Landeskirchen mit dem massivsten Pfarrermangel war die thüringische. Diese setzte sogar Stipendien für Nicht-Thüringer Theologiestudenten aus, wenn sich diese für den Thüringer Kirchendienst bereit erklärten. Dies befreite Jüchen schlagartig von den Problemen der Finanzierung seines Lebensunterhalts. Ein sicheres Stipendium der thüringischen Landeskirche beendete die materiellen Sorgen und schuf die Perspektive, in dieser Landeskirche mit einer Pfarrstelle rechnen zu können. Damit verbunden war die Bereitschaft, die letzte Studienphase in der Fakultät der thüringischen Landeskirche in Jena zu verbringen. Und so bekam Jena einen neuen Studenten.

Jena war eine Stadt mit Universität, nicht wie Tübingen eine Universität mit dazugehöriger Stadt. Jena war geprägt von der optischen Industrie, und der wirtschaftliche Erfolg der Zeiss-Werke zog zahlreiche, hochqualifizierte Arbeiter in die Stadt, die Bevölkerungszahl stieg sprunghaft von 1870 bis zur Jahrhundertwende um 150 Prozent auf rund 25.000. Von dem neuen Wohlstand, an dem Abbe und Zeiss die Mitarbeiter ihres früh zur Stiftung umgewandelten Unternehmens durch ein bahnbrechendes Sozialstatut teilhaben ließen, profitierten wiederum Stadt und Universität:

Jena war auch politisch eine andere Welt. In der Stadt bestand eine umfangreiche und gut organisierte Arbeiterbewegung, sowohl der Sozialdemokraten wie auch der Kommunisten. Hier befand sich u.a. die Redaktion der wichtigsten Thüringer SPD-Tageszeitung „Das Volk." An der Universität gab es einige sozialistische Dozenten wie z.B. Prof. Julius Schaxel, Herausgeber der naturwissenschaftlichen Zeitschrift „Urania" und, besonders hervorzuheben, Prof. Anna Siemsen (1882-1951), die in der Reichs-SPD eine Exponentin des linken Flügels war. Aber in der Masse der konservativen und reaktionären Professoren waren es nur Einsprengsel. Unter den Studenten war es ähnlich. Die Dominanz hatten die elitären, antisemitischen und stockreaktionären, burschenschaftlichen, schlagenden

---

[128] Kirchliches Jahrbuch, 1926, S. 145f.

„Korporationen." Diese „Verbindungen" organisierten 1930, als sie ihren Mitgliederzenit längst überschritten hatten, 28% aller Studenten. Insgesamt waren, die nichtschlagenden Verbindungen miteingerechnet, 56,3% der Studenten hier erfasst.[129] An der Universität in Jena waren im Sommersemester 1925 von etwa 2.000 Studenten etwa 1.000 Korporierte. Bei den studentischen Wahlen waren von 12 gewählten Vertretern 11 Korporierte und einer Sozialist.[130]

Die theologische Fakultät gehörte zu den kleineren in Deutschland. Während Jüchens Studienzeit studierten in Jena nur wenige Studenten Theologie. Im Sommersemester 1924 waren es nur 27, davon eine Studentin. Diese Zahl erreichte im Wintersemester 1925/1926 mit 40, davon drei Studentinnen, den Höhepunkt.[131] Die Hochschulen waren derjenige gesellschaftliche Bereich, in dem die Nazis zuerst die Hegemonie erringen konnten,[132] und an den theologischen Fakultäten waren die NS-Studenten noch stärker vertreten als im universitären Durchschnitt. Martin Rade, der Herausgeber der Zeitschrift „Christliche Welt", berichtete 1930 von einem Gespräch mit einem NS-Theologiestudenten.

> *„Er erzählte uns, daß an seiner Universität fast alle Studenten der Theologie Nationalsozialisten seien. Ich lese nun in der Wochenschrift ‚Deutsche Republik' Heft 7 vom 15.11., daß auf den deutschen Universitäten, insbesondere Norddeutschlands, etwa 90 Prozent der evangelischen Theologen mit dem Parteiabzeichen der Nationalsozialisten im Kolleg erscheinen.[133] Und aus den Reihen der Studiendirektoren der protestantischen Predigerseminare komme die Klage: ‚Von den Kandidaten der Gottesgelehrsamkeit … zählen mehr als die Hälfte zur Anhängerschaft Hitlers.'"[134]*

Diese Vikare haben zumindest einige Semester gleichzeitig mit v. Jüchen studiert und bieten somit Aufschluss für die ideologische Situation an den theologischen Fakultäten dieser Zeit. Antifaschistisches oder gar sozialistisches Denken war unter den Theologiestudenten demgegenüber

---

[129]   Wilhelm Tietgens: „Die Radikalisierung der Studentenschaft", in: Unser Weg, Nr. 11/1930, S. 255f.

[130]   Hierzu Gerhard Fließ: Die politische Entwicklung der Jenaer Studentenschaft vom November 1918 bis zum Januar 1933, 2 Bde., Phil. Diss. Jena Juli 1959.

[131]   Kirchliches Jahrbuch, 1926.

[132]   Angaben bei Anselm Faust, Der nationalsozialistische Deutsche Studentenbund, Bd. 2, S. 7ff.

[133]   CW, Nr. 23/1930, S. 1162.

[134]   CW, Nr. 23/1930, S. 1162.

fast unbekannt.[135] An den Universitäten bildete die SPD-orientierte „Sozialistische Studentenschaft (SSt)" den größten Verband sozialistischer und demokratischer Studenten[136]. Charakteristisch für die „SSt" war, dass ihre Mitglieder zu 68,8% aus Arbeiter- und einfachen Angestelltenfamilien kamen, einem Milieu, dem in der Gesamtstudentenschaft nur 9,07% entstammten.[137] Diese Struktur war ursächlich dafür, dass die „SSt" an den theologischen Fakultäten praktisch nicht vorhanden war.[138]

Im Wintersemester 1928/29 waren 0,6% der SSt-Mitglieder Theologiestudenten[139], wobei sich diese kleine Gruppe vor allem auf die Uni Marburg konzentrierte, wo der religiöse Sozialist Georg Wünsch Hochschullehrer war. Bei etwa 4.000 SSt-Mitgliedern im Jahr 1929 ist demnach von 24 sozialistischen Theologiestudenten auszugehen. Da die Zahl im Bericht von 1929 als positiv vermerkt wurde, dürften es während der Studentenzeit Jüchens von 1922 bis 1926 noch weniger gewesen sein. In Jena war er lange der einzige Theologe in der Sozialistischen Studentengruppe. Dieser stark linkssozialistisch ausgerichteten Gruppe, eine der ältesten und kontinuierlichsten Gruppen der „SST",[140] verdankte er viele wichtige Anstöße und eine solide theoretische Ausbildung im gesellschaftswissenschaftlichen Bereich.

Da das Stipendium zeitlich befristet war und eine Familie ernährt sein wollte, studierte Jüchen in seinen drei Jenaer Semestern ausgesprochen fleißig. Einer Auflistung seiner Studienthemen[141] in seiner Personalakte, der die Nachweise über die tatsächliche erfolgreiche Absolvierung der Veranstaltungen beilagen, sind seine Studienschwerpunke zu entnehmen. Er hat in drei Semestern zehn Hauptveranstaltungen und drei Kollegs besucht. „Die Fächer, denen ich mich vorzugsweise gewidmet habe, sind Neues Testament, Kirchengeschichte und Dogmatik." Aber er fand auch

---

[135] Dies belegen exemplarische Studien wie etwa die Untersuchung des „Tübinger Stifts" bei Siegfried Hermle et al.: Im Dienst von Volk und Kirche, S. 16ff.

[136] Eine Überblicksdarstellung hat Franz Walter 1990 in seinem Buch: Sozialistische Akademiker- und Intellektuellenorganisationen in der Weimarer Republik, vorgelegt (im folgenden zitiert als: Walter).

[137] Walter, S. 60.

[138] Es gab in der „SSt" verschiedene Fachgruppen. Eine theologische Fachgruppe ist nicht belegt.

[139] „Sozialistische Studentenbewegung", in: Jugendbeilage 2, Vorwärts v. 26. Februar 1929.

[140] Walter, S. 58.

[141] Akten des Landeskirchenrats der Thüringer evangelischen Kirche über den Kandidaten der Theologie Aurel von Jüchen aus Gelsenkirchen, Jahr 1926, Bd. I, Nr. G 494.

in Jena Zugang zur bündischen Bewegung, die sich um den Verlag Diederichs sammelte.

> *„Ich habe als Student in Jena dem Tatkreis nahe gestanden und einige Sonnwenden mit Ihnen auf dem Hohen Leden gefeiert. Schöne und erinnerungswürdige Erinnerungen*[142]*… Als junger Student in Jena bin ich im Hause Diederichs ein und ausgegangen … ich wurde durch Eugen Diederichs als Student gewürdigt, vorübergehend als Lektor des Verlages tätig zu sein.“*[143]

Sein wichtigster Lehrer in Jena war Prof. Dr. Heinrich Weinel[144], bei dem er Seminare zur „Ethik des Paulus“ und zur „Christologie der Gegenwart“ besuchte. Aber in Jena bekam er aus einer anderen Richtung entscheidende Impulse. „Durch Gogarten in Jena geriet ich in den Bannkreis der ‚Dialektischen Theologie‘.“[145]

> *„Den entscheidenden Durchbruch zum Einblick in diese Offenbarungsqualität erreichte bei mir … die dialektische Theologie Karl Barths. Widerspruch gegen die Theologie Barths in seinem Römerbrief erhob sich in mir gegen die Dualität seines Denkens. Ich konnte, darin meiner frühen Lektüre der Mystiker treu bleibend, nicht Gott und Welt, Himmel und Erde, Glauben und Kultur, Gericht und Gnade so radikal trennen, wie Barth es tat. Ich konnte die Weihnachtsgeschichte ebenso wie den Bericht über die Auferstehung Jesu nur verstehen als die grundsätzliche und durchgängige Aufhebung jeder Dualität zwischen Himmel und Erde, Ewigkeit und Zeit … Die Betonung der Dialektik des Glaubens war mir also weniger wichtig als die Betonung der Einheit, der Universalität und Ubiquität Gottes.“*[146]

Nachdem alle Leistungsnachweise zusammen waren, rückte das Abschlussexamen näher. In der Thüringischen Kirche wurde das 1. landeskirchliche Examen als Aufnahmeprüfung in den kirchlichen Dienst gestaltet. Dem Antrag des stud. theol. Aurel von Jüchen, „Jena, Mühltal 20“ auf Zulassung zur Aufnahmeprüfung der Thüringer evangelischen Kirche wurde stattgegeben. Die Prüfung fand an der Universität Jena statt und

---

[142] NLJ-Akte 54: Brief Jüchens an den Verleger Peter Diederichs in Düsseldorf, 5.1.1956.

[143] NLJ-Akte 184: Brief vom 1.1.1979 an den Eugen-Diederichs-Verlag Köln.

[144] „Weinel, Heinrich, evangelisch-lutherischer Neutestamentler, *28.4.1874, †29.9.1936 in Jena. – W. war Mitglied im Vorstand der »Vereinigung der Freunde der Christlichen Welt«, tritt aber im Oktober 1912 von diesem Posten zurück. Vom 1.4.1921 bis 31.3.1922 bekleidete W. das Rektorat, und als Vertreter Weimars gehört W. als Vertreter der »Linken« den ersten Synoden der Thüringischen Landeskirche an.“ BBKL, Band XIII, Sp. 616-622, Autor: Klaus-Gunther Wesseling.

[145] A 16.

[146] A 19.

wurde von den dortigen Professoren abgenommen. Jüchen absolvierte diese mündliche Prüfung am 31.7.1926.[147] Vorher hatte er bereits im Juni schriftliche Hausarbeiten abgeliefert und mehrere Klausuren geschrieben.

Seine Hausarbeit hatte als Thema „Luthers Stellung zur Schrift in seiner Auseinandersetzung mit den Bauern und Schwärmern." Das 64 maschinenschriftliche Seiten umfassende Manuskript wurde von Karl Heussi mit Drei plus bewertet. Heussi war auch zuständig für die Bewertung der kirchengeschichtlichen Klausur zum Thema „Der Pietismus", die er mit „II plus" bewertete. Kleinere Fehler störten das Ergebnis nicht. „Der Verfasser, der sehr viel zu Papier gebracht hat, mag gegen Ende der zweiten Stunde ermüdet gewesen sein."

Als Gesamtnote erhielt er eine „IIb", also eine Zwei minus. Damit war die Prüfung gut bestanden und der Weg ins thüringische Pfarramt geöffnet. Jahrzehnte später fasste er seine theologische Entwicklung so zusammen:

> „Ich verdanke der liberalen Theologie, der Text- und Literarkritik, innere Freiheit vom Buchstaben der Schrift. Ich verdanke Männern wie Schlatter und Heim eine lebendige und innige Beziehung zum Inhalt der Schrift. Ich verdanke Lehrern wie Barth und Gogarten die Einsicht in die Überlegenheit der christlichen Verkündigung gegenüber anderen und vor allem pseudochristlichen Anschauungsformen. Immer aber war es mir ein dringendes persönliches Anliegen, eine gewisse Weltoffenheit … und eine natürliche Aufgeschlossenheit gegenüber allen profanen Erkenntnissen der Wissenschaft, der Philosophie oder der Menschenkunde nicht über der theologischen Beschäftigung zu verlieren."[148]

> „Die verschiedenen modernen Theologien erlebte ich als Stufen. Erste Stufe: die liberale Theologie. Sie machte frei von falschen Autoritäten wie Lehre, Tradition, Dogma usw., aber sie schenkte keinen Glauben. 2. Stufe, dialektische Theologie: sie lehrte die Selbstbewegung Gottes in seinem Wort, aber sie berücksichtigte nicht die Ohren, die das Wort traf. Dritte Stufe: existentielle Theologie, sie baute eine sehr wirkungsvolle Brücke zur Existenzphilosophie. Sie lehrte die Grenzsituationen des Menschen zu erkennen. Aber das Leben besteht nicht aus Grenzsituationen, sondern aus Alltag. Wo blieb der Alltag? Alle üblichen Theologien waren mir zu

---

[147] Akten des Landeskirchenrats der Thüringer evangelischen Kirche über den Kandidaten der Theologie Aurel von Jüchen aus Gelsenkirchen, Jahr 1926, Bd. I, Nr. G 494. Alle weiteren Angaben in dieser Akte.

[148] NLJ-S Mappe Zeugnisse und Bewerbungen.

subjektivistisch. Sie schienen mir die Universalität beispielsweise der Weihnachtsge-schichte nicht zu erfassen. Wenn Christus die Welt erlöst hatte, so mußte in seinem Erscheinen mehr passiert sein, als ein subjektives Frömmigkeitsgefühl, eine subjektive Gerichtserfahrung, Gnadenerfahrung oder eine existentialistische Begrenzungser-fahrung. So bleibt bei mir der Religiöse Sozialismus durch alle Stufen hindurch, das heißt der Anspruch des Evangeliums auf alle Bereiche unseres Lebens."[149]

Mit dem religiösen Sozialismus wird Jüchen während seiner Vikarszeit erstmals zusammentreffen.

---

[149] A 4.

IV. Pfarrer in Thüringen

1. Vikar und Hilfsprediger in Thüringen

Die Aufnahmeprüfung hatte er am 31.7.1926 in Jena bestanden, und bereits am 14.10.1926 sollte der erste Teil der Vikariatszeit im Predigerseminar Eisenach beginnen.[150] Aber die Thüringische Kirche wollte nicht so lange warten. Mit Brief vom 10. August wird Jüchen beauftragt, bis zum Seminarbeginn als Vikar in der 9.000-Seelengemeinde Meuselwitz im Altenburger Land auszuhelfen. Jüchen akzeptiert, fährt umgehend von Jena nach Meuselwitz und meldet sich am 17.8.1926 von dort beim Landeskirchenrat (LKR), der kirchlichen Verwaltung in Eisenach. Er teilt mit, dass er mit der Kirchengemeinde alles geregelt habe und dass er Geld brauche, um die Fahrt zu bezahlen. Das war der erste von vielen derartigen Briefen in seinen Personalunterlagen, denn Finanzsorgen haben Jüchen viele Jahre begleitet. Der LKR half schnell und unbürokratisch, zumal Jüchen in Meuselwitz kein Gehalt bekam. Jüchen, der nie vorher Erfahrungen in Kirchengemeinden oder kirchlicher Jugendarbeit gesammelt hatte, behalf sich mit seinem Fundus aus dem Wandervogel, wobei ihm auch seine literarischen Neigungen zugute kamen.

„Ich half im Predigtdienst, hielt … abwechselnd mit Herrn Oberpfarrer Anhalt Bibelstunden ab, schrieb regelmäßig die Sonntagsandacht für die Ortszeitung, gab Sonntags den Kindergottesdienst und half auch sonst in der Jugendarbeit."

Dieser Oberpfarrer, in anderen Landeskirchen ist für den leitenden Pfarrer eines Kirchenkreises der Begriff Superintendent üblich, war mit dem unverhofft auftauchenden Aushilfs-Theologen sehr zufrieden. Er stellte ihm am 25.8.1928 ein Zeugnis aus, in dem es u.a. hieß:

A. v. Jüchen *„war im Jahre 1926 von 14. August bis 14. Oktober in der hiesigen Gemeinde als Hilfsprediger tätig … Obwohl er bis dahin noch kaum Übung in Predigt und Katechesen gehabt hatte, so hat er sich sehr schnell in seine Aufgabe hineingefunden. Seine Predigten und Reden waren tief und packend, vielleicht für einfache Hörer noch zu abstrakt … aber gute Hoffnung für die Zukunft weckend. Besonders hat er sich der Jungschar des Jungmännervereins gewidmet und hierbei*

---

[150] Alle folgenden Informationen, soweit keine andere Quelle bezeichnet wird, aus: Akten des Landeskirchenrats der Thüringer evangelischen Kirche über den Kandidaten der Theologie Aurel von Jüchen aus Gelsenkirchen Jahr 1926, Bd. I, Nr. G 494.

ein ausgezeichnetes Geschick bewiesen, die Jungen zu fesseln. Sein Auftreten, die Art seines Umgangs mit den Gemeindegliedern war sehr ansprechend. In Gesprächen über wissenschaftliche und praktische Fragen bewies er Verstandesschärfe, lebhafte Teilnahme für den Gegenstand und eine bei seiner Jugend auffallende Reife des Urteils.“

Unmittelbar danach trat er am 14.10.1926 in das Eisenacher Predigerseminar ein. Seine Familie siedelte ebenfalls nach Eisenach über und nahm Quartier im Haus von „Frau Gymnasialdirektor Walter.“

Die Ausbildungszeit im Predigerseminar dauerte ein Jahr. Ab jetzt war der Kandidat offiziell angehender Pfarrer und bekam jetzt erstmalig Gehalt. Aber da die Thüringer Kirchenverwaltung von Juristen geleitet wurde, sicherte sich diese ab und Jüchen musste ein Formblatt unterzeichnen:

„Hiermit verpflichte ich mich, nach Beendigung des Vorbereitungsdienstes wenigstens 5 Jahre in den Dienst der Thüringer ev. Kirche zu treten oder aber die mir während der Ausbildungszeit gewährten Unterhaltszuschüsse zurückzuzahlen. Eisenach, 18.10.1926.“

Im von Pfarrer Saupe geleiteten Predigerseminar kamen junge Theologen zusammen, die sich in der Regel vorher kaum kannten. In Jüchens Kurs müssen besonders viele interessante Persönlichkeiten gewesen sein. Erinnern konnte er sich noch an Heinrich Schlier, den späteren Theologieprofessor.

„Besonders fruchtbar wurde dieses Jahr für meinen theologischen Bildungsgang durch den regen und lebendigen Austausch mit den Kameraden, die den verschiedensten kirchlichen und theologischen Richtungen angehörten.“

Es gab liberale Theologen, Barthianer sowie Lutheraner unterschiedlichster Ausprägungen. Und es gab in Karl Kleinschmidt einen Seminaristen, mit dem er die nächsten drei Jahrzehnte eng befreundet blieb. Beide wurden im Predigerseminar unter dem Einfluss des Eisenacher Pfarrers Emil Fuchs[151] Mitglied des Bundes der religiösen Sozialisten Deutschlands. Kleinschmidt hatte im Juni 1927 eine vom Auditorium angefeindete Rede im Landeskirchentag gehört, in der sich Fuchs als Vertreter der religiösen Sozialisten für die freiwillige Verringerung der finanziellen Staatszuschüsse

---

[151] „Fuchs, Emil, *13.5.1874 in Beerfelden (Odenwald), †13.2.1971 in Berlin. Theologe, Religionswissenschaftler, Quäker, Sozialist, Schriftsteller. 1894 bis 1898 studierte er evangelische Theologie an der Universität Gießen. Hier brach er, angeregt durch eine Vorlesung über den Propheten Amos, mit der orthodoxen Theologie seines Elternhauses und entwarf ein neues Glaubensverständnis und ein liberales Gottesbild, das mehr die Gemeinsamkeiten der Konfessionen betonte als ihre

seitens der Kirche aussprach. Emil Fuchs hat sich im Jahr 1962 an diese Kontaktaufnahme erinnert:

> *„Herein trat ... ein junger Mann, stellte sich vor als cand. theol. Kleinschmidt vom Predigerseminar in Eisenach und sagte dann: ‚Ich möchte mich zum Bund religiöser Sozialisten anmelden. Sie haben mich gestern durch Ihre Rede gewonnen. Ich sagte mir: Wenn ein Mann so ruhig und klar gegen so tödliches Schweigen eine halbe Stunde lang reden kann, so muss er Recht haben.‘ ... Kleinschmidt und der kleine Kreis von Theologen, der mit ihm zu uns kam, war bestimmt durch die Theologie Karl Barths, deren Gegner ich war ... Hier traten nun einige Theologen zu uns, die wußten, daß sie als Christen mitverantwortlich seien für die Gegenwart und Zukunft ihres Volkes. Das war damals eine tapfere Tat und eine große Hilfe für unsere Bewegung.“*[152]

An dieser Stelle ist es notwendig, im Rahmen eines Exkurses den Begriff „religiöse Sozialisten" zu klären, denn er ist eine Verkettung zweier völlig missverständlicher Begriffe. In der Substanz ist gemeint, daß diese Menschen aufgrund ihres christlichen bzw. jüdischen Glaubens Sozialisten sind und nicht, daß ein besonderer religiöser Sozialismus konstituiert werden soll.

Entstanden sind Gruppen religiöser Sozialisten in der Schweiz 1905/1906 unter der Bezeichnung „religiös-sozial." Die ersten „religiösen Sozialisten" firmierten in Deutschland ebenfalls als „Religiös-Soziale", bis sich ca. Ende 1919 die Bezeichnung „religiöse Sozialisten" als bessere Unterscheidung von den „Evangelisch-Sozialen" (Evangelisch-Sozialer Kongress) und den „Christlich-Sozialen" (Stoecker-Bewegung in Berlin) durchsetzte.

„Religiöse Sozialisten" im weiteren Sinne bedeutete eine breite organisationsungebundene Strömung, die von dem jüdischen Religionsphilosophen Martin Buber über den Berliner Tillich-Kreis bis hin zu anarcho-kom-

---

Unterschiede ... Seit 1905 hatte er ein Pfarramt inne, zunächst in der Industriestadt Rüsselsheim bei Frankfurt am Main, ab 1918 in Eisenach (Thüringen). In Rüsselsheim war er Mitbegründer einer Volksakademie, in Thüringen gründet er einen Arbeitskreis ‚Religiöse Sozialisten.‘ F. betätigte sich in der Volksbildungsbewegung und in der Erwachsenenbildung. Schon nach dem Ersten Weltkrieg trat F. 1921 der SPD bei. Er betätigte sich als Aktivist in dem überregionalen ‚Bund der religiösen Sozialisten‘, dessen langjähriges Vorstandsmitglied er gewesen war. Er war auch Mitglied im Reichsbanner, dem Bund Deutscher Kriegsteilnehmer und Republikaner. Zahlreiche Artikel, Beiträge und Rezensionen erschienen zunächst im ‚Sonntagsblatt des arbeitenden Volkes‘, ab 1931 dann in der Zeitschrift ‚Der Religiöse Sozialist‘. Von 1930 bis zum Jahr seiner Entlassung 1933 war er Professor für Religionspädagogik an der Pädagogischen Akademie Kiel." Vgl. BBLZ, Band XX (2002). Autor: Claus Bernet.

[152] Emil Fuchs: „Zum 60. Geburtstag von Karl Kleinschmidt", in: Glaube und Gewissen, Heft 11/1962, S. 72.

munistischen Landkommunen (Sannerz, Habertshof) und Projekten der bündischen Jugendbewegung reichte.

Im engeren Sinne, d.h. als strukturierte Organisation mit überregionaler Ausdehnung, umfasste „religiöse Sozialisten" im Deutschland der Weimarer Republik vor allem den Bund religiöser Sozialisten (BRSD) mit seinen Neben- und Vorfeldorganisationen.

Der BRSD entstand zwischen 1924 und 1926 aus lokalen und regionalen Gruppen religiöser Sozialisten, die sich von einander unabhängig seit 1919 in allen Teilen des Reiches mit deutlichen Schwerpunkten in Baden, Thüringen und Berlin gebildet hatten. 1933 bestanden 11 Landesverbände mit ca. 25.000 Mitgliedern.

Von seinem Ursprung her war der BRSD ein doppelter Versuch:
- Einerseits ging es darum, in der bürgerlich-deutschnationalen Kirche das „Heimatrecht" für sozialistische Arbeiterinnen und Arbeiter durchzusetzen und die Kirche so zu verändern, dass sich diese auch in ihr wieder finden konnten. Dies charakterisiert den BRSD als Kirchenreformbewegung in seinem klassischen Drei-Schritt: „In der Kirche – Gegen die Kirche – Für die Kirche!"
- Andererseits war er der Versuch, in der Arbeiterbewegung die unterstellte und von den Freidenkern permanent reproduzierte „naturnotwendige Zusammengehörigkeit von Marxismus und Atheismus" aufzubrechen und die sozialistische Option dadurch für religiöse (christliche wie jüdische!) Bevölkerungsgruppen aus der Arbeiterschaft und den Zwischenschichten attraktiv und gangbar zu machen! Dieser Aufgabenstellung gemäß arbeiteten die BRSD-Mitglieder in den Organisationen der Arbeiterbewegung wie SPD und Gewerkschaften mit.

Obwohl der BRSD zu fast 90% aus Protestanten bestand, hatte er auch eine katholische und, was damals ein Unikat und sehr bemerkenswert war, auch eine jüdische Arbeitsgemeinschaft. Ökumenisches Denken und Handeln, die Abwehr des Antisemitismus und das Wiederanknüpfen an Jesu Verkündigung des Reiches Gottes, etwa in der Interpretation Christoph Blumhardts, waren die bestimmenden Gemeinsamkeiten. Er war die einzige Gruppierung in der ev. Kirche, die pazifistisch und antimilitaristisch ausgerichtet und innerkirchlich wie außerkirchlich in der Friedensbewegung führend vertreten war. In den Kirchen trat der BRSD für die Einführung eines „Friedenssonntags" ein, an dem im Gottesdienst „über das Ziel des

Weltfriedens gepredigt und zur Arbeit für ihn aufgerufen werden"[153] sollte. Da, wo es religiös-sozialistische Pfarrer gab, wurden diese „Sonntage", vorzugsweise in der Adventszeit, praktiziert.

Diese Positionen führten konsequenterweise zu einer eindeutigen Ablehnung der nationalsozialistischen Partei und ihrer Anhänger im Bereich der Kirche. Keine Organisation im kirchlichen Bereich hat so früh und so intensiv den aufkommenden Faschismus bekämpft wie der BRSD. Allerdings hat auch keine eine derartige Repression erlebt wie der BRSD und vor allem seine Pfarrer. Hierzu später.

Nach Abschluss der Seminarzeit folgte die erste praktische Station. Jüchen wurde ab 1.9.1927 zur Verwaltung der unbesetzten zweiten Pfarrstelle in Auma bei Weimar abgeordnet. Auma war zu dieser Zeit ein Städtchen mit etwa 2500 Einwohnern und ein bekannter Luftkurort mit Eisenquelle. Zur Kirchengemeinde gehörten auch noch einige Dörfer in der Umgebung, die der zweite Pfarrer zu versorgen hatte.

Um dieses auch kirchenrechtlich zu können, musste ihm offiziell das Recht zugestanden werden, die „Sakramente zu verwalten", also zu taufen, zu verheiraten und zu beerdigen. In anderen Landeskirchen erfolgte dies erst nach Beendigung des Vikariates. Angesichts des Pfarrermangels ging es in Thüringen schneller. Die Thüringer Ev. Kirche (THEK) hatte mit dem Stand von 1925 1.412.013 Mitglieder, das bedeutete einen protestantischen Anteil an der Bevölkerung von 92%. Zu ihrer Betreuung gab es 903 Pfarrstellen in 800 Gemeinden. Vorhanden waren nur 620 angestellte Pfarrer und 110 Lehrvikare, Hilfsprediger und Hilfspfarrer.[154] Somit fehlten 133 Pfarrer, und es wurden unorthodoxe Maßnahmen ergriffen.

Am 28. August 1927 wurde v. Jüchen von Oberpfarrer Foerster in der Kirche von Auma ordiniert. Damit ging der Bezug einer Pfarrerdienstwohnung einher und die Familie konnte endlich wieder zusammengeführt werden. Aber der Umzug von Frau und Tochter wollte bezahlt werden, und wieder fehlten die Mittel. So bat er am 4.12.1927 um 200,- RM Umzugskostenhilfe „aus dem Fonds zur Unterstützung hilfsbedürftiger Geistlicher." Dieser Betrag wurde ihm gewährt. Die anschauliche Schilderung der Vermögens-

---

[153] Zitiert aus dem Antrag der religiösen Sozialisten im Thüringer Landeskirchentag, abgedruckt im SDAV Nr. 22/1927, S. 135.
[154] Kirchliches Jahrbuch, 1932, S. 579.

verhältnisse des neuen Pfarrers, der sich sein Fahrzeug leihen musste, hatte die Wirkung nicht verfehlt.

> *„Dazu kommt noch, daß ich mir um die Arbeit in meinen Gemeinden (Wenigenauma, Muntscha, Krölpa, Gütterlitz) die alle ½ bis ¾ Stunde von Auma entfernt liegen, sinnvollerweise leisten zu können, <u>unbedingt</u> ein Fahrrad zulegen muß. Ich fahre bislang auf einem geliehenen Rad, was auf die Dauer ein unhaltbarer Zustand ist.“*

Dem LKR war bereits bewusst, dass Jüchen nicht vermögend war, denn 1927 hatte dieser seine Kirchensteuer nicht bezahlt und auch auf Mahnungen nicht reagiert. Als er in Auma amtierte, wandte sich die Kirchenkasse Eisenach an den LKR und ließ den Betrag von 12,40 RM vom Gehalt Jüchens abziehen.[155]

In Auma gab es nach langer Zeit wieder ein gemeinsames Familienleben. Die damals dreijährige Tochter erinnert sich heute:

> *„An Auma habe ich meine frühesten Kindheitserinnerungen. Ich erinnere mich an bestimmte Räume im Pfarrhaus, an den Garten, einen großen Platz im Ort, an dem sich ein Café befand. Mein Bruder Hanspeter wurde in der Zeit dort geboren.“*[156]

Hanspeter von Jüchen wurde am 29.4.1928 in einer Klinik in Jena geboren und am 29.7.1928 in Auma getauft.[157] Paten waren Ina Walter, Sekretärin, Eisenach; Reinhold Woizahn, Ingenieur, Jena und Frl. Klara Thomälen, Schwerin.

Ein zweites Kind bringt nicht nur Freude, sondern verursacht auch zusätzliche Kosten. Jüchen geriet erneut in finanzielle Bedrängnis und beantragte beim LKR am 5.6.1928, ihm die Frauen- und Kinderzulage zu gewähren, die normalerweise nur beamtete Pfarrer erhielten. Dass Vikare von dieser Regelung betroffen werden könnten, hatten sich die Juristen in Eisenach bei der Erstellung dieser Kirchengesetze nicht vorgestellt, denn Vikare hatten damals weder Kinder noch Frauen! Aber Jüchen hatte beides! Und er hatte einen verständnisvollen Oberpfarrer

---

[155] Blatt 46ff. der Akte aus dem Zeitraum November 1928.

[156] Brief Edith v. Jüchen-Weiß vom 12.4.2003. Frau von Jüchen-Weiß hat die Kapitel dieses Buches kritisch durchgesehen und mir zu vielen Passagen schriftliche Anmerkungen übersandt. Der sich über zwei Jahre erstreckenden Korrespondenz und vielen Gesprächen verdanke ich nicht nur Anregungen und Korrekturen, sondern auch das Schließen zahlreicher Lücken.

[157] Auszug aus dem Kirchenbuch der Ev. Pfarrei Auma in Sachsen-Weimar-Eisenach, Jg. 1928.

Aurel von Jüchen auf der Wartburg Ende der 20er Jahre.

Foerster, der als seine zustimmende Stellungnahme auf die Rückseite von Jüchens Antrages schrieb: „So sehr ich diese Studentenheirat mißbillige, so wenig ist heute daran zu ändern." Jüchen bekam durch ausdrücklichen Landeskirchenratsbeschluss v. 25.7.1928 „die gesetzliche Kinderhilfe, wie sie Hilfspfarrer und Pfarrer erhalten." In Auma machte er einen unterschiedlichen Eindruck, wie das Zeugnis von Oberpfarrer Foerster vom 24.8.1928 belegt.

„Ich halte ihn für einen hochbegabten, dabei bescheidenen und vom Charakter guten, ja edelmütigen Menschen, der nur in seinen Umgangsformen mangelhaft erzogen ist und dem die leidige Politik innerlich noch viel zu schaffen macht … Er zeigt großes Geschick zum Predigen und gewinnt durch eine wohlklingende Stimme und schöne Sprache die Zuhörer leicht für sich. Theologisch ist er gut vorgebildet und auf seine wissenschaftliche Weiterbildung ernstlich bedacht."

Erklärt werden muss der Verweis auf die „leidige Politik." Hintergrund war eine damals alltägliche Verpflichtung der Pfarrer, die Jüchen verweigert hatte.

„Meine erste selbständige Handlung als Vikar war, daß ich eine Fahnenweihe abgelehnt habe. Mein Oberpfarrer wollte in Urlaub fahren, und der sagte: ‚Mensch, an dem Tag ist die Fahnenweihe von irgendeinem vaterländischen Verein.' Ich habe alles eingewandt, was ein Theologe einwenden kann gegen Weihen und Fahnenweihen. Dann habe ich erklärt: Das mache ich nicht. Er mußte also einen anderen Pfarrer suchen. Also, das war mein erster kleiner Konflikt, der aber durch das gute Verhältnis zwischen mir und dem Oberpfarrer behoben wurde, aber natürlich nach oben gemeldet worden ist."[158]

In der Auma-Zeit nahm Jüchen an einem „von Herrn Pfarrer Henneberger geleiteten Apologetischen Kursus auf der Jugendburg Lobeda" teil. Apologetik war in der zeitgenössischen Diktion das Verhältnis und die Debatte u.a. mit den atheistischen Freidenkern, die in Thüringen relevant vertreten waren.

Ein Jahr geht schnell vorbei, und das zweite Examen, das das Ausbildungsende markiert, rückte näher. Neben der Pfarrstelle mussten zwei schriftliche Erarbeitungen erstellt werden. Die Themen bekam er von der Eisenacher Prüfungskommission mit Brief vom 18. August 1928 übersandt.

---

[158] A21. Frau Edith von Jüchen erinnerte sich, dass ihr Vater den Oberpfarrer so zitierte: „Ich weihe alles" (Schriftliche Mitteilung vom 13.4.2004).

Am 13.10.1928 konnte Jüchen die mit 69 Seiten umfangreichste Arbeit zum Thema „Welche Bedeutung weist das Neue Testament dem Leibe des Menschen zu?" absenden. Die Quintessenz der Arbeit ist in den Schlusssätzen auf S. 69 enthalten:

> *„Gott verliert seine Realität, wenn seine Offenbarung nur den Geist des Menschen oder die Innerlichkeit seines Gemütes angeht. Es ist darum das wichtigste Anliegen der kirchlichen Verkündigung gerade das empirische Dasein des Menschen, der Welt, des Volks, der Kirche, der Zeit, in der wir leben, unter die Offenbarung Gottes zu stellen."*

Für die Arbeit gab es eine Zwei minus.

Die andere Ausarbeitung war die Prüfungspredigt über 1. Korinther 6, Verse 19 bis 20. Der Gutachter war der Thüringer Landesoberpfarrer[159] Reichardt, der sie mit „II" benotete. Aber eine Predigt wird erst zu einer solchen, wenn sie auch im Rahmen eines Gottesdienstes gehalten wird. Und dies geschah am 2.12.1928 in der Kirche von Auma. Jüchens Mentor und Oberpfarrer Foerster, der die praktische Predigt mit Zwei minus bewertete, berichtete darüber an den LKR:

> *„Aurel von Jüchen spricht … bei seiner Predigt eine angenehme, wohlklingende Stimme sowie eine sehr schöne, deutliche Aussprache. Nachdem er in den zur Parochie gehörigen Landgemeinden über ein Jahr lang jeden Sonntag gepredigt hat, ist er ruhiger und in seiner ganzen Haltung gemessener geworden, und nachdem er sein ursprünglich borstig zum Himmel aufstrebendes Haupthaar von Monat zu Monat immer mehr hat kürzen lassen, ist auch die Figur des jugendlichen Himmelsstürmers mehr und mehr der des schlichten Gemeindepredigers gewichen … Von Jüchen ist ehrlich bemüht, so volkstümlich wie möglich zu predigen … Die Liturgie spricht er würdig, eindrucksvoll, wie auch sonst die Gemeinden, besonders die Landgemeinden, den jungen Prediger gern hören."*

Da die anderen Teile der Anstellungsprüfung vom 10.-14.12.1928 vor der Kommission in Eisenach jeweils zwischen Zwei und Drei plus benotet wurden, war das Examen mit der Gesamtnote „IIb" bestanden. Am 18.12.1928 erhielt er das Abschlusszeugnis. Jetzt ging es darum, wo die nächste Pfarrstelle anzutreten war.

---

[159] Anderswo war für diese Stellung der Bischofstitel üblich.

2. Der rote Pfarrer von Möhrenbach

In der Thüringer Landeskirche waren zu dieser Zeit viele Pfarrstellen unbesetzt. Jüchen bemühte sich zielgerichtet um eine Stelle in einer Arbeitergemeinde, möglichst mit einer starken Gruppe der Religiösen Sozialisten. Nach ersten Ansätzen seit 1919 begann etwa ab 1926 der organisatorische Aufbau eines thüringischen Landesverbandes des Bundes der Religiösen Sozialisten.[160] Im gleichen Jahr kandidierte der BRSD erstmals mit einer eigenen Liste zum Landeskirchentag, wie die thüringische Synode bezeichnet wurde. Seine Liste erhielt 19.551 von den insgesamt abgegebenen 189.338 Stimmen und sieben Sitze, einen erhielt der Bürgermeister Hermann Worch aus Langewiesen. Mit welchen Zielen und welchem Selbstverständnis der BRSD agierte, macht der „Aufruf der religiösen Sozialisten Thüringens zu den Gemeindewahlen der evangelischen Landeskirche"[161] von 1928 deutlich.

> *„1.   Wir fordern, daß in jeder evangelischen Gemeinde die Botschaft Jesu in ihrem vollen Ernst verkündet und ihr unbedingter Gegensatz gegen die Gestaltung und Gesinnung der heutigen Gesellschaft nicht verhüllt wird. Kirchengemeindevertreter unserer Gesinnung sollen darauf sehen, daß bei Pfarrwahlen diese Forderung zur entscheidenden gemacht wird …*
>
> *2.   Wir fordern, daß jede evangelische Gemeinde sich bemüht, im Geiste christlicher Religion zu leben. Sie muß beobachten, welche Dinge im öffentlichen und wirtschaftlichen Leben die Gesundheit und die Seele der Menschen schädigen (schlechter Lohn, Lohndrücken, Arbeitslosigkeit, Wirtschaftskämpfe, Sonntagsarbeit, Arbeit in der Sonnabendandacht, Überstunden, Überlastung der Jugendlichen, der Frauen und Kinder, Schäden der Heimarbeit). Und sie muß tun, was sie kann, diese Dinge zu bessern. Ihre Aufmerksamkeit muß dauernd denen gelten, die kör-*

---

[160]   Soweit keine andere Angabe erfolgt, folge ich den ausgezeichneten Darstellungen Reinhard Creutzburgs: a) Reinhard Creutzburg: Religiöse Sozialisten in der Thüringer evangelischen Kirche 1918-1933, in: Thomas A. Seidel (Hg. im Auftrag der Ev. Akademie Thüringen und der Gesellschaft für Thüringische Kirchengeschichte): Thüringer Gratwanderungen. Beiträge zur fünfundsiebzigjährigen Geschichte der evangelischen Landeskirche Thüringens, Leipzig 1998; – b) ders.: Zur Entwicklung der religiös-sozialistischen Bewegung in Thüringen 1918-1933. (theol. Diplomarbeit), Halle-Wittenberg 1979; – c) ders.: „In der Kirche – Gegen die Kirche – Für die Kirche." Die religiös-sozialistische Bewegung in Thüringen 1918-1926. (theol. Diss.), Halle/Saale 1989. Eine knappe Überblicksdarstellung liefert auch Siegfried Heimann in: Siegfried Heimann, Franz Walter, Religiöse Sozialisten und Freidenker in der Weimarer Republik, Bonn 1993.

[161]   SDAV Nr. 40/1928, S. 230/31.

perlich schwach, krank, arbeitslos sind, die unter dem Wohnungselend leiden, die in Gefahr stehen, vom Leben zerbrochen zu werden, in Rohheit und Verkommenheit versinken …

3.   Wir fordern, daß vom evangelischen Gemeindeleben aus dauernd alle Menschen und alle Organisationen unterstützt werden, die irgend eine ersprießliche Arbeit zur Besserung der Gesellschaft tun … Selbstverständlich ist es dabei, daß diese Arbeit der Kirchengemeinde immer in dem Sinne geschieht, daß man Unrecht und Unfrieden überwinden hilft.

4.   Wir fordern, daß jede evangelische Gemeinde weiß, daß sie keine evangelische Gemeinde ist, so lange sie dem Glauben an Gewalt und Krieg, der Erhaltung der bestehenden unchristlichen Gesellschaftsordnung und der bürgerlich-behaglichen Gesinnung dient. Sie hat Menschen aufzurütteln, ein Neues, Besseres zu suchen, der Verwirklichung des Reiches Gottes zu dienen.

5.   Wir fordern, daß eine evangelische Gemeinde alle die überkommenen kirchlichen Sitten abschafft, die durch Bestrafung und Beschämung der Menschen sie vom Bösen abhalten wollen (Verweigerung von Kranz und Schleier, Geläute, Sonderbehandlung in Selbstmordfällen, Richten der Menschen bei Beerdigungen). Das Evangelium ruft die Menschen zur Mitarbeit an der werdenden neuen Welt, und dadurch spornt es sie zum Guten an. Die Kirchenzucht ist Unglaube, ist Ungerechtigkeit. Sie trifft die sichtbaren und nicht die schlimmeren verborgenen Sünden. Sie trifft deshalb den Armen und nicht den Reichen, der die Mittel zum Verhüllen hat.

6.   Wir fordern, daß alle Unterschiede in der Behandlung der Gemeindeglieder in Gottesdienst, bei kirchlichen Feiern, Taufen, Konfirmationen, Trauungen und Beerdigungen und in der Seelsorge beseitigt werden … Wir fordern, daß die evangelischen Gemeinden ihren Besitz und ihre Steuern als beträchtliche Werte der Gemeinschaft verwalten. Diese Werte sind nicht im Interesse Einzelner zu verschleudern … sie müssen in gemeinnützigem Geiste verwendet werden.

Alle die Männer und Frauen, die ein evangelisches Gemeindeleben in diesem Sinne und die Pfarrer zu stützen wünschen, die dafür kämpfen, fordern wir auf, die Liste der religiösen Sozialisten zu wählen."

Neben der Beteiligung an Kirchenwahlen, sowohl auf Landes- wie auf Gemeindeebene, versuchte der BRSD durch die Besetzung von Pfarrstellen durch ihm angehörende oder sympathisierende Pfarrer Positionen zu gewinnen. Er nutzte das Kirchengesetz „Über die kirchliche Versorgung und über den Schutz der Minderheiten", das in der geänderten Fassung vom 15.5.1929 in § 10 besagte, dass in Gemeinden mit mehreren Pfarrstellen einer Gemeindeminderheit ein Pfarrer ihrer Richtung gewährt werden muss,

„wenn es mindestens ein Viertel der wahlberechtigten Gemeindeglieder …
beim Landeskirchenrat schriftlich beantragt."[162]

Die Nachfrage nach religiös-sozialistischen Pfarrern war wesentlich
größer als die vorhandene Zahl von Bewerbern. Hinzu kam noch, dass
konservative Kreise der Landeskirche häufig diesen Wünschen nicht
nachkamen und versuchten, das Minderheitenschutzgesetz praktisch zu
unterlaufen. Da war es gerade für junge Theologen auf der Suche nach
der ersten richtigen Pfarrstelle sinnvoll, sich bedeckt zu halten, denn die
Pfarrstellen wurden von der kirchlichen Verwaltung in Eisenach vergeben.
Zur „Kirchenregierung" gehörten der Landesoberpfarrer und jeweils zwei
geistliche und zwei weltliche (in der Regel Juristen) hauptamtliche Kirchenräte, die auf Lebenszeit gewählt wurden.[163]

Der Landesoberpfarrer Wilhelm Reichardt (1871-1941) hatte Pläne mit
Jüchen. Er hatte ihn als Pfarrer der kleinen Gemeinde Möhrenbach bei
Arnstadt vorgesehen. Mit der Bildung des Landes Thüringen im Jahre 1920
war der Landkreis Arnstadt gebildet worden. Sein Territorium erstreckte
sich von Rockhausen im Norden bis nach Masserberg im Süden, von
Riechheim im Osten bis Holzhausen im Westen. Arnstadt war kreisfreie
Stadt mit Sitz des Landkreises.

Die Gemeinde Möhrenbach, bis 1920 Teil des Fürstentums Schwarz-
burg-Sondershausen mit eigener Landeskirche, war eine Hochburg der
Religiösen Sozialisten.

„In Möhrenbach, der bisherigen Gemeinde unseres Freundes Rackwitz, sind 4 Sitze
gewonnen, so daß dort das Verhältnis so ist, daß 7 religiöse Sozialisten 5 Bürgerli-
chen gegenüberstehen, eine Zusammensetzung, die besonders im Hinblick auf die
kommende Neubesetzung der Pfarrstelle von Wert ist."[164]

Arthur Rackwitz[165], Pfarrer in Möhrenbach von 1921 bis 1929, hatte sich
ein großes Ansehen erworben und vor seinem Wechsel nach Eisenberg durch

---

[162] Landeskirchenrat der Thüringer evangelischen Kirche (Hg.): Thüringer Kirchenrecht, Eisenach, Ostern 1938, S. 78.

[163] Erich Stegmann: Der Kirchenkampf in der Thüringer evangelischen Kirche, S. 10.

[164] SDAV Nr. 52 v. 23.12.1928, S. 328.

[165] Arthur Rackwitz, 4.8.1895-16.8.1980, Pfarrer in Berlin, Möhrenbach/Thür., Eisenberg/Thür. und Berlin-Neukölln, war von 1920 bis in die 50er Jahre hinein einer der wichtigsten religiösen Sozialisten des deutschsprachigen Raumes. Hierzu meine Darstellung in: Ulrich Peter: Entstehung und Geschichte des Bundes der religiösen Sozialisten in Berlin 1919-1933 (Diss.), Frankfurt 1995, S. 430-435.

Beschlüsse des Kirchenrates sichergestellt, dass die Gemeinde erneut einen „sozialistischen" Pfarrer forderte. Jüchen war bereits im Predigerseminar mit linken Thesen aufgefallen, hatte sich aber als religiöser Sozialist noch nicht exponiert. Das erschien Reichardt ein gangbarer Weg, dem Wunsch der Gemeinde zwar nachzukommen, aber der Landeskirche einen zweiten Rackwitz zu ersparen. Also wurde Jüchen einer politischen Befragung unterzogen die zu Reichardts Zufriedenheit verlief, wie er Jüchen per Brief vom 25.1.1929 mitteilte.

> *„Auf Grund unserer Unterredung vom 22. d.M. in Gera werde ich dann dem Kollegium erklären, daß Sie der Sozialdemokratischen Partei nicht angehören, auch nicht die Absicht haben, in absehbarer Zeit zu ihr überzutreten, und dass Sie ferner auch nicht der Gruppe der religiösen Sozialisten angehören, auch ihr in den nächsten Jahren nicht beitreten wollen, um sich erst aus der Amtserfahrung heraus ein abschließendes Urteil zu bilden. Ich werde betonen, dass Sie mir versichert haben, dass es Ihnen ein ernstes Anliegen sein werde, <u>allen</u> Gemeindegliedern ohne Unterschied mit dem Wort Gottes zu dienen. Ich wäre Ihnen dankbar, wenn Sie mir mitteilen wollten, dass Sie einverstanden sind, wenn ich in dieser Weise Ihre Anstellung als Pfarrer in Möhrenbach empfehle."*[166]

Jüchen reagierte darauf mit Brief vom 27.1.1929. Er wies auf sein gutes Verhältnis mit den Patronatsherren und Rittergutsbesitzern in Auma hin und kam dann zum Kern.

> *„… versichere ich noch einmal schriftlich, daß ich weder Mitglied der Sozialdemokratischen Partei noch Mitglied des Bundes religiöser Sozialisten bin und daß ich im Augenblick auch nicht die Absicht habe, eines von beiden zu werden. Ein Versprechen auf Jahre hinaus kann ich jedoch nicht geben, zumal ein Beitritt zum Bunde religiöser Sozialisten, wie ich Ihnen gegenüber auch in der Unterredung vom 22. Jan. in Gera nicht ausgesprochen (sic!) habe, eigentlich in der Konsequenz meiner augenblicklichen Überzeugung liegt … Als selbstverständlich dürfen Sie es betrachten, daß es mir immer ein dringendes Anliegen sein wird, <u>allen</u> (unterstrichen) Gliedern der Gemeinde mit dem Wort Gottes zu dienen und dass ich meine Ehre darin setzen werde, mir das Vertrauen <u>aller</u> (unterstrichen) Gemeindeglieder zu erzielen."*

Nach dieser für Reichardt ausreichenden Auskunft wurde Jüchen mit Wirkung zum 1. April 1929 zum Pfarrer in Möhrenbach berufen. Bereits

---

[166] Akten des Landeskirchenrats der Thüringer evangelischen Kirche über den Kandidaten der Theologie Aurel von Jüchen aus Gelsenkirchen, Jahr 1926, Bd. I, Nr. G 494.

der erste Auftritt als Pfarrer kündigte die späteren Konflikte mit dem Kreisoberpfarrer an, der am 15.4.1929 über die gerade stattgefundene Antrittspredigt nach Eisenach meldete:

> *„Pfarrer von Jüchen hielt seine Antrittspredigt über Jerem. 22, Vers 29 [Oh Land, Land, Land, höre des Herrn Wort!]. Die Predigt war gut durchdacht und klar disponiert, sie legte ein gutes Zeugnis von dem guten Willen ab, am Aufbau der Gemeinde zu arbeiten und allen ohne Unterschied zu dienen. Allerdings hätten Ausdrücke wie ‚Proletarier‘, ‚Genossen‘ als Anrede und Ausführungen über ‚Wiedergutmachung der großen Schuld der Kirche an einem der Kirche entfremdeten Stande‘ (Proletarier) in der Predigt wegbleiben können, da durch diese Ausführungen die Predigt an manchen Stellen doch zu sehr an eine Parteiversammlung erinnerte. Nach dem Gottesdienst habe ich Pfarrer von Jüchen darauf aufmerksam gemacht und ihn gebeten, doch die politischen Schlagworte in der Predigt wegzulassen und einseitige politische Ausführungen zu vermeiden, da dadurch nicht der Allgemeinheit und der kirchlichen Aufbauarbeit gedient würde."* [167]

Jüchen hatte jetzt erstmals seit vielen Jahren keine materiellen Sorgen mehr. Er erhielt Pfarrerbezüge von monatl. 366,60 Reichsmark plus einer Kinderbeihilfe von weiteren 40,- RM. [168] Im Verhältnis dazu verdiente ein gelernter Metallarbeiter im Jahr 1928 etwa in Chemnitz 44,74 RM die Woche.

Nach der vollzogenen Anstellung konnte Jüchen seine taktische Zurückhaltung aufgeben und wurde im BRSD aktiv. Sein Beginn fiel in eine Phase des Thüringer BRSD, die Reinhard Creutzburg für 1928/1929 so charakterisiert:

> *„Ende 1928 waren … Bewegung und neuer Aufbruch zu beobachten … begannen die jungen Pfarrer Karl Kleinschmidt … Aurel von Jüchen … und Erich Hertzsch ihre Mitarbeit bei den Thüringer Religiösen Sozialisten."*

An dieser Stelle ist es notwendig die Gemeinde vorzustellen und den zuständigen Kreisoberpfarrer, der zu Jüchens größtem Gegner, ja Feind werden sollte. Die Gemeinde Möhrenbach wurde in einem zeitgenössischen Reiseführer so vorgestellt: „Möhrenbach, 580 m. 1200 Einwohner. Reizend gelegene, bescheidene Sommerfrische. Nadelwald. Keine Industrie."[169] Was

---

[167] Brief Oberpfarrer Schwendel an LKR, Gehren 15.4.1929, LKA Eisenach, Jüchen PA Akte 1929/32, Blatt 1.

[168] PAJ-E, 1926, Bd. I, Nr. G 494.

[169] Thüringer Verkehrsverband (Hg.): Thüringen. Das grüne Herz Deutschlands, Gotha 1927, S. 85.

für die Touristen idyllisch war, bedeutete für die Einheimischen einen harten Kampf ums Dasein.

„Der Charakter dieses Dorfes, den muß man erklären. Das war eine Arbeiter-Sitz-Gemeinde. Also, eine Arbeitergemeinde, in der es nur ganz spärliche Industrie gab. Die Arbeiter mußten alle mit dem Zug oder mit dem Fahrrad morgens weit fahren, und zwar fuhren sie entweder nach Ilmenau oder nach Gehren oder nach Wesen, oder sie fuhren aufwärts in die Glashütten des Thüringer Waldes. Die Glashüttenindustrie war die einzige Industrie des Thüringer Waldes, und es war erklärbar, weil damals, als sie gegründet wurde, Holz das billigste Brennmaterial war. Das war aber auch die Problematik. In der Zeit, als ich hinkam, war Holz längst nicht mehr das billigste Brennmaterial, und die Glashütten wanderten ab aus dem Thüringer Wald. Eine Arbeiter-Sitz-Gemeinde hat soziologisch einen vollkommen anderen Charakter als jede andere Gemeinde. Denn die Frauen müssen ja die Feldarbeit machen. Die Kinder wachsen praktisch ohne Eltern auf. Vor allem müssen sie helfen auf dem Feld, eine sehr schwere Arbeit an diesen Steilhängen des Thüringer Waldes. Die Frauen waren alle abgemagert, und die Herrschaft im Dorf führten die Kinder. Die Kinder werden alle altklug, und es gab außerordentliche Disziplinschwierigkeiten, die heute die Lehrer mit den Schülern in städtischen Gemeinden haben, damals bereits vorausgenommen wurden in den Schulen. Die Kinder waren ein großes Problem. Soviel zur Soziologie einer Arbeiter-Sitz-Gemeinde, wo die Männer fehlen und die Frauen arbeiten und die alten Leute alle mitarbeiten müssen. Aber die Gemeinde war kommunistisch und sozialistisch zum großen Teil. Alle anderen gehörten zur Landwirte-Partei und waren sehr konservativ. Eines guten Tages wurde in diese Gemeinde der Pfarrer Emil Fuchs aus Eisenach geholt. Er hielt einen Vortrag im größten Wirtssaal der Wirtschaft, und er war zu mir hinterher eingeladen und wußte, daß ich religiöser Sozialist war. Und er sagte, bei Deinen Ansichten, die Du hast, und Deinen Überzeugungen, die Du Dir gebildet hast, musst Du Mitglied der SPD werden. Er sagte: Es nützt nicht, Überzeugungen zu haben, das ist immer nur der Anfang, sondern man muß auch, wenn man eine Überzeugung hat, dann muß man ihr auch gleichsam organisatorischen Ausdruck geben. Das hab ich eingesehen, das war eine Lehre, die ich von Fuchs bekommen habe. Ich bin sofort dann der SPD beigetreten. Aber ich hatte Bedenken. Ich muß in meiner Gemeinde die Einheit der Kirche verkörpern, weil kein anderer Pfarrer da ist, und werde unter Umständen in lokale Sachen hineingezogen und für sie verantwortlich gemacht, für die ich gar kein Interesse habe. Und wählte den Ausweg, einer SPD-Ortsgruppe beizutreten in einer nahe gelegenen Stadt, in Langewiesen, war also gleichsam nun Mitglied von zwei Ortsgruppen – einer ideell in meiner Heimatgemeinde und einer praktisch und materiell, nämlich in Langewiesen, hatte aber die Möglichkeit, nun auch viel

stärkere Wirkung zu üben usw. Im übrigen fiel auf, daß ich mich aus Lokalangelegenheiten raushielt, das ist estimiert worden von der ganzen Gemeinde. Aber die Bürgerlichen konnte ich nicht überzeugen davon, daß ich religiöser Sozialist sein konnte als Pfarrer." [170]

Arthur Rackwitz stellte seinem Nachfolger in einem vierseitigen Brief [171] den Ort, die Gemeinde und die verschiedenen Persönlichkeiten vor. Als Soziologie eines Arbeiter-Dorfes ist die Darstellung gelungen und war mit Sicherheit für Jüchen ausgesprochen wertvoll. In Möhrenbach gab es eine konsolidierte Ortsgruppe des BRSD, geleitet von Oskar Sommer, einem jungen Mann, „der auf der Kreissparkasse in Gehren angestellt" war. Der Leiter der SPD-Ortsgruppe, Oskar Löser, war ebenfalls Mitglied des Kirchenvorstandes.

Der Gemeindepfarrer von Möhrenbach hatte parallel noch eine andere Gemeinde zu versorgen. Während die Kirchengemeinde Möhrenbach 1928 etwa 1100 Mitglieder zählte, war das Dorf Jesuborn kleiner. Jesuborn ist heute ein Ortsteil von Gehren und zumindest den Autofahrern durch seine Lage an der B 88 zwischen Gehren und Königsee bekannt. Bereits im April 1923 wurde im Rahmen der Neuordnung Thüringens Jesuborn nach Gehren eingemeindet, doch diese Bindung hielt nur 16 Monate und im August 1924 erhielt Jesuborn seine Selbständigkeit zurück. Im Juli 1950 vollzog sich die erneute Eingemeindung per Gesetz. Der Ort war eine Hochburg rechtsgerichteter Parteien, und diese hatten in der Kirchenvertretung der Gemeinde mit nicht einmal 500 Mitgliedern eine deutliche Mehrheit. Diese Mehrheit hatte zwei Ursachen. Zum einen gab es in Jesuborn eine gut organisierte deutschnationale Gruppe, die über das örtliche Bürgertum die soziale Kontrolle ausübte und „Versöhnler" sanktionieren konnte. Rackwitz stellte dies so dar:

> *„Von den bürgerlichen Kirchenvertretern [ist] Eugen Zentgraf, … klug genug, um unsere Daseinsberechtigung wenigstens innerlich anzuerkennen, wenn er es auch nach außen hin wegen des Terrors der Herren Siegmund-Rautenkranz und Krannich nicht so merken lassen darf."*

---

[170] A 21, S. 13/14.

[171] Eisenberg, den 5. Mai 1929. In NLJ-S, Mappe Thüringen. Dieser Brief hat einen Annex „von Pfarrfrau zu Pfarrfrau" von Charlotte Rackwitz an Frau von Jüchen über wichtige Verhaltensformen in der Gemeinde.

Zum anderen gab es in Jesuborn eine völlig andere SPD als in Möhrenbach.

„Der Konsumlagerhalter Franke in Jesuborn ist ein sehr rühriger Vertreter des Freidenkertums, der wiederum viele Sozialisten terrorisiert. Den der Kirche angehörenden Sozialisten fehlt es in Jesuborn in bedauerlichem Maße an Zivilcourage. Hier herrschen die Freidenker vorläufig noch, ganz im Unterschied zu Möhrenbach, wo die Freidenker immer stiller geworden sind."

Im Ergebnis stabilisierte diese Politik in Jesuborn die Hegemonie einer Minderheit des Bürgertums in einer Kirchengemeinde eines Arbeiterortes.

Zu diesem Kräfteparallelogramm zählten noch die beiden im Gebiet verbreiteten Tageszeitungen. Einmal die gutbürgerliche und deutschnational ausgerichtete „Henne. Ilmenauer Nachrichtenblatt. Amtsblatt für den Gerichtsbezirk Ilmenau", kurz die „Ilmenauer Henne" genannt und das sozialdemokratische „Volk", das in Jena erschien. Diese Publikationen werden die Foren der Auseinandersetzung Schwendel-Jüchen sein. Beleuchtet werden muss auch die kirchenpolitische Landschaft Thüringens der Jahre 1927 bis 1933. Die Kirchenwahlen zum lokalen Kirchengemeinderat wie auch zum Landeskirchentag (Synode bzw. Kirchenparlament) erfolgten in der Regel durch Listenwahl konkurrierender Gruppen und die Sitzverteilung erfolgte nach dem Verhältniswahlrecht. Die Skala der Gruppen begann von links mit den religiösen Sozialisten. Ihnen folgten in der linken Mitte die kirchlich Liberalen, zusammengeschlossen im „Thüringer Volkskirchenbund" (VKB). Sie traten für ein modernes, nichtdogmatisches Christentum ein, mit umfassender Lehrfreiheit für die Pfarrer.[172] Sie waren die einzige Gruppe, die bereit war, mit den religiösen Sozialisten zu kooperieren. Die „rechte Mitte" bildete der „Einigungsbund" (EB), dessen Programm vor allem darin bestand, die Einheit des Protestantismus zu beschwören, sich aber tatsächlich eher rechts zu positionieren. Den rechts-konservativen Flügel bildete die Mehrheitsgruppe der Landeskirche, der „Christliche Volksbund" (CVB), zu dem sich Lutheraner und Pietisten zusammengeschlossen hatten.

Der Bochumer Theologe Günter Brakelmann hat die Mentalität des konservativen deutschen Protestantismus zutreffend charakterisiert.

---

[172] Hierzu Walter Nigg: Geschichte des religiösen Liberalismus, Zürich/Leipzig 1937.

„Will man die Freude des konservativen und völkischen Nationalprotestantismus über die ‚Wende' der deutschen Geschichte im Jahre 1933 verstehen, muß man sich mit dem Jahrhundertkampf des kirchlichen Mehrheitsprotestantismus gegen die moderne ‚Emanzipation' in all ihren verschiedenen Formen in Philosophie wie in politischer und gesellschaftlicher Theorie und Praxis befassen. 1933 steht für die Überwindung von ‚1789.' Diese Horizonte müssen mit aufgerissen werden, wenn man erklären will, warum man den Sieg Hitlers als Sieg über Demokratie, Liberalismus und Sozialismus/Kommunismus gefeiert hat."[173]*

Den rechtsradikalen Flügel bildete der „Bund für Deutsche Kirche" (BDK), der erstmalig 1927 mit drei Abgeordneten in den Landeskirchentag einzog. Diese nicht nur in Thüringen vertretene Gruppe war ein seitens der Amtskirchen anerkannter Vorläufer der späteren „Deutschen Christen." Sie lehnten das Alte Testament ab und betrieben die „Eindeutschung" des Christentums. Wes Geistes Kind die Vertreter dieser Gruppierung waren, machten sie vor dem Plenum des Landeskirchentages 1930 (!) deutlich. Ein Auszug aus dem Protokoll mag es illustrieren: „Jesu Kampf für das Gute, Hohe und Reine zeugt … von einem ganz arischen, deutschen Wesen … Wenn uns immer entgegenhalten wird, ja, er war ja gar kein Arier, so möchte ich beinahe sagen, das ist Blasphemie, Gotteslästerung."[174] Das war 1930 im Rahmen des Diskurses einer evangelischen Landeskirche eine von der Mehrheit geduldete und damit implizit für tragbar erklärte Position.

Im Land Thüringen war die SPD 1924 aus der Regierung ausgeschieden, die danach von bürgerlichen Parteien gestellt wurde. In den 20er Jahren nahmen die politischen Konflikte und die Polarisierung der Gesellschaft rapide zu. Dies strahlte natürlich auch auf die Kirche aus, in der reaktionäre und rechtsradikale Strömungen immer deutlicher hervortraten. Demgegenüber war die thüringische SPD an Differenzierungen in der Kirche desinteressiert und bekämpfte die Kirche in ihrer Gesamtheit.

Der thüringische Freidenker Mäder sprach vor dem Forum des Kieler SPD-Reichsparteitages 1927 von den religiösen Sozialisten als einem „üblen Zerfallsprodukt der evangelischen Kirche."[175] Der SPD-Grundsatz „Religion

---

[173] Günter Brakelmann: Kirche in Konflikten ihrer Zeit, München 1981, S. 10.

[174] Creutzburg, a.a.O. (1977), S. 146/47. Er zitiert aus dem Tagungsprotokoll.

[175] Zitiert nach SDAV, Nr. 24/1927, S. 146, und Nr. 34/1927, S. 194. In einer leider wenig verbreiteten Studie mit dem Titel „Die SPD-Linke in der Weimarer Republik", (im folgenden als „Klenke" zitiert) hat Dietmar Klenke auch das Verhältnis der SPD zu Religionsfragen untersucht;

ist Privatsache" galt in der freidenkerisch dominierten thüringischen SPD nicht. So rief etwa 1930 der Landesverband offiziell zu „einer Werbewoche für Massenaustritt aus dem Religionsunterricht auf. Die gesamte sozialdemokratische Presse Thüringens unterstützt diesen Feldzug."[176]

Langewiesen, Möhrenbach und Jesuborn gehörten sämtlich zum Kirchenkreis Gehren, der von Oberpfarrer Schwendel[177] geleitet wurde. Schwendel und Jüchen wurden bald Intimfeinde. Von dem Verhältnis beider gab Jüchen 1986 ein Beispiel:

> *„Ich hatte in der neben meinem Dorf gelegenen Stadt Gehren den Sitz des Oberpfarrers, eines nationalistischen verlogenen Oberpfarrers, der einen Stammtisch beherrschte und von da aus seine seelsorgerliche Propaganda machte."*[178]

Jüchen ging seinerseits kaum einem Konflikt aus dem Weg und hatte auch einen nicht unbeträchtlichen Anteil an der Zerrüttung seines Verhältnisses zum Oberpfarrer. Es ist auffällig, dass Jüchen keinerlei taktische Rücksichten nahm. Es dürfte in der damaligen thüringischen Landeskirche eine große Ausnahme gewesen sein, wie selbstbewusst ein Jungpfarrer, der gerade mal ein halbes Jahr im Pfarrdienst stand, mit seinem Dienstvorgesetzten verkehrte und was er ihm sogar schriftlich gab.

> *„Sehr geehrter Herr Oberpfarrer!*
>
> *Da unser am Sonnabend den 14. Dezember stattgehabtes Gespräch in empfindlicher Weise das amtsbrüderliche Verhältnis zwischen mir und Ihnen gestört hat, bitte ich Sie hierdurch um baldige Auskunft über folgende zwei Punkte.*
>
> *Sie haben gesagt, dass Sie es vorziehen müßten, in Zukunft nur noch schriftlich mit mir zu verhandeln, um der Gefahr einer Wortverdrehung von meiner Seite, wie Sie es öfter schon beobachtet hätten, vorzubeugen. Auf meine Frage, was diese Worte bedeuten sollten, und welchen Anlass ich Ihnen zu diesem Entschluß gegeben hätte, antworteten Sie: ‚Darüber will ich mich nicht auslassen, aber mit Herrn Superintendent Foerster haben Sie es ja genau so gemacht.'*

---

hier zu nennen sind besonders die S. 811-919. Eine offizielle Geschichte des heutigen „Deutschen Freidenkerverbandes" (für Kenner der Szene sei angemerkt, dass es sich hier um den DFV-Sitz Dortmund handelt) schreibt über diese Phase: „…die wachsende Bedeutung des religiösen und ethischen Sozialismus in der SPD … (stieß) auf starke Ablehnung bei den Freidenkern." Vgl. J. Kahl/E. Wernig (Hgg.): Freidenker. Geschichte und Gegenwart, Köln 1981, S. 48.

[176] CW Nr. 7 v. 5.4.1930, S. 356.

[177] Schwendel, Oskar Paul Karl, geb. 1893, gest. 1945. Pfarrer seit 1906, Oberpfarrer seit 1919 (Mitteilung Landeskirchenamt Eisenach v. 24.2.04).

[178] A 21.

Ich habe also zu fragen: Erstens, worin bestehen die Wortverdrehungen, deren ich mich schuldig gemacht haben soll? Und zweitens – Inwiefern habe ich mich Herrn Superintendent Foerster gegenüber ebensolcher Wortverdrehungen schuldig gemacht?

Ich kann Ihnen versichern, daß ich in diesen beiden Äußerungen den Tatbestand der Beleidigung für gegeben halte und daß ich, wenn sich diese Sache nicht unter uns bereinigen lässt, dem Landeskirchenrat von dem Vorgefallenen Mitteilung machen werde."[179]

Der erste große Konflikt fand also bereits im Juli gerade einmal ein Vierteljahr nach Dienstbeginn statt. Er war der Vorbote einer ganzen Konfliktserie, die Jüchen weit über Thüringen hinaus bekannt machen sollte.

3. Die Zeit der Disziplinarverfahren

3.1. Pazifismus und Militarismus in der Kirche

In der SPD-Tageszeitung „Das Volk"[180] veröffentlichte Jüchen im Juli 1929 einen persönlich gezeichneten, umfangreichen Artikel: „Die Kirche als Friedensmacht." Anlass war eine Erklärung des Spitzengremiums der deutschen evangelischen Landeskirchen, das sich in eine Front mit den rechtskonservativen Gruppen und Parteien wie „Stahlhelm", Deutschnationale Volkspartei und Rechtsradikale stellte.

„Zur zehnjährigen Wiederkehr des Tages, an dem Deutschland den Frieden von Versailles unterzeichnete, hat der Deutsche Evangelische Kirchenausschuß[181] die Anordnung ergehen lassen, den Tag des Friedenschlusses als einen Trauertag in den Kirchen zu begehen und in einer Erklärung, die an diesem Tag von den Kanzeln verlesen werden sollte, nimmt er Anlaß, alle Leiden und Nöte des deutschen Volkes zu berühren, die durch den unseligen Krieg und den vom Kriegsgeist diktierten Frieden dem deutschen Volke zugefügt worden sind. Es gibt in Deutschland keinen Menschen, der den Frieden von Versailles für einen idealen Frieden hielte.

Es ist ein Frieden, wie Deutschland ihn auch diktiert hätte, wenn es ihn zu diktieren gehabt hätte. Es ist ein Frieden, der auf einem politischen Machtanspruch beruht, und doch haben wir in diesen Frieden gewilligt, weil das Volk, wenigstens soweit es wußte, was der Krieg bedeutete, sich nach Frieden sehnte.

---

[179] Brief: Möhrenbach, den 15.12.1929, in: NLJ-S, Mappe Thüringen.
[180] Nr. 157 v. 9.7.1929.

*Heute bemühen sich die Besten in allen Völkern darum, den Krieg und den Kriegs-
geist zu liquidieren ... [Der Deutsche Evangelische Kirchenausschuß] glaubt dem
Frieden zu dienen dadurch, daß er die Bitterkeit in den Herzen neu entfacht und
indem er anordnet, den Tag des Friedensschlusses als Trauertag in den Kirchen zu
begehen, anstatt an seinem Teil daran mitzuarbeiten, daß eine neue Atmosphäre
im Miteinanderleben der Völker entsteht. Hat der Deutsche Evangelische Kirchenausschuss kein Empfinden dafür, daß das was er tut, eine verzweifelte Ähnlichkeit
hat mit einer gewissen nationalistischen Demagogie, die auch heilende Wunden
immer wieder aufreißt, Bitterkeit immer wieder entfacht, weil sie nicht will,
daß diese Wunden heilen sollen und daß eine Befriedung der Welt eintritt? Das
Vorgehen der höchsten verantwortlichen evangelischen Kirchenbehörde ist darum
entweder Dummheit oder nationalistische Verblendung. Für die Taktlosigkeit und
Kurzsichtigkeit dieses Vorgehens aber fehlen alle Begriffe ...*

*Die Kundgebung des Deutschen Evangelischen Kirchenausschusses ist nicht im Geiste
des Evangeliums, es ist eine rein nationalistische Kundgebung, erfüllt vom Geiste der
Unbußfertigkeit, eine Fortsetzung des Krieges und der Feindschaft in dem Augenblick,
wo die Edlen und Rechtschaffenen in allen Ländern sich nach Kräften bemühen,
den Geist der Feindschaft und des Mißtrauens, der Bitterkeit und nationalen
Verärgerung aus dem Völkerleben auszumerzen; darüber hinaus ist die Erklärung
des Deutschen Evangelischen Kirchenausschusses ein Mißbrauch der Kanzel, des
moralischen Ansehens der Kirche, ein Verrat am Geiste des Evangeliums."*

Die Verstimmung bei der Kirchenleitung in Eisenach war groß. Der
Pfarrer, von dem man sich die Beruhigung einer religiös-sozialistischen
Gemeinde erhofft hatte, erwies sich als Wolf im Schafspelz und atta-
ckierte nicht nur die eigene Landeskirche, was für diese schon schlimm
genug gewesen wäre, sondern gleich die gesamte Reichskirche. In der
Personalakte Jüchens sind die Reaktionen lückenlos dokumentiert. Mit
Brief vom 12.7.1929 forderte der LKR Jüchen zur Stellungnahme auf „bis
spätestens zum 20. Juli 1929." Kirchenrat Franz und der Jurist Kirchenrat
Dr. Volk[182] prüften, „ob hier ein förmliches Verfahren einzuleiten" sei,
und Landesoberpfarrer Reichardt, deutschnational und ausweislich seiner
Memoiren seit 1930 Wähler der NSDAP, ließ Jüchen wissen, was er von
der Angelegenheit hielt.[183]

---

[181] Abgekürzt DEKA.

[182] Von 1920 bis 1943 Leiter der Rechtsabteilung des Landeskirchenrates.

[183] Brief Reichardt an Jüchen vom 27.7.1929, in: PAJ-E, Jahr 1926, Bd. I, Nr. G 494. In dieser Akte
sind auch die folgenden Schriftstücke, soweit nichts anderes bezeichnet ist.

„Als Sie Ihre Anstellungsprüfung ablegten und wir uns in Gera das letzte Mal spra-
chen, habe ich ein Verhalten, wie Sie es jetzt zeigten, nicht für möglich gehalten.
Ich muß sagen, ich schäme mich, daß durch Ihren Artikel den deutschen Landes-
kirchen vielleicht bekannt wird, welch einen unerzogenen Pfarrer die Thüringer
evangelische Kirche in ihren Reihen hat … Ich bitte Sie herzlich, lernen Sie immer
mehr aus dem Neuen Testament, was Demut ist und was von der Ehrerbietung
gesagt wird und wie Christen, auch wenn sie einmal anderer Meinung sind, mit-
einander verkehren …

Dann muß ich Sie weiter ermahnen, daß Sie gerade als ein so junger Anfänger
im Amt sich zuerst einmal in aller Treue und mit voller Hingabe Ihrer Dienstan-
gelegenheiten in der eigenen Gemeinde annehmen und die Beteiligung an Veran-
staltungen und Konferenzen außerhalb Ihrer Gemeinde auf das allernotwendigste
beschränken.

Ich höre und lese immer wieder, daß Sie in Ihrer noch so kurzen Amtszeit hier
und dort aufgetreten sind. Eine öfters sich wiederholende Abwesenheit eines jun-
gen Pfarrers wird von den Gemeindegliedern nicht verstanden werden und wird
nicht dazu dienen, die Bande gegenseitigen Kennenlernens und Vertrauens enger
zu knüpfen. Gott hat Ihnen so gute und so reiche Gaben des Geistes geschenkt. Ar-
beiten Sie gerade in den Anfangsjahren Ihrer Amtstätigkeit in Zurückgezogenheit
und Stille an der Vertiefung Ihres theologischen Wissens und an der Festigung
Ihres inneren Menschen, aber stürzen Sie sich nicht sogleich in den öffentlichen
Kampf und Streit.“

Jüchen nahm hierzu Stellung und ließ jegliche Bußfertigkeit vermissen. Er berief sich in einem mehrseitigen Schriftsatz auf seine Rechte als
Staatsbürger und die verfassungsrechtlich geschützte Meinungsfreiheit und
kritisierte erneut die DEKA-Stellungnahme als „politisch motiviert", die er
mit eben demselben Recht politisch kritisieren dürfe. Diese Argumentation
verfing nicht, denn in den evangelischen Kirchen war es Glaubensgrundsatz,
dass die Kirche „unpolitisch" zu sein habe. Diese Ideologie wurde vom
BRSD entschieden kritisiert.

„Natürlich ist nach der Auffassung dieser Richtung jeder unpolitisch, der ihrer
Auffassung huldigt, also der Deutschnationalen oder der Deutschen Volkspartei
angehört; politisch jeder, der freudig die gegenwärtige Staatsordnung bejaht und
sich zur Republik bekennt.“[184]

---

[184] BRSD-Flugblatt ca. 1928, in: SP.

Aber Reichardt und die Kirchenleitung hatten in der thüringischen Kirche die Definitionsmacht darüber, was unter „Politik" zu verstehen war und was nicht, und so erhielt Jüchen einen disziplinarischen Verweis, der auch in der Personalakte dokumentiert wurde. Ein strafbares Dienstvergehen lag nach § 2 des „Gesetzes über Dienstvergehen vom 7. Juli 1921" dann vor, „wenn ein Pfarrer seine Amts- oder Standespflichten schuldhaft verletzt oder durch sein Verhalten in oder außer dem Amt sich des Vertrauens, des Ansehens und der Achtung unwürdig zeigt, die sein Beruf oder Stand erfordert."

In der Begründung der Disziplinarstrafe schrieb Landesoberpfarrer Reichardt:

> „In dem beanstandeten Artikel häufen Sie … gegen die Führer der deutschen evan-
> gelischen Kirchen eine solche Menge von maßlosen beleidigenden Ausdrücken, daß
> dadurch bei den Lesern der Deutsche Evangelische Kirchenausschuß in der Öffent-
> lichkeit herabgesetzt und in seinem Ansehen geschädigt werden muß. Sie werfen
> – noch dazu als ein ganz junger Pfarrer – dieser, wie Sie selbst schreiben ‚höchsten
> verantwortlichen evangelischen Kirchenbehörde', ‚Dummheit oder nationalistische
> Verblendung', ‚Taktlosigkeit und Kurzsichtigkeit', ‚nationalistische Demagogie' u.a.
> m. vor. Ein solches Vorgehen übersteigt weit das Maß einer zulässigen Kritik."[185]

Auch ein „seelsorgerliches Gespräch" Schwendels mit Jüchen am 12. August brachte nicht die in Eisenach erhofften Ergebnisse.

> „Amtsbruder von Jüchen konnte jedoch nicht verstehen, warum er einen Verweis
> erhalten habe, da er sich schuldlos fühle. Ich habe ihn daraufhingewiesen, daß er
> seine Kritik seiner Behörde hätte einreichen müssen, aber nicht der Öffentlichkeit
> und noch dazu durch eine kirchenfeindliche Presse hätte geben dürfen.
> Es ist mir jedoch nicht gelungen, v. Jüchen von seiner Schuld zu überzeugen … Von
> Jüchen ließ sich jedoch nicht davon überzeugen, das Recht seiner freien Meinungsäu-
> ßerung könne niemand ihm nehmen. Auch das sah er nicht ein, daß er durch den
> Artikel die gesamte evangelische Kirche in der Öffentlichkeit sehr herabgesetzt und
> auch dem Ansehen unserer Thüringer evangelischen Kirche sehr geschadet habe."

In Eisenach war er spätestens damit zum „Beobachtungs-Fall" geworden. Die Affäre hatte ein kleines Nachspiel im Jahr 1930, als die religiösen Sozialisten versuchten, den „Fall Jüchen" im Landeskirchentag neu aufzurollen. Das Ergebnis war vorauszusehen. Der Verweis wurde endgültig gebilligt.[186]

---

[185] Brief v. 27. Juli, Pfarrer Jüchen durch Oberpfarramt Gehren ausgehändigt am 30. Juli 1929, in: NLJ-S, Mappe Thüringen.

[186] SDAV Nr. 13 v. 30. März 1930, S. 103.

3.2. Die „Frickschen Schulgebete" – ein Vorspiel zum Kirchenkampf

Thüringen war das erste Land, in dem die NSDAP an der Regierung beteiligt war. Insofern war Thüringen ein Erprobungsgebiet nationalsozialistischer Politik.[187] Die Baum-Frick-Kästner-Regierung von Landvolkpartei, NSDAP, Wirtschaftspartei, DNVP und DVP wurde am 23. Januar 1930 vereidigt. Ihre ersten Maßnahmen, vor allem ein Ermächtigungsgesetz zur Einschränkung der Befugnisse des Parlaments und die Personalpolitik Fricks in der Thüringer Polizei – er versetzte sozialdemokratische Beamte in den Wartestand und ernannte einen Nationalsozialisten zum Weimarer Polizeidirektor – zeigten Wege und Methoden an, wie die Republik in ihren Grundfesten ausgehöhlt und schließlich überwunden und vernichtet werden sollte.

Thüringen stellte in allen Bereichen das „Experimentierfeld des Nationalsozialismus" dar, hier wurde getestet, was gegenüber der Republik durchsetzbar war und welche Mittel griffen. Ein besonders wichtiges Kampffeld war die Kulturpolitik, denn hier hatte die NS-Politik eine große gemeinsame Schnittmenge mit deutschnational-konservativem Gedankengut. Und diese spätere Harzburger Front brauchte ausreichend ideologischen Kitt. Frick produzierte davon ausreichend.

Einige seiner spektakulärsten Maßnahmen waren:
- Im Herbst 1930 Entfernung von 70 Werken aus den Ausstellungsräumen des Weimarer Schlosses, da sie „nichts gemeinsam [hatten] mit nordisch-deutschem Wesen." Drei Jahre später hieß das reichsweit „entartete Kunst."
- Am 5. April 1930 ein Erlass des Frick-Ministeriums: „Wider die Negerkultur, für deutsches Volkstum." Auszug: „Seit Jahren machen sich fast auf allen kulturellen Gebieten in steigendem Maße fremdrassige Einflüsse geltend, die die sittlichen Kräfte des deutschen Volkstums zu unterwühlen geeignet sind. Einen breiten Raum nehmen dabei die Erzeugnisse ein, die, wie Jazzband- und Schlagzeug-Musik, Negertänze, Negergesänge, Negerstücke, eine Verherrlichung des Negertums darstel-

---

[187] Hierzu die ausgezeichnete Darstellung mit viel Dokumentarmaterial: Karoline Hille: Beispiel Thüringen: Die „Machtergreifung" auf der Probebühne, in: Staatliche Kunsthalle Berlin (Hg.): 1933 – Wege zur Diktatur, Berlin (West) 1983.

len und dem deutschen Kulturempfinden ins Gesicht schlagen. Diese Zersetzungserscheinungen nach Möglichkeit zu unterbinden, liegt im Interesse der Erhaltung und Erstarkung des deutschen Volkstums."
- Eine Kampagne gegen die „Verseuchung deutschen Volkstums durch fremdrassige Unkultur."
- Das Verbot von Remarques Buch „Im Westen nichts Neues" als Unterrichtslektüre.
- Die Berufung des „Rassehygienikers" H.F.K. Günther als Professor für Rassekunde an die Universität Jena, gegen deren Willen.[188]

Für unseren Gegenstand bedeutsam sind die vom NSDAP-Innen- und Volksbildungsminister Frick als Unterrichtsstoff angeordneten „Deutschen Schulgebete"[189], die einen Vorgeschmack dessen lieferten, wie sich Nationalsozialisten Christentum vorstellten. Diese Sammlung von Gebeten liest sich aus der heutigen Perspektive in ihrem Antisemitismus und Nationalismus wie ein Vorbote der späteren thüringischen DC nationalkirchlicher Provenienz. In ihnen wurde massiv zur Rassenhatz und zum Militarismus aufgefordert. Aus dieser Sammlung von fünf Gebeten sollen zwei vorgestellt werden.

„2.
Vater, in Deiner allmächtgen Hand
Steht unser Volk und Vaterland
Du warst der Ahnen Stärke und Ehr
Bist unsere ständige Waffe und Wehr
Drum mach uns frei von Betrug und Verrat
Mache uns stark zu befreiender Tat
Schenk uns des Heilandes heldischen Mut
Ehre und Freiheit sei höchstes Gut!
Unser Gelübde und Losung stets sei:
Deutschland erwache!
Herr, mach uns frei!
Das walte Gott!

---

[188] Nach: Klaus Schönhoven/Hans-Jochen Vogel (Hg.): Frühe Warnungen vor dem Nationalsozialismus, S. 81ff.
[189] Amtsblatt des Thüringischen Ministeriums für Volksbildung, Nr. 6/1930, S. 39ff.

4.

Vater im Himmel,
Ich glaube an Deine Allmacht, Gerechtigkeit und Liebe
Ich glaube an mein liebes deutsches Volk und Vaterland.
Ich weiß, daß Gottlosigkeit und Vaterlandsverrat
Unser Volk zerriß und vernichtete.
Ich weiß, daß trotzdem in den Besten die Sehnsucht
und die Kraft zur Freiheit wohnt.
Ich glaube, daß diese Freiheit kommen wird durch
Die Liebe des Vaters im Himmel,
wenn wir an unsere eigene Kraft glauben."

Das ging nicht ohne Widerstände ab. Noch waren Abwehrkräfte vorhanden. Der Untergang der Weimarer Republik war keineswegs zwangsläufig, schon gar nicht gesetzmäßig. Aber die republikanischen Politiker beschränkten sich auf Empörung innerhalb des Landtages, in dem Frick Klartext redete. Im Haushaltsausschuss des Thüringer Landtages am 7. Mai 1930 fragte ein SPD-Abgeordneter: „Wer sind die art- und volksfremden Kräfte, gegen die sich die Gebete richten? Was ist mit dem Betrug und Verrat gemeint? Worin besteht die befreiende Tat, von der die Rede ist?" Daraufhin erwiderte der Minister nach dem Protokoll: „Die art- und volksfremden Kräfte sind die Juden." Weiter machte er deutlich, dass mit „Betrug und Verrat" die Außenpolitik des Reichs und die Sicherung des Völkerfriedens gemeint waren.[190]

Diese Pervertierung der christlichen Botschaft rief den BRSD auf den Plan. Jüchen kritisierte die Gebete und das Schweigen und die Untätigkeit der Landeskirche in den Presseorganen der Sozialdemokratie.

„Die Thüringer Kirche läßt sich kompromittieren …

Denn mit der Lehre des Christentums ist es nun einmal nicht zu vereinbaren, daß in den Thüringer Schulgebeten in der Form des Gebets deutsche Volksgenossen oder auch Angehörige einer anderen Rasse um dieser ihrer Zugehörigkeit zu einer anderen Rasse willen beschimpft werden. Abgesehen davon, daß es ein Verbrechen an den Kindern ist, ist es eine Lästerung des Christentums, wenn das Schulgebet dazu benutzt wird, den Gedanken eines neuen Krieges in die Gehirne unmündiger Kinder zu pflanzen."[191]

---

[190] „Das System Frick", In: Vorwärts, Morgenausgabe 21.5.1930.
[191] Das Volk, (Jena) Nr. 133/1930 und SDAV Nr. 33/1930, S. 269/70. Im Archiv des Verfassers.

Was aus der heutigen Perspektive ausgesprochen spannend erscheint, ist die Kritik des Christentumsverständnisses der Frick-Gebete, das Inhalte vorwegnimmt, die 1934 in der berühmten „Barmer theologischen Erklärung" der Bekennenden Kirche formuliert worden sind. Jüchen zeigt auf, daß das Motiv für diese Gebete die Absicht ist, das Gebet in den Dienst das nationalsozialistischen Parteiprogramms zu stellen. Die Gebete enthalten den Aufruf zum Krieg und eine Beschimpfung von eigenen Volksgenossen. Die Aufgabe der Kirche ist es, den christlichen Gott, den Gott des Rechts und der Gerechtigkeit, der Liebe und Brüderlichkeit zu verkündigen. Er hat nichts zu tun mit dem deutschen Privatgott, der an der Macht und Größe der Nation interessiert ist.

„Was da angebetet wird, ist nicht der christliche Gott, dessen Wesen Heiligkeit ist, sondern es ist die Selbstprojektion des nationalsozialistischen Menschen und um was da gebetet wird, ist die Erfüllung der national-egoistischen Wünsche und Interessen einer bestimmten Menschengruppe … Was aber tut die Kirche? Vornehmlich die THEK, deren Lebenszentrum dieser Erlaß betrifft?

Sie schweigt, schweigt hartnäckig, nun schon seit Wochen. Sie überläßt es den Fraktionen und Parteien, dem Reichsinnenministerium und dem Staatsgerichtshof und schließlich dem willkürlichen Belieben jedes einzelnen, von diesen Gebeten, über die sie selbst nichts zu sagen weiß, zu denken und zu halten, was er mag … Die Religiösen Sozialisten wollen im nächsten Landeskirchentag eine deutliche Absage an das ganze ‚nationalsozialistische' Christentum, das sich in diesen Gebetsentwürfen manifestierte, von der Kirchenregierung fordern."[192]

Warum die Landeskirche schwieg, ist erklärungsbedürftig.

„In den späten Weimarer Jahren fiel die thüringische Kirchenaustrittsstatistik aus dem Rahmen. 1930 erreichte dort die Austrittsbewegung nochmals einen Höhepunkt. Den Anstoß gab die Beteiligung der Nationalsozialisten an der Landesregierung und die Besetzung des Kultusministeriums mit dem Nationalsozialisten Frick. Die Protestwelle, die dieses Ereignis bei den Linksparteien auslöste, wirkte sich auch auf die Kirchenaustritte aus, die 1930 … hochschnellten. Daß auch die evangelische Landeskirche von der Verschärfung des landespolitischen Klimas in Mitleidenschaft gezogen wurde, kann kaum verwundern. Denn Minister Frick gab sich als Sachwalter der kirchlichen Interessen zu erkennen, erreichte damit aber nichts anderes, als dass die rechtslastige Landeskirche erst recht zum Angriffsziel der Linksparteien wurde. 1931 sprang die Landesregierung der arg bedrängten Kirche bei, indem sie

---

[192]   „Frick ‚lehrt beten'. Die Thüringer Kirche läßt sich kompromittieren", in: Ostthüringische Tribüne, Nr. 127 v. 3.6.1930.

das [Kirchen-]Austrittsverfahren erschwerte. Infolgedessen sanken die Austritte sogar unter den Reichsdurchschnitt."[193]

Der BRSD war in diese Loyalitäten und Abhängigkeiten nicht eingebunden und machte die „Thüringer Gebete" zum Inhalt einer Kampagne, die in allen Gebieten des Reiches auf Resonanz stieß. Nicht nur in den sozialistischen Publikationen und in vielen liberalen Blättern, sondern auch in einer Reihe von kirchlichen und kirchennahen Zeitschriften wurde der Frick-Erlass abgelehnt.

Die Reichs-SPD nahm sich der Sache an, erreichte einen Briefwechsel der Reichsregierung mit der Landesregierung, einen verbalen Schlagabtausch im Thüringer Landtag und im Reichstag und langwierige Klagen vor dem Reichsgerichtshof.

Dieser entschied über die Schulgebete am 30. Juli 1930, dass sie „soweit sie sich auf die Gebete Nr. 2, 3 und 4 beziehen, mit Artikel 148, Abs. 2 (Verletzung religiöser Gefühle Andersdenkender) der Reichsverfassung nicht vereinbar" seien. Zwei Gebete waren somit legal. Das bedeutete z.B. dass die Schulkinder mit dem zugelassenen 5. Gebet bitten sollten: „Und gib uns Deutschen wieder Kraft, die Freiheit uns und Frieden schafft!"

Was unter deutschtümelnder Freiheit und Frieden zu verstehen war, ist nur aus dem vorherrschenden deutschnationalen Zeitgeist erklärbar. Die deutsche Justiz hatte auch hier eine Binde vor dem rechten Auge.

In Eisenach bereitete der LKR eine Überprüfung der Aktivitäten und Artikel Jüchens vor, da er massiv seine Landeskirche kritisiert hatte. Am 13.6. musste er zum Rapport beim Landesoberpfarrer, der ihn zur Sache vernahm.[194] Reichardt verlangte, dass Jüchen seine publizistischen Aktivitäten sofort beenden müsse, da von ihm als Pfarrer politische Zurückhaltung verlangt werde. Jüchen teilte mit, diese Auffassung habe ihn „nicht überzeugen können und läßt sich nicht durch die Verfassung begründen … Indem ich Herrn Landesoberpfarrer versichere, daß mir alles daran liegt, das persönliche Verhältnis unbeschadet zu halten, zeichne ich hochachtungsvoll."

Nachdem das Reichsgericht entschieden hatte, wollte in Eisenach niemand riskieren, einen Märtyrer zu schaffen und sich möglicherweise reichsweit zu blamieren. Das Verfahren gegen Jüchen wurde nicht mehr eröffnet.

---

[193] Dietmar Klenke: Die SPD-Linke in der Weimarer Republik, neubearbeitete Auflage, Münster 1989, S. 357.
[194] Alle Nachweise im LKA Eisenach, PAJ-E Akte 1929/32.

3.3. Versammlungsdurchführung trotz Verbot

„Ich hatte in der neben meinem Dorf gelegenen Stadt Gehren mit dem Sitz des Oberpfarrers … einen Vortrag angekündigt ‚Warum bin ich als Christ Sozialist?' Ganz harmlos. Als der Oberpfarrer davon erfuhr, schrieb er mir, er verbietet mir, diese Versammlung zu halten. Die hatte ich zugesagt, also sagte ich: Ich kann mich um Ihr Verbot nicht kümmern. Die Versammlung wird laufen, worauf er sofort den Oberkirchenrat in Eisenach … alarmierte … Ich bekam also jetzt telegraphische Anweisung, diesen Vortrag zu unterlassen. Falls ich den nicht unterlasse, wurde mir ein Disziplinarverfahren angedroht und entsprechende Bestrafung. Ich habe den Vortrag trotzdem gehalten. Es hatte sich in der Gemeinde rumgesprochen, der Vortrag war also mächtig besucht. Jetzt wartete ich auf ein Disziplinarverfahren. Sie hielten es aber für besser, keins zu machen, weil das einen Riesenwirbel in der Stadt Gehren verursacht haben würde, und bestraften mich mit einer Rüge und mit einer Geldstrafe, die erschwinglich war, und mit einem Brief: Falls ich so was noch mal machen würde und solchen Ungehorsam gegenüber der kirchlichen Obrigkeit noch mal riskierte, würde ich diszipliniert werden."[195]

3.4. Beteiligung am Wahlkampf und das Verbot politischer Betätigung[196]

In Jahr 1930 entwickelte sich in Thüringen ein weiterer massiver Konflikt zwischen der Landeskirche und dem BRSD. Anlass war das Engagement einiger BRSD-Pfarrer im Wahlkampf auf Seiten der Sozialdemokratie. Während die massenhafte Aktivität vieler ihrer Pfarrer für rechtsgerichtete und faschistische Gruppen und Parteien seit dem Ende der Monarchie 1918 die Landeskirche nicht zum Agieren motiviert hatte, war dies beim Engagement für die SPD anders. Hier wurde „Neutralität" gefordert.

Am 20. August 1930 untersagte die Thüringer Ev. Kirche ihren Pfarrern durch einen Erlass „Parteitätigkeit" in der Öffentlichkeit. Die religiös-sozialistischen Pfarrer Fuchs, Kleinschmidt, Kohlstock und Jüchen kündigten daraufhin an, dass sie weiterhin öffentlich in Veranstaltungen der SPD und der Gewerkschaften auftreten würden.

Jüchen trat auch in Veranstaltungen der NSDAP auf. Seine Teilnahme an einer Ilmenauer NSDAP-Versammlung wenige Tage nach dem Erlass

---

[195] A 21.
[196] Soweit nichts anders bezeichnet, stammen alle folgenden Nachweise aus LKA Eisenach, PAJ-E, Akte 1929/32.

des LKR ist besonders gut dokumentiert. Zuerst berichtete die Ilmenauer Henne[197] am 26.8.1930 über Jüchens Auftritt, so dass auch Eisenach aufmerksam wurde, denn von interessierter Seite (vermutlich von Schwendel) war der Artikel an den LKR gelangt. Deswegen wurde Jüchen wegen politischer Betätigung und Disziplinbruchs angezeigt, wie ihm der Landeskirchenrat mit Brief vom 1.9.1930 mitteilte. Jüchen seinerseits reagierte am 16.9.1930 mit Brief an den LKR, um seine Sicht des Vorfalls zu schildern und den Charakter der Versammlung zu verdeutlichen.

„Die Ausführungen des Redners waren von einer solchen politischen Hemmungslosigkeit, daß jedem Menschen von politischer Verantwortung und nur einigem Einblick in die Problematik der deutschen Lage ein Grauen vor der Zukunft des deutschen Volkes erfassen konnte, das im Begriff steht, sich von solchen hemmungslosen und verantwortungslosen Agitatoren bestimmen zu lassen. ‚Blut und Eisen,‘ ‚rücksichtslose Gewaltpolitik nach innen und außen‘, das war die einzige Route, die der Versammlungsredner anzugeben wußte.“

Jüchen war ein mutiger Debattenredner. Eine weitere Veranstaltung in Ilmenau ist durch einen ausführlichen Artikel im „Volk“ vom 13.9.1930 gut dokumentiert.

„Die heutige nationalsozialistische Versammlung ist ein gesellschaftliches Ereignis, sozusagen ein Fest für das Ilmenauer Bürgertum ... Nach dem Vortrage meldete sich ein religiöser Sozialist und zwar der Pfarrer von Jüchen aus Möhrenbach zu Wort. Er sagte: Die Nationalsozialisten lieben es, das parlamentarisch-demokratische System zu beschimpfen. Weshalb brauchen wir eine demokratische Verfassung? Weil der einfache Arbeiter und das Tippfräulein auf dem Büro tatsächlich mehr von Politik verstehen als das so genannte ‚gebildete‘ Bürgertum. Sie verstehen deswegen mehr von Politik, weil sie weniger Ideologie und mehr Wirklichkeitssinn, mehr Sinn für Tatsachen haben. Das Volk hat aus dem Kriege etwas gelernt und darum will es Frieden, es erlebt die Ungerechtigkeit der kapitalistischen Wirtschaftsordnung alle Tage. An einem Bibelwort zeigte Genosse von Jüchen, daß Völker nicht an Mangel an Rasse, sondern an der Ungerechtigkeit zugrunde gehen können.

Man schrie und tobte, der Diskussionsredner konnte seinen Gedanken nicht zu Ende führen, es erhob sich ein ungeheurer Tumult, als von Jüchen sagte, daß auch das deutsche Volk an der Ungerechtigkeit seiner gegenwärtigen Wirtschaftsordnung zugrunde gehen könne. Die Nazi-Jüngelchen schrien: ‚Schluß! Schluß! Das ist der jüdische Geist der Kirche! Unerhört! Pfui! Schluß.‘

---

[197] Artikel im NLJ-S.

Um nun die Versammlung noch in die rechte Siedehitze zu bringen, sprang auch
der Versammlungsredner [der NSDAP, der vorher geredet hatte] auf und grölte,
er sei der Sohn eines Pfarrers, aber sein Vater würde sich schämen, vor diese Ver-
sammlung zu treten, und zu sagen, er sei Sozialist. Ein Sozialist aber sei Marxist
und ein Marxist sei Materialist, die Materialisten wiederum sagten, es gebe nichts
anderes in der Welt als Fressen, Saufen und Huren. Kein Vertrauen könne man
mehr zur Kirche haben, wenn Pfarrer solche Ideen aussprechen könnten ... In der
Natur gebe es auch keinen Pazifismus (Bravo! Sehr richtig!), da fresse der eine den
anderen auf (Lebhafte Zustimmung). ‚Wir glauben an den deutschen Gott, den wir
erleben in Feld, Wald, Wiese und Natur. Wir glauben an den Gott des deutschen
Blutes und der Seele.‘ Wer jedoch von der Natur, Rasse und Blut nichts verstehe,
könne deutschen Menschen nicht predigen. (Bravo! Bravo! Heil!) ... Das Ilmenauer
Bürgertum wurde rasend vor Zustimmung.“

In Ilmenau wurde das deutlich ausgesprochen, was drei Jahre später
„unvorhergesehen“ über die Evangelischen Kirchen hereinbrach.

Der BRSD veröffentlichte den Schriftwechsel Jüchens mit dem LKR
und ergänzendes Material unter der Schlagzeile „Die Frage ‚Kirche und
Politik‘ wird praktisch.“[198]

Ein weiterer wichtiger Grund war eine Wahlveranstaltung Jüchens, die er
unter dem Titel „Gibt es eine Neutralität der Kirche im Klassenkampf?“[199]
am 27.8.1930 ausgerechnet am Dienstsitz seines verfeindeten Oberpfarrers
in Gehren durchführte. Auch wenn die Veranstaltung vom BRSD und
nicht von der SPD durchgeführt wurde, wie der Veranstaltungsbericht in
der „Ilmenauer Henne“ vom 1.9.1930 darstellte („Eine rege Wahlpropaganda
hat auch in unserem Städtchen eingesetzt. Die SPD eröffnete am Mittwoch
mit einer öffentlichen Wählerversammlung, in welcher der Pfarrer der
Möhrenbacher Gemeinde einen Vortrag hielt, die Wahlschlacht.“) hatte
Jüchen die Anweisung des LKR bewusst ignoriert.

Die SPD-Tageszeitung „Das Volk“ berichtete hierüber am 4.9.1930 mit
einer deutlichen Tendenz gegen Oberpfarrer Schwendel und erwies Jüchen
damit mit Sicherheit keinen Gefallen.

„Gehren. In einer öffentlichen Versammlung der religiösen Sozialisten sprach
Genosse Pfarrer von Jüchen über das Thema ‚Gibt es eine Neutralität der Kirche?‘
Der Referent behandelte dieses Thema mit einer Gründlichkeit und Deutlichkeit,

---

[198] Im SDAV Nr. 50/1930. S. 396-398.
[199] Werbezettel im Archiv des Verfassers.

daß der aufmerksame Zuhörer unbedingt davon überzeugt sein musste, daß die vielgepriesene Neutralität der Kirche im Grunde keine Neutralität ist ... Für die bürgerliche Kirchenanhängerschaft ist bezeichnend, daß sie nicht vertreten war. Auch Herr Oberpfarrer Schwendel glänzte durch Abwesenheit. Er dürfte sich an seinem Amtsvorgänger ein Beispiel nehmen, der Mut genug besaß, bei öffentlichen Aussprachen über die Kirche stets seinen Mann zu stehen."

Vor dieser Veranstaltung hatte ihn Schwendel im Auftrag des LKR von der Rechtslage und der Anordnung, derartige Veranstaltungen zu unterlassen, unterrichtet.

„Die Verfügung A 239/20.8. ist hier, also auch in Möhrenbach wohl, am 2.8. eingegangen. Vor der Versammlung in Gehren habe ich besonders v. Jüchen auch im Auftrage von Herrn Kirchenrat Dr. Volk am 27.8. auf diese Verfügung schriftlich in einem Eilbriefe hingewiesen und zugleich auf die evtl. Folgen einer politischen Betätigung aufmerksam gemacht."

Am 29. 8.30 hatte Jüchen geantwortet:

„Ich danke Ihnen für den auftragsgemäßen Hinweis auf die Verfügung des Landeskirchenrats A 239/20.8., die am 26. August in meinen Besitz gekommen ist. Ich halte diese Verfügung für einen seelsorgerlichen Rat des Landeskirchenrats, den ich verstehe, aber den ich für mich nicht verbindlich halten kann. Sollte er als Gesetz für die Pfarrer gedacht sein, so widerspricht er § 118 der Reichsverfassung. Zwar ist nach § 137, Abs. 3 der Verfassung die Kirche berechtigt, ihre Angelegenheiten selbständig zu verwalten, jedoch, wie der Zusatz sagt, nur ‚innerhalb der Schranken der für alle geltenden Rechte.' ... Eine eingehende Stellungnahme habe ich Herrn Landesoberpfarrer persönlich mitgeteilt."

Jüchen setzte unbeeindruckt seine Veranstaltungen fort. Seine Personalakte dokumentiert seine Reiseroute, wobei kein Ort fehlte, ohne dass von dort von Gegnern Jüchens Berichte an den LKR geschickt wurden („Auftragsgemäß übersende ich hiermit die Zeitungsausschnitte, die ich über die politische Betätigung des Pfarrers v. Jüchen gesammelt habe."). Am ausführlichsten ist ein 10-seitiger handschriftlicher Bericht vom 10.9.30 über die Jüchen-Veranstaltung in Stadtilm. Aus der Diktion ist der Wunsch erkennbar, dass der LKR ihn disziplinarisch belangen möge. Jüchen muss ein guter Wahlkämpfer gewesen sein, da ist sich der anonyme Berichterstatter des LKR mit dem Berichterstatter der sozialistischen Tageszeitung „Das Volk" einig, der seinerseits am 12.9. schrieb:

„In einer außerordentlich gut besuchten Wahlversammlung sprach am vergangenen Dienstag Pfarrer Aurel von Jüchen (Möhrenbach) vom Bund der Religiösen

Sozialisten … Genosse Aurel von Jüchen war ein sehr sympathischer Redner. Ihm, der sich so warm für die Interessen der Arbeiterschaft einsetzte, war es zu danken, daß auch diese Versammlung zu einem vollen Erfolg der Sozialdemokratischen Partei wurde."

Aber Jüchens Einsatz für die SPD rief nicht nur den LKR auf den Plan. Die NSDAP machte mobil und beschwerte sich wegen Jüchen direkt beim LKR. Am 20.9.1930 wandte sich die NSDAP-Ortsgruppe Ilmenau mit Hakenkreuz-Briefkopf an den LKR.

„Der Pfarrer Aurel von Jüchen aus Möhrenbach hat sowohl am 25. August 1930 in einer unserer Versammlungen in vollständig sozialdemokratischem Sinne in der Diskussion gesprochen wie auch am 9. ds. Mts. in Stadtilm in einer sozialdemo-kratischen Versammlung das Referat gehalten. Weiter hat er am 13. ds. Mts. in Unterpörlitz eine Versammlung gehalten, die einer sozialdemokratischen Wahl-versammlung vollständig gleichzuachten war.

Wir wollen dies hiermit lediglich (zugleich im Auftrag unseres Parteigenossen Staats-rat Marschler) festgestellt und zu Ihrer Kenntnis gebracht haben, weil auch hieraus zu ersehen ist, wie dort mit zweierlei Maß gemessen wird. Den sozialdemokratischen Pfarrern ist das Reden erlaubt, den nationalsozialistischen wird es verboten. Wir haben im Übrigen Gelegenheit genommen, in unserer letzten Kundgebung am 12. ds. Mts. auf diese Angelegenheit hinzuweisen. Das Publikum (durchweg gut bürgerlich und der Kirche zugehörig) gab durch lebhafte Pfuirufe seiner Ansicht Ausdruck. Abschrift dieser Mitteilung haben wir der Gaugeschäftsstelle bzw. der Landtagsfraktion als Material übersandt. Gez. Ortsgruppenleiter."

Da es sich um eine Regierungspartei handelte – immerhin war Willy Marschler (1893-1952), der im Mai 1933 thüringischer Ministerpräsident werden sollte, zu dieser Zeit Staatsrat in der Regierung Frick – war auch die Antwort des LKR, die am 27.9.1930 an die NSDAP-Ilmenau erging, entsprechend bedeutend:

„Wir haben ihn [Jüchen] bereits zur Verantwortung gezogen. Das Verfahren schwebt noch … Am 31. August hat Herr Landesoberpfarrer D. Reichardt mit Herrn Staats-minister Dr. Frick in Eisenach eine Unterredung über die Angelegenheit gehabt.

Der LKR forschte weiter, um die Beweislage gegen Jüchen zu erhärten. So ergingen am 1.10.1930 Briefe an die Kreiskirchenräte in Rudolstadt, Ilmenau und Gehren mit der Bitte, nachzuforschen, „in welchen konkreten Einzelheiten Pfarrer v. Jüchen gegen unsere Anweisung vom 20. August verstoßen hat."

Die Antworten aus den Kirchenkreisen geben ein beeindruckendes Bild über das schwache politische Interesse und den geringen Grad der politischen Bildung der Kreisoberpfarrer. Einige Schlaglichter aus den Antworten:

- „Er [Jüchen] soll auch erklärt haben, der Proletarier müsse auf Umsturz bedacht sein."
- „Es [ist] kein Mitglied der Kirchenvertretung noch ein Herr seines Freundeskreises in der Stadtilmer Versammlung am 9. September gewesen. Er [der Vorsitzende des Stadtilmer Kirchenvorstandes] könne daher dort niemand über den Vortrag des Pfarrers v. Jüchen hören."
- Er könne sich nur auf einige Sätze beschränken, die er sich besonders gemerkt habe, da er … diese sozialdemokratischen Ausführungen mit dem Amt eines Pfarrers unvereinbar gehalten habe. Die rel. Soz. müßten die Kirche zum Boden des Klassenkampfes machen."

Das wollten die religiösen Sozialisten Thüringens ganz bestimmt nicht, aber sie wußten sich ihrer Haut zu wehren. Immerhin war ein Disziplinarverfahren gegen vier thüringische Pfarrer wegen Übertretung des Verbotes parteipolitischer Betätigung eröffnet worden. In diesem Konflikt ging es im Kern um die Frage des Verhältnisses von Kirche und Gesellschaft und die Rechte der Pfarrer in ihrer Eigenschaft als Staatsbürger.

„Das Verbot ist unmöglich, weil es einen verhängnisvollen Eingriff in die Gewissensfreiheit der Pfarrer darstellt, die ihres Volkes Schicksal und Lebensaufgabe in christlicher Gewissenhaftigkeit miterleben. Unsere Genossen, die Pfarrer … Karl Kleinschmidt, Aurel von Jüchen haben in diesem Wahlkampf geredet, weil sie als evangelische Christen reden mußten. Reden mußten sie gegen den Geist der Gewalt, der mit Krieg und Blutvergießen die Not unseres Volkes wenden will. Sie mußten reden gegen die Ungerechtigkeit, die von den Massen die Lasten der Zeit tragen lässt, statt sie auf Aller Schultern zu verteilen. Sie mußten reden für die Bewegung, die eine andere Ordnung der Gesellschaft an Stelle der herrschenden unchristlichen Ausbeutung will, an der Millionen körperlich und seelisch zu Grunde gehen."[200]

Wegen des grundsätzlichen Charakters dieses Konfliktes wandte sich der BRSD an den Bezirksvorstand der SPD-Großthüringen um Unterstützung. Er machte dabei mit dem von den Freidenkern dominierten Bezirksvorstand eine deprimierende Erfahrung. Emil Fuchs wandte sich deswegen an den Parteivorstand in Berlin.

---

[200] In CW, Nr. 23/1930, S. 1132.

„Der Bezirksvorstand Großthüringen teilt mir in einem Schreiben vom 30.12.30 mit, daß er und der Parteivorstand meine Anfrage, ob dem Genossen Pfarrer Kleinschmidt von der Partei Rechtsschutz gewährt werde, abschlägig beschieden habe." Als Gründe wurden ihm einmal die „Kassenlage der Partei" genannt und zum anderen „als entscheidender Grund, … daß [er] es um der Konsequenzen andern Organisationen gegenüber nicht tun könne." Hier hatte die Angst vor den Freidenkern über das Prinzip der Solidarität gesiegt. Emil Fuchs brachte in Erinnerung, dass Kleinschmidt von der Kirche disziplinarisch nur deswegen belangt worden sei, „weil er in Versammlungen der sozialdemokratischen Partei Deutschlands in der Wahlbewegung geredet hat … Will die Sozialdemokratie sich das gefallen lassen, daß man das Eintreten für sie als ein Verbrechen kennzeichnet, für das man disziplinarisch bestraft werden kann? … Will die sozialdemokratische Partei den Eindruck erwecken, daß, wer so für sie eintritt, wer auf ihren Ruf für sie redet, auf ihren Schutz und Verteidigung durch sie nicht rechnen kann?"[201]

Über eine Vielzahl von Parteikontakten im ganzen Reich wirkte der BRSD auf den Berliner Reichsvorstand der SPD ein, hier im Sinne des BRSD aktiv zu werden. Schließlich wurde die bisherige Entscheidung im Fall Kleinschmidt/Thüringen korrigiert, der Rechtsschutz für alle vier betroffenen Pfarrer gewährt und der SPD-Kronjurist Professor Radbruch[202] beauftragt, ein Gutachten dazu zu erstellen.

Ein wichtiger Grund für den Stimmungswechsel dürfte in der Ausweitung des Konfliktes gelegen haben und in der Darstellung in der Weimarer Publizistik. Selbst die konservative „Allgemeine Evangelisch-Lutherische Kirchenzeitung"[203] berichtete am 30. Januar 1931 über den Konflikt in Thüringen.

„Der thüringische Landeskirchenrat hat gegen die Pfarrer D. Emil Fuchs-Eisenach, Kohlstock-Apolda, Kleinschmidt … und v. Jüchen … das Disziplinarverfahren eröffnet. Die Genannten werde beschuldigt, gegen die Verfügung des Landeskirchenrates vom 20. August 1930 verstoßen zu haben. Nach dieser ist den Geistlichen der thüringischen evangelischen Kirche jede aktive politische Tätigkeit untersagt. Die vier Pfarrer haben während des Reichstagswahlkampfes Reden für die Sozialdemokratie gehalten, auch noch nachdem die Verfügung bereits erlassen worden war."

---

[201] IFZ, 163/24, Blatt 16.

[202] Gustav Radbruch, geb. 21.11.1878 in Lübeck, gest. 23.11.1949 in Heidelberg. SPD-Politiker, Reichstagsabgeordneter und zeitweise, von 1921 bis 1923, auch Reichsjustizminister.

[203] Nr. 5/1931, S. 119.

Der Parteivorstand der SPD wandte sich in dieser Angelegenheit mit einer Beschwerde an den Reichsminister des Innern.[204] Den Ausschlag gab Gustav Radbruch. Er wies in seinem Gutachten dezidiert nach, dass der Erlass der thüringischen Kirche dem Artikel I der Reichsverfassung („Alle Macht geht vom Volke aus") widersprach. „Der Erlaß des thüringischen Landeskirchenrates … stellt sich als ein Verstoß gegen die Grundlagen des Volksstaates dar." Das Gutachten wurde in Kurzform in der Zeitschrift „Die Justiz" und in der „Zeitschrift für Religion und Sozialismus" publiziert.[205]

In Thüringen hatte der BRSD mit vielen Veranstaltungen das Verfahren thematisiert und es erreicht, dass sich auch andere Gruppen der Landeskirche von den Positionen der Kirchenleitung absetzten. Die Landessynode zog die Konsequenz und setzte den Erlass außer Kraft. Stattdessen wurden zwei Verbote bekräftigt: Der Pfarrer darf in der Öffentlichkeit keine Abzeichen politischer Parteien oder Verbände tragen und der Pfarrer darf in öffentlichen Umzügen solcher Parteien oder Verbände nicht mitgehen.[206]

Da aber dieser Erlass nicht rückwirkend außer Kraft gesetzt worden war, führte die Landeskirche das Verfahren gegen Kleinschmidt, der mittlerweile zum BRSD-Landesvorsitzenden gewählt worden war, weiter. Die Verfahren gegen die anderen drei Pfarrer wurden nicht mehr eröffnet. Am 20. Mai 1931 verurteilte das Dienstgericht Kleinschmidt zu einer Geldstrafe von 200 RM. Die Presse der religiösen Sozialisten machte für diesen harten Kurs vor allem Landesoberpfarrer Reichardt verantwortlich.[207]

Dass Reichardt persönlich involviert war, macht sein Vermerk vom 19.7.1931 deutlich, der sich in Jüchens Akten befindet. „Es trägt nicht zur Stärkung der Autorität des Kirchenregimentes bei, wenn zumal Pfarrer von Jüchen frei ausgeht."

Im Ergebnis wurde Jüchen nur gerügt. Diesmal ging es tatsächlich gut aus. Die Wiedervorlage des Konfliktes sollte im Sommer 1932 erfolgen. Aber vorher wurde Jüchen zum „shooting star" des BRSD.

---

[204] Kirchliches Jahrbuch, 1931, S. 80.

[205] „Die Justiz", Jahrgang VI, 1930/31, S. 115f. und ZRS, 3.Jg. 1931, S. 279-280.

[206] „Das Verbot politischer Betätigung der Pfarrer aufgehoben", in: SDAV Nr. 18 v. 3.5.1931.

[207] Pfarrer Kleinschmidt verurteilt!, in: SDAV Nr. 23, 7.6.1931.

4. Reichsfunktionär des Bundes der Religiösen Sozialisten

Jüchen hatte sich 1928 dem BRSD wie auch der SPD angeschlossen. Daneben war er noch Mitglied der „Lehrergewerkschaft Thüringen", der „Deutschen Friedensgesellschaft", der „Freunde der Sowjetunion" und des „Reichsbanners."[208]

Der thüringische Landesverband der zahlenmäßig kleinen Lehrergewerkschaft gehörte zu den sozialdemokratisch ausgerichteten freien Gewerkschaften des Allgemeinen Deutschen Gewerkschaftsbundes. Die Deutsche Friedensgesellschaft war die größte pazifistisch ausgerichtete Organisation Deutschlands, in der religiöse Sozialisten während der Weimarer Republik eine bedeutende Rolle spielten. Der im Mai 1928 gegründete „Bund der Freunde der Sowjetunion" (BdFSU)[209] war ein Vorläufer der „Gesellschaft für deutsch-sowjetische Freundschaft." Der BdFSU war ein komiteeartiger Zusammenschluss, der über keine direkte Massenbasis verfügte, auch nicht unmittelbar zur KPD gehörte, sondern eher die Funktion hatte, nicht zur KPD gehörende Kreise in Bündnisstrukturen einzubinden. Es ging in propagandistischer Hinsicht darum, das ausschließlich positiv dargestellte Leben der Arbeiter und Angestellten in der Sowjetunion zu schildern, die Erfolge des sozialistischen Aufbaus und die Überlegenheit der Planwirtschaft deutlich zu machen, um die postulierte „Lügenblockade gegen die Sowjetunion" zu durchbrechen. Diesem Ziel dienten auch die vielen Fahrten von Arbeiter- und Intellektuellendelegationen in die UdSSR, die sich selbst ein (positives) Bild von der Realität im Land machen sollten. Die Bundesmitglieder waren zu einem großen Teil progressive Intellektuelle, darunter auch zahlreiche religiöse Sozialisten, die der Sowjetunion in „kritischer Solidarität" gegenüberstanden. Das „Reichsbanner Schwarz-Rot-Gold" war die republikanische Wehrorganisation, maßgeblich von der SPD organisiert und mit Unterstützung anderer Organisationen, die auf dem Boden der Weimarer Verfassung standen.

---

[208] Aufnahmeantrag in die VVN v. 27.12.1947, in: Jüchen-Mappe von Dr. Schwabe, MLHA Schwerin.

[209] Hierzu Katja Kuhn, „WER MIT DER SOWJETUNION VERBUNDEN IST, GEHÖRT ZU DEN SIEGERN DER GESCHICHTE…" Die Gesellschaft für Deutsch-Sowjetische Freundschaft im Spannungsfeld von Moskau und Ostberlin, Diss., Mannheim 2002.

Jüchen war ein guter Redner und sprach für SPD und BRSD in vielen öffentlichen Veranstaltungen. Er hat in den Jahren von 1929 bis 1933 Hunderte derartiger Veranstaltungen durchgeführt, in Thüringen und in Oberfranken wie auch im gesamten Reich. Hierzu wurde mit Zeitungsanzeigen, Handzetteln und Plakaten an den Litfasssäulen breit eingeladen. Allerdings tat er dies in seiner Freizeit, ohne seine Pflichten in der Gemeinde zu vernachlässigen. Hierauf legte er in Interviews mit mir großen Wert und die schriftliche Überlieferung in den Akten belegt dies.

Jüchen berichtete über seine Aktivitäten in Nord-Bayern:

„Nach Franken wurde ich geholt, weil in Franken die stärkste Partei die Bayrische Volkspartei war. Das war eine ausgesprochen reaktionäre Partei, wie ihre heutige Nachfolgerin, die CSU. Deshalb waren die Sozialdemokraten ungeheuer froh, wenn ein Pastor zu ihnen kam und sie sagen konnten: Bei uns gibt's auch Pastoren! Wenn ich nach Franken kam, dann erschrak ich, wie dick mein Name auf Plakaten oder Plakatsäulen stand und wie ausführlich und positiv die Besprechungen in den Zeitungen waren. Ich habe sie mir alle in ein Buch eingeklebt. In Thüringen dagegen begegnete mir eher Mißtrauen. Dort war die Einstellung vieler Sozialdemokraten: die religiösen Sozialisten sollen bei uns nichts zu sagen haben. Als ihre Situation aber immer schwieriger wurde, weil die Nazis immer stärker wurden, bin ich mit meinem dicken Buch[210] zu ihnen gegangen und habe gesagt – ,Ihr seid doch Idioten. Seht mal hier, das machen die Franken. Wenn ich nach Franken komme, dann gibt es Riesenplakate und später Besprechungen in fränkischen Zeitungen. Und ihr sperrt euch!' Da änderte sich unter dem Druck der Nationalsozialisten ihre Haltung zu den religiösen Sozialisten. Und weil wir kein Parteideutsch sprachen, waren wir die beliebtesten Diskussionsredner in politischen Versammlungen."[211]

In Thüringen, vor allem im südthüringischen Gebiet um Ilmenau und Arnstadt, versuchte er, den Radius des religiösen Sozialismus zu erweitern.

„Und ich bekam eine Mappe in die Hand und fing an, Gruppen zu gründen. Ich ging also in eine dieser Gemeinden zu einem führenden Genossen. Ich habe ihn gefragt: ,Sag, ihr habt doch sicher eine Menge Genossen, die immer noch in der Kirche sind, und deren Frauen in der Kirche sind, ihre Kinder zum Kindergottesdienst, Konfirmandenunterricht schicken. Wen hältst Du für den geeignetsten

---

[210] Diese Mappe hat in Schwerin wundersamerweise die Zeiten überdauert und befindet sich als „Mappe Druckschriften" im Jüchen-Teilnachlass im Kirchenarchiv Schwerin. Anhand der Zeitungsausschnitte in dieser Mappe lässt sich nachempfinden, welch großen Einsatz Jüchen für die fränkische SPD geleistet hat.

[211] A 8.

Mann dazu? Ihr lasst doch einfach den Großteil in der Gesellschaft unbeeinflusst. Und die müssen doch ihre Kraft einsetzen, wenn sie wirklich Sozialisten sind, um gerade auch in der Kirche, sozialistische Umwandlungen zu vollziehen. Ihr sprecht immer von der Gesellschaft, und ihr sprecht gar nicht zu der Gesellschaft, sondern nur zu einem ausgesuchten kleinen Teil der Gesellschaft.' Dieses Argument sahen sie auch ein. Ich wollte zunächst einen Zeitungsausträger haben. Der war immer leicht zu finden, weil zum ersten engagierte Genossen da waren, die noch in der Kirche waren, und zweitens, weil jeder sich gerne was dazuverdiente. Und dann ließ ich das Sonntagsblatt eine Weile laufen, die Zeitung des Bundes der religiösen Sozialisten."[212]

Am 16. März 1930 fand die Jahrestagung des BRSD-Landesverbandes Thüringen in Möhrenbach statt. Jüchen referierte über die „Aufgaben der Religiösen Sozialisten in der Kirchgemeinde." In diesem Zusammenhang veranstaltete der BRSD „in den drei Orten Möhrenbach, Jesuborn und Langewiesen gutbesuchte, zum Teil überfüllte Versammlungen, in denen unser Gen. Pfarrer Fuchs … sprach."[213]

Dieser Einsatz in den Bundes-Veranstaltungen brachte Jüchen nach kurzer Zeit in den thüringischen BRSD-Landesvorstand und damit auch in die Arbeit der Reichsorganisation. Hier wurde er zum Senkrechtstarter des Jahres 1930. Der BRSD führte in unregelmäßigen Abständen (ca. alle zwei bis vier Jahre) Reichskonferenzen durch, auf denen sich Delegierte aus allen Landesverbänden trafen, die Gremien neu gewählt wurden und die jeweilige politische und kirchenpolitische Positionierung erfolgte. Beim 5. Reichskongress im August 1930 waren der aufkommende Nationalsozialismus und die Lehren aus dem Sieg des italienischen Faschismus Hauptthema.

Bemerkenswert ist, dass dieser Kongress sich vor den Reichstagswahlen, die am 14. September 1930 den Erdrutschsieg der NSDAP und ihren Sprung von 12 auf 107 Reichstagsmandate brachten, mit dem Thema Faschismus beschäftigte. Hierzu sollten der Vorsitzende des „Bundes der religiösen Sozialisten Österreichs", Otto Bauer, und Emil Fuchs referieren. Bauer konnte nicht kommen, und Emil Fuchs erkrankte kurz vor Kongressbeginn. An ihrer Stelle hielt Jüchen am 2. August das Hauptreferat „Der Faschismus – eine Gefahr für das Christentum." Den Vortrag hatte er an Hand

---

[212] A 21.
[213] SDAV Nr. 13. v. 30.3.1930, S. 104.

von Leitsätzen, die Emil Fuchs vor dem Kongress ausgearbeitet hatte, am Vortag ausformuliert.

„Einer der jungen Thüringer Pfarrer springt ein, Jüchen aus Möhrenbach. Er ist von überzeugender Geistigkeit, gelegentlich sarkastisch, hat Freude an geschichtlichen Parallelen; er müht sich, das marxistische Prinzip objektivierter Geschichtsbetrachtung anzuwenden, um zu einer klaren Analyse zu kommen."[214]

Diese Analyse wurde zur Grundlage der antifaschistischen Arbeit des BRSD, und die Rede wurde in hoher Auflage als Flugschrift verbreitet.[215] Eine von Jüchen vorgelegte Resolution hatte der Kongress beinahe einstimmig beschlossen. Sie ist ein Beweis dafür, dass es lange vor 1933 möglich war, das Wesen des Faschismus zu erkennen.

„Erklärung des Bundes gegen den Faschismus

Der Kongress der religiösen Sozialisten Deutschlands sieht mit großer Besorgnis die innere und äußere Haltlosigkeit der christlichen Kirchen gegenüber den gefährlichen Absichten des Faschismus.

Die bürgerlichen, kirchlichen Kreise stimmen den Bestrebungen der Faschisten darum vor allem völlig kritiklos zu, weil sie eine Sicherung der für sie vorteilhaften wirtschaftlichen und gesellschaftlichen Machtverhältnisse erhoffen.

Die religiösen Sozialisten fühlen sich verpflichtet, darauf hinzuweisen, daß durch die faschistisch-nationalsozialistische Propaganda der vorchristliche heidnische Machtstaat, die Vorherrschaft der Gewalttätigen und Selbstherrlichen wieder aufgerichtet werden soll. Es ist ihnen darum vollkommen unbegreiflich, daß der von dem nationalsozialistischen Minister Frick herausgegebene Schulgebetserlaß, der das christliche Gebet zu faschistischer Gesinnungsbildung und Parteipolitik mißbraucht, nicht sofort auf den schärfsten Widerspruch der thüringischen Landeskirche gestoßen ist.

Die unentschlossene Haltung der Kirche erweckt den Anschein, als ob sie Angst habe, gegenüber der Brutalität und Rückschrittlichkeit des Faschismus die Forderungen christlicher Frömmigkeit zu verteidigen, als ob die Kirche den Staat ermächtige, Schulgebete vorzuschreiben, die dem Geist des Christentums, dem Geist der Liebe und brüderlichen Gemeinschaft, widersprechen.

Es ist notwendig, diese Führungs- und Kraftlosigkeit des thüringischen Kirchenregiments festzustellen und die entschiedenen Christen aufzufordern, sich dem Bund der religiösen Sozialisten anzuschließen, der sich allein mit aller Entschlossenheit

---

[214] SDAV Nr. 33/1930, S. 261.

[215] Sie wurde ebenfalls in voller Länge in der Nr. 6/1930 der ZRS auf den S. 299-311 publiziert.

Gehren!   Gehren!

Mittwoch, den 27. August 1930, abds. $^1/_2$ 9 Uhr, im Stadthaussaal

Oeffentl. Volksverfammlung

Thema: **Gibt es eine Neutralität der Kirche im Klassenkampf?**

Referent: **Pfarrer Aurel von Jügen**

Die Einwohnerschaft von Gehren und Umgebung wird hierzu freundlichst eingeladen.

Bund religiöser Sozialisten

Reisshäus & Co., Erfurt.

Einladungszettel zu einem Jüchen-Vortrag am 27.8.1930 in Gehren (Thüringen)

gegen die Indienststellung des christlich-kirchlichen Gebets für die Haßpropaganda der Faschisten gewendet hat.

Die religiösen Sozialisten begnügen sich nicht damit, daß das Reichsgericht einen Teil der Gebete des thüringischen Innenministeriums wiederholt zurückgewiesen hat, sie müssen auch die nicht beanstandeten Gebete, darunter das aus einer Gebetssammlung des Landeskirchenrats stammende, als zweideutig und unzulänglich energisch zurückweisen. Die Vorkommnisse in Thüringen sollten alle Christen in Deutschland hellhörig machen und die Gefahr erkennen lassen, die christlicher Art und Lebensgestaltung vom Faschismus her drohen."[216]

In der kirchlichen Öffentlichkeit außerhalb Thüringens wurde so der Name Jüchen erstmalig bekannt, da das Presseecho ungewöhnlich gut war. Die weit verbreitete „Christliche Welt", das Hauptblatt der liberalen Theologie, schrieb unter anderem:

„Der zweite Tag des Kongresses war der Aussprache über den Faschismus gewidmet. Beide Referenten waren erkrankt, so hielt Pfarrer von Jüchen das Referat ... Der Faschismus will den altrömischen Staatsgedanken erneuern ... innenpolitisch ist die Macht des Staates oberstes Gesetz für Religion und Recht wie für Wirtschafts- und Handelspolitik. Freie Kritik ist unmöglich ... Auch die Führeridee des Faschismus ist durchaus unchristlich und unethisch. Die ganze Staatsauffassung ist atheistisch, in ihren Auswirkungen dämonisch ...

Die Aussprache brachte manche interessante Einzelheit. Aber sie ließ jedes Eingehen auf die positiven Elemente des Faschismus völlig vermissen."[217]

Im BRSD war Jüchen jetzt einer der gefragtesten Referenten zum Thema Faschismus. Bei der Jahresversammlung des Thüringer BRSD am 1. und 2. November 1930 in Eisenberg sprach er über „Christentum und Faschismus."[218] Der Vortrag wurde im SDAV Nr. 49/1930 publiziert, zusammen mit einem Foto Jüchens. Die Tagung beschloss eine Resolution, die in beinahe prophetischer Art und Weise Lage und Zukunft benannte.

„Die Kirche ist in Gefahr, sich selbst zu verlieren. Sich noch einmal so völlig selbst zu verlieren wie 1914, als sie sich hemmungslos der Weltkriegspropaganda auslieferte und sich dazu hergab, dem Völkermorden die ‚höhere Weihe' zu erteilen; sich heute dadurch selbst zu verlieren, daß sie hemmungslos der Propaganda der Nationalsozialisten verfällt, so daß ihr jedes Gefühl dafür verloren geht, daß

---

[216] U.a. publiziert im SDAV Nr. 33/1930, S. 261.
[217] Die Christliche Welt, Nr. 17 vom 6.9.1930.

Wir laden ein zur

Jahres-Versammlung 1930
Eisenberg, Thür. Volkshaus
am 1. und 2. November 1930

Sonnabend, den 1. November:

17 Uhr: Treffen der bereits anwesenden Genossen und Freunde im Volkshaus

20 Uhr: **Oeffentliche Kundgebung.** Es sprechen
Gen. Pf. D. Fuchs: Unser Kampf in Thüringen
Gen. Pf. Hertzsch: Kirche und Politik
Gen. Pf. v. Jüchen: Christentum und Fascismus

Sonntag, den 2. November:

8 Uhr: **Gottesdienst** in der Stadtkirche
Predigt: Genosse Pfarrer Rackwitz, Berlin

10 Uhr: **Jahresversammlung** im kleinen Volkshaussaal
Auf der Tagesordnung steht u. a.:
Kirchenaustrittsgesetz
Wahlrechtsreform
Politisches Redeverbot für Pfarrer
Die Arbeit in den kirchl. Körperschaften
Agendenfrage
Organisation des Landesverbandes.

13 Uhr: Gemeinsames Mittagessen (Preis 0,50 RM)

15 Uhr: Fortsetzung der Jahresversammlung

Der Bund religiöser Sozialisten Deutschlands
Landesverband Thüringen
Geschäftsstelle: Eisenberg i. Thür., Steinweg 18
i. A. Kleinschmidt, Pfarrer

Tagungsbeitrag: RM 1.—. **Freiquartiere** stehen in beschränkter Anzahl zur Verfügung. An-
meldungen, Anträge auf Freiquartiere und Reisekostenzuschüsse, denen nach Maßgabe der Leistungs-
fähigkeit der Bundeskasse stattgegeben werden wird, bis zum 25. Oktober an die Geschäftsstelle. — Wir
machen besonders die Mitglieder kirchlicher Körperschaften, sowie die Mitglieder der proletarischen Kampf-
organisationen auf diese Veranstaltung aufmerksam und laden sie herzlichst zur Teilnahme ein.

Einladung zur Jahresversammlung der thüringischen religiösen Sozialisten 1930

100

der Geist Jesu Christi und der Nationalsozialismus sich gegenüberstehen, wie Feuer und Wasser.

Die Kirche von 1914 verleugnete das Evangelium, weil sie die Nation in ihrer Existenz aufs schwerste durch andere Nationen bedroht glaubte; sie verleugnete ihren Herrn um ihres Volkes willen.

Die Kirche von 1930 verleugnet das Evangelium, weil sie von dem ‚positiven Christentum‘ der Nationalsozialisten eine Stützung ihrer durch die Kirchenaustrittsbewegung bedrohten organisatorischen Existenz erhofft; sie verleugnet ihren Herrn um ihrer selbst willen.

Noch ist es Zeit, daß die Kirche sich besinne und anstatt an ihre Sicherheit an ihre Aufgabe denke. Sie hat darum nicht zu fragen, ob Parteien sich ‚hinter die Kirche stellen‘ oder nicht, sondern sie hat zu fragen, ob die Ansichten, die Menschengruppen vertreten, sich vor dem Evangelium rechtfertigen lassen oder nicht. Die Kirche muß sich entscheiden, was ihr wichtiger ist: Ihre Sicherheit oder ihre Aufgabe. Das Kennzeichen der Christlichkeit einer Bewegung kann nicht das Lippenbekenntnis zur Form, sondern nur ihr Tatbekenntnis zum Inhalt der Kirche, zu der Botschaft, um deretwillen Kirche ist, sein.

Eine Bewegung, die irgendein Gebiet des öffentlichen Lebens (Politik, Wirtschaft, Staat) dem Gericht des Evangeliums zu entziehen versucht, indem sie seine ‚Eigengesetzlichkeit‘ behauptet, setzt sich in Widerspruch zum Evangelium …

Der Nationalsozialismus … behauptet national zu sein, und verkündet eine Auffassung vom Volk, der Millionen von Volksgenossen aus der Volksgemeinschaft ausschließt (Antimarxismus und Antisemitismus) …

Wir fordern … von unserer Kirche und von allen Christen, daß sie in klarer Verkündigung christlicher Wahrheit die Unvereinbarkeit der nationalsozialistischen und nationalistischen Gedanken mit den Forderungen des Christentums klarstellen und christliches Pflichtgefühl gegenüber nationalistischer Verantwortungslosigkeit wecken.“[219]

Jüchen hat 1930/31 in verschiedenen Ausarbeitungen Wesentliches für die Einschätzung des Faschismus geleistet und ist der m.E. wichtigste Analytiker in den Reihen des BRSD gewesen. Im Gegensatz zu vielen

[218] Einladungsflugblatt, in NLJ-S.

[219] „Noch ist es Zeit“, in: SDAV Nr. 49 v. 7.12.1930. Im Ev. Pfarrerblatt der DDR, Heft 9/10 vom Mai 1965 erschien eine Fassung „Vor 35 Jahren“, die an interessanten Stellen „bearbeitet“ ist. So heißt es z.B. statt „Antimarxismus“ wie 1930 jetzt „Antikommunismus“, statt „nationalistischer“ wie 1930 durchgehend „nationalsozialistischer.“ Auch ein Umgang mit Geschichte!

zeitgenössischen Autoren ging er bei der Analyse des „Nationalsozialismus" von der Entstehung und Entwicklung des Faschismus in seinem Ursprungsland Italien aus und stellte den Entwicklungsprozess des Faschismus in den Vordergrund seiner Reflexion. Sein Referat auf dem Stuttgarter Kongress folgte diesem für ein fundiertes Faschismus-Verständnis unverzichtbaren methodischen Vorgehen. Einerseits, weil es so auch die qualitativen Unterschiede zwischen der „normalen" bürgerlichen Herrschaftsform und der faschistischen Diktatur benennbar machte, im Gegensatz etwa zu der Unzahl von Darstellungen kommunistischer Autoren, für die schon die Brüning-Regierung faschistisch war und die sich nach 1933 wunderten, was der tatsächliche Faschismus noch an zusätzlichem Potential aufbieten konnte. Zum anderen, weil so auch die möglichen Bruchstellen in der faschistischen Entwicklung und daraus resultierende Ansatzpunkte antifaschistischer Aktivitäten sichtbar wurden.

In seinen Artikeln in der theoretischen BRSD-„Zeitschrift für Religion und Sozialismus" und im SDAV führte er dies fort und arbeitete unter Hinweis auf die Ereignisse in Italien die Gefahrenlage für Deutschland unmissverständlich heraus. Im April 1931 besprach er ausführlich das Buch „Wesen und Werdegang des italienischen Faschismus", aus dem er eine Reihe von unvorstellbaren Grausamkeiten zitierte.[220] So z.B., dass sich Faschisten in Turin nicht damit begnügten, einen Arbeiter aus seiner Wohnung zu verschleppen und zu erschießen, sondern dass sie am nächsten Morgen wiederkamen, um das Hab und Gut der Witwe zu verbrennen. Jüchen bilanzierte nach diesen Beispielen: „Sie werden morgen in Deutschland geschehen, wenn wir hinter der Ideologie des Nationalsozialismus nicht rechtzeitig diesen Mörder der für den Sozialismus kämpfenden Arbeiterschaft erkennen." Zwei Monate später führte er im SDAV diese Darstellung weiter und kam zu folgendem Ergebnis:

> *„Der deutsche Nationalsozialismus verbirgt seine Ziele hinter der Maske angeblicher Legalität. Er will die Diktatur, angeblich, weil die Diktatur eine bessere Staatsform sein soll als die Demokratie, in Wirklichkeit, weil die Diktatur allein die Möglichkeit zur ungestraften Vergewaltigung der Arbeiterschaft und zur restlosen Vernichtung des Sozialismus bietet. Hinter der Maske der Legalität und der Verfassungsmäßigkeit, hinter der nationalen Ideologie des Nationalsozialismus*

---

[220] Aurel v. Jüchen: Der Mörder Faschismus, in: SDAV Nr. 15 v. 12.4.1931, S. 70.

*lauert das Verbrechen. Die größte Gefahr für die Zukunft der Republik ist die
Harmlosigkeit und Leichtgläubigkeit der Republikaner gegenüber dem Nationalsozialismus.* "[221]

Jüchen wandte sich aber nicht nur mit der Feder gegen den Nationalsozialismus, sondern war ein häufiger Debattenredner in NSDAP-Veranstal-
tungen und Referent zum Thema „Faschismus" in ganz Deutschland. Der
aufkommende Faschismus veränderte auch die Arbeit des BRSD total.

*„Als aber der Nationalsozialismus wie eine Sturmflut und wie eine Überschwem-
mung über Deutschland kam, stellte sich die Frage: Wie verhält man sich zum
Nationalsozialismus? Das wurde zur Frage Nr. 1. Alle religiösen Sozialisten haben
sich dieser Frage gestellt. Wir sind auch in Versammlungen der Nazis gegangen
und haben in den Debatten mitdiskutiert, was immer gefährlicher wurde. Ich bin
dann auch mal verprügelt worden. In jeder Nazi-Versammlung gab es ja SA-Leute.
Wir haben natürlich auch versucht, in der Kirche gegen den Nationalsozialismus
zu arbeiten und entsprechende Anträge zu stellen."* [222]

Jüchen lud zu seinen Vorträgen nicht nur Parteifreunde ein, sondern
suchte die Auseinandersetzung mit der NSDAP.

*„Roda b. Ilm. Eine öffentliche Versammlung findet am Sonntag 20 Uhr im Kupfer-
berg mit dem sehr aktuellen Thema Christentum, Faschismus und Sozialdemokratie
statt. Die Nationalsozialisten und der Ortspfarrer sind hierzu besonders eingeladen.
Referent ist Genosse Pfarrer Aurel v. Jüchen (Möhrenbach)."* [223]

Wie Jüchen sich die Verhinderung der Machtübernahme des Faschismus vorstellte, verdeutlicht ein Veranstaltungsbericht aus dem Volk vom
4.12.1931.

In einer stark besuchten Mitgliederversammlung der SPD wurde nach
einem Referat des sozialistischen Pfarrers Aurel v. Jüchen über Kommu-
nistisches Manifest und Kommunistische Partei folgende Entschließung
einstimmig angenommen:

*„Die Ortsgruppe Arnstadt der SPD sieht in der Einheit der Arbeiterklasse die einzige
Gewähr für die Überwindung des Kapitalismus und seiner faschistischen Hilfsgarde.
Diese Einheit wird aber nicht geschaffen durch Bildung von Einheitskomitees oder
durch gemeinsame Demonstrationen, während in Wort und Schrift der Bruder-
kampf weiter tobt. Voraussetzung für die wirkliche Einheit der Arbeiterklasse ist*

---

[221] Aurel v. Jüchen: Der Mörder Faschismus, in: SDAV Nr. 23 v. 7.6.1931, S. 101.

[222] A 8.

[223] PAJ-E, Akte 1929/32, Presseausschnitt Sozialdemokratische Volkszeitung Nr. 217 v. 17.9.1931

die Einstellung des Bruderkampfes vor der Front des Klassengegners. Die KPD hat ... bewiesen, dass sie zur proletarischen Einheit weder willens noch fähig ist. Das darf und wird die SPD nicht hindern, neben dem Tageskampf an der Herstellung der proletarischen Einheit mit allen Kräften zu arbeiten und alle Maßnahmen zur Schaffung der Voraussetzungen für eine solche zu unterstützen."

Im Jahr 1931 erreichte der BRSD-Landesverband Thüringen die höchste Form seiner Organisation. Das Wachstum an Mitgliedern und Ortsgruppen machte eine Untergliederung des seit April dieses Jahres von Karl Kleinschmidt geleiteten Landesverbandes erforderlich. So wurde unterhalb der Landesebene eine Aufteilung in sieben Bezirke vorgenommen, den 1. Bezirk „Rhön" führte Erich Hertzsch[224] in Eisenach und den 2. Bezirk „Südthüringen" Aurel von Jüchen. Jeder dieser Bezirke gliederte sich in weitere Unterbezirke.

Im August 1931 veranstaltete der Landesverband Thüringen eine Freizeit für Erwerbslose in Bad Frankenhausen, und zwar aus Kostengründen mit Quartieren im Hause eines zum BRSD gehörenden Oberstudienrates. Fahrt- und Aufenthaltskosten der Teilnehmer waren durch Spenden sichergestellt worden. Wenn wir heute von den sechs Millionen Arbeitslosen des Jahres 1932 lesen, vergleichen wir sie mit den fünf Millionen von heute. Wie dramatisch die Krise für die Masse der Bevölkerung gewesen ist, wird erst dann vorstellbar, wenn betrachtet wird, dass 1932 die Arbeitslosenquote 43,7% betrug und die sechs Millionen Arbeitslosen sich auf insgesamt nur 12,8 Millionen Arbeitnehmer bezogen. Hinzu kommt, dass die materielle Absicherung damals etwas qualitativ anderes war als heute und dass Hunger in Familien Arbeitsloser an der Tagesordnung war. Was für die Masse der Arbeitnehmer galt, traf auf die strukturschwachen Gebiete Südthüringens noch drastischer zu. Hier waren ganze Dörfer erwerbslos. Im Rahmen dieser Erwerbslosenwoche wurden acht Vorträge gehalten. Zwei davon bestritt Jüchen zu den Themen „Muss ein Marxist Freidenker sein?" und „Rechte und Pflichten der Kirchenglieder."

---

[224] Erich Hertzsch, geb. 31.3.1902, gest. 28.10.1995. Evangelischer Pfarrer in Eisenach, später Oberkirchenrat und Professor für praktische Theologie in Jena. 1946 zeitweise Landtagsabgeordneter der SED in Thüringen. 1950 aus der SED ausgetreten. Verfasser eines umfangreichen Schrifttums. Vgl. Müller-Enbergs/Wielgohs/Hoffmann (Hg.): Wer war wer in der DDR? Bonn 2001, S. 349.

In der zweiten Jahreshälfte unterstützte er den Aufbau des BRSD im Ruhrgebiet und in Westfalen. Da sein Vater noch in Gelsenkirchen wohnte, wo sich das BRSD-Büro befand, hatte er ein günstiges Ausgangsquartier für diese Aktivitäten, die zur Gründung des Landesverbandes des BRSD beitrugen.[225] Für den 5. und 6. September 1931 wurde die erste Landesversammlung der religiösen Sozialisten Westfalens nach Dortmund einberufen.

> *„Für Sozialismus und Christentum! Freunde und Genossen! Zum ersten Male rufen die religiösen Sozialisten Westfalens das christliche Proletariat zu einer Landestagung in Dortmund auf. Zum ersten Male treten die organisierten religiösen Sozialisten der roten Erde an die Öffentlichkeit, um klar und deutlich kundzutun, dass Religion, Christentum und Sozialismus, Gottesglaube und Menschentum zusammengehören. Wer Christ ist, muß Sozialist sein."[226]*

Am Sonntag, dem 6.9.1931, begann der inhaltliche Teil der Tagung mit dem Referat Jüchens über „Evangelisches Christentum und Sozialismus."[227]

> *„In der eigentlichen Delegiertentagung sprach an erster Stelle unser Genosse Pfarrer Aurel von Jüchen, ein Sohn der Kohlenstadt Gelsenkirchen … Seine mitreißende Interpretierung evangelischer Gläubigkeit im Sozialismus gab allen das Bewußtsein, daß hier nicht ein Theologe sprach, dem das Evangelium auf den Lippen liegt, sondern ein Christ, dem Christentum Kampf ist für wahres Menschentum, der Sozialist ist um seines Christentums willen."*

Während der BRSD anwuchs und 1932 den Zenit seiner organisatorischen Entwicklung erreichte, organisierten die Nationalsozialisten ihre eigene Kirchenpartei, die „Deutschen Christen", die innerhalb kürzester Zeit ein bedeutender Faktor in den evangelischen Kirchen wurde.

> *„Richtlinien der Glaubensbewegung ‚Deutsche Christen' vom 6. Juni 1932:*
>
> *1. Diese Richtlinien wollen allen gläubigen deutschen Menschen Wege und Ziele zeigen, wie sie zu einer Neuordnung der Kirche kommen …*
>
> *2. Wir kämpfen für einen Zusammenschluss der im ‚Deutschen Evangelischen Kirchenbund' zusammengefaßten 29 Kirchen zu einer evangelischen Reichskirche und marschieren unter dem Ruf und Ziel: Nach außen eins und*

---

225 Hierzu: Ulrich Peter, Christuskreuz und Rote Fahne. Die religiösen Sozialisten in Westfalen 1919-1933, Bielefeld 2002.

226 SDAV, Nr. 36 v. 6.9.1931.

227 SDAV, Nr. 40 v. 4.10.1931.

geistgewaltig, Um Christus und sein Werk geschart, Nach innen reich und vielgestaltig, Ein jeder Christ nach Ruf und Art!

3. *Die Liste ‚Deutsche Christen' will keine kirchenpolitische Partei in dem bisher üblichen Sinne sein. Sie wendet sich an alle evangelischen Christen deutscher Art. Die Zeit des Parlamentarismus hat sich überlebt, auch in der Kirche. [...]*

6. *Wir verlangen eine Abänderung des Kirchenvertrages und Kampf gegen den religions- und volksfeindlichen Marxismus und seine christlich-sozialen Schleppenträger aller Schattierungen ...*

7. *Wir sehen in Rasse, Volkstum und Nation uns von Gott geschenkte und anvertraute Lebensordnungen, für deren Erhalt zu sorgen uns Gottes Gesetz ist. Daher ist der Rassenvermischung entgegenzutreten. Die deutsche Äußere Mission ruft auf Grund ihrer Erfahrung dem Deutschen Volke seit langem zu: ‚Halte Deine Rasse rein!' und sagt uns, daß der Christusglaube die Rasse nicht zerstört, sondern vertieft und heiligt. [...]*

9. *In der Judenmission sehen wir eine schwere Gefahr für unser Volkstum. Sie ist das Eingangstor fremden Blutes in unseren Volkskörper. Sie hat neben der Äußeren Mission keine Daseinsberechtigung. Wir lehnen die Judenmission in Deutschland ab, solange die Juden das Staatsbürgerrecht besitzen und damit die Gefahr der Rassenverschleierung und Bastardisierung besteht. Die Heilige Schrift weiß auch etwas zu sagen von Heiligem Zorn und sich versagender Liebe. Insbesondere ist die Eheschließung zwischen Deutschen und Juden zu verbieten.*

10. *Wir wollen eine evangelische Kirche, die im Volkstum wurzelt, und lehnen den Geist eines christlichen Weltbürgertums ab. Wir wollen die aus diesem Geiste entspringenden verderblichen Erscheinungen wie Pazifismus, Internationale, Freimaurertum usw. durch den Glauben an unsere von Gott befohlene völkische Sendung überwinden. Die Zugehörigkeit eines evangelischen Geistlichen zur Freimaurerloge ist nicht gestattet."* [228]

1932 fand eine erneute Tagung des Thüringer Landeskirchentages statt. *„Der Antrag der Religiösen Sozialisten, während der Abrüstungskonferenz in allen Kirchen der Thüringischen Evangelischen Kirche ein besonderes Gebet um einen Weltfrieden der Wahrheit und Gerechtigkeit anzuordnen, wurde mit 38 gegen 17 Stimmen und 7 Enthaltungen abgelehnt."* [229]

---

[228] Abgedruckt in: Joachim Hossenfelder, Unser Kampf. (Schriftenreihe der ‚Deutschen Christen', Nr. 1.), Berlin 1933.

[229] CW Nr. 10, 1932, S. 478, und SDAV Nr. 27 v. 3.7.1932, S. 106.

Jüchen wurde 1932 Mitglied des 7-köpfigen Reichsvorstandes des BRSD und war in dieser Zeit als Referent stärker außerhalb Thüringens engagiert. In allen Regionen Deutschlands nahm die Polarisierung zwischen der Linken und der NSDAP zu, und dies spiegelte sich auch in den Kirchen wider. In Thüringen ging der Prozess der Faschisierung weiter. Eine quasi alltägliche Erfahrung war der allmähliche Übergang der Staatsautorität in das rechtsradikale Lager.

> *„Auf dem Marktplatz von Jena war ich bei meinen Freunden Erich und Karin Hertzsch. Und ich war mit Karin Hertzsch und ihren Kindern in der Stadt zum Einkaufen. In der Zeit bildete sich vor dem Polizeipräsidium, auf dem Marktplatz, eine große Demonstration: Nieder mit Frick! Nieder mit dem Nationalsozialismus! Gebt dem Hitler keine Bürgerrechte![230] Die Versammlung bestand aus Männern und Frauen und verlief gut. Das Polizeipräsidium hatte eine große zweiflügelige Doppeltür. Hinter dieser Doppeltür war ein Hof, in dem sich Reiterei versammelte, berittene Polizei. Und auf einen Schlag öffnete sich die Tür, und die Polizei rennt in die Menge. Die Menge wich aus. Auf der einen Seite liefen Straßenbahnen vorbei. Ich sage zu Karin Hertzsch: Geh mit den Kindern in die Straßenbahn. Und da viele Frauen in der Versammlung waren, blieb ich an der Stelle stehen. Jetzt stürzte die Polizei, weil ich da stehen geblieben war, auf mich nieder, und ich bekomme Schläge mit dem Gummiknüppel. Da gibt's eine Stelle, wo mein Muskel einen Nerv treffen kann, zwischen Obermuskel und Untermuskel, auf den zielte die Polizei – also, wenn die Polizei schlägt, Muskeln anspannen. Wenn die den richtig trifft, dann fällt der Arm so runter. Und die trafen mich erst am linken Arm, haben aber offenbar nicht ganz den Nerv getroffen. Er war angeschlagen, ich konnte vom Tisch kein Salzfass hochheben. Und geschädigt ist er heute noch. Ich kann zum Beispiel kein Bettuch zusammenlegen, kein Tischtuch, fällt mir schwer, in den Mantel zu steigen, mach ich mit der rechten Hand, mit der linken habe ich immer ‚ne Hemmung'.*"[231]

Bei den Wahlen zum letzten frei gewählten Thüringer Landeskirchentag 1933 war Jüchens Wahlkreis III (Thüringer Wald, der die Kirchenkreise

---

[230] Der ehemalige österreichische Staatsbürger Hitler war staatenlos und wurde erst 1932 vom Braunschweiger NS-Minister Klagges zum Braunschweigischen Regierungsrat ernannt und damit „eingedeutscht." Vorher hatte Frick Anfang 1930 versucht, Hitler zum Gendarmeriekommissar des thüringischen Provinzstädtchens Hildburghausen zu ernennen. Auch hier wäre er als Beamter automatisch „eingedeutscht" worden. Der Fricksche Plan kam erst Anfang 1932 ans Licht und führte zu wütenden Protesten von SPD und KPD. Die von Jüchen beschriebene Kundgebung ist in dieser Anfangszeit von 1932 zu datieren. Hierzu Manfred Overesch: Die Einbürgerung Hitlers 1930, in: Vierteljahreshefte für Zeitgeschichte 40 (1992), S. 543-566.

[231] A 21.

Arnstadt, Gehren, Gräfenroda, Gräfenthal, Ilmenau, Königsee, Leutenberg, Rudolstadt und Saalfeld umfasste) für das Gesamtergebnis des BRSD von entscheidender Bedeutung und trug wesentlich zum guten Abschneiden bei. Der BRSD hatte 32.409 Stimmen (von 259.588) und sechs Sitze (von 51) erhalten. Die 12,4% des BRSD waren ein gutes Ergebnis, im Verhältnis zur vorhergehenden Kirchenwahl hatte er seine Stimmenzahl um 12.573 (= +65,5%) vergrößert. Eine Bestätigung guter Arbeit, aber angesichts der 30,8% der Deutschen Christen, die 16 Sitze errangen und auf eine beachtliche Sympathisantenschar in anderen Listen vertrauen konnte, allerdings ein ungenügendes. Die „Deutschkirchler" waren Teil der DC geworden.

Jüchen hatte als „Pfarrer a.D." auf dem 1. Platz der Liste der „Weltlichen Bewerber" kandidiert, wurde als „Laie" zum BRSD-Vertreter im LKT gewählt und nahm am 16. und 17.2.1933 an dessen Tagung teil.

Im Rahmen der Apriltagung 1933 des LKT wurden die BRSD-Vertreter aus dem LKT ausgeschlossen. Jüchen, dessen Aufstellung als Kandidat und anschließende Wahl von den konservativen Listen angefochten worden war, hatte bereits vor der Tagung, um die Konflikte zu entschärfen, freiwillig auf die Weiterführung seines Mandates verzichtet.

5. Möhrenbach und das Ende

Jüchen hatte zwei Gemeinden zu betreuen, wie sie gegensätzlicher kaum sein konnten. Der Spagat zwischen beiden Gemeinden war kaum auszutarieren und für den Berufsanfänger Jüchen war diese Aufgabe nicht zu bewältigen. Er trat in die Fußstapfen seines Vorgängers Arthur Rackwitz, der in der Kirchengemeinde Möhrenbach eine gelungene Mischung aus Traditionspflege und Neuerungen verankert hatte. Zum einen war Rackwitz sieben Jahre älter als Jüchen und hatte bereits vor Möhrenbach Erfahrungen als Gemeindepfarrer sammeln können. Zum anderen stellte er als Person das traditionelle evangelische Pfarrerbild – bezogen auf die Erwartungen der Kerngemeinde an diese Pfarrerrolle – nicht in Frage. Rackwitz wusste genau, was ein evangelischer Pfarrer tat und vor allem auch, was sich nicht „schickte." Charlotte Rackwitz, gelernte Lehrerin, erfüllte die an eine Pfarrfrau gerichteten Rollenerwartungen wenigstens soweit, dass es „kein Gerede" gab. Der nicht kirchlich sozialisierte Jüchen hatte nur eine unzureichende Vorstellung von dem, was das Sozialsystem

„Kirchengemeinde" an sozialer Kontrolle auszuüben vermochte und welche Widerstände sich aufbauen konnten. Unbefangen verletzte er eine Regel nach der anderen, und es kam, wie es zu erwarten war. Jesuborn, mit einer Minderheit der religiösen Sozialisten in der Kirchenvertretung, übte sich in der Kunst des Mobbing und forderte ständig die Abberufung des Pfarrers. Demgegenüber sekundierte ihm die religiös-sozialistische Mehrheit der Kirchenvertretung Möhrenbachs und stärkte ihm den Rücken. Die Auseinandersetzungen zwischen Jüchen auf der einen und der bürgerlichen „Opposition" in Möhrenbach und der rechtsradikalen Gruppe in Jesuborn auf der anderen Seite eskalierten seit Ende 1929 kontinuierlich.

Emil Fuchs beschrieb Anfang 1931 in der BRSD-Wochenzeitung Jüchens Lage so:

> „Ganz übel ist die Hetze, die in Möhrenbach und Jesuborn, seinen beiden Gemeinden, gegen unseren tapferen Genossen A. v. Jüchen im Gange ist. Eingabe um Eingabe kam an den Landeskirchenrat, er müsse aus den Gemeinden entfernt werden … In Möhrenbach versucht der dortige Kantor, Jüchens Hauptgegner, eine eigene Bibelstunde für die einzurichten, die mit dem Pfarrer unzufrieden sind."

Den vorläufigen Höhepunkt setzte ein Beschluss der Kirchenvertretung von Jesuborn, dass Jüchen ab dem 15.1.1931 dort nicht mehr predigen dürfe. Wie Fuchs berichtete, wurde dieser Beschluss in Gegenwart von zwei Landeskirchenräten gefasst. Der LKR plante deswegen, die Versorgung der Gemeinde Jesuborn einer anderen Gemeinde zu übertragen. Anzumerken sei noch, dass von den vierzehn Kirchgemeinderäten zwölf aus dem bürgerlichen Lager kämen, wobei gleich zehn von ihnen Mitglieder der NSDAP seien.[232]

Diese Konflikte, die in der schriftlichen Überlieferung sehr gut und sehr umfangreich belegt sind, lassen sich in der Rückschau zu mehreren Gruppen ordnen:

1 die „einseitige" politische Betätigung des Pfarrers,
2 die „schludrige" Geschäftsführung des Pfarrers,
3 Auftreten in der Öffentlichkeit, das der Rolle und dem Amt eines evangelischen Pfarrers nicht entsprach,
4 Vernachlässigung der Amtspflichten.

---

[232] Der Kampf in Thüringen, SDAV Nr. 5/1931, S. 19.

Bevor jetzt die einzelnen Konfliktgruppen dargestellt werden, müssen die Hauptakteure benannt werden. Auf Jüchens Seite ist es der Fraktionsführer der religiösen Sozialisten in der Kirchenvertretung Möhrenbach. Auf der Gegenseite ist es in der Gemeinde der Religionslehrer und Kantor Schneegass, der sowohl „Kirchenmusikbeamter" ist, wie auch Fraktionsführer und Spitzenkandidat der „Evangelischen Gemeinschaft", der bürgerlichen Minderheit in der Kirchenvertretung Möhrenbach. Zudem ist er Ortskorrespondent der „Ilmenauer Henne." Ein weiterer Freund von Schneegass und ebenfalls „bürgerliches" Kirchenvorstandsmitglied ist Lehrer Fugmann, der wiederum Berichterstatter des „Gehrener Kreisblattes" ist.

Schneegass spricht sich permanent mit Oberpfarrer Schwendel ab, dem Dienstvorgesetzten Jüchens, der wiederum alles, was Jüchens Stellung untergraben kann, an den LKR in Eisenach weiterleitet, wo Landesoberpfarrer Reichardt sich ständig mit diesen Eingaben beschäftigt. Der juristische Kirchenrat Dr. Volk ist dann in der Regel für die Exekutive zuständig. Kommen wir jetzt zum ersten Vorwurf –

1. der „einseitigen" politischen Betätigung des Pfarrers.

Hier haben wir den geradezu klassischen Diskurs der evangelischen Kirche der Weimarer Republik. „Politisch" sind immer die anderen. Die Kirche ist per se ein politikfreier Raum, selbst wenn sie etwa für ein Verbot der atheistischen Freidenkerpropaganda eintritt, ist dieses unpolitisch, da aus christlicher Verantwortung entstanden und somit legitimiert.

„Ich bin nun einmal gegen jede politische Betätigung und muß das Recht für mich in Anspruch nehmen, zu verhindern, daß meine Gesinnungsfreunde und ich mit politischen Anträgen irgendwie in Zusammenhang gebracht werden."[233]

Alles was der erklärte Sozialist Jüchen macht und veranstaltet, ist ebenso per se „politisch." Somit musste sich die Kirchenvertretung damit befassen, ob er das überhaupt darf. Einen breiten Raum nahm ein Meinungsaustausch ein über die Frage: Ist der Kirche gedient, wenn der Pfarrer sich politisch betätigt, wenn die Predigt politische Fragen berührt? Die Besprechung dieser Angelegenheit nahm mehrmals lebhafte Formen an und zog sich bis in die Mitternachtsstunde hin. Die auseinander gehenden Ansichten

---

[233] Brief Schneegass an LKR v. 29.11.1930, in: PAJ-E, Akte 1929/32.
[234] Gehrener Kreisblatt Nr. 134 v. 13.11.1930, in: PAJ-E, Akte 1929/32, Blatt 46.

haben sich jedoch nicht auf einem gemeinsamen Boden zusammenfinden können.[234]

Aus diesem Vorwurf der „einseitigen" politischen Betätigung erwächst der Wunsch, der LKR möge einschreiten. Natürlich agiert Schneegass nicht in eigenem Interesse, sondern als Sprachrohr der schweigenden Mehrheit.

> „Ich weiß, daß ich im Sinne vieler kirchlich gesinnter Ortsbewohner handele, wenn ich … folgende Bitte ausspreche: Die Maßnahmen gegen Herrn von Jüchen möchten so beschleunigt werden, daß er nach seinem Urlaub in Möhrenbach keinen Gottesdienst, auf jeden Fall aber keinen Weihnachtsgottesdienst halten kann."[235]

Damit der LKR auch informiert ist, was diese „Mehrheit" denkt und möchte, kolportiert er noch fein säuberlich, was im Möhrenbacher Bürgertum an Gerüchten und Polemik über Jüchen zirkuliert. Eine Kostprobe, die über das Niveau der Diskussion Auskunft gibt: Der Pfarrer trete in Wort und Schrift gegen die Kirche auf: Er glaube also nicht, was die Kirche will und predigt, die Landeskirche schweige dazu, also glaube sie selbst nicht.

Immer wieder wird der LKR mit Vorwürfen aus Möhrenbach konfrontiert. Der Schriftverkehr füllt viele Seiten. Man hat den Eindruck, als hätten Schneegass und Schwendel jede Predigt Jüchens dahingehend geprüft, ob sie als Material für neue Anwürfe geeignet sei.

Am 14.9.1930 war Wahltag zum Reichstag. Jüchen predigte über 1. Kor. In diesem Text geht es unter anderem um Spaltungen in der Gemeinde. Diese Predigt wurde von Schwendel als Aufsichtsbehörde angefordert. Nach Erhalt reichte er sie gleich an den LKR zur Prüfung weiter. Die Predigt ist von Aufbau und Inhalt eine normale Predigt und absolut keine parteipolitische Predigt. Was machte sie jetzt für Schneegass und Schwendel problematisch? Er hat über Parteien gepredigt, allerdings ohne gegen das von den Deutschnationalen denunzierte Parteienunwesen und den Parteienhader zu Felde zu ziehen bzw. die sog. „Futterkrippenmentalität der Bonzen" als Resultat der Weimarer Demokratie zu kritisieren. Er hatte strikt auf demokratischer Grundlage ausgeführt, dass es Parteien geben müsse. Das reichte Schneegass schon aus. Jüchen wollte sich in diesem Fall nicht in die Ecke drängen lassen und ging in die Offensive.

---

[235] Schneegass, Möhrenbach 29.11.1930 an LKR (Blatt 57), in: PAJ-E, Akte 1929/32.

„Ich bitte den Landeskirchenrat, mir ein Gutachten über die von mir eingeforderte Predigt mitzuteilen, da ich ein Interesse daran habe, zu wissen, ob der Landeskirchenrat an dem Gedankengang der Predigt etwas zu beanstanden hat. Gleichzeitig bitte ich den Landeskirchenrat, mir mitzuteilen, ob irgendein Gemeindeglied sich über diese Predigt beschwert hat und welche Gründe es geltend gemacht hat."

Eine Antwort ist nicht aktenkundig. Demgegenüber liegt ein Brief des LKR an Jüchen vom 11.12.1930 vor, der alle Vorwürfe aufnimmt.

„Nach Berichten des Kreiskirchenrates und Oberpfarramtes in Gehren, auch Mitteilungen aus Ihren Gemeinden und Presseveröffentlichungen aus dem letzten Monat nach Berichten unserer Mitglieder und Beamten haben Sie in Ihren Kirchgemeinden völlig das Vertrauen verloren, dessen Sie zur Ausübung Ihres Pfarramtes bedürfen. Die Gründe für den Verlust des Vertrauens in Ihren Gemeinden liegen in Ihrer einseitigen politischen Betätigung, in Ihrem Frondieren gegen die Verfügung des Landeskirchenrats vom 20.8.30, in Ihren maßlosen Presseangriffen gegen die Kirche und den Landeskirchenrat … Wir sehen uns deshalb genötigt, … ins Auge zu fassen, Sie in den Wartestand zu versetzen, weil eine Versetzung in eine andere Pfarrstelle zur Zeit nicht möglich ist."

Die Beamten des LKR fügten nach diesem Satz vorsorglich bereits die Berechnung der Wartestandsbezüge von monatlich 256,- RM inkl. Kinderzulage bei.

Aber die Zeit für eine Entfernung Jüchens war noch nicht gekommen.

2. Der zweite Problemkreis betraf die vorgebliche „schludrige" Geschäftsführung des Pfarrers, der, so die Befürchtung seiner bürgerlichen Gegner, die Gemeinde auch finanziell zu Grunde richtete. Pate dürfte das Vorurteil vom „Sozi, der nicht mit Geld umgehen kann" gestanden haben. Damit auch möglichst weite Kreise davon Kenntnis erhielten, sorgte Schneegass für die publizistische Verbreitung.

„Möhrenbach, 11. November [1930]. Zum Sonnabend Abend war die Kirchenvertretung zu einer Sitzung zusammengerufen worden … Es handelte sich darum, einen Tätigkeitsbericht des Ortspfarrers entgegenzunehmen, über die katastrophale Lage der Kirchkasse Beschlüsse zu fassen."[236]

Worüber das Lokalblatt nicht berichtete, war Jüchens Sicht der Dinge. Er hatte am 10.11.1930 sich seinerseits an den LKR wegen der „Beschwerde

---

[236] Gehrener Kreisblatt Nr. 134 v. 13.11.1930, in: PAJ-E, Akte 1929/32, Blatt 46. Alle anderen Belege in dieser Akte, insoweit keine abweichende Darstellung erfolgt.

gegen den Kirchenvorstand Möhrenbach und Jesuborn" gewandt und sich gegen den Vorwurf, geschäftsführungsmässig zu schludern, verwahrt. Die Kasse sei in Ordnung. Der LKR gab sich mit dieser Erklärung nicht zufrieden, sondern entsandte – die Akten vermitteln den Eindruck, dass Oberpfarrer Schwendel hier mitgewirkt habe – Kirchenrat Genzel, geistliches, hauptamtliches Mitglied des LKR, nach Gehren. Dort führte dieser am 29.11. vertraulich mit Schwendel und Lehrer Schneegass ein Gespräch über die kirchlichen Verhältnisse in Möhrenbach.

> *„Herr Schneegass berichtete eingehend über den katastrophalen Zustand der kirchlichen Verhältnisse … (er fürchtet), daß die vom Pfarrer v. Jüchen geleitete Finanzverwaltung nicht in Ordnung sich befindet."*

Am 4.12.1930 erfolgten dann die mit Spannung erwarteten Prüfungen der Kassen der Kirchgemeinde Möhrenbach und Jesuborn. Die Resultate dürften Schneegass und seine Freunde nicht wirklich gefreut haben. In Möhrenbach war abgesehen von kleinen Schnitzern alles in Ordnung. In Jesuborn waren einige Kollekten schlecht verbucht, ansonsten gab es keine Beanstandungen. Es blieben aber für Schneegass und Schwendel noch einige Möglichkeiten, die dann auch als nächstes genutzt wurden.

3. Das „Auftreten in der Öffentlichkeit, das der Rolle und dem Amt eines evangelischen Pfarrers nicht entsprach."

Hier war Jüchen eher zu Fall zu bringen. Und Schneegass ließ keine Zeit verstreichen. Einem ausdrücklich als „Vertraulich, nur für den Landeskirchenrat bestimmt" gekennzeichneten Bericht des Kirchenamtmanns Hoppe, der am Rande der Kassenprüfungen in Möhrenbach und Jesuborn am 4.12.30

> *„Gelegenheit [hatte], außer mit Herrn Oberpfarrer Schwendel, Hilfsprediger Krauß auch mit folgenden Herren über die kirchlichen Verhältnisse in den genannten Gemeinden zu sprechen:*
> *1. Herrn Kantor Schneegass, Möhrenbach; 2. Herrn Lehrer Städtler, Kirchenrechnungsführer, Möhrenbach; 3. Herrn Kantor Rautenkranz, Jesuborn; 4. Herrn Hetzschel, Gehren, Herausgeber der Gehrener Zeitung", ist als Fazit zu entnehmen: „Übereinstimmend kam die Meinung dieser Herren zum Ausdruck, daß Herr Pfarrer v. Jüchen als Seelsorger unmöglich sei. Einer der Vorwürfe war, er brächte sein Rad mit in die Kirche und lehne es an die vordere Bank."*

---

[237]   Hierzu und zu den Konsequenzen der Ehescheidung das folgende Kapitel V.

Diese Qualität von Anschuldigungen reichte nicht aus, um den LKR für ein Disziplinarverfahren ausreichend zu munitionieren. Als Jüchens Ehe im Winter 1930/31 gescheitert[237] und Irmgard von Jüchen mit den Kindern aus der gemeinsamen Wohnung ausgezogen war, fassten Schneegass, Schwendel und ihre Anhänger nach. Ein Pfarrer im noch jugendlichen Alter allein im Pfarrhaus, da konnten alle Sexualphantasien bedient werden.

Einer Niederschrift vom 30.3.1931 über die dienstliche Vernehmung Jüchens im Landeskirchenrat mit den Kirchenräten Dr. Volk und Genzel entnehmen wir die Vorwürfe:

- Schwendel und Schneegass wollten ihm „eine angebliche Verfehlung … mit einer Konfirmandin" anhängen, was aber „im Sande verlaufen wäre".
- Jüchen habe 1930 dreimal „an Tänzen im Kaiserhof" teilgenommen.

In diesem Kontext hatte Schwendel Erkundigungen über den Leumund des Kaiserhofs eingeholt. Leider war es kein „Etablissement", sondern ein gut bürgerliches Hotel. Aber immerhin konnte in diesem Kontext der Vorwurf des nicht standesgemäßen Verhaltens erhoben werden. Der Pfarrer soll nicht tanzen, sondern Würde zeigen!

Jüchen sah dies naturgemäß anders:

„Ich gebe hierdurch meiner Verwunderung Ausdruck, daß der Landeskirchenrat mich … über meine Teilnahme an Tänzen im Kaiserhof Ilmenau vernehmen läßt. Ich sehe keine Veranlassung, über die an mich gestellten Fragen Auskunft zu geben, da die Angelegenheit gelegentlichen und rein privaten Charakter trägt. Grundsätzlich halte ich ein Tanzverbot seitens der Kirchenbehörde für Pfarrer für unmöglich, tatsächlich habe ich durch meine Teilnahme an Tänzen in Ilmenau oder auch in Möhrenbach bei festlichen Gelegenheiten niemals Anlaß zu Mißbilligungen gegeben."

Welches „gut bürgerliche" Niveau aber seitens der Schneegass-Gruppe gepflegt wurde, belegt ein Gedicht, das Schwendel am 21. Januar 1931 an den LKR meinte senden zu müssen.

„Gegenwärtig wird beifolgendes Gedicht[238] verbreitet, das auch ich anonym erhalten habe. Ich halte mich für verpflichtet, eine Abschrift des Gedichtes einzureichen:

Unserem Seelsorger Herrn Aurel v. Jüchen zum Abschied gewidmet.

… Da kam der Erbe aus dem Lande Westfalen
mit Knickerbocker und Baskenmütze …

---

[238] Insgesamt umfasst der Text 1½ Schreibmaschinenseiten.

Mit der Mähne wird es immer ärger,
man denkt es ist ein Jazzbandschläger …
In seinen Jünglingsstudienjahren
Hat er das eiserne MUSS erfahren.
Weil in der Liebe er war blind
Es leider mit ihm abwärts ging …
Das Frauchen nahm den Kurs nach Hause,
Da war es einsam in seiner Klause …
Es lockten die Töne des Saxophon,
Die Einsamkeit brachte ihn außer Raison,
Daß er schwitzt und schob in voller Hast …
Das Tanzen ging in einem fort
Und brach bald den Ballett-Rekord."

An dieser Stelle muss erwähnt werden, dass dies selbst dem LKR zu weit ging und die Grenzen des Zulässigen weit überschritten hatte. Kirchenrat Genzel antwortete am 28. Januar 1931 Schwendel.

„Mit solchen Sachen kämpft ein anständiger Mensch nicht. Damit setzt er höchstens seine eigene Sache in den Augen vieler herunter … Ich habe von den Gegnern des Herrn Pfarrers v. Jüchen höher gedacht! Natürlich kommt der Wisch in den Papierkorb, wohin er gehört. Irgend welche Folge geben wir ihm nicht. Aber wenn irgend ein Einfluß von ihm ausgeht, dann ist er gerade für diejenigen kein günstiger, welche die Entfernung des Pf. v. Jüchen gewünscht haben. Ich muß Ihnen dies sagen, um mein Herz zu erleichtern …"

Aber Schwendel setzte seine Politik unbeirrt fort. Er wechselte lediglich die Konfliktebene und widmete sich dem

4. Problemkreis:

Jüchens angebliche „Vernachlässigung der Amtspflichten", bezogen auf Pflichtverletzungen wie auch ein generelles Herunterwirtschaften der Gemeinde, sinkendem Kirchenbesuch und zunehmende Austritte.

Und wieder lief alles nach dem bewährten Schema ab. Einige von vielen dokumentierten Beispielen seien genannt:

Schwendel berichtet am 13.11.1930 an den LKR über eine Sitzung der Kirchenvertretung Möhrenbach und vor allem über ein Gespräch mit zwei Mitgliedern der Kirchenvertretung, darunter Schneegass.

„Wenn Möhrenbach so gottlos geworden wäre, sei v. Jüchen allein schuld, ferner: Kirchenmitglieder wollten ihre Kirchensteuer nicht bezahlen, da an mehreren Sonntagen kein Gottesdienst stattgefunden habe. Dem LKR wurde vorgeworfen daß

er einen so politisch eingestellten Pfarrer geschickt habe, unter dessen Amtsführung
das kirchliche Leben immer mehr herunterkomme. Herr Lehrer Schneegass hat als
Kirchenmusikbeamter ein genaues Verzeichnis über die Zahl der Kirchenbesucher
eines jeden Gottesdienstes geführt, um genaue Unterlagen für den Einfluß des
Pfarrers v. Jüchen in seiner einseitigen politischen Einstellung auf das kirchliche
Leben zu haben. Als Beweis seiner letzten Aussage hat er uns das Verzeichnis zur
Einsichtsnahme vorgelegt. Ergebnis: sehr schlechter Kirchenbesuch!! Und daß die
beiden Informanten anonym bleiben wollten, sprach nicht gegen ihren Mut, sondern
für die Unterdrückung Andersdenkender durch die religiösen Sozialisten.“

„Beide Herren erscheinen uns als durchaus glaubwürdig, so daß wir keinen Grund
haben ihre Aussagen anzuzweifeln. Herr Lehrer Schneegass ist auch Mitglied des
erweiterten Kreiskirchenrates. Wenn sie ihre Aussagen unter dem Vorbehalt gemacht
haben, daß ihre Namen nicht genannt werden, so bitten sie dies nicht als Feigheit
aufzufassen, sie möchten nicht von Pfarrer Aurel v. Jüchen und seinen Genossen
vor der Gemeinde als Angeber gebrandmarkt werden.“

Und wieder entsandte der LKR einen Vertreter nach Möhrenbach, und
Schwendel vermittelte für ein Gespräch am 29.11.1930 die Gesprächspartner.

„Herr Schneegass berichtete eingehend über den katastrophalen Zustand der kirch-
lichen Verhältnisse … Pfarrer v. Jüchen versäume seine Pflicht als Seelsorger, er
gehe nicht in die Häuser und besuche keine Kranken … Nach Ostern habe Pfarrer
v. Jüchen die konfirmierten Knaben einige Abende um sich versammelt und mit
ihnen das Buch ‚Im Westen nichts Neues‘ gelesen … Damit wenigstens die kirchlich
gesinnten Leute versorgt werden können, bittet Lehrer Schneegass, Bibelstunden
mit ihnen abhalten zu dürfen.“

Anderen Briefwechseln dieser Zeit sind weitere Beschuldigungen zu
entnehmen. Die Gemeinde fällt auseinander, und selbst bürgerliche Gemeindeglieder treten aus, es wird dafür zwar nur ein Beispiel genannt und
dass durch einen Formfehler der Austritt noch nicht wirksam geworden sei,
aber der Prozess sei klar, der Kirchenbesuch gehe massiv zurück und Jüchen
lasse den Gottesdienst ausfallen, wenn nicht genug Besucher da seien.

Da diese Behauptungen prompt in den bürgerlichen Zeitungen landeten,
erreichten sie auch weitere Kreise. Die Möhrenbacher Ereignisse wurden
so en passant Gegenstand einer Debatte im Thüringer Landtag. Ein kommunistischer Abgeordneter nutzte die Kritik von rechts, um von ganz links
die Kirche als sterbende Institution abzuqualifizieren.

„Abgeordneter Heilmann: … Sehr nett ist, was der Funktionär von der Gemeinde
Jesuborn berichtet. Jesuborn hat mit Möhrenbach eine gemeinsame Kirche und der

Kirchenbesuch findet abwechselnd statt. Der Funktionär teilt mit, daß im letzten Sommer der Pfarrer fünf bis achtmal wieder hat nach Hause gehen müssen, weil überhaupt niemand in der Kirche anwesend war. Zuweilen sind es zwei bis 5 Personen, das höchste was gezählt wurde, waren 8 Personen, die in der Kirche in Jesuborn sitzen. Der Funktionär schreibt noch: Es ist sogar einmal vorgekommen, daß Kirche angesetzt war und der Pfarrer ist nicht gekommen (Heiterkeit). Er war nach Ilmenau zum Vergnügen gefahren und als Entschuldigung fügt der Funktionär an: Nun, der Pfarrer ist ja noch so jung."[239]

Dass Jüchen kein Ausfall von ihm zu verantwortender Gottesdienste nachzuweisen war, und dass der Kirchenbesuch nicht schlechter war als in den Nachbargemeinden, störte seine Kritiker nicht. Sie benötigten diese Folie als Voraussetzung einer organisatorischen Spaltung der Kirchengemeinde, die sie als „bürgerlich-kirchliche Selbsthilfe" deklarierten. Als ihr „Gemeindeblatt" nutzen sie die „Ilmenauer Henne", die von der Gründungsveranstaltung der Separat-Gemeinde berichtete.

„Möhrenbach. Kirchliche Selbsthilfe … Um das fast ganz darniederliegende kirchliche Leben im Orte wieder zu beleben, haben sich die Anwesenden unter Leitung des Religionslehrers Schneegass zu einer ,Evangelischen Gemeinschaft' zusammengeschlossen, die in 14-tägigen Zwischenräumen in der Neuen Schule Bibelstunden mit anschließender Besprechung allgemein kirchlicher Fragen abhalten will. Die starke politische Inanspruchnahme des Ortspfarrers nötigt die kirchentreuen Ortsbewohner zur Selbsthilfe."[240]

Sofort nach der Gründungsveranstaltung trat Schwendel am 8.12.1930 auf den Plan und teilte dem LKR erfreuliche Neuigkeiten mit, natürlich unter Beifügung des Henne-Artikels. Jüchen war noch in Urlaub, und Schwendel hatte am 2. Advent einen Gottesdienst in Möhrenbach gehalten.

„Zu meiner Freude war der Gottesdienst sehr gut besucht, vor allem auch von den Männern, so daß ich die Empfindung habe, daß das kirchliche Leben in Möhrenbach doch noch zu retten ist."

Er war voll des Lobes über Schneegass,

„der die gesunden Elemente der Gemeinde betreut. Schneegass hat die kirchlich gesinnten Leute um sich versammelt, und v. Jüchen hat nur ein paar alte Frauen in seinen Gottesdiensten. Dieser Zustand dürfte wohl gänzlich untragbar werden."

---

[239] Sitzungsprotokoll Fünfter Landtag von Thüringen, 63. Sitzung, Weimar 11.12.1930, 10 Uhr, in PAJ-E, Akte 1929/32.
[240] Ilmenauer Henne v. 6.12.1930, Nr. 286, in: PAJ-E, Akte 1929/32.

Und wieder verfuhr der LKR nach dem bewährten Muster. Er nahm die Mitteilungen aus Möhrenbach und Gehren nicht nur zur Kenntnis, sondern machte sie zur Basis seines Handelns.

„In letzter Zeit sind uns Mitteilungen vom Oberpfarramt und Kreiskirchenrat und aus der Gemeinde zugegangen, die einen sehr beunruhigenden Eindruck über die Entwicklung des kirchlichen Lebens im Kirchspiel Möhrenbach-Jesuborn erwecken. Wir halten es deshalb für nötig, daß der Landeskirchenrat sich selbst an Ort und Stelle von der Sachlage überzeugt, damit nötigenfalls eine Entscheidung nach § 46 der Verfassung getroffen werden kann."[241]

Der besagte Paragraph regelte die Art und Weise der Versetzung eines Pfarrers. Dem LKR war es Ernst mit der Absicht, Jüchen aus Möhrenbach zu entfernen. Aber dies ging nur entweder mit der Zustimmung des Pfarrers oder mit der Zustimmung der Kirchengemeinde. Dass Jüchen seiner eigenen Versetzung nicht zustimmen würde, war dem LKR bewusst. Somit musste der Weg über die Kirchengemeinde beschritten werden. Zur entscheidenden Sitzung in Möhrenbach am 15.12.1930 „Über die beunruhigende Entwicklung des kirchlichen Lebens in Möhrenbach" erschienen vom Landeskirchenrat die Kirchenräte Dr. Volk und Genzel. Hinzu kamen die 18 Mitglieder der Kirchenvertretung und Pfarrer v. Jüchen. Außerdem waren Justizrat Dr. Schenk, Pfarramtskandidat Krauss als Protokollführer und Oberpfarrer Schwendel anwesend.

Auch wenn es hierüber keine Unterlagen gibt, darf unterstellt werden, dass sich beide Gemeindegruppen auf diesen Abend sorgfältig vorbereitet haben. Das Protokoll dieses Abends[242] ermöglicht dem heutigen Betrachter einen guten Nachvollzug der Debatte. Es geht um die Vorwürfe gegen Jüchen; Schneegass muss diese nun erstmals öffentlich artikulieren und begründen. Einige Auszüge aus seiner Argumentation zu Jüchens Verfehlungen illustrieren das Niveau und den Stil der Auseinandersetzungen:

- *„Am Totensonntag habe er oft das Wort ‚Solidarität' gebraucht, das ist ein politisches Schlagwort."*

---

[241] Brief LKR Eisenach 12.12.30 an Oberpfarramt Gehren in Abschrift an Pfr. v. Jüchen, in: NLJ-S, Mappe Thüringen.

[242] „Niederschrift über die Sitzung der Kirchenvertretung Möhrenbach am 15.12.1930", in: PAJ-E, Akte 1929/32.

- *„Ein unerhörter Skandal ist es auch, daß v. Jüchen das Buch ‚Im Westen nichts Neues‘ mit der männlichen Jugend gelesen und besprochen habe. Mein deutsches Volk steht mir zu hoch, als daß ich es von einem Pfarrer beschimpfen lasse.“*

Jüchen ist anwesend und verteidigt sich sehr offensiv. Vieles braucht er nicht selbst zu sagen, da dies von Rednern der religiösen Sozialisten übernommen wird. So macht ihr Fraktionsführer Sommer darauf aufmerksam, dass zahlreiche Kirchenaustritte von Arbeitern Schneegass nicht interessieren. Man ist sang- und klanglos darüber hinweg gegangen, als wegen der Steuern 60 Personen aus der Kirche austraten. Jetzt aber, wo es sich um eine einzelne Person handele, gehe man dazu über, Dinge zu konstruieren.

Die Argumentation von Schneegass verfängt nicht, die Veranstaltung verläuft nicht nach dem Wunsch ihrer Initiatoren in Gehren und Eisenach, und so ist es ein kurzer Moment der Ehrlichkeit, dass ausgerechnet Kirchenrat Dr. Volk aus Eisenach in der Möhrenbacher Kirchenvorstandssitzung den folgenden Antrag stellen muss:

„Die Kirchenvertretung Möhrenbach hält die Versorgung ihrer Kirchengemeinde durch Pfarrer v. Jüchen nicht als im Interesse der Kirchengemeinde liegend und beantragt, dass [der LKR] eine andere Versorgung herbeiführt, nötigenfalls unter Anwendung von § 46 der Verfassung.“

Dieser Antrag wird mit sieben ja und 10 nein-Stimmen abgelehnt. Anschließend reisen die Kirchenräte, Oberpfarrer Schwendel und Jüchen weiter nach Jesuborn, denn dort findet anschließend die Sitzung der Kirchenvertretung Jesuborn statt. Hier herrschen andere Verhältnisse. Der Kirchenvertreter Krannich macht den Unterschied deutlich: Den beiden Herren Kirchenräten ruft er zu: „Landeskirchenrat werde hart! Und säubere Dein Haus!“

Hier hat die NSDAP die Mehrheit. Das Ergebnis der Diskussion steht bereits vorher fest, und so kann Volk den in Möhrenbach gescheiterten Antrag zur Abstimmung stellen, der jetzt in Jesuborn mit zehn zu zwei Stimmen angenommen wird. Somit fordert Jesuborn Jüchens Abberufung, und es gibt wenigstens einen Teilsieg für Schwendel und seine Fronde. Aber wie sollte es in Möhrenbach weitergehen? Schwendel entwickelte ein klares Konzept „Betr. Kirchliche Verhältnisse in Möhrenbach.“[243] Die renitente Kirchenvertretung sei aufzulösen und neuzuwählen, da die Wahl der Kirchenvertretung seinerzeit durch politische Machinationen zustande

---

[243] KKR Gehren, 19.12.30, gez. Schwendel, an LKR, in: PAJ-E, Akte 1929/32.

gekommen sei und die Zusammensetzung nicht dem Willen der Kirchgemeinde entspreche. Die Religiösen Sozialisten in der Kirchenvertretung sind unkirchlich und nehmen am Gemeindeleben nicht teil! Als Kronzeuge diente wie immer Lehrer Schneegass! Allerdings reagierte der LKR diesmal nicht wie bisher gewohnt.

> *„Wir verstehen es nicht, wie es möglich ist, daß schon so bald nach der Kirchenvertretungssitzung vom 15.12.1930 aus der Kirchgemeinde Möhrenbach die Erklärungen kommen können, die uns der KKR in seinem Bericht vom 19.12. mitteilt … Am 5. Januar 1931 wird der Ständige Ausschuß des LKT … zusammentreten. Unmittelbar danach wird der Landeskirchenrat weitere Entscheidungen treffen, auch über die Frage der Auflösung und Neuwahl der Kirchenvertretung in Möhrenbach. Bis dahin müssen wir erwarten, daß die Gegner Herrn Pfarrers v. Jüchen sich gedulden."*[244]

Sie geduldeten sich nicht. Am 25.12.1930 wandte sich die Kirchenvertretung Jesuborn an den LKR mit der Bitte „Herrn Pfarrer von Jüchen bis zur Entscheidung des LKR jede kirchliche Handlung in der Gemeinde Jesuborn zu untersagen." Der LKR war des ewigen Gezänks müde und teilte am 30.12.1930 dem Oberpfarramt Gehren mit, daß er die Absicht habe, Möhrenbach abzutrennen und die Pfarrstelle Jesuborn von dem Oberpfarrer in Gehren mitverwalten zu lassen. Dass es sich hierbei um einen Versuch des LKR handelte, den Konflikt ohne Jüchens Versetzung zu lösen, blieb dem BRSD in der damaligen Hitze der Auseinandersetzungen verborgen. Er wertete dies als einen weiteren politischen Angriff auf Jüchen.

> *„In Jesuborn das Predigen verboten. Das Ende einer Hetze … Bei der letzten Kirchenwahl gab es hier 54 bürgerliche und 51 sozialistische Stimmen. Trotzdem: 12 bürgerliche Kirchenvertreter und 2 religiöse Sozialisten. Unter den 12 bürgerlichen Kirchenvertretern sind zehn Nationalsozialisten. Ist es vielleicht zuviel gesagt, wenn man behauptet, dass **dieses Abstimmungsergebnis ein politisches und die Hetze gegen Jüchen eine politische Hetze ist?**"*[245]

Diese politische Hetze erfolgte zwei Monate später erneut in Möhrenbach. Diesmal ging es um eine Freidenkerbeerdigung. Lassen wir die „Henne"[246] sprechen.

---

[244] Brief LKR an Schwendel, Eisenach 23.12.1930, Blatt 99, in: PAJ-E, Akte 1929/32.
[245] Presseartikel: „Jesuborn, 5. Januar" ohne Quelle (Wahrscheinlich Volk), in: a.a.O.
[246] „Henne" Nr. 47 v. 25.2.32, in: a.a.O.

„Möhrenbach. 25. Februar. Kirchliches. Die öffentliche Meinung kann sich noch immer nicht darüber beruhigen, daß der Ortspfarrer v. Jüchen vor etwa acht Tagen einen aus der Kirche Ausgetretenen nach dessen Tode mit kirchlichen Ehren bestattet hat, trotzdem der die Kirchenmusik [i.e. Schneegass] ausübende Beamte seine Mitwirkung verweigert hatte und trotzdem auch die Freidenker einen Redner herbeigeschafft hatten. Ist dies in der THEK so üblich oder denkt man in Eisenach anders darüber?"

Kirchenrechtlich schien der Fall klar zu sein. Ein aus der Kirche Ausgetretener durfte nicht kirchlich bestattet werden, und Jüchen hatte hier definitiv seine Befugnisse überschritten. Als Schwendel ihn wegen dieser Angelegenheit befragte, erklärte Jüchen, der Tote habe gesagt: „Wenn er wieder gesund würde, wolle er wieder zur Kirche beitreten." Dies habe ihm gereicht.

Am 27.2. fasste das Gehrener Kreisblatt mit einem größeren Artikel nach und machte Stimmung.

„Und nun ist unser ganzer Ort [Möhrenbach] und mit ihm weite Kreise besonders neugierig zu erfahren, was der LKR gegen dieses Possenspiel zu tun gedenkt und wie lange er sich noch von unserm Pastorengehalt beziehenden roten Knecht Gottes auf der Neese [sic!] herumtanzen lässt."

Jüchen wandte sich am 26.2. brieflich an Schwendel und den LKR[247], der ihn vorher zum Bericht aufgefordert hatte.

„Der Tote war der Möhrenbacher Porzellandreher Oskar Hesse, dessen Angehörigen Kirchenglieder sind und für ihn das kirchliche Begräbnis wollten. Hesse hatte unter Zeugen seinen Wunsch nach Wiedereintritt erklärt und ist nicht Mitglied bei den Freidenkern gewesen. Die Traueransprache fand bewußt, weil er nicht mehr Kirchenglied war, nicht in der Kirche statt, sondern direkt am Grab!"

Jüchen schloss seine Ausführungen:

„Auch erhalte ich täglich Beweise dafür, daß der überwiegende Teil der Gemeinde meine Stellungnahme verstanden hat, für richtig hält und sich über den Artikel des Herrn Kantor Schneegass in der Henne empört."

Jüchen war im Ergebnis nur eine minderschwere Pflichtverletzung nachzuweisen. Am 10.3.1932 teilte der LKR Schwendel und ihm mit, „daß wir sein Verhalten ernstlich mißbilligen und ihn verwarnen, daß er sich in Zukunft hüte, das Gesetz zur Erhaltung kirchlicher Ordnung und Sitte zu

---

[247] Im NLJ-S. und textidentisch in PAJ-E, Akte 1929/32.

übertreten." Gleichzeitig machte der LKR deutlich, dass Schwendel und Schneegass den Konflikt überzogen hätten.

„Wir können es aber überhaupt nicht gutheißen, dass sich der Kirchenmusikbeamte … in dieser Weise in der Presse im Gegensatz zum Pfarrer stellt. Der gebotene Weg war an den Oberpfarrer oder den LKR."

Die Konflikte in Gemeinde und Kirchenkreis und der Verlauf seiner Ehe hatten Jüchen physisch wie psychisch stark in Mitleidenschaft gezogen, so dass er nach Auswegen suchte. Im Schweriner Teilnachlass ist eine Mappe „Bewerbungen um Anstellungen und Ablehnungen" aufbewahrt, aus der zu ersehen ist, dass er ab 1930 nach Alternativen zu Möhrenbach Ausschau hielt. In der ersten Hälfte des Jahres bewarb sich Jüchen u.a. auf Pfarrstellen in Hamburg-Altona und in Frankfurt-Preungesheim. Diese Bewerbungen erfolgten auf Initiative des Vorsitzenden der BRSD-Pfarrerorganisation „Bruderschaft sozialistischer Theologen" Paul Piechowski, damals Pfarrer in Berlin-Britz. Ein Brief von ihm an Jüchen vom 12.10.1930 gibt über das Verfahren Aufschluss.

„Sende Deine Bewerbung zum Zwecke der Weiterleitung an unseren Freund, Genossen Pfarrer Dahmlos in Hamburg-Barmbeck … unter Berufung auf mich und Deine Zugehörigkeit zur Bruderschaft … 3. Je gewaltiger die Erschütterungen sind, die Du durchzumachen hast, um so tüchtiger und leistungsfähiger wirst Du werden, sofern Du Dir selber fest bleibst. Dieses letztere wünsche ich Dir von Herzen und verbleibe mit treuem Händedruck Dein Paul Piechowski."

Seine Bewerbung als Strafanstaltspfarrer in Frankfurt-Preungesheim wird im März 1931 genauso abgelehnt wie die von der örtlichen BRSD-Gruppe gut vorbereite Bewerbung in Köln-Lindenthal, wo er immerhin am 21.6.1931 zur Probepredigt eingeladen war. Auch ein Versuch, eine Stelle an der Bartholomäuskirche im thüringischen Altenburg zu erhalten, die direkt für einen religiös-sozialistischen Pfarrer ausgeschrieben war, blieb ohne positives Resultat.[248] Jüchen blieb in Möhrenbach.

Alle beschriebenen Konflikte hatten mit klaren Niederlagen für Schneegass und seinen Spiritus Rector Oberpfarrer Schwendel geendet. Was sie von 1930 an erfolglos versucht hatten, gelang ihnen im Jahr 1932 mühelos. Jüchen wurde als Möhrenbacher Pfarrer abgesetzt und musste die Gemeinde verlassen.

---

[248] Schriftwechsel in NLJ-S, Mappe Bewerbungen.

V. Die Zeit der Katastrophen

1. Disziplinarverfahren und Amtsenthebung 1932[249]

Im Jahr 1932 wurde Jüchen endgültig als Möhrenbacher Pfarrer ab- und
mit 30 Jahren in den einstweiligen Ruhestand versetzt. Dieses Verfahren
hatte keinen politischen Inhalt, es ging substantiell ausschließlich um die
Privatsphäre. Aber es hatte nach den beschriebenen Konflikten zwischen
Jüchen und seinen Vorgesetzten auf deren Seite einen politischen Hintergrund und ein politisches Ziel, das sich in einem Satz formulieren ließ:
Jüchen musste weg!

An dieser Stelle ist ein Blick auf Jüchens Familienverhältnisse angebracht.
Der Beginn der Ehe 1924 war dem Druck der Verhältnisse geschuldet. Eine
Liebe hat in schwierigen materiellen Verhältnissen schon Bewährungsproben
genug. Wenn dann aber beide Partner feststellen, dass die Substanz für die
Ehe allmählich aufgebraucht wird, stehen Entscheidungen an. Trennung
oder nicht Trennung? Dann kommen die Kinder ins Spiel, wahrscheinlich
auch die Hoffnung, es doch noch einmal zu versuchen. Und dann bleibt
die Ehe äußerlich bestehen, es ist immer noch eine Liebe zwischen ihnen,
während sich beide Partner bereits in Nebenbeziehungen begeben haben.

Dies funktionierte damals in der Anonymität der städtischen Zentren,
Stadtluft machte frei. Aber in der thüringischen Provinz, unter ständiger
sozialer Kontrolle eines bigotten Kleinstadtbürgertums, das nach Anläs-
sen gierte, den „roten" Pfarrer endlich ausschalten zu können, war dieses
„Doppelleben" nicht durchzuhalten. Es war Irmgard von Jüchen, die 1931
zur Entscheidung drängte. Eine seit 1927 bestehende Beziehung war ernster
geworden und der Wunsch entstanden, eine neue Ehe zu versuchen. Jüchen
wehrte sich lange dagegen, akzeptierte aber schließlich doch. Jetzt gab es
zwei Probleme. Zum einen war Scheidung für einen evangelischen Pfarrer,
der „bis der Tod euch scheide" gelobt hatte, ein Bruch mit den kulturellen
Traditionen der Amtskirche. Zum anderen war ein nicht verheirateter, sogar
geschiedener Pfarrer, gerade in einer eher ländlichen Gegend, kaum vorstellbar. Der einzige Ausweg lag darin, dass er die Rolle des Opfers übernehmen
musste, dessen Ehefrau, zumindest in der Sicht der Kirchenjuristen, die

---

[249] Dieser Teil der Darstellung fußt auf den Disziplinarakten in Berlin und anderen Dokumenten in
meinem Archiv, die ich aufgrund der Fülle der Einzelnachweise nicht separat benenne.

Der Landeskirchenrat
der Thüringer evangelischen Kirche

G. 494/1.8.

Poſtſcheckkonten: Landeskirchenkaſſe: Erfurt 7222
Gemeinſch. Pfründenkaſſe: Leipzig 37222
*

Eiſenach, den 1.August 1933.
Poſtſchließfach: 139
Fernruf: 1124-1126

Auf die Eingabe vom 29.6.1933.

In seiner Vollsitzung vom 5.Mai d.Js. hat der Landeskirchenrat beschlossen, dass Sie auf die Bestätigung einer etwaigen Wahl in einer Pfarrstelle der Thür. ev.Kirche nicht zu rechnen hätten. Im Sinne dieser Entscheidung hat der Landeskirchenrat auch in seiner Vollsitzung vom 25.Juli wieder beschlossen, Sie z.Zt.nicht wieder im Dienst der Thür. ev. Kirche zu verwenden. Wir sind der Meinung,dass es jetzt noch völlig untragbar ist,Ihnen die Verwaltung eines Thür. Pfarramtes zu übertragen. Nach dem Urteil und dem Beschlusse vom 5.10.1932 haben Sie durch die Presseveröffentlichung vom 24.2.1933.. die Lage weiter erschwert,und die gesamte Entwicklung der kirchlichen und staatlichen Verhältnisse in Deutschland ist ein weiterer Grund,dass es unmöglich erscheint,Ihnen so bald nach allem Beschwerenden,was vorgekommen ist, eine Gemeinde anzuvertrauen.

Herrn
Pfarrer a.D. v.Jüchen
z.Zt. E i s e n a c h .
  b.Herrn Pfarrer Hertzsch
    Ehrensteig.

Schreiben des thüringer Landeskirchenrates an Jüchen vom 1.8.1933 „Untragbar in Thüringen"

„Ehe zerstört" hätte. Dies konnte juristisch nur dadurch geschehen, dass sie „schuldig geschieden" werden musste. Jetzt gab es das zweite Problem. In diesem Fall würde derjenige, mit dem sie „die Ehe gebrochen" hatte, vor dem Gericht namentlich bekannt und aktenkundig. Das hätte eine weitere Katastrophe ausgelöst, denn dieser Mann war ein junger Pfarrer der thüringischen Kirche und Taufpate des Jüchensohnes Hanspeter. Wäre sein Name im Verfahren gefallen, hätte dies für Pfarrer [...] ein unmittelbar danach erfolgendes Disziplinarverfahren mit garantierter unehrenhafter Entlassung aus dem Kirchendienst und Nichtanstellungsfähigkeit in ganz Deutschland bedeutet.

Und so wurde eine Camouflage inszeniert. Ein Freund Jüchens, der Doktorand Sch. aus J. übernahm nach außen hin die Rolle des „Ehebrechers" und Irmgard von Jüchen alle Schuld. Jüchen versuchte von dieser Zeit an eine andere Pfarrstelle zu erhalten. Denn, wie Oberpfarrer Schwendel am 2.10.1931 zu Beginn des langwierigen Scheidungsverfahrens an den LKR schrieb: „Er sieht ein, daß er als Pfarrer in Möhrenbach … gänzlich unmöglich sein wird und bittet um seine sofortige Versetzung."

Aus den Bewerbungen wurde nichts, dazu war er bereits zu bekannt und in der Endphase der Weimarer Republik verhinderten deutschnationale und rechtsradikale Kreise vielerorts die Berufung sozialistischer Pfarrer in „ihre" Gemeinden.

Irmgard von Jüchen war bereits Ende 1930 aus dem Pfarrhaus in Möhrenbach ausgezogen, was die üble Nachrede vieler – sonst auf ihre gute Erziehung pochender – Bürger Möhrenbachs und Jesuborns um so mehr anstachelte, je länger das Scheidungsverfahren andauerte. Jüchen ging aus dem Verfahren unschuldig und unbescholten heraus. Am 15. Februar 1932 erging in mündlicher Verhandlung das Scheidungsurteil der 2. Zivilkammer des Landgerichts Erfurt.

„1.) Die Ehe der Parteien wird geschieden.
2.) Die Beklagte ist schuld an der Scheidung.
3.) Die Kosten des Rechtsstreites hat die Beklagte zu tragen."[250]

Aurel v. Jüchen bekam die Kinder zugesprochen, und alle durften zufrieden sein. Leider jedoch hielt die Camouflage nicht, und nach einigen Monaten kam alles heraus. Jetzt nahm die Katastrophe ihren Lauf.

---

[250] PAJ, Akte 15/3258.

Die Liaison von Pfarrer [...] und Irmgard von Jüchen war, so lässt es sich aus den Akten herauslesen, von „aufmerksamen Zeitgenossen" beobachtet worden, so dass „dem Landeskirchenrat gegenüber ... der Verdacht ausgesprochen worden sei, dass [...] zu Frau v. Jüchen in ehewidrigen Beziehungen stünde."

Pfarrer [...] wurde ohne Vorwarnung nach Eisenach vorgeladen, fuhr, wie er später schrieb, „völlig unvorbereitet" und wurde am 6. Mai 1932 von Landesoberpfarrer Reichardt und den Kirchenräten Volk und Köhler mit den Vorwürfen konfrontiert. „Sagen Sie die Wahrheit, wir wissen alles!" [...] war der Situation nicht gewachsen, wurde regelrecht überrumpelt und brach förmlich zusammen. Er gab nicht nur den Vorwurf zu, sondern machte weitere Angaben und erhöhte den Informationsstand der Kirchenleitung erheblich. Das Protokoll des Verhörs hat nicht nur die „freiwillige Ausscheidungserklärung zum 14. Mai 1932 von [...] aus dem Kirchendienst" zum Inhalt, sondern auch Äußerungen, die Jüchen schwer belasteten. Ein Beispiel: „Auf den Vorhalt, ob Pfarrer v. Jüchen von den ehebrecherischen Beziehungen seiner Frau zu [...] gewusst habe, erklärt [...], er habe es erfahren. Auf die Frage, ob Jüchen ihn zur Verantwortung gezogen habe, kann [...] das nicht bejahen." Irmgard von Jüchen stand schlagartig vor dem Nichts. Die Ehe war schuldig geschieden worden und die neue Beziehung nun schlagartig ohne Perspektive. Pfarrer [...], von allen Zeitzeugen als „außerordentlich unentschlossener Mensch" geschildert, war am Boden zerstört und unfähig mit der Situation umzugehen. Er tauchte weg und musste im Verfahren regelrecht gesucht werden.

Jüchen dagegen war greifbar und stand am Pranger. In dieser Phase scheint Frau von Jüchen nach Pfronten-Steinach im Allgäu regelrecht geflüchtet zu sein. Sie hielt sich dort länger als ein Jahr auf, denn die Tochter Edith ging dort ein Jahr lang zur Schule.[251] Von Pfronten aus versuchte Irmgard brieflich ihren Ex-Gatten in dessen Verfahren zu unterstützen und ihn in allen Punkten zu rehabilitieren. Ihre Briefe zeigen eine Frau, die trotz aller Schicksalsschläge alles unternahm, den geliebten Ex-Mann zu retten.

Für die Kirchenjuristen und Reichardt dagegen war der Fall klar. Jüchen hatte diese ehebrecherische Beziehung geduldet, womöglich sogar geför-

---

[251] Schriftliche Mitteilung Edith von Jüchen-Weiß vom 13.4.2004.

dert aus Gründen „modern-liberalistischer Eheauffassung" und „sittlicher Laxheit." Zudem hatte er die Justiz und die Kirche arglistig getäuscht. Reichardt handelte sofort. Am 9. Mai erschien Jüchen in Eisenach zum Rapport und wurde ebenfalls mit den Vorwürfen konfrontiert. Reichardt, der endlich die Handhabe hatte, das Problem Jüchen zu lösen, gab ihm nur zwei Möglichkeiten. Entweder sofortiger freiwilliger Verzicht auf das Pfarramt oder Dienststrafgericht mit dem Ziel der Amtsenthebung.

Jüchen weigerte sich, irgendetwas derartiges zu akzeptieren, da er sich keines „sittlichen Vergehens" schuldig gemacht hatte. Daraufhin schuf der LKR Fakten.

„Der Pfarrer darf nicht amtieren.

Möhrenbach, 13. Mai 1932.

Auf Anordnung des Landeskirchenrats der Thüringer evangelischen Kirche ist dem hiesigen Pfarrer von Jüchen die Ausübung seines Amtes vorläufig untersagt worden. Der Predigtgottesdienst und Konfirmandenunterricht ist vorläufig dem Oberpfarrer Schwendel in Gehren übertragen worden. Jüchen stand der Sozialdemokratie nahe und ist auch in diesem Sinne wiederholt politisch an die Öffentlichkeit getreten."[252]

Jüchen beriet sich umgehend mit den wichtigsten Pfarrern des BRSD in Thüringen (Fuchs, Kleinschmidt, Hertzsch) und im Reich (Paul Piechowski, Leiter der Bruderschaft sozialistischer Theologen) und mit Exponenten der „Liberalen" im Landeskirchentag Thüringen, wie etwa Prof. Weinel. Danach teilte er dem LKR am 17.5.1932 mit, dass er das Verfahren durchstehen wolle. Denn: „Es wird dem Landeskirchenrat nicht gelingen, mir ... auch nur ein unlauteres Motiv für meine Täuschung nachzuweisen." Jetzt ging der BRSD an die Öffentlichkeit.

„Aurel von Jüchen gemaßregelt.

Durch die Presse ist die Nachricht gegangen, daß der Thüringer Landeskirchenrat dem Genossen Pfarrer von Jüchen in Möhrenbach die Ausübung seines Dienstes vorläufig untersagt hat und daß diese kirchenbehördliche Maßnahme wegen der politischen Betätigung von Jüchens erfolgt ist. Tatsächlich begründet der Landeskirchenrat sein Vorgehen mit Vorgängen im Privatleben von Jüchens.

Der Vorstand des Bundes religiöser Sozialisten Thüringens hat sich ... eingehend über diese Vorgänge berichten lassen und billigt – ohne zu den Einzelheiten des

---

[252] Jenaer Volksblatt v. 14.5.1932.

Falles schon jetzt Stellung zu nehmen – die Beweggründe, aus denen von Jüchen gehandelt hat. Der Landesvorstand bittet den Genossen von Jüchen, seinen Konflikt mit der Kirchenbehörde bis zu Ende durchzufechten …

Persönliche Erklärung

Der Landeskirchenrat der Thüringer evangelischen Kirche nimmt eine private Entscheidung, die ich nach bestem Wissen und Gewissen gefällt habe, zum Anlaß, um gegen mich vorzugehen und hat mir vorläufig die Ausübung meines Dienstes untersagt. Ich sehe einem eventuellen Dienststrafverfahren mit gutem Gewissen entgegen und bitte alle Freunde und Genossen, während der Dauer des Verfahrens Solidarität zu üben.

Aurel von Jüchen, Pfarrer."[253]

Der LKR gab danach am 19.5.1932 eine weitere Erklärung an die Presse, die praktisch überall in Thüringen publiziert wurde, selbst in sozialdemokratischen Tageszeitungen.

„Es ist nicht wahr, daß dem Pfarrer von Jüchen in Möhrenbach die Ausübung seines Amtes vorläufig untersagt worden ist, weil er seinerzeit für die Wahl Hindenburgs zum Reichspräsidenten eingetreten ist. Wahr ist, daß der fragliche Beschluß des Landeskirchenrates durch die Ehescheidung des Pfarrers von Jüchen und damit zusammenhängende Dinge veranlaßt worden ist."

Die SPD-Blätter fügten an diese Erklärung einen kommentierenden Text an, in dem es hieß:

„Wir haben nicht unterlassen, uns über die familiären Verhältnisse des Pfarrers v. Jüchen zu informieren. Dabei haben wir festgestellt, daß die Persönlichkeit des Pfarrers v. Jüchen über allen Tadel erhaben und an den ganzen seiner Familie zur Last gelegten Widerwärtigkeiten völlig schuldlos ist."

Am 25. Mai 1932 teilten die Vertreter des LKR Otto und Fritz dem Möhrenbacher Kirchenvorstand, im Beisein Jüchens, dessen Amtsenthebung mit. Am Ende wurde mit vier Stimmen der religiösen Sozialisten gegen zwei Stimmen beschlossen, den LKR zu bitten, „von einem förmlichen Dienststrafverfahren abzusehen."

In den Monaten Mai und Juni des Jahres 1932 war Jüchens Fall ständig in der Thüringer Presse, die Belege in den Personalakten sind sehr umfangreich. Gleichzeitig verfolgten die Kirchenjuristen den Fall weiter und fungierten gleichzeitig als Untersuchungsrichter und Staatsanwälte. Die

---

[253] Eisenacher Volkszeitung v. 23.5.1932.

angesammelten voluminösen Aktenstücke geben auch siebzig Jahre später mehr Aufschluss über die Sexualphantasien gutbezahlter Kirchenbeamter und Juraprofessoren als über den Fall an sich. Da wird in den Betten geschnüffelt und in allen bisherigen Thüringer Stationen v. Jüchens offen, unter Mitteilung selbst der sensibelsten Einzelheiten, ermittelt. Freunde Jüchens und von Pfarrer […] werden vom Oberkirchenrat Y gefragt, was sie über intime Beziehungen Frau v. Jüchens zu […] wissen „und ob diese Beziehungen von Aurel von Jüchen geduldet oder gar gefördert worden sind?" Die Zahl der Mitwisser stieg kontinuierlich.

Ein Protokoll einer Landeskirchenratssitzung vom Juni 1932 sprach offen von einem „Verbrechen nach § 181, Ziff. 2 des Str.G.B." und bezichtigte Jüchen der „schweren Kuppelei", in damaliger Sprache der „Förderung der Unzucht." Nur der Vorwurf der gewerbsmäßigen Zuhälterei fehlte. Einlassungen des verzweifelten Pfarrers […], so sei es ganz bestimmt nicht gewesen, und Jüchen, eine integre Persönlichkeit, habe immer nur versucht, seine Ehe zu retten, werden grundsätzlich als „Schutzbehauptungen" ignoriert.

Jüchens Verteidigung hatte Karl Kleinschmidt übernommen, der alles in seinen Kräften Stehende unternahm, den Freund zu retten. Jüchen zog zu Karin und Erich Hertzsch nach Eisenach, um dem Mobbing in Möhrenbach zu entkommen und den Kopf freizuhaben für das Dienststrafverfahren.[254] Er war nicht bereit, angesichts der Massivität der Vorwürfe nachzugeben. In einem Brief an den LKR vom 25. Juni 1932 machte er dies deutlich.

> *„Mit Entrüstung habe ich … von den ungeheuerlichen Anschuldigen Kenntnis genommen … [Sie] sind so unerhört beleidigend und entehrend, daß es für mich keine Möglichkeit mehr gibt, dem Landeskirchenrat auch nur das geringste Verständnis entgegen zu bringen, [wobei] es mir völlig unverständlich ist, wie der Landeskirchenrat es wagen kann, eine so schmutzige und beleidigende Deutung an das Schicksal heranzutragen, das ich durchlebt habe."*

In den Akten befinden sich durchgängig Schriftstücke, die Jüchen entlasten und ihm attestieren, es ausschließlich auf das Wohl seiner Frau abgestellt zu haben. Nicht eine Einlassung sekundiert der Position des LKR. Der befragte Emil Fuchs legte in einem Brief vom 25. Juli 1932 offen, dass er Jüchen geraten hatte, die Scheidungsursache zu verschleiern.

---

[254] Er behielt hier ein Zimmer bis zu seiner Übersiedlung nach Mecklenburg 1935.

„Ich habe ihm dazu geraten, da ich ja leider aus mancherlei Erfahrungen wusste, dass im Landeskirchenrat Männer sitzen, die schlechterdings außerstande sind, diese Angelegenheiten mit der ihnen gebührenden Ehrfurcht vor Schicksal und Überzeugung anderer Leute zu behandeln, was sich ja in der weiteren Behandlung gerade dieses Falles wieder erschreckend gezeigt hat."

Auch dies fruchtete nicht. Am 31. Juli 1932 übergab der Untersuchungsführer Prof. B. dem Landeskirchenrat einen 19-seitigen Schriftsatz, der das Ergebnis der Voruntersuchung zusammenfasste. Die vorläufige Amtsenthebung wurde bestätigt und das ordnungsgemäße Disziplinarverfahren weitergeführt. Auch in dieser Phase erschienen laufend Artikel in der Presse, darunter auch falsche Darstellungen wie diese:

„Pfarrer von Jüchen aus Möhrenbach, der durch seine politische Betätigung für die Sozialdemokratische Partei in ganz Thüringen bekannt geworden ist, wurde durch Urteil des Dienststrafgerichts beim Landeskirchenrat in Eisenach seines Amtes entsetzt."[255]

Erst am 1.11.1932 verhandelte das Dienstgericht der THEK den „Fall Jüchen." Nach intensiver Verhandlung ergingen zwei Beschlüsse.

„Der Beschuldigte hat seine Amtspflichten schuldhaft verletzt und sich des Vertrauens, des Ansehens und der Achtung unwürdig gezeigt, die sein Stand erfordert. Er wird deshalb wegen Dienstvergehens nach § 2 des Dienstvergehensgesetztes mit Amtsenthebung bestraft."

In einem Zug, und das war nach den bisherigen Ermittlungen und den Absichten des LKR eine große Überraschung,

„hat das Dienstgericht gleichzeitig mit dem Urteil folgenden Beschluss gefasst: Das Gericht hält es für angezeigt, daß der Beschuldigte sobald wie möglich wieder als Pfarrer der Thüringer evangelischen Kirche angestellt wird."

Wie kam es dazu? In der Urteilsbegründung wird der Vorwurf der Kuppelei für gegenstandlos erklärt und Jüchen werden in den meisten Fällen ehrenwerte Motive attestiert. Deswegen behielt er alle Rechte des geistlichen Standes, allerdings mit der Auflage, Möhrenbach zu verlassen.

Aufgrund der monatelangen Gerüchte in Möhrenbach hatte Jüchen ein massives Interesse, seine Rehabilitierung mitzuteilen. Und dies sollte am sinnvollsten in den bürgerlichen Zeitungen erfolgen, denn dass die Freunde und Sympathisanten von Schneegass und Schwendel die SPD-Presse nicht

---

[255] Allgemeine Zeitung Erfurt v. 18.10.1932, in: PAJ, Akte 15/3259.

lasen, war bekannt. Also schrieb Jüchen einen Leserbrief: „Eingesandt an das Gehrener Kreisblatt."

„Um falschen Gerüchten, die sich an das vom LKR gegen mich eingeleitete Diszi-plinarverfahren heften, entgegenzutreten, stelle ich hierdurch fest:

1   daß ich alle Rechte des Pfarrerstandes, das Recht zu predigen und kirchliche Amtshandlungen auszuführen weiterhin genieße.

2   daß ich das Recht auf Ruhegehalt und das Recht der Anstellungsfähigkeit habe, dass ich also sogar das Recht habe, mich um die vakant gewordene Pfarrstelle Möhrenbach wieder zu bewerben.

3   daß das Urteil des kirchlichen Dienstgerichtes dem Landeskirchenrat die aus-gesprochene Verpflichtung auferlegt hat, mich möglichst bald als Pfarrer der Thüringer Kirche wieder anzustellen."

Der Weg dieses Leserbriefes lässt sich anhand der Überlieferungen in Jüchens Personalakten[256] genau nachvollziehen und ist ein Lehrstück für das Verhältnis von Kirche und konservativer Presse in der Weimarer Zeit. Die Redaktion hatte offensichtlich umgehend Oberpfarrer Schwendel über Jüchens Erklärung unterrichtet und dieser hatte den LKR informiert. Dar-aufhin wandte sich dieser in Person seines geistlichen Mitgliedes Kirchenrat Hermann an Jüchen. Dieser wurde inständig gebeten, den Text nicht zu publizieren, woraufhin Jüchen den Artikel „Eingesandt" zurückzog! Wäh-rend dieser Zeit blieb der Artikel im Redaktionsbüro unbearbeitet.

In diesem Kontext gehört auch, dass Jüchens Wunsch, der Kirchenvertre-tung von Möhrenbach das Urteil zur Kenntnis zu geben, nicht entsprochen wurde. Die Angst des LKR, dass dann der Konflikt in Möhrenbach eine neue Stufe erreichen könnte, war durchaus begründet.

Die einzige offizielle Mitteilung von Kirchenseite erfolgte im kirchlichen Anzeiger vom 15.11.1932 unter Personalnachrichten: „Auf Grund eines Urteils des Dienstgerichts ist der Pfarrer Aurel von Jüchen unter Erhaltung seiner Anstellungsfähigkeit aus seinem Pfarramt in Möhrenbach ausgeschieden."

Jüchen wollte seine berufliche Zukunft nicht gefährden und akzeptierte auch, dass sein Auszug aus dem Pfarrhaus baldigst erfolgen müsse. So lange er nicht wieder in einem regulären Pfarramt beschäftigt war, bezog er Ruhestandsbezüge. Als Pfarrer hatte er Bezüge von monatl. 366,60 Reichsmark plus einer Kinderbeihilfe von weiteren 40 RM gehabt. Als

---

[256]   LKA Eisenach, Jüchen PA Akte 1929/32, Blatt 190 mit Eingangsstempel v. 25.11.1932.

Ruhestandsgehalt erhielt er nun insgesamt 162,82 RM. „Hiervon gehen noch <u>Steuern</u> und Hilfskassenbeiträge ab."

Was davon auch noch abging, waren die Kosten des Disziplinarverfahrens[257] in Höhe von 849,06 RM, die Jüchen zu tragen hatte und die er in Raten abtragen musste. Umgerechnet waren dies für ihn fast sechs Monatsgehälter. Für einen nichtvermögenden Ruhestandspfarrer mit kleinem Gehalt stellte dies eine enorme Belastung dar.

Von diesem Gehalt musste er sich ernähren und noch laufenden Verpflichtungen nachkommen; u.a. hatte er sich 1932 ein Motorrad gekauft, um seine Veranstaltungsorte in Thüringen besser erreichen zu können. Ein fester Teil ging an Irmgard v. Jüchen für die Kinder, die zu dieser Zeit bei ihr waren.

„Die Kinder sind und bleiben vorläufig bei Frau Irmgard v. Jüchen … Ich habe meiner Frau bisher für die Kinder monatlich M 60,- gesandt und möchte auch für die Zeit, wo ich aufgrund des Dienstgerichtsurteils in den Ruhestand gesetzt bin und dadurch einen entsprechenden Gehaltsausfall habe, eine Zahlung von M 50,- für die Kinder nach Möglichkeit durchhalten. Da es sein kann, daß meine geschiedene Frau nach dem 1. April von keiner anderen Seite mehr eine finanzielle Unterstützung empfängt, kann es sein, dass ich ihr für die Kinder sogar einen höheren Betrag zur Verfügung stellen muß, vorausgesetzt, daß ich bis dahin wieder fest angestellt bin."[258]

Dass dieses in absehbarer Zeit geschehen würde, daran zweifelte er nicht. Im Schweriner Teilnachlass befindet sich ein Brief, den der einflussreiche Theologieprofessor und thüringische Synodale Weinel am 16.10.1932 an Jüchen gerichtet hatte:

„Es tut mir leid, daß die Herren des Disziplinargerichts nicht noch ein Stück weiter von der fürchterlichen Anklage abgerückt sind, aber schließlich wird dadurch doch alles wieder zurecht kommen. Sie können sicher sein, daß wie Ihre Gruppe, so auch wenigstens César und ich alles tun werden, was wir können, um Ihnen zum Wiedereintritt in den Dienst zu verhelfen.

Herr Ministerialdirektor Wittig hat mir neulich gelegentlich von dem Urteil geschrieben und genauso sich ausgedrückt, wie Sie es von Herrn Kirchenrat Franz berichten, so daß ich hoffe, wir brauchen gar nichts zu tun, sondern die Kirchenregierung wird sich selbst stark verpflichtet fühlen, Ihnen zu helfen, wieder ins Amt

---

[257] Brief Landeskirchenrat an v. Jüchen v. 3.2.1933, in: ibid.
[258] Brief Jüchen, Möhrenbach 15.12.1932 an LKR wegen Unterhalt der Kinder.

zu kommen. Sorgen Sie bitte jetzt dafür, daß Ihre Gruppe oder die Partei nicht eine Parteisache aus dem Fall macht, sondern alles möglichst ruhig bleibt. Dann kann auch schneller Gras über die Sache wachsen.

Mit besten Grüßen, Ihr ergebenster H. Weinel."

Das Gras wuchs nicht in Ruhe. Das kommende Jahr 1933 veränderte nicht nur im Reich die Rahmenbedingungen. In Thüringen übernahm die NSDAP die Macht im Staat, und in der Kirche besetzten die Deutschen Christen alle wichtigen Positionen. Schlechte Zukunftsaussichten für einen sozialistischen Ruhestandspfarrer.

2. 1933 und die Zeit der Perspektivlosigkeit

Als Hitler am 30. Januar 1933 die Macht übertragen bekam, hofften immer noch viele Menschen in Deutschland darauf, dass „in letzter Stunde" sich SPD, KPD und Gewerkschaften zum Widerstand zusammenschließen würden. Zu ihnen gehörte der beurlaubte Pfarrer Jüchen, der, obwohl „ungedient" und Antimilitarist, beim Reichsbanner[259] eine paramilitärische Ausbildung absolviert hatte.

„Sollte irgendwo etwas passieren, werden wir für die Demokratie kämpfen. Ich wurde sehr schnell nach der Gründung dieses Reichsbanners Mitglied des Reichsbanners. Ich war entschlossen, auch mit der Konsequenz des bewaffneten Widerstandes, die Demokratie zu erhalten. In der Endphase des Reichsbanners wurde jede Gruppe eingeteilt und bekam einen eventuellen Kampfauftrag. Unser Kampfauftrag war, von Möhrenbach aus mit anderen Reichsbannergruppen das Stellwerk Neudietendorf zu besetzen. Neudietendorf ist eine kleine Stadt, spielte aber eine Rolle, weil es der Eisenbahnknotenpunkt aller Nord-Süd-Bahnen und aller Ost-West-Bahnen ist, alle laufen über Neudietendorf. Also, Neudietendorf war unser Kampfauftrag, Besetzung des Stellwerks Neudietendorf und Sperrung des Eisenbahnverkehrs. Wir hätten damit Nord und Süd und West und Ost voneinander gesperrt. Mit diesem Kampfauftrag bin ich auch ins Dritte Reich gegangen. Am 30. Januar 1933, erinnere ich mich, mit den andern zusammen in der Gastwirtschaft gesessen zu haben, Radio hörend den ganzen Tag bis tief in die Nacht – wir haben uns getrennt gegen 2 Uhr in der Nacht, wo wir gesagt haben: Die Sache ist vollzogen. Die Reichsbannerleute haben gewartet auf einen Befehl, und der ist nie angekommen."[260]

---

[259] Zum Reichsbanner das Standardwerk: Karl Rohe: Das Reichsbanner Schwarz-Rot-Gold, Düsseldorf 1966.

[260] A 21.

Trotz vieler Beteuerungen, dass „Deutschland nicht Italien" sei und dass die deutsche Arbeiterbewegung die stärkste Europas sei und den Faschismus zu verhindern wisse, trat diese kampflos ab, begriff in ihrer Mehrheit nicht einmal, dass der 30. Januar 1933 der Beginn eine neuen Zeitrechnung war.

„Ohne jede Hektik traten die Führungsgremien von SPD und Allgemeinem Gewerkschaftsbund zusammen. In ersten Aufrufen warnten sie ihre Anhänger vor den Nationalsozialisten; die prinzipielle Gefährdung von Demokratie und Rechtsstaat, von Grundrechten und republikanischer Verfassung lag jedoch jenseits ihrer politischen Phantasie. Auch die Führung der KPD ließ damals jene Klarsicht vermissen, die ihr die eigene Parteigeschichtsschreibung später gern zubilligte. Sie erwartete die Zuspitzung der gesellschaftlichen Krise, nicht aber ihre scheinbare Bewältigung; deshalb rief die KPD zum Generalstreik gegen die ‚brutalste, unverhüllteste Kriegserklärung an die Werktätigen' auf. Kaum jemand leistete diesem Aufruf Folge – hatten doch erst kurz zuvor KPD und NSDAP in Berlin gemeinsam einen gegen die SPD gerichteten Streik organisiert; lediglich in einem württembergischen Industrieort namens Mössingen standen alle Räder still."[261]

Im gesamten deutschen Reich brachen die Konservativen in Kirche und Gesellschaft in Freudentaumel aus. Das verhasste Weimarer „System" war besiegt. Dieser Triumphalismus ließ jede Zurückhaltung fallen. Ein großer evangelischer Verband nach dem anderen beeilte sich der neuen Reichsregierung die Treue zu schwören. Der „Evangelische Bund", ein Verband der 1914 über 500.000 Mitglieder hatte und auch 1933 noch mehrere 100.000 Mitglieder umfasste, rief anlässlich der Reichstagswahl am 5. März 1933 offen zur Wahl der Regierungsparteien NSDAP und DNVP auf. Kleinschmidt, Hertzsch und Jüchen nahmen hierzu in einem ausführlichen Artikel Stellung, der in den thüringischen SPD-Zeitungen erschien und auch im Ausland Verbreitung fand. Er ist es wert, in Gänze dokumentiert zu werden.

„Wer Wind sät, wird Sturm ernten.
Der Evangelische Bund zur Wahrung deutsch-protestantischer Interessen hat einen Wahlaufruf erlassen, in dem u.a. heißt:
‚Die neue Reichsregierung, die zu den Wahlen im März aufruft, ist aus der völkischen Neuordnung hervorgegangen. Sie will mit den noch vorhandenen starken nationalen Kräften des eigenen Volkes im bewussten Gottesglauben auf dem Trümmerfeld der unseligen Novemberrevolution des Jahres 1918 ein neues freies

---

[261] Peter Steinbach: Widerstand gegen den Nationalsozialismus, Bonn 1994, S. 17.

geeintes Deutschland aufbauen. 14 Jahre lang haben die international gebundenen Mächte, Zentrum, Sozialdemokratie und Kommunismus, der deutschen Politik und dem kulturellen Leben unseres Volkes das Gepräge gegeben. Nun soll im Kampf gegen sie die Erneuerung Deutschlands von innen heraus beginnen.

Evangelische Christen, erkennt den Ernst und die Verheißung dieser Wahlentscheidung. Kämpft durch eure Stimmen mit dafür, daß die nationale gegenrevolutionäre Bewegung auf gesetzlichem Wege zum Ziele kommt. Tretet hinter die Männer der gegenwärtigen Regierung. Es geht um Deutschlands Rettung!'

Der Evangelische Bund ist ein kirchlicher Verein, der von allen deutschen Landeskirchen materiell und ideell unterstützt wird. Die deutschen evangelischen Kirchen identifizieren sich mit den Bestrebungen des Evangelischen Bundes und tragen die volle Verantwortung für sein Handeln.

Es ist also heute möglich, daß eine offiziöse kirchliche Organisation antifaschistische Vereinigungen, der Millionen bewußter Kirchenglieder und bewußter Deutscher angehören, als unchristlich und undeutsch diffamieren kann.

Es ist heute möglich, daß eine kirchliche Organisation, die bewußt protestantisch sein will, aus parteipolitischer Vorliebe für eine Regierung, die von zwei Katholiken (Hitler und von Papen) geführt wird, die kirchliche Gemeinschaft mit Millionen antifaschistischer Protestanten zerbricht.

Es ist heute möglich, daß eine kirchliche Organisation, die für christliche Politik einzutreten behauptet, die Notwendigkeit solcher Politik mit einer glatten Geschichtslüge begründet, die aus der Rüstkammer übelster parteipolitischer Demagogie entnommen ist.

Der Wahlaufruf des Evangelischen Bundes ist ein neues Zeichen für die verhängnisvolle Verstockung der Kirche und kirchlicher Kreise gegenüber der warnenden und mahnenden Stimme der Arbeiterbewegung. Sie glaubt auf diese Stimme nicht mehr hören zu müssen, weil sie die Möglichkeit sieht, diese anklagende Stimme durch den faschistischen Terror zum Schweigen zu bringen.

Eine Kirche, die gegen diesen Wahlaufruf einer kirchlichen Organisation nicht schärfstens protestiert oder auch nur dazu schweigt, bricht damit jede Brücke zur Arbeiterschaft ab und erklärt auch durch ihr Schweigen, daß sie keine kirchliche Gemeinschaft mit der Arbeiterbewegung will.

Die Angst vor dem ‚Bolschewismus' treibt die Kirche der Reaktion in die Arme. Sie verkauft ihre geistige Unabhängigkeit für das Linsengericht einer höchst fragwürdigen und vorläufigen Sicherheit. Vor der Geschichte ist auch der Felsen der Reaktion, auf den der Evangelische Bund die evangelische Kirche zu bauen versucht, Sand, den der Wind verweht ...

Der Evangelische Bund sät Haß gegen die Arbeiterbewegung, die um ihr Leben kämpft. Was kann aus dieser Windsaat anderes wachsen, als Sturm? – Wie soll die Arbeiterschaft es je wieder vergessen können, daß sie in dem geschichtlichen Augenblick, da sie den furchtbarsten Kampf um Leben und Freiheit kämpfen mußte, die Kirche auf der anderen Seite der Barrikade gefunden hat?

*Eine Kirche, die nicht ganz pflicht- und ehrvergessen ist, **muß sich klar und deutlich von diesem Wahlaufruf des Evangelischen Bundes distanzieren und dem Evangelischen Bund jede weitere materielle oder ideelle Unterstützung versagen**, wenn sie nicht will, daß die Arbeiterschaft Kirche und Evangelischen Bund identifiziert und die Kirche materiell und ideell verantwortlich für diese unerhörte Brüskierung der Arbeiterbewegung durch den Evangelischen Bund macht. Wir erwarten eine sofortige Stellungnahme unserer Thüringer Kirche. **Der Landeskirchentag hat das Wort!** [im Orig. fett]*

Karl Kleinschmidt, Pfarrer im Dienst der THEK,

Dr. theol. Erich Hertzsch,

Aurel v. Jüchen, Pfarrer."[262]

Dieser Text, eine der beeindruckendsten Erklärungen aus dem kirchlichen Bereich dieser Zeit, wurde in der DDR zweimal in Zeitschriften nachgedruckt, zu deren jeweiligen Herausgebern Karl Kleinschmidt gehörte. Erstmalig erschien er im Evangelischen Pfarrerblatt, Januar 1964 auf S. 3 mit der Quellenangabe „Eisenacher Volkszeitung." Dann erschien er erneut, aber diesmal ohne Quellenangabe, als „Dokumentation" in der Maiausgabe 1970, S. 87 und 88 von „Glaube und Gewissen." Der Text ist in beiden Fällen unverändert wiedergegeben, allerdings steht jeweils als einziger Unterzeichner unter der Erklärung Karl Kleinschmidt, Jüchen und Hertzsch fehlen. Wie in späteren Kapiteln zu zeigen ist, waren dies keine Zufälle, sondern eine für Kleinschmidt gängige Praxis, Geschichte nachträglich zu korrigieren.

Aber noch sind wir im Thüringen des Frühjahrs 1933, und die damalige Geschichte verlief nach klaren Vorgaben. Und diese Vorgaben setzten die neue Regierung und ihre alten und neuen Freunde im Landeskirchenrat, die unter den neuen Bedingungen nicht mehr zu Kompromissen gezwungen waren. Landeskichenrat Volk, der 1931/32 mehrfach Disziplinarverfahrensgegner Jüchens war, teilte ihm deutlich mit, dass die thüringische Kirche

---

[262] Eisenacher Volkszeitung vom 24.2.1933, in: PAJ-E, Akte 1929/32, Blatt 201.

auf Pfarrer, die gegen die „neue Zeit" eingestellt waren, durchaus verzichten konnte und wollte.

„Unter der Überschrift ‚Wer Wind sät, wird Sturm ernten' haben Sie in Nr. 47 der Eisenacher Volkszeitung vom 24.2.1933 zu einem Wahlaufruf des Evangelischen Bundes – der übrigens eine von der organisierten Kirche unabhängige Organisation ist – Stellung genommen. Die Form Ihres Zeitungsaufsatzes, besonders in dem letzten Absatz, können wir mit den Pflichten eines Pfarrers der Thüringer evangelischen Kirche nicht für vereinbar ansehen, zumal Sie diese Fassung durch die Presse in die große Öffentlichkeit gebracht haben. Wir werden es sehr zu überlegen haben, ob wir danach Ihre Wiedereinstellung als Pfarrer in naher Zukunft für möglich halten können. Gez. Volk."[263]

Zu dieser Zeit war Jüchen immerhin noch Abgeordneter (Synodaler) des Thüringer Landeskirchentages. In den Monaten Februar bis Juni überschlugen sich die Ereignisse.

Vom 22.2. an wurde eine Hilfspolizei aus SS, SA und Stahlhelm aufgestellt. Am 27./28. Februar brannte der Reichstag, die Verordnung „Zum Schutz von Volk und Staat" wurde erlassen, die Verfassungsgrundrechte außer Kraft gesetzt, die KPD de facto illegalisiert und Massenverhaftungen durchgeführt. Die ersten KZs wurden gebildet. Am 5. März erreichte die NSDAP in Thüringen 47,2% und damit 3,3% mehr als im Reichsdurchschnitt. Nach der Wahl erfolgte das Verbot des „Reichsbanners." Am 18. März wurde das „Verbot der Zugehörigkeit von Beamten und Angestellten des Landes Thüringen zur sozialdemokratischen Partei" erlassen. Am 23. März wurde im Reichstag das Ermächtigungsgesetz beschlossen und am 24. März wurden die Jugendweihen der Freidenker im Land Thüringen verboten. Dass die Kirchen darüber jubiliert haben, belegen viele Quellen. Am 1. bis 3. April wurde der reichsweite Boykott jüdischer Geschäfte auch in Thüringen durchgeführt, am 2. Mai wurden die thüringischen Gewerkschaftshäuser durch SA und NSBO besetzt und am 22. Juni die SPD reichsweit verboten.[264] Parallel zu diesen Ereignissen zersetzte sich die Arbeiterbewegung.

„Mit der Zerstörung des Parlamentarismus und der Ausschaltung des Reichstages hatten die Parteien ihren Sinn verloren, längst bevor sie zwangsweise aufgelöst wurden oder sich selbst auflösten. Daß die Auflösung und Gleichschaltung der Parteien sich so rasch vollzog, hatte auch damit zu tun, daß dieser Vorgang einherging

---

[263] LKR Eisenach 2.3.1933 an Jüchen (Blatt 6 der Akte), in: PAJ-E, 1932/38, Bd. II.

[264] Nach: Jürgen John/Reinhard Jonscher/Axel Stelzner: Geschichte in Daten. Thüringen, München/Berlin 1995.

mit Gleichschaltung der wichtigsten gesellschaftlichen Organisationen und ihres jeweiligen sozialen Umfeldes. So war die Zerstörung der Gewerkschaften, die am 1./2. Mai in einem Wechselspiel von Propaganda und Gewalt erfolgte, Voraussetzung und letzte Etappe im Prozeß der Gleichschaltung der SPD ...

Mit der Zerschlagung ihrer Kampforganisation und auch der Gewerkschaften waren der SPD ihre wichtigsten gesellschaftlichen Stützen genommen. Mitglieder und Parteiführer waren durch permanente Drangsalierungen, Zeitungsverbote und der Besetzung von Parteihäusern seit Februar demoralisiert und befanden sich in einem Zustand der Resignation. Es häuften sich die Austritte von Beamten und Angestellten, die um ihre Stellung fürchteten. Ein Schulrat begründet seinen Austritt mit seinen angeblichen Loyalitätspflichten: ,Da ich stets die Auffassung vertreten habe, daß es für keine Behörde und Regierung auf die Dauer tragbar ist, ihre Beamten parteipolitisch in Opposition zu wissen, erkläre ich hiermit meinen Austritt aus der Partei.'"[265]

Von dieser Erosion blieb auch der BRSD nicht verschont. Auch Kleinschmidt und Jüchen als thüringische Spitzenfunktionäre hatten in Thüringen mit Funktionären zu tun, die darum baten „alle ihre Spuren in den BRSD-Akten zu löschen." Sie selbst führten gut evangelisch – Hoffen wider jedes Hoffen – ihren Kampf gegen die neuen Machthaber in Staat und Kirche weiter.

Ein Artikel Kleinschmidts „Warum verstockt ihr euer Herz?" in der Nummer 10 des SDAV vom 5. März 1933 zog eine vorläufige Bilanz.

„Was sollen wir nun sagen, nach zehn Jahren heißer und leidenschaftlicher Bemühung um die Kirche? Sie ist verstockter als je. Und all unsere unfreundliche Liebe, all unsere vielleicht oft ein wenig ungeduldige Liebe hat es nicht hindern können ... Wie oft haben wir ... namens der Arbeiterbewegung unsere warnende Stimme erhoben, wahrhaftig nicht aus parteipolitischer Ambition für die Sozialdemokratie, sondern aus innerster Glaubensnötigung, weil wir aus dem Protest der Arbeiterbewegung gegen eine gott-lose, sinnentleerte Weltordnung den Bußruf Gottes hörten – wie oft!, Und ihr habt nicht gewollt!, Ihr habt nicht gewollt!' – , So soll euer Haus euch wüst gelassen werden.' ... Der Herr der Kirche kann auch durch den Sturmwind des Bolschewismus zu seiner Kirche reden, wenn sie anders nicht hören will. Wer die Kirche liebt, muß ihr eine Erschütterung zur Buße und Umkehr wünschen – und wenn sie auch von außen kommt. Unser zehnjähriger Kampf redet von der

---

[265] Steinbach, a.a.O.

Hoffnung, daß die Kirche selbst ihren Weg finden möchte. Muß sie wirklich auf diesen Weg gestoßen werden? Wir werden weiterkämpfen – gewiß. Nicht, daß wir noch Hoffnung hätten, daß unsere Kirche die Zeit erkennt, darin sie heimgesucht ist. Wir wären Illusionisten, wenn wir uns von dieser Hoffnung jetzt noch narren ließen. Nein, wir kämpfen weiter, nur weil wir müssen."

Vier Wochen später war das SDAV verboten und die Druckerei von der SA zerstört. Am 21.4.1933 wurde Kleinschmidt verhaftet und im Amtsgerichtsgefängnis Eisenberg inhaftiert. Mitte Mai 1933 hatte sich der Thüringer BRSD-Landesverband mit seinen Ortsgruppen aufgelöst.

Vorher hatte der Verlauf des 3. Thüringer Landeskirchentages, der vom 21. April bis zum 5. Mai 1933 stattfand, den religiösen Sozialisten deutlich gemacht, dass sie in Thüringen nicht mehr geduldet waren. Die Fraktion der „Deutschen Christen" hatte den Antrag für ein neues Kirchengesetz eingebracht. „Wer die marxistische Weltanschauung vertritt, kann nicht Pfarrer der Thüringer evangelischen Kirche sein." Der Sprecher der religiösen Sozialisten, Pfarrer Harry Truckenbrodt (Kleinschmidt war noch in Haft) stellte dazu sachlich fest: „Wir religiösen Sozialisten teilen nicht die materialistische Weltanschauung; wir unterscheiden zwischen dem wirtschafts-wissenschaftlichen und dem philosophischen Marxismus. Wir üben Kritik an der materialistischen Weltanschauung. Religiösen Sozialismus hat es schon im Urchristentum gegeben."

Gemeint war nicht der philosophische Marxismus, der den Nazis innerhalb wie außerhalb der Kirche gleichermaßen unbekannt wie gleichgültig war. Gemeint war der praktische, organisierte Marxismus, worunter für die NSDAP und die DC auch der religiöse Sozialismus fiel. Das wurde am 5.5. im Landeskirchentag mit einem Zusatzantrag, dass alle religiösen Sozialisten aus der Tagung auszuscheiden hätten, auch verdeutlicht. Erich Hertzsch gab eine bewegende Erklärung für die unmittelbar danach die Tagung verlassenden religiösen Sozialisten ab, die mit dem prophetischen Satz endete: „Wir scheiden aus dem Hause in tiefster schmerzlicher Sorge um unsere geliebte evangelische Kirche."

Am 26.6. wurde Kleinschmidt auf eigenen Wunsch aus dem thüringischen Kirchendienst entlassen.

„Zu der Entlassungsurkunde bestätigen wir Ihnen auf Ihren Wunsch ausdrücklich den Grund, mit dem Sie um Ihre Entlassung … nachgesucht haben, nämlich, daß Sie sich gewissensmäßig außer Stande sähen, ein Pfarramt in der Thüringer evangelischen Kirche so zu verwalten, wie es die vom Landeskirchentag in seiner letzten

Tagung vom 21.4.-5.5.33 verabschiedeten Gesetze einem im Dienste der Thüringer evangelischen Kirche stehenden Pfarrer zur Pflicht machen."[266]

Im 3. Landeskirchentag hatten die DC noch keine Mehrheit gehabt, aber willfährige Bündnispartner gefunden, die ihnen diese Mehrheit beschafften. Diese Mehrheit war bald aus eigener Kraft herzustellen. Nazis forderten Treue, erwiesen sich ihren Bündnispartnern gegenüber aber als ausgesprochen egoistisch. Bei der folgenden Kirchenwahl am 23.7.1933 stimmten in ganz Thüringen die Nationalsozialisten und ihre Helfer die bisherigen konservativen Bündnispartner nieder. 46 DC-Sitzen standen noch fünf Sitze der bisherigen Mehrheit gegenüber.

> *„Dann kam die Kirchenwahl in Thüringen. Heraus kam ein Landeskirchentag, der, außer aus vier Zivilisten, aus braunen Hemden bestand. Ich habe teilgenommen an den ersten Sitzungen im Zuhörerraum, ich war nicht mehr Synodaler, der ganze Saal voll von braunen Hemden. Und ich habe die erste Rede gehört eines dieser vier Zivilisten, die gewählt worden waren. Das war der Freiherr von Eichel-Streiberg. Der hielt eine Rede, die war wunderbar, in der hat er alles gesagt hat, was gesagt werden mußte. Und ich erinnere mich, wie die SA langsam in kochende Wut geriet, einige die Rede nicht aushalten konnten, sondern zur Kantine stürzten und ein, zwei Gläser Bier runterschütteten, der Saal sich entleerte bis auf einige, die dablieben, 20 Figuren, die anderen trafen sich in der Kantine. 3/4 oder 2/3 der Öffentlichkeit war in der Kantine verschwunden, die Tür blieb auf, und der Krach von der Kantine tönte in die Arena.“*

In der thüringischen Kirche hatte die „Gleichschaltung" erfolgreich stattgefunden. Zwar durfte Landesoberpfarrer Reichardt, jetzt mit dem Bischofstitel versehen, noch bis Januar 1934 amtieren. Sein Nachfolger, der 20 Jahre jüngere DC-Führer Martin Sasse, war schon vorher der eigentliche starke Mann gewesen.

Die thüringische Kirche wurde von 1933 bis 1945 von der radikalsten Fraktion der Deutschen Christen geführt, die auf das Gesamtreich ausstrahlte und eine neue „Nationalkirche" anstrebte. Die Thüringer DC gaben sich 1933 ein eigenes Programm, das mit Christentum kaum etwas, mit der Nazi-Ideologie dagegen alles gemein hatte.

> *„Richtlinien der Kirchenbewegung ‚Deutsche Christen‘ in Thüringen (vom 11. Dezember 1933) über die ‚Deutsche Christliche Nationalkirche‘:*
>
> *1. Wir Deutschen Christen glauben an unseren Heiland Jesus Christus, an die Macht seines Kreuzes und seiner Auferstehung. Jesu Leben und Sterben lehrt*

---

[266] Im Privatarchiv Christoph Kleinschmidt, Berlin.

uns, daß der Weg des Kampfes zugleich der Weg der Liebe und der Weg zum Leben ist. Wir sind durch Gottes Schöpfung hineingestellt in die Blut- und Schicksalsgemeinschaft des deutschen Volkes und sind als Träger dieses Schicksals verantwortlich für seine Zukunft.
Deutschland ist unsere Aufgabe, Christus ist unsere Kraft!

2. *Quelle und Bestätigung unseres Glaubens sind die Gottesoffenbarung in der Bibel und die Glaubenszeugnisse der Väter. Das Neue Testament ist uns die heilige Urkunde vom Heiland, unserem Herrn, und seines Vaters Reich. Das Neue Testament ist uns Beispiel göttlicher Volkserziehung. Für unseren Glauben ist es von Wert, soweit es uns das Verständnis für unseres Heilandes Leben, Kreuz und Auferstehung erschließt.*

3. *Wie jedem Volk, so hat auch unserem Volk der ewige Gott ein arteigenes Gesetz eingeschaffen. Es gewann Gestalt in dem Führer Adolf Hitler und in dem von ihm geformten nationalsozialistischen Staat. Dieses Gesetz spricht zu uns in der aus Blut und Boden erwachsenen Geschichte unseres Volkes. Die Treue zu diesem Gesetz fordert von uns den Kampf für Ehre und Freiheit.*

4. *Der Weg zur Erfüllung des deutschen Gesetzes ist die gläubige deutsche Gemeinde. In ihr regiert Christus, der Herr, als Gnade und Vergebung. In ihr brennt das Feuer heiliger Opferbereitschaft. In ihr allein begegnet der Heiland dem deutschen Volke und schenkt ihm die Kraft des Glaubens. Aus dieser Gemeinde Deutscher Christen soll im nationalsozialistischen Staat Adolf Hitlers die das ganze Volk umfassende ,Deutsche Christliche Nationalkirche' erwachsen.*
Ein Volk! – Ein Gott! – Ein Reich! – Eine Kirche!"[267]

Die neue DC-Kirchenleitung sah sich auch nicht genötigt, Zusicherungen ihrer Vorgänger einzuhalten. Am 5. Mai 1933 wurde über Jüchen erneut im LKR beschlossen.

„In der Sitzung ... ist beschlossen worden, daß Pfarrer von Jüchen auf die Bestätigung einer etwaigen Wahl in eine Pfarrstelle der THEK nicht rechnen kann. Der Landesbischof hält es für unmöglich, Pfarrer v. Jüchen in einem Pfarramt in Thüringen zu verwenden. Kirchenrat D. Hermann beantragt Pfarrer v. Jüchen eine Pfarrstelle zur vikarischen Verwaltung zu übertragen. Gegen die Stimme von Kirchenrat D. Hermann wird beschlossen, Pfarrer v. Jüchen jetzt nicht im Dienst der THEK zu verwenden."

Um zu überprüfen, ob Jüchen überhaupt noch als Thüringer Pfarrer in Frage kam, wurde er mit Brief vom 7.6.1933[268] vom LKR aufgefordert, eine

---

[267] Abgedruckt in:Junge Kirche, Heft 2/1934 v. 20.1.1934, S. 79/80.
[268] In: PAJ-E, Jahr 1932/38, Bd. II. Die folgenden Nachweise sind, soweit nicht anders bezeichnet, ebenfalls in dieser Akte.

Erklärung zum „Gesetz über den Marxismus in der Kirche" abzugeben, mit der Bitte zu erklären,

„daß Sie die marxistische und jede andere materialistische Weltanschauung ableh-nen und den Klassenhaß verurteilen. Die Erklärung möchte auch eine Feststellung darüber enthalten, ob Sie dem Bunde religiöser Sozialisten angehören und ihm weiter anzugehören beabsichtigen."

Jüchen antwortete am 19.6.33 mit einem vierseitigen Schriftsatz an den DC-Exponenten im LKR, den späteren Bischof Sasse, in dem er Aufschluss über seine Motive gibt und eine Bilanz seines Wirkens als religiöser Sozialist zieht. Da die Erklärung stark autobiographischen Charakter hat, ist sie für unsere Darstellung von hohem Wert. Er beginnt mit der Aussage,

„es lohne sich für die christliche Sozialethik, sich mit dem Marxismus sachlich auseinander zu setzen, so deshalb, weil ich mit dem Dichter Paul Ernst sagen kann, daß Karl Marx nach meinem Urteil der Denker ist, der wie kein anderer die realen Ursachen der völkischen Zerstörung und der inneren Aushöhlung aller geistigen Werte bloßgelegt hat. Volk, Volkstum, Nation und Vaterland habe ich stets als unveräußerliche geistige Werte und als Gnadengaben Gottes aufgefaßt. Meiner geistigen Entwicklung nach komme ich aus dem Wandervogel und der deutschen Jugendbewegung her, die aus der Abkehr von einer morsch gewordenen Großstadtkultur entstand, zum Volktanz und Volkslied, mit ihrer Pflege volkstümlicher Sitte und deutschen Brauchtums nichts anderes war, als die Entdeckung von Volk und Vaterland als schöpfungsmäßiger Gegebenheiten, und die bereits alle diejenigen Elemente enthielt, die an der nationalen Bewe-gung unserer Tage bejahenswert sind. Die Erkenntnis der realen Ursachen des inneren Zerfalls des Volkes und die Erkenntnis der Ursachen für die innere Aushöhlung aller geistigen Werte verdanke ich Karl Marx.
Auch meine Tätigkeit als Werkstudent im Bergwerk, Gießerei und am Hochofen, meine fast einjährige Tätigkeit als Bauarbeiter hat es mir innerlich unmöglich gemacht, auf das Mißtrauen des Proletariats gegen geistige Werte wie Staat, Schule, Erziehung, Gerichtsbarkeit, ja gegen Kirche und Religion mit einer pharisäischen Haltung zu reagieren, sondern ich weiß, daß dieses Mißtrauen nicht aus Bosheit, Haß oder seelischer Verworfenheit stammt, daß vielmehr das Bürgertum, indem es die Ungerechtigkeit der kapitalistischen Wirtschaftsordnung geschehen ließ, ständig dieses Mißtrauen selbst erzeugt hat. Der Weg der Buße und der Wieder-gutmachung, zu dem sich die Kirche in den Kundgebungen von Stockholm und Bethel bekannt hat, schien mir darum der einzig mögliche zu sein.
2.) Ebenso versichere ich, wenn das zu versichern überhaupt notwendig ist, daß

ich keine andere, materialistische Weltanschauung vertrete oder jemals vertreten habe. Als Beweis mag der Hinweis genügen, daß ich erstens aus innerem Beruf Pfarrer geworden bin und daß ich zweitens als Pfarrer eine der Hauptaufgaben im aktiven Kampf gegen eine materialistische und atheistische Weltanschauung gesehen habe. Ich habe im Umkreis meiner Pfarrgemeinde in Langewiesen, Ilmenau, Großbreitenbach, Stützerbach, Gräfinau-Angstedt, Arnstadt jede öffentliche Freidenkerveranstaltung aufgesucht und in der Diskussion als Gegenredner gesprochen.

Ich glaube, daß es mir dabei nicht nur gelungen ist, einen moralischen Erfolg für die Kirche zu erringen, sondern auch immer wieder mißverstandene Teilstücke der christlichen Lehre in verständlicher Weise öffentlich zu erörtern. Ich habe mir nichts daraus gemacht, daß ich im Anfang in der SPD-Zeitung häufig in freidenkerischen Lokalberichten über solche Versammlungen angegriffen wurde, bis die Redaktion gegen mich gerichtete polemische Berichte nicht mehr aufnahm. Vornehmlich gegen meine Person gerichtet war auch der Beschluß einer Bezirkskonferenz des Freidenkerverbandes in Ilmenau, der Freidenkerverband solle an alle Arbeiterorganisationen Thüringens mit der Aufforderung herantreten, künftig bei Veranstaltungen keine religiösen Sozialisten mehr als Redner heranzuziehen. Auf unsere Beschwerde beim Parteivorstand Thüringens hat dieser daraufhin den Beschluss für ungültig erklärt und seine Durchführung verhindert.

3.) Ich versichere drittens, daß ich niemals den Klassenhaß geschürt habe und auch nicht daran denke, ihn zu schüren. Ich habe als Marxist die Lehre vom Klassenkampf vertreten, die auf der historisch nachweisbaren Erkenntnis beruht, daß in den verschiedenen Geschichtsepochen immer eine sich entweder in geschichtlichen Katastrophen entladender oder unter der Oberfläche der Geschichte fortschwelender s o z i a l e r [269] Gegensatz bestanden hat. (Sklaven und Herren, Patrizier und Plebejer im Altertum, im Mittelalter: Freie und Hörige, Bauern und Grundherren, in den mittelalterlichen Städten der Gegensatz zwischen Patriziern und dem gemeinen Mann, in der Neuzeit der Gegensatz zwischen Bürgertum und Feudalherren). Es bedeutet dieser Feststellung gegenüber kein Gegenargument, wenn ein theologischer Konservativismus behauptet, es handele sich hier um die schöpfungsmäßige Ordnung, daß es innerhalb der menschlichen Gemeinschaft immer verschiedene Stände geben müsse und es sei ein Frevel diese Ordnung aufheben zu wollen. Der Marxismus bestreitet aber keineswegs die notwendige Gliederung der menschlichen Gesellschaft in Ständen. Der von Marx behauptete Klassengegensatz ist nicht ein Gegensatz von Ständen, sondern ein wirtschaftlicher und rechtlicher Gegensatz, der seinen Ursprung nicht in Gottes

---

[269] Im Original gesperrt.

143

Schöpfungswillen, sondern im Egoismus von Menschengruppen hat. Die Form, in der dieser Gegensatz im Zeitalter der kapitalistischen Wirtschaft erscheint, ist der Gegensatz zwischen Besitzbürgertum und Proletariat. Dieser Gegensatz ist nicht durch das Proletariat geschaffen worden, aber Karl Marx weist dem Proletariat die geschichtliche Aufgabe zu, diesen Gegensatz aufzuheben.

Das Motiv dieses Kampfes ist nicht der Haß. Es dürfte unmöglich sein, in der genuinen marxistischen Literatur auch nur einen Satz nachzuweisen, der den Klassenhaß schürt. Das Motiv des Kampfes ist vielmehr, anstelle einer unvernünftigen und unsittlichen Wirtschafts- und Gesellschaftsordnung eine Ordnung der Gerechtigkeit zu schaffen. Der Reichskanzler Adolf Hitler hat für die Vergangenheit die Tatsache des Klassenkampfes im Grunde damit zugegeben, daß er in seiner Rede vor dem NSBO-Kongreß in Berlin konstatiert hat, daß es in der Vergangenheit einen gerechten Makler zwischen den Interessen des Besitzes und zwischen den Interessen der Arbeiterschaft nicht gegeben habe.

Schon aus diesem Grunde war der Arbeiterschaft der Kampf aufgezwungen. Ob es aber dem Staat gelingen kann, sich zum gerechten Makler zu machen oder ob der Marxismus recht hat, wenn er bestreitet, daß im kapitalistischen Wirtschaftsraum der Staat die Möglichkeit hat, zu einem wirklich gerechten Makler zu werden, kann nur die Zukunft erweisen. Es besteht sowohl theoretisch wie bei der Ausgedehntheit der Not auch praktisch die Möglichkeit, daß das, was einmal Sehnsucht und Wille einer Klasse gewesen ist, einmal das Anliegen der ganzen Nation sein wird. Bis dahin aber kann der Klassenkampf als Tatsache nicht als überwunden gelten.

4.) Der Bund Religiöser Sozialisten hat sich aufgelöst, da eine Betätigung im Sinne des Religiösen Sozialismus weder in der Kirche noch im Staate möglich ist. Eine Mitgliedschaft im Bund religiöser Sozialisten kommt also aus diesem Grund zur Zeit nicht in Frage. Ebenso versichere ich, nicht mehr Mitglied der SPD zu sein. Doch drängt es mich, noch ein Wort zu meiner aktiven religiös-sozialistischen Betätigung zu sagen, da der Religiöse Sozialismus von Seiten der Kirche immer wieder dem hartnäckigen Mißverständnis ausgesetzt war, als läge es ihm daran, die Politik in die Kirche zu tragen. Ich habe unter diesem Mißverständnis immer gelitten und möchte nochmals den Versuch machen, nachzuweisen, daß der Religiöse Sozialismus niemals die Kirche in die Dienstbarkeit politischer Strömungen hinabwürdigen wollte, sondern daß wir, ich darf das für mich und all meine Freunde sagen, kein besseres Ziel kannten, als die Kirche wieder zur Kirche zu machen, das heißt sie an die Aufgaben heranzuführen, die sie in den Zeiten des Staatskirchentums verlassen hat. Drei Anliegen haben uns beseelt, die alle völlig auf dem Boden des Bekenntnisses liegen.

a) Erstens glaubten wir, für die absolute innere und äußere Freiheit der Kirche eintreten zu müssen und zwar nicht nur für ihre Freiheit von staatlichen und gesellschaftlichen Mächten, sondern auch für ihre innere Freiheit von so gefährlichen und anonymen Mächten wie öffentliche Meinung, soziologische Gebundenheit usw. wobei wir der Überzeugung waren, daß die Kirche in vielen Stücken nicht frei ist, in denen sie sich für frei hält.

b) Zweitens haben wir innerhalb der Kirche und innerhalb der Gesellschaft den Herrschaftsanspruch Christi auch gegenüber den politischen und wirtschaftlichen Zuständen zur Geltung bringen wollen. Da die Kirche als ganze in ihren verantwortlichen Amtsträgern einen solchen autoritären Gehorsamsanspruch im Namen Christi in den Fragen des politischen und wirtschaftlichen Lebens, soweit es die Aufgabe des Zusammenlebens der Menschen betrifft, heute noch nicht zu stellen in der Lage ist, haben wir die Entscheidungen, die wir für notwendig hielten, notgedrungen aus der persönlichen Glaubensverantwortung heraus zu finden gesucht.

c) Drittens hielten wir uns als Glieder der Kirche Christi innerlich genötigt, den Riß zwischen Kirche und Proletariat zu überbrücken, indem wir das Proletariat nicht nur als Objekt sozialer Betreuung, sondern auch als Subjekt eines achtbaren eigenen Willens und eines selbstständigen Denkens achteten.

Ich darf darum für mich und alle meine Freunde in Anspruch nehmen, daß wir den Weg des Religiösen Sozialismus aus Glauben und Liebe gegangen sind, daß unser Anliegen nicht außerhalb, sondern durchaus innerhalb des christlichen Bekenntnisses und Glaubensstandes gelegen hat. Von einigen journalistischen Verstößen abgesehen, bereue ich nicht, diesen Weg gegangen zu sein, glaube vielmehr, daß die drei von mir oben genannten Anliegen, die der Religiöse Sozialismus enthielt, für die künftige Entwicklung der Kirche unveräußerlich bleiben und nicht wieder verschwinden werden. Heute ist uns als Menschen und Bürgern die politische Verantwortung auf die eindeutigste Weise abgenommen worden. Die gegenwärtige Regierung ist in eindeutigster Weise gewillt, diese Verantwortung selbst zu tragen. Ich darf sagen, daß ich persönlich das sogar als eine Entlastung empfinde, da die politischen Entscheidungen mich auch seelisch oftmals schwer belastet haben. Umso mehr aber empfinde ich die Kirche als geistigen Lebensraum und die Verkündigung des Evangeliums als den Dienst, dem Neigung und Beruf mich aufs innigste verbinden. Aurel von Jüchen."

Dieser Brief hatte einen wohl nicht erhofften Nebeneffekt. Sasse imponierte die Position Jüchens, der nicht zu Kreuze kroch, sondern zu seinen Positionen stand, was ihn von vielen „Konjunktur-Rittern" und den damals so genannten „März-Gefallenen" unterschied, die aus Karrieregründen nach

der „Machtübernahme" in die NSDAP eingetreten waren. Die Mitglieder-
zahl der NSDAP stieg von einer Million Anfang 1933 innerhalb weniger
Monate auf 2,5 Millionen an. Am 1. Mai verhängte die Parteiführung eine
Aufnahmesperre, die erst 1937 aufgehoben wurde. Für Sasse und den „alten"
kämpferischen Teil der Nazi-Bewegung war eine antibürgerliche Position
bestimmend, die sich subjektiv als „revolutionär" definierte und sich vieler
Gemeinsamkeiten mit dem „linken" Teil der Gegner bewußt war. Wichtiges
Ziel dieses Flügels war immer die „Heimholung" dieser „subjektiv ehrlichen
Elemente" in die Volksgemeinschaft. Und daß Jüchen „ehrlich" war und
die besten Absicht gehabt hatte, war nicht zu übersehen.

Aber im Frühsommer 1933 war Jüchen in eine Sackgasse geraten und wusste
nicht, wie er aus dieser herauskommen sollte. Er war von Eisenach, wo er lange
bei Karin und Erich Hertzsch gewohnt hatte, mangels Alternative wieder ins
Pfarrhaus nach Möhrenbach zurückgekehrt. Dieses Pfarrhaus hatte der LKR
aber bereits dem Hilfsprediger Seiffert zugesagt, der nach Jüchens Ausscheiden die Gemeinde Möhrenbach betreute. Seiffert versuchte mehrfach Jüchen
zum Auszug zu überreden. Der allerdings blieb stur und saß das Problem aus.
In den Eisenacher Akten befindet sich mit Datum vom 11.5.1933 ein Vermerk
über einen Anruf Seifferts. „Er teilte mit, daß Pfarrer v. Jüchen noch immer
im Pfarrhaus von Möhrenbach wohne und noch keine Anstalten mache,
auszuziehen. Nur ein Sofa oder dergleichen sei kürzlich aus dem Haus geschafft worden … Seiffert will dort einziehen, da er demnächst zu heiraten
gedenkt." Der LKR entschied in der Angelegenheit unmissverständlich:
„Jüchen muß raus! Wenn er nicht freiwillig geht, wird er geräumt."

Seine finanzielle Lage war katastrophal, und der Schuldenberg nahm
zu. Rechnungen bezahlte er entweder erst nach mehreren Mahnungen
oder nie. Das Gaswerk Arnstadt versuchte es mehrfach erfolglos direkt bei
Jüchen und trieb erst danach am 14.7.1933 mehrere offene Gasrechnungen
über 8,47 RM beim LKR ein. Zu vermuten ist, daß dieser Betrag direkt
von den Ruhestandsbezügen Jüchens abgezogen wurde, also praktisch einer
Lohnpfändung gleichkam. Dem LKR war Jüchens Lage bekannt, war er
doch der größte Gläubiger. Im LKR-Protokoll v. 1.9.33 wurde daraufhin
gewiesen, Jüchen habe aus seiner Dienststrafsache „noch 849 RM Kosten
zu zahlen." Das bedeutete, dass er in den zurückliegenden acht Monaten
keine einzige Schuldenrate beglichen hatte. Da er kein Geld hatte, wurde
der Betrag für drei weitere Monate gestundet.

Jüchen blieb bis zum Wechsel nach Mecklenburg im Sommer 1935 in Möhrenbach und somit auch im Einzugsbereich von Oberpfarrer Schwendel, der ihn weiterhin argwöhnisch beäugte, ihm so ziemlich alles zutraute und dies auch an kirchliche wie nichtkirchliche Stellen weiterleitete. Er wusste allerdings auch interessantes mitzuteilen, wie sein Brief vom 18.11.1934 an den LKR belegt:

> *„Hierdurch halte ich mich für verpflichtet zu berichten, daß Pfarrer v. Jüchen noch immer in Möhrenbach wohnt. Wenn auch noch nicht erwiesen ist, daß er sich wieder politisch zu betätigen versucht oder auch in kirchlicher Beziehung seinen früheren Einfluß geltend macht, so dürfte jedoch sein weiteres Verbleiben in Möhrenbach nicht gerade … vorteilhaft sein. Ich halte mich ferner für verpflichtet, <u>vertraulich</u> zu berichten, daß von Jüchen schon seit längerer Zeit polizeilich und auch durch die SS scharf beobachtet wird. Ich halte es im Interesse der Ehre und des Ansehens unseres Pfarrerstandes für erforderlich, daß v. Jüchen der dringende Rat von dem LKR gegeben wird, doch nun von Möhrenbach wegzuziehen. Ich befürchte, daß über kurz oder lang doch die polizeiliche Überwachung Erfolg haben wird. Es wäre sehr zu wünschen, daß hier den Gemeinden, die nun schon genug mit v. Jüchen erlebt haben, die recht betrübliche neue Blamage unseres Pfarrerstandes erspart bleiben würde.“*

Oberpfarrer Schwendel scheint Jüchen intensiv beobachtet zu haben, bzw. hatte Informationen von Beobachtern erhalten, die er am 26.1.1935 an den LKR weiterleitete, darüber, „daß von Jüchen wohl noch seine Wohnung in Möhrenbach hat, daß er aber wohl seit Mitte Dezember sich in Dresden aufhält (Dresden-Löbtau, Malterstr.Nr. 45 bei Dr. Gruber). Die polizeiliche Beobachtung besteht weiter." Dr. Gruber war der Schwager Irmgard von Jüchens, welche 1934/35 im Haus von Schwester und Schwager lebte.[270]

Die Jahre von 1933 bis 1935 markieren in Jüchens Biographie eine Phase kontinuierlicher Misserfolge und im Ergebnis tiefster Ausweglosigkeit und Verzweiflung. 50 Jahre später sagte Jüchen im Interview mit dem Verfasser: „Ihr könnt euch heute nicht vorstellen, wie schwer es für einen abgesetzten religiösen Sozialisten war, irgendwo in einer der intakten Kirchen unterzukommen."[271]

Jüchen bewarb sich zwischen 1933 und 1934 auf mehr als 60 freie Pfarrstellen im In- und Ausland. Seine Personalakten und die „Mappe Bewerbungen"

---

[270] Schriftliche Mitteilung Edith von Jüchen-Weiß v. 14.4.2004.
[271] A 21.

im Nachlaß Schwerin dokumentieren dies in großer Breite. Die Bewerbungen verliefen sämtlich nach folgendem Schema: Im „Deutschen Pfarrerblatt" wurde in der Landeskirche X die Pfarrstelle Y ausgeschrieben. Daraufhin wandte sich Jüchen mit einem Anschreiben und einem Lebenslauf an die zuständige Landeskirche bzw. im Falle der Gemeindewahl direkt an die Kirchengemeinde. Kam er in die engere Wahl, was häufiger vorkam, wurde er zur Probepredigt eingeladen und zum Bewerbungsgespräch. Verliefen diese positiv, was nicht selten vorkam, wandte sich die Landeskirche an den Thüringer LKR mit der Bitte um Stellungnahme und um Übersendung der Personalakten.

Auffällig ist der positive Duktus der Stellungnahmen des LKR in diesen Fällen. Hieraus ein Beispiel vom 26.5.1933:

> *„Von Jüchen ist ein sehr begabter Mensch, der seine Prüfungen gut bestanden hat. Wenn er aus den schweren Lebenserfahrungen, [in] die ihn vor allem seine Ehe und seine politische Betätigung gebracht haben, gelernt hat, so ist es sehr wohl möglich, daß er nach Beginn eines Neuaufbaues sich bewährt."*

„Nach Einsicht in die Personalakte", so exemplarisch das Konsistorium der westfälischen Kirche am 22.5.1934, war dann in der Regel Schluss. Das Magdeburger Konsistorium machte ihm am 8.11.1934 deutlich, dass er auch in der Kirchenprovinz Sachsen keine Zukunft hatte.

> *„Nach Durchsicht Ihrer Personalakten ... bitten [wir] Sie von weiteren Bewerbungen in unserem Aufsichtsbezirk abzusehen, da wir Sie auch im Falle einer Gemeindewahl oder Berufung durch einen Privatpatron schwerlich für eine Pfarrstelle unserer Provinz würden beschäftigen können. Gez. Peter. Bischof."*

Besonders interessant war Jüchens Bewerbung in Gleina über Freyburg an der Unstrut. Der dortige Kirchenpatron war Graf von Helldorf. Helldorf[272] war einer der bekanntesten Nationalsozialisten, seit 1924 Abgeordneter und seit 1932 Fraktionsvorsitzender der NSDAP im preußischen Landtag sowie Reichstagsabgeordneter. 1933 war er Führer der SA und der SS in Berlin-Brandenburg und Polizeipräsident von Potsdam, seit 1935 Polizeipräsident in Berlin. Dafür, dass er nach dem 20.7.1944 verhaftet und als Mitbeteiligter der Verschwörung gegen Hitler hingerichtet würde, gab es 1934 noch kein Anzeichen. Jüchen wurde zur Probepredigt eingeladen und machte einen guten Eindruck. Im Gespräch mit Helldorf legte er sowohl seine Ehescheidung offen wie auch seine Vergangenheit als religiöser Sozialist. Helldorf wollte nun wissen, woran er war.

„Als SA-Führer liegt mir besonders daran, auch Aufschluß über seine frühere Mit-gliedschaft beim Bunde religiöser Sozialisten zu bekommen. Mit deutschem Gruß und Heil Hitler. Ihr Helldorf."

Die Anfrage beantwortete Kirchenrat Paul Lehmann, selbst Mitglied der NSDAP und DC-Exponent, und fügte dem „offiziellen" Schreiben noch „persönliche Anmerkungen" an.

„Sehr verehrter Herr Patron!

... Ich würde mich sehr freuen, wenn Sie v. Jüchen berufen wollten. Ich halte ihn für einen anständigen Kerl, der nach meiner Meinung gerade aus anständiger Gesinnung einem Freunde gegenüber, der aber dieses Wort nicht mehr verdiente, schuldig geworden war in seinem Ehescheidungs-Prozeß, in dem er sonst ganz und gar nicht schuldig war. Seine Frau hatte ihn aufs allerschwerste betrogen."

Jüchen wandte sich in dieser wichtigen Bewerbungsphase am 2.10.1934 noch einmal an Helldorf.

„Sehr geehrter Herr Graf! ...

Nachdem die Angelegenheit, die zur Ehescheidung geführt hat, restlos erledigt ist und meine Frau mich gebeten hat, ihr Gelegenheit zu geben, das Unrecht, das sie begangen, an mir und den Kindern wieder gut zu machen ... meinen beiden Kindern, von denen sich das eine bei mir in Eisenach befindet, das andere aber bei meinem Vater in Gelsenkirchen ..."

Aber auch diese aussichtsreichste Bewerbung scheitert, da Helldorf im Kirchenvorstand aus Jüchens Personalakte vorgelesen hatte.

Auch Versuche, zu einer Gemeinde außerhalb der Reichsgrenzen zu wechseln, misslangen. Einstellungen scheiterten spätestens an der „natio-nalen Unzuverlässigkeit." Als ein Beispiel von vielen soll dies der Brief der Gemeinde Bad Aussee/Österreich belegen.

„Ihre Bewerbung als religiöser Sozialist hätte zudem in ganz Österreich keinerlei Aussicht auf Erfolg. Alle unsere Gemeinden sind entweder sehr national eingestellt oder dazu noch der Glaubensbewegung Deutsche Christen angeschlossen."[273]

Die Perspektivlosigkeit führte zur Zermürbung, fast zur völligen Resig-nation. Es schien, als wäre die berufliche Zukunft des 32-jährigen schon zu Ende. Seine Korrespondenz aus dieser Zeit offenbart tiefste Verzweiflung

---

[272] Angaben bei Klee, Personenlexikon zum Dritten Reich, S. 242.

[273] Antwort KG Aussee v. 18.10.1933, in: NLJ-S, Mappe Bewerbungen um Anstellungen und Ablehnungen.

und Depression.[274] Er versuchte sogar, wieder eine Anstellung in Thüringen zu erreichen. Zum einen wies er mit Brief vom 28.11.1934 auf seine schlechte soziale Situation hin.

Er sei *„mehrmals von einem Patron oder von einer Gemeinde gewählt worden, war an der Bestätigung durch das Konsistorium gescheitert. Meine Verfahrensakten und Personalakten stehen mir überall hindernd im Wege … Mein heute 73-jähriger Vater, der außer mir keine Hoffnung hat, sehnt und sorgt sich darum, meine Wiederanstellung und Einordnung in einen sinnvollen Lebenszusammenhang noch erleben zu können. Meine beiden Kinder sehen ihre Mutter so gut wie überhaupt nicht. Ich sehe sie immer nur auf ein paar Wochen und sie sind schon so groß, daß sie unter der Dauer dieses ungewöhnlichen Zustandes leiden, so daß ich sie immer wieder von Monat zu Monat und bis jetzt vergeblich auf eine neue Heimat vertrösten muß, was ich jetzt schon gar nicht mehr wage, um ihnen neue Enttäuschungen zu ersparen.“*

Zum anderen stellte er seine inneren Motive dar und wählte dabei Formulierungen, die die DC-Führer nur als Zugehen auf ihre Positionen verstehen konnten. In einem Brief vom 30.10.1934 an Kirchenrat Lehmann schreibt Jüchen:

„Sie dürfen versichert sein, daß ich mit meiner ganzen Arbeits- und Glaubenskraft in den Dienst der Erneuerung der Kirche aus dem Geist der Liebe und im Sinne wirklicher Volksgemeinschaft einsetzen werde.“

An Bischof Sasse schreibt er am 22.11.1934:

„Hinsichtlich der kirchenpolitischen Situation bekenne ich frei und ungedrungen, daß ich in keiner deutschen Landeskirche so gerne Pfarrer sein würde wie in der Thüringischen und daß ich aus unmittelbarer Anschauung weiß, daß sich in Thüringen niemand in der freien Verkündigung des Evangeliums beschwert zu fühlen braucht.“

In einem weiteren Brief an Sasse betont er die Ähnlichkeiten im Wollen der Sozialisten und vertraut auf die Großmut Sasses:

„Machen Sie bitte durch eine endgültigen und großmütigen Entschluß meiner verhängnisvollen Lage ein Ende und geben Sie mir entsprechend dem Urteil des Dienstgerichts sobald wie möglich innerhalb Thüringens eine neue Wirkungsmöglichkeit … Sie werden auch wissen, daß in dem Willen zur Volksgemeinschaft und in dem Willen

---

[274] Ich habe viele dieser Briefe gelesen und bin mir sicher, dass diese Verzweiflung der Schlüssel für die Annahme der Pfarrstelle in Mecklenburg und den dafür erforderlichen Eintritt in den NS-Pfarrerbund gewesen ist. Auch die Biographie von mutigen Menschen ist keine linear mutige Biographie, sie hat Brüche und massive Abweichungen vom vorherigen, geraden Lebensweg. Dies dürfte uns, die wir vom christlichen Menschenbild ausgehen, nicht wirklich überraschen. Umso spannender sind dann die biographischen Wegkreuzungen, an denen sich die Umkehr entwickelte.

zur Erneuerung der Kirche aus dem Geist der Liebe heraus eine letzte Übereinstim-
mung zwischen Ihnen und dem ehemaligen religiösen Sozialisten besteht."...

[Er habe nur deswegen weiter auf die Ausführung des Teils des Urteils, der seine Wiederverwendung beschloss, gesetzt, weil er] „gerade zu Ihnen und zu Herrn Kirchenrat Leutheuser ein unbedingtes persönliches Vertrauen"[275] habe.

Julius Leutheuser war seit 1929 Mitglied der NSDAP, Begründer der thüringischen DC und einer ihrer wichtigsten Exponenten. Dass Leutheuser und Sasse nach dieser Korrespondenz und mehreren Gesprächen Jüchen beinahe als einen der Ihren betrachteten, machen eine Reihe von Schreiben deutlich, in denen sie Jüchen ihren Gesinnungsgenossen außerhalb Thüringens empfahlen. Überall tobte im Reich der Kirchenkampf zwischen den DC und der „Bekennenden Kirche", und die DC hatten einen enormen Bedarf an einsatzwilligen Pfarrern und da Jüchen eloquent und kampferfahren war, hatte Sasse viele Gründe, seinen Amtsbrüdern in Magdeburg, Westfalen und Mecklenburg Jüchen zu empfehlen.

- *„Auf Grund seiner früheren religiös-sozialistischen Einstellung, die hier im Kolle-*
  gium des LKR noch etwas beschwerend fortwirkt, ist es schwer, ihn im Bereich der
  THEK unterzubringen. Ich täte ihn sonst auf alle Fälle und zwar heute unbedenklich.
  Deshalb bitte ich Sie, an Aurel v. Jüchen, der als Pfarrer sehr tüchtig war, nicht
  vorüberzugehen.
  Mit deutschem Gruß Heil Hitler. Sasse, Landesbischof."

- *„Auf Grund seiner Ehescheidungsangelegenheit können wir ihn leider in Thürin-*
  gen zur Zeit nicht unterbringen, da die Dinge doch weithin bekannt sind. Eine
  Anstellung in Westfalen aber hätte wohl nichts Beschwerendes an sich."

  „Von Jüchen wäre von uns längst wieder in ein Pfarramt gekommen, wenn nicht hier
  bei uns, wo man seinen Namen kennt, seine kirchenpolitische Vergangenheit noch zu
  frisch wäre. Er war religiöser Sozialist, ist es aber heute nicht mehr, auch in der stillen
  Gesinnung nicht mehr. Er ist auch kein Notbündler[276], sondern bejaht durchaus die
  kirchliche Entwicklung die da ist. Als Charakter ist er voll zu bejahen."

Die Bewerbung Jüchens in Mecklenburg hatte im Frühjahr 1935 Erfolg und beendete seine 36 Monate dauernde Zwangspause als Pfarrer. Das ehemalige Mitglied des Reichsvorstandes, der Faschismusexperte des BRSD wird Pfarrer im deutschchristlichen Mecklenburg.

---

275 Aurel v. Jüchen, Möhrenbach, den 30.10.1934 an Sasse, in: PAJ-E, Akte Jahr 1932/38, Bd. II, Blatt 62.
276 Gemeint ist der Pfarrernotbund, in dem sich ab 1933 die Pfarrer der Bekennenden Kirche zusammenschlossen.

VI. Die Mecklenburger Zeit 1935 bis 1945

1. Der Beginn der Normalisierung

Keine Phase seines Lebens hat Aurel von Jüchen später so mystifiziert, ja tabuisiert wie diese. In keiner seiner vielen autobiographischen Darstellungen ging er auf die tatsächlichen Ereignisse ein. Mehrfach führte er Wissenschaftler, die über diese Zeit forschten, auf falsche Fährten. Ein Beispiel mag an dieser Stelle genügen. Im Jahr 1982 wandte sich der Bochumer Theologieprofessor Günter Brakelmann brieflich an Jüchen[277], da er im Archiv in Westfalen im Nachlass des Bischofs Adler, exponierter Führer der „Deutschen Christen (DC)", einen Vermerk des Thüringer DC-Bischofs Sasse über Jüchen gefunden hatte, in dem es u.a. hieß:

„Ich habe den Eindruck, daß von Jüchen durch seine Erfahrungen ernster geworden ist und daß er sich von dem Gedanken des religiösen Sozialismus völlig abgekehrt hat. Ferner spricht für ihn doch, daß er mit dem Pfarrernotbund nichts gemein hat und seine Stellung auch nicht für richtig hält. Er ist nach meinem Urteil ein suchender Mensch, der jetzt innerlich sowohl zum Nationalsozialismus als auch zu den Deutschen Christen hinzustreben scheint."

Günter Brakelmann legte Jüchen eine Fotokopie bei und befragte ihn nach dem Kontext. Jüchen antwortete am 25.3.1982:

„Im März 1934 war ich in der Situation, in der die Deutschen Christen versuchten, mich zu erpressen. Ich hätte in Thüringen jede Anstellung in jeder Stadtgemeinde bekommen können, wenn ich Deutscher Christ geworden wäre."[278]

Was war 1934 bis 1937 tatsächlich passiert? Wieso berief ein deutschchristlicher Landesbischof 1934/35 mit Karl Kleinschmidt, Aurel von Jüchen, Heinrich Schwartze und Bruno Theek vier bekannte religiöse Sozialisten zum Dienst in der mecklenburgischen Kirche? Wieso setzte sich ausgerechnet der stellvertretende Reichsleiter[279] des radikalsten Flügels der DC, der Thüringer Deutschen Christen/Nationalkirchliche Einung[280], Bischof Schultz, über alle Bedenken hinweg?

---

[277] NLJ, Mappe 213.

[278] NLJ, Mappe 213.

[279] Mit diesem Briefkopf lud er 1938 zur Reichstagung ein. Brief v. 30.9.1938 in: ADW, CA 2025 I.

[280] Schultz war Exponent der Deutschen Christen (Nationalkirchliche Einung). Hierzu Niklot Beste: Der Kirchenkampf in Mecklenburg von 1933-1945, Göttingen 1975.

In vielen Interviews nannte Jüchen stets nur zwei Gründe. Zum einen habe Schultz „an den religiösen Sozialisten einen Narren gefressen."[281] Tatsache ist, dass Schultz als Theologiestudent zeitweise in der BRSD-Hochburg Berlin-Neukölln tätig und dort Mitglied der „Bruderschaft sozialistischer Theologen", der BRSD-nahen Pfarrerorganisation, geworden war.[282] Dies blieb ein kurzes Intermezzo, denn bereits die Mitgliederliste der Bruderschaft von 1931 verzeichnete ihn nicht mehr. Schultz war zu diesem Zeitpunkt bereits bei der NSDAP. Als zweiten Grund nannte Jüchen, er sei praktisch im Rahmen einer „Strafversetzung" zwischen Thüringen und Mecklenburg ausgetauscht worden. Wir haben im vorigen Kapitel gesehen, dass es sich nicht um eine solche gehandelt haben kann und dass sich der thüringische Landesbischof bemühte, Jüchen bei der Stellenbeschaffung zu unterstützen. Dies macht stutzig. Was versprach sich der Nationalsozialist Schultz von dieser Personalpolitik?

An dieser Stelle sollen die mecklenburgische evangelische Landeskirche und die DC-Kirchenleitung mit Landesbischof Schultz an der Spitze vorgestellt werden. Das Land Mecklenburg hatte nach den Ergebnissen der Volkszählung von 1939 900.593 Einwohner, von denen 89,2% zur Evangelischen Kirche gehörten.[283] Die Mecklenburgische Landeskirche war erst am 1. Juli 1934 durch den Zusammenschluss der beiden Kirchen Mecklenburg-Strelitz und Mecklenburg-Schwerin entstanden. In dieser Kirche machte der junge Pfarrer Schultz eine steile Karriere. Am 13.9.1933 hatte die „braune" mecklenburgische Synode das Führerprinzip eingeführt und ihn zum Landeskirchenführer gewählt. Im Mai 1934 wurde er zusätzlich zum Landesbischof auf Lebenszeit gewählt.[284]

Bruno Theek, nach 1945 SED-Mitglied und in der DDR bekannter „Friedenspfarrer" stellte Schultz in seinen Erinnerungen so dar:

„Walter Schultz war seiner inneren Einstellung nach kein Nazi, wenn er der Partei auch als Mitglied angehörte. Er hatte nur das eine Bestreben, mit allen gebotenen Mitteln die Kirche vor dem Zugriff der Nazis zu bewahren, wenn er dabei auch

281 Aurel von Jüchen im Gespräch mit dem Verfasser am 5.6.1989.

282 Die Mitgliederliste Nr. 2 vom 15.9.1929 weist unter der Nr. 32 Walter Schultz aus Neustrelitz/ Mecklenburg aus. In: SPK-VKB Generalia 1929/II.

283 Statistik des Deutschen Reichs. Band 450: Amtliches Gemeindeverzeichnis für das Deutsche Reich. Berlin, 1939.

284 Jürgen Seidel, Die Evangelisch-Lutherische Landeskirche Mecklenburgs nach Kriegsende (Teil I), in: Kirche im Sozialismus (KiS), 11. Jg. v. August 1985, S.169.

manchmal Wege gegangen ist und vielleicht auch gehen musste, die andere nicht verstanden ... Er stimmte mit einigen vertrauten Freunden in der Meinung überein, daß die extreme Gewaltherrschaft weder die großspurig verkündeten tausend Jahre, noch auch nur ein Menschenalter dauern würde."[285]

Wie Schultz sich selbst sah, macht eine von ihm erstellte Selbstauskunft[286] aus dem Jahr 1934 deutlich:

„Walter Schultz. Geb. 20. August 1900 zu Hof Tressow b. Grevesmühlen als Sohn des Gutspächters Heinrich Schultz ...

Politische Laufbahn

Eintritt in die NSDAP im Herbst 1930, Gaureferent für n.S.-Nothilfe, Frühjahr 1933 Führer des Bundes der NS-Pastoren Mecklenburgs, seither Vorkämpfer für die Deutschen Christen in Mecklenburg, am 8. August 1933 als ehrenamtlicher Mitarbeiter in den Oberkirchenrat berufen, am 13. September 1933 von der Landessynode zum Landeskirchenführer bestellt, dazu seit dem 1. Februar 1934 hauptamtlicher Oberkirchenrat, etwa gleichzeitig zum Gauobmann der Deutschen Christen, Gau Mecklenburg ernannt."

Als Gaureferent war er bereits seit 1931 Mitglied der mecklenburgischen NSDAP-Gauleitung.[287] Ein einfaches Parteimitglied, wie Theeks Darstellung nahe legte, war Schultz bestimmt nicht.

Wie wurde jemand mit 34 Jahren Landesbischof? Dies war in den Jahren nach der Machtübertragung an die NSDAP 1933 keine Seltenheit. Vor 1933 wäre ein 34-jähriger Bischof unmöglich gewesen. Der 30. Januar 1933 und die beginnende Gleichschaltung der Evangelischen Kirchen veränderte alles. Eine zeitgenössische Exil-Darstellung berichtete aus Deutschland:

„Nun kam der große Personenschub. Der Reichsbischof bezw. die Reichskirchenregierung ernannte die Landesbischöfe nach bewährtem nationalsozialistischem Parteibuchprinzip. Die Unterbringung ,alter Kämpfer' war auch hier die bestimmende Richtlinie. Landesbischöfe im stattlichen Alter von 28 und 30 Jahren waren zuletzt keine Seltenheit mehr. Zur Beleuchtung der moralischen Qualifikation kann der Fall des frisch ernannten Landesbischofs in Braunschweig dienen, der schon vier Wochen nach seiner Ernennung wegen Unterschleife [i.e.

---

[285] Bruno Theek: Keller-Kanzel und Kaschott, Berlin (DDR) 1961, S. 124.

[286] Das Deutsche Führerlexikon. Die Männer des Neuen Deutschlands, Archivmerkblatt, in: EZA 1/A4/343.

[287] Beate Behrens: Mit Hitler zur Macht. Der Aufstieg des Nationalsozialismus in Mecklenburg und Lübeck 1922-1933, Rostock 1998, S. 105.

Unterschlagung] von Kirchengeldern sich vor Gericht verantworten musste und sich zu solchen Verfehlungen bekannte, daß der gleichgeschaltete Staatsanwalt in seinem Plädoyer sich die Bemerkung nicht versagen konnte, daß selbst (!) in der Republik dieser Grad von krasser Korruption nicht erreicht worden wäre.

Es hagelte Absetzungen von hohen Kirchenfunktionären ... Die ‚alten Kirchenbonzen' wurden von den neuen braunen Anwärtern verdrängt. Es gab lohnende Pfründen in Masse zu besetzen: Generalsuperintendenten, Superintendenten, Konsistorialräte etc.! Das Durchschnittsalter der alten Funktionäre hatte 64 Jahre betragen – jetzt wurde es nahezu 30 Jahre. Es kam nicht darauf an, daß die neuen Herren etwas von evangelischer Theologie verstanden. Man rückte auf Grund des Parteibuchs in die Pfründe ein ... Die neuen Kirchenbonzen zogen das Braunhemd an statt des Talars oder des Gehrocks, sie sprachen nicht ‚Gott zum Gruß', sondern ‚Heil Hitler'. Sie hatten keine Ahnung von den Ämtern, die sie einnahmen, und ausländischen protestantischen Würdenträgern fiel ihre schreiende Unkenntnis unangenehm auf. Befehl und Betrieb wurde alles, sie traten an die Stelle herkömmlich protestantisch-pastoraler Würde. Die Kirche hat jetzt Beamte, die stark der Idee zuneigen, Christentum an die Leute zu verkaufen – mitunter sogar gegen Bezahlung. Unter dem neuen Regime tritt Management und Maschinerie stärker hervor als unter dem alten. All dies lässt erkennen, wie stark der Stoß gegen die alte Oberschicht, ihre Macht und ihre Traditionen war."[288]

Gegen diese Übernahme der Kirche und gegen einen Landesbischof Schultz, der es vorzog statt im Lutherrock im Braunhemd der SA zu wirken, wehrte sich die „Bekennende Kirche (BK)", die aber nicht mit einer politischen Widerstandsbewegung gegen Staat und Partei verwechselt werden darf. Die BK wehrte sich lediglich gegen die Eingriffe staatlicher- und Parteistellen in originär kirchliche Belange, wogegen die DC Staat und Kirche in eins setzten und dem Staat das Primat über die Kirche zugestanden. Grundsätzlichen Widerstand gegen den Hitlerfaschismus gab es von den offiziellen Kirchen und ihren Führungen nicht, wohl aber von einer kleinen Minderheit aufrechter Christen beider Konfessionen, die sich dabei der Missbilligung durch ihre Kirchenoberen ausgesetzt sahen. Wurden von den Kirchenleitungen Proteste oder Widersprüche laut, dann bezogen sie sich auf die Abwehr von Eingriffen der Staats- und Parteiführung in innerkirchliche Angelegenheiten.

---

[288] Deutschlandberichte der Sozialdemokratischen Partei Deutschlands (SOPADE), Bd. 1, 1934, Bericht von Oktober/November „Protestantismus, Obrigkeitsstaat und Reaktion", S. 708/9.

„In Mecklenburg ist den Geistlichen, die der SA oder SS angehören, gestattet, bei Feldgottesdiensten und anderen Gottesdiensten, die von der nationalsozialistischen Bewegung getragen werden, im Braunhemd oder ihrer Dienstuniform Gottesdienst zu halten." [289]

Um es an diesem Beispiel zu verdeutlichen: Es wäre von der BK nicht kritisiert worden, dass Geistliche Mitglied der SS oder der SA waren und auch nicht, dass sie Feldgottesdienste für ihre Einheiten durchführten. Kritikabel war, dass sie dies nicht in Talar und Lutherrock und vermutlich auch nicht entsprechend der traditionellen Agende, also dem vorgeschriebenen Gottesdienstablauf, taten. Kirche muß Kirche bleiben! Kirche darf nicht gleichgeschaltet werden! Das war die Existenzgrundlage der mecklenburgischen BK, zu der sich ein großer Teil der Pfarrerschaft zählte und die von einem Bruderrat unter Führung von Pfarrer Niklot Beste, nach 1945 Landesbischof, geleitet wurde.

2. Exkurs: Karl Kleinschmidt – Heinrich Schwartze – Bruno Theek: Drei deutsche Karrieren [290]

Gegen den massiven Widerstand der Pfarrergruppen der „Bekennenden Kirche" benötigte Schultz Unterstützung. Diese Rolle übernahmen die „Mitglieder des Bundes der nat.soz. Pastoren Mecklenburgs" [291], in dem sich die Parteigänger des Landesbischofs zusammengeschlossen hatten. Dieser Bund der NS-Pastoren war praktisch die kirchliche Hilfstruppe des „braunen" Bischofs und hatte u.a. die Aufgaben, sich in der Öffentlichkeit hinter Schulz zu stellen und diesen gegen die „Bekennende Kirche" zu unterstützen.

---

[289] CW Nr. 7 v. 1.4.1934, S. 330.

[290] Die folgenden Ausführungen beruhen vor allem auf einem längeren Exkurs „Heinrich Schwartze – Eine deutsche Karriere", den ich in meinem Buch „Christuskreuz und Rote Fahne" auf den Seiten 48 bis 62 publiziert habe. Dort sind auch die vielen Quellen der Darstellung nachgewiesen, auf die ich jetzt aus Platzgründen weitgehend verzichte. Wesentlich sind die im Archiv der Lippischen Kirche Detmold aufbewahrte Akte, Rep. II-72/31, und die im Landeskirchenarchiv Schwerin erhalten gebliebenen Aktenstücke: Personalakte 5235 „Acta betr. den Kandidaten Heinrich Schwartze"; Personalakte Schwartze: Disziplinarakten; Personalakte Schwartze: Mappe Zeugnisse und Dokumente; Akte zur 2. Theologischen Prüfung des Vikars Heinrich Schwartze.

[291] Archiv des OKR-Schwerin, Nachlass Praag, Mappe: „Rundschreiben der Glaubensbewegung ‚Deutsche Christen, Gau Mecklenburg' und des Bundes der NS-Pastoren Mecklenburg 1935."

Schultz berief ständig Theologen mit und ohne abgeschlossene Ausbildung nach Mecklenburg mit dem Ziel, durch diese Personalpolitik die Stellung der BK zu erschüttern. Er versprach sich von der Aufnahme religiös-sozialistischer Pfarrer in Mecklenburg Unterstützung beim Aufbau einer gemeinsamen anti-bürgerlichen Front, also im Klartext einer Anti-BK-Position.[292] Dieses Motiv hat er in einer Reihe von Briefen und Vermerken verdeutlicht. Unmissverständlich ist z.B. sein Brief vom 9.3.1935 an den Ministerialdirektor Dr. Bergholter in Schwerin, in dem er die Einstellung Heinrich Schwartzes in den mecklenburgischen Kirchendienst begründet:

„Schwartze wurde mir ... durch einen im mecklenburgischen Kirchendienst stehenden Pastor empfohlen, der sich mir gegenüber für seine Lauterkeit und seine politische Zuverlässigkeit verbürgte ... Seine [Schwartzes] frühere sozialistische Betätigung ist mir bekannt. Vielleicht werden Sie es befremdlich finden, daß ausgerechnet ich als alter Nationalsozialist diesen Mann einstellte, ich hatte aber dafür meine guten Gründe. In den beiden Jahren, in denen ich im Brennpunkt des kirchenpolitischen Kampfes stehe, habe ich die Erfahrung machen müssen, daß es leichter ist, daß, um es biblisch auszudrücken, ein sozialistisches Kamel durch ein Nadelöhr geht, als daß ein reaktionärer, an stahlhelmerischer Theologie reicher Pastor alten Stils in das Dritte Reich kommt. Der alte Sozialist und Kommunist hat den Aufbruch des Nationalsozialismus auf allen Gebieten, von verschwindenden Ausnahmen abgesehen, begriffen. Der alte Deutschnationale dagegen wird ihn höchstwahrscheinlich niemals begreifen, es geschehe denn ein Wunder von Gott.“[293]

So wurde die mecklenburgische Kirche für vier profilierte religiöse Sozialisten, die ohne Beschäftigung waren, zur Zufluchtstätte und zum neuen Arbeitgeber. Diese vier werden nach 1945 die Geschichte im Land Mecklenburg ein gutes Stück mitgestalten, Jüchen bis Ende der 40er Jahre, Schwartze bis Mitte der 50er, und Kleinschmidt und Theek wesentlich länger. Aurel von Jüchen und Karl Kleinschmidt kamen aus Thüringen,[294] und Bruno Theek und Heinrich Schwartze aus Berlin. Alle vier wurden Mitglieder des nationalsozialistischen Pfarrerbundes, und alle vier haben diese Zugehörigkeit später verschwiegen. Rekonstruieren wir diese Phase und gehen wir den tatsächlichen Ereignissen nach.

---

[292] Dass die DC oftmals von diesem Impetus aus agierten, ist bisher weitgehend von der Kirchengeschichtsschreibung übersehen worden.

[293] In LKAS, Pers. Akte Schwartze 5235.

[294] Hierbei sei das Paradoxon, dass beide, von den Thüringer DC sanktioniert, ausgerechnet durch den stellvertretenden Reichsleiter dieser Richtung wieder zu Amt und Würden kamen, hervorgehoben.

Bischof Schultz hatte in dem genannten Brief die Empfehlung eines im mecklenburgischen Kirchendienstes stehenden Pastors erwähnt. Dieser Pastor war Karl Kleinschmidt, bis 1933 Landesvorsitzender der thüringischen religiösen Sozialisten und nach 1945 in der SBZ/DDR als SED-Funktionär, Exponent des Kulturbundes und „Friedenspfarrer" bekannt. Über und von ihm liegen viele biographische Darstellungen vor. Eine gute Darstellung hat die Schweriner Rundfunkjournalistin Eva Storrer vorgelegt.

„Friedrich Wilhelm Karl Heinrich Kleinschmidt wird am 26. April 1902 in Hannover geboren. Er studiert Theologie und Philosophie und tritt 1927 seine erste Pfarrstelle in Weißbach in Thüringen an … Kleinschmidt reicht 1933 seinen Rücktritt ein. Er geht nach Berlin und bekommt eine Anstellung als Bühnenarbeiter in dem literarischen Kabarett ‚Die Katakombe', geleitet von Werner Fink. Ende 1934 holt ihn Landesbischof Walther Schulz als Domprediger nach Schwerin."[295]

Als Motiv für diesen Wechsel nach Schwerin nannte der Kirchenhistoriker Walter Bredendiek in seiner Hommage zum 70. Geburtstag Kleinschmidts:

„Im Oktober 1934 hat Karl Kleinschmidt dann wieder ein Pfarramt übernommen, als sich durch die Bildung der Bekennenden Kirche die Möglichkeit bot, wieder Pfarrer zu werden, ohne sich damit dem Mißverständnis auszusetzen, als billige man die gewiß nicht auch weltanschauliche, aber doch sehr weitgehende politische Selbstgleichschaltung der Kirche mit dem Nationalsozialismus."[296]

Darüber, wie lange diese Zeit als Pfarrer in Schwerin dauerte, gibt es auch in seriösen Darstellungen unterschiedliche Informationen. Eine Darstellung nennt ihn für „1939 wieder seines Amtes enthoben"[297] und eine andere kommt zu überraschenden Erkenntnissen:

„Kleinschmidt, Karl … 1932 wurde er in die Synagoge [sic!] der Thüringer Ev. Kirche gewählt … 1939 wurde K. zum Kriegsdienst eingezogen, ab 1943 im Strafbataillon 999. Bis Juni 1945 war K. in amerikanischer Kriegsgefangenschaft … Leiter der Informationsabteilung der Landesregierung Mecklenburg (von 1946-1947 Regierungsdirektor) und Mitgl. der kirchlichen Spruchkammer und Synagoge [sic!]."[298]

Neben der schon bemerkenswerten Verwechslung einer Synode – also des evangelischen Kirchenparlamentes – mit dem jüdischen Gotteshaus ist auch

---

[295] Eva Storrer: Hoch begabt und tief verachtet – der „rote Karl", Radiofeature im NDR, Landesfunk MV.

[296] Walter Bredendiek, in: Glaube und Gewissen, Nr. 4/1972, S. 68.

[297] Grete Grewolls: Wer war wer in Mecklenburg-Vorpommern? Bremen 1995, S. 228.

[298] Gabriele Baumgartner/Dieter Hebig (Hgg.): Biographisches Handbuch der SBZ/DDR 1945-1990, München-Saur (Bd. I) 1996, (Bd. II) 1997, S. 399/400, Verfasserin: Rosemarie Preuß, Kürzel RP.

die Angabe des Strafbataillons singulär. Da leider keine Quellen angegeben werden, ist nicht einmal die Herkunft dieser Falschangabe feststellbar. Den Amtsblättern des mecklenburgischen Oberkirchenrates[299] war dagegen zu entnehmen, dass Kleinschmidt 1941 im Rang eines Feldwebels stand und Ende 1944, statt im Strafbataillon zu sein, zum Oberfeldwebel befördert und mit dem Eisernen Kreuz II. Klasse ausgezeichnet wurde.

Wie kam Kleinschmidt nach Mecklenburg? Jüchen erwähnte mir gegenüber, dass Kleinschmidt und Schultz sich aus der Jugendbewegung kannten. Ob dies stimmte, konnte ich nicht verifizieren. Sicher ist jedenfalls, dass Schultz ein Bewerbungsschreiben Kleinschmidts an den OKR-Schwerin, datiert auf den 23.8.1934, erhielt, mit einer Anlage: „Versuch einer Darstellung meines theologischen Entwicklungsganges …"

> „In meiner Tätigkeit als Pfarrer wurde mir die Volksfremdheit der Kirche und die Kirchenfremdheit des Volkes, insbesondere der Industriearbeiterschaft immer deutlicher bewusst … Ich sehe heute klarer als damals, daß das Versagen des Bundes religiöser Sozialisten nicht nur in den allzu starken kirchenpolitischen Widerständen, sondern auch in gewissen Fehlansätzen seiner eigenen Haltung begründet ist."

Dann ging er auf sein Ausscheiden aus dem Dienst der Thüringischen Evangelischen Kirche ein und fuhr fort:

> „Ich habe nun über ein Jahr lang Zeit gehabt, Abstand zu den stürmischen und für mich seinerzeit weithin unübersichtlichen Ereignissen von damals zu gewinnen, persönliche Verärgerung als solche zu erkennen und aus dem Abstand pfarramtlicher Untätigkeit einen neuen und anderen Blick auf die kirchenpolitische Entwicklung zu gewinnen, die weithin einen ganz anderen Gang gegangen ist, als ich damals anzunehmen glaubte.
>
> Ich sehe jetzt, daß die heutige Kirche ganz andere und bessere Möglichkeiten hat, in dem Sinne zu wirken, der auch der Sinn meiner Tätigkeit als Pfarrer war … und darum drängt es mich, wieder an die Arbeit zu gehen … in dem Wissen, daß nicht das ‚blühende kirchliche Leben' sondern nur das ‚heilige Volk' Sinn und Ziel Ihrer Verkündigung ist."[300]

Schultz war von diesen Ausführungen angetan, konnte er doch von der erfolgreichen Bekehrung des „Klassenkampf-Sozialisten" Kleinschmidt zum „Volksgemeinschafts-Sozialisten" ausgehen. Am 28. August 1934 trafen sich beide in Berlin. „Der persönliche Eindruck war hervorragend. Ich glaube,

---

[299] Amtsblatt Nr. 2 v. 14.3.1941 und Amtsblatt Meckl. v. 9.12.1944.

daß Kleinschmidt ein von reinstem Wollen beseelter kämpferischer Idealist ist, der für unsere Landeskirche einen wertvollen Zuwachs bedeutet."[301]

Danach ging alles ganz schnell. Schultz konnte Kleinschmidt, damals noch wohnhaft in „Berlin-Friedenau, Baumeisterstr. 3" am 18.9.1934 mitteilen,

> „daß Ihrer Berufung nach Mecklenburg nichts mehr im Wege steht und daß der Oberkirchenrat beschlossen hat, Sie an den Dom in Schwerin zu berufen. Wir rechnen fest damit, daß der Kirchgemeinderat keine Schwierigkeiten machen wird."[302]

Ein NS-Kirchenführer ließ sich keine Schwierigkeiten machen, und so wurde aus einem religiös-sozialistischen Pfarrer und zeitweiligem Bühnenarbeiter der Inhaber einer der begehrtesten Pfarrstellen der mecklenburgischen Landeskirche.

Dass er im Gegenzug zur Berufung mindestens zeitweise Gefolgsmann des NS-Bischofs wurde, hat er in seinem „Personalbogen"[303] im Entnazifizierungsverfahren vor der kirchlichen Spruchkammer 1947 so erklärt:

> „Mitglied beim NS-Pastorenbund … ohne Eintrittserklärung und Wissen in Listen geführt. Streichung beantragt 1936 …
> Mitglied der Bekennenden Kirche: Bekenntnisgemeinde vom 2.12.1937 bis jetzt."

Wie der Darstellung im nächsten Unterkapitel zu entnehmen sein wird, kann Kleinschmidts Angabe zum Pastorenbund nicht stimmen. Selbst wenn es keine schriftliche Eintrittserklärung gegeben hat, Kleinschmidt war nicht nur formal Mitglied, sondern nahm auch an internen Veranstaltungen teil und unterzeichnete Verlautbarungen des Bundes. Dies stellte Jahrzehnte später auch wohlwollende Biographen vor Erklärungsprobleme, in deren Kleinschmidt-Bild ein NS-Pfarrer nicht passte.[304]

---

[300] Bewerbungsschreiben Kleinschmidt an OKR-Schwerin v. 23.8.1934, in: Material Eva Storrer, Kopie in SP.

[301] Vermerk Schulz v. 1.9.1934, in: Material Storrer. Kopie in SP.

[302] In: Material Storrer, Kopie in SP.

[303] Datiert „Schwerin 4. März 1947." Kopie in SP.

[304] 1997 erschien ein von Friedrich-Martin Balzer und Christian Stappenbeck herausgegebener Band mit dem Titel „Sie haben das Recht zur Revolution bejaht. Christen in der DDR", in dem eine 90 Seiten umfassende Autobiographie Kleinschmidts „Kirchenkampf und Widerstand" enthalten ist. Auf S. 102, Fußnote 65 gehen die Herausgeber auch auf Kleinschmidts Unterschrift unter eine Ergebenheitsadresse der NS-Pfarrer an Reichsminister Kerrl vom 30.10.1935 ein und kommentieren dies so: „Auch wenn Kleinschmidt diese Tatsache verschweigt, bleibt es dem Leser überlassen zu beurteilen, ob sich Kleinschmidt und von Jüchen vor oder nach 1933 eher durch ‚Hingabe und Treue gegen Führer und Volk' oder durch mutigen Widerstand gegen den Faschismus innerhalb und außerhalb der Kirchen ausgezeichnet haben."

Der zweite religiöse Sozialist, der nach Mecklenburg berufen wurde, war Bruno Theek.[305] Er hatte in Berlin Theologie studiert und in Neukölln seine praktische Ausbildung absolviert. Er gehörte der Gründergruppe der religiösen Sozialisten in Berlin an,[306] wechselte aber dann in den Sozialdienst der Stadt Berlin. Er war Städtischer Beamter in Berlin und übernahm bald in der Gewerkschaft wichtige Funktionen. So wählte ihn der 1. ordentliche Verbandstag der „Reichsgewerkschaft Deutscher Kommunalbeamten" am 18. bis 19. November 1922 in Berlin zum 1. Vorsitzenden. Anfang 1923 wurde er in den Vorstand des Allgemeinen Deutschen Beamtenbundes kooptiert. Theek redigierte bis Ende 1923 die Gewerkschaftszeitung „Der Kommunalbeamte", dem der erklärte Marxist eine linkssozialistische und pazifistische Ausrichtung gab. „In Schwierigkeiten geraten, trat Theek auf einer Sitzung des Verbandsvorstandes und des Verbandsausschusses am 15. Februar 1931 in Berlin von seinem Amt zurück. Er spielte in seiner alten Organisation keine ersichtliche Rolle mehr." Ab 1935 war er als Geistlicher in Mecklenburg tätig. Zum 1. Oktober 1938 wurde ihm die Pfarrstelle in Satow verliehen,[307] und am 1. Mai 1939 übernahm er die II. Pfarre zu Ludwigslust.[308] 1945 wurde er Bürgermeister in Ludwigslust und baute mit Karl Kleinschmidt und Willi Bredel den Kulturbund in Mecklenburg auf. Bis 1965 amtierte er als Pastor an der Stadtkirche in Ludwigslust. 1990 ist Bruno Theek in Ludwigslust gestorben.

Über seine Aktivitäten in der NS-Zeit gab es in der offiziellen DDR-Publizistik nur positive Darstellungen, stellvertretend sei die Hommage in der theologisch ausgerichteten Monatsschrift „Standpunkt" mit der Überschrift „Bruno Theek zum 85. Geburtstag am 20. Mai 1976"[309] genannt.

---

[305] Zu Theek sind folgende Biographien zu nennen: Gabriele Baumgartner/Dieter Hebig (Hgg.): Biographisches Handbuch der SBZ/DDR 1945-1990. München-Saur Bd. I 1996, Bd. II 1997; S. 923; Rüdiger Zimmermann: 100 Jahre ÖTV, Frankfurt/M. 1996, Band Biographien, S. 232/33 (Dem Verfasser ist allerdings Theeks Biographie in den Jahren vor 1920 und nach 1933 unbekannt geblieben); die Darstellung anlässlich des Reprints von zwei Theek-Texten in: Bruno Theek: SOS – Jugend am Kreuz, Hamburg 1929 (Reprint Rostock 2003), S. 59; und Grete Grewolls: Wer war wer in Mecklenburg-Vorpommern? Bremen 1995, S. 436. Aus diesen Darstellungen stammen, soweit keine andere Nachweise erfolgen, meine Ausführungen.

[306] Hierzu die Darstellung in meinem Berlin-Buch.

[307] Kirchliches Amtsblatt für Mecklenburg; Nr. 16 v. 3.11.1938.

[308] Amtsblatt Nr. 7 v. 26.7.1939, S. 2.

[309] Mai 1976, S. 117 und 127.

„Über Schwaan gingst Du nach Rostock, wo eine Lehrerin, die später Deine zweite Frau wurde, … Dir den Weg zurück in den Kirchendienst ebnen half. 1935 wurdest Du Vikar in Hohen Wangelin … 1937 amtiertest Du als Pastor zu Satow bei Rostock. Wegen der Verfolgungen durch die Nazis gingst Du im Jahre 1939 als Pastor an die Stadtkirche in Ludwigslust."

In dieser Nummer schrieb auch Walter Bredendiek über „Der Friedenspastor":

„Eine Friedenspredigt, die er 1937 gehalten hatte, führte zu seiner zeitweiligen Verhaftung, und nachdem er 1941 seiner Überzeugung Ausdruck gegeben hatte, daß die Niederlage Deutschlands, ungeachtet aller derzeitigen militärischen ‚Triumphe' unausbleiblich wäre, trug ihm das eine mehr als dreijährige Leidens- und Schreckenszeit als Häftling im KZ Dachau ein."

Sehr informativ ist eine Theek-Biographie[310] zum internen Gebrauch im Schweriner SED-Archiv, die auf den 23.3.1989 datiert ist:

„Geb. 20.5.1891.
Parteimitgliedschaft: SPD 1911-1917, 1924-1933, 1945-1946
USPD von 1917-1924. SED von 1946 bis 30.8.1951 (infolge von Parteiüberprüfung gestrichen)
Teilnahme am antifaschistischen Widerstandskampf: Verhaftungen 1937, 1938, 1940 und 1941 (insgesamt ca. 1 Jahr inhaftiert)
Gefängnis von September 1941 bis Dezember 1941 in Schwerin
Zuchthaus von Dezember 1941 bis Januar 1942 in Halle
KZ von Januar 1942 bis April 1945 in Dachau wegen ‚Kanzelmißbrauchs und staatsabträglichen Verhaltens'."

Interessant ist, dass seine SED-Mitgliedschaft am 30.8.1951 infolge der damaligen Parteiüberprüfung gestrichen worden ist. Die Begründung für die Streichung fehlt im SED-Vermerk. Niklot Beste, bis 1945 BK-Bruderratsvorsitzender in Mecklenburg und danach als Landesbischof oberster Vorgesetzter Theeks und über die tatsächlichen Vorgänge während der NS-Zeit im Bilde, schrieb in seiner Darstellung des Kirchenkampfes über ihn:

„Der Pastor Bruno Theek in Ludwigslust, der nicht zur Bekennenden Kirche und auch nicht zum Lutherischen Pfarrerkreis gehörte, früher religiöser Sozialist gewesen war, wurde Ende 1941 verhaftet und ins Konzentrationslager Dachau gebracht, wo

---

[310] MLHA, SED-Archiv, Sign. IV/7/2/3/883.
[311] Beste, Kirchenkampf, a.a.O., S. 218.

er bis zum Ende des Krieges bleiben mußte. Es wurde ihm vorgeworfen, im Gespräch mit Amtsbrüdern ,staatsfeindliche Äußerungen' gemacht zu haben."[311]

Demnach war Theek nie zur kirchlichen Opposition übergegangen und die „staatsfeindlichen Äußerungen" wurden ihm „vorgeworfen." Dies lässt aufhorchen. Beste wusste aus eigenem Erleben, wie Theek Pfarrer in Mecklenburg geworden war, denn er hatte am 20. März 1936 im Auftrage des mecklenburgischen BK-Bruderrates beim Reichskirchenausschuss der Deutschen Evangelischen Kirche gegen die Verleihung der Pfarre Kieth an Theek protestiert.[312] Beste teilte mit, was der BK „über die Persönlichkeit" Theeks bekannt geworden ist. Es folgte eine Auflistung persönlicher und angeblicher moralischer Verfehlungen Theeks, die Beste dazu veranlasste, zu „bezweifeln, ob das Vorleben von Theek es noch zulässt, daß er als Geistlicher ohne weiteres eine Pfarre verliehen bekommt."

Was Beste auch in seiner Zeit als Bischof nach 1945 unbekannt blieb, war die Einschätzung der Persönlichkeit Theeks in den internen SED-Akten, die Aufschluss über das Ende von Theeks SED-Mitgliedschaft von 1951 geben. Redlicherweise muss angemerkt werden, dass an den Akten nicht überprüft werden konnte, ob die Vorwürfe substantiell zutreffen oder nicht.

Einem SED-„Vermerk zur Entnazifizierung[313] beim Oberkirchenrat" aus dem Jahr 1949 ist zu entnehmen, dass

„beim Oberkirchenrat ein ,Rat der wissenschaftlichen Arbeitsgemeinschaft der nationalsozialistischen Pastoren' [bestand], der von dem Pastor Bruno Theek ... geleitet wurde ... Es fanden Arbeitstagungen statt ... am 30. März 1938 ... in Rostock ... mit dem Thema ,Rechtfertigung auf rassischer Grundlage.' Theek ... entwickelte als Pastor in Ludwigslust eine starke Aktivität im nazistischen Sinne, was jedoch nicht verhinderte, daß er von der Gestapo verhaftet und in ein Konzentrationslager gebracht wurde. Wenn nun Theek heute angibt, daß er als Angehöriger einer Widerstandsbewegung in das KZ kam, so stimmt das nicht. Bruno Theek ... fiel der Gestapo in die Hände, weil er in betrunkenem Zustand abfällige Äußerungen über den damaligen Gauleiter Hildebrandt gemacht hatte."

Theek schildert in seiner Autobiographie seinen Wechsel in ein Mecklenburger Pfarramt so: [Ich lernte]

---

[312] EZA 1/A4/349.
[313] MLHA, Akte IV/L/2/14/643 Blatt 105ff. der Akte. Dass die wissenschaftliche Arbeitsgemeinschaft die Rasse-Ideologie transportierte und voll auf NS-Linie lag, veranschaulicht der Bericht in der „Jungen Kirche" 1939, S. 306.

„eines Tages eine Lehrerin kennen ... Angerührt von meinem Schicksal und selber von Abneigung gegen das nationalsozialistische Regime erfüllt, machte sie mich mit ihrem Jugendfreund, dem damaligen Landesbischof von Mecklenburg, Walter Schultz, bekannt. Er ermunterte mich, wieder ein Pfarramt zu übernehmen, wofür er neben anderen Gründen auch ins Feld führte, daß ich so am wenigsten gefährdet sei, mein Stillverhalten vorausgesetzt."[314]

Von allen Biographien der vier religiösen Sozialisten ist Heinrich Schwartzes Biographie die bei weitem ungewöhnlichste. Er schaffte es, in jedem Regime Karriere zu machen. Heinrich Schwartze war im BRSD der Zeit nach 1928 eine der wichtigsten, aber auch facettenreichsten Persönlichkeiten.[315] Um so verwunderlicher erscheint es, dass in der reichhaltigen Literatur über den BRSD nicht einmal eine biographische Notiz über ihn veröffentlicht wurde.

Emil Heinrich Schwartze[316] wurde am 22.9.1903 in Düsseldorf-Oberkassel als Sohn des Fabrikdirektors Emil Schwartze (geb. 28.2.1873 in Potsdam) und seiner Ehefrau Maria, geb. Köcke (geb. am 23.5.1878 in Barmen) geboren und am 5. November 1903 dort getauft. Als Schwartze fünf Jahre alt war, siedelten seine Eltern nach Viersen/Rheinland über, wo H. Schwartze ein halbes Jahr die Volksschule besuchte. Dann zog die Familie nach Berlin. H. Schwartze absolvierte sechs Jahre lang die Königliche Vorschule in Berlin und trat danach zum Realgymnasium Berlin-Tempelhof über. Dort absolvierte er 1924 sein Abitur, fast 21 Jahre alt. In vielen Darstellungen wird Schwartze als lippischer Pfarrer verzeichnet. Dies entspricht nicht der Realität. Er war nie Vikar oder Pfarrer der Lippischen Landeskirche. Er war bereits in der Vorbereitung des Studiums durch die Griechischprüfung gefallen. Ein Theologiestudent muss drei alte Sprachen absolvieren und durch Prüfungen nachweisen: das Hebraicum, das Graecum und das große Latinum. Ohne diese Sprachen kann das Studium nicht fortgesetzt und vor allem nicht abgeschlossen werden. Schwartze war somit bereits in der ersten Etappe seines Studiums gescheitert. Er hatte sich dann im Wintersemester

---

[314] Bruno Theek: Keller-Kanzel und Kaschott, a.a.O. (Anm. 9), S.124.

[315] Aurel von Jüchen, nannte ihn mir gegenüber in mehreren Interviews nur „der Filou." Dies trifft Schwartzes Charakter aber nur zum Teil.

[316] Die folgenden Daten stammen aus: a.) „Abstammungsnachweis" von Heinrich Schwartze, Kratzeburg/Mecklenburg 20.5.1935, in: LKA Schwerin, Personalakte Schwartze, Mappe Zeugnisse (Kopie SP). Die Daten sind von den jew. Standesämtern beglaubigt. – und b.) H. Schwartze „Lebenslauf, Kratzeburg 26.2.1936", in: LKA Schwerin, Personalakte Schwartze, Mappe Zeugnisse, Kopie SP.

1924/25 in Berlin für Theologie immatrikuliert, hatte aber keine Chance, jemals zur Pfarrerprüfung zugelassen zu werden, und studierte Theologie als Magisterfach von 1924 bis 1928 an der Berliner Universität.

Irgendwann im Sommer 1928 siedelte Schwartze aus nicht festzustellenden Gründen nach Lippe über und erfuhr dort nach seinen Angaben von der Bewegung der religiösen Sozialisten. In Lippe trat er dem BRSD und der SPD[317] bei, gründete den Landesverband Lippe des BRSD und wurde dessen Vorsitzender. 1930/31 überführte er den LV Lippe in die religiössozialistische „Lippische Volkskirche", die de facto eine Frei-Kirche war. Schwartze war ihr einziger bezahlter Prediger bis zu ihrem organisatorischen Zusammenbruch im Jahr 1932. Dann siedelte er im Spätsommer/Frühherbst 1932 nach Berlin-Britz über und verdiente seinen Lebensunterhalt als Bestattungsredner beim „Volksfeuerbestattungsverein"[318] Berlin, wo er 1933 entlassen wurde. Danach lebte er von Arbeitslosenunterstützung.

1934 wurde Schwartze von der mecklenburgischen DC-Kirchenleitung in den Kirchendienst übernommen. Dem war eine Anfrage beim Lippischen Landeskirchenamt vorausgegangen, dass der

„Vikar Heinrich Schwartze … sich um Verwendung im Pfarramt hiesiger Kirche [bewerbe]. Der Oberkirchenrat bittet … um … Auskunft über die Persönlichkeit des Mannes, sowie darüber, ob er sich dort zum 1. theol. Examen gemeldet oder sonst einer Prüfung sich unterzogen hat. Falls Personalakten vorhanden, wären wir für deren zeitweise Überlassung dankbar."[319]

Diese Akten wurden übersandt und dann geschah das Unerwartete. Die mecklenburgische DC-Kirchenleitung mit Landesbischof Schultz an der Spitze, wohl informiert über Schwartzes Nicht-Anstellungsfähigkeit, berief den ausgewiesenen religiösen Sozialisten Schwartze erst zum Vikar in Kratzeburg und 1936 zum Pfarrer in Demen[320] und damit zum Dienst in der mecklenburgischen Kirche. Schwartzes Anstellung widersprach den

---

[317] Diesen Eintritt datierte er nach 1945 auf das Jahr 1928. „Landespastor Schwartze – Spitzenkandidat der SED", in: SED-Mitteilungsblatt für den Kreis Ludwigslust mit Eingangsstempel v. September 1946, in: LKA Schwerin, Personalakte Schwartze.

[318] Dieser 1913 gegründete Verein vertrat den Grundsatz politischer und religiöser Neutralität, war also kein Freidenkerverband, sondern ein reiner Zweckverband, um die Bestattungskosten der Arbeiter niedrig zu halten. Vgl. Klaus Sühl/R. Meyhöfer: „Von der Wiege bis zur Bahre", in: G.J. Glaessner et al. (Hg.): Zwischen Utopie und Alltagserfahrung. Studien zur Arbeiterbewegung und Arbeiterkultur in Berlin, Berlin 1989, S. 226.

[319] Schreiben OKR Schwerin v. 10.1.1935, in: LKA Detmold, Rep. II-72/31.

[320] Diese Daten bei Niklot Beste, Kirchenkampf, a.a.O. (vgl. Anm. 4), S. 370.

Kirchengesetzen und der Tradition und konnte nur durch die Außerkraftsetzung der Synodalverfassung und durch Dekret des „Landeskirchenführers" geschehen. Dies war in der gleichgeschalteten mecklenburgischen Kirche kein Ausnahmefall. Eine BK-„Übersicht über die kirchliche Lage in Mecklenburg" vom 20. Januar 1936 führt auf, „daß von 40 außermecklenburgischen deutsch-christlichen Hilfskräften etwa 27 ohne ein abgeschlossenes theologisches Studium als Pastor amtieren … drei haben weder das erste noch das zweite theologische Examen bestanden."[321]

Wie Heinrich Schwartze, der vor seinem Eintritt in den mecklenburgischen Kirchendienst nie ein Examen abgelegt hatte, vom deutsch-christlichen Kirchenregiment in Schwerin zweimal examiniert und anschließend ordiniert wurde, ist ein Lehrstück des autokratischen Verhaltens eines NS-Kirchenführers und des devoten Verhaltens seiner kirchlichen „Gefolgschaft" und wäre ein ausreichender Gegenstand einer separaten Publikation. Da wurden Prüfungskommissionen solange völlig neu zusammengesetzt, bis sie völlig aus Hofschranzen des Bischofs bestanden und sich niemand mehr weigerte, zugunsten des Kandidaten Schwartze die Prüfungsordnungen so flexibel und elastisch zu interpretieren wie nie zuvor. Und selbst in dieser Kommission gab es nur Abstimmungen mit drei zu zwei Stimmen, den Kandidaten Schwartze bestehen zu lassen, der immer noch kein Griechisch konnte. Die ordentlich gewählte ursprüngliche Prüfungskommission, die nicht einmal aufgelöst worden war und demzufolge weiter amtierte, erfuhr von diesen Examina aus der Presse. Der Theologieprofessor Helmut Schreiner, Mitglied der legalen Prüfungskommission, wandte sich deswegen am 7.1.1936 beschwerdeführend an den Kirchenausschuss in Berlin.

„Die Mitteilung, daß Schwartze im Juni 1935 das 1. theol. Examen bestanden hat, ist erstaunlich. Die derzeitige amtliche Prüfungskommission der mecklenburgischen Landeskirche ist mit der Abnahme des Examens nicht betraut worden."[322]

Dies störte den Bischof nicht und die BK konnte es nicht verhindern. Besonders „gelungen" war die Durchführung des zweiten theologische Examens, mit dem in der Regel die Ausbildung abgeschlossen wird und die theologische Reife unter anderem durch eine umfängliche wissen-

---

[321] In EZA 1/A 4/350, Kopie SP.
[322] EZA 1/A4/340.

schaftliche Arbeit nachgewiesen werden muss. Schwartze bekam auch hier Sonderkonditionen. Er erhielt inhaltlich und umfänglich schwache Publikationen, die er in seiner Eigenschaft als landeskirchlicher Pressepastor erstellt hatte, kumulativ als Examensarbeit anerkannt.[323] In Schwerin wurden ihm sogar die Jahre als Prediger der religiös-sozialistischen Freikirche in Lippe, die sich gegen die evangelische Landeskirche gebildet hatte und deren wenige Mitglieder aus der evangelischen Kirche ausgetreten waren, als Pfarrerdienstjahre anerkannt.

> *„Daher bitte ich den Oberkirchenrat, nunmehr die Neufestsetzung meines Gehaltes vorzunehmen und dabei nach Möglichkeit meine, aus meinen Personalakten ersichtliche Tätigkeit im Amt der lippischen Volkskirche in Anrechnung bringen zu wollen."*[324]

Dass Schwartze am 1. Mai 1938 „Landespastor für das kirchliche Pressewesen"[325] wurde, passt ins Bild. Er war faktisch Pressereferent des Landesbischofs Schultz und schrieb viele von dessen Reden. Während seines Armeedienstes avancierte Schwartze zum Offiziersbewerber und wurde im Januar 1945 noch zum Fahnenjunker d. Res. ernannt.[326]

Schwartze blieb Bischof Schultz noch nach 1945 verbunden und war dessen Verteidiger bei der kirchlichen Entnazifizierungsverhandlung bei der Spruchkammer des OKR in Schwerin, das mit Schultz' Dienstentlassung ohne Bezüge endete.[327]

Nach 1945 trat Schwartze erneut der SPD bei und wurde 1946 durch die Vereinigung Mitglied der SED. Schwartze wurde auch gesellschaftlich aktiv. Bei der Landtagswahl in Mecklenburg am 20.10.46 wurde er als SED-Abgeordneter gewählt. Im „Handbuch für den mecklenburgischen Landtag"[328] wurde er biographisch so vorgestellt:

---

[323] Mecklenburgischer Oberkirchenrat (Hg.): „Über die ‚Deutsche Gotterkenntnis (Ludendorff)'. Fragen des modernen Menschen an die Prediger des Evangeliums", Ohne Verfasser (i.e. Heinrich Schwartze), Schwerin 1937.

[324] LKA Schwerin, Personalakte Schwartze, Blatt 26: Brief Schwartze an OKR wegen Besoldung v. 17.6.1938. Am 12.7.1938 erfolgte die Anerkennung. In der gen. Akte ist das Blatt 26.

[325] Beste, a.a.O., S. 330. Nach Beste wurde Schwartze später in das Amt berufen, „zunächst unter Vorbehalt jederzeitigen Widerrufs und vom 1. November 1938 als Geistlicher im Dienst der Landeskirche." Die Personalakten in Schwerin bestätigen Bestes Darstellung.

[326] Kirchl. Amtsblatt Meckl. vom 31.1.1945.

[327] Brief Schultz an Schwartze v. 8.6.1947 und Brief Schwartze an Schultz v. 10.6.1948 mit Bericht über das Spruchkammerverfahren, in: PAB, Nachlass Kleinschmidt, Mappe ohne Signatur und Bezeichnung. Kopien SP.

[328] Reprint in: Landtagswahl in Mecklenburg-Vorpommern 1946 (Original SP).

„Schwartze, Heinrich
Partei: Sozialistische Einheitspartei Deutschlands.
Beruf: Landespastor, Leiter des Stiftes Bethlehem.
Wohnort: Ludwigslust/Meckl.
Geburtstag: 22. September 1903 zu Düsseldorf/Oberkassel ...
Tätigkeit im öffentlichen Leben: 1928 Begründer der religiös-sozialistischen Be-
wegung in Lippe, Mitgliedschaft in der SPD. Mitarbeiter an der Sozialistischen
Tagespresse, an der ,Zeitschrift für Religion und Sozialismus', Herausgeber der
Korrespondenz ,Kultur und Politik.' 1933 illegale politische und kirchenpolitische
Tätigkeit. Oktober 1945 Mitglied der SPD, seit der Vereinigung der Sozialistischen
Partei SED [sic!], Vorsitzender der Stadtversammlung Ludwigslust, Vorsitzender des
Kulturbundes zur demokratischen Erneuerung Deutschlands in Ludwigslust."

Nach 1950 wurde Heinrich Schwartze von seiner Vergangenheit eingeholt. In einem Konflikt um das „Stift Bethlehem in Ludwigslust" machte
Beste von seinem Insider-Wissen Gebrauch. Die Zeitschrift „Junge Kirche"
berichtete am 15.3.1951:

„Der der SED angehörende Pastor Heinrich Schwartze, dessen unbotmäßiges
Verhalten im Stift Bethlehem in Ludwigslust zu einem Konflikt zwischen dem
mecklenburgischen Oberkirchenrat und der Landesregierung führte, hat sein Amt
niedergelegt und wird aus dem Dienst der Landeskirche ausscheiden."[329]

Ausscheiden bedeutete „Verlust der Rechte des geistlichen Standes"[330], bedeutete Verlust der Ordination und Verzicht auf das Recht, jemals wieder als
evangelischer Pfarrer zu amtieren. Dass die SED Schwartze mit der hauptamtlichen Stelle des Landesvorsitzenden der DSF „versorgte", sicherte ihn materiell ab. Bis zum Juni 1954 amtierte Schwartze als Landes- und Bezirkssekretär
der Gesellschaft für Deutsch-Sowjetische Freundschaft in Schwerin.[331] Danach schlug er eine Universitätslaufbahn ein und wurde Assistent in Leipzig.

In Leipzig war er mit der Wahrnehmung einer Dozentur beauftragt,
Mitglied der SED-Parteileitung am Philosophischen Institut und beteiligt
an der Zwangsemeritierung Ernst Blochs. Schwartzes Rolle im „Fall Bloch"

---

[329] Heft 6/1951, S. 164.
[330] Dass dies im Fall Schwartze so war, berichtet Niklot Beste, a.a.O., auf S. 370.
[331] Gesellschaft für Deutsch-Sowjetische Freundschaft Bezirksvorstand Schwerin (Hg.): Zur
Geschichte der Deutsch-Sowjetischen Freundschaft in Mecklenburg, 3.Teil: 1952 bis 1967, S. 12.
Für diese Phase verbreitete er Darstellungen, wie sie der folgenden Biographie zugrunde liegen:
„Heinrich Schwartze (22. September 1903-28. August 1970)
Heinrich Schwartze wurde in Düsseldorf geboren. Er studierte Philosophie und Theologie. Bis
1945 war Heinrich Schwartze mit Unterbrechungen ohne Arbeit, freier Schriftsteller, Mitarbeiter

hatte noch eine wichtige Nebenseite, die einem Vermerk an das ZK der SED „zu Händen Gen. Prof. Hager" vom 15.11.1957 zu entnehmen ist:

„Presseveröffentlichungen über die Kritik des Gen. Heinrich Schwartze in Leipzig an Ernst Bloch haben einige Geistliche veranlasst, mich zu fragen, warum ausgerechnet Heinrich Schwartze, dessen politische Winkelzüge doch unzähligen Pastoren bekannt seien, dazu ausersehen worden wäre, einen Mann wie Ernst Bloch wegen dessen politischer Haltung zu kritisieren. Diese Anfragen nehmen Bezug auf Heinrich Schwartzes Tätigkeit als ,Landespastor und Leiter der Nachrichtenstelle' beim Nazi-Oberkirchenrat in Schwerin. Über diese Tätigkeit orientieren einige Dokumente oberflächlich, die ich … aufgefunden habe und … übersende … Das wichtigste Dokument in diesem kleinen Konvolut scheint mir die Durchschrift eines Schreibens zu sein, das Heinrich Schwartze in Erwiderung heftiger Vorwürfe an den Pfarrer Aurel von Jüchen gerichtet hat … Es scheint mir wichtig, weil es eine ,aufrichtige Anerkennung' des Nationalsozialismus enthält und (Heinrich Schwartze war vor 1933 Mitglied der SPD) die Willensbekundung, ,im nationalsozialistischen Staat am inneren Aufbau der Kirche (also, wie die Anlagen eindeutig ergeben, an der Gleichschaltung der Kirche) mitzuarbeiten'.

Dieses Dokument scheint mir wichtig auch darum, weil das Original sich im Besitze des Empfängers, des gegenwärtig … in Westberlin tätigen Pfarrers Aurel von Jüchen befindet, der es zu gegebener Zeit … ausnützen könnte. Ich bitte zu erwägen, ob diese vielen Pastoren (auch Westberlins und Westdeutschlands) bekannten Umstände es ratsam erscheinen lassen, die Auseinandersetzung mit Ernst Bloch in der Öffentlichkeit weiterhin durch Heinrich Schwartze führen zu lassen."[332]

Nach der Bloch-Auseinandersetzung wurde es ruhig um Schwartze, der bis zu seinem Tod in Leipzig blieb. Er starb dort am 20. August 1967.

Aber jetzt ist die Schilderung zu weit fortgeschritten. Noch einmal zurück in das Jahr 1934. Am 3.Oktober dieses Jahres bewarb sich Schwartze um Aufnahme in den Dienst der Mecklenburgischen Kirche und fügte

---

an Zeitungen der Religiösen Sozialisten, Soldat in der faschistischen Wehrmacht. Die Rückkehr aus dem Kriege führte ihn nach Ludwigslust. Hier wurde ihm die Verwaltung des Krankenhauses ,Stift Bethlehem' übertragen, das der evangelischen Kirche gehörte. Seit 1946 war Heinrich Schwartze Mitglied des Mecklenburgischen Landtages und bis 1954 Mitglied des Bezirkstages Schwerin. Von August 1951 bis Juli 1952 übte er die Funktion des Landessekretärs der Gesellschaft für DSF und anschließend bis Juni 1954 die des 1. Bezirkssekretärs aus. Er verließ Schwerin und folgte einer Berufung nach Leipzig an die ,Karl-Marx-Universität', um eine Dozentur für Geschichte und Ethik zu übernehmen. Später wurde Heinrich Schwartze zum Leiter des Instituts zur Ausbildung von Lehrern für Staatsbürgerkunde berufen." Zitiert nach: Zur Geschichte der Deutsch-Sowjetischen Freundschaft in Mecklenburg, 3. Teil, S. 66.

[332] Nicht gezeichnete Durchschrift (Blatt 692) v. 15.11.1957 im PAB, Nachlass Kleinschmidt, Akte Rel.-Soz. nach 1945. (Kopie SP).

seiner Bewerbung einen „Theologischen Entwicklungsgang" bei, aus dem die Motivation zur Bewerbung deutlich wurde.

> *„Die nationalsozialistische Revolution hat die Gestalt der Evangelischen Kirche erheblich verändert. Die Gründe, die mich zur Trennung von der Lippischen Landeskirche veranlasst haben, zwingen mich heute, aus der für mich nun eingetretenen Isolierung herauszugehen. Bisher habe ich mich der Kirche nicht wieder angeschlossen. Ich wollte den falschen Eindruck nicht aufkommen lassen, als gehörte ich zu der Schar der über Nacht Bekehrten oder gedächte durch einen religiösen Akt billig materiellen Vorteil zu erringen. Ich sehe die Möglichkeit, heute in der Evangelischen Kirche an einer Stelle mitzuarbeiten, für die meine besondere Neigung und meine bisherige praktische Tätigkeit mich geeignet erscheinen lassen."*[333]

Schwartze wird eingestellt. Als es 1935 in der Reichskirche massive Kritik an „der nichtordnungsgemäßen Vorbildung bzw. Ordination [vieler mecklenburgischen] kirchlichen Amtsträger" gibt, wird auch „Schwartze, Kratzeburg" als negatives Beispiel angeführt. Hierzu nahm Schultz mit Brief[334] vom 16.12.1935 Stellung und führte über Schwartze aus:

> *„Der nationalsozialistische Umbruch des Jahres 1933 bedeutete für ihn, in den Dienst der Deutschen Evangelischen Kirche zu treten … Er hat es verstanden, sowohl die altkirchlichen Kreise zu erfassen, als auch in lebendige kirchliche Berührung mit den Männern der nationalsozialistischen Aufbruchsbewegung in Deutschland zu kommen und in seiner Gemeinde das zu erreichen, was das Ziel aller ehrlich Wollenden im kirchlichen Raum sein muß: Christliche Volksgemeinschaft im Dritten Reich zu bauen."*

Wie er sich am Bau dieser Volksgemeinschaft beteiligte, wird noch auszuführen sein. Wie ihn sein Dienstherr Schultz einschätzte, macht eine bemerkenswerte Korrespondenz zwischen diesem und der Schweriner Gestapo deutlich. Als Schwartze 1937 in die Pressestelle des Oberkirchenrates wechseln sollte, wurde er routinemäßig von der Gestapo auf seine politische Zuverlässigkeit überprüft.

> *„Die Staatspolizeistelle Schwerin bittet um Übersendung einer Stellungnahme über die politische, weltanschauliche und konfessionelle Einstellung des Genannten vor und nach der Machtübernahme … Bei Abfassung des Berichts wäre [auszuführen] ob Tatsachen vorliegen … die die genannte Persönlichkeit für eine Betätigung im Bereich der kirchlichen Presse als nicht zuverlässig erscheinen lassen."*[335]

---

[333] LKAS, Personalakte 5235.
[334] In: EZA 1/A4/340.
[335] In LKAS, Akte 5235.

Schultz antwortete am 22.12.1936:

„Er gehörte in der Systemzeit zur SPD ... Infolge des immer stärker werdenden, von der bolschewistischen Gottlosen-Bewegung beeinflussten atheistischen Kurses der SPD löste er sich im Herbst 1932 von ihr ... Nach Mecklenburg kam er im Winter 1934/35, in der Zeit der schwersten Auseinandersetzungen zwischen der Bekenntnisfront und den nationalsozialistischen Kräften. Im Gegensatz zu manchem anderen, der von außen ins Gaugebiet Mecklenburg kam und von mir mit der Verwaltung einer Pfarrstelle betraut wurde, hat Schwartze sich stets als grundanständig und bedingungslos treu und zuverlässig erwiesen. Er ist zu den Volksgenossen zu rechnen, die sich nach ehrlichem Kampf zur nationalsozialistischen Weltanschauung durchgerungen haben und heute, ohne Parteimitglied zu sein, nach besten Kräften ihren Beitrag zum Neubau von Volk und Staat zu liefern versuchen."[336]

Schwartze schloss sich nicht der Bekennenden Kirche an und beteiligte sich auch an keiner ihrer Aktivitäten, gab sich aber als SED-Landtagskandidat nach 1945 als Widerstandskämpfer zu erkennen und ließ folgende Personaldarstellung als Flugblatt verbreiten.

„In Mecklenburg wurde es ihm ... möglich, eine oppositionelle Gruppe gegen die politischen und kulturpolitischen Maßnahmen des Nazigauleiters und Reichsstatthalters Friedrich Hildebrandt im Oberkirchenrat zu organisieren und zu wirksamer antifaschistischer Arbeit zu führen."

Bemerkenswert ist, dass diese antifaschistische Gruppe inmitten des Nazi-Kirchenregimentes von Mecklenburg unentdeckt geblieben[337] ist und es neben der Darstellung Schwartzes von ihr keine Spur gibt.

3. Pfarrer in Mecklenburg: Vom BRSD zum NS-Pfarrerbund

Der letzte der vier religiösen Sozialisten, die nach Mecklenburg kamen, war Aurel von Jüchen. Er bewarb sich im Dezember 1934 bei Schultz, nachdem Kleinschmidt ihm den Weg bereitet hatte. Seinen Umgang mit der religiös-sozialistischen Vergangenheit illustriert ein Brief Jüchens an Bischof Schultz vom 28.12.1934[338], in dem es u.a. hieß:

---

[336] In LKAS, Akte 5235.

[337] „Landespastor Schwartze – Spitzenkandidat der SED", in: SED-Mitteilungsblatt für den Kreis Ludwigslust, ohne Datum mit Eingangsstempel v. September 1946 in: LKA Schwerin, Personalakte Schwartze.

[338] NLJ-S, Mappe Disziplinarverfahren/Persönliche Briefe.

1935 auf der Dorfstraße in Gehren/Uckermark. Von links nach rechts: Edith, Aurel,
Hanspeter, Aurel senior, Irmgard.

„Sehr verehrter Herr Bischof!
Herr Landesbischof Sasse in Eisenach hat mir geraten, mich mit einer Darlegung
meiner persönlichen Lage vertrauensvoll an Sie zu wenden und hat sich selbst bereit
erklärt, Ihnen, wenn nötig, eine empfehlende Beurteilung meiner Person zu geben ...
Durch Dienstgerichtsurteil bin ich unter der vergangenen Thüringer Kirchenre-
gierung aus dem Dienst der Thüringer Ev. Kirche entlassen worden, wobei die
ausgesprochene Intention des Dienstgerichts war, daß die Entlassung eine vorü-
bergehende sein sollte zum Zwecke einer Bewerbung in einer anderen Thüringer
Gemeinde ... Vor Antritt der Stelle möchte ich wieder heiraten und die beiden
Kinder zu mir nehmen, so daß die Kirchenbehörde wie auch die Kirchgemeinde
von vornherein mit stabilen Familienverhältnissen rechnen ... können ...
Eine weitere Verhinderung für meine Wiederanstellung in Thüringen liegt in
meiner ehemaligen Mitgliedschaft und Tätigkeit im Bunde religiöser Sozialis-
ten. Was diese betrifft, so darf ich mit gutem Gewissen versichern, daß nicht
Mangel an nationaler Gesinnung, sondern im Gegenteil Mitleiden mit der Not
des Volkes und Verantwortung für die Stellung der Kirche in den Nöten der
Zeit das treibende Motiv meiner Haltung gewesen ist. Ich glaube für mich in
Anspruch nehmen zu dürfen, den Weg zum religiösen Sozialismus aus Glauben
und Lieben gegangen zu sein. Ich bereue es deshalb nicht, religiöser Sozialist
gewesen zu sein, da ich ihn für einen kirchengeschichtlich notwendigen Versuch
halte, der aus der Mitte der Kirche heraus unternommen werden musste.
Andererseits sehe ich natürlich deutlich, daß dieser Versuch an der weitgehend
freidenkerischen Haltung der marxistischen Parteien wie andererseits an der
einsichts- und glaubenslosen Haltung unzähliger bürgerlicher Christen gescheitert
und daß er durch den Nationalsozialismus geschichtlich tatsächlich als überholt
zu betrachten ist. Für die Kirche aber scheint mir nach wie vor die Aufgabe zu
bestehen, Brücken zu bauen zwischen ihr und den kirchlich Entfremdeten und
eine verständliche Form der kirchlichen Verkündigung zu finden."

Dies konnte Schultz durchaus als Übergang zu nationalsozialistischen
Positionen werten und erklärt sein Interesse, Jüchen zu übernehmen. Mitte
Januar kam es zum Treffen mit Jüchen in Schwerin, das für Schultz befrie-
digend ausfiel. Wichtig für die Entscheidung von Schultz war auch der gute
Einfluss von Kleinschmidt, der Schultz dazu riet. „Er hat sich daraufhin
entschlossen, gegen alle Kassandrarufe seiner Kollegen taub zu werden und
Dich ... nach Mecklenburg zu berufen."[339] Für Jüchen enden drei schlimme

---

[339] Brief Kleinschmidt an Jüchen v. 24.2.1935, in: NLJ-S.

Jahre der Perspektivlosigkeit, und er ist aus tiefstem Herzen demjenigen dankbar, der ihm diese Perspektive wiedergeschenkt hat.

„Daß Sie mir die Möglichkeit der Rehabilitierung gegeben haben, daß Sie mir den Beruf, bei dem Lust und Neigung mich festhalten, wiedergeschenkt haben, daß Sie mir persönlich mit soviel Freundlichkeit begegnet sind, daß ich mir wünsche, daß Ihre Freundlichkeit mir immer erhalten bleiben möge, das alles danke ich Ihnen."[340]

Die erste Pfarrstelle Jüchens in Mecklenburg hatte Schultz ausgesucht. „Der Pastor Aurelius von Jüchen ist mit der probeweisen Verwaltung der freigewordenen Pfarrstelle Gehren bei Strasburg, Uckermark beauftragt worden."[341] In dieser Gemeinde mit 800 Gemeindegliedern war Schultz früher selbst als Pfarrer tätig gewesen, und er erteilte dem Amtsnachfolger sofort einen brüderlichen Rat:

„Erschrecken Sie nicht über die ländliche Stille und Abgeschiedenheit, die Sie in Ihrem neuen Wirkungskreis umgeben wird ... Auf den alten Kantor und Lehrer Westphal können Sie sich unbedingt verlassen. Er muß brüderlich und kameradschaftlich, also nationalsozialistisch behandelt werden."[342]

Nach dieser Wendung kann Jüchen darangehen, auch seine familiären Verhältnisse wieder zu ordnen. Der Kontakt zur geschiedenen Frau war immer intensiv geblieben und am 4.4.1935 heirateten Irmgard und Aurel von Jüchen erneut. Die Familie war wieder komplett. Jetzt stand die Familienzusammenführung in Gehren und der Umzug an. Jüchen soll zum 1.5.1935 die Pfarrstelle übernehmen und es eilt. Nachdem die großen Probleme geregelt sind kommen die kleinen Alltagssorgen wieder. Wie soll der Umzug bezahlt werden? Jüchen ist praktisch mittellos. Wer übernimmt die Umzugsrechnung der „Spedition Robert Stolzenberg" über 777,10 RM von Möhrenbach und Eisenach nach Gehren? Jüchen bittet die Thüringer Kirche um Kostenübernahme und wird abgewiesen.[343] Schließlich streckt der Schweriner Oberkirchenrat die Summe vor. Jüchen zahlte die Summe in Raten ab, was zwei Jahre dauerte und sich in schon bewährter Manier nicht ohne Mahnungen und Schwierigkeiten vollzog.

---

[340] Brief Jüchen, z.Z. Eisenach Pfarrhaus am Ehrensteig den 31.3.1935 an Schultz, in: NLJ-S, a.a.O.
[341] Amtsblatt Schwerin v. 20.3.1935, in: LKAB, 15/3254.
[342] Brief Schultz an Jüchen, Schwerin 4.4.1935. In: NLJ-S.
[343] Brief Jüchen, Gehren 16.6. 1935 an LKR. In: LKAE, Akte Nr. G 494, I Bd.2. Blatt 84.

In der Gemeinde Gehren fasste Jüchen nicht richtig Fuß, der Unterschied zur Möhrenbacher Erfahrung war zu groß. In Gehren gingen die Uhren anders. Hier herrschte die Gemeindepatronin und Großgrundbesitzerin Frau Dr. Bleckwene mit ihrem Bevollmächtigten, Güterdirektor v. Bülow-Friedland über ihr Gut und ihre Kirchengemeinde. Und das konnte mit dem eigenwilligen Pfarrer v. Jüchen, der niemanden über sich akzeptierte, kaum gut gehen. Es gab keine besonders berichtenswerten Einzelkonflikte wie in Möhrenbach, es stimmte im Grundsätzlichen nicht.[344]

Dass es in Gehren so nicht weiter gehen konnte, wurde auch Schultz klar. Am 15.4.1937 verfügte er: „Herr Pastor v. Jüchen-Gehren ist mit Wirkung vom 1. Mai 1937 mit der Verwaltung der Pfarre Rossow zu beauftragen."[345] Die Gemeinde Rossow bei Fretzdorf gehört zum Kirchenkreis Waren, der wiederum Teil der Propstei Röbel war.

Die Prignitz beginnt 75 km nordwestlich von Berlin und war 1930 verwaltungstechnisch eingeteilt worden in die Ost- und die Westprignitz. In der Ostprignitz erhielt die NSDAP bei den Reichstagswahlen bereits 1930 über 43 % der Stimmen. 1933 gab es sogar nur noch 10% für die SPD und 4 % für die KPD. An Juden wurden lediglich 21 verzeichnet und so trat der nationalsozialistische Rassismus nicht so in den Vordergrund wie anderswo.

Etwa 15 km nördlich des Städtchens Kyritz lag der Pfarrsprengel Königsberg, der seit 1929 keinen eigenen Pfarrer hatte. Königsberg war sowohl dem Pfarrsprengel Herzsprung verbunden wie auch dem angrenzenden Rossow.[346] Rossow hatte 1937 288 Einwohner auf 2.929 ha und Netzeband 214.[347]

„Rossow ist ein kleines unscheinbares Dorf zwischen Wittstock und Neuruppin. Das jetzige Dorf ist durch seine Lage (Wald, Sandboden, ohne Wasser) in frühen Jahren oft abgebrannt. 1850, 1879. Obwohl Rossow landschaftlich zur Ostprignitz gehört, war es bis 1937 eine mecklenburgische Exklave. Erst dann kam es zu Preußen und sogar erst 1964 zur Kirche Berlin-Brandenburg. Heute zählt Rossow rund 200 Einwohner."[348]

344 Hierzu gibt es in der Gemeindeüberlieferung genug Hinweise. In: LKAS, Akte: Gehren, Bestellung des Predigers, Bd. 1, 1837-1957.
345 Landeskirchenarchiv Schwerin, Akte: Gehren, Bestellung des Predigers, Bd. 1, 1837-1957.
346 Michael Hinz: Notizen zur Presbyteriologie der Prignitz, 1933-1945. In: Evangelische Kirche in Berlin-Brandenburg (Hg.): Archivbericht Nr. 12/13, S. 201ff.
347 Staatshandbuch für Mecklenburg 1937 (In Bibliothek Landeskirchenarchiv Schwerin), S. 268, 320.
348 Angaben in der Internetpräsentation der Gemeinde Rossow, <http://www.ekib. com./kirchen/rossow/index.html>, 2003.

Jüchen wurde zum 1.5.1937 mit der Verwaltung der Pfarrstelle in Rossow beauftragt und zum 1.10.1937 übernahm er sie regulär.[349] Ein Zeitzeuge erinnerte sich fast 60 Jahre später an diesen Tag:

„Ich war junger Hilfsprediger in Katerbow über Neuruppin und wurde von Aurel von Jüchen gebeten, bei seiner Einführung in Rossow zu assistieren. Das lag von der Nachbarschaft her nahe, denn er mußte durch meine Gemeinde in seine Gemeinde und ich durch seine in meine zum Gottesdienst fahren … Ich weiß auch noch, daß Aurel eine sehr eindrückliche Predigt über Hebräer 2,12: ‚Ich will verkündigen Deinen Namen meinen Brüdern' gehalten hat. Daraus hat sich ein enger Kontakt ergeben, der vor allem unsere Frauen verbunden hat, als wir im Kriege waren.“[350]

Die „Einweisung" Jüchens in Rossow fand im Gottesdienst am 23. Mai 1937 und der endgültige Einführungsgottesdienst am 26.9.1937 statt. Superintendent Vossberg berichtete darüber nach Schwerin: „Im ganzen hatte ich den Eindruck, daß die Gemeinde mit der endgültigen Verwaltung der Pfarre an Herrn Pastor von Jüchen, die seinem Wunsch entspricht, einverstanden ist." Vossberg zitiert einen Hörer der Predigt: „Der neue Pastor hat ein weiches Gemüt. Er geht vorsichtig zu Werke und arbeitet sich langsam an die Dinge heran. Das mögen viele Menschen."[351]

In Rossow gelang es Jüchen wieder, von der Gemeinde anerkannt und respektiert zu werden. Diese Akzeptanz war die Grundlage dafür, dass ihm die Gemeinde bei den Konflikten der kommenden Jahre zur Seite stand. Da er jetzt wieder ein regelmäßiges Einkommen zur Verfügung hatte, konnte er auch seine Altschulden abtragen, was er allerdings nie freiwillig tat. So war 1938 immer noch eine Restschuld aus der thüringischen Dienststrafsache offen, die er trotz mehrerer Mahnungen nicht bezahlt hatte. Am 28.10.1938 beschloss der thüringische Landeskirchenrat, beim jetzt für Jüchen zuständigen Amtsgericht Friedland einen Zahlungsbefehl über 70,- RM zu beantragen, der anschließend vom Amtsgericht erlassen wurde. Jüchen zahlte daraufhin, so daß am 3.12.1938 der Vorgang Jüchen in Eisenach nebst seiner Personalakte endgültig geschlossen wurde.[352]

In der Gemeinde Rossow legte Jüchen viel Wert auf die Feierkultur. Er schrieb für die wichtigsten Feste des Kirchenjahres eigene kleine Stücke,

---

[349] EZA, 15/3254.
[350] Brief von Superintendent i.R. Detloff Telschow v. 10.2.1992 an den Verfasser.
[351] In der PAJ.
[352] PAJ-E, Bd. II, Nr. G 494, Blatt 107: Vermerk LKR.

die nur zum Teil erhalten sind. Eins der ersten ist das Spiel für die Weihnachtsfeier 1937 in Rossow[353] unter dem Motto: „Der Heiland ist geboren, freu Dich Du Christenheit, Sonst wär'n wir gar verloren, in alle Ewigkeit." Natürlich spielen auch die eigenen Kinder mit. Hanspeter v. Jüchen ist einer der Hirten, die Tochter Edith ein Engel. Der Dorflehrer Büttner liest die Weihnachtsgeschichte. Als Ergebnis der Gemeindearbeit in Rossow publiziert Jüchen von 1939 bis 1940 mehrere Gemeindespiele zu den Jahresfesten[354], die weite Verbreitung finden.

Der evangelische „Rundbrief für das christliche Gemeindespiel"[355] trug durch seine Besprechungen viel zur Popularität dieser Spiele bei. 1939 wurden zwei Gemeindespiele Jüchens vorgestellt:

> *„Vor der Tür des Paradieses von Aurel von Jüchen. Kaiser-Verlag München …*
> *Spieldauer etwa 45 Minuten. Spieler 6 männl. 2 weibl.*
>
> *Das Spiel führt uns in eindrucksvollen Szenen vor Augen, wie Adam und Eva friedlos wandernd über die Erde dahinziehen und vor dem Tor des Paradieses durch den Engel mit dem hauenden Schwert abgewiesen werden. Dann aber begegnen sie Maria und Josef, die sich auf der Wanderung nach Bethlehem befinden. Der auf Christus wartende Äon und der Äon Jesu Christi begegnen und erkennen einander. Das Spiel ist ebenso wie die von H. Steinmeyer geschaffene musikalische Bearbeitung gottesdienstlich in Aufbau und Stil. Für die Hand der Gemeinde hat der Verlag ein Liedblatt gedruckt, das einzeln 10 Pf., ab 50 St. 8 Pf. kostet …*
> *‚Die frohe Botschaft' von Aurel von Jüchen, Kaiser Verlag München … Spieldauer 45 Minuten/Spieler 6 männl. 3 weibl. Engel.*
>
> *In schlichten, leicht lernbaren und leicht faßbaren Versen lässt das Spiel vor uns das Geschehen auf dem Felde bei Bethlehem und den Besuch der Hirten im Stall entstehen. Was dort gesagt wird, dringt so in die Tiefe des Evangeliums vor, daß die Verlorenheit der Welt, die Notwendigkeit des Heils in Christus, der Kreuzweg Jesu zugleich von der Gemeinde erschaut wird. Eine rechte Weihnachtsbotschaft, die das ganze Evangelium sagt und zugleich zum Weitertragen der Weihnachtsbotschaft auffordert.*

---

[353] Konzept im NLJ-S, Mappe Korrespondenzen.

[354] Vor der Tür des Paradieses. Ein Adventsspiel von Aurel von Jüchen, Chr. Kaiser-Verlag München 1939 (Christliche Gemeindespiele Nr. 67), 26 S.; Die frohe Botschaft. Ein Krippenspiel von Aurel von Jüchen, Chr. Kaiser-Verlag, München 1940 (Christliche Gemeindespiele Nr. 71); Erschienen ist der herrlich Tag. Ein Osterspiel von Aurel von Jüchen, Chr. Kaiser-Verlag, München. 1940 (Christliche Gemeindespiele Nr. 74); Als der Tag der Pfingsten erfüllt war. Ein Pfingstspiel von Aurel von Jüchen um die Gestalt des Nikodemus, Chr. Kaiser-Verlag, München 1940 (Christliche Gemeindespiele Nr. 75).

[355] Im EZA, Bestand 600/199, Nachlass D. Schmidt, Bd. 9: – 1939.

Im Spiel vernehmt, wie wundersam /
Gottes Botschaft zu uns kam.
Die Botschaft ist euch kundgetan /
Nehmt sie mit frommem Herzen an.
Das Spiel eignet sich für Dorf und Stadt in gleicher Weise. "

Als pädagogische Handreichung verfasste Jüchen zusätzlich einen „Ratgeber für das christliche Gemeindespiel", der ebenfalls im renommierten Christian-Kaiser-Verlag München erschien. Der „Ratgeber" war noch in den 60er Jahren in den Gemeinden in Gebrauch.

4. Der Bund nationalsozialistischer Pfarrer

Separate NS-Pfarrerorganisationen bestanden schon vor dem 30. Januar 1933. In Preußen gründete sich im Januar 1932 ein nationalsozialistischer Pfarrerbund, und in Württemberg existierte die „Arbeitsgemeinschaft Völkisch-Sozialer Pfarrer" bereits ab Februar 1925, aus der im Oktober 1932 der NS-Pfarrerbund hervorging. In Bayern bestand seit 1931/32 ein NS-Pfarrerverein, der sich 1934 zum National-Sozialistischen Evang. Pfarrerbund umorganisierte.[356] Wie stark die Affinität evangelischer Pfarrer zur NSDAP ausgeprägt war, verdeutlicht eine Studie des Bayreuther Historikers Björn Mensing über die bayrische Landeskirche.[357]

„1932 wählte über die Hälfte [der Pfarrer] NSDAP, ein Jahr später stimmten vier von fünf protestantischen Pfarrern der ‚nationalen Revolution' zu ... Als ‚klaren Irrtum' widerlegt Mensing allerdings die weit verbreitete Ansicht, daß die NS-Pfarrer weitgehend mit den ‚Deutschen Christen' identisch gewesen seien. In Wirklichkeit seien die Grenzen fließend gewesen. "

Viele Mitglieder der NS-Pfarrerorganisationen sympathisierten politisch mit dem Nationalsozialismus und lehnten die „Deutschen Christen" aus theologischen Gründen ab. Viele führende BK-Pfarrer sympathisierten aus politischen Gründen mit dem NS-Staat und lernten selbst nach mehreren

---

[356] Hierzu: Manfred Gailus: Protestantismus und Nationalsozialismus, Köln/Weimar 2001, S. 89; Rainer Lächele: Ein Volk, ein Reich, ein Glaube. Die Deutschen Christen in Württemberg, Stuttgart 1994, S. 10 und 15; Helmut Baier: Die Deutschen Christen Bayerns im Rahmen des bayerischen Kirchenkampfes, Nürnberg 1968, S. 35 und 400.
[357] Epd-Wochenspiegel Nr. 37 vom 10.9.1998.

Jahren der staatlichen Willkür gegenüber der BK aus diesen Erfahrungen politisch nichts. Ein Geschichtsschreiber der mecklenburgischen Kirche schilderte 1984 ein Beispiel:

> *„Pastor Rohrdantz, Schwerin, äußerte sich im ‚Mecklenburgischen Sonntagsblatt‘ vom 20. April 1941: ‚Das Gebot der Stunde fordert von uns allen, zu dem großen Geschehen der Zeit ein freudiges und gläubiges Ja zu sagen. Ein freudiges und gläubiges Ja zu unserem Führer! Dieses Ja ist ein Dank und ein Gebet...‘ – so heißt es im Sonntagsblatt. Weitere Zitate daraus zu entnehmen, sträubt sich die Feder. Der Autor dieser Zeilen gehörte der Bekennenden Kirche an."*[358]

Die „Bekennende Kirche" in Mecklenburg begann ihre Arbeit erst im Herbst 1933. Aber bereits am 26. April 1933 wurde in Schwerin der mecklenburgische „Bund nationalsozialistischer Pastoren" gegründet.

„Zum Führer des Bundes war von NS-Gauleiter Friedrich Hildebrandt Pastor Walter Schultz ... bestimmt worden ... Der NS-Pastorenbund trat geschlossen der Glaubensbewegung DC bei."[359] Somit war zwar die Organisation korporativ Mitglied der DC, aber keinesfalls alle Mitglieder des Bundes. Dies wird für die Konflikte im Bund später wichtig werden.

Aber 1933 war von diesen Konflikten noch nichts zu sehen. Die NS-Pastoren traten anlässlich einer Tagung in Bad Kleinen mit einer Erklärung von Pastor Schultz hervor, in der sie ihr Selbstverständnis formulierten. Diese Erklärung veröffentlichte die Niederdeutsche Kirchenzeitung in ihrer Ausgabe vom 29.5.1933:[360]

> *1. Unser Volk, soweit es vom Marxismus herkommt und in der nationalsozialistischen Bewegung steht, erkennt die alten kirchlichen Formen nicht an.*
>
> *2. Darum geht es nicht an, diese alten kirchlichen, gottesdienstlichen und organisatorischen Formen, die zeitgebunden sind, beizubehalten. Wir fordern vielmehr ihre Beseitigung.*
>
> *3. Die Parteigenossen erkennen auch einen erheblichen Teil der alten Pastorenschaft nicht an, weil der alte Gegensatz und die alte Bekämpfung der Bewegung nicht vergessen sind. [...]*
>
> *5. Zur Herstellung des Vertrauens fordern wir Seelsorge am neuen Deutschland durch das neue Deutschland. Dies neue Deutschland sind wir. [...]*

---

[358] Werner Schnoor: Die Vergangenheit geht mit, Schwerin 1984, S. 49.

[359] Kurt Meier: Der evangelische Kirchenkampf, Bd. 1, Halle 1976 (Im folgenden als Meier, 1 zitiert.), S. 340/41.

[360] Abgedruckt in: Kurt Dietrich Schmidt: Die Bekenntnisse des Jahres 1933, Göttingen 1934, S. 158.

8. Es ist tatsächlich unmöglich, mit einer Kampffront von außen an die Menschen in unserem Lager heranzukommen. Es ist aber möglich durch uns, die wir uns auch in kirchlicher Hinsicht bedingungslos zur Bewegung bekennen, weil wir in Adolf Hitler den Beauftragten Gottes für unser Volk und unsere Zeit sehen. Wir allein können das Vertrauen unserer Parteigenossen gewinnen.

9. *Sollte versucht werden, uns irgendwie an unserer Arbeit zu hindern, so stellen wir uns auf den Boden des Wortes: Man muß Gott mehr gehorchen als den Menschen."*

Dieser NS-Pfarrerbund war von einer beträchtlichen Größe. Selbst 1936, mitten im Kirchenkampf, hatte er eine Mitgliederzahl von 194. „Über die Hälfte der Geistlichen der Mecklenburgischen Kirche war damit im Bund der NS-Pastoren."[361]

Im Jahr 1935, als Jüchen die mecklenburgische Bühne betrat, hatte sich diese bereits wesentlich verändert. Durch die Landeskirche ging ein tiefer Riss, und in der Mehrzahl der Gemeinden tobte der sog. „Kirchenkampf" zwischen BK und DC. Der mecklenburgische DC-Gau zählte sich im Reich zur radikalen Fraktion der DC. Der Gauobmann Ernst Hildebrandt erklärte am 23.5.1935, als er die Führung der Deutschen Christen in Mecklenburg übernahm:

„Deutsch sein und Christ sein, also Nationalsozialismus und Christusglaube gehören zusammen und müssen sich finden … Der Kampf um deutschen Christusglauben … ist der Seelenkampf eines Volkes, dem Gott im Fronterleben des Krieges, in der tiefen Erniedrigung und Not der Nachkriegszeit und vor allem in dem Wunder der Wiedergeburt und Erneuerung lebendig begegnet ist."[362]

Und am 23.9.1935 hieß es im Grußwort von Bischof Schultz an die Reichstagung der DC, der Nationalsozialismus könne nur durch Christus zur letzten Vollendung kommen.

„Treue zu Christus kann sich darum nur bewähren und sichtbar werden mit der Treue zu Führer und Volk. Von der Arbeit der deutschbewußten Christen bei den Deutschen Christen erwarten wir die Begegnung und die Vermählung des Evangeliums mit den ewigen Werten des deutschen Volkstums und der deutschen Seele."[363]

---

[361] MLHA, Akte IV/L/2/14/643 Vorgang ohne Datum (ca. 1949): „Die politische Ausrichtung der Evgl. Luth. Kirche Mecklenburgs – Handlangertum zu Faschismus und Krieg"; Blatt 27.

[362] Rundschreiben, in: EZA 1/A4/96.

[363] Joachim Gauger: Gotthardbriefe. 146. bis 158. Brief, Elberfeld 1935, S. 270.

Diesem NS-Pastorenbund gehörte Jüchen von 1935 bis Mitte 1937 an. „Zweiundeinhalb Jahre lang bin ich Mitglied des Bundes nationalsozialistischer Pastoren gewesen."[364] Im Nachlass Praag im landeskirchlichen Archiv Schwerin befinden sich die hektographierten Mitgliederlisten, die in regelmäßigen Abständen an alle Mitglieder gingen. Allein schon deswegen ist die Darstellung Kleinschmidts, er sei ohne sein Wissen in Mitgliedslisten geführt worden, wenig glaubhaft.

In der „Liste der Mitglieder des Bundes der nat.soz. Pastoren Mecklenburgs (Stand 24.2.1935)"[365] sind Kleinschmidt und Schwartze/Kratzeburg aufgeführt. Im folgenden „Verzeichnis der Mitglieder des Bundes der nat. soz. Pastoren Mecklenburgs, Stand 12.9.1935"[366] sind bereits drei ehemalige religiöse Sozialisten aufgenommen.

„Kreis Schwerin: Pastor Kleinschmidt.
Kreis Stargard: Pastor Schwarze, Kratzeburg; Pastor v. Jüchen, Gehren."

1936 sind dann alle vier komplett in der Liste „Stand 1.10.1936", die Teil eines gemeinsamen Rundschreibens der Glaubensbewegung „Deutsche Christen, Gau Mecklenburg" und des Bundes der NS-Pastoren Mecklenburg 1936[367] ist. Anlass ist ein Treffen der DC-Pfarrer Mecklenburgs in Güstrow, auf dem es vor allem um die Nationalkirchliche Einung DC, auf die noch einzugehen sein wird, und das Verhältnis der Mecklenburger DC dazu gehen sollte. Sinn des Rundschreibens ist auch die Organisation von Fahrgemeinschaften.

„Kreis Stargard: Hier ist die Zahl der Autofahrer am stärksten. Wir bitten Bruder Schwartze, die Organisation zu übernehmen." Die Mitgliederliste weist insgesamt mit laufenden Nummern 195 Mitglieder in Mecklenburg aus. Darunter „Kreis Schwerin/Stadt: 8. Kleinschmidt; Kreis Waren: ... 15. Theek, Pastor, Kieth. Kreis Stargard: 20. Von Jüchen, Pastor, Gehren ... 28. Schwartze, Vikar, Kratzeburg."

Jüchen hat sich in diesen 2½ Jahren als NS-Pastor wenig betätigt und in der schriftlichen Überlieferung kaum Spuren hinterlassen. Entsprechendes

---

364 Brief Jüchen Rossow 20.6.1938. In NLJ-S. Dieser Brief wird zitiert in: Angelika Gerlach-Praetorius, Die Kirche vor der Eidesfrage, Göttingen 1967, S. 95.

365 LKAS, Nachlass Praag, Mappe: Rundschreiben der Glaubensbewegung „Deutsche Christen, Gau Mecklenburg" und des Bundes der NS-Pastoren Mecklenburg 1935.

366 LKAS, Nachlass Praag, Rundschreiben der Glaubensbewegung „Deutsche Christen, Gau Mecklenburg" und des Bundes der NS-Pastoren Mecklenburg 1935.

367 LKAS, Nachlass Praag.

gilt für Kleinschmidt. Außerhalb des im Archiv befindlichen Nachlasses Praag gab es nur eine Spur von Jüchens NS-Aktivität, die mehrere Historiker bemerkt hatten. Diese Spur entstand durch die „Güstrower Entschließung" vom 30. Oktober 1935. Hier stellten sich 117 Mitglieder des NS-Pastorenbundes dem NS-Reichskirchenminister Kerrl „vorbehaltlos" zur Verfügung. „Die Entschließung wurde Ende November im ‚Evangelischen Mecklenburg' mit hundertfünfzig Unterschriften abgedruckt."[368] Sie erschien in Gänze auf der Titelseite von „Das Evangelische Mecklenburg. Monatsblatt für kirchliche Arbeit im Dritten Reich. Schulungsblatt für die Kirchgemeinderäte", im Novemberheft des 10. Jahrgangs 1935. Unter der „Entschließung" sind alle Unterzeichner genannt, u.a. auch Kleinschmidt, von Jüchen und Schwartze. Diese „Erklärung"[369] wurde durch die Presse breit publiziert. Niklot Beste, der zu dieser Zeit in seiner Eigenschaft als BK-Bruderratsvorsitzender ganz besonders intensiv die Aktivitäten des NS-Pfarrerbundes beobachtete, hatte nach 1945 als Bischof Zugang zur Personalakte Jüchens. In dieser Akte befindet sich eine kleine Aktennotiz mit folgendem Inhalt: „von Jüchen, Schwerin unterzeichnete die Entschließung des Bundes der NS-Pastoren vom 30.10.35. Zu den Personalakten von Jüchen 27.3.47. Unterschrift."[370] Beste ging in seiner Studie „Der Kirchenkampf in Mecklenburg" auch auf die „Güstrower Erklärung" ein und führte Jüchen auf S. 291 als Unterzeichner auf.

Nach Erscheinen der westdeutschen Ausgabe von Bestes Buch wandte sich Jüchen massiv gegen dessen Darstellung und schrieb an Beste am 13.12.1975 (mit mehreren Durchschlägen u.a. an die Evangelische Verlagsanstalt Berlin-Ost und Vandenhoeck und Ruprecht, dem BRD-Verlag von Beste):

„1. Ich habe niemals dem NS-Pastorenbund angehört und niemals diesen Ergebenheitsbrief an Reichsminister Kerrl mit der Zusage der Gefolgschaft gegenüber Landesbischof Schultz unterschrieben … Ohne Unterbrechung bin ich seit meiner Studentenzeit Religiöser Sozialist gewesen. Meine Unterschrift unter eine Entschließung der NS-Pastoren ist daher eine Unmöglichkeit. Ich muß daher darauf bestehen, daß Sie eine Richtigstellung, evtl. in einer Anmerkung veranlassen."[371]

---

[368] Beste, Kirchenkampf, a.a.O., S. 147.

[369] Hierzu auch die Berichterstattung in der Jungen Kirche, 1936, S. 29/30.

[370] In der Akte 15/3254: OKR-Schwerin, Akten betr. Aurel von Jüchen Bd. I von 1934 bis 1955.

[371] NLJ-743/181.

Da das Beste-Buch keine zweite Auflage erlebte, konnte der Erfolg dieser Intervention nicht überprüft werden. Es darf allerdings bezweifelt werden, dass sich Beste überhaupt zu einer Korrektur hätte bewegen lassen.

Es fällt dem Historiker schwer, der Aurel von Jüchen noch gekannt, gesprochen und als Mensch mit einem guten Erinnerungsvermögen wahrgenommen hat, zu glauben, dass dieser tatsächlich von der Wahrheit seiner Behauptung überzeugt war. Aber es muß so sein, denn diese Behauptung vertrat er durchgängig, auch mir gegenüber. Hier wären eher psychologische Erklärungsmuster heranzuziehen. Zu welchen Kapriolen diese Jüchensche Verdrängung bei einem exzellenten Kirchenhistoriker wie dem heutigen Berliner Privatdozenten Hartmut Ludwig führen konnte, mögen Auszüge aus seiner Korrespondenz[372] mit Jüchen aus den Jahren 1974 bis 1976 illustrieren:

„Leider müssen Sie auch bei mir mit einem stark nachgelassenen Gedächtnis rechnen, aber ich darf versichern, daß mein Vergessen den Charakter des Vergessens und nicht des Verdrängens hat" (Jüchen an Ludwig vom 31.7.1974).

„Da ich nie Mitglied des NS-Pastorenbundes war ... Ich war ... in Mecklenburg ab sofort Mitglied der Bekennenden Kirche" (Jüchen an Ludwig vom 15.12.1975).

„Ich bitte Sie natürlich zuerst ganz höflichst um Entschuldigung, daß ich überhaupt auf die Idee kam, daß das Dokument wahr ist. Das hängt damit zusammen, daß mir Prof. Hertzsch einmal erzählte, daß Kl.[einschmidt] (an Ihren Namen erinnere ich mich jetzt nicht mehr) diesem NS-Pfarrerbund aus Gründen der Tarnung beigetreten sei. Damals blieb mir fast das Herz stehen, weil ich das nicht für möglich gehalten hatte. Und dann hat mir Pf. B. Theek erzählt, als ich ihm das sagte, ja der Bund war damals nicht mehr als ein normaler Pfarrerbund, da war jeder drin. Und so glaubte ich langsam dran ... Pfr. Br. Theek hat ja auch eine ganz positive Sicht von W. Schultz, der so sozial gesinnt gewesen sei. Zu diesem Bild paßt das der Kirchenkampf-Forschung nicht, denn da kommt Sch. als DC ... am schlechtesten weg. Und wir jüngeren, die nur auf die Berichte der damaligen, Ihrer Generation angewiesen sind, wissen nicht, wem wir mehr glauben sollen." (Hartmut Ludwig an Jüchen, Jena 16.1.1976.)

Zurück nach Mecklenburg. Der mecklenburgische Gau der Deutschen Christen gerät nach 1934 in immer radikaleres Fahrwasser. Schultz und die mecklenburgische Führungsgruppe orientieren sich zusehends an der Thüringer Richtung der DC.

---

[372] Die Korrespondenz Jüchen-Ludwig befindet sich in der Mappe NLJ-181.

Dieses Bild entstand 1936 als Altarzwischenbild und ist im Schweriner Dom ausgestellt. Links neben Christus steht ein Ritter, den Karl Kleinschmidt darstellt und rechts neben Christus Aurel von Jüchen als kniender König.

„Die ‚Kirchenbewegung Deutsche Christen‘, allgemein bekannt als ‚Thüringer Deutsche Christen‘, hatte unter den deutsch-christlichen Gruppen bei weitem am meisten Substanz und echte Probleme und die gefährlichsten Irrtümer aufzuweisen. Sie war das Werk der beiden Pastoren Julius Leutheuser und Siegfried Leffler, die bis zuletzt von Hitlers Sendung überzeugt waren, ohne je aufzuhören, an Christus zu glauben, die meinten, sie könnten ihre Volksgenossen zu Christus nur bekehren, wenn sie sich von der Lehre ihrer Kirche freimachten; die … erwarteten, aus der nationalsozialistischen Volksgemeinschaft werde die neue wahre Kirche entstehen.“[373]

Julius Leutheuser formulierte es eindeutig:

„Adolf Hitler ist der Mund eines Heilandes, der im deutschen Volk Fleisch und Blut werden will und geworden ist. Innerhalb der [NSDAP] ist die Gestaltung einer neuen Kirche. Im Nationalsozialismus ist bereits der neue Christusleib.“[374]

Seit Sommer 1935 nahm in Mecklenburg die Verbreitung nationalkirchlicher Gedanken zu, und im Herbst 1935 nahmen an der Reichsgemeindetagung der Kirchenbewegung DC erstmals Vertreter der mecklenburgischen DC teil. Es ging um die Überwindung aller Konfessionen und um eine nationalsozialistisch ausgerichtete Nationalkirche als Religionsgemeinschaft, die kaum noch etwas gemein haben sollte mit dem Glaubens- und Traditionsbestand evangelisch-lutherischer Landeskirchen.

Ein DC-Pfarrer schrieb hierzu an den NS-Ideologen Alfred Rosenberg:

„Der Fehler [der gemäßigten Deutschen Christen] liegt darin, daß die bestimmende Geltung der Weltanschauung auch für Theologie und Kirche verkannt wird. Nachdem sich herausgestellt hat, daß die in der Kirche vorhandenen Kräfte diesen Fehler nicht einsehen werden oder ihn nicht überwinden können, ist es notwendig, eine neue Grundlegung der Kirche, die in unser Volk wirklich eingeht und zu seiner künftigen Gestalt paßt, zu beginnen. Diese unterscheidet sich von den freireligiösen Bewegungen … durch die Anerkennung Jesu Christi. Von den bisherigen kirchlichen Bewegungen unterscheidet sie sich durch bedingloses Vertrauen zum Führer, welche Maßnahmen bei der Durchführung des Punktes 24[375] *wie des ganzen Parteiprogramms er auch trifft, und durch die Bereitschaft zu jeder Folgerung, zu der die nationalsozialistische Weltanschauung zwingt, auch auf Gebieten wie Befreiung vom Judaismus, Überwindung der Konfessionen und Verzicht auf den*

---

[373] Hans Buchheim: Glaubenskrise im Dritten Reich, Stuttgart 1953, S. 48/49.

[374] Gauger, Gotthardbriefe. 146. bis 158. Brief, a.a.O., S. 297.

[375] §24 des NSDAP-Parteiprogramms beinhaltete u.a: „Wir fordern die Freiheit aller religiösen Bekenntnisse im Staat, soweit sie nicht dessen Bestand gefährden oder gegen das Sittlichkeits- und Moralgefühl der germanischen Rasse verstoßen. Die Partei als solche vertritt den Standpunkt eines positiven Christentums, ohne sich konfessionell an ein bestimmtes Bekenntnis zu binden.“

kirchlichen Landbesitz ... Die Eindeutigkeit und Reinheit der weltanschaulichen Haltung ist bei dieser Unternehmung das Entscheidende. Deshalb kann sie nicht ohne Ihre bestimmende Mitwirkung geschehen."[376]

Der Schreiber dieses Briefes wurde von Bischof Schultz mit

"Wirkung vom 1. November 1936 in den Dienst der evangelisch-lutherischen Kirche Mecklenburgs berufen [und] zum Kameradschaftsleiter und Leiter der weltanschaulichen Schulung der Kandidaten des Predigerseminars in Schwerin ... bestellt."[377]

Es ging den Nationalkirchlern eindeutig darum, gegen die jüdisch-christliche Tradition zu arbeiten, und um eine „Entjudung" des Christentums, sie waren geradezu klassische Antisemiten.[378] Im Juli 1935 wies der Schweriner Oberkirchenrat beispielsweise darauf hin, „daß es selbstverständliche Pflicht aller Geistlichen und Kirchenbeamten ist, in dem Kampf gegen das Judentum mit gutem Beispiel voranzugehen." Empfohlen wurde ein Boykott jüdischer Geschäfte. 1935 und 1936 wurde der gestiegene Thüringer Einfluss auch im „Bericht über die öffentlichen Veranstaltungen der Gautagung der Deutschen Christen Mecklenburgs in Güstrow vom 13. bis 15. Juni 1936" deutlich. Es wurde zur Orgel von der Gemeinde ein Lied des Jenaer DC-Professors der Theologie, Dr. Wolf Meyer-Erlach, Rektor der Schiller-Universität, gesungen: „Die Himmel zerreißen! Es braust der Sturm! Bald kündens die Glocken von Turm zu Turm: Ein Volk, eine Kirche, ein Führer, ein Gott, ein ewiges Reich, geschmiedet in Not: Ehre sei Gott in der Höh."[379] Später wurde sogar offiziell die Position vertreten, Jesus sei kein Jude gewesen, sondern sogar Judengegner.

---

[376] Im Privatarchiv Dreier.

[377] Berufungsurkunde vom 19.11.1936, im Privatarchiv Dreier.

[378] In den letzten Jahren sind eine Reihe guter Arbeiten zu den „Thüringern" erschienen. Zu nennen sind:
- Peter von der Osten-Sacken (Hg.): Das missbrauchte Evangelium. Studien zu Theologie und Praxis der Thüringer Deutschen Christen, Berlin 2002
- Thomas A. Seidel (hg. im Auftrag der Ev. Akademie Thüringen und der Gesellschaft für Thüringische Kirchengeschichte): Thüringer Gratwanderungen. Beiträge zur fünfundsiebzigjährigen Geschichte der evangelischen Landeskirche Thüringens, Leipzig 1998
- Leonore Siegele-Wenschkewitz (Hg.): Christlicher Antijudaismus und Antisemitismus. Frankfurt/M. 1994
- Christian Staffa (Hg.): Vom protestantischen Antijudaismus und seinen Lügen, Magdeburg 1993
- Fritz Bauer Institut (Hg.): „Beseitigung des jüdischen Einflusses ..." Frankfurt/New York 1999
- Anja Rinnen: Kirchenmann und Nationalsozialist, Weinheim 1995.

[379] Junge Kirche, 1936, S. 724.

„Christus war kein Jude. Christus stammte ... aus dem Gau der Nichtjuden und seine Eltern waren Zimmerleute. Man mag die ganze Welt ablaufen, aber man wird keinen Juden finden, der das Zimmermannshandwerk ausübt. Christus war also schon von seiner Herkunft nach kein Jude. Er war es auch nicht seinem Wesen nach. Wäre er Jude gewesen, dann hätte er jüdisches Wesen offenbart. Dann hätte er jüdisch gedacht, jüdisch gelehrt und jüdisch gehandelt. Und die Juden hätten ihn anerkannt und wären ihm nachgefolgt. Das taten sie aber nicht ... Hingegen wurde die Lehre Christi von all den Völkern angenommen, die wir als Arier bezeichnen. Von dem Arier aber schreibt Adolf Hitler in ... ‚Mein Kampf‘: ‚Er stellt den gewaltigsten Gegensatz zum Juden dar.‘"[380]

„Jesus bedeutet so das Ende des Judentums nach jeder Richtung ... Von den jüdischen Schlacken befreien wir das Evangelium. Der deutsche Mensch soll ‚Welt und Christentum aus seinem Wesen heraus begreifen, aus germanischen Werten heraus erfassen.‘ (Rosenberg) Wir kämpfen daher um ein judenfreies deutsches Christentum und wissen, daß wir dabei in der Nachfolge des Heilandes stehen."[381]

Im August 1936 schließlich trat der Gau Mecklenburg dem DC-Führerring der Nationalkirchler bei[382] und übernahm damit quasi offiziell deren Positionen. Dies brachte im NS-Pastorenbund die Widersprüche zwischen der Mehrheit, die bereit war dem Landesbischof bedingungslos zu folgen und einer Minderheit, der es auch um den Bekenntnisstand der Kirche und ihre Zukunft ging, zum Ausbruch.

5.   Vom NS-Pfarrer zur Bekennenden Kirche

1936 bestand zwischen dem „Triumvirat Karl Kl. – Schwartze – v. Jüchen"[383] und Arthur Rackwitz, den wir als Amtsvorgänger Jüchens in Möhrenbach kennen gelernt haben und der in der NS-Zeit als Neuköllner BK-Pfarrer die Überreste der religiösen Sozialisten zusammenhielt, ein funktionierender Kontakt, brieflich wie persönlich. Es wurden Materialien

---

[380]   „Der große Judengegner Christus" von Karl Holz, damals stellvertretender NSDAP-Gauleiter in Franken (Klee, Personenlexikon, S. 268), in: Mitteilungsblatt der Glaubensbewegung Deutsche Christen Mecklenburg, Folge 1-2, Ostermond/April 1937.

[381]   Deutsche Christen Thüringen (Hg.): Deutsche Christen im Kampf. Heft 1: Jesus und die Juden, Weimar 1937, S. 8.

[382]   Kurt Meier: Der evangelische Kirchenkampf, Halle 1984, Bd. 2, S. 249ff.

[383]   Brief Jüchen an Rackwitz, o.D., ca. 1936, in: NLJ-S, Mappe Korrespondenz.

wie z.B. illegal aus der Schweiz eingeführte Ragaz-Predigten ausgetauscht.[384] Aber der Feind hörte mit.

„Das System des Rundschreibens hat sich nicht bewährt. Das große Rundpaket ist wiederum verschollen und meine kleine Drucksachensendung neulich, die schnell in Mecklenburg kursieren und dann zu mir zurückeilen sollte, liegt auch irgendwo fest bei einem, der sie allzu gründlich liest."[385]

Rackwitz war weit weg von Mecklenburg und bekam nicht viel von den rasanten Entwicklungen dort mit. Im Herbst 1936 entschloss sich „eine Reihe von bisher stärker neutral orientierten Pastoren, aus Sorge um den Bestand der Landeskirche, sich zu einem Lutherischen Pfarrerkreis" zusammenzuschließen. „Der Lutherische Pfarrerkreis umfasste bald 25 bis 30 Mitglieder."[386] Er versandte am 1.9.1936 seinen ersten Rundbrief.[387]

„Wir befinden uns fraglos in einem ‚status confessionis.[388] *Hier kann schon Schweigen und Beiseitestehen eine Verleugnung dessen sein, was uns mit unserem Ordinationsgelübde anvertraut ist ... [Es] ist jetzt eine eindeutige Klärung ... eingetreten und zwar durch die Verbindung der mecklenburgischen DC, zu denen die Mitglieder des Oberkirchenrates gehören, mit den nationalkirchlich eingestellten und den Deutschgläubigen nahe stehenden Thüringer DC ... Hier können wir nicht mehr mit! Unsere Pflicht zur Bekenntnistreue und unsere nationalsozialistische Verantwortlichkeit für das Volksganze sprechen hier ein entschiedenes Nein! ... Wir wollen uns auch weiterhin nicht auf den Boden kirchenparteilicher Bestrebungen begeben. In Treue gegen unseren nationalsozialistischen Staat, dem wir Deutschlands Rettung, insbesondere auch vor den zerstörenden Gewalten des bolschewistischen Antichristentums verdanken, wollen wir den Gemeinden und damit dem deutschen Volk mit dem Evangelium von Jesus Christus dienen ... Sind Sie bereit, sich mit uns in einem lutherischen Pfarrerkreis zusammenzufinden, in dem wir an der Neuordnung unserer mecklenburgischen Landeskirche im Sinne*

---

[384] Hierzu das Kapitel über den Widerstandskampf der religiösen Sozialisten während der NS-Zeit in: Ulrich Peter: Entstehung und Geschichte des Bundes der religiösen Sozialisten in Berlin 1919-1933, (Diss.) Frankfurt 1995.

[385] Rackwitz an die Mecklenburger, 30.8.1936, in: NLJ-S.

[386] Meier, Kirchenkampf, a.a.O., Bd. 3: 1984: S. 376.

[387] in: EZA, 1/A4/341.

[388] „Status confessionis" bedeutet theologisch, dass in einer bestimmten Situation bzw. zu einer bestimmten Zeit der Bekenntnisstand erklärt und bekannt werden muss. Der Theologe Dietrich Bonhoeffer erkannte zu Beginn der dreißiger Jahre dieses Jahrhunderts in der beginnenden Judenverfolgung einen Vorgang, der die Kirche zur Erklärung des status confessionis nötigt. Er sah in der Einführung des kirchlichen Arierparagraphen eine Verletzung der evangelischen Wahrheit, welche die Erklärung eines gemeinsamen positiven Bekenntnisses zu Jesus Christus erfordert und die Kirchentrennung zur Folge hat.

ihres rechtmäßigen Bekenntnistandes mitarbeiten? ... Mit amtsbrüderlichem Gruß
Kleiminger, Kleinschmidt, Dr. Steinbrecher, ... Werner."

Die Stärke des Lutherischen Pfarrerkreises nahm in den nächsten Wochen und Monaten kontinuierlich zu, wie Niklot Beste am 16.10.1936 an den Reichskirchenausschuss in Berlin melden konnte: „Wir machen darauf aufmerksam, daß nunmehr gegen 200 Pastoren in der Bekennenden Kirche und über 50 im Lutherischen Pfarrerkreis zusammengeschlossen sind."[389] Am 14.10.1936 fand in Güstrow schließlich ein gemeinsamer Kirchentag von BK und Pfarrerkreis statt[390] und verdeutlichte so die gemeinsame Frontbildung beider Gruppierungen. Am 22.10.1936 ging der „Bund der nat.soz. Pastoren Mecklenburgs" auf die Gründung des Lutherischen Pfarrerkreises mit einem von Schultz gezeichneten Rundbrief[391] ein. In einem weiteren Rundbrief v. 29.10.1936 schrieb er: „Die Feinde unserer evangelisch-lutherischen Landeskirche [sind] Bekenntnispastoren und der sog. Lutherische Pfarrerkreis."

Dann hatte sich die kirchenpolitische Lage in Mecklenburg derart zugespitzt, dass Jüchen in einer definitiven Entscheidungssituation war. Dem Bischof weiterhin folgen und den Übergang auf die „harte Linie" der Thüringischen DC mitvollziehen oder die Trennung vom Bischof und Anschluss an die Bekennende Kirche suchen? Jüchen folgte den im Lutherischen Pfarrerkreis zusammengeschlossen bisherigen NS-Pastoren und schloss sich der BK unter Niklot Beste an. Diesen Schritt muss er im Frühjahr 1937 vollzogen haben, offensichtlich ohne sofort aus dem NS-Pastorenbund ausgetreten zu sein. Schultz hat sich von Kleinschmidt und Jüchen verraten gefühlt und hatte keine Scheu, die Gestapo in die Konflikte einzubeziehen. Einem Brief des Reichskirchenministeriums an das Geheime Staatspolizeiamt Berlin vom 3. April 1937[392] ist auch die Art und Weise des Vorgehens zu entnehmen:

„Betrifft: Religiöse Sozialisten. Aus den beigefügten Anlagen, die meinem Sachbearbeiter von Herrn Landesbischof Schultz, Meckl., übersandt wurden, ist zu entneh-

---

[389] In: EZA 1/A4/341.

[390] Rundbrief Luth. Pfarrerkreis v. 24.10.1936, in: EZA 1/A4/341.

[391] In: LKAS, NL-Praag, Akte 1936.

[392] Kopie im EZA, 743/81. Das Original befindet sich im ZSTA Potsdam, RKM, Nr. 231357, B. 57ff. und wurde dort aufgefunden von Dr. Michael Rudloff, Leipzig, und erstmals zitiert in: Michael Rudloff: „Christliche Antifaschisten der ‚ersten Stunde' im Widerstand", in: Wissenschaftliche Zeitung der Karl-Marx-Universität Leipzig, Gesellschaftswissenschaftliche Reihe, Nr. 3/1989, S. 306.

men, daß die sog. ‚religiösen Sozialisten' (Marxisten) wieder eine regere Tätigkeit zu entfalten scheinen … Die Pfarrer Aurel von Jüchen und Rackwitz sind (vor der Machtübernahme) als fanatische religiöse Sozialisten bekannt gewesen."

Jüchen war sich sicher, dass er während der gesamten NS-Zeit überwacht wurde, für die Zeit nach 1936 ist dies bewiesen.

Jüchen machte seinen Austritt aus dem NS-Pastorenbund erst mit Brief vom 20.6.1938[393] öffentlich und richtete sich brieflich

„An die Herren Amtsbrüder im Bunde nationalsozialistischer Pastoren Mecklenburgs. Zweieinhalb Jahre lang bin ich Mitglied des Bundes nationalsozialistischer Pastoren gewesen. Da mich mit einer ganzen Reihe von Amtsbrüdern in diesem Bunde gute Kameradschaft verbindet, widerstrebt es mir, Euch meinen Austritt aus dem Bund und seine Gründe nicht ausdrücklich zur Kenntnis zu geben. Mich hat mein Weg aus dem Bunde der NS-Pastoren heraus zu denen geführt, die entschlossen sind, die Lehren des christlichen Glaubens gegen alle Verfälschungen, wie sie von den DC ständig geübt werden, und gegen alle Angriffe von außen zu verteidigen …

Als ich Mitglied des Bundes wurde, geschah es, weil Br. Sager[394] mir damals schriftlich erklärte, daß die Mitgliedschaft mir keine theologische und keine kirchenpolitische Bindung auferlege *und nichts anderes zur Voraussetzung habe, als den Willen, im nationalsozialistischen Staat an dem inneren Aufbau der Kirche teilzunehmen in einer loyalen Haltung gegenüber der mecklenburgischen Kirchenbehörde. Das Vertrauen zu dieser erlitt einen starken Stoß, als der mecklenburgische Oberkirchenrat sich den Thüringer DC anschloß."*

Auf seinen Austrittsbrief bekam Jüchen viele zustimmende Zuschriften. Aber er erfuhr auch von einem Rundbrief des Bundesrates der NS-Pastoren mit ehrverletzenden Behauptungen über Kleinschmidt und ihn. In diesem Zusammenhang wandte er sich brieflich an Heinrich Schwartze, seit dem 1. Mai 1938 „Landespastor für das kirchliche Pressewesen"[395] und damit faktisch Pressereferent des Landesbischofs Schultz und sein Redenschreiber. Er bat ihn mäßigend auf Schultz einzuwirken. „Der Bundesrat sollte mich

---

[393] In NLJ-S. Dieser Brief wird zitiert in: Angelika Gerlach-Praetorius: Die Kirche vor der Eidesfrage, Göttingen 1967, S. 95.

[394] Fritz Sager, Leiter der kirchlichen Öffentlichkeitsarbeit, Obmann des NS-Pastorenbundes und als Nachfolger von Schultz Gauobmann der DC.

[395] Beste, a.a.O., S. 330.

[396] Brief v. 3.7.1938 an Schwartze, NLJ-S. Soweit nicht anders bezeichnet, bezieht sich die Darstellung auf Archivalien im Jüchen-Nachlass in Schwerin.

doch so gut kennen, daß er weiß, daß ich mich meiner Haut und meiner Ehre zu wehren verstehe."[396]

Schwartze antwortete mit Dienstkopfbogen am 29.6.1938:

„Es liegt mir so wie Dir [nicht] daran, Beziehungen deshalb abzubrechen, weil … wir in verschiedenen theologischen und kirchenpolitischen Lagern stehen … Genau so wie Du bin ich seiner Zeit Mitglied des NS-Pastorenbundes geworden, weil ich dadurch zu bekunden wünschte, ich sei willens, im nationalsozialistischen Staat am inneren Aufbau der Kirche für meine Person zu helfen, und zwar in aufrichtiger Anerkennung des Kirchenregimentes … Kirchenpolitisch habe ich … damals (ebenso wie Du) Partei genommen, denn der Bund stand von jeher im Gegensatz zur BK."[397]

Schwartze blieb Parteigänger von Schultz und distanzierte sich von den Aktivitäten der Bekennenden Kirche. Bischof Beste zog hierzu das Fazit:

„Die kirchliche Presse stand ganz im Dienst des Oberkirchenrats und unter deutsch-christlichem Einfluss … Der Pastor Heinrich Schwartze leitete bis in den Krieg hinein die kirchliche Pressearbeit und redigierte auch das Mitteilungsblatt als Anlage im ‚Kirchlichen Amtsblatt'."[398]

Eine weitere Rückmeldung erhielt Jüchen aus seiner thüringischen Heimatkirche und direkt vom Eisenacher Bischof und DC-Führer Julius Leutheuser in dessen im ganzen Reich vertriebenen Blatt „Nationalkirche."

„Eine innere Wandlung?
Im Lande Mecklenburg gibt es … Aurel von Jüchen … Als Sie aus Amt und Brot der Thüringer evangelischen Kirche gekommen waren … und als schließlich der politische Umbruch des Jahres 1933 Ihnen die Quittung verabreicht hatte für Ihren Kampf gegen den Nationalsozialismus, da kamen Sie zu mir … und baten mich … doch alles zu tun, daß Sie wieder Pfarrer werden konnten … Als Nationalsozialist und Christ konnte und mußte ich Ihnen vergeben … Im Jahre 1934 haben Sie an unsere christliche Barmherzigkeit appelliert. Seit 1935 verdanken Sie der wahrhaft geübten christlichen Barmherzigkeit unseres Kd. Walter Schultz Ihre Wiederverwendung im Dienst der Mecklenburgischen Kirche. Dann schleichen Sie sich weiter in die mecklenburgische, nationalsozialistisch ausgerichtete Pfarrerschaft herein, indem Sie

---

[397] Brief Schwartzes mit Dienstkopfbogen an Jüchen v. 29.6.1938. In: NLJ-S. Dieser Brief war in den 50er Jahren während der SED-Kampagne gegen Bloch wichtig, in der sich Schwartze als Bloch-Kritiker exponiert hatte. Kleinschmidt und die SED befürchteten, dass dieser Brief noch im Besitz Jüchens und in Westberlin sei. Somit war er mögliche Munition gegen Schwartze, der deshalb zurückgepfiffen wurde. Statt in Berlin lag der Brief aber in Jüchens zurückgelassenen Unterlagen in der Schelfkirche, weniger als einen Kilometer von Kleinschmidts Arbeitszimmer entfernt.

[398] Beste, a.a.O., S. 211.

dem Bund nationalsozialistischer Pastoren Mecklenburgs beitreten. Im Jahre 1938
fühlen Sie Ihre Stunde gekommen, um Ihr altes Herz wieder zu entdecken und eine
Rebellion gegen einen deutschen Menschen durchzuführen, dessen großmütiger Gesin-
nung Sie Ihre Existenz verdanken. Herr v. Jüchen! Sie sind geblieben, der Sie waren.
Der alte Kampf beginnt aufs Neue. Erst wenn der jüdische Geist auch aus der Kirche
ausgetrieben ist, wird das deutsche Volk nicht mehr ausspucken müssen vor Pfarrern,
die sich Christen heißen, ihrem eigentlichen Glauben nach aber Juden sind. Herr v.
Jüchen, eine zweite Verzeihung gibt es nun nicht mehr … Erbarmungslos werden
wir kämpfen um die Säuberung des letzten Stückleins deutscher Erde des deutschen
Kirchenraumes von geistigem unleidlichem Judentum. Jul. Leutheuser.“[399]

Der Antwortbrief Jüchens wurde in der „Nationalkirche“ nicht publiziert.
Gelohnt hätte es sich. Im Jüchen-Nachlass in Schwerin befinden sich zwei
Antwortbriefe. Zum einen der Brief, den Jüchen am 3. August 1938 an
Leutheuser absandte und der mit folgendem Fazit endet:

„Aus allen diesen Gründen nenne ich Sie einen üblen Verleumder und traurigen
Ehrabschneider und behaupte, daß Sie gegen Ihr besseres Wissen und Gewissen …
die objektive Unwahrheit gesagt haben.“

Ein zweiter mit der handschriftlichen Angabe „nicht abgeschickter Entwurf“ enthält Passagen, die Jüchen offensichtlich in der ersten Reaktion auf
die „Nationalkirche“ verfasste und die im abgeschickten Brief nicht bzw.
stark abgemildert auftauchten. Wichtig ist, dass Jüchen erstmalig schriftlich
ausführt, wie er Mitglied des NS-Pastorenbundes wurde.

„Darf ich Ihnen im Vertrauen erzählen, wie ich Mitglied des Bundes nationalsozia-
listischer Pastoren geworden bin? Ich habe diese Geschichte noch niemandem erzählt,
aber wie Sie meinen, ich hätte mich ‚eingeschlichen‘, so will ich sie Ihnen erzählen.
Der stellvertretende Bundesführer Sager fragt bei mir an, ob ich bereit sei, in den
Bund nationalsozialistischer Pastoren einzutreten. Ich antworte mit einem Nein
und begründe es, indem ich meine Bedenken geltend mache. Sager antwortet auf
meine Bedenken mit einem Brief, in dem er erklärt, die Mitgliedschaft im Bunde
nationalsozialistischer Pastoren bedeute keine theologische und kirchenpolitische
Festlegung. Bedingung sei vielmehr die Gefolgschaftstreue gegenüber dem Bischof
als dem Mitbegründer und Führer des Bundes. Daraufhin habe ich nun nicht etwa
meinen Beitritt erklärt, sondern ich erhielt eines guten Tages eine Mitgliederliste
zugesandt, auf der ich als Mitglied des Bundes geführt wurde … Ich bin in der
Folgezeit solange gern Mitglied des Bundes gewesen, wie der Bischof … sein Amt
nicht im Sinne einer einseitigen deutschchristlichen Herrschaft gebrauchte.“

---

[399] Nationalkirche, Nr. 31 v. 31. Juli 1938.

Spätestens mit der Publikation in der „Nationalkirche" war Jüchen vom Zwang der Kompromisse befreit und holte in den nächsten Monaten alles an Widerstand nach, was er seit 1934 versäumt hatte und wurde so einer der profiliertesten BK-Pfarrer Mecklenburgs. Allein das Jahr 1938 bietet Stoff für eine Monographie.

Die Ereignisse des Jahres 1938 begannen mit der von der Landeskirche geforderten Eidesleistung der evangelischen Pfarrer auf Hitler am 9. April 1938. Dieser Eid hatte eine wichtige Vorgeschichte. Nach dem Tod Hindenburgs im Jahr 1934 setzte die Bewegung der Deutschen Christen auf einer Nationalsynode den Erlass eines Kirchengesetzes durch, das die Vereidigung der evangelischen Pfarrer auf Hitler verfügte. Es kam jedoch nicht zur Durchführung, weil die Bekennende Kirche das Gesetz ablehnte. Nach der Annektierung Österreichs am 13.3.1938 veranlassten einige von den Deutschen Christen geprägte Landeskirchen, dem Beispiel der österreichischen evangelischen Kirchenleitung folgend, die Vereidigung der Pfarrer auf Hitler. Im April 1938 sollten die Pfarrer beim Oberkirchenrat den Treueid gegenüber dem „Führer" ableisten. Erneut stand die Bekennende Kirche vor der Frage, ob sie sich durch die Ablehnung eines solchen Gesetzes nicht den Vorwurf der nationalen Unzuverlässigkeit zuzöge. Der in Mecklenburg vorgesehene Text wurde von den Mitgliedern der BK abgelehnt.

Das Kirchengesetz in Mecklenburg sah vor:

„§ 1: Wer im Bereich der evangelisch-lutherischen Kirche Mecklenburgs [als Pfarrer amtieren will oder schon amtiert] ... hat seine Treuepflicht gegenüber Führer, Volk und Reich durch folgenden Eid zu bekräftigen: ‚Ich schwöre: Ich werde dem Führer des Deutschen Reiches und Volkes, Adolf Hitler, treu und gehorsam sein, die Gesetze beachten und meine Amtspflichten gewissenhaft erfüllen, so wahr mir Gott helfe.'"[400]

Am 30. März 1938 erschienen im Kirchlichen Amtsblatt Nr. 6 Ausführungsbestimmungen zum Kirchengesetz über den Treueid.

„Vielen BK-Pastoren erschien ... der Eid als Bindung an das DC-Kirchenregiment, andere lehnten die Vereidigung überhaupt rigoros ab."[401]

Erst ein Zusatz, in dem den Pfarrern zugesichert wird, dass sie dem NS-Staat nur soweit gehorchen können, als sie nicht in Widerspruch zu

---

[400] Zitiert in Junge Kirche, 1938, S. 386.
[401] Meier, Kirchenkampf, a.a.O., Bd. 3: 1984, S. 380/81.

ihrem Glauben und dem Ordinationsgelöbnis kommen, erreicht die Akzeptanz. Trotzdem legen Kleinschmidt, Jüchen, und viele andere Pfarrer den geforderten Treueid nicht bei einer staatlichen Stelle, sondern vor den bekenntnistreuen Landessuperintendenten Sieden, Behm und Hurtzig ab, die daraufhin von Schultz suspendiert wurden. Oberkirchenrat Sieden erlitt bei der Mitteilung seiner Absetzung einen tödlichen Herzinfarkt. Daraufhin protestierten 152 Pfarrer, unter ihnen Jüchen und Kleinschmidt, durch Erklärungen am 4. Mai 1938 wie auch durch Kanzelabkündigungen, in denen Sieden als Bekenner des Evangeliums gewürdigt wurde. „Er ist gefallen wie ein Soldat im Kampf für die Ehre der Kirche."[402]

Der nächste Paukenschlag erfolgte nach einer Schultz-Rede in Berlin am 28.5.1938. Der Mecklenburger Landesbischof hielt in einer nicht-öffentlichen DC-Versammlung im Berliner Sportpalast eine Rede, die diametral dem christlichen Bekenntnis entgegengesetzt war. Karl Kleinschmidt hatte sich Einlass verschafft und die Rede mitstenographiert. Kleinschmidt und Jüchen publizierten diese Rede als Privatdruck, verbreiteten sie durch die BK an alle Mecklenburger Pfarrer und auch darüber hinaus und forderten den Rücktritt des Bischofs. Hierzu erhielten beide viele positive Rückmeldungen.

Reinhard Gaede[403] übernimmt Jüchens Angaben, dass es sich um die berühmte Krause-Rede im Sportpalast 1933 gehandelt habe. Tatsächlich war es eine andere Kundgebung, die zwar auch im Berliner Sportpalast stattfand, aber erst im Jahr 1938 und mit dem Hauptredner Bischof Schultz.

„Kleinschmidt besuchte in Berlin mit seinem Presseausweis die Sportpalastkundgebung, an der ja zwar die kirchlichen Würdenträger, aber sonst nur deutsche Christen teilgenommen haben. Und er stenographierte, so gut er konnte, mit und besuchte mich am selben Tag. ,Aurel, da ist was ganz ungeheuerliches geschehen. Mensch, die Rede vervielfältigen wir.' Jetzt haben wir den Inhalt dieser Rede zusammengefaßt und mitgeteilt."[404]

Die Kundgebung der „Deutschen Christen – Nationalkirchliche Einung" hatte das Thema „Volk im Herzen einig vor Gott" und fand am 28. Mai 1938 um 20.00 Uhr im Sportpalast Berlin statt. Nach Kleinschmidts Bericht nahmen 10.000-11.000 Personen teil, darunter viele

---

[402] EZA 1/A4/342.

[403] Reinhard Gaede: Als Christ – Sozialist. Ein Lebensbild des Theologen Aurel von Jüchen. Nachwort zu: Aurel von Jüchen: Jesus zwischen reich und arm, Stuttgart 1985, S. 124/25.

[404] A 21.

„Pastoren in einer Art von deutschchristlicher ‚Pastorenuniform‘ (Schwarzer Rock oder Kletterweste mit schwarzen Knöpfen, schwarze Breeches, hohe Stiefel, keine Abzeichen) … Aus allen Gegenden Deutschlands waren Abordnungen erschienen. Ich habe Bekannte aus Thüringen und Mecklenburg in großer Zahl gesehen …

Kurz nach 20 Uhr betrat der Führerstab der Nationalkirchlichen Einung, an der Spitze Leffler, Schultz, Leutheuser und Tausch den Sportpalast, von der Versammlung teils stehend mit dem deutschen Gruß, teils mit Händeklatschen, Trampeln und Heilrufen begeistert empfangen … [Walther Schultz führte aus:] Die neue Bewegung hat mit den DC von 1933 nichts mehr gemein und hat einen völlig neuen Inhalt: Nationalkirche … Es ist keine Frage mehr, wo heute Christus zu suchen ist, im Nationalsozialismus oder in der Kirche. Nur kleingläubige Gleichgültigkeit oder atheistischer Widerstand gegen das Gottgeschehen unserer Tage kann bestreiten, daß der Nationalsozialismus der lebendige Christusträger ist. Wir wissen von keinem besonderen christlichen Sittengesetz. Wir kennen nur das Sittlichkeits- und Moralgefühl der germanischen Rasse und sein Gebot … Der Nationalsozialismus ist der Vollender der Reformation … – Von der religiösen Bedeutung dieser Kundgebung zu reden, erübrigt sich. Wir sehen nicht, was sich denn eigentlich hier noch ‚Christentum‘ nennt.“[405]

Nach dieser Rede gingen Jüchen und Kleinschmidt in die Offensive. Am 25. Juni 1938 wandten sie sich brieflich an Schultz und distanzierten sich von dessen Ausführungen. Da dieser Brief als offener Brief konzipiert war, erhielten ihn alle Pastoren der ev.-lutherischen Landeskirche Mecklenburgs zur Kenntnisnahme und der Bitte um Reaktion, da Gefahr im Verzuge sei. „Es muß Klarheit herrschen darüber daß der Glaube der DC nicht mehr der Glaube der evangelischen Kirche, ihrer Bekenntnisschriften, Gebete und Gesangbücher ist.“[406]

Ein von Jüchen und Kleinschmidt formulierter Text wurde vom mecklenburgischen BK-Bruderrat unterstützt und am 26. Juni 1938 in vielen mecklenburgischen Kirchen von der Kanzel verlesen. In zehn Abschnitten war ausgeführt, worin die Unterschiede zwischen dem Bekenntnis einer evangelisch-lutherischen Kirche und der nationalkirchlichen Position des Bischofs bestanden.

---

[405] Im NLJ-S befindet sich ein komplettes Exemplar. Die Zitate befinden sich auf den S. 1, 3, 4 und 8. Eine Abschrift im PAB, Nachlass Karl Kleinschmidt beginnt erst auf S. 3, Mitte des Originalmanuskripts. Längere Auszüge aus der Sportpalast-Rede druckte die Junge Kirche in Heft Nr. 12 vom 19. Juni 1938 auf den Seiten 520 bis 522.
[406] Text im PAB, Nachlass Kleinschmidt, und Durchschrift im NLJ-S.

„Man kann nicht Bischof zweier Kirchen sein: einer evangelisch-lutherischen und einer nationalkirchlichen." Am Schluss wurde Schultz zum Rücktritt vom Bischofsamt aufgefordert.[407]

Dieser respektlose Umgang mit dem Landesbischof und der jetzt öffentlich gemachte Übergang Jüchens aus den Reihen der NS-Pastoren zur Bekennenden Kirche machte Jüchen nach eigener Einschätzung „zur bestgehaßten Person der Landeskirche." Sein direkter Dienstvorgesetzter Propst Cordshagen war ein entschiedener Nationalkirchler und Parteigänger von Schultz. Er entwickelte sich zum Intimfeind Jüchens.

Versuche Jüchens, den Konflikt durch die breite Publizierung der Vorgänge weiter zuzuspitzen, scheitern an den mangelnden technischen Möglichkeiten. Er konnte keine Druckerei finden, die den Druck wagte. Fritz Söhlmann, Schriftleiter, d.h. im heutigen Sprachgebrauch Chefredakteur der Zeitschrift der Bekennenden Kirche, „Junge Kirche", schrieb am 27.7.1938 deswegen an Jüchen:[408]

„Haben Sie freundlichen Dank für Ihren Brief vom 10. d. Mts. Ich habe inzwischen Gelegenheit gehabt, Ihre Anfrage mit verschiedenen unserer engeren Mitarbeiter zu besprechen. Das Urteil ging übereinstimmend dahin, daß es unter den gegenwärtigen Umständen unmöglich sei, die von Ihnen übersandten Schriftstücke abzudrucken. Auf die Rede von Schultz wollen wir zwar zur eigenen Urteilbildung der Leser in der ‚Jungen Kirche' noch einmal ausführlicher hinweisen. Auch meine Bemühungen, um eine für Sie geeignete Druckerei waren vergeblich. Die verschiedenen Druckereien, mit denen ich in Verbindung stehe, sagten mir auf meine Anfrage, daß es ihnen unmöglich sei, den betr. Auftrag zu übernehmen."

6. Der November-Pogrom in Rossow

Die Ermordung des Nazi-Diplomaten Ernst Eduard vom Rath am 7. November 1938 in Paris durch einen aus Deutschland ausgewiesenen, 17 Jahre alten polnischen Juden, Herschel Grünspan, löste in Deutschland die Reichspogromnacht bzw. Reichskristallnacht aus. In der Nacht vom 9. zum 10. November 1938 zerstörten SA-Leute und andere Nazi-Anhänger eine große Zahl von jüdischen Wohnungen und Geschäften, steckten 177 Synagogen in Brand und ermordeten 91 jüdische Menschen. In den meisten Fällen sah die

---

[407] Beste, a.a.O., S. 196/97.
[408] NLJ-S, Mappe Theologische Fragen.

Polizei tatenlos zu. Die Beseitigung der Ruinen wurde den jüdischen Gemeinden in Rechnung gestellt, 20.000 Juden wurden verhaftet und 10.000 in das KZ Buchenwald eingeliefert. Vielfach herrscht Panik unter den Betroffenen. Die Absicht war, die Juden so zu verängstigen, dass sie Deutschland verlassen oder Selbstmord begehen sollten. Nach der Pogromnacht macht die Reichsregierung die Opfer zu Tätern. Die jüdische Bevölkerung Deutschlands wird zu einer „Sühneleistung" von einer Milliarde Reichsmark verurteilt. Das Pariser Attentat nutzten die Nazis als Legitimation für eine weitere Verschärfung ihrer antisemitischen Politik und einer weiteren Ausschaltung der Juden aus dem deutschen Alltagsleben, wie z.b. aus dem Schulsystem.

Der Reichserziehungsminister Dr. Rust erließ am 14.11.1938 eine „Anordnung über die sofortige Entlassung jüdischer Schüler von deutschen Schulen."

„Nach der ruchlosen Mordtat von Paris kann es keinem deutschen Lehrer und keiner deutschen Lehrerin mehr zugemutet werden, an jüdische Schulkinder Unterricht zu erteilen. Auch versteht es sich von selbst, daß es für deutsche Schüler und Schülerinnen unerträglich ist, mit Juden in einem Klassenraum zu sitzen … ordne ich daher mit sofortiger Wirkung an: 1. Juden ist der Besuch deutscher Schulen nicht gestattet."

Zu den Ereignissen im Kontext der Reichspogromnacht wurde in der Kirche und in der kirchlichen Presse überwiegend geschwiegen. Nur einzelne Pfarrer protestierten.

„Immer … muß ich an diese Nacht in meiner Stadt Schwerin denken, als ihre Synagoge brannte und der Schein dieses Brandes meine Pfarrstube erhellte über die riesige schwarze Silhouette des Domes hinweg, an dem ich Pfarrer war."[409]

So erinnerte sich Karl Kleinschmidt an die Reichspogromnacht des 9. November 1938, aber er erinnerte sich falsch. In Schwerin brannte die Synagoge in der Schlachterstraße 3-7 nicht.

„Mit Sicherheit beruht die Aussage des Pastors Kleinschmidt, daß ‚die Synagoge brannte und der Schein dieses Brandes meine Pfarrstube erhellte …' auf einer zu lebhaften Vorstellungskraft. Da das Gebäude direkt an andere Häuser in der Schlachterstraße und am Großen Moor angrenzte, hätte die Brandstiftung ein Großfeuer in der Altstadt ausgelöst."[410]

---

[409] Karl Kleinschmidt: „Die Predigt nach der ‚Kristallnacht'", in: Heinrich Fink (Hg.): Stärker als die Angst, Berlin/DDR 1968, S. 56.

[410] Bernd Kasten: Ausgrenzung-Vertreibung-Vernichtung. Juden in Schwerin 1933-1945, Schwerin 1995, S. 11/12. Hierzu auch Jürgen Borchert/Detlef Klose: Jüdische Spuren in Mecklenburg, Berlin 1994, S. 110/112.

„Anfang 1938 lebten in Mecklenburg noch 453 jüdische Bürger, die der Israelitischen Landesgemeinde angehörten. Sie verteilten sich über 42 Orte … Einen Höhepunkt der Verfolgung bildete auch in Mecklenburg das Pogrom im November 1938. In Güstrow, Neubrandenburg, Rostock, Parchim und Strelitz wurden Synagogen Opfer der Brandanschläge. In Teterow und Schwerin wurden die Synagogen abgetragen."[411]

Während die unzutreffende Schilderung von Kleinschmidt in einer Reihe von Darstellungen tradiert wurde, ist eine andere, tatsächliche Begebenheit weitgehend[412] unbekannt geblieben, obwohl diese Ereignisse in der schriftlichen Überlieferung lückenlos verzeichnet sind. Wir haben hier einen der ganz seltenen Fälle, wo sich Pfarrer der ev. Kirche gegen die Verfolgung ihrer jüdischen Mitbürger auch praktisch gewandt haben. Akteur war Aurel von Jüchen und die Ereignisse fanden statt im kleinen Ort Rossow bei Netzeband.

7. Aurel von Jüchen über die Ereignisse am 11. November 1938 in Rossow[413]

„In dem Ort, in dem ich Pastor war, gab es keine Juden. Aber aus diesem Dorf stammte eine Frau, die einen Juden geheiratet hatte. Sie war als Kind von einem Bauernehepaar in der Gemeinde adoptiert worden und wohnte jetzt mit ihrem Mann in Berlin. In unserem Dorf besaßen die beiden ein Haus, in dem sie regelmäßig das Wochenende verbrachten, bevor sie am Montag zurück nach Berlin fuhren. Die Frau aus unserem Dorf hatte durch ihre herzliche Beziehung zu

---

[411] Ingo Koch: „Verfolgung, Opposition und Widerstand im Nationalsozialismus" in: Wolf Karge/ Peter-Joachim Rakow und Ralf Wendt (Hg.): Ein Jahrtausend Mecklenburg und Vorpommern, Rostock 1995, S. 333.

[412] Meines Wissens sind die Vorgänge in Rossow bislang dreimal in der Publizistik näher dargestellt worden. Einmal 1985 von Reinhard Gaede in: Als Christ – Sozialist. Ein Lebensbild des Theologen Aurel von Jüchen, a.a.O. Dann in Ulrich Peter/Gunter Schwarze: Zur Geschichte des religiösen Sozialismus. Das Beispiel Aurel von Jüchen, in: CuS, Heft 3/1986, S. 9-27, und bislang am ausführlichsten und mit Dokumenten in: „Pastor Aurel von Jüchen löscht in Rossow/Kreis Waren ein jüdisches Gartenhaus während der Novemberpogrome 1938", in: Mecklenburgia sacra. Jahrbuch für mecklenburgische Kirchengeschichte, Wismar 1998.

[413] Der Hauptteil dieser Erinnerung stammt aus dem Interview, das Gunter Schwarze und der Verfasser 1986 mit v. Jüchen führten und das nach der Bandaufzeichnung transskribiert wurde. An einigen Stellen, die nicht ausdrücklich gekennzeichnet wurden, sind zum besseren Verständnis kleine Teile aus anderen autobiographischen Texten Jüchens aufgenommen worden (A3, A4, A8). Die als Kasten deutlich gemachten Einschübe sind Auszüge aus Dokumenten, die sich in der Personalakte Jüchens im LKAB befinden.

ihren Zieheltern eine große Anhänglichkeit an die ganze Gemeinde. Da ihr Mann
wohlhabend war, kam es vor, daß sich ein Bauer, dem es finanziell schlecht ging,
an die Frau wandte. ‚Mir geht's doch so dreckig. Könnte Ihr Mann mir nicht 1000
oder 2000 Mark leihen?' Die Frau bedeutete eine große Hilfe für die Gemeinde,
weil sie manchem Bauern aus einer finanziellen Notlage helfen konnte. Zwei Tage
nach der Aktion ‚Kristallnacht' hatte der Kreisleiter der NSDAP in Pritzwalk
Geburtstag. Und für diesen Geburtstag hatten sich einige Nazis vorgenommen, den
Juden, der in unserem Dorf ein Haus hatte, ‚hops' zu nehmen. Glücklicherweise
war er an diesem Wochenende gerade nicht da.

Aber es kam eine Invasion von SA-Leuten ins Dorf, nicht in Uniform, sondern
alle getarnt als Zivilisten. An jenem Sonnabend saß ich abends bei der Predigt, an
meinem Schreibtisch vor dem Fenster, und hatte die Vorhänge zugezogen und sehe
durch die Gardinen hindurch ein Feuer scheinen und denke, es brennt. Mein erster
Gedanke – schräg gegenüber, über den Anger rüber, also ziemlich weit gegenüber,
lag eine Sägemühle –: Hoffentlich brennt die Sägemühle nicht. Komme raus und
sehe, das Haus des Juden brennt. Neben dem Haus haben sie einen Schuppen
angezündet und das Haus fing an zu brennen. Und aus dem Fenster des Hauses,
draußen auf einen Weg, der zum Bahnhof führte, schmeißen sie das Mobiliar raus,
das fällt auf die Erde. Und ich will die Feuerwehr alarmieren. Und die Feuerwehr
rückt gar nicht aus und es hat auch nicht Feuer geläutet. Das Feuer brennt. Auf
der einen Seite ist die Sägemühle und die Sägemühle hat ja einen Benzinschuppen
und auf der anderen Seite das Haus des Juden.

Bericht Jüchen an den OKR „Betr. Vorgang in Rossow am 12. November 1938" datiert Rossow 23.11.1938:

„Als ich … aber sah, daß ortsfremde Elemente, die mit vier Autos von Wittstock
und von Blandikow gekommen waren, aus dem Fenster der Wochenendwohnung
des Juden Abraham (die im Besitz der aus Rossow stammenden arischen Ehefrau
steht) alles Mobiliar herauswarfen und an ein Gartenhaus Feuer gelegt hatten,
machte ich die Brandstifter darauf aufmerksam, daß das eine seit 48 Stunden
… ausdrücklich verbotene Handlung sei."

Ich erkundige mich, was los ist. Die Feuerwehr soll heute nicht in Aktion treten.
Das hat der Ortsbauernführer bestimmt, der ist Mitglied der Feuerwehr. Ich such
den auf. Er ist nicht zu Hause. ‚Ja, die sind alle heute Abend in einer Versamm-
lung.' Sie waren in einer Gastwirtschaft, alle Bauern auf einem Haufen, während
die SA – eine fremde SA, muß ich sagen, nicht aus meiner Gemeinde, sondern
von Pritzwalk mit dem Lastkraftwagen hergekarrt, den Brand ausführte und
den Brand anfachte. Und jetzt will ich euch mal vormachen, wie man eine Ver-

sammlung, in der hundert Leute sitzen, auflöst. Ich bin in die Tür gegangen, hab die aufgemacht, hab gesagt: ,Wissen die Herren, daß es im Dorfe brennt?' ,Was – wo?' ,Draußen brennt's.' Wußten die Bauern nicht. Dann stellte sich das erst raus, daß die Feuerwehr absichtlich die Feuerglocke nicht geläutet hatte und der Bauernführer des Dorfes erklärte mir: ,Ja, wir haben da einen Befehl, das nicht zu tun. Der Kreisleiter ist im Ort.' – ,Wo ist er?' – ,Da können Sie nichts dran machen, Herr Pfarrer. Der Kreisleiter ist im Ort.'

Bericht Jüchen an den OKR „Betr. Vorgang in Rossow am 12. November 1938" datiert Rossow 23.11.1938:

„Ich verlangte vom Bürgermeister, daß er die Gendarmerie anrufen sollte. Da dieser es nicht tat, veranlaßte ich später selbst, daß der Gendarm gerufen wurde."

Da seht ihr auch ein Stück von der Feigheit im Nationalsozialismus: Die Männer der Feuerwehr weigern sich, die Feuerglocke zu läuten. Ich bin dann hingegangen und habe selber die Glocke geläutet mit einem langen Strick, der von der Glocke bis an die Erde reichte.

Da war der NSDAP-Kreisleiter von Pritzwalk mit einer Gruppe gekommen, um in diesem Dorf des roten Pastors ein Judenhaus anzuzünden. Meine Predigt lag unfertig noch auf dem Schreibtisch und ich laufe zu dem brennenden Haus, das durch einen Drahtmaschenzaun abgezäunt war. Inzwischen hat der Brand übergegriffen auf einen Schuppen, in dem ausgerechnet Benzinfässer der Sägemühle gelagert waren. Während der Schuppen zu brennen anfängt, bin ich gleichsam eingeschlossen innerhalb des Maschendrahtzaunes. Ich bin wie in einem Käfig nur mit SA-Leuten zusammen, während hinter dem Zaun die Gesichter meiner Bauern zu sehen sind. Zunächst habe ich mitgeholfen, den Benzinschuppen zu löschen. Alle hatten inzwischen Angst bekommen, daß der Brand sich vom Haus des Juden weiter ausbreitete.

Das ganze Dorf versammelt sich an dem Brand vor einem Maschenzaun. Ich klettere rüber über den Maschenzaun. Die SA war in Zivil, keiner hatte eine Uniform an, und ich frage sie: ,Ich möchte gerne Ihren Namen wissen, können Sie mir Ihren Namen nennen.' Drumherum geredet: kein Name. ,Sagen Sie mir ihren Namen!' Einige von meiner Gemeinde standen draußen vor dem Maschenzaun. Ich sagte laut: ,Ich stelle fest, daß hier Leute einen Brand legen. Keiner wagt, mit seinem Namen für das einzutreten, was er tut.' Jetzt kommt unser Oberbonze zu mir und sagt: ,Was wollen Sie eigentlich? Wer sind Sie eigentlich?' ,Ja, ich bin hier Pastor, hier im Dorf.' – ,Ha, ha, die Dummen werden nicht alle, daß Sie hier noch ein Kommando zu führen wagen!'

Ich hab erst mal eine Weile gelöscht. Und dann mich wieder an die SA gewandt, denn inzwischen war die ganze Gemeinde vor dem Maschenzaun. Ich hab die fragen können am Brandherd: ,Sagen Sie, hören Sie kein Radio, kennen Sie nicht den Befehl, den Goebbels erteilt hat?' Dann habe ich die SA-Leute angesprochen: ,Ich möchte gern Ihren Namen wissen. Sie haben das Feuer gelegt, dann werden Sie ja wohl so mutig sein, mit Ihrem Namen dafür einzustehen.' – ,Was geht Sie das an? Wer sind Sie eigentlich?' – ,Ich bin der Pastor hier am Ort. Sie wissen, daß durchs Radio bereits weitere Unternehmungen in bezug auf die Kristallnacht abgeblasen sind. Oder wissen Sie das nicht? Goebbels selbst hat das durchgegeben. Was Sie hier machen, ist ungesetzlich. Von einem bestimmten Punkt an ist die Aktion Kristallnacht abgebrochen. Und der ist gestern schon vorbei gewesen. Und heute, am dritten Tag erscheinen Sie hier.'

,Was geht Sie das an? Wir wissen selber, was wir tun!'

Ich wende mich an die Bauern, die draußen vor dem Maschendrahtzaun stehen und sage: ,Ich stelle fest, daß kein einziger von den hier anwesenden Männern bereit ist, mit seinem Namen einzustehen.' Dann gehe ich fort. Jetzt war ich von dem Brand, von der Hitze und von der Aufregung so durstig geworden, daß ich dachte: Ich muß jetzt erst ein Glas Bier trinken. Und geh in die andere Wirtschaft – wir hatten im Dorf zwei Wirtschaften –, nicht wo die beschriebene Versammlung war. Und ich ging also in die andere Wirtschaft, bleib an der Theke stehen, bestell mir ein Glas Bier, krieg das auch, hör aber, daß da ein paar Leute sitzen an einem Tisch, Fremde, alle in Zivil, die sich über den Pastor unterhalten. ,Daß diese Dummen hier nicht alle werden, sich von dem Pfarrer an der Nase rumführen lassen.' Und ich überlege schnell: Was machst Du jetzt? Gehst Du raus? Aber die Wirtsleute selber Nazis, beide, sie Frauenschaftsleiterin, er Nazi. Und alle beide, meine Nachbarn. Ich überlege. Gehste raus? Dann kommen die hinterher. Oder mischt Du Dich ins Gespräch? Komme zu dem Ergebnis: Ich misch mich ins Gespräch. Und sage zu denen: ,Ach, die Herren sprechen über mich. Darf ich da ein Wort mitreden?' ,Ja', sagen sie, ,Sie sind das. Ja, sagen Sie mal, was ist denn das, heißen Sie denn den Mord an dem Botschafter Rath für gut von dem Juden Grünspan, passiert in Paris?' – ,Nein, den halte ich nicht für gut. Genauso wenig, wie Sie. Ich bin überhaupt der Meinung, vielleicht bestehen zwischen uns überhaupt gar keine Rechtsunterschiede in der Rechtsauffassung.' – ,Wieso? Empört Sie das denn nicht ebenso?' Ich sage: ,Passen Sie auf. Wenn Ihr Bruder irgendwas begangen hätte, Diebstahl, einen Raub, einen Mord, und Sie würden gefaßt dafür, würden Sie auch sagen: Ich bin's nicht gewesen. Es muß ein anderer gewesen sein. Oder vielleicht: Mein Bruder ist es gewesen, wenn Sie ihm das nachweisen. Und genau dieselbe Rechtsanschauung, die Sie praktizieren würden, die habe ich nämlich auch. Also, so fürchterlich groß ist der Unterschied zwischen uns beiden überhaupt nicht.'

,Ja, aber die Juden sind unser Unglück!' Ich sage: ,Was kann der Jude Abraham getan haben, der hier im Dorf wohnt, den das ganze Dorf schätzt, der soundsoviel Leuten Kredite gegeben hat, wenn sie in Not waren, und sie erst später wieder zurückbekommen hat? Was hat der zu tun mit dem Mord des Juden Grünspan in Paris?' Kurz und gut. Jetzt haben wir uns zwar laut unterhalten, aber so, wie man, also unter Kumpeln frech sein kann, frotzeln und auch angriffig, aber nicht feindselig oder so.

Jetzt hatte sich aber meine Dorfgemeinde – Frauen und Männer, die ganze Frau-enhilfe – vor dem Fenster versammelt, hörten jedes Wort und hatten Angst, mir passiert da was drinnen.

Diese Frauen dachten: Das klingt so gefährlich! und sagten zu jemand aus der Gemeinde: ,Geh doch mal rein und hol den Pastor da raus.' Der Angesprochene – es war ein abgesetzter Arbeitsamtsdirektor – sollte mich herausholen. Und der tut das auch, kommt rein. ,Wer ist denn das da?' Und die Wirte geben bereitwilligst Auskunft. ,Das ist ein von den Nationalsozialisten abgesetzter Arbeitsamtsdirektor, so ein Parteibuchbeamter und so.' – ,Ach', und jetzt wandten die sich von mir ab. ,Der kommt uns ja gerade recht.'

Und jetzt ging ein Gezerre los. Sie waren in der Übermacht, drei, vier Leute, und ich auf der anderen Seite. Einer riß an meinem Ärmel, alle meine Knöpfe waren nachher weggesprungen. Und im Flur vor dieser Wirtschaft war das Licht aus. Und die rückten nach. Und ich hatte das Gefühl, wir kriegen jetzt einen Schlag vors Schienbein, und sage zu dem Arbeitsamtsdirektor. ,Ach, den Herren tut's leid, daß wir weggehen wollen, wir wollen wieder zurückgehen.' Weil in der Gastwirt-schaft Licht war. ,Nein, nein, gehen Sie man.' Inzwischen war die Haustür auf, die Leute dringen von außen rein. Jetzt gibt es ein um die Wette ziehen, bei dem wahrscheinlich die Knöpfe alle abgesprungen sind. Also, wir kommen gut raus, gehen rüber ins Pfarrhaus. Jetzt war aber das ganze Dorf voller Nazis auf einmal. Und ein Gendarm war da, ein wunderbarer Gendarm, der sich großartig verhalten hat. ,Nehmen sie den [Pfarrer] in Schutzhaft.' Die [SA] durfte selbst niemand in Schutzhaft nehmen. Das war den staatlichen Organen vorbehalten. Und der hat gesagt: ,Ich hab keine Veranlassung, den in Schutzhaft zu nehmen. Denn mir ist erzählt worden, er war da bei dem Brand und hat bei dem Löschen geholfen. Und das war doch absolut berechtigt. Wir können doch nicht hier Brände zulassen.' Jedenfalls, wir kamen gerettet ins Pfarrhaus hinein.

Am gleichen Abend wollte mich der Kreisleiter hinüberlocken in das andere Wirts-haus, wo gerade die Bauernversammlung gewesen war. Wahrscheinlich sollte ich dann in Schutzhaft genommen werden. Er schickte Abgesandte zu mir: ,Sie möchten doch mal rüberkommen.' Ich sagte: ,Heute ist Sonnabend. Ich arbeite an meiner Predigt für morgen. Heute Abend gehe ich nicht mehr in die Wirtschaft, nach

den Erfahrungen, die ich heute gemacht habe.' – ‚Aber drüben ist der Kreisleiter.'
– ‚Wenn der Kreisleiter will, er ist mir herzlich willkommen. Jederzeit kann er ins
Pfarrhaus kommen.' – ‚Ja', sagte einer der Abgesandten, ‚haben Sie denn schon mal
gehört, daß der Bischof zum Pfarrer kommt und nicht der Pfarrer zum Bischof?'
Ich antwortete: ‚Wissen Sie, Sie haben keine Ahnung von der Kirche. Bei uns in
der Kirche ist es durchaus üblich, daß der Bischof auch die Pfarrer besucht. Da
bricht der sich gar keinen Zacken aus der Krone. Sagen Sie dem Kreisleiter, er ist
mir herzlich willkommen. Aber ich gehe nicht mehr aus dem Haus.' Das war mein
Glück. Ich wurde nicht verhaftet.

Bericht Jüchen an den OKR „Betr. Vorgang in Rossow am 12. November 1938" datiert Rossow 23.11.1938:

„Im Zusammenhang mit diesem meinem Widerspruch warfen mir die betreffenden ortsfremden Brandstifter etwa sechs Fensterscheiben im Pfarrhaus ein. Aus der Gemeinde war kein Glied beteiligt (Beweis: Zeugnis des Gendarmen Peuger in Fretzdorf). Die Gemeinde hielt vielmehr bis um zwei Uhr nachts Wache vor dem Pfarrhaus."

Das Pfarrhaus wurde abgeriegelt von der SA und dann haben sie mir in der Nacht sämtliche Scheiben eingeschlagen mit solchen Brocken, daß in einem Zimmer das Fensterkreuz durchgebrochen war. Da war ein Klumpen von Stein richtig vor das Fensterkreuz geflogen. Wir mußten unsere Kinder in Sicherheit bringen, aus ihren Betten ins Innere des Hauses schaffen. Dann fuhr die Frau des Arbeitsamtdirektors sofort mit ihrem Auto nach Pritzwalk zum Landrat und meldete dem Landrat. ‚Da geschah ein Brand in dem Haus. Und das Haus besteht aus lauter Stroh und teilweise sind die Häuser reetgedeckt.' Der Landrat hat in Gedanken schon das Dorf brennen sehen und sofort gehandelt. Der Landrat hatte Gendarmen geschickt, so daß sich Gendarmerie und SA gegenseitig neutralisierten.

Die Männer haben Schiß gehabt. Da waren nur einige Männer. Gerettet haben mich die Frauen, meine Frauenhilfe. In der Geschichte der Bekennenden Kirche erscheinen immer nur die großen Namen und nicht, was die Gemeinden, die Laien getan haben. Diese Frauen sind bis nach 2 Uhr oder 1 Uhr, bis die Gendarmerie erschien, nicht von meinem Haus gewichen, waren Augenzeugen all dieser Fenstereinwürfe und haben gestanden wie Männer, die Frauen, meine Frauenhilfe. Meine örtliche Frauenhilfe verharrte bis zum Abzug der SA vor dem Pfarrhaus. Also, ich kann nur das hohe Lob der Frauenhilfe singen.

Jetzt endlich kriegte ich ein Disziplinarverfahren. Dieser Organist, dem ich helfen wollte, daß er was dazuverdient, ein bißchen, paar Groschen. Der legt aus Protest sein Amt nieder und teilt meiner Behörde mit, daß er aus Protest das

Amt des Organisten niedergelegt habe usw. Er könne bei mir nicht mehr im Gottesdienst spielen usw. Und ich wurde angezeigt. Weswegen? Den Brand gelöscht zu haben! Ich wurde angezeigt, daß ich einen Zwiespalt in meine Gemeinde gebracht hätte. Einen Zwiespalt, der für meine Amtsführung schädlich sein müßte und der sie schwierig machen würde. Dabei war das ganze Dorf beteiligt an der Geschichte.

Ich kam mit der Frauenhilfe zusammen und auch einigen Männern. Ich habe gesagt: ‚Was machen wir jetzt? Jetzt habe ich ein Disziplinarverfahren. Das ist eine Sache, da kann man nicht für und nicht wider Beweise führen, denn es sind Gegner da.‘ Da haben die gesagt: ‚Herr Pfarrer, es gibt nur eins: Unterschriftensammlung. Und die machen wir. Wir machen die Unterschriftensammlung.‘

Jetzt war klar – wenn, dann schnell. Denn es muß so schnell sein, daß sie nicht beschlagnahmt werden kann. Ich fuhr zum Landrat und fragte den Landrat Dr. Prange, ob er eine Unterschriftensammlung befürworten könne. Seine Antwort: ‚Wissen Sie, zum Stil des Dritten Reiches passt eine Unterschriftensammlung nicht, es beruht ja auf dem Führerprinzip, und demokratische Entscheidungen sind nicht erwünscht und nicht gewollt, wie etwa eine Unterschriftensammlung. Ich will aber nicht sagen, daß Sie bei den entsprechenden Stellen nicht ihre Wirkung haben müßte oder haben könnte, vor allem in einem Disziplinarverfahren. Und ich rate Ihnen, machen Sie das.‘

Das war die juristische Lage, die er mir dargestellt hat. Also, Unterschriftensammlung.

Wieder war es die Evg. Frauenhilfe, die eingriff, und in zwei Tagen eine Unterschriftensammlung in der Gemeinde machte. Der Nazi-Ortsgruppenleiter erfuhr davon und meldete es dem Kreisleiter. Wir mußten jeden Moment rechnen, daß sie beschlagnahmt wurden, und drei Viertel des Dorfes, die überwältigende Mehrheit, unterschrieben, sie stünden hinter mir und meinem Eingreifen. Als die Unterschriftensammlung vom Kreisleiter verboten wurde, sandten wir die Unterschriften sofort nach Schwerin.

Brief Rossow 25.11.1938 an den Oberkirchenrat:

„Die unterzeichneten Dienststellen beantragen beim Oberkirchenrat in Schwerin eine sofortige Versetzung des hier amtierenden Pfarrers von Jüchen. Nach den letzten Vorfällen in letzter Zeit und der ganzen persönlichen Haltung des Pfarrers halten wir eine weitere Amtstätigkeit von Jüchens nicht mehr für tragbar. Seine Bewegungs- und Staatsgegnerische Einstellung wird aus seinem Auftreten täglich offensichtlicher. Er hat diese Einstellung auch dem Bürgermeister und dem Ortsbauernführer gegenüber des Öfteren bestätigt. Er befaßte sich mit *parteipolitischen Dingen in einer Weise, die sich mit seinen Amtspflichten und seiner Tätigkeit als Seelsorger der Gemeinde nicht mehr vereinbaren läßt und zu einem bisher nicht bestandenen Bruch innerhalb der Gemeinde führte. Der ehrliche Versuch der Unterzeichneten mit einer Zusammenarbeit von Jüchens, scheiterte immer wieder und endete oftmals in heftigen Auseinandersetzungen ... Heil Hitler. Gez. Bürgermeister, Ortsbauernführer."*

Die Kirchenbehörde machte mir nicht wegen dieser Sache, sondern nur wegen der Unzufriedenheit in der Gemeinde, wegen des Zwiespaltes, den ich in die Gemeinde getragen hätte, ein Disziplinarverfahren.

Bericht des Propstes Cordshagen, Röbel/Müritz v. 22.11.1938 an den OKR über seine Vor-Ort-Recherchen in Fretzdorf und Rossow:

„In der Aussprache betonte Herr Pastor v. Jüchen, daß die Gemeinde geschlossen hinter ihm stände, vielleicht mit Ausnahme einiger Weniger." Danach befragte C. den Stützpunktleiter der NSDAP, Lehrer Koch, sowie den Bürgermeister und Ortsbauernführer. „Ich betone, daß ich bei diesen Herren eine ruhige Sachlichkeit und ein Verständnis für die Kirche fand ... Der Stützpunktleiter in Fretzdorf [Pg. Toerber] teilte mir vertraulich mit, daß der zuständige Kreisleiter den Befehl gegeben hatte, Herrn Pastor von Jüchen in Schutzhaft zu nehmen. Dies sei nur dadurch nicht zur Ausführung gekommen, weil der Gendarm die Verhaftung nicht vornahm ... Zusammenfassend berichte ich: 1. Pastor von Jüchen hat sich ohne Veranlassung bei der Aktion gegen die Juden in der Gemeinde Rossow provozierend benommen."

Sie bestellte einen Richter, der stammte aus Güstrow, der kam zu mir. Er war vollkommener Antifaschist und war vollkommen auf meiner Seite. Er sagte: ‚Wissen Sie, was Sie machen müssen! Wir werden das ganz in die Länge ziehen. Wir ziehen das hin bis zu dem Punkt, wo die Erregung, die vielleicht doch im Dorf da ist, abgeklungen ist!' Und das hat er gemacht. Er hat es hinausgezögert!"

8. Die Folgen des Pogroms

Es ist heute kaum vorstellbar, in welch aufgeheizter, ja fanatisierter Atmosphäre diese Ereignisse stattfanden. Jüchens Kinder wurden als „Judenknechte" in der Schule von Mitschülern bespuckt[414] und die Familie außerhalb des Dorfes sozial isoliert. Jüchen bekommt 1939 und 1940 mehrere beleidigende und antisemitische Briefe von Amtsbrüdern, meist mit persönlichem Absender, die bereits mit der Anrede ihr politisches Programm offen legen. „Dem Verräter an Luther, Aurel von Jüchen, Rossow" oder „Der Nachtigallen Judas."

Jüchen konnte sich als Pfarrer nur wegen seines starken Rückhaltes in der Dorfbevölkerung, die sich schriftlich mit ihm solidarisierte, halten. Den erhalten gebliebenen Unterschriftenlisten[415] vom 21.1.1939 sind die Namen der 65 Frauen und 55 Männer zu entnehmen. Unter ihnen sind viele, auch enge, Familienangehörige der NSDAP-Größen des Dorfes. Zudem konnte Jüchen darauf verweisen, dass er bisher ein gedeihliches Verhältnis zur örtlichen Parteileitung gehabt hatte.

„Als Beweis mag dienen, daß ich gestern mit dem hiesigen Ortsgruppenleiter eine gemeinsame örtliche Weihnachtsfeier vereinbart habe, die Frauenschaft, Frauenhilfe, Schulkinder und Konfirmanden gemeinsam bestreiten. Es werden dabei ein Adventsspiel, das ich mit den Konfirmanden und ein Weihnachtsspiel, das der Herr Lehrer, der zugleich Ortsgruppenleiter ist, mit den kleineren Kindern einübt, aufgeführt."[416]

In einem kleinen Dorf bleibt nichts lange geheim. Bald wusste Jüchen durch Berichte aus der Frauenhilfe, dass sein unmittelbarer kirchlicher Dienstvorgesetzter Propst Cordshagen den Rossower Bürgermeister Hahn angestiftet hatte, beim OKR Jüchens Abberufung zu fordern. Jetzt drehte Jüchen den Spieß um und ging in die Offensive. Am 2.2.1939 wandten sich fünf Gemeindeglieder schriftlich an den Propst und baten um Aufklärung. Jüchen seinerseits wandte sich direkt an den OKR und warf Cordshagen vor, er habe die „Beschwerde von Bürgermeister Hahn und Ortsbauernführer

---

[414]   Dies teilte mir die Tochter Edith von Jüchen in einem Interview im Sommer 2002 mit.

[415]   Es gibt drei Solidaritätslisten mit Jüchen mit Unterschriften aus der Gemeinde, die sich komplett in der Berliner Personalakte befinden. Ein Zwischenergebnis der Sammlung mit zwei Blatt befindet sich im Nachlass im LKAS.

[416]   Bericht Jüchen an den OKR „Betr. Vorgang in Rossow am 12. November 1938", datiert Rossow 23.11.1938.

Vogler gegen ihn „veranlaßt". Gleichzeitig wandten sich Gemeindeglieder an den Dienstvorgesetzten des Bürgermeisters: ein beeindruckendes Beispiel von Zivilcourage unter den Bedingungen einer Diktatur.

> *„Rossow (Ostprignitz), den 14. Februar 1939. An den Herrn Landrat des Kreises Ostprignitz.*
>
> *Herr Bürgermeister Hahn hat gegen Herrn Pfarrer von Jüchen die Beschuldigung ausgesprochen, daß er eine Spaltung in der Gemeinde verursache und durch sein Verhalten zeige, daß er gegen Staat und Bewegung eingestellt sei. Wir können das Gegenteil bezeugen und einhundertundfünfunddreißig erwachsene Glieder der Gemeinde haben durch ihre Unterschrift ihr Zeugnis dafür angeboten, daß Pfarrer von Jüchen der Gemeinde keinerlei Anlaß gegeben hat, anzunehmen, daß er gegen Staat und Bewegung steht und daß keine Rede davon sein kann, daß er in die Gemeinde eine Spaltung hineinträgt. Die Gemeinde wünscht es nicht, daß der Bürgermeister gegen den Ortspfarrer arbeitet. Im Interesse des Friedens in der Gemeinde und eines gedeihlichen Zusammenarbeitens zwischen der Gemeinde und ihrem Bürgermeister bitten wir den Herrn Landrat, dem Bürgermeister zu eröffnen, daß die Gemeinde sein Vorgehen gegen den Ortspfarrer nicht billigt."*[417]

Die Verschleppungstaktik von Jüchens Verfahrensführer hatte Erfolg, allerdings kam hier die Nazi-Politik zur Hilfe, denn mit dem Überfall auf Polen am 1. September 1939 gerieten die Ereignisse des Vorjahres aus dem Blickfeld.

> *„Mit dem Kriegsausbruch änderte sich die Stimmung der Nazis, die alle Angst hatten, eingezogen zu werden, auch die Leute, die als Zeugen gegen mich auftreten wollten, Bürgermeister und Bauernführer, waren darunter. Da hab ich noch etwas getan, das wie ein Trick aussieht, aber kein Trick war. Ich habe alle – ob er Parteigenosse war oder nicht – an die Bahn gebracht, auch die, die sich als Zeugen angeboten hatten. Und auf dem Bahnhof, als sie sich von Frau und Kind trennen mußten, um in die nächste Kaserne nach Kyritz verfrachtet zu werden, da waren die so weinerlich und so waschlappig. ,Herr Pfarrer, es tut uns ja so leid, wenn wir nur wüßten, wie wir die ganze Geschichte rückgängig machen könnten!' ,Ach', sag ich, ,das ist doch einfach zu machen. Sie brauchen bloß ein kleines Stück Papier nehmen: Ich ziehe hiermit meine Unterschrift zurück mit dem Ausdruck des Bedauerns – so einfach.' Das haben die gemacht, so daß die Kirchenbehörde überhaupt nichts mehr in den Händen hatte."*

---

[417] Kopie in NLJ-S.

Martin Luther

ÜBER DIE JUDEN

Weg mit ihnen!

Preis 10 Pfg.

23.11.1938 – Landesbischof Sasse aus Eisenach in Freiburger Sturmhut-Verlag „Martin Luther über die Juden – Weg mit ihnen!"

Per Brief vom 23.9.1939 teilte Ortsbauernführer Paul Vogler dem OKR mit: „Hiermit ziehe ich meine Beschwerde gegen Herrn Pastor von Jüchen meinerseits zurück". Jüchen teilte dies dem OKR per Brief vom 14.10. mit und fügte hinzu: „Veranlaßt hätte ihn zu der Beschwerde der hiesige Ortsgruppenleiter … Bürgermeister Hahn bleibt bei seiner Behauptung, daß Herr Propst Cordshagen ihn am 22.11.1938 zu der Beschwerde veranlaßt habe." Der Kriegsausbruch war für den OKR eine gute Gelegenheit, sich seiner juristischen Alt-Lasten zu entledigen. Jüchen erhielt ein Schreiben des OKR Schwerin vom 31.10.1939 mit dem Inhalt, das „G.Z. 13/1 von Jüchen Disz. Verfahren" sei „auf Grund von § 2 der Verordnung vom 9. Oktober über die Gewährung von Straffreiheit … eingestellt."

An dieser Stelle müssen wir in der Darstellung wieder in das Jahr 1938 zurück gehen. Zwei Wochen nach dem Novemberpogrom gab am 23.11.1938 Landesbischof Sasse aus Eisenach Luthers Schrift „Über die Jüden und ihre Lügen" im Freiburger Sturmhut-Verlag neu heraus unter dem Titel „Martin Luther über die Juden – Weg mit ihnen!" Im Vorwort schreibt der evangelisch-lutherische Landesbischof:

> *„Am 10. November 1938, an Luthers Geburtstag, brennen in Deutschland die Synagogen. Vom deutschen Volk wird zur Sühne für die Ermordung des Gesandtschaftsrates vom Rath die Macht der Juden auf wirtschaftlichem Gebiet im neuen Deutschland endgültig gebrochen und damit der gottgesegnete Kampf des Führers zu völliger Befreiung unseres Volkes gekrönt. In dieser Stunde muß die Stimme des Mannes gehört werden, der als der Deutschen Prophet im 16. Jahrhundert einst als Freund der Juden begann, der, getrieben von seinem Gewissen, getrieben von den Erfahrungen und der Wirklichkeit, der größte Antisemit seiner Zeit geworden ist, der Warner seines Volkes wider die Juden."*

Diese Schrift[418] erreichte in mehreren Auflagen eine verbreitete Zahl von 150.000 Exemplaren.

Einen Tag später folgte die Mecklenburgische Landeskirche. In der „Nr. 17 des Jahrgangs 1938 des Kirchlichen Amtsblattes für Mecklenburg, ausgegeben Schwerin, Donnerstag, den 24. November 1938" erschien nach den üblichen Bekanntmachungen „Ein Mahnwort zur Judenfrage."

Diese Erklärung verdeutlicht, in welchem Maße rassen-antisemitisches Gedankengut in einer offiziellen Verlautbarung einer vorgeblich christlichen

---

[418] Landesbischof Martin Sasse: Martin Luther über die Juden: Weg mit ihnen! Freiburg 1938 (60.-100. Tausend).

Kirche vertreten werden konnte. Von Mitleid mit den verfolgten Juden war keine Spur zu finden, es ging nur um die Legitimierung des Verhaltens der Täter. Aber diese Erklärung macht auch den Kontext deutlich, in dem sich die Ereignisse von Rossow abspielten.

„Ein Mahnwort zur Judenfrage.

Seit einigen Tagen mehren sich beim Oberkirchenrat aus den Reihen des Kirchenvolks unserer Landeskirche Anfragen, die sich auf die letzten Maßnahmen des deutschen Volkes gegen das Judentum beziehen und vom christlichen und kirchlichen Standpunkt her eine klare Stellungnahme zur Judenfrage erwarten.

Wer sich der Seelenhaltung weiter Kreise des deutschen Volkes aus den letzten Jahren des Weltkrieges noch zu erinnern vermag, weiß, daß sich damals das deutsche Volk in seiner Beurteilung militärischer und politischer Vorgänge weithin von Erwägungen leiten ließ, die einseitig den Standpunkt der Einzelpersönlichkeit als Maßstab gelten ließen … Unter dem Motto: ‚Nicht der Mörder, sondern der Ermordete ist schuldig‘ hat das Weltjudentum 1918 seinen Krieg gegen das Zweite Reich gewonnen, durch seine Greuelpropaganda den Widerstandswillen der Nation untergraben und schließlich im deutschen Zusammenbruch alle politischen und kulturellen Kommandohöhen in Deutschland besetzt. Das an seiner Michelei zugrunde gegangene deutsche Volk aber wurde, weil es mit seinen Peinigern Mitleid gehabt hatte, mitleidlos erpresst und ausgesogen, bis es nach furchtbarsten Erfahrungen langer Jahre den Weg zu sich selber zurückfand. Es ist nötig, sich diese Tatsachen immer wieder vor Augen zu stellen.

Was ist nun von der Kirche D. Martin Luthers her angesichts der gegenwärtigen Situation zu sagen? Zunächst muß man Bezug nehmen auf die Ausführungen des deutschen Reformators aus den Jahren seiner Reife, die das Ergebnis der Erfahrungen seines Lebenskampfes darstellen. In D. Martin Luthers Schrift ‚Von den Jüden und ihren Lügen‘ vom Jahre 1543 heißt es unter anderem:

‚Was wollen wir Christen nun tun mit diesem verworfenen, verdammten Volk der Juden? Zu leiden ist's uns nicht, nachdem sie bei uns sind und wir solch Lügen, Lästern und Fluchen von ihnen wissen, damit wir uns nicht teilhaftig machen aller ihrer Lügen, Flüche und Lästerungen. So können wir das unlöschliche Feuer göttlichen Zorns nicht löschen noch die Juden bekehren. Ich will meinen treuen Rat geben: Erstlich, daß man ihre Synagogen und Schulen mit Feuer anstecke, und, was nicht verbrennen will, mit Erde überhäufe und beschütte, daß kein Mensch einen Stein oder Schlacke davon sehe ewiglich. Und solches soll man tun unserem Herrn und der Christenheit zu Ehren, damit Gott sehe, daß wir Christen seien und solch öffentlich Lügen, Fluchen und Lästern seines Sohnes und

seiner Christen wissentlich nicht geduldet noch gebilligt haben. Zum anderen, daß man auch ihre Häuser desgleichen zerbreche und zerstöre; denn sie treiben eben dasselbe darinnen, was sie in ihren Schulen treiben. Dafür mag man sie etwa unter ein Dach oder Stall tun, wie die Zigeuner, auf daß sie wissen, sie seien nicht Herren in unserem Land, wie sie rühmen. Zum dritten, daß man ihnen nehme all ihre Betbüchlein und Talmudisten, darin solche Abgötterei, Lügen, Fluch und Lästerung gelehrt wird. Zum vierten daß man ihren Rabbinern bei Leib und Leben verbiete, hinfort zu lehren; denn solch Amt haben sie mit allem Recht verloren. Zum fünften, daß man den Juden das Geleit und Straße ganz und gar aufhebe; denn ihr sollt sie nicht schützen, es sei denn, ihr wolltet vor Gott aller ihrer Greuel teilhaftig sein. Zum sechsten, daß man ihnen den Wucher verbiete. Alles was sie haben, haben sie uns geraubt durch ihren Wucher. Zum siebenten, daß man den jungen starken Juden und Jüdinnen in die Hand gebe Flegel, Axt, Karst, Spaten, Rocken, Spindel und lasse sie ihr Brot verdienen im Schweiß der Nasen, wie Adams Kindern auferlegt ist.' ...*

Wir sehen, schon D. Martin Luther bekämpft, und zwar gerade aus christlichen Beweggründen, mit aller Entschiedenheit das heute hauptsächlich im Bereich der westeuropäischen Zivilisation verbreitete und im Grunde krankhafte Mitleidsgefühl, das auf Grund falsch verstandener pseudochristlicher Humanitätsvorstellungen sich darüber erregt, daß sich der Mörder beim Schächten seines Opfers in den Finger geschnitten hat und nun nach dem Arzt schreit. Luther dagegen wünscht, daß unser Mitleid dem Opfer gelten soll, und der Richtigkeit dieses Standpunktes kann sich niemand verschließen, der wirklich etwas vom Christentum weiß. Kein im christlichen Glauben stehender Deutscher kann, ohne der guten und sauberen Sache des Freiheitskampfes der deutschen Nation gegen den jüdischen antichristlichen Weltbolschewismus untreu zu werden, die staatlichen Maßnahmen gegen die Juden im Reich, insbesondere die Einziehung jüdischer Vermögenswerte bejammern. Und den maßgebenden Vertretern von Kirche und Christentum im Auslande müssen wir ernstlich zu bedenken geben, daß der Weg zur jüdischen Weltherrschaft stets über grauenvolle Leichenfelder führt. Im Kleinen wie im Großen! Angefangen von der jüdischen Wucherherrschaft, die ungezählte Bauern und Handwerker als letzten Ausweg zum Strick greifen ließ, über die Schande des Blutes an deutschen Mädchen, die um kargen Brotes willen von ihren jüdischen Arbeitgebern zur Preisgabe ihrer Ehre gezwungen wurden, bis zur Abschlachtung von Millionen christlicher Männer, Frauen und Kinder bei Errichtung der jüdischen Gewaltherrschaft über die christlichen Völker des Sowjetstaates! Erst wenige Jahre sind vergangen seit der Zeit, wo die jüdischen Machthaber in Deutschland kaltherzig durch die von Walter Rathenau künstlich heraufgeführte Inflation das ehrliche deutsche Bürgertum enteignen und der Verelendung preisgeben ließen und den deutschen Bauer wie den deutschen Arbeiter durch immer erneute Wirtschaftskrisen in Hunger und Not jagten. An allen internationalen Konferenztischen, von Versailles angefangen, haben die Juden gesessen, immer bereit, das deutsche Volk an den Meistbietenden zu verkaufen. Angesichts aller dieser Tatsachen und bitteren Erfahrungen kann nicht mehr zweifelhaft sein, daß unser christliches Mitgefühl denen, die unter die Räuber gefallen sind, zu gelten hat, den vom Judentum betrogenen und ausgebeuteten Völkern Europas, nie und nimmer aber ihren Ausbeutern und Henkern, den Juden.

Darüber hinaus müssen wir aber auch das eine klar erkennen: Der Kampf gegen das Judentum ist zugleich eine Lebensfrage für die deutsche Seele. Das jüdische Gift der Zersetzung muß aus dem deutschen Volke restlos ausgeschieden werden, wenn anders das Reich seine Sendung erfüllen soll. Noch wagt sich der jüdische Geist immer wieder hier und dort hervor. Hinter der Maske völkischer Unbedingtheit lebt er als antichristlicher ‚arteigener Glaube‘ weiter und trägt damit die jüdisch-völkischen Lebensnotwendigkeiten in den Lebensraum unseres blut- und bodengebundenen, zuinnerst christlichen Volkes hinein. Mit völkischen Vorzeichen versehen, bricht damit der vom echten volksbewußten Geiste deutscher Seelenhüter längst überwundene jüdische Materialismus in der Form der Gottes- und Christusfeindschaft wieder durch unter Anwendung der gleichen Mittel, gegen die das erwachte Deutschland schon vor 1933 zum Kampf auf Leben und Tod angetreten ist. Und leider gewahrt man gerade bei denen, die der Kirche den Vorwurf der Judenhörigkeit machen, oft eine erschreckende Verirrung in den jüdischen Geist der Ehrfurchtslosigkeit gegen alles, was unzähligen deutschen Menschen heilig war und ist. Wo die Gewissens- und Glaubensfreiheit auch nur im geringsten gefährdet wird, herrscht nicht deutsche Frömmigkeit, sondern jüdische Unduldsamkeit. Im kirchlichen Raum wiederum erwächst uns die unabweisbare Pflicht, für die Entjudung des religiösen Erbes unseres Volkes alle Kräfte einzusetzen. Hier gilt es, gegenüber dem Unwesen eines judenchristlichen Dogmatismus die Kräfte der christlichen Liebe freizumachen. Und dieses Ziel ist nur zu erreichen, wenn es gelingt, zuvor die Schranken klerikaler, im Grunde jüdischer Intoleranz niederzureißen.

An die Herren Geistlichen der evangelisch-lutherischen Kirche Mecklenburgs aber ergeht hiermit die Aufforderung, unverzüglich in diesen entscheidungsvollen Tagen und in den vor uns liegenden Monaten, getreu dem Vermächtnis unseres Reformators D. Martin Luther, ihre Verkündigung in Predigt und Seelsorge so auszurichten, daß die deutsche Seele keinen Schaden leidet und den deutschen

Menschen dazu verholfen wird, daß sie ohne falsche Gewissensbeschwerung getrost alles daran setzen, eine Wiederholung der Zersetzung des Reiches durch den jüdischen Ungeist von innen her für alle Zeiten unmöglich zu machen. Wie unser Herr Jesus Christus selbst ausdrücklich bestätigt hat, ist des Menschen Nächster der, der die Barmherzigkeit an ihm tat (Luk. 10, 29-37). An unserm deutschen Volk aber, mit dem wir als seine Glieder unlöslich verbunden sind, hat die Barmherzigkeit getan nicht der Jude, sondern Adolf Hitler. Dem Führer gilt daher unsere Liebe als unserem Nächsten, ihm unsere unverbrüchliche Gefolgschaft und Treue auch in dem dem deutschen Volke aufgetragenen Kampf gegen die Juden!

Schwerin, den 16. November 1938.

Der Oberkirchenrat. Schultz."

Diese Erklärung wurde von der Nachrichtenstelle des Oberkirchenrates verbreitet und war nur von Schultz unterzeichnet. Wer aber hatte sie verfasst? Weite Passagen der Erklärung stammen offensichtlich aus der bereits genannten Schrift des thüringischen Landesbischofs Sasse.[419] Über den möglichen Verfasser der Erklärung machte ein anonymer Sachbearbeiter der SED-Landesleitung Mecklenburg im Jahr 1949 eine interessante Aussage:[420]

„In der Propaganda gegen den Sozialismus und für den Nationalsozialismus war ... das ‚Landeskirchliche Nachrichtenwesen' wohl die gefährlichste [Abteilung des Oberkirchenrates], da sie sich ausschließlich an die niedrigsten Instinkte der Bevölkerung wandte. Der Leiter dieser Abteilung, Heinrich Schwartze ... arbeitet als Rasse-Referent im Sinne eines Rosenberg und Streicher in der Landesschulung der Deutschen Christen. Er hält Schulungsvorträge über Rassefragen wie z.B. ‚Die bejahende Stellung der Deutschen Christen zur Rassegesetzgebung des Dritten Reiches.'[421] Schwartze gewinnt durch seine Tätigkeit das Wohlwollen und Vertrauen des ... Landesbischofs Walter Schultz, dessen intimster Vertrauter er wird ... Das von dem Landesbischof Schultz am 16.11.1938 zur Judenfrage veröffentlichte Schriftstück stammte aus der Feder des Leiters der kirchlichen Nachrichtenstelle,

---

[419]   Martin Sasse: Martin Luther über die Juden: Weg mit ihnen! Freiburg 1938 (60.-100. Tausend).

[420]   MLHA, Akte IV/L/2/14/643 „Landesleitung der SED Mecklenburg Evangelische Kirchenfragen 1946-1950", Vermerk zur Entnazifizierung, Blatt 105/6. der Akte (S. 6/7 des Vermerks).

[421]   In der Mappe Druckschriften im NLJ-S befindet sich der „Schulungsbrief Folge 4 der Glaubensbewegung DC, Gau Mecklenburg" Auf S. 9 wird berichtet: „Frontberichte ... Gemeindegruppe Neustrelitz ... Schulungsabend ... Kamerad Schwartze ‚Die bejahende Stellung des Deutschen Christen zur Rassengesetzgebung des Dritten Reiches.'"

Schwartze, saß er doch in dem Ausschuß des ‚Institutes zur Erforschung des jüdi-
schen Einflusses auf die christliche Kirche … In dieser konsequenten Verfolgung
der rassepolitischen Gedanken der NSDAP liegt eine Verwerflichkeit, die sich wohl
den nazistischen Grausamkeiten in der Praxis an die Seite stellen kann. Es ist ein
Aufruf zur Brandstiftung, Gewalttat und Mord."

9.   Juden raus aus der Gemeinde?

„Vision

Gottesdienst. Das Eingangslied ist verklungen. Der Pfarrer steht am Altar und
beginnt: ‚Nichtarier werden gebeten, die Kirche zu verlassen!' Niemand rührt
sich. ‚Nichtarier werden gebeten, die Kirche zu verlassen!' Wieder bleibt es still.
‚Nichtarier werden gebeten, die Kirche zu verlassen!' Da steigt Christus vom Kreuze
des Altars und verlässt die Kirche" (Aus dem Breslauer ‚Evangelischen Ruf', Nr.
42 vom 14.10.1933).

Wie stark gerade die Solidarität mit „rassisch Ausgegrenzten" die Wut
der NS-Machthaber außerhalb und innerhalb der Kirche hervorrief, macht
der folgende Auszug aus der Begründung des kirchlichen (!!) Disziplinarverfahrens deutlich, das 1939 gegen von Jüchen eingeleitet wurde.

„Nicht unerwähnt kann ferner bleiben, daß Sie zu der Behandlung der Judenfrage
im Rahmen der kirchlichen Verwaltung eine Haltung einnehmen, die eines deut-
schen Geistlichen unwürdig ist … Auf Grund der §2, 16, 18 des vorgenannten Kir-
chengesetzes wird hiermit das Disziplinarverfahren … gegen Sie angeordnet."[422]

Welche Behandlung der Judenfrage im Rahmen der kirchlichen Verwaltung eines deutschen Geistlichen würdig war, erfuhren die Pfarrer durch
kirchenamtliche Verlautbarungen.

„Juden können nicht mehr Mitglieder der Evangelischen Kirche werden."
Der kirchliche Arierparagraph wird 1939 und danach in den meisten evangelischen Kirchen auch auf die bloße Mitgliedschaft ausgedehnt. Dies gilt in
Thüringen ab dem 10.2.1939. Das evangelische Programm der „Judenmission"
wird damit allmählich eingestellt. In evangelischen Landeskirchen wird
stattdessen damit begonnen, evangelisch getaufte Juden auszuschließen. Am
27.2.1939 erfolgte per Gesetz des Landeskirchenrats der Ausschluss von Juden
aus der Evangelischen Kirche Sachsens. Im Februar 1939 veröffentlichte das

---

[422]   Brief OKR Schwerin an v. Jüchen v. 24.3.1939, Personalakte.

„Kirchliche Amtsblatt für Mecklenburg" in der Nr. 1/1939 vom 21.Februar 1939 auf Seite 2 die neue Rechtslage für Juden in der Ev. Kirche.

> *„I. Bekanntmachung: Kirchengesetz über die kirchliche Stellung der Juden*
>
> *§1 Juden können nicht Angehörige der ev.-luth. Kirche Mecklenburgs werden.*
>
> *§2 Zu Amtshandlungen für Juden, die vor dem Inkrafttreten dieses Kirchengesetzes Angehörige der ev.-luth. Kirche Mecklenburgs geworden sind, ist kein Geistlicher der ev.-luth. Kirche Mecklenburgs verpflichtet. Kirchliche Räume und Einrichtungen dürfen zu Amtshandlungen für solche Juden nicht benutzt werden. Amtshandlungen für sonstige Juden sind unzulässig.*
>
> *§3 Kirchensteuern werden von Juden nicht mehr erhoben [...]*
>
> *§5 Dieses Kirchengesetz tritt mit dem Tage seiner Verkündigung in Kraft.*
>
> *Schwerin, den 13. Februar 1939. Der Landeskirchenführer Schultz."*

Das war eine klare Häresie und ein Bruch mit dem Auftrag und dem Selbstverständnis der christlichen Gemeinde. Jüchen und Kleinschmidt schrieben erneut einen offenen Brief an Schultz, den sie zur Information der Pfarrerschaft an alle mecklenburgischen Pfarrer versandten.[423] Jüchen erinnert sich an diese Aktion und die Resultate:

> *„Bischof Schulz von Mecklenburg bringt ein Gesetz raus: Juden dürfen nicht mehr getauft werden und Judenstämmige auch nicht mehr. Und soweit es Christen sind, sollten sie sich in besonderen juden-christlichen Gemeinden zusammenschließen, was eine böse Häresie war. Das Gesetz wird veröffentlicht im Gesetzblatt und ist für alle Pfarrer in Mecklenburg verbindlich. Und da haben Kleinschmidt und ich eine Flugschrift entworfen und haben gesagt: Der Bischof verletzt sein Ordinationsgelübde. Er ist nach dem Bekenntnis verpflichtet, sich an das Ordinationsgelübde zu halten. Wir fordern den Bischof zum Rücktritt auf, und wir bitten, daß die Gemeinden sich uns anschließen. Und auf dieses kleine Faltblatt hin haben ganze Kirchenvorstände einstimmig beschlossen, sich mit der Forderung zu identifizieren, daß der Bischof zurücktreten soll Es kamen also Hunderte von Zustimmungserklärungen. Das war ganz ohne den Staat anzugreifen. Wir haben die Taktik gehabt, den Staat anzugreifen, indem wir die deutschen Christen angreifen. Ich*

---

423 Dieser Brief ist vielfach überliefert, sowohl Kopien der Originalschreiben an Schultz mit beiden Unterschriften als auch die hektographierte Rundbriefversion mit getippten Unterzeichnungen. Sie befinden sich u.a. im NLJ-S, im PAB-Nachlass Kleinschmidt, in der Personalakte Jüchen und im LKAS. Zudem ist zu vermuten, dass sich diese Schreiben in vielen mecklenburgischen Pfarrarchiven befinden.

wußte zu dem Zeitpunkt, als ich das Flugblatt abfaßte nicht, daß er sich wegen Zuckerkrankheit oder Herzkrankheit gerade in einem Bad befand und daß er, als er das hörte, beinahe einen Herzinfarkt bekommen hätte. Aber das hätte ich ja dennoch so gemacht."[424]

Der Brief verfolgte das explizite Ziel, den Bischof als Irrlehrer des Amtes zu entsetzen.

„Vielleicht haben Sie, als Sie sich dieses Gesetz ausdachten, angenommen, daß die lutherischen Pastoren Mecklenburgs Ihnen wenigstens nicht öffentlich widersprechen würden in der Besorgnis, daß man ihnen das als ‚Judenfreundschaft‘ oder als ‚Sabotage an der Judengesetzgebung‘ auslegen würde."[425]

In Mecklenburg gingen die Wogen hoch. Am 1. März 1939 distanzierten sich 130 Theologen der BK mit einer bezeichnenden Erklärung von Schultz' Gesetz und machen gleichzeitig deutlich, dass sie die antisemitische Gesetzgebung des Staates nicht kritisieren, sondern ausschließlich die unmittelbare Übertragung in den Raum der Kirche.

„So berechtigt es ist, die verfassungsrechtliche Stellung der Judenchristen in der Kirche als einer Körperschaft des öffentlichen Rechtes einer Erörterung zu unterziehen, so unmöglich ist es für eine auf dem Boden des Neuen Testamentes stehende Kirche, ihre juden-christlichen Mitglieder von Wort und Sakrament … auszuschließen bzw. gläubig gewordenen Juden die Taufe zu versagen. Wir sind daher gewissensmäßig nicht in der Lage, das Gesetz zu befolgen."[426]

Jüchen und Kleinschmidt bekamen auf ihre Intervention viele Briefe, überwiegend positive, aber es waren auch massiv ablehnende darunter. Aus einigen Briefen zitierten sie in einem Rundschreiben vom 21.4.1939.[427] So hatte Pastor Schopen aus Blücher an der Elbe ihnen vorgeworfen: „Es ist ja fast so, als ob der Jude mit Geld derartig schützende Fürsorge gutmachte." Eine weitere Reaktion kam postwendend vom Oberkirchenrat, der gegen beide disziplinarisch vorging.

„Unter dem 10. März 1939 haben Sie gemeinsam mit Pastor Karl Kleinschmidt das in der Anlage abschriftlich angeschlossene Schreiben an den Herrn Landesbischof und gleichzeitig an die Geistlichen der Mecklenburgischen Landeskirche gesandt. Form und Inhalt Ihrer Ausführungen müssen nicht nur als ungehörig gegenüber dem

---

[424] A 21, S. 51/52.

[425] Brief Kleinschmidt/Jüchen an Schultz und alle Mecklenburgischen Pfarrer, Schwerin/Rossow 10.3.1939, in PAJ.

[426] EZA 1/A4/342.

[427] Im NLJ-S.

verantwortlichen Führer der evangelisch-lutherischen Kirche Mecklenburgs, sondern auch dem Landesbischof als Ihrem Dienstvorgesetzten gegenüber als ungebührlich bezeichnet werden. Erschwerend kommt hinzu, daß Sie den vorerwähnten Brief unter allen Mecklenburgischen Geistlichen verbreitet haben ... Das [Disziplinar-]Verfahren wird mit dem unter dem 28. Februar 1939 gegen Sie eröffneten verbunden. "[428]

Kleinschmidt hat später in mehreren Darstellungen dieser Vorgänge Aurel von Jüchens Beteiligung unterschlagen[429], den Plural „wir" des Originaltextes durch den Singular „ich" ersetzt und konsequenterweise Jüchen auch als Unterzeichner gestrichen. Diese Fälschungen blieben nicht unbemerkt. Im Westen hat wohl als erster Wolfgang Gerlach[430] bereits 1969 diese Fälschungen aufgrund von Textvergleichen bemerkt und per Brief an Jüchen vom 24.3.1969 diesem mitgeteilt. „Es erhebt sich die Frage: Hat Kleinschmidt die vollständige und authentische Wiedergabe eines Textes inzwischen der Opportunität oder neuen Überzeugungen geopfert?"[431] Jüchen war von Kleinschmidts Verhalten nicht überrascht und legte keinen Wert darauf, diesen damit zu konfrontieren.[432] Gerlach hat dann diese Fälschungen in seiner Dissertation aufgedeckt.

In der DDR schilderte Bischof Beste in seiner Darstellung des mecklenburgischen Kirchenkampfes[433] die Beteiligung Jüchens an den offenen Briefen an Schultz, allerdings – aufgrund der DDR-Verhältnisse nachvollziehbar – ohne direkt auf Kleinschmidts Fälschungen zu verweisen. So gab es und gibt es eine Traditionsgeschichte von Kleinschmidts Darstellungen in DDR-Publikationen, die diese Fälschungen tradierten.[434] Zu welchen

---

[428] Brief OKR an v. Jüchen v. 24.3.1939, in PAJ-Mappe Verfahren.

[429] Kleinschmidt: „Die Predigt nach der ‚Kristallnacht'", a.a.O., S.59 und S.61. Diese Version publizierte Kleinschmidt erneut in „Glaube und Gewissen", Nr. 1 /1969, S. 10, und dem „Ev. Pfarrerblatt", Nr. 1/1964, S. 18f.

[430] Wolfgang Gerlach: Als die Zeugen schwiegen. Bekennende Kirche und die Juden, Berlin 1987, S. 302-305.

[431] 743/212.

[432] „Über Kleinschmidt möchte ich nicht viel sagen. Dieser Fall ist nur einer unter vielen. Ehrgeiz und Postenhunger, ein unstillbares Wirkungsbedürfnis haben ihn völlig korrumpiert. Natürlich werde ich gegen seine Fälschung nicht Stellung nehmen." Antwort Jüchen v. 4.4.1969, in: NLJ, Akte 212.

[433] Beste, a.a.O., S. 221.

[434] Bezirkskommissionen zur Erforschung der Geschichte der örtlichen Arbeiterbewegung bei den Bezirksleitungen Rostock, Schwerin und Neubrandenburg der Sozialistischen Einheitspartei Deutschlands (Hg.): Der antifaschistische Widerstandskampf unter Führung der KPD in Mecklenburg 1933 bis 1945, Berlin/DDR 1985, S. 110/11: „Pastor Karl Kleinschmidt ... verurteilte die barbarische Rassentheorie der Nazis ... und unterstützte verfolgte jüdische Bürger." Ebenso die Darstellung in Klaus Drobisch/Gerhard Fischer (Hgg.): Widerstand aus Glauben. Christen in der Auseinandersetzung mit dem Hitlerfaschismus, Berlin/DDR 1985.

Ergebnissen eine mangelnde Quellenkritik führen kann, macht eine 1994 erschienene Schrift über „Widerstand und Opposition gegen das NS-Regime aus den Kirchen in Mecklenburg 1933-1945"[435] deutlich, in dem der Autor von zwei verschiedenen Schreiben ausgeht.

Die nationalsozialistische Phase der mecklenburgischen Kirche blieb jahrzehntelang unaufgearbeitet und durch die Konflikte in SBZ/DDR verdrängt. Ein Dokument immerhin des Willens sich dieser Geschichte zu stellen war 1998, fünfzig Jahre nach den beschriebenen Ereignissen, ein landeskirchliches „Bekenntnis zur Schuld in der NS-Zeit."

> *„Die Evangelisch-Lutherische Landeskirche Mecklenburgs hat sich zu ihrer Mitschuld an NS-Verbrechen bekannt und das ‚mahnende Erinnern' als eine ständige Aufgabe bezeichnet. Angesichts von Tendenzen, das Unrecht des Nationalsozialismus zu verharmlosen oder zu verdrängen, dürfe das Gedenken nicht auf wenige Tage im Jahr beschränkt werden, erklärte die in Rampe tagende mecklenburgische Landessynode am 15. November in Erinnerung an die Novemberprogrome von 1938. Das Kirchenparlament hatte sich auf seiner Herbsttagung mit dem Verhältnis von Juden und Christen befaßt. ‚Mit Scham müssen wir bekennen, daß damals viele Christen geschwiegen haben und ängstlich beiseite schauten', wird darin betont. Noch belastender sei es, daß die antisemitische Ideologie in die Gesetzgebung der Landeskirche eingeflossen und damit nicht nur geduldet, sondern aktiv unterstützt und zum eigenen Anliegen gemacht worden sei. Auch offizielle kirchliche Stellungnahmen aus der NS-Zeit hätten die Identifizierung mit rassistischem Gedankengut und seine ‚Verklärung zu einer göttlichen Botschaft' zum Ausdruck gebracht."*[436]

10. Im Krieg

Als am 1.9.1939 der Weltkrieg begann, schlossen sich in der Kirche erneut die Reihen, und Jüchen und Kleinschmidt sahen sich in der Mecklenburger Kirche an den Rand gedrängt. Jüchen verlegte viele seiner Aktivitäten in

---

[435] „Bisher ist lediglich bekannt, daß zwei Geistliche sich mit Protestschreiben an den Landesbischof wandten: Aurel von Jüchen … und Karl Kleinschmidt … Der Brief von Karl Kleinschmidt ist überliefert … Aus der Darstellung von Dr. Niklot Beste gewinnt der Leser den Eindruck, als wenn Karl Kleinschmidt und Aurel von Jüchen gemeinsam den Brief an den Landesbischof verfaßt haben. Aus Texten von Karl Kleinschmidt geht dies jedoch nicht hervor." Karl Heinz Jahnke: Widerstand und Opposition gegen das NS-Regime aus den Kirchen in Mecklenburg 1933-1945, Rostock 1994. Zitate vgl. S. 18 und 25.

[436] EPD Nr. 47/1998 v. 19.11.1998.

die preußische Kirche, da er in Personalunion zu beiden Bekennenden Kirchen gehörte.

„Die Entfernung zu dem Superintendenten in Röbel, zu dessen Amtsbereich ich gehörte, betrug ungefähr 90 km. Diese Situation ermöglichte mir eigentlich ein glückliches Überwintern innerhalb des Nationalsozialismus … So konnte ich sicherstellen, daß die Post der mecklenburgischen Bekennenden Kirche von brandenburgischen Postämtern aus befördert wurde. Die Bekennende Kirche Mecklenburg brachte ihre Briefe zu mir. Und ich fuhr mit meinem Auto nach Preußen, nicht nach Mecklenburg, durch verschiedene Städte und Dörfer Preußens und warf dort die Briefe in den Kasten. Jetzt kamen die Briefe an, ohne daß sie zur Gestapo gingen. Und wenn die Gestapo auf einen Brief aufmerksam wurde, versuchte sie ihn zu beschlagnahmen. Dann hatte der Empfänger ihn schon gelesen. Ich hab ein paar Mal Besuch gehabt von der Polizei, das geht ja auf dem Land gemütlich zu, weil der zuständige Gendarm einen ja kennt und man den selbst auch kennt. Der hat einen Auftrag: ‚Sagen Sie mal, Sie haben einen Brief geschrieben und dazu muss ich Sie vernehmen. Wo ist der Brief? Können Sie mir den zur Verfügung stellen?‘ ‚Ach, entschuldigen Sie‘, sage ich. ‚Der Brief ist am soundsovielten rausgegangen, der ist längst beim Empfänger. Wenn Sie ihn haben wollen – müssen Sie ihn beim Empfänger beschlagnahmen.‘ Ehe die Geheime Staatspolizei einen Brief der Bekennenden Kirche entdeckte, war der am Ziel. Die Gestapo konnte ihn immer nur beim Empfänger beschlagnahmen, niemals bei der Post. Das waren so kleine Tricks, mit denen die Bekennende Kirche sehr viel arbeiten mußte, sonst hätte sie ihre Arbeit gar nicht machen können.[437] …

Die Bekennende Kirche muß ich in zwei Teile teilen. Bekennende Kirche sind a) die außerordentlich tapferen Leute der Bekennenden Kirche von Preußen, vor allem Berlin-Brandenburg unter Harder und Dibelius, Scharf und so weiter, der preußische Bruderrat.

Andererseits gab's ja ganz flaue bekennende Kirchen, zu denen Mecklenburg, Hannover und Bayern gehörten. Es waren Bekennende Kirchen, die den Weg der intakten Kirche gingen, sich juristisch immer alles überlegten, ehe sie theologisch was taten."[438]

Diese Brief-Verteileraktionen endeten bald, denn Jüchens Auto wurde im Krieg stillgelegt. Die „ruhigere" Zeit nach Kriegsbeginn nutzte er vor allem für literarische Arbeiten. In den Jahren bis 1941 erscheinen eine ganze Reihe von Schriften. Er schrieb 1940 eine kleine Broschüre mit dem Titel „Jesus

---

[437] A 8, S. 15, und A 21.
[438] A 21

Aurel v. Jüchen als Luftwaffensoldat

und Pilatus. Eine Untersuchung über das Verhältnis von Gottesreich und Weltreich im Anschluß an Johannes 18, V: 28-29, V. 16", die ein Jahr später als Heft 76 im Evangelischen Verlag Albert Lempp in München, (früher Chr. Kaiser Verlag) in der wichtigsten Schriftenreihe der Bekennenden Kirche, der Reihe „Theologische Existenz heute", erscheint. Außerdem verfasste er weitere Hefte der „Gespräche über den Zaun," Schriften für die Gemeindearbeit der BK, die z.T. in sehr hohen Auflagen erscheinen.

> *„Die ‚Gespräche über den Zaun‘ haben damals eine bedeutsame Rolle gespielt, weit mehr, als man das heute nach der Lektüre entdecken kann. Denn ich habe die Fragen der Bekennenden Kirche und der Deutschen Christen als Gegner aufgenommen und hab gesagt: Wie macht man das? Man muß nicht die Theologen miteinander sprechen lassen. Zwei Bauern muß ich wählen, Hannes Klotz und Krischan Keil. Und der eine vertritt eher so den Allerweltschristen, der nur Weihnachten und Ostern in die Kirche geht, und der andere ist Mitglied eines Kirchenvorstandes. Die unterhalten sich über alle Fragen, die das Dritte Reich aufwirft. Schwur, Eidesleistung, Taufe, Geltung des Alten Testaments usw. Alles wird aufgeworfen und zwischen zwei Bauern über den Zaun besprochen. Daher ‚Gespräche über den Zaun.‘ … Es wurden Traktate daraus, die ursprünglich nur 10 Pfennig kosteten. Davon hab ich zehn solche Traktate herausgebracht, immer zu einer aktuellen Frage der Bekennenden Kirche."*[439]

Der Landesbruderrat zählte Jüchen mittlerweile zu den wichtigsten BK-Pfarrern und hatte großes Interesse daran, ihn aus der Peripherie seiner Exklave stärker ins Zentrum der Landeskirche zu bekommen, und dies war am sinnvollsten durch eine neue Pfarrstelle zu bewerkstelligen. So fragte der Bruderrat bei Jüchen im Januar 1940 wegen einer möglichen Veränderung an.

> *„Da unser Amtsbruder Buchin seine Pfarrstelle in Neubrandenburg verlassen muß, ist ein Nachfolger vorzuschlagen … Wir fragen daher an, ob sie geneigt wären, nach Neubrandenburg zu gehen? … Äußern Sie sich dabei bitte überhaupt zu der Frage, wie Sie zu einer Versetzung stehen, damit wir bei ähnlichen Fällen wissen, ob wir an Sie denken sollen. Es liegt uns und der Gemeinde in Neubrandenburg sehr an einem bekenntnistreuen Pastor."*[440]

Jüchen antwortete, er wolle noch in Rossow bleiben, schloss aber eine Veränderung für spätere Zeiten nicht aus.

---

439 A 21, S. 45ff.
440 Brief Bruderrat der Mecklenburgischen BK Schwerin 6.1.1940, in: NLJ-S, Mappe Verfahren.

Aus den Jahren 1939 bis 1940 sind im Schweriner Nachlass auch einige Briefe erhalten, in denen er sich mit Exponenten der BK solidarisiert, die aufgrund ihrer Aktivitäten verfolgt und z.T. inhaftiert wurden. So z.B. mit den Berliner Pfarrern Lic. Albertz, Dr. Böhm und dem amtsentsetzten Pfarrer und späteren Berliner Bischof Scharf (Sachsenhausen). Diese Aktivitäten in Preußen machen jetzt die Berliner Gestapo auf ihn aufmerksam.

„Als im Jahre 1940 die akute Gefahr bestand, daß die Gestapo mich ins Konzentrationslager warf, rettete mich der Landrat [Dr. Prange] des Kreises Ostprignitz dadurch, daß er dem Wehrkreiskommando einen Wink gab, mich als Soldat einzuziehen. Von 1940 bis zum Ende des Krieges war ich Soldat. Die Vorbereitung auf die Offizierslaufbahn lehnte ich immer ab und war bis zum Schluß des Krieges Obergefreiter bei der Flak."[441]

Bei der Wehrmacht unterlag Jüchen der Militärgerichtsbarkeit und war vor der Gestapo sicher. Allerdings beendete die Gestapo bald Jüchens schriftstellerische und publizistische Aktivität.

„Unter dem 21.11.41 teilt mir der Präsident der Reichsschrifttumskammer mit: ,Ihren Antrag auf Erteilung eines Befreiungsscheines der Reichsschrifttumskammer, Gruppe Schriftsteller lehne ich gemäß [§] 10 der 1. Durchführungsverordnung zum Reichskulturkammergesetz vom 1.11.33 mangels der erforderlichen politischen Zuverlässigkeit ab. Nach meinen Feststellungen waren Sie ein Gegner des Nationalsozialismus, dadurch gekennzeichnet, daß Sie früher im Landesverband Thüringen des ,Bundes Religiöser Sozialisten' tätig waren. Dieser Bund setzte sich aus Mitgliedern der KPD und der SPD sowie anderer marxistischer Organisationen zusammen. Diesem Bunde gehörten Sie bis zur Auflösung an. In Vorträgen, Schriften und bei anderen Gelegenheiten nahmen Sie gegen den Nationalsozialismus Stellung. Diese Tatsachen stellen den Mangel an Zuverlässigkeit im Sinne des [§]10 a.a.O. hinreichend unter Beweis. Auf Grund meiner Entscheidung ist Ihnen jede Tätigkeit als Schriftsteller untersagt.' Eine gleiche Bekanntmachung erschien im Allgemeinen Börsenblatt und im Buchhändler."[442]

Die Reichsschrifttumskammer war eine berufsständische Zwangsorganisation. Sie hatte die Aufgabe, im Sinne des „§ 4 der Ersten Durchführungsverordnung zum NS-Reichskulturkammergesetz" vom 1. November 1934

„die Reinerhaltung des Schrifttums von allen schädlichen und unerwünschten Einflüssen, die nach der Aufhebung des Schmutz- und Schundgesetzes vom Staat der

---

[441] A 10.
[442] A 10.

Kammer, d.h. dem Stande anvertraut wurde, [zu sichern]. Damit im Zusammenhang die Herausbildung eines neuen berufsständischen Ethos, kraft dessen sich jedes Mitglied der Kammer, gleichgültig ob es sich schriftstellerisch oder buchhändlerisch betätigt, für sein Tun und Lassen der Volksgemeinschaft verantwortlich fühlt."

Ohne die Mitgliedschaft in der Schrifttumskammer gab es keine Publikationsmöglichkeit, nicht einmal bei einer kirchlichen Zeitschrift. Jüchen arbeitete unbeeindruckt weiter an literarischen Projekten, die aufgrund des Publikationsverbotes erst nach 1945 erscheinen konnten.

Eingezogen wurde er am 7.11.1940 und nach der Ausbildung kam er an die „Westfront" und diente 1941/42 in einer schweren Flakbatterie in Belgien im „Luftgau Brüssel"[443] und später am sog. „Atlantikwall" in Frankreich. Er nutzte die Zeit, um Französisch zu lernen, und schrieb seine Erlebnisse in französischer Sprache in Feldpost-Heften[444] nieder. Eines ist erhalten geblieben. So wissen wir, dass die Batterie Jüchens in der Nähe von Calais lag und bereits 18 Feindflugzeuge abgeschossen hatte. „Maintenant je suis situé près de Calais avec ma batterie, qui a abattu jusque ce moment dix-huit avions ennemis."

Während ihr Mann in der Armee diente, lastete auf Irmgard von Jüchen in Rossow eine doppelte Aufgabe. Auf der einen Seite war die Sorge um das Wohlergehen und das Überleben des Mannes, und auf der anderen Seite die Notwendigkeit, die Familie, ihre Ernährung und den gesamten Alltag unter Kriegsbedingungen zu organisieren. Wie schwer es ihr fiel, dokumentiert ein Briefwechsel,[445] den sie in den Jahren ab 1941 mit Frau Elisabeth Telschow führte, deren Mann ebenfalls zur Armee einberufen war und insofern vor den gleichen Problemen stand. Detloff Telschow war Pfarrer in Katerbow/Kreis Ruppin, der Nachbargemeinde auf dem Territorium der brandenburgischen Kirche, und mit der Familie Jüchen befreundet. Bei der Taufe des Sohnes Christoph Telschow am 3.8.1941 war Jüchen als Pate eingeladen, bekam aber keinen Urlaub und ließ sich von seiner Frau Irmgard vertreten. Schon der Transport von Rossow nach Katerbow war ein Problem. Jüchens hatten ein Auto, das bald nach Kriegsbeginn stillgelegt wurde, denn das Benzin brauchte die Wehrmacht. Telschows dagegen

---

443 „Soldat v. Jüchen, Feldpostnummer L 01018, Luftgauamt Brüssel". Brief Irmgard v. Jüchen an OKR v. 8.10.1941, in PAJ.

444 NLJ-Akte 148.

445 Für die Überlassung der Briefkopien danke ich Herrn Superintendent Christoph Telschow, Berlin.

hatten einen Kutscher mit Fuhrwerk. Und die ständige Frage „Wie kommen die Kinder und ich von Rossow nach Netzeband" hatte oftmals die Antwort „Mit dem Kutscher Dittmar der Telschows, mit Pferd und Wagen."

Die Briefe verdeutlichen auch die Einsamkeit der kulturell interessierten Frau, die aufblüht, als sie im November 1941 drei Wochen bei Verwandten in Berlin und Dresden sein kann und im Theater Torquato Tasso und Fiesco besuchen kann, danach in Rossow wieder auf sich selbst zurückgeworfen ist. Der Mann in Frankreich, die Kinder in der Schule weg vom Dorf, und sie allein im Pfarrhaus. Und der Mann kommt und kommt nicht. Er schreibt viel, schickt auch Päckchen, wobei der Inhalt nicht immer die Bedürfnisse der Frau trifft, die sich z.B. 1941 über einen Rosshaarbesen freuen darf, wobei sie doch statt auf neue Besen auf die Wiederkehr des Mannes hofft.

„Alle Männer kriegen Urlaub, nur meiner nicht. Möchte wissen, was ich verbrochen habe, daß ich so stiefmütterlich behandelt werde vom Schicksal" (19.8.1941).

„Aurel vertröstet sich und mich immer noch auf Urlaub. Mitte Oktober vielleicht. Ich wage kaum noch, daran zu glauben"(19.9.41). Dieser Urlaub, nicht mehr als 1½ Wochen, kam zustande, aber die Tage waren zu kurz. Und sie wurden noch dadurch kürzer, dass der Gatte an drei Urlaubstagen auf den BK-Konventen Schneidemühl, Neuruppin und Nauen Vorträge über das „Volkstestament der Deutschen Christen"[446] hielt.[447] Diese 296 Seiten umfassende Schrift „entjudete" das Neue Testament von der Weihnachtsgeschichte bis zum „heroischen Tod" Jesu in Jerusalem und machte die Evangelien kompatibel mit dem Denken der Nationalkirchler. Das „Volkstestament" erschien in einer ersten Auflage von 200.000 Exemplaren und zusätzlich in einer handlichen Taschenbuchausgabe für die Soldaten an der Front.[448] Aber es blieb trotzdem noch Zeit für die Familie.

„Ach, ... es waren so wunderschöne Tage, wie ich es gar nicht sagen kann. Wenn ich traurig werden will, daß er nun wieder fort ist, denk ich schnell, wie sehr schön es war und wie dankbar ich sein muß, daß es so ungetrübt und gut war mit ihm. Dann verfliegt alle Unzufriedenheit. Und für die Männer ist so ein Abschied sicher

---

[446] Institut zur Erforschung und Beseitigung des jüdischen Einflusses auf das deutsche kirchliche Leben (Hg.): Die Botschaft Gottes (Volkstestament) Weimar 1940.

[447] NLJ-Mappe 33.

[448] Angabe bei Christian Staffa (Hg.): Vom protestantischen Antijudaismus und seinen Lügen, Magdeburg 1993.

noch, viel, viel schwerer. Wir bleiben doch im schönen Haus, bei den Kindern und
im sozusagenen Frieden" (11.19.1941).

Der Mann ist wieder fort, aber die Alltagsprobleme bleiben und sind, was die Ernährung der Familie angeht, drückend. In den 1½ Wochen des Urlaubs ist die rationierte Verpflegung, die die Familie auf Lebensmittel-Marken bekam, für den gesamten Monat verbraucht worden.

„Ich bin mit allen Lebensmitteln nach Aurels Abreise völlig auf dem Hund. Rat-
zekahl alles ist alle … Die Beköstigung draußen scheint doch recht gut zu sein.
Ich habe wenigstens teils mit Freude, teils mit Entsetzen wahrgenommen, wie der
gute Aurel sich gewohnheitsgemäß anscheinend seine Brote bestrich und belegte.
Ich glaube, er kam gar nicht auf den Gedanken, daß wir das hier einfach nicht
können." (11.11.1941)

Im Mai 1942 kam er wieder. „Und dann war Aurel 14 Tage hier auf Urlaub." Von den wenigen Urlaubstagen ging noch ein Teil ab, da Jüchen jeweils in Eisenach bei Karin und Erich Hertzsch, den Kampfgefährten und Freunden aus der Thüringer Zeit, Station machte. Hinzu kam noch, dass er auf dem Hinweg nach und der Rückfahrt von Rossow über Berlin fuhr und dort im Pfarrhaus des Freundes Rackwitz Station machte. Rackwitz war praktisch die Nachrichten- und Informationsstelle der wenigen informell in Kontakt gebliebenen religiösen Sozialisten Deutschlands. Er hielt nicht nur den Kontakt ins Ausland, sondern stellte auch die Beziehungen zu Widerstandsgruppen im Inland her. Diese Kommunikation verlief in der Regel nicht in schriftlicher Form, und deswegen waren die persönlichen Treffs besonders wichtig.

Frau von Jüchen war in diesen Teil der Arbeit ihres Mannes eingeweiht und auch die Kinder wussten von der illegalen Arbeit des Vaters.[449] Irmgard von Jüchen begleitete mehrfach ihren Mann nach Berlin und wohnte dann bei der Familie Rackwitz. So schrieb sie am 16.12.1942 an Detloff Telschow,

„nachdem ich Aurel dort [in Berlin] am Sonntag in den Zug gesetzt habe. Wißt
ihr Männer wohl, wie bitter schwer das für uns Frauen ist, so allein zurück zu
bleiben? Zuerst ist man wie tot, und erst allmählich kommt wieder so etwas wie
Leben in einen."

Mit zunehmender Dauer des Krieges stieg die Hoffnung auf ein baldiges Ende der Nazi-Herrschaft. Der Drill in der Armee, der Kadavergehorsam

---

[449] Edith von Jüchen-Weiß in einer schriftlichen Miteilung vom 1. August 2004.

Gespräche übern Zaun

mitgeteilt von Aurel von Jüchen

Heft 1:
Ohne Gott — das ist kein Leben
Heft 2:
Des Sonntags zwischen Neun und Zehn
Heft 3:
Was uns am Christentum ärgert
Heft 4:
Von der Erkenntnis Gottes
Heft 5:
Wozu noch Kirche?
Heft 6:
Und das Alte Testament . . . ?
Heft 7:
Wir lassen taufen
Heft 8:
Gott befohlen

Preis für jedes Heft 10 Pf., ab 10 Stück 9,5 Pf.,
ab 100 Stück 9 Pf.
Die Reihe wird fortgesetzt

Verlag des Evang. Preßverbandes für Deutschland
Berlin-Steglitz

Gespräche übern Zaun

Was uns am Christentum ärgert

Was uns am Christentum ärgert

Gespräche übern Zaun
mitgeteilt von Aurel von Jüchen

Evangelischer Preßverband für Deutschland, Berlin-Steglitz
Beymestraße 8

und die immer stärker werdende soziale und politische Kontrolle machte Jüchen immer mehr zu schaffen. Seine Frau informierte am 26.12.1943 Frau Telschow über einen gerade eingegangenen Brief ihres Mannes. „Aurels Brief heute klang … kreuzunglücklich. Ewige Appelle, Stubenvisitationen usw. ‚Wie mich das alles anekelt!' schreibt er, und ich kann's ihm gut nachempfinden." In dieser Phase gab es mehrere Versuche aus der Gemeinde Rossow, Jüchen „uk" [unabkömmlich] stellen zu lassen und ihn somit wieder als Gemeindepfarrer zu bekommen. Diese Versuche scheiterten sämtlich.

1944 war Jüchen durch Rackwitz näher in die Arbeit des Berliner Widerstandes einbezogen worden, in dem frühere religiöse Sozialisten wichtige Rollen einnahmen. Als er Jahre später am 27.12.1947 einen Aufnahmeantrag in die VVN stellte, musste er schriftlich über seine Widerstandszeit Auskunft geben.

„Frage: Für welche Partei oder Widerstandsgruppe waren Sie illegal tätig?
Antwort: ‚Bund religiöser Sozialisten und Bekennende Kirche von 1933-1945.'
Frage: Drei Zeugen hierfür:
Antwort: ‚Domprediger Karl Kleinschmidt, OdF, Schwerin, Pastor Rackwitz, Berlin-Neukölln, OdF, Bernhard Göring, Zentralsekretariat der SED.'
Frage: Bemerkungen
Antwort: ‚Ich wurde vor der Einlieferung ins KL zweimal gerettet 1.) durch Landrat Prange 2.) durch Wehrkreismeldeamt Kyritz."

Um Bernhard Göring, der Gewerkschaftssekretär beim AFA-Bund und bis zur Auflösung des BRSD 1933 Reichsvorsitzender gewesen war[450], hatte sich in Berlin ein Widerstandskreis gebildet.

„Unterdes hatten Angestellte in Berlin bereits eine zentrale Widerstandsgruppe unter der Leitung Bernhard Görings gebildet. Göring war religiöser Sozialist und Sekretär Siegfried Aufhäusers. Was er in diesen Monaten tat, geschah nicht ohne Abstimmung mit dem früheren Vorsitzenden des AFA-Bundes. Da Göring kein Jude war und durch seine christlichen Brüder mit einer zweiten Gruppierung in Verbindung stand, konnte er sich leichter versteckt halten. Trotz seiner Verbindung zum 20. Juli überstand er auch das Ende des Schreckens im Reich. Er berichtete, solange es nur möglich war, ins Ausland, und knüpfte nach 1945 unverzüglich die Verbindung zu den emigrierten Kollegen."[451]

---

[450] Allgemeiner freier Angestelltenbund. Göring war persönlicher Referent des AFA-Vorsitzenden Aufhäuser.
[451] Gerhard Beier, Die illegale Reichsleitung der Gewerkschaften 1933-1945, S. 34.

Als die Gestapo während der Olympiade 1936 die Grenzkontrollen lockerte, reiste Göring illegal nach Kopenhagen, um sich dort mit Vertretern der Internationale der Angestelltengewerkschaften zu treffen.[452] Nach 1945 wurde Göring Mitglied des Zentralausschusses der SPD und nach der Vereinigung mit der KPD Mitglied der SED-Parteileitung.

Der bereits genannte Neuköllner Pfarrer Arthur Rackwitz und seine Frau Charlotte waren beim Herausschleusen von Juden aus Deutschland beteiligt.

„Konsequent kümmerte er sich um alle jüdischen Gemeindeglieder und gab Juden einen betont gründlichen christlichen Taufunterricht. Gleichsam als Quartiermeister für jüdische Freunde fuhr er in die Schweiz, Charlotte Rackwitz nach England. Beide bereiteten sie die Übersiedlung oder Weiterreise von Juden vor."[453]

An dieser Arbeit war Jüchen mitbeteiligt, wie auch an der Arbeit des „Büros Grüber", das sich um die „nichtarischen Christen" kümmerte.

Heinrich Grüber war Pfarrer in Berlin und Mitglied des Pfarrernotbundes und der Bekennenden Kirche. Ab 1937 leitete er die Hilfsstelle für evangelische Rasseverfolgte, das so genannte „Büro Grüber." Es ging darum, solange es möglich war, Juden vor dem Zugriff der Gestapo zu schützen und ihnen eine Ausreisemöglichkeit zu verschaffen. Hatte man zu dieser Zeit eine Ausreisegenehmigung, konnten noch einzelne aus den Konzentrationslagern entlassen werden. Später ging das nicht mehr. Dieses Büro verhalf seit 1938 über eintausend „nichtarischen Christen" zur Auswanderung und rettete ihnen so das Leben. Am 19. Dezember 1940 wurde Grüber verhaftet und ins KZ Sachsenhausen gebracht.

Werner Sylten war ebenfalls Pfarrer, hatte in Thüringen ein kirchliches Mädchenheim in Bad Köstritz geleitet und war in dieser Zeit Mitglied im Bund der religiösen Sozialisten gewesen. Unmittelbar nach Beginn der NS-Diktatur und dem Beginn des Kirchenkampfes trat Sylten dem Pfarrernotbund bei. Von den Nazis wurde er im wachsenden Maße als „Halbjude" beschimpft und schließlich als Heimleiter entlassen. Pfarrer

---

[452] Vgl. ibid. S. 37. Ein Brief, den Göring am 18.8.1936 aus Kopenhagen schrieb („Ein 2-tägiger Aufenthalt ohne Paß in Kopenhagen ermöglicht es mir, Dir in Eile einige Zeilen zu schreiben".), befindet sich im IFZ-163/11, Blatt 191.

[453] Aurel von Jüchen, „Zum Beispiel: Arthur Rackwitz", in: Gerhard Jankowski/Klaus Schmidt (Hgg.): Arthur Rackwitz. Christ und Sozialist zugleich, S. 13. Aurel von Jüchen hob in Gesprächen mit dem Verfasser die wichtige Rolle von Charlotte Rackwitz hervor, die sich in der Hilfe für Juden stark exponierte und die „Seele der Arbeit" war.

Niemöller holte ihn nach Berlin, und wenig später wurde er als Leiter der seelsorgerischen Abteilung im „Büro Pfarrer Grüber" tätig. Nach der Verhaftung von Pfarrer Grüber 1940 übernahm W. Sylten die Leitung der Hilfsstelle und musste sie dann auflösen. Am 27. Februar 1941 wurde er verhaftet und schließlich umgebracht.

> *„Ich hatte nach 1933 mehrmals mit ihm [Sylten] in seiner Eigenschaft als Betreuer von Juden im ,Büro Grüber' zu tun … Pfr. Kleinschmidt war Vertrauensmann für das Büro Grüber für Mecklenburg-Schwerin, ich für Mecklenburg-Strelitz. In dieser Eigenschaft habe ich für mehrere jüdische Familien die Verhandlungen mit dem Büro Grüber geführt und immer nur mit Werner Sylten verhandelt. Die Fragen, die geklärt werden mußten, waren die Personenzahl, die ins Ausland wollten, ihr Beruf, ihre Fähigkeiten, die Fragen, wie viel Geld sie zusteuern könnten."*[454]

Arthur Rackwitz[455] wurde wegen Verstoß gegen den sog. „Kanzelparagraphen" 1937 verhaftet und deswegen von der BK in die Fürbittenliste aufgenommen.[456] Er war später von 1944-1945 im KZ Dachau inhaftiert. Anlass dafür war Ernst von Harnack, langjähriger Funktionär des BRSD, der seit 1938 an der Formierung des „20. Juli-Kreises" beteiligt war und ein Scharnier zwischen bürgerlichen Widerständlern und Widerstandsgruppen der Arbeiterbewegung bildete. Nach dem Scheitern des 20. Juli 1944 versteckte er sich im Neuköllner Pfarrhaus von Arthur Rackwitz. Er wurde dort von der Gestapo aufgespürt und am 1.1.1945 zum Tode verurteilt. Harnack ist am 3. März 1945 in Plötzensee hingerichtet worden.

Jüchen hatte mehr Glück als Rackwitz. Er traf sich zwar nach dem 20. Juli 1944 mit Ernst von Harnack: „bei seinem Inkognito-Aufenthalt bei meinem Amtsbruder Rackwitz … [dort] war ich mit ihm zusammen,"[457] wie er an Falk Harnack schrieb –, verließ Rackwitz' Haus aber vor der Gestapo-Razzia. Von der Verhaftung der Freunde erfuhr er erst bei seiner Flakeinheit in Belgien. Jüchens Name blieb in allen Verhören ungenannt und er unbehelligt.

---

[454] Korrespondenz mit Bruno Köhler vom Lutherhaus Eisenach über Werner Sylten, Brief Eisenach 25.10.1977 und Antwort Jüchen o.Dat. in: NLJ, Mappe 213.

[455] Hierzu u.a. Olaf Meyer, „Eine Gemeinde im Kirchenkampf", in: Dietrich Schirmer (Hg.): Kirchenkritische Bewegungen, Bd. 2. Rackwitz machte sich über den politischen Charakter der BK keine Illusionen, sah aber zu einer Parteinahme für und in der BK im Rahmen des Kirchenkampfes keine echte Alternative. Hierzu: F.-M. Balzer: „Ein Christ für den Sozialismus", in: G. Jankowski/K. Schmidt, a.a.O., S. 23/24.

[456] Fürbittenliste vom 25. Juni 1937, in: EZA 50/451a.

[457] Brief an Falk Harnack Göttingen, in: NLJ-Akte 121: Texte und Verlagskorrespondenz 1955-1966.

11. Abschied vom Krieg

Im Frühjahr 1945 war der Krieg endgültig für Deutschland verloren. Die Wehrmacht hatte sich an allen Fronten geschlagen ins eigene Land zurückgezogen, und von allen Seiten drängten die Alliierten die deutschen Truppen weiter ins Landesinnere hinein. Die deutschen Einheiten waren demoralisiert und befanden sich in schleichender Auflösung. Patrouillen der SS und der Feldgendarmerie, der Militärpolizei der Wehrmacht, machten Jagd auf Deserteure und hängten sie ohne Prozess auf.

Einer der vielen Deserteure, die sich in der Schlussphase des Krieges von der Truppe absetzten, war der Pfarrer und Flakobergefreite Aurel von Jüchen. Als er mir dies erstmalig in einem Interview erzählte, waren Wehrmachtsdeserteure noch nicht, wie heute, rehabilitiert. Die wichtige Bundestagsdebatte des Jahres 2002 zu den Deserteuren hatte noch nicht stattgefunden, und Deserteure galten bei der Mehrheit der Bevölkerung noch als Feiglinge und Verräter. In diesen Bundestags-Anhörungen wurde verdeutlicht, dass von den 48.000 Todesurteilen der gesamten NS-Justiz allein über 30.000 Todesurteile gegen Deserteure verhängt wurden. Keiner der Kriegsrichter wurde je bestraft. Der Widerstandsforscher Prof. Steinbach empfahl eine grundsätzliche Rechtfertigung der Desertion während des Dritten Reichs. Er betonte, dass Desertion nicht als Ausdruck von Feigheit, sondern als Abwendung von einem menschenverachtenden, totalitären Regime zu werten sei. Von Verantwortungslosigkeit, Kameradenverrat oder Gefährdung der Zivilbevölkerung könne in diesem Zusammenhang keine Rede sein. Desertion verlangte Konsequenz und Mut, so Steinbach.[458] Dies galt auch für Jüchen.

> *„Ich hab mich von der Truppe entfernt, als ich keinen Gefechtsauftrag mehr hatte. Hab die Uniform anbehalten und bin mit gefälschten Papieren nach Hause gefahren. Und da war die letzte Schlacht noch nicht geschlagen, so daß ich also vom 1. Mai bis zum 9. hätte als Deserteur verhaftet werden können.“*[459]

Deserteure waren im Nachkriegs-Deutschland verfemt. Desertion war als Widerstand nicht anerkannt. Stattdessen bestimmte der militärische Widerstand die Widerstandsdiskussion. So war es nicht überraschend,

---

[458] Quelle: <http://www.bundestag.de/bic/hib/2002/2002_108/05>.
[459] A 21.

als Jüchens zweite Frau nach dem Interview darauf bestand, diesen Fakt der Desertion, der sich zumindest 1988 noch nicht für bürgerliche Kreise „schickte", beim Abdruck des Interviews auszulassen. Jüchen argumentierte sofort dagegen und bestand ausdrücklich auf dem Abdruck auch dieses Teils. Seine wichtigste Begründung war, dass er nicht aus einer Befreiungsarmee desertiert war, sondern aus der Armee eines verbrecherischen Regimes, dem man keine Loyalität schuldete. Ein weiteres Ergebnis war, dass er diese Phase seines Lebens auf meine Bitte hin schriftlich fixierte und mir das Manuskript zum Abdruck überließ. Im folgenden daraus ein längerer Teil:

„Abschied vom Kriege

Endlich war es soweit! Das tausendfach ersehnte, beschworene, in abertausend Gebeten erflehte Ende des Krieges stand unmittelbar bevor. Aber noch zog sich das Ende hin wie der wochenlange Todeskampf eines Menschen, der im Sterben liegt. Die Geschichte hatte ihr Urteil schon gesprochen. Jedermann wußte, daß der Krieg verloren war, aber die Niederlage war noch nicht eingestanden. Ja, es gab Stellen im Süden, im Norden Deutschlands und vor allem rings um Berlin, wo noch täglich weitergeschossen, weitergeblutet und gestorben wurde. Der Krieg war wie ein großer Flächenbrand, der an einigen Stellen bereits ausgebrannt war, an anderen aber noch leidenschaftlich aufflammte. Die endgültige Kapitulation Deutschlands war erst nach dem Einzug der Alliierten in Berlin zu erwarten. An der Elbe bei Magdeburg, wo ich mich befand, war der Krieg bereits zu Ende. Ich war bei einer 8,8 Flak-Abteilung, der mehrere 20 mm-Geschütze zugeteilt waren. Unser letzter Gefechtsauftrag war es, mit anderen Batterien zusammen den Flugplatz Burg b. Magdeburg gegen feindliche Luftangriffe zu schützen. Er war einer der letzten Flugplätze, die überhaupt noch zur Verfügung standen.[460] Jedes Flugzeug braucht einen Ort, der es mit Benzin, Munition, technischem und militärischem Material versorgt. Da sich aber Ost- und Westfront von Tag zu Tag näher rückten, fielen auch täglich Einsatzflughäfen aus, so daß der Flugplatz Burg einer der letzten war, der zu Einsätzen gegen die von Osten heranrückende sowjetische und gegen die sich von West nähernde amerikanische Armee dienen mußte. So wurden alle erreichbaren Flak-Einheiten zum Schutze dieses Flughafens alarmiert. Das bedeutete zugleich, daß sich die

---

[460] Auf diesem Flughafen lagen 1945 Jagdstaffeln des mit dem Düsenjäger Me 262 ausgerüsteten Jagdgeschwaders 7. Dies erklärt die Intensität der amerikanischen Angriffe. Hierzu: <http://www.luftfahrtspuren.de/kaki.htm>.

englische und amerikanische Artillerie und die Bombenflugzeuge aller Mächte auf die Batterien, die diesen Flugplatz verteidigten, konzentrierten. Wir lagen also wochenlang im Bombardement von Flugzeugen, die ihre Bomben auf den Flugplatz Burg niederregnen ließen, bis das Ziel erreicht war, der Flugplatz völlig von Bombentrichtern zerpflügt war, so daß kein deutsches Flugzeug mehr starten oder landen konnte.

Es war für uns das Furioso des ganzen Krieges. Bei jeder Explosion, die die Hangars oder die Landebahnen oder die Werkzeughallen trafen oder auch nicht trafen, bildeten wir uns ein, unser Bunker würde aus dem Erdboden gerissen. Der Boden hob und senkte sich. Unsere eigenen Salven und die Einschläge der Feindbomben vermischten sich zu einem ununterscheidbaren Höllenlärm. Die Mägen krampften sich zusammen vor Angst. Die sinnlichen Eindrücke von Feuer und Lärm hatten keine Zeit, sich zu exakten Beobachtungen zu formen. Während unsere Hände die Geräte exakt bedienten, wogte hinter der Stirn der Schwindel. Es war uns zumute, als befänden wir uns auf einem brennenden Schiff, das mitten durch einen gewaltigen Sturm fährt. Unsere Gebete strandeten in den ersten Silben eines Wortes oder Satzes. Unsere Reaktionen waren so unkontrolliert, daß wir nicht wussten, ob wir lachen oder weinen, schreien oder die Zähne aufeinander pressen sollten. War der Angriff vorüber und wir konnten für eine halbe Stunde aufatmen, dann überfiel uns schon die Angst vor dem nächsten Angriff. Alle sinnlichen Eindrücke, die man während früherer Angriffe gesammelt hatte, benutzte die Phantasie, um den nächsten Angriff noch schrecklicher, noch Leib und Seele zerfetzender, noch tödlicher auszumalen. Diesen Angriff hatten wir glücklich überstanden, aber ob wir den nächsten überstehen würden, der in unserer Vorstellung schon Gegenwart war, das war eine Frage tödlicher und tiefer als der Ozean. Mit diesen Ängsten schliefen wir ein, mit ihnen wachten wir vielmals in der Nacht und am Morgen auf ...

Nach dem Furioso der letzten Wochen wurden wir aus der unmittelbaren Nähe des Flugplatzes in ein Waldstück verlegt. Es begann eine Zeit, die man nur beschaulich nennen kann. In einer kleinen Baracke wohnte der Major. Auf der anderen Seite wohnte seine klein gewordene Mannschaft, bestehend aus einem Unteroffizier, einem Obergefreiten, den ich darstellte, und zwei Frauen, von denen die eine die Diktate des Majors schrieb, die andere die Küche besorgte. Es war eine Situation, wie sie niemand im Kriege je erlebte und wie sie auch im Frieden nicht vorkommen konnte. Mittags saßen wir friedlich an einem Tisch und aßen mit sauberem Besteck von weißen Tellern. Wir führten zivilisierte Gespräche, eine Wirkung, die offenbar von den beiden Damen ausging. Wie fast alle Frauen der Wehrmacht legten sie ihr natürliches Temperament und

gewisse weibliche Eigenschaften nicht so prompt und bereitwillig ab, wie es fast
alle männlichen Kollegen taten, sobald sie es mit Vorgesetzten zu tun hatten.
Wir lebten nicht aus dem vollen, aber wir lebten aus einem Bunker, zu dem
der Major den Schlüssel besaß und aus dem sich eine Kompanie ein halbes Jahr
hätte ernähren können. Diesen Schlüssel vertraute er nur seiner Sekretärin an,
die aus dem Bunker holen durfte, was wir täglich zur Mittags- und Abend-
mahlzeit gebrauchten. Gelegentlich bereicherte der Major den Mittag- oder
Abendbrottisch um eine Flugente, einen Hasen oder Hirschen, die er auf der
Jagd erlegt hatte. Es gab in der kleinen Gemeinschaft keine Spannungen und
Konflikte. Der Major mied grundsätzliche Gespräche. Dafür steckte er voller
Anekdoten. Die Stille, die uns in der Waldbaracke umfing, war so unwahrschein-
lich, als wäre plötzlich überall in der Welt der Friede und das Ende aller Leiden
ausgebrochen. Alle überflüssigen Personen des Stabes wurden in die Batterien
verlegt. Ich wechselte meinen Beruf, aus einem 1-b-Schreiber wurde ich zum
Meldefahrer. Denn auch den Telefon- und den Schriftverkehr, der uns früher
jeden Tag überschüttete, hatte die Stille verschlungen. Auch die Besuche des
Majors bei den Batterien, die Meldungen einzelner Offiziere beim Stab blieben
aus. Die gegnerische Luftwaffe war zwar da, aber sie hatte ihr zerstörerisches
Werk vollendet. Sie kontrollierte den Himmel über uns, bei Tag kontrollierte sie
die Landstraßen und die Feldwege. Bei Nacht huschten ihre Scheinwerfer über
die Landschaft. Mein Wechsel zum Meldefahrer hatte entscheidende Vorteile
für mich. Ich besaß ein eigenes Fahrrad, das niemand anderes benutzen durfte.
Ich lernte die unmittelbare landschaftliche Umgebung genau kennen. Und ich
erhielt vom Major ein eigenhändig unterschriebenes Dokument, in dem stand,
daß ich der Meldefahrer meiner Einheit bin und daß alle militärischen Stellen
angewiesen seien, mir bei meinen Aufgaben hilfreich zu sein.

Diese Idylle dauerte 14 Tage oder drei Wochen. Da eröffnete der Major uns
eines Abends in undramatischem Ton, daß unsere Idylle nun ihrem Ende ent-
gegengehen werde. Es sei mit den amerikanischen Stellen bereits abgesprochen,
daß sowohl die auf dem westlichen wie die auf dem östlichen Ufer der Elbe
befindlichen Einheiten sich in amerikanische Gefangenschaft begeben. Unser
militärischer Auftrag hätte sich damit erledigt. Die Truppe sei unter ihrer
bisherigen Befehlsgewalt als aufgelöst zu betrachten. Das waren in wenigen
Sätzen überwältigende Nachrichten. Darin lag die Andeutung eines baldigen
Kriegsendes, darin lag der Verzicht auf die Unterstellung in einer neuen Einheit.
Es fehlte jede Andeutung auf eine neue Eingliederung in eine andere deutsche
Truppeneinheit im Kampf um Berlin. Ein kleiner Hauch von Freiheit lag in
diesen Sätzen. Aber dieser Hauch wurde sofort weggeblasen durch die Ankün-

digung, daß es unsere Aufgabe sei, uns sofort in amerikanische Gefangenschaft zu begeben.

Danach, was wir wählten, wurde wie üblich überhaupt nicht gefragt. Ich war der einzige, der diesen hauchzarten Silberstreifen zu nutzen versuchte. Ich sagte, nachdem ich bis zum Ende des Krieges die Chance gehabt hätte, in keine Gefangenschaft zu geraten, hätte ich keine Lust, in den letzten Tagen des Krieges mich freiwillig in amerikanische Kriegsgefangenschaft zu begeben. Meine Ge-meinde Rossow (bei Neuruppin) sei auf dieser Seite der Elbe, und da es für die Einheit keinen Kampfauftrag mehr gäbe, möchte ich den Versuch machen, von hier aus in meine Gemeinde zu gelangen. Das erschien dem Major als ein völlig utopischer Gedanke. Er antwortete nicht ohne Verärgerung: ,Aber Mann Gottes', so nannte er mich gelegentlich, halb beschwörend, halb spöttisch ,sind Sie denn blind? Sehen Sie denn nicht, daß Sie nur die Wahl zwischen amerikanischer und sowjetischer Gefangenschaft haben?' Ich antwortete, ich wolle wenigstens den Versuch machen, überhaupt nicht in Gefangenschaft zu kommen. Beide Gefangenschaften könnten Jahre dauern. Als ich diese Äußerung eines Ober-gefreiten an seinen Major und noch dazu vor den Ohren anderer getan hatte, blieb der Major ziemlich ruhig. Ich dachte – vielleicht kann ich noch eine Elle draufsetzen und sagte: ,Herr Major könnten mir dabei sogar erheblich helfen. Wenn Sie mir einen Wagen leihen, dann könnte ich in wenigen Stunden in meiner Gemeinde sein.' Das war eine deutliche Überforderung, die ich sofort bereute. Das trieb dem Major die Zornesröte ins Gesicht: ,Mann Gottes, Sie trauen mir zu, über deutsches Wehrmachtseigentum zu verfügen.' Ich antwortete: ,Die Russen stehen bereits im Bezirk Potsdam. Sie können übermorgen hier sein. Dann ist unser ganzer Autopark russisches Heereseigentum.' Das Gespräch war beendet. Er ging zornig in seine Baracke.

Ich sah ein, daß ich mit meiner Bitte die Entscheidungsmöglichkeiten eines Majors der nationalsozialistischen Wehrmacht überschritten hatte. Ich mußte mir also allein weiterhelfen. Ich ging in den Wald, in dem unser Fuhrpark in Fliegerdeckung stand und begutachtete jedes unserer Autos. Sie waren mir alle zu groß und zu aufwendig. Der einzige Wagen, der in meine Pläne paßte, war der kleine robuste Geländewagen, den der Major benutzte, wenn er die Batterien besuchte. Den würde er in amerikanischer Gefangenschaft nicht mehr gebrauchen, zumal er für alle offiziellen Anlässe einen komfortablen Straßenwagen besaß.

Ich fingerte an dem Geländewagen herum, fand aber keinen Anlasser. Der Anlasser, der sich bei allen gängigen Wagen am Boden befand und mit der rechten Fußspitze bedient wird, schien zu fehlen. Schließlich fand ich hinter dem Gesäß des Fahrers einen kleinen in die Gesäßfläche versenkten Knopf. Ich bediente ihn und prompt sprang der Motor an. Diese Antwort des Motors war unsere gegenseitige Vorstellung. In der folgenden Nacht gegen 23 Uhr schob ich mein Melderad in den viersitzigen Geländewagen und fuhr ohne Abschied und Reue zunächst nach Burg und dann auf einem Landweg in den spitz zulaufenden Winkel zwischen einer unsichtbaren Linie der Elbe auf der linken und einer ebenso unsichtbaren Linie der Havel auf der rechten Seite. Mein Plan war, diesen Mündungszwickel zwischen Havel und Elbe bis nach Havelberg hinaufzufahren und über die letzte Havelbrücke in meine Heimat zu gelangen. Die Nacht war ermutigend vom Mondlicht beleuchtet. Die Sterne glitzerten über der Straße vor mir.

Kein Wagen begegnete mir, keiner überholte mich. Ich fuhr genau von Süd nach Nord. Vor den wenigen Ost- West- Straßen, die meinen Weg kreuzten, hielt ich im Waldschatten, ging zu Fuß ein wenig voraus, beobachtete einige Minuten lang die zu überquerende Straße. Da sie aber ebenso einsam und still durch den Wald zog, wie mein eigener Weg, überquerte ich sie mit dem Wagen. Die ganze Nacht über hörte ich auf meiner rechten Seite das Mündungsfeuer der Front. Auch am Himmel zeichnete sich die Front wie eine von Süd nach Nord ziehende Linie am Himmel ab, weil der Himmel das Licht der Leuchtkugeln und das Mündungsfeuer der Geschütze spiegelte. Ich brauchte nur in angemessener Entfernung von dieser gefährlichen Linie zu bleiben, um in die engste Stelle des Mündungszwickels von Havel und Elbe hineinzufahren. In der ersten Morgendämmerung kam ich an die Havelmündung. Ich hatte damit gerechnet, daß die Havelbrücke vielleicht schon gesprengt sein könnte. In diesem Fall wollte ich meinen Geländewagen seinem Schicksal überlassen und mit meinem Melderad über Kyritz weiter nach Hause fahren. Als ich diese empfindliche Stelle erreicht hatte, stellte ich fest, daß die Brücke unversehrt war, daß aber ein Stau von einigen hundert Autos und Lastwagen mich einige Stunden aufhalten könnte.

Wie mir schien, mündeten drei oder vier Straßen von Norden und Westen kommend in die Brücke. Ich stotterte meinen Wagen in den Pulk hinein und landete auf der Brücke bei einem blutjungen Offizier, zeigte ihm meinen Fahrauftrag nach Zehdenik im Norden von Berlin und meine Personalpapiere mit meinem Ausweis als Meldefahrer. Der junge Offizier stolperte nicht über meine Ausweise, sondern über das Fahrrad, das ich aufgepackt hatte. ‚Aber Sie können nur entweder mit dem Fahrrad oder mit dem Geländewagen passieren. Das Fahrrad bleibt hier.‘ Ich antwortete: ‚Ich mache Herrn Leutnant darauf aufmerksam, daß das Fahrrad Wehrmachtseigentum ist.‘ Er antwortete: ‚Sagen

Sie Ihrem Vorgesetzten, daß ich es beschlagnahmt habe.' Mir war sofort klar, daß der junge Leutnant selbst ein Fahrrad brauchte, um noch rechtzeitig von der Truppe wegzukommen. Ich fuhr mit meinem Geländewagen weiter. Der Brückenübergang über die Havel war für mich wie der Übergang in ein neues Leben. Immerhin kannte ich von Havelberg an fast jedes Dorf. Mit einem neuen Wonnegefühl fuhr ich von Havelberg nach Wittstock und von Wittstock die Dosse entlang bis in meine Heimatgemeinde Rossow.

Dort erwartete mich die größte Überraschung. Das Pfarrhaus hatte aus der Zeit, in der der Pfarrer noch seinen eigenen Acker bestellte, einen großen viereckigen Hof mit Stallungen, Scheune und diversen Schuppen. Hinter dem Hof, der jedem Bauern Ehre gemacht hätte, begann erst der Pfarrgarten. Als ich in den heimatlichen Hof einfuhr, wimmelte es in der Scheune, in den Schuppen und im ganzen Hof, wie es mir vorkam, von über hundert Soldaten. Meine Frau kam aus dem Haus und umarmte mich … Die feldgrauen Gestalten sahen der Szene zu. In Gedanken nahmen sie den Augenblick ihrer eigenen Heimkehr vorweg. Ich war einerseits glücklich, so schnell und glücklich nach Hause gekommen zu sein. Der Krieg selbst hatte mich mit seinem Kreuz und Quer nach Hause getragen. Aber zugleich ärgerte ich mich über die militärische Öffentlichkeit, in der meine Heimkehr und meine Begrüßung durch Frau und Kinder erfolgte.

Ich erzählte daher so öffentlich wie möglich, daß ich nicht zu Hause bleiben könne, sondern übermorgen nach Zehdenik weiter müsse. Ich schlief seit langer Zeit wieder einmal in meinem Haus, in meinem Bett. Am anderen Tag war Sonntag und ich ging mit der Frau und den Kindern in die Kirche. Die ganze Gemeinde war erschienen, um mich zu begrüßen. Am Schluß des Gottesdienstes verkündete ich allen, mit denen ich sprach, ich sei Meldefahrer und hätte nur die Erlaubnis bekommen, über meinen Heimatort Rossow zu fahren. Leider würde die Einheit nördlich Berlin neu aufgestellt. Auch meine Dorfgenossen rechneten damit, daß der Krieg nur noch Tage dauern könne und nahmen mir das Versprechen ab, das man im Kriege gar nicht geben kann, ‚rechtzeitig da zu sein.' Jeder rechnete damit, daß das Wort ‚rechtzeitig' schon richtig verstanden würde. Auch die Umstände dieses unbekannten Augenblicks glaubte man ungefähr vorauszuwissen. Alle Menschen hatten am Ende des 3. Reiches die Fähigkeit erworben, in aller Unschuld zu lügen und doch zugleich anzudeuten, daß sie die Wahrheit wissen. Der Krieg konnte nur noch wenige Tage dauern. Aber wann Hitler seinem schuldüberfrachteten Leben ein Ende setzen würde, und wann die bedingungslose Kapitulation Deutschlands, die am 9. Mai 1945 endlich vollzogen wurde, kam, war auch wenige Tage zuvor nicht abzusehen. Ich mußte meinen ursprünglichen Plan, mich die wenigen Tage bis zum Ende *des Krieges in einer Bodenkammer des Pfarrhauses zu verstecken, aufgeben und eine neue Überlegung anstellen. Ich beschloß, bis zum letzten Augenblick des Krieges nach Königsberg (Kreis Wittstock) zu fahren. Dort wohnte die Witwe meines Freundes Fritz Günther ...*

Bedrückt kehrte ich nach Rossow zurück. Am späten Abend des 1. Mai[461] schlich ich durch den Pfarrgarten in der Dunkelheit ins Haus. Die Belegung der Scheunen und der Schuppen mit Soldaten, die ich wenige Tage zuvor angetroffen hatte, war verschwunden. Sie hatten möglicherweise schon irgendwo am Rande Berlins Stellung bezogen. Dafür war in der Zwischenzeit eine andere Einquartierung ins Haus gekommen. Ein Stab – wie man munkelte –, der Stab der späteren Nordarmee, die sich nach Schleswig-Holstein wandte, hatte die ganze untere Etage des Pfarrhauses belegt. Meine Familie und alle Verwandten, die wir im Laufe der Zeit aufgenommen hatten, wohnten im 1. Stock. Meine Schlafkammer lag auf dem Dachboden. Am Morgen weckte mich eine auffällige Unruhe im Haus und auf der Straße vor dem Haus. Ich schaute durch die Dachluke und sah, wie der Stab in größter Eile Akten aus dem Hause schaffte und auf Lastwagen verlud, wie Nachrichtensoldaten auf der Straße in großer Eile Telefonleitungen abmontierten und zusammenrollten. Ich hörte in nicht allzu großer Entfernung Schüsse knallen. Ich zog zum ersten Mal meinen Zivilanzug an und verbrannte meine Uniform im Garten.

Die Russen ... kamen auf völlig anderen Wegen, als die deutschen Truppen erwartet hatten.[462] Die deutschen Truppen hatten seit Tagen Straßensperren an den Straßen errichtet, die ins Dorf führten und Gräben ausgehoben. Die Rote Armee behandelte die asphaltierten Straßen, als ob sie gar nicht existierten. Sie kamen auf Land- und Feldwegen, sie kamen aus Schneisen aus dem Wald. Sie hatten sich eine Strategie bewahrt, die eine Landschaft als Einheit betrachtete ...

Ehe die an die Durchgangsstraßen fixierten deutschen Truppen es bemerkten, hatten sowjetische Truppen den Anger des Dorfes, auf dem die Kirche, die Schule und ein alter Friedhof aus tiefem Schlaf erwachten, besetzt. Obwohl der Kampf um das Dorf kaum mehr als 20 Minuten dauerte, kostete er fünf deutsche Soldaten das Leben. Ihre Frauen erwarteten sie vergeblich aus dem menschenmordenden Krieg zurück. Ihre Kinder mußten ohne Ihre Väter aufwachsen. Ich kehrte in meinen selbstgewählten Beruf als Seelsorger meiner Gemeinde zurück."

---

[461] Jüchen nannte im Originaltext den 7. Mai. Dies kann nicht stimmen, da zu diesem Zeitpunkt Berlin schon kapituliert hatte. Rossow wurde am 1. Mai 1945 von der Roten Armee besetzt. (Edith von Jüchen-Weiß in einer schriftlichen Miteilung vom 1. August 2004.)

[462] „Kosaken kamen, ritten durchs Dorf, jeder noch 1 oder 2 Pferde mit ziehend" (Edith von Jüchen-Weiß, a.a.O.).

Edith von Jüchen-Weiß, die damals 20 Jahre alt war, erinnert sich an weitere wichtige Einzelheiten:

„Als die Deutschen fluchtartig das Dorf verließen, hißte Vater die weiße Fahne (Bettlaken!) zum Dach des Pfarrhauses heraus. Sofort traf ein Schuß der Deutschen unser Haus und riß die ganze Wand von Vaters Arbeitszimmer heraus. Durch dieses Loch kletterten in den nächsten Wochen munter die plündernden Russen. Im Keller lag ein verwundeter deutscher Soldat, den die Deutschen vor ihrer Flucht zu uns hereinbrachten. Die Russen besetzten das ganze Haus, wir mußten alle raus."[463]

„Das Wort ‚Seelsorger' ist durch schreckliche Entstellungen ein uns unverständliches deutsches Wort geworden, gegen das viele Leute eine berechtigte Abneigung haben. Denn so, wie das Wort ‚Seele' heute gebraucht wird, ist es zur Ursache einer schrecklichen Schizophrenie geworden. Es spaltet den Menschen in zwei voneinander getrennte Teile. Den einen Teil nennt er seinen ‚Leib', den anderen seine ‚Seele'. Den Glauben betrachtet er darum wie eine Art Verbindung zwischen Leib und Seele. Im Wortgebrauch der Bibel aber sind Leib und Seele keine ‚Teile', sondern der Mensch ist in jedem Augenblick, den er erlebt, beides zugleich. Alle Freuden die er erlebt, erlebt er mit Leib und Seele. Alle Schmerzen, die er erduldet, erfährt er als Leib und Seele. Im Gegensatz zum Leib kann man den Körper als einen Teil des Menschen denken. Man kann ihn anfassen wie einen Gegenstand, man kann ihn untersuchen, seine Organe herausschneiden, an Apparate anschließen, durch Automaten in Bewegung setzen, aber es ist unmöglich, den Leib als einen Teil des Menschen zu denken oder zu behandeln, wie es unmöglich ist, seine Seele als Teil zu behandeln …
Wer weint, weint mit Leib und Seele, wer sich freut, freut sich aus ganzer Seele. Es war mir darum immer unmöglich, meinen Beruf als Seelsorger so zu verstehen, als sei ich nur für einen spirituellen Teil der Menschen verantwortlich und als erschöpfe sich mein Beruf darin, die so genannten religiösen Bedürfnisse des Menschen, also etwa die Sonntagsverkündigung von der Kanzel oder das fürbittende Gebet, auszuüben. Immer war für mich die Seele der ganze Mensch. Der Mensch hat nicht eine lebendige Seele, wie man Füße und Hände hat, die man auch amputieren kann, sondern er ist eine lebendige Seele. Das hat mich immer bestimmt, seinen leiblichen Nöten dieselbe Bedeutung zu schenken wie seinen seelischen Kümmernissen.

---

[463] Edith von Jüchen-Weiß, a.a.O.

Als nach den turbulenten Tagen wieder Ruhe im Dorf eingezogen war, sammelten wir die Toten, die die Eroberung des Dorfes Rossow gekostet hatte ... Es wird mir für mein ganzes Leben unvergeßlich bleiben, wie mein Küster und ich die Gefallenen auf einer einrädrigen Schubkarre ins Dorf karrten. Am schrecklichsten verstümmelt war die Leiche des fünften Soldaten. An seiner linken Seite hingen noch einige Fetzen seiner Uniform. Seine ganze rechte Seite und sein Gesicht waren rohes Fleisch. Sein Unterkörper, d.h. sein Becken und sein Beingestell, war nicht vorhanden. Wir suchten in der unmittelbaren und in der weiteren Umgebung nach seinen Knochen. Sie waren nicht zu finden. Bis in den Schlaf hinein grübelten wir über den verschwundenen Unterleib dieses fünften Soldaten, den wir den ‚unbekannten Soldaten von Rossow' nannten. Mein Küster und ich hoben den fünf Soldaten Gräber auf dem Friedhof aus. Wie es seit 1ooo Jahren in diesem Dorfe Brauch war, bahrten wir ihre Särge in der Kirche auf. Die ganze Gemeinde versammelte sich zur so genannten Aussegnung. Männer und Frauen weinten um die fremden Soldaten, die zufällig im Grenzbereich unseres Dorfes gefallen waren. Dann zog die ganze Gemeinde, voran die Kinder mit dem Grabkreuz, von der Kirche zum Friedhof und betteten sie unter Gesang und Gebet in die dunkle Erde. Leider konnten wir von keinem der Gefallenen ein Soldbuch finden. Wir konnten keinen der Angehörigen über den Tod unterrichten. Es blieb uns nur, ihre Erkennungsmarke an den Suchdienst des Roten Kreuzes zu senden. Wir waren mit unseren Herzen an dieser Bestattung beteiligt, wie nur je an der Bestattung eines Dorfgenossen.

Die Rote Armee hatte die Gewohnheit, in jedem Dorf eine winzige Besatzungsmacht zurückzulassen. In meinem Dorf bestand sie aus der Besatzung eines einzigen Panzers, der im Hof eines Bauernhauses stand. Befehligt wurde diese kleine Mannschaft von einem Natschalnik. Dieser war ein junger Mann, der gut deutsch sprach und mit außerordentlicher Intelligenz und Weisheit begabt war. Er setzte die Bedürfnisse seiner kleinen Truppe nicht mit Gewalt durch und hielt auch seine Mannschaft an, keine Gewalt anzuwenden. Er suchte sich im Dorf einen Mittelsmann, den Bürgermeister oder den Pfarrer, dem er die notwenigen Bedürfnisse vortrug und den er zugleich aufforderte, sich um diese Bedürfnisse zu kümmern. Er kam jeden zweiten oder dritten Tag zu mir und trug mir die Bedürfnisse seiner Mannschaft vor. Jeden Tag brauchte die kleine Mannschaft eine Kanne Milch, zwei Schock Eier und drei oder vier Hühner. Ich sprach mit den Bauern und sorgte dafür, daß seine Mannschaft jeden Tag von einem anderen Bauer ihre tägliche Nahrung bekam. So vermieden wir, daß Gänse und Hühner wild und regellos eingefangen oder abgeschossen wurden, *wie das in vielen anderen Dörfern der Fall war. Das Mittagsmahl bereiteten sie sich selbst. Den täglichen Kanten Brot bekamen sie von ihrer militärischen Einheit zugeteilt.*

Unsere Gespräche waren sehr intensiv. Sie drehten sich fast immer um die Greuel, die die ehemalige SS und führende Nationalsozialisten in Russland angerichtet hatten, aber auch um das Für und Wider des Bolschewismus in der Sowjet-Union. Über eine Frage war zwischen uns kein Verständnis zu erreichen. Das war die Frage der Vergewaltigung von Frauen. Ich versuchte ihn zu veranlassen, etwas gegen die Vergewaltigungsakte zu unternehmen. Dieses sich täglich wiederholende Greuel würde dem Gedanken des ‚Sozialismus‘ in Deutschland mehr schaden als alle Propaganda des Nationalsozialismus. Er versuchte mir zu erklären, daß man mit militärischen Drohungen und Strafen nichts ausrichten könne. Männer und Frauen seien in ihren sexuellen Bedürfnissen gleichveranlagt und gleichberechtigt. Darum müsse man es ihnen überlassen, wie sie mit ihnen fertig werden. Im übrigen seien Frauen in diesen Dingen weit klüger als die Männer. Sie kennten sich selbst und sie kennten auch die Männer. Ihre Klugheit würde sie befähigen, sich selbst zu schützen oder auch dem Mann nachzugeben. Darum verlasse er sich auf die Klugheit der Frauen. Er werde auf keinen Fall mit militärischen Verboten und womöglich Strafen eingreifen.

Ich antwortete ihm, daß Männer und Frauen sexuell gleich bedürftig und sie darum auch gleich berechtigt sind, das würde kein Christ bestreiten. Aber im Akt der Vergewaltigung sei ja die Gleichberechtigung aufgehoben und damit sei ja im Grunde auch der Sinn der Vereinigung von Mann und Frau aufgehoben: die Freiwilligkeit der gegenseitigen erotischen oder sexuellen Begegnung. Keine der Frauen, die Angst vor einer Vergewaltigung haben, lehne den Mann ab oder den russischen Soldaten. Sie wüssten, daß er oft jahrelang von seiner Frau getrennt sei und daß er oft jahrelang mit keiner Frau geschlafen habe. Aber sie wollten ihre Ehre und Würde und sie wollten zugleich die Ehre und Würde des sexuellen Beisammenseins geachtet wissen, wenn sie Angst zeigen vor jeder sexuellen Berührung. Der springende Punkt in dieser Frage sei der Zwang und die Gewalt. Es sei dieselbe Frage wie beim Krieg zwischen den Völkern oder bei der Unterjochung eines Volkes durch einen Despoten. Wer gegen das eine sei, müsse auch gegen jede sexuelle Vergewaltigung Stellung nehmen.

Einmal war während eines solchen Gesprächs ein französischer Kriegsgefangener anwesend, der einem Bauern des Dorfes zugeteilt war. Er erzählte uns, er habe in Paris eine Freundin. Er liebe sie seit mehr als 1½ Jahren. Aber auch wenn er zähneknirschend zu dieser Situation verurteilt sei, würde er nie auf den Gedanken kommen, sie zu einem Liebesakt zu zwingen. Er habe einen Freund, der auch Gefangener sei wie er. Er arbeite auf einem Bauernhof wie er. Er sei unglücklich verliebt in die Tochter des Hauses. Aber niemals würde er es wagen, die Freundin zu Liebesdiensten zu zwingen. Darum könne er die Art der russischen Soldaten, wenige Stunden, nachdem sie ein Dorf betreten haben, eine Frau oder ein Mädchen zwingen zu wollen, nur als primitiv und barbarisch betrachten. Der Natschalnik empfand das Urteil des Franzosen als lächerlich. Es beruhe auf Vorstellungen des feudalen Zeitalters, das die Frau höher stellte als den Mann, weil er sich in seinen sexuellen Trieben von ihr abhängig wusste. Die Verehrung der Frau sei nichts als das Spiegelbild seiner sexuellen Abhängigkeit.

Die Ängste der Frauen vor der Vergewaltigung waren die ersten und die stärksten Ängste, denen ich im Zusammenhang mit dem Einmarsch der Russen begegnete. Darum überlegte ich mit meinem Amtsbruder Paegelow, der mich während meines Militärdienstes in der Gemeinde vertreten hatte, wie wir die Frauen schützen könnten. Wir faßten den Plan, in den gefährlichsten Stunden des Tages, in der Zeit zwischen Dämmerung und Zapfenstreich, täglich Gottesdienst für die Frauen zu halten. Das Zusammensein mit vielen gab ihnen ein gewisses Maß an Selbstbewußtsein und Sicherheit. Wir hielten einen ziemlich formlosen Gottesdienst. Wir sprachen in Fortsetzungen über die drei Kapitel der Bergpredigt und unterbrachen die einzelnen Abschnitte durch Choräle und dreistimmige Kanones aus dem Gesangbuch. Kantorin war die Frau eines von den Nazis abgesetzten Arbeitsamtdirektors. Er selbst war ein prachtvoller Katholik, der in seiner Person in unseren Gottesdiensten allsonntäglich die Ökumene der Kirche darstellte.

Die sowjetischen Soldaten scheuten schon den Raum der Kirche. Die meisten schauten durch die Tür und zogen wieder ab. Ich hatte mit den Frauen ausgemacht, daß in dem Augenblick, in dem ein Soldat eine Frau angriff und mit sich ziehen wollte, sie den Gesang sofort abbrechen und aus vollem Halse schreien und kreischen sollten. Eines Abends verirrte sich ein sowjetischer Soldat in die Kirche. Er hatte offenbar keine Angst vor den Frauen. Zunächst ließ er uns singen und predigen, und um seine absolute Nichtachtung auszudrücken, wanderte er, beide Fäuste tief in die Hosentaschen versenkt, einige Male durch die Kirche, beschaute sich lange und neugierig die Bilder auf dem Altar, ging um den Altar herum in die Sakristei, kam dann wieder hervor. Dann ging er auf die Frauen zu, betrachtete sie mit der gleichen Neugierde und Gründlichkeit, mit der er zuvor die Altarbilder betrachtet hatte. Da, in der dritten Reihe war eine Frau, auf die er seine Blicke lange richtete. Sie schien ihm besonders zu gefallen.

Dann ging er zu ihr hin, flüsterte ihr etwas ins Ohr, was sie nicht verstand, griff nach ihrem Handgelenk und wollte sie mitnehmen. In diesem Augenblick hörte die Orgel auf zu spielen, die Frauen unterbrachen ihren Choral und erhoben ein Gekreisch, wie es die alte Kirche, solange sie bestand, noch nie gehört hatte. Erschrocken ließ der Sowjetrusse den Arm des Mädchens los, blickte sich nach den kreischenden Frauen wie nach einem unverhofften Feind noch einmal um und trollte sich zur Tür hinaus. Ich mußte den Frauen wegen ihres erfolgreichen schrecklichen Gekreisches ein dickes Kompliment machen.

Ich habe erzählt, wie ich Abschied vom Kriege nahm ... Ich habe ihn vom ersten Tage an für ein Verbrechen gehalten. Wie konnte es da anders sein, als daß ich von dem Augenblick an, wo meine Truppe keinen Kampfauftrag mehr hatte und der Krieg absolut sinnlos geworden war, weil er niemanden mehr schützte, sondern das Volk von Tag zu Tag in größere Gefahren stürzte, meinen Abschied vom Kriege nahm.“

VII. Der lange Weg von Schwerin nach Workuta

1. Das Jahr 1945: Soviel Anfang war nie

Der Krieg war zu Ende. Er hatte fast 55 Millionen Menschen das Leben gekostet. Sechs Millionen Deutsche waren an der Front, bei Luftangriffen, auf der Flucht oder in den Konzentrationslagern getötet worden. Durch Europa zog sich eine Spur der Verwüstung. Deutschland glich einem Trümmerfeld. Die Infrastruktur war weitgehend vernichtet, der Staatsapparat zusammengebrochen. Die Zukunft war ungewiss. Jetzt musste nach fast sieben Jahren Krieg der Frieden bewältigt werden. Wie überall in Deutschland ging auch in Rossow die Bevölkerung an den Wiederaufbau. Und es war wie an vielen Orten: Man wartete nicht auf Anweisungen von „oben", sondern entwickelte Bürgerinitiative, wie sich Jüchen erinnert:

„Geschieht der Aufbau eines Landes von oben nach unten oder von unten nach oben? Der Aufbau beginnt in der Gemeinde und in den Kreisen, in denen sich Nachbargemeinden gegenseitig helfen. Die so genannten leitenden Instanzen kommen zuallerletzt in Ordnung. Da unsere Gemeinde keinen eigenen Bäcker besaß, wurde mit Pferd und Wagen jeden Tag das Mehl in eine benachbarte Gemeinde geschafft und das Brot für das Dorf geholt. Aber auch das war ein riskantes Unternehmen. Die Russen waren auf Pferde noch schärfer [aus] als auf Frauen. Die Frauen hatten also begründete Angst, daß ihnen unterwegs die Pferde ausgespannt würden. Und wir besaßen von ursprünglich 32 Pferden nur noch 18. So kam es zu der paradoxen Situation, daß ich, ohne ein Wort russisch zu sprechen, mich trotzdem verständlich machen konnte, mitfahren mußte, um die Pferde zu schützen und um Brot zu besorgen. Auch die Schule setzte die Gemeinde aus eigener Kraft wieder in Gang. Zwei resolute, gebildete Damen sammelten die Schulkinder und unterrichteten sie. Ich hielt täglich den Religionsunterricht."[464]

Die Macht in der Prignitz übte die Sowjetische Militäradministration (SMAD) aus, die von den größeren Städten aus die Dörfer mit-„regierte." Zu einer Regierungsmacht gehört auch ein Machtapparat. Im Jahr 1945 bestand dieser aus drei Teilen, aus der Roten Armee und ihren jeweiligen Ortskommandanten, aus der von den Russen eingesetzten Deutschen

---

[464] A 15, S. 28/29.

Polizei und der sowjetischen Geheimpolizei, dem NKWD.[465] Zwang und Repression gehörten seit Kriegsende zur politischen Realität, die in der Öffentlichkeit jedoch nicht diskutiert werden durfte.

Während der NS-Zeit gehörten Denunziationen von Bürgern durch Bürger zum Alltag. Ohne die Denunziationsbereitschaft und -praxis breiter Bevölkerungskreise wäre es der zahlenmäßig kleinen Überwachungsmaschinerie von NSDAP und Gestapo kaum möglich gewesen, derart effektiv zu arbeiten, wie es bis 1945 Praxis gewesen war. Diese Denunziationen boten immer die Gelegenheit, Streitfälle des täglichen Lebens sozusagen durch den Staat „miterledigen" zu lassen. Diese Praxis setzten viele Bürger auch nach dem Zusammenbruch des NS-Staates fort, nur daß diesmal der Inhalt der Denunziation verändert war. Auf Seiten der NKWD traf dies auf eine langjährig kultivierte Angst vor Spionen und Diversanten. Man konnte sich kaum vorstellen, dass die Ankündigung von Goebbels, es gebe eine große „Werwolf"-Organisation, die den Partisanenkampf gegen die Alliierten vorbereite, ausschließlich eine Propagandalüge gewesen sei. Unmittelbar nach Kriegsende hatte die sowjetische Siegermacht in ihrer Besatzungszone zehn sogenannte „Speziallager" errichtet, in denen nationalsozialistische Kriegsverbrecher und deren Handlanger interniert werden sollten. Inzwischen veröffentlichte sowjetische Archivdokumente belegen, dass in den Lagern bis zu ihrer Auflösung im Jahre 1950 122.671 Deutsche einsaßen.[466] Darunter viele, die schuldlos aufgrund von Denunziationen verhaftet worden waren.

Jüchen machte bald Bekanntschaft mit der Kontinuität der Denunziationspraxis. Eines Tages im Frühsommer 1945 wurden er und sieben Bauern, alle ehemalige Nazis aus Rossow, von der sowjetischen Militärverwaltung aufgefordert, sich am nächsten Tag um 9 Uhr früh im Nachbarort Fretzdorf in der Gastwirtschaft einzufinden.

„Als wir in Fretzdorf anlangten, merkten wir, daß wir zur russischen NKWD, d.h. zum russischen Staatssicherheitsdienst bestellt waren, dieser berüchtigten Truppe mit den grünen Mützen … Sie hatten in der Gastwirtschaft einen Raum beschlagnahmt, der wie ein Vernehmungszimmer hergerichtet war. Sie saßen alle mit dem Rücken zur Wand an einem langen Tisch. Wir wurden einer

---

[465] Volkskommissariat für innere Angelegenheiten der UdSSR.
[466] Nach: Geschichte der DDR (1949-1990), Copyright: Ulrich Mählert, Arbeitsbereich IV des Mannheimer Zentrums für Europäische Sozialforschung, Universität Mannheim.

nach dem andern hereingerufen. Zuerst die Bauern, am Schluß ich. Jeder der Bauern, der den Raum verließ, hatte ein aschfahles, mageres Gesicht und war tief niedergeschlagen. Hatte man mich als einzigen Nichtnazi herbestellt, um gegen meine Bauern auszusagen? Das hätte mich als Pfarrer in eine unmögliche Situation gebracht. Ich war entschlossen, keine Aussage zu machen ... Man fragte mich nach meinen nationalsozialistischen Verbindungen. Ich konnte keine nennen, weil ich keine hatte. Man fragte mich, zu welcher nationalsozialistischen Organisation ich gehört hätte. Ich mußte die Frage verneinen. Man fragte mich, in welcher Beziehung ich zu den Nationalsozialisten des Dorfes gestanden hätte. Ich antwortete, ich hätte mit einigen diese oder jene Reiberei gehabt ... Ich gab meine Antworten in einem frischen selbstsicheren Ton. Als ich merkte, daß meine Antworten sie überraschten, ging ich zur Offensive über und sagte: ,Offenbar sind Sie auf einen Denunzianten hereingefallen.' Ich glaubte, diesen Denunzianten mit Namen nennen zu können. Dann sollte ich das doch tun. Meine Antwort war sehr gewagt, weil ich nun unter einem Dutzend möglichen einen Namen nennen mußte. ,Ja, das ist niemand als der Kaufmann Hahn, der alle, mit denen er sich einmal angelegt hat, bei Ihnen denunziert hat.' Ich merkte an der Reaktion sofort, daß ich ins Schwarze getroffen hatte. Sie entließen mich, und ich unterrichtete im Telegrammstil die Bauern über die Unterredung. Jeder von ihnen wurde zum zweiten Mal hereingerufen und gefragt: ,Wer glauben Sie, hat Sie angezeigt?' Jeder antwortete: ,Der Kaufmann Hahn!' So endete unsere erste Begegnung mit der NKWD mit einem Happyend. Nach den Bedrohungen, denen wir an diesem Morgen ausgesetzt waren, fuhren wir nun alle glücklich zu unseren Familien nach Hause."[467]

Nach Kriegsende wurden in Mecklenburg die Karten neu gemischt. Nichts schien so zu bleiben, wie es war. Die alten „Herren" des Landes, die Junker und Nazi-Größen, waren vor der Roten Armee nach Westen geflüchtet, und es schien, als bestünde die Chance, ein wirklich neues Deutschland aufzubauen. Am 10. Juni 1945 wurden durch den Befehl Nr. 2 der SMAD Parteien in der SBZ zugelassen. Jüchen beantragte daraufhin für den Kreis Kyritz die Zulassung der „Religiösen Sozialisten" als Partei, bekam auf diesen Antrag aber keine Reaktion.[468] In der gesamten russischen Zone formierten sich innerhalb weniger Wochen die Kommunistische Partei Deutschlands (KPD), die Sozialdemokratische Partei Deutschlands (SPD),

---

[467] A 15, S. 35/36.
[468] A 3.

die Christlich-Demokratische Union (CDU) sowie die Liberal-Demokratische Partei (LDPD). Dies sorgte auch im Dorf Rossow für Sogwirkungen, und der Ortspfarrer, dessen Wunsch nach einer religiös-sozialistischen Partei unerfüllt blieb, organisierte das Parteileben des Dorfes.

„Ich lud alle ehemaligen Sozialdemokraten des Dorfes, die auch während des ‚Dritten Reiches‘ ihre persönlichen Kontakte gepflegt hatten, ins Pfarrhaus, und wir gründeten dort in der schönen wohnlichen Diele eine neue sozialdemokratische Partei. Nach einigen Tagen kamen die Gemeindeglieder, die der CDU beizutreten gedachten, zu mir und baten mich, ihnen meine Diele zur Verfügung zu stellen, um eine CDU zu begründen. So dürfte das Pfarrhaus von Rossow das einzige in Deutschland sein, in dem nach dem Krieg zwei neue Parteien gegründet wurden.“[469]

Das Thema, das die politische Diskussion im Herbst 1945 wesentlich bestimmte, war die Bodenreform. Am 5. September 1945 wurde das „Gesetz über die demokratische Bodenreform" geschaffen. KPD und SPD, unterstützt von der SMAD, hatten die Initiative zur ersten tief greifenden Umstrukturierung der Gesellschaftsordnung in der SBZ ergriffen. Durch eine Bodenreform wurden Großbauern, die über 100 ha Boden besaßen, sowie das Land von ehemals führenden Nationalsozialisten entschädigungslos enteignet.

Dieses Konzept war von der SMAD entwickelt worden und stellte einen in der KPD nicht unumstrittenen Bruch mit der traditionellen kommunistischen Landwirtschaftspolitik dar, die sich an der „Industrialisierung der Landwirtschaft" durch Zusammenfassung zu großen Einheiten und deren intensiven maschinellen Bearbeitung ausrichtete. Vorbild waren die sowjetischen Genossenschaften „Kolchosen" und die Staatsgüter „Sowchosen." Das Ziel war nicht die Versorgung von Landarbeitern und Flüchtlingen mit Land, sie erhielten von den 77.178 Neubauernstellen lediglich 39.000.[469a]

„Die im Sommer 1945 angebahnte und im Herbst des Jahres durchgesetzte Bodenreform war … eine politisch motivierte Maßnahme, die die pauschale ‚Liquidierung‘ einer Klasse, die kommunistische Einflussgewinnung auf dem Lande und perspektivisch die Sicherung der Macht zum Ziel hatte. Diese Art von Bodenreform war vom Zeitpunkt wie von der Art der Durchführung her von den Sowjets bestimmt

---

[469] A 15.

[469a] Detlef Brunner: Die Bodenreform in Mecklenburg-Vorpommern. In: Eckard Opitz (hg.) Ausgewählte Aspekte der Nachkriegsgeschichte im Kreis Herzogtum Lauenburg und in den Nachbarterritorien. (Lauenburgische Akademie für Wissenschaft und Kultur, Kolloquium XV), Bochum 2004, S. 137. Für den Hinweis auf diesen Aufsatz, den ich nach Fertigstellung des Manuskriptes erhielt, danke ich Dr. Mrotzek von der Universität Rostock.

und kontrolliert worden. Die KPD und auch die Kritiker in ihren Reihen ordne-
ten sich dem unter – teils gezwungenermaßen, teils aus gewohnter Parteidisziplin,
selbstverständlich auch aus Überzeugung und nicht zuletzt eingebunden in die
Hierarchie, an deren oberster Stelle eben die Besatzungsmacht stand. Die Lan-
desverwaltung war zwar formal die gesetzgebende Instanz, in der Realität jedoch
Durchführungsorgan. Bei allen Hemmnissen in der Durchführung und den nega-
tiven wirtschaftlichen Begleiterscheinungen und Folgen bewirkte die Bodenreform
einen grundlegenden Strukturwandel auf dem Lande, der aus einem klassischen
Land der Großagrarier mittelfristig ,ein klein- und mittelbäuerlich dominiertes
Agrarland' und in der längerfristigen Konsequenz ein nach sowjetischem Modell
organisiertes Agrarsystem machte."[469b]

Aber davon war 1945 in der Öffentlichkeit noch keine Rede.

Nicht nur weil Mecklenburg schlechthin als Synonym für Großgrundbesitz galt. Ausschlaggebend für die damalige Akzeptanz war die Situation
im Land selbst. Im bevölkerungsarmen Mecklenburg nahm infolge der
Kriegsereignisse die Bevölkerung rapide zu. Die erste Einwanderungswelle
erfolgte durch die Massenflucht der deutschen Bevölkerung aus den Ost-
gebieten vor der nachrückenden Roten Armee. Die zweite Welle erfolgte
durch die unmittelbar nach Kriegsende einsetzenden Vertreibungen der
nicht geflohenen deutschen Bevölkerungsteile durch die polnischen Verwaltungen Schlesiens, Pommerns und Ostpreußens.

„Bis Januar 1946 waren fast zwei Millionen Flüchtlinge und Vertriebene ins Land
von Osten her gekommen. Viele von ihnen zogen nach Westen weiter. Trotzdem
verdoppelte sich die Zahl der Bewohner Mecklenburgs bis Sommer 1946 auf ca.
2,8 Millionen."[470]

Das stellte das Land Mecklenburg, seine Zivilverwaltung und die alteingesessene Bevölkerung vor massive Probleme.

„Allein in der Zeit vom 1. Oktober 1945 bis 31. August 1946 wurden 750.000 Um-
siedler in geschlossenen Lagern betreut … Für mehr als 4.000 Findelkinder suchte
man die Eltern … 1.740.000 Umsiedler und Kriegsheimkehrer sind in Mecklen-
burg-Vorpommern aufgenommen worden. Von diesen sind etwa 3- bis 400.000
weitergereist in andere Provinzen."[471]

[469b] Ibid. S. 138.

[470] Jürgen Seidel: Die Evangelisch-Lutherische Landeskirche Mecklenburgs nach Kriegsende, Teil II,
in: Kirche im Sozialismus, Nr. 5/1985, S. 215.

[471] Landesverwaltung Mecklenburg (Hg.): Mecklenburg-Vorpommern im Neuaufbau.
Rechenschaftsbericht der Landesverwaltung, o.O. (Schwerin) o.J. (1946), S. 15/16.

Mecklenburg hatte mit 44 Prozent den höchsten Vertriebenenanteil aller Besatzungszonen aufzuweisen. In der SBZ betrug er im Schnitt 24,4 Prozent.[472]

Diese Massen von Zugezogenen mussten ernährt werden, und da viele von ihnen im Osten Bauernhöfe bewirtschaftet oder als Landarbeiter gearbeitet hatten, benötigten sie Land zu landwirtschaftlicher Produktion, um eine neue Heimat gewinnen zu können Und da Land nicht vermehrbar ist, musste die bestehende Verteilung verändert werden. Jetzt ging es um die Durchführung dieser Bodenreform, die die KPD als wichtigen Schritt im Rahmen der „antifaschistisch-demokratischen Umwälzung" ansah. In der gesamten SBZ fanden Veranstaltungen statt, so auch in der Prignitz. Am 2. September 1945 stimmte die Kreisbauernversammlung des Kreises Ostprignitz nach einem Referat des KPD-Vorsitzenden Wilhelm Pieck der vorgeschlagenen Bodenreform zu. „Wir verlangen die Aufteilung des … ganzen Großgrundbesitzes über 100 Hektar an die kleinen Bauern, Landarbeiter und Kriegsvertriebene."[473]

Die KPD überschwemmte die Städte und Dörfer mit Flugblättern zur Propagierung der Reform. Eine vom Zentralkomitee der KPD herausgegebene Handreichung für Parteiredner zeichnete die Linie vor:

> *„Enteignung der räuberischen Junker. Enteignet werden muß … der ganze Grundbesitz junkerlicher Güter und Besitzungen mit mehr als 100 ha Bodenfläche … Demokratische Durchführung der Bodenreform … In den Gemeinden werden auf Versammlungen der Landarbeiter, landlosen und landarmen Bauern Gemeindekommissionen von 5 bis 7 Personen gewählt, die von der Kreisverwaltung bestätigt werden."*[474]

In dieser ideologisch wichtigen Kampagne waren die Kirchen und ihre Pfarrer für die inhaltliche Legitimierung der Enteignungen wichtige Bündnispartner von KPD und SPD. Gemeinsame Betroffenheit durch gemeinsam gesehene Not und Elend motivierten auch zu gemeinsamem Handeln. So erließ der mecklenburgische Oberkirchenrat am 1. Oktober 1945 ein positives „Wort zur Bodenreform." Auch die religiösen Sozialisten bezogen Position.

---

[472] Damian van Melis (Hg.): Sozialismus auf dem platten Land, Schwerin 1999, S. 135.

[473] Staatsarchiv Potsdam (Hg.): Dokumente zur demokratischen Bodenreform im Land Brandenburg, Potsdam 1966, S. 68/69.

[474] Aus: Zentralkomitee der Kommunistischen Partei Deutschlands (Hg.): Vortragsdisposition Nr. 9: Die Bodenreform, Berlin 1945, S. 6 und 8.

„Als die nicht enden wollenden Trecks aus dem Osten bei Tag und bei Nacht durch das Dorf zogen, war es den religiösen Sozialisten klar, daß die Bauern aus dem Osten durch eine Bodenreform wieder zu Land und Arbeit kommen müßten. So veröffentlichten Prof. Dr. Hertzsch, Jena, Pastor Theek, Ludwigslust, Pfarrer Kleinschmidt, Schwerin und ich einen Aufruf, … eine Bodenreform durchzuführen. Es war ein Aufruf, aber er enthielt keinen Vorschlag, wie die Bodenreform durchzuführen sei."[475]

Die KPD trug zu einer großen Verbreitung des Aufrufes bei, der nicht nur in den Zeitungen[476] publiziert, sondern auch in Flugblattform vertrieben wurde und in eine KPD-Broschüre[477] mit Massenauflage Eingang fand. Er ist es wert, dokumentiert zu werden.

„Auch Geistliche aus dem Lande Mecklenburg setzen sich vom Standpunkt der christlichen Nächstenliebe für die Aufteilung des Großgrundbesitzes und für Bodenreform ein. Sie erklären:

,Die verhängnisvolle Volkstumspolitik des Nationalsozialismus, die die in den Ländern des Ostens und Südostens lebenden Deutschen mit dem uns allen noch in den Ohren klingenden Ruf ,Heim ins Reich' gegen ihre Gastvölker aufwiegelte, hat die allerdings unerwartete und unerwünschte Folge gehabt, daß aus diesen Ländern heute Millionen von Deutschen auf eine ganz andere Weise ,Heim ins Reich' kommen, als wir es uns vorgestellt hatten. Millionen von Menschen sind – einst Bauern auf eigenen schönen Höfen – in Bezug auf ,des Leibes Notdurft und Nahrung' zu hilf- und heimatlosen Bettlern geworden.

Wir müssen diese Tragödie als furchtbares Gottesgericht über die Politik der letzten zwölf Jahre verstehen lernen und die Not, die mit der Vertreibung der Ostdeutschen über das deutsche Volk gekommen ist, im Geiste brüderlicher Gemeinschaft zu tragen und zu überwinden versuchen. Es geht nicht an, daß wir diese Flüchtlinge die Not des verlorenen Krieges allein tragen lassen, indem wir aus Herzens- und Gedankenträgheit auf dem uns etwa verbliebenen Eigentum und unseren bisherigen bürgerlichen Eigentumsbegriffen beharren. Heute verkörpern die aus dem Osten und Südosten zu uns kommenden Flüchtlinge den Anspruch des unsere tätige Hilfe fordernden Nächsten, dem wir – wollen wir nicht neue Schuld auf uns laden und neue Strafe heraufbeschwören – nicht ausweichen dürfen. Wir können dieser Not

---

[475] A 15, S. 30.

[476] So z.B. in der Volkszeitung, Organ der KPD Mecklenburg-Vorpommern, 1. Jg., Nr. 32 v. 7.9.1945, faksimiliert in: Bezirkskommission zur Erforschung der Geschichte der örtlichen Arbeiterbewegung bei der Bezirksleitung Schwerin der SED (Hg.): Dokumente zur Bauernbefreiung. Quellen zur Geschichte der demokratischen Bodenreform, Schwerin 1975, S. 29.

[477] Kommunistische Partei Deutschlands, Zentralkomitee (Hg.): Bodenreform. Junkerland in Bauernhand, Berlin 1945, S. 28/29.

nur begegnen durch eine grundsätzliche und radikale Neuordnung des Eigentums an Grund und Boden.

Es verstößt nicht gegen das Gebot ‚Du sollst nicht stehlen‘, wenn die Bauern und Landarbeiter, die durch den Hitlerkrieg so schwer betroffen wurden – viele haben Alles verloren –, eine solche Aufteilung und Aufsiedlung von der Landesverwaltung fordern, sondern es ist geradezu eine Forderung dieses Gebotes, das ja nach Luthers Erklärung von uns fordert, daß wir darin Gott fürchten und lieben sollen, daß wir ‚unserem Nächsten sein Gut und Nahrung bessern und behüten helfen.‘ Dieses 7. Gebot, das, wie auch alle anderen Gebote, nur von der Liebe zu Gott und dem Nächsten richtig ausgelegt werden kann, wie uns Christus gelehrt hat, will nicht den tatsächlichen, wie auch immer zuständigen Besitz eines Menschen schützen, als ob es ein Paragraph aus dem Strafgesetzbuch wäre, sondern das Anrecht des Nächsten auf das für seinen Lebensunterhalt Notwendige. Gott selbst drängt uns in diesem Gebot heute, das Elend der aus dem Osten kommenden Flüchtlinge auf unser Gewissen zu nehmen.

Wir sollen Gott darin lieben, daß wir in ihrem Anspruch den Anspruch unseres Nächsten sehen, der hilfesuchend an die Türe unseres deutschen Vaterhauses klopft. Und wir sollen Gott darin fürchten, daß wir uns nicht feige und selbstsüchtig herumdrücken um die Lösung der Frage, wie die Arbeiter wieder einen Arbeitsplatz, die Handwerker wieder eine Werkstatt und die Bauern wieder Boden unter die Füße bekommen. Es ist untragbar, auf der einen Seite Güter Tausende von Morgen groß bestehen und auf der anderen Seite alte Bauernfamilien hilflos und arbeitslos in unseren Dörfern und Städten als Bettler leben zu lassen. Es ist uns ganz einfach von Gott aufgegeben und unsere unabweisliche Christenpflicht, die jetzt noch Heimatlosen rückhaltlos als deutsche und christliche Brüder in unseren Gemeinden und Kirchgemeinden eine neue Heimat finden zu lassen, in der der Unterschied zwischen Alteingesessenen und Zugewanderten so schnell wie möglich verschwindet. Die wesentlichste Voraussetzung dafür ist ihre Gleichstellung auf unserem Heimatboden. Wir bejahen daher rückhaltlos aus christlicher Verantwortung und Brüderlichkeit die Forderung der Bauern nach Aufteilung des Großgrundbesitzes.

Domprediger Kleinschmidt. Pastor Aurel von Jüchen. Pastor Friedrich. Landespastor Schwartze. Pastor Theek."[478]

Mecklenburg war in Deutschland seit Jahrhunderten ein Synonym für Großgrundbesitz und für die ost-elbischen Junker. Rund 2.000 Großgrundbesitzerfamilien besaßen 62% des Bodens. Die größten Güter gehörten den

---

[478] Diese Erklärung wurde 1972 auszugsweise im Evangelischen Pfarrerblatt der DDR nachgedruckt, allerdings ohne die Erwähnung der Mitverfasserschaft Jüchens.

Familien von Putbus (18.850 ha), von Schwerin (16.652 ha), von Maltzahn (11.849 ha) und von Heyden mit 10.321 ha.[479] Durch die Bodenreform des Jahres 1946 wurden in Mecklenburg 1,07 Millionen Hektar neu verteilt, das waren 36,2% des Bodens.

Grundlage für die 1945 vollzogene Aufteilung des Großgrundbesitzes war das Bodenreformgesetz und die dazu gehörenden Ausführungsbestimmungen, die die Umsetzung des Gesetzes regelten. Zu enteignen war Grundbesitz über 100 Hektar. Offen blieb die Frage, ob dann der Gesamtbesitz enteignet wurde oder nur der 100 Hektar übersteigende Anteil. Und ebenso offen blieb eine weitere Frage: Galten 100 Hektar schlechtes Land genau so viel wie 100 Hektar gutes Land? Diese Interpretationsfragen werden nicht nur in Rossow für Probleme sorgen.

Jüchen konnte im Landratsamt in Kyritz den entsprechenden Erlass lesen und teilte den Inhalt den Rossower Bauern mit:

„Eines Tages verfügte eine Anordnung der Regierung, daß alle Bauern, die über 400 ha Acker besaßen, enteignet werden sollten.[480] … In jedem Dorf sollte eine Kommission für die Bodenreform gebildet werden. Mitglieder dieser Kommission könnten nur Landarme sein, die in keinerlei Beziehung zu nationalsozialistischen Organisationen gestanden hatten. Ein Bauer schlug vor, diese Kommission heute Abend noch zu wählen. Da ich niemals eine Beziehung zum Nationalsozialismus hatte, sondern im ganzen Kreis als Antifaschist bekannt war und als Pfarrer kein eigenes Land besaß, wählte man mich in die Kommission hinein. Diese trat sehr bald zusammen und bestimmte, daß den beiden Bauern, die über 100 ha besaßen, die 100 ha überschreitende Menge Land weggenommen und Flüchtlingen zur Verfügung gestellt würde. Mit dieser Entscheidung war das Landratsamt, das die Aktion Bodenreform leitete, überhaupt nicht einverstanden. Am darauffolgenden Sonntag wurde ich, eine halbe Stunde vor dem Gottesdienst, verhaftet. Im Augenblick der Verhaftung passierte ein merkwürdiger Zufall, den ich wie ein wirkliches Wunder betrachtete. Der von den Russen neu eingesetzte Bürgermeister trat in die Diele und sagte: ‚Herr Pfarrer, ich verteile gerade Flugblätter zur Bodenreform

---

[479] Angabe bei Schwabe: Die Zwangsvereinigung von KPD und SPD in Mecklenburg-Vorpommern, S. 47ff.

[480] Hier erinnert sich Jüchen falsch. Die Grenze, ab der enteignet wurde, betrug 100 Hektar und nicht, wie er angibt, 400 Hektar. Ich habe in den folgenden Interview-Auszügen jeweils die Zahl 400 durch die korrekte Zahl 100 berichtigt. In Jüchens Bibliothek befand sich das Buch „Kirche in der Anfechtung", Berlin und Hamburg 1962² von Richard W. Solberg. Der Verfasser gibt auf S. 38 an, dass das Gesetz vom September 1945 beinhaltet habe, dass aller Landbesitz über „400 Morgen" enteignet wird. Das kann nicht stimmen, denn 400 Morgen entsprechen weder 100 noch 400 Hektar. Möglicherweise hat Jüchen die Angabe in Morgen von Solberg übernommen.

vom kommunistischen Verlag Neuer Weg. Darin steht ein Aufsatz von Ihnen.'
Ich antwortete: ,Ich habe nie einen Aufsatz für den Neuen Weg geschrieben.' Er
beharrte: ,Darin steht ein Artikel mit Ihrer Unterschrift.' Ich schaute flüchtig nach.
Da war es unser vor der Anordnung der Bodenreform geschriebener Aufruf, den das
Flugblatt unter der Überschrift ,Pfarrer für die Bodenreform' brachte. Ich steckte
das Blatt zu mir und ließ mich verhaften."

Brief des Rossower Vikars Dr. Paegelow an den OKR in Schwerin, datiert Rossow 7.10.1945

„Heute morgen erschien eine halbe Stunde vor dem Gottesdienst eine Abordnung
deutscher Polizei aus Herzsprung, um Herrn Pastor von Jüchen zu verhaften.
Im Wortwechsel erklärten sie, den Auftrag zur Verhaftung von dem stellvertre-
tenden Landrat Dr. Tonn aus Kyritz zu haben, der Herrn Pastor von Jüchen
heute noch in Wittstock persönlich vernehmen wollte." [Paegelow traf dann
zufällig später den besagten Dr. Tonn, der erklärte:] „,Herr Pastor von Jüchen
sollte nach Kyritz gebracht und vor das Kriegsgericht gestellt werden.' Auf meine
Frage, welches der Grund für die plötzliche Verhaftung sei, wollte Dr. Tonn
keine Antwort geben, führte aber dann im Gespräch aus, daß Herr Pastor von
Jüchen die Bodenreform sabotiere." [Auf Paegelows Intervention, Jüchen un-
terstütze doch die Bodenreform] „erwiderte Dr. Tonn, Herr Pastor von Jüchen
hätte drei Gesichter und jedem zeigte er ein anderes … Zur Unterrichtung teile
ich dem Oberkirchenrat mit, daß Herr Pastor von Jüchen für einen Bauern
des Dorfes eingetreten ist, der enteignet werden sollte, weil er über 100 ha Land
besitzt (es sind 111 ha) …

Herr Pastor von Jüchen hat in der Gemeindekommission für die Durchführung
der Bodenreform dafür gesprochen, daß die Enteignung nicht auf den Bauern
Rudolf Füllgraf (um den handelt es sich) angewendet werden sollte, da er von den
111 ha nur 43 unter dem Pfluge hat und weiter sich bereit erklärt hat, größere
Flächen abzutreten … Es ist zu bemerken, daß Herr Pastor von Jüchen auf
ausdrücklichen Wunsch des Herrn Landrats Oberthür in Kyritz dem hiesigen
Bürgermeister in seinen Geschäften zur Seite steht. Da zwischen dem Landrat
und dem stellvertretenden Landrat Spannungen bestehen, ist anzunehmen,
daß nicht nur sachliche Motive den stellvertretenden Landrat zur Verhaftung
veranlaßt haben."[481]

---

[481]   Original in PAJ und Durchschrift im Nachlass Kleinschmidt im PAB, Mappe ohne Signatur,
Kopien SP.

„*Ich kam zunächst in das Gefängnis der Stadt Herzsprung.*[482] *Das war ein altes, kleines, aus gemütlichen Zeiten stammendes Gefängnis. Geleitet wurde es von einem alten Ehepaar, die noch nie in ihrem Leben einen Pfarrer, der ins Gefängnis eingeliefert wurde, gesehen hatten.*

In jede Zellentür war unten in die linke Ecke ein viereckiges Loch geschnitten, durch das die Katze des Ehepaares täglich mehrere Male zu Besuch kam. Jeden Morgen nach dem Aufwachen kam sie in die verschlossene Zelle, schmuste ein bißchen mit dem Gefangenen und entrichtete so ihren Guten-Morgen-Gruß. Das Essen wurde auf dem Herd des alten Ehepaares gekocht und schmeckte vorzüglich. Der Umgangston war ausgesprochen ‚gemütlich‘. In diesem Gefängnis hätte man monatelang wie in einem Erholungsheim leben können. Leider kam der Abschied schon am folgenden Tag. Ich wurde in einen Keller im Landratsamt Kyritz verlegt …

Ich wartete mehrere Tage auf ein Verhör. Am vierten[483] *Tag wurde ich in eine erlauchte Versammlung gerufen. Mehrere Herren, deren Funktionen ich nicht kannte, saßen um einen Tisch. Ich erkannte nur den stellvertretenden Landrat, der mit der Durchführung der Bodenreform beauftragt war. Zu erkennen gab sich ein höherer Offizier als Leiter der Polizei des Kreises Kyritz. Ich erkundigte mich, wegen welchen Verbrechens ich eigentlich eingesperrt sei. ‚Sabotage der Bodenreform‘ war die Antwort. Ich fragte weiter, inwiefern man mich denn einen ‚Saboteur der Bodenreform‘ nennen könne, da der Beschluß über die Bodenreform in Rossow von einer ordnungsgemäß gewählten Kommission einstimmig beschlossen worden wäre. ‚Machen Sie uns doch nichts vor. Diesen Beschluß haben Sie gelenkt‘, bekam ich zu hören. Ich antwortete: ‚Da die meisten der Herren mit der hiesigen Landschaft nicht vertraut sind, darf ich vielleicht eine kurze Charakterisierung geben. Die Bauern, die hier arbeiten, sind durchweg arm. Der Boden ist ein karger Sandboden. Wenn der Wind weht, befindet sich der Sand mitsamt der Saat in der Luft und wird vom Wind davongetragen. Der Boden ist so arm, daß viele Bauern ihn nicht nutzen, sondern als Heide liegen lassen oder ein paar Birken und Kiefern darauf pflanzen. Sie, meine Herren, gehen von einem Stück Papier oder von einer Pauschalanordnung aus, ohne zu bedenken, daß es Gegenden gibt, auf denen von zwei ha mehr zu erzielen ist als hier von vier ha. Weil ich die Armut der Böden und die Armut der Bauern kenne, darum ist unser Beschluß, der von Landarmen gefällt ist, so ausgefallen.‘ …*

Die Antwort lautete: ‚Wir führen keine eigene Anordnung aus, sondern einen Befehl der russischen Administration. Dem haben auch Sie sich zu fügen.‘ Der

---

[482] Im Jüchentext heißt es „Gehren.“ Hier liegt eine Verwechslung vor. Gehren war der Nachbarort von Möhrenbach in Thüringen.

[483] Jüchen wurde am 7.10.1945 verhaftet und nach den Akten am 9.10. freigelassen. Es muss demnach der dritte Hafttag gewesen sein.

stellvertretende Landrat forderte den Polizeioffizier auf, mir zu sagen, wie die Dinge im Augenblick um die Bodenreform stehen. Er antwortete wie ein Muster-schüler in einer Schulklasse: ,Die Bodenreform ist eine friedliche Reform, die aber im Augenblick anfängt, blutige Opfer zu fordern. Da hat es einige Bauern gegeben, die mit dem Schießgewehr die Bodenreform zu verhindern suchten.' Sie hofften, gegen mich keine Gewalt anwenden zu müssen.

Jetzt schien mir der Zeitpunkt gekommen zu sein, das Flugblatt ,Pfarrer kämpfen für die Bodenreform' hervorzuziehen und ich sagte dazu: ,Sie können aber nicht gut zugleich mit meinem Namen Reklame für die Bodenreform machen und mich zugleich als einen ,Saboteur der Bodenreform' ins Gefängnis zu werfen. Offenbar wissen Sie nicht, was in den Flugblättern steht, die Sie im ganzen Land verteilen.' Damit zog ich das Flugblatt aus der Tasche und gab es dem stellvertretenden Landrat. Allgemein betroffene Gesichter. Im Handumdrehen schlug die Stimmung um und man behandelte mich mit der ausgesuchtesten Höflichkeit. ,Aber lieber Herr v. Jüchen! Sie haben es doch nicht nötig, Ihren Vorschlag auf dem Weg über einen Beschluß einer Kommission vorzulegen. Wenn Sie uns einen Vorschlag in einem Briefe machen, so können Sie doch sicher sein, daß wir darauf eingehen.' – ,Gilt Ihr Wort auch, wenn ich Ihnen einen neuen Vorschlag unterbreite?' – ,Aber selbstverständlich.' ...

Ich wurde ... freigelassen und ließ mich von einem Rossower Bauern abholen und nach Hause fahren. In Rossow angekommen, ließ er es sich nicht nehmen, mich hin und zurück durch das ganze Dorf zu fahren, während die Bewohner an die Fenster und Türen stürzten und mich herzlich begrüßten ... Ich mußte feststellen, daß die demokratisch und genau den Verordnungsbestimmungen entsprechende ,Kommission zur Durchführung der Bodenreform' inzwischen durch das Land-ratsamt aufgelöst war und daß eine [neue] vom Landratsamt bestimmt war. Dieses neue, nicht gewählte Komitee hatte inzwischen die beiden Bauern restlos enteignet. Sie waren alles, was sie besessen hatten, losgeworden, das Haus, den Hof, Scheune und Ställe, Äcker, Pferde, Kühe. Dem Großvater und der Großmutter hatte man ihre Sparkassenbücher beschlagnahmt. Es blieb beiden Familien nichts anderes übrig, als bettelarm zu Verwandten zu ziehen. Mir war an dem Kyritzer Gespräch interessant, daß die Bodenreform keine deutsche Angelegenheit war, sondern eine längst vorbereitete Planung der russischen Administration ... Ich selbst war durch die Gespräche in Kyritz an der Nase herumgeführt worden. Man hatte mich nur einige Tage gefangen gesetzt, um die gewählte Kommission aufzulösen und eine willfährige Kommission an ihre Stelle zu setzen."[484]

---

[484] A 15, S. 31-34.

Der exakte Verordnungstext zur Bodenreform, einheitlich in allen Ländern der SBZ, war missverständlich formuliert. Im Amtsblatt der Landesverwaltung Mecklenburg-Vorpommern, Jahrgang 1946, Nr. 1 vom 25.6.1946 war die „Verordnung Nr. 19 über die Bodenreform im Lande Mecklenburg-Vorpommern vom 5. September 1945" auf den Seiten 14ff. abgedruckt.

Hier hieß es in „Artikel II … 3. Ferner wird der Boden der Junker, Feudalherren und der Großgrundbesitzer mit über 100 ha Land mit allen darauf befindlichen Bauten, allem lebenden und toten Inventar und sonstigem landwirtschaftlichen Vermögen enteignet." In Artikel IV wurde die Wahl der Gemeindekommissionen geregelt.[485]

Jüchen und andere hatten den Artikel II so interpretiert, dass aller Boden über 100 Hektar enteignet würde, die Intention der Verfasser der Verordnung besagte demgegenüber, dass bei Landbesitz über 100 Hektar der gesamte Besitz zu enteignen sei. Auch bei der Wahl und der folgenden Nicht-Bestätigung der Bodenreformkommission war in Rossow alles (ver-)ordnungsgemäß gelaufen! Legal zwar, aber für Jüchen nicht legitim. Jüchens Vikar Dr. Paegelow wollte die Angelegenheit nicht auf sich beruhen lassen.

Brief Paegelow 9. Oktober 1945 an OKR

„Dem Oberkirchenrat kann ich heute mitteilen, daß Herr Pastor von Jüchen … aus der Haft in Kyritz zurückgekehrt ist" [Paegelow bittet den OKR] *„gegen die Verhaftung Protest einzulegen. Es ist nämlich nicht angängig, daß eine deutsche Behörde den Ortspfarrer eine halbe Stunde vor dem Sonntagsgottesdienst aus dem Hause weg verhaftet und dadurch das ganze Dorf in Unruhe und Angst versetzt wird … Da solche Beunruhigungen hier noch an der Tagesordnung sind, die Bevölkerung daher in die bestehenden Rechtsverhältnisse das größte Mißtrauen setzt und verängstigt ist, bitte ich dringend, … bei dem Landratsamt Kyritz und der Brandenburgischen Provinzialregierung vorstellig zu werden, um so zur allmählichen Sicherung der Rechtsverhältnisse in der deutschen Bevölkerung und der Wahrung des Ansehens der Kirche beizutragen."*[486]

---

[485] Textidentisch auch in: Staatsarchiv Potsdam (Hg.): Dokumente zur demokratischen Bodenreform im Land Brandenburg, Potsdam 1966, S. 71-75, „Verordnung über die Bodenreform in der Provinz Mark Brandenburg."

[486] In PAB, Nachlass Kleinschmidt o. Sign., und PAJ.

Jüchen in seinem Schweriner Arbeitszimmer Ende der 40er Jahre

Jüchen verdankte seine Freilassung nur zum Teil der Broschüre. Was er nicht mehr erinnert, waren Initiativen Bischof Bestes und Karl Kleinschmidts, die sofort nach der Mitteilung Paegelows bei „Herrn Sobottka" interveniert hatten. Gustav Sobottka, 1945 Landesvorsitzender der KPD, war mit Gewissheit die einflussreichste deutsche Persönlichkeit dieser Zeit in Mecklenburg und hat sich mit Sicherheit für Jüchen in dieser Angelegenheit eingesetzt. Es dürfte einer der vielen Fälle gewesen sein, wo übereifrige Lokal-Kommunisten durch ihre Politik die überörtlichen langfristigen Konzeptionen der KPD-Führungskader konterkarierten. Die Phase der Verhaftung von Pfarrern war in Mecklenburg noch nicht gekommen. Noch brauchten KPD und SMAD die kooperationswilligen Kräfte aus der Intelligenz und den Kirchen.

Für den Aufbau einer neuen Nachkriegsordnung wurden dringend Männer und Frauen gesucht, die nicht nationalsozialistisch belastet waren und, noch besser, aus demokratischen Traditionen kamen. Davon gab es viel zu wenige. Die Verfolgungen und Morde der Nazis hatten in den Reihen der Antifaschisten blutige Ernte gehalten. Viele waren im Krieg umgekommen, eine ganze Reihe kam aus der Emigration nicht mehr zurück.

Was besonders fehlte, waren Personen, die in der Lage waren, inhaltliche Impulse zu setzen und Organisationen zu führen. Zu dieser raren Spezies zählte der Pfarrer von Jüchen. Was während der Nazi-Zeit sein Überleben hatte sichern helfen, verbannte ihn jetzt an die Peripherie der Entwicklung. Während in den Städten die Entscheidungen fielen, saß Jüchen im Rossower Pfarrhaus fest. Zuerst orientierte er sich als langjähriges Mitglied der brandenburgischen Bekennenden Kirche nach Brandenburg. Dort hatte Bischof Dibelius große Pläne mit dem Rossower Pastor, die dieser am 12. August 1945 dem Schweriner Bischof Beste mitteilte.

„Dr. Dibelius hat mich neulich nach Berlin rufen lassen zum Zwecke einer Beauftragung in der Brandenburgischen Kirche, die ich mich inzwischen entschlossen habe, anzunehmen. Ich soll die Bekennende Gemeinde in Potsdam übernehmen und zugleich die Vertretung der Brandenburgischen Kirche in der neu gebildeten Provinzialregierung in Potsdam wahrnehmen. Dr. Dibelius riet mir, Sie um meine vorläufige Beurlaubung aus der mecklenburgischen Kirche zu bitten."[487]

Diesem Wunsch wurde am 15. August entsprochen.

---

[487] Brief Rossow 12.8.1945, in: PAJ.

Aus Gründen, die nicht mehr rekonstruierbar sind, zerschlug sich dieses Projekt, und Jüchen orientierte sich wieder nach Mecklenburg. Hier war das Kirchen-Regime der DC von der BK abgelöst worden. Am 25. Juni 1945 wurde Bischof Schultz von den Engländern verhaftet und in ein Gefangenenlager nach Schleswig-Holstein überführt.[488]

Im Sommer 1945 waren auch die vier religiösen Sozialisten wieder vereint. Heinrich Schwartze wurde am 30. Juni 1945 aus der Kriegsgefangenschaft entlassen und ging nach Ludwigslust zurück. Er entfaltete sofort eine große Aktivität. Von einer Aufarbeitung seiner Jahre beim DC-Bischof Schultz war nicht die Rede. Schwartze tat so, als hätte es diese Phase nie gegeben. Er trat mecklenburgweit als Redner bei Veranstaltungen von SPD, KPD und antifaschistischen Initiativen auf, was bei seinen bisherigen Gegnern großes Erstaunen auslöste. Nach einer Festpredigt Schwartzes anlässlich der Gründung des „Kulturbundes zur demokratischen Erneuerung Deutschlands für das Land Mecklenburg-Vorpommern" am 26. August 1945 wandte sich Pastor Winkelmann aus Alt-Jabel brieflich an den OKR und erbat Aufklärung, wieso Schwartze,

> *„dieser große DC jetzt plötzlich bei Kulturtagungen im Schweriner Dom predigt ... Kann der OKR ihm nicht das Predigen bei solchen besonderen Anlässen verwehren? Sein öffentliches Auftreten in Schwerin hat bei etlichen guten Gemeindegliedern hier, die ihn kennen, starken Unwillen erregt."*[489]

Der OKR hatte keine Machtmittel dazu, und Schwartzes Mutation vom Redenschreiber des DC-Bischofs zum aktiven Widerstandskämpfer ging ungehindert weiter.

> *„Irgendwelche Maßnahmen gegen Schwartze sind vom jetzigen Oberkirchenrat nicht ergriffen worden. Nur wurde er als Landespastor für das Kirchliche Nachrichtenwesen nicht bestätigt."*[490]

Auch später blieb er unbehelligt. Am 19.12.47 ging das Entnazifizierungsverfahren vor der kirchlichen Spruchkammer für Schwartze positiv aus. Ein Beisitzer im Verfahren war Kleinschmidt. Als Urteilsbegründung wurde u.a. ausgeführt:

---

[488] Hierzu Seidel, a.a.O., Teil I, in Nr. 4/1985, S. 170.

[489] Brief v. 31.8.1945, Kopie in der PA-Schwartze.

[490] Vierseitiger Vermerk über Pastor Heinrich Schwartze, datiert Schwerin den 9. Oktober 1946. In: PA-Schwartze im LKAS.

„Wenn er kurze Zeit eine Vertrauensstellung bei dem damaligen Landesbischof inne hatte, so hat sich erwiesen, daß er diese Stellung lediglich dazu benutzt hat, um den Anhängern der BK Schutz und Hilfe angedeihen zu lassen."[491]

Das Urteil ging als Umlauf durch die Abteilungen des OKR und ein Anonymus hat neben die zitierte Passage ein Fragezeichen gemalt.

Bruno Theek war nach der Befreiung des KZ Dachaus nach Ludwigslust zurückgekehrt. Dort berichtete er am 13. Mai „in einer überfüllten Versammlung über seine persönlichen Erfahrungen im Konzentrationslager." Dieser eindrückliche Bericht wurde von der Ludwigsluster Buchdruckerei Paul Niemann als Broschüre publiziert.[492] Theek wurde, nicht zuletzt wegen seiner Biographie als NS-Verfolgter, von der SMAD als Bürgermeister in Ludwigslust eingesetzt. Karl Kleinschmidt kehrte aus kurzer amerikanischer Gefangenschaft an den Schweriner Dom zurück und wurde ebenfalls sofort gesellschaftlich aktiv.

Nur Jüchen befand sich weiterhin in der Diaspora. Er unternahm im Sommer 1945 eine Reihe von Anstrengungen, um eine Pfarrstelle in einer größeren Stadt der mecklenburgischen Kirche zu bekommen. Er hatte seit dem Krieg die Zusage der BK, dass er eine entsprechende Berücksichtigung finden werde. Diese Zusage konnte jetzt eingelöst werden, da der BK-Bruderratsvorsitzende Beste mittlerweile amtierender Bischof geworden war. Es ging jetzt nur noch darum, auf welche Stelle und in welche Stadt Jüchen kommen sollte. Die Liste der freien Stellen war durch die Kriegsereignisse und die Flucht vieler Nazi-Pastoren groß. Der Oberkirchenrat nahm Jüchen für eine Pfarrstelle in Rostock in Aussicht, was dessen Zielsetzung entsprach. Um genügend Freiräume für politische Aktivitäten zu haben, bat er um „eine Pfarrstelle, die einem ein Mindestmaß an Zeit für persönliche Arbeit läßt."[493]

Der Oberkirchenrat beriet diese Frage mit Karl Kleinschmidt, der als Schweriner Pfarrer direkt kontaktierbar war. Sie schlugen Jüchen die Heiligen-Geist-Gemeinde vor, die größte Rostocker Gemeinde mit mehreren Pfarrstellen. Die Heiligen-Geist-Gemeinde war zu Beginn des 20. Jahrhun-

---

[491] In der PA-Schwartze im LKAS.
[492] Im Jahr 2003 erschien in Rostock ein Reprint dieser Schrift.
[493] Brief Jüchen an OKR v. 25.9.1945, in: PAJ.

derts entstanden. Sie umfasste vor allem mit der Kröpeliner-Tor-Vorstadt ein sehr großes Arbeiterviertel.

Jüchen akzeptierte die Auswahl, musste aber die Erfahrung machen, dass die Rostocker Gemeinde nicht bereit war, auf ihr Recht, die 6. Pfarrstelle eigenständig zu besetzen, zu verzichten. Die Verhandlungen gingen hin und her und kamen Ende November ins Stocken, da sich der Kirch-Gemeinderat weiterhin stur zeigte. Er machte allerdings sehr deutlich, dass es ihm nicht nur um ein formales Mitspracherecht ging. Es ging um den eingeübten Widerstand gegen die Einmischung von außen. „Seit 1933 sind alle Stellen illegal, unter Umgehung der Gemeinde, besetzt worden, so daß es wohl an der Zeit ist, die Gemeinde wieder zu Wort kommen zu lassen und die freien Pfarrstellen legal zu besetzen."[494]

In diesem Schreiben wird gleichzeitig explizit deutlich gemacht, dass einerseits Jüchen keine Chance habe, gewählt zu werden, und andererseits angesichts des Pfarrermangels in der Gemeinde dringend zwei Pfarrer benötigt würden. 1945 „fehlten annähernd 200 Geistliche in der mecklenburgischen Landeskirche, [in der durch die Einwanderungswelle von Flüchtlingen und Vertriebenen] die Zahl der Evangelischen von 750.000 auf 1.413.000" gewachsen war.[495] Dass Jüchen später dem Rostocker Superintendenten Schoof vorwarf, von der Rostocker Gemeinde aus politischen Gründen abgelehnt worden zu sein, überrascht nicht.[496] Der Oberkirchenrat ignorierte die Warnung aus der Gemeinde. Am 3. Advent 1945 hielt Jüchen in der Heiligen-Geist-Kirche seine Probepredigt[497] und wurde, wie angekündigt, anschließend nicht gewählt.

Kleinschmidt und Jüchen übten am Jahresende 1945 einen starken Einfluss in der mecklenburgischen Kirchenpolitik aus. Das lässt sich daran festmachen, dass sie bei der Vorbereitung der Wahl zur Landessynode, dem Kirchenparlament der mecklenburgischen Kirche, vom Bruderrat der BK als „Bund religiös-sozialistischer Pfarrer" auf die 22 Personen umfassende Vorschlagsliste gesetzt wurden.[498] Kleinschmidt wurde gewählt, und Jüchen

---

494 Brief Kirchgemeinderat an den Rostocker Landessuperintendenten, datiert Rostock, 10.12.1945, in: PAJ.

495 Seidel, Teil Ia, a.a.O., Nr. 6/1985, S. 260.

496 Brief Jüchen an Schoof v. 28.1.1948, in: PAJ.

497 Bericht vom 22.12.1945 in: PAJ.

498 Briefe vom 7. und 13.12.1945, in PAB, Mappe ohne Signatur, Kopie SP.

rückte 1947 nach. Beide traten in dieser Phase wie das personifizierte Gewissen der Kirche auf. In einem Brief an alle mecklenburgischen Pfarrer, angeredet als „treue Kämpfer für die Freiheit des Evangeliums" und „gegen nationalsozialistische Unterdrückung und deutsch-christliche Verfälschung" wandten sie sich entschieden gegen kirchenpolitische Opportunisten.

„Uns kann es nur als ein bedenkliches Zeichen der Unbußfertigkeit erscheinen, wenn Amtsbrüder, … die in jeder entscheidenden Situation die Bekennende Kirche in dem Kampf um die Reinheit des Evangeliums im Stich gelassen haben, es wagen, sich der mecklenburgischen Pfarrerschaft als kirchenpolitische Berater zu empfehlen."[499]

Vermutlich war damit nicht Heinrich Schwartze gemeint, der auf der ersten Kulturtagung der KPD am 4. Februar 1946

„sinngemäß … folgendes ausführte: Die Kirche ist durch den Widerstand, den sie dem Nationalsozialismus geleistet hat, in der politischen Beurteilung zu einer antifaschistischen Organisation geworden … Nach der Überzeugung meiner Freunde und nach meiner eigenen Überzeugung ist zu fordern, daß die Kirche … sich um das Verständnis desjenigen Gesellschaftssystems bemüht, das das einzige ist, mit dem das Christentum in ein echtes Verhältnis zu treten vermag, um das sozialistische."[500]

Tatsächlich hatte Schwartze laut dem Protokoll[501] gesagt:

„Nicht die Sozialisten, nicht die Demokraten haben sich zur Kirche zu bekennen, sondern die Kirche hat ein klares und eindeutiges Bekenntnis zur demokratischen Erneuerung Deutschlands abzulegen und … zur endgültigen Verwirklichung unseres sozialistischen Wollens."

Dass er dafür „lebhaften Beifall" erhielt und der Tagungsleiter Ackermann ihm „im Auftrage der Versammlung … meinen ganz besonderen Dank" aussprach, worauf das Protokoll verzeichnet: „erneuter lebhafter Beifall",[502] überrascht nicht. Vorher war das Nichtmitglied der KPD

---

[499] Der Brief befindet sich im Archiv der Schelfgemeinde St. Nikolai-Schwerin in der Mappe Chronik/Gemeindegeschichte Bd. 3 „1943-1973."

[500] Brief Schwartze an den OKR v. 23.2.1946, in: PA Schwartze im LKAS.

[501] Die Rede erschien in der KPD-Broschüre „Um die Erneuerung der deutschen Kultur. Erste zentrale Kulturtagung der Kommunistischen Partei Deutschlands vom 3. bis 5. Februar in Berlin. (Stenographische Niederschrift)" Berlin 1946, und wurde auch abgedruckt in „Demokratische Erneuerung", Nr. 1/1946 auf S. 6.

[502] Protokoll, S. 87-90. Dem Protokoll (S. 123-126) ist ebenfalls zu entnehmen, dass „Pfarrer Kleinschmidt, Leiter des Kulturbundes Schwerin" zur „Kirchenfrage und zur Behandlung der Lehrkräfte" sprach. Auch diese Rede wird dem Oberkirchenrat kaum gefallen haben.

„Landespfarrer Heinrich Schwartze, Ludwigslust/Mecklenburg" in das Präsidium der Tagung gewählt worden und leitete diese zusammen mit KPD-Größen wie Walter Ulbricht und Franz Dahlem.

Mit Wirkung vom 15.3.1946 wurde Jüchen mit der Verwaltung der 3. Pfarrstelle an der Schweriner Schelfkirche St. Nikolai beauftragt. „Gleichzeitig beabsichtigt der Oberkirchenrat, Ihnen vorläufig den Auftrag zur Wahrnehmung des Landespastors für das Pressewesen zu erteilen."[503] Jüchen, von Bischof Beste als „Pressepfarrer" mit dem Aufgabenfeld der Redigierung der „Mecklenburgischen Kirchenzeitung" vorgesehen – damit war die Berufung nach Schwerin verbunden –, lehnte diese Aufgabe ab, da sie „den Verlust des Gemeindeamtes"[504] bedeutet hätte. Er wäre in dieser Funktion nur in geringem Umfang zur Gemeindearbeit in der Lage gewesen. Stattdessen schlug er ausgerechnet den „Amtsbruder Schwartze in Ludwigslust" als „Pressepfarrer" vor, was für Beste eine entsetzliche Vorstellung gewesen sein muss und entsprechend unterblieb.

Jüchen akklimatisierte sich schnell in der „Schelfe", und auch die Gemeinde sah in ihm einen geeigneten Bewerber für die Pfarrstelle. Mit dem OKR schloss er den Kompromiss, nebenamtlich zur Gemeindearbeit auch an der Kirchenzeitung mitzuwirken. So wurde er zum Inhaber der ordentlichen dritten Gemeindepfarrstelle berufen. Am 12. Mai 1946 fand im Hauptgottesdienst am Sonntag Jubilate die Einführung Jüchens statt, der über einen Text aus dem 92. Psalm predigte.[505] „Das ist ein köstlich Ding, dem HERRN danken und lobsingen deinem Namen, du Höchster, des Morgens deine Gnade und des Nachts deine Wahrheit verkündigen." Der Bericht des Landessuperintendenten über Predigt und Prediger fiel positiv aus.

„Die Gemeinde gewann den Eindruck ernsthaften Bemühens um ein Eindringen in den Sinn des Textes und lebensvoller Darbietung mit dem Ziel seelsorgerlicher Führung. Eine gewisse Tendenz zur Einführung politischer Gedanken trat gelegentlich, glücklicherweise nur einmal, hervor."[506]

---

[503] Brief OKR v. 9.2.1946, in: Landeskirchenarchiv Schwerin, Akte: Schwerin St. Nikolai (Bd. II): „Bestellung des ersten Predigers an der St. Nikolai-Kirche in Schwerin", Teil III, Blatt 340.

[504] Brief an OKR v. 4.4.1946, in PAJ.

[505] Das drei Schreibmaschinenseiten umfassende Predigtmanuskript befindet sich im Archiv der Schelf-Kirche Schwerin.

[506] Brief Landessuperintendent Schwerin an OKR v. 2.8.1946, in: Landeskirchenarchiv Schwerin, Akte: Schwerin St. Nikolai (Bd. II), „Bestellung des ersten Predigers an der St. Nikolai-Kirche in Schwerin" Teil II:, Blatt 351.

Jüchen nahm die nebenamtliche Presseaufgabe durchaus ernst. Einer der ersten in der Mecklenburgischen Kirchenzeitung erschienenen Jüchentexte widmete sich am 9.6.1946 dem bevorstehenden Pfingstfest. Die Jüchenschen Figuren „Krischan Klotz und Hannes Keil" debattierten im Rahmen ihrer „Gespräche über den Zaun" über Sinn und Bedeutung dieses Festes.

Neben der Mitarbeit an der Kirchenzeitung entstanden separate Publikationen, die zum Teil bereits während der NS-Zeit vorbereitet waren und nun aktualisiert wurden. Jüchen untersuchte in einer theologischen Studie die Geschichtlichkeit der Glaubensbegriffe. Ein erstes Kinderbilderbuch[507] entstand. Und in dem Gedichtbändchen „Volk in der Kelter" spiegelt sich die tiefe Erschütterung der vielberufenen Null-Situation von 1945. „O sprechen wir, wir alle, diese Stunde, da wir im Abgrund stehn, mit einem Munde: wir beugen uns als Volk, Herr, dem Gericht, das wir uns selber haben zugericht."

Diese „Null-Situation" verlangte nach Antworten und nach Gestaltung. Für den Neu-Schweriner von Jüchen begann eine Periode der verantwortlichen Mitarbeit in mehreren Organisationen der SBZ, die ihn binnen kurzer Zeit in der gesamten russischen Zone bekannt machen wird.

2. Die FDJ- und Kulturbundszeit 1946 bis 1948

2.1. Der Kontext der SED in heutiger Sicht

Am 21. April 1946 vereinigen sich im Berliner Admiralspalast SPD und KPD der russischen Zone zur Sozialistischen Einheitspartei Deutschlands. Bereits vorher, am 7.4.1946, hatten sich im Schweriner Capitol die mecklenburgischen Landesverbände beider Parteien zur SED-Mecklenburg vereinigt.[508] Die Umstände der SED-Gründung und die Motivationen und Intentionen ihrer Akteure beschäftigen seitdem die Historiker und waren nach dem Zusammenbruch des Nominalsozialismus der DDR Gegenstand politischer Kontroversen bis hin zu Wahlkämpfen. Diese historisch-politische Debatte verlief entlang von zwei Achsen. Die eine, vertreten vor allem von konservativen und kommunistischen Historikern

---

[507] Jesus und die Kinder. Ein Bilderbuch von Ruthild Busch-Schumann mit Versen von Aurel von Jüchen. Veröffentlicht 1948 in der Evangelischen Verlagsanstalt Berlin.

[508] Bezirksleitungen der SED Neubrandenburg, Rostock, Schwerin (Hg.): Geschichte der Landesparteiorganisation der SED Mecklenburg 1945-1952, Rostock 1986, S. 209.

mit völlig unterschiedlicher Motivation, betonte die Freiwilligkeit des Zusammenschlusses und die große gemeinsame inhaltliche Schnittmenge von SPD und KPD, konzedierte durchaus den vorhandenen Zwang seitens der russischen Administration, bewertete diesen Zwang aber als nachrangig für die Vereinigungsmotivation.

Die SED- bzw. DKP-Historiker begründeten damit den Mythos vom „freiwilligen Zusammenschluss und der Vereinigung der getrennten Flügel der Arbeiterbewegung" und bewerteten die Verschmelzung von SPD und KPD zur SED als Ausdruck des „Einheitswillens." Diese Debatte wirkt bis heute in der PDS fort.

Demgegenüber betont die konservative Richtung der Geschichtswissenschaft die seitens der CDU/CSU unterstellte geringe Verlässlichkeit der Sozialdemokratie, ihre angebliche Anfälligkeit für die Zusammenarbeit mit Kommunisten und die Unterschätzung der Bedeutung bürgerlicher Freiheiten für den Kampf gegen den Totalitarismus. Diese Kontroversen in der Wissenschaft wurden seitens der CDU/CSU permanent auch in Wahlkämpfen zur Delegitimierung der SPD benutzt.

Die andere Richtung wurde vor allem von Historikern vertreten, die sich zur SPD zählten oder ihr nahe standen. Der von Gustav Dahrendorf, 1945 Mitbegründer der SPD und 1946 wegen der SED-Gründung nach Hamburg übergesiedelt, geprägte und von Kurt Schumacher verwandte Begriff der „Zwangsvereinigung" spiegelt vornehmlich die Sicht sozialdemokratischer Mitglieder und Funktionäre der SBZ wider, die sich dem Druck von SMAD, KPD und eigener SPD-Parteispitze der russischen Zone vor der SED-Gründung widersetzten und erheblichen Repressionen ausgesetzt waren.

„Freiwilligkeit" wie „Zwangsvereinigung" sind auf einen Begriff gebrachte Bewertungen abgeschlossener historischer Prozesse. Anhand der Akten des Berliner SED-Archivs (SAPMO) lässt sich die Vereinigung von SPD und KPD lückenlos als organisierte Vereinigung rekonstruieren, bei der Druck seitens der SMAD eine große Rolle spielte und bei der die Besatzungsmacht Vereinigungs-Gegner verhaftete und mit Repressalien traktierte, – was seitens der Vertreter der „Zwangsvereinigungsthese", etwa von Werner Müller,[508a] zu Recht benannt wird. Aber es gab auch Einigkeitsbestrebungen

---

[508a] Werner Müller/Fred Mrotzek/Johannes Köllner: Die Geschichte der SPD in Mecklenburg und Vorpommern, Bonn 2002, S.208ff.

innerhalb der SPD, ohne diese überschätzen zu wollen. Für unseren Kontext ist wichtig, dass Bernhard Göring, bis 1933 Reichsvorsitzender des BRSD, nach 1945 als Mitglied des SED-Zentralausschusses exponierter Verfechter der SED-Gründung war und Jüchens Mitkämpfer Theek, Kleinschmidt und Schwartze sich auch in dieser Richtung exponierten. Diese subjektive Seite darf bei aller „Objektivität" nicht außer Betracht bleiben. Aurel von Jüchen machte mir im Interview diese Ambivalenz deutlich. Er habe die Notwendigkeit der Beendigung der organisatorischen Spaltung der Arbeiterbewegung in SPD und KPD eingesehen und insofern die Einheitspartei begrüßt. Die Art und Weise, wie diese Fusion gestaltet wurde und dass nicht einmal eine Urabstimmung der SPD-Mitglieder durchgeführt werden durfte, habe ihn allerdings skeptisch gemacht und am ganzen Unternehmen zweifeln lassen.[509]

Viele heutige Diskussionen verklären eher die tatsächlichen Motivationen der Akteure und die Umstände des Vereinigungsprozesses, als diese zu erklären. Zwei Stellungnahmen aus der PDS anlässlich des 55. Jahrestages der SED-Gründung illustrieren dies. So äußerte sich etwa die Kommunistische Plattform der PDS ganz im Stil der traditionellen Parteigeschichtsschreibung:[509a]

> „Wir halten den Zusammenschluss von KPD und SPD am 22. April 1946 nicht nur für historisch erklärbar, sondern ebenso für historisch notwendig. Eine vereinigte Arbeiterbewegung war nach unserer Überzeugung Grundvoraussetzung für den Aufbau einer besseren Gesellschaftsordnung und für ein friedliebendes Deutschland in Überwindung des faschistischen Erbes. Das bedarf keiner Entschuldigung. ‚Die antifaschistisch-demokratischen Veränderungen im Osten Deutschlands und später das Bestreben, eine sozialistische Gesellschaft zu gestalten, standen in berechtigtem Gegensatz zur Rettung des Kapitalismus in Westdeutschland, der durch die in der Menschheitsgeschichte unvergleichlichen Verbrechen des deutschen Faschismus geschwächt und diskreditiert war' (PDS-Parteiprogramm). Führende Vertreter der PDS haben sich in der Vergangenheit mehrfach für Zwänge entschuldigt, die es im Prozess der Vereinigung gegeben hat. Das hätte genügt."

Während die „Kommunistische Plattform" „Zwänge" damit als eher peripher abtat und die historische Berechtigung der SED-Gründung betonte, setzte die PDS-Parteiführung in Gestalt der damaligen PDS-Vorsitzenden

---

[509] Aurel von Jüchen im Gespräch mit dem Verfasser im November 1990.
[509a] »Die Identität unserer Partei nicht zur Disposition stellen!« in: Junge Welt vom 20.04.2001.

Gabi Zimmer und der Berliner Landesvorsitzenden Petra Pau am 18. April 2001 in einer Pressemitteilung andere Akzente:

„In kaum einem zweiten Land ist das Verhältnis linker Strömungen und Parteien untereinander so belastet, wie in Deutschland. Wunden, die man sich im 20. Jahrhundert schlug, hinterließen Narben und gegenseitiges Misstrauen. … [Die] Gründung und Formierung der SED wurde auch mit politischen Täuschungen, Zwängen und Repressionen vollzogen. … Nach den Erfahrungen des Jahres 1933 und mit der folgenden nationalsozialistischen Barbarei war der Drang nach einer wieder vereinigten Arbeiterbewegung in Deutschland weit verbreitet, übrigens nicht nur in der Sowjetischen Besatzungszone. Die Gründung der SED war historisch erklärbar, sie war von vielen gewollt und vollzog sich regional sehr unterschiedlich.

Zugleich verweisen Historiker darauf: Skeptisch waren seinerzeit keineswegs nur ‚rechte‘, argwöhnisch waren vor allem ‚linke‘ Sozialdemokraten, darunter viele ehemalige Anhänger der KPD. Sie hatten in den zwanziger Jahren erlebt, wie in der KPD demokratischer Meinungsstreit ausgeschaltet und die Partei einer stalintreuen Linie unterworfen wurde. Nun befürchteten sie hinter der Vereinigung erneut eine Vereinheitlichung nach stalinistischen Prinzipien, so, wie sie auch in anderen osteuropäischen Staaten vonstatten ging.

Viele, die sich damals dem Zusammenschluss von KPD und SPD verweigerten, bezahlten das mit ihrer Freiheit, ihrer Gesundheit, nicht wenige mit dem Leben. … Fortan trat ein, was linke Einheitsgegner 1945/46 befürchtet hatten. Sozialdemokraten in der SED wurden gedemütigt und verfolgt, ebenso kritische Kommunisten, ehemalige Mitglieder von KPDO, SAP, die sogenannten Westemigranten, schließlich nicht wenige, die in der Nazi-Zeit in KZ und Zuchthäusern für ihre Ideen gelitten hatten.“

Hier wird zu Recht bemerkt, dass sich auch viele Angehörige kommunistischer Oppositionsgruppen, die während der Weimarer Republik aus der stalinistischen KPD ausgeschlossen worden waren, und dies waren zehntausende gewesen, nach 1945 wieder der KPD angeschlossen hatten.[509b] Allein die Tatsache dieser Wiederaufnahme der Ausgeschlossenen hatte viele Zeitgenossen von der Wandlung der KPD überzeugt.

[509b] Dies betraf sowohl Angehörige der „Rechts-Opposition" wie der KPDO, Linkssozialisten, die der SAP angehört hatten, anderen Oppositionsgruppen wie z.B. der „Münzenberg"-Richtung wie auch Angehörige der „Links-Opposition" (Trotzkisten), der rätekommunistischen KAPD sowie der Anarcho-Syndikalisten. Im Gefolge der Stalinisierung der SED wurden diese Mitglieder infolge der Parteiüberprüfungen ausgeschlossen und viele von ihnen inhaftiert. Hierzu neben einer umfangreichen Memoirenliteratur vor allem: Thomas Klein/Wilfriede Otto/Peter Grieder: Visionen. Repression und Opposition in der SED (1949-1989). 2 Bde. Frankfurt/Oder 1997.

Zum anderen verzichtete die KPD in ihrem Gründungsaufruf vom 11. Juni 1945 auf jegliche revolutionäre Rhetorik. Statt „Diktatur des Proletariats" forderte sie die „Vollendung" der vom Bürgertum getragenen Revolution von 1848, bekannte sich zu „allen Rechten und Freiheiten für das Volk" und trat für die „völlig ungehinderte Entfaltung des freien Handels und der privaten Unternehmerinitiative" ein. Die Einführung des Sowjetsystems schloss die Partei zum damaligen Zeitpunkt ausdrücklich aus.

In der Sozialdemokratie spielte die Erinnerung an das Versagen der bürgerlichen Mitte und des Konservatismus vor 1933 und das Paktieren der wirtschaftlichen und politischen Eliten mit dem Nationalsozialismus eine große Rolle. Wichtig für das Verständnis der damaligen Zeit ist der Umstand, dass europaweit die Linke im Vormarsch war, in Großbritannien die Labour Party die Churchill-Regierung abgelöst hatte und in Deutschland selbst die CDU sich gezwungen sah, einen „christlichen Sozialismus" zu propagieren, im Ahlener Programm der CDU der britischen Zone vom 3. Februar 1947 die Entflechtung der Konzerne zu fordern und „Planung und Lenkung der Wirtschaft" als notwendig zu bezeichnen.

Innerhalb der Mitgliedschaft von SPD und KPD war im Sommer 1945 der Wunsch groß, die schmerzlich empfundene Spaltung der Arbeiterbewegung zu überwinden. Viele erklärten sich damit den Sieg der Nationalsozialisten im Jahre 1933.

Die in der Zeit des Nationalsozialismus gemeinsam erlittenen Verfolgungen und die Erfahrung der gemeinsamen Inhaftierung im KZ, ließen nicht wenige Sozialdemokraten die Erfahrungen mit der Politik der Weimarer KPD vergessen. Die Überwindung der nationalsozialistischen Hinterlassenschaften und die Bildung einer „antifaschistischen Koalition" überlagerten bei ihnen die kritische Betrachtung der KPD-Politik. Nach Auschwitz, 60 Millionen Kriegsopfern und Hunderttausenden von Toten der Arbeiterbewegung konnte sich kaum jemand vorstellen, dass die KPD ihre Politik der Gewerkschaftsspaltung und des Kampfes gegen die Sozialdemokratie, die wesentlichen Anteil am Sieg des Faschismus gehabt hatte, fortsetzen könnte. Genauso wenig war für die breite Masse der SPD-Funktionäre vorstellbar, dass eine SPD-Politik, die ebenfalls in Weimar gescheitert war und durch viele katastrophale Fehler das Erstarken von Reaktion und Faschismus begünstigt hatte, nach 1945 ihre Fortsetzung finden könnte.

Die KPD unternahm viele Anstrengungen, um diesen Entwicklungsprozess in der SPD zu unterstützen. Eine ungemein wichtige Funktion hatte die Formel „vom besonderen deutschen Weg zum Sozialismus", deren Übernahme durch die KPD und danach durch die SED gerade den kritischen Ex-Kommunisten und Linkssozialisten suggerierte, dass die stalinistische Phase der Übertragung des „russischen Modells" auf Deutschland vorbei sei und sich jetzt die KPD an den besonderen deutschen Bedingungen orientierte. Dies symbolisierte einen für uns heute Lebende in seiner Dramatik kaum erahnbaren Bruch mit Jahrzehnten des Sektierertums.

Jüchen erinnerte sich noch vier Jahrzehnte später an den Erfinder „des deutschen Weges zum Sozialismus" und die Gründungsphase der SED.

„Da war auch dieser Sozialist Ackermann, ein SED-Mann, der ein kleines Büchlein geschrieben hatte: Deutscher Weg zum Sozialismus, der viele Leute dazu geführt hat, in die SED zu gehen … Und es wurden große Hoffnungen auf die SED gesetzt, weil der Ackermann in der SED ist, der hat uns doch einen besonderen Weg der einzelnen Länder zum Sozialismus versprochen."[510]

Anton Ackermann, Mitglied der engeren KPD-Leitung, hatte 1945 geschrieben:

> *„Wie kann der Übergang von der demokratischen Republik zum Arbeiterstaat (im Sinne der ganzen Macht der Arbeiterklasse) vor sich gehen? … Kann die Arbeiterklasse auf dem demokratisch-parlamentarischem Weg oder nur auf dem Wege revolutionärer Gewaltanwendung in den Besitz der ganzen politischen Macht kommen? … Die Frage nach einem besonderen deutschen Weg zum Sozialismus ist … weniger eine theoretische Frage, als die der praktischen Politik, d.h. es ist die Frage, ob die deutsche Arbeiterschaft im Bunde mit allen fortschrittlichen Schichten des schaffenden Volkes den entscheidenden Einfluß auf die demokratische Neugestaltung Deutschlands gewinnt oder nicht. (Einschub [Ackermanns] aus Lenin Werke, Band XIX, S. 281: ‚Alle Völker werden zum Sozialismus gelangen, das ist unausbleiblich, aber sie werden dahin nicht auf ganz dem gleichen Wege gelangen, jedes wird dieser oder jener Form der Demokratie, dieser oder jener Abart der Diktatur des Proletariats, diesem oder jenem Tempo der sozialistischen Umgestaltung der verschiedenen Seiten des gesellschaftlichen Lebens seine Eigenart verleihen.') In diesem Sinne müssen wir einen besonderen deutschen Weg zum Sozialismus unbedingt bejahen …*

---

[510] A 21.

berechtigen die getroffenen Feststellungen zu dem Optimismus, daß Lenin recht behalten wird, wenn er sagt, daß es in Rußland leichter war, die Macht zu ergreifen, aber unvergleichlich schwerer, den Sozialismus aufzubauen, als es in den fortgeschrittenen kapitalistischen Ländern der Fall sein wird ... Möge uns hier die Zeit auf der Höhe der Aufgaben finden! Dann wird der besondere deutsche Weg zum Sozialismus ein relativ leichter und friedlicher sein können."[511]

Dieser Artikel traf die Stimmungslage vieler Sozialdemokraten, weil er einen „Dritten Weg" jenseits von Nationalsozialismus und Militarismus, Kapitalismus und Kommunismus zu eröffnen schien. Der Ackermann-Aufsatz wurde nicht nur in den zentralen Parteipublikationen veröffentlicht, sondern hatte, was für die Wahrnehmung gerade vieler ehemaliger Sozialdemokraten in der Frühphase der SED wichtig war, eine große Binnenwirkung. Er erschien als so bedeutend für die Positionierung der jungen Partei, dass er in das „Lesebuch für Kreisschulen"[512] der SED aufgenommen wurde. Somit machten Tausende von Basisfunktionären der SED mit ihm Bekanntschaft und erhielten die Inhalte vermittelt.

Bei einer Reihe führender Sozialdemokraten hat die Erwartung mitgespielt, die SPD könne sich aufgrund ihrer zahlenmäßigen Stärke in der neuen Partei durchsetzen oder zumindest die Durchsetzung der Kommunisten verhindern. Das erwies sich schnell als Fehleinschätzung.

Weiterhin darf die gemeinsame Schnittmenge in der Nachkriegsprogrammatik von SPD und KPD nicht ignoriert werden. In Fragen einer umfassenden Bodenreform, in der Gestaltung des Gesundheitswesens, der Schulen etc. wie auch hinsichtlich der Verstaatlichung der Industrie glichen sich die Vorstellungen. Auch das (abstrakte) Ziel des Sozialismus war Sozialdemokraten und KPD-Genossen gemeinsam, schließlich sprachen sich die Sozialdemokraten in ihrem Gründungsdokument 1945 klar für „Demokratie in Staat und Gemeinde und Sozialismus in Wirtschaft und Gesellschaft" aus.

Das Grundproblem vieler westlicher Darstellungen der SED-Gründung ist ihre unhistorische Betrachtung, die die Geschichte nicht von ihrem

---

[511] Anton Ackermann: „Gibt es einen besonderen deutschen Weg zum Sozialismus?" in: Einheit. Monatsschrift zur Vorbereitung der Sozialistischen Einheitspartei, Nr. 1/Februar 1946, Erscheinungsort Berlin. Daraus S. 22-32.

[512] Zentralsekretariat der Sozialistischen Einheitspartei Deutschlands, Abt. Werbung und Schulung (Hg.): Lesebuch für Kreisschulen, Berlin 1947, Seite 186-207.

Ausgangspunkt und den konkreten Umständen her betrachtet, sondern von ihrem Ende und von ihren Ergebnissen her (ver-) urteilt. Was in heutiger Sicht rückwirkend als „naiv" erscheint, war es in damaliger Sicht überhaupt nicht. Leider macht diese am Ergebnis orientierte Geschichtsbetrachtung, die nur schwarz und weiß, aber nicht grau kennt, jeden Lernprozess unmöglich.

Aurel von Jüchen machte die Art und Weise der SED-Gründung wütend. Seine Tochter erinnert sich daran, dass er keinesfalls ein Befürworter der Vereinigung war.[513] Auch der Jüchen-Sohn Hanspeter erinnerte sich ähnlich:

> „Mein Vater stand einer Vereinigung von KPD und SPD sehr skeptisch gegenüber, da für ihn der Druck der russischen Besatzungsmacht auf diesen Prozess augenscheinlich war. Zwar sah er die Notwendigkeit der Zusammenarbeit aller (demokratischen) Parteien nach dem Krieg, aber er misstraute den Kommunisten – gerade hinsichtlich ihres Demokratieverständnisses."[514]

Der Schweriner Historiker Marko Michels stellt in seiner sozialdemokratisch geprägten Darstellung der SED-Gründung in Mecklenburg den Skeptiker Jüchen als einen Gegner der Vereinigung dar, der infolgedessen konsequenterweise inhaftiert wird.[515] An anderer Stelle schreibt er:

> „Die Mehrheit der Sozialdemokraten in Mecklenburg-Vorpommern zweifelte jedoch an der Ehrlichkeit und Aufrichtigkeit der Kommunisten und versuchte die Bildung einer ,Einheits'-Partei zu verhindern. Dazu zählte[n] ... der Pfarrer Aurel von Jüchen aus Schwerin."[516]

Zu dieser Zeit war Jüchen, der zwar in Rossow die SPD-Gruppe mitgegründet, aber in dieser aufgrund seiner Rolle als Gemeindepfarrer keine Funktion übernommen hatte und nach seiner Übersiedlung nach Schwerin im Frühjahr 1946 ebenfalls ohne Parteifunktion war, in der Schweriner Sozialdemokratie ein eher unbeschriebenes Blatt. Am 15.12.1945 ergab die Stärkemeldung des SPD-Kreisverbandes Schwerin an die sowjetische Kommandantur bereits 3.318 Mitglieder für die Stadt Schwerin, davon 643

---

[513] Schriftliche Mitteilung vom 12.10.2004,

[514] Marko Michels: Einheitszwang oder Einheitsdrang? Der Vereinigungsprozess von KPD und SPD zwischen 1945 und 1950 in Mecklenburg-Vorpommern, Schwerin 1999, S. 499. Jüchen sah bei allen Vorbehalten und bei aller Erinnerung an das sektiererische Verhalten der KPD gerade in Thüringen und reichsweit die Möglichkeit (!!) von Lernprozessen in der KPD. Hinzu kam, dass er als Theologe aufgrund des christlichen Menschenbildes, das von der Veränderung des Saulus zum Paulus geprägt war, Umkehr und Veränderung auch von oder bei Kommunisten für möglich hielt.

[515] Ebd. S. 183: „Bedeutung und Folgen der ,Vereinigung' – ein Ausblick."

[516] Ebd. S. 169.

weibliche.[517] Jüchen mutiert in der unhistorischen Rückschau, die das Jahr 1946 aus der Sicht des späteren Workuta-Häftlings betrachtet, zu einem frühen Widerstandskämpfer.

> „Aurel von Jüchen gehörte innerhalb der mecklenburgischen SPD zu den schärfsten Kritikern einer ‚Vereinigung' von KPD und SPD und behielt seine ablehnende Meinung zur Parteienfusion auch nach dem April 1946 bei."[518]

Die Wirklichkeit indessen war anders. Jüchen arrangierte sich mit dem Faktum der Parteivereinigung und wurde in kürzester Zeit Funktionsträger von SED, FDJ und Kulturbund. Seine Aktivitäten in den Jahren 1946 bis 1948 waren derartig umfangreich und bedeutend, dass es nur sehr schwer möglich ist, sie im parallelen Zusammenhang darzustellen. Der besseren Verständlichkeit wegen schildere ich sie getrennt.

2.2. Als Pfarrer in der SED

Jüchen war wie seine drei Mecklenburger religiös-sozialistischen Pfarrerkollegen durch die Parteivereinigung Mitglied der SED geworden. Sein Motiv, als Pfarrer SED-Mitglied zu bleiben und nicht, was zu dieser Zeit noch problemlos möglich gewesen wäre, auszutreten, schildert er in seiner letzten autobiographischen Schrift im Dezember 1990:

> „In [dieser] Zeit … sah ich die SED und ihre staatliche Verkörperung unter zwei verschiedenen Aspekten. Ich bejahte den Antifaschismus und den Antirassismus der Partei. Ich hatte zu lange unter der Schmach dieser Haltung, die im Namen der Deutschen ausgebildet wurde, gelitten. Ich lehnte vor allem die reaktionäre Haltung meiner Kirche ab, die in zwei Weltkriegen nichts dazugelernt hatte."[519]

Diese „reaktionäre Haltung" zu verändern, war für Jüchen das Hauptmotiv für seine aktive Arbeit in der SED. Es ging einmal darum, die Kirche durch eine kritische Mitarbeit von Sozialisten zu reformieren. Hierfür galt es eine sozialistische Pfarrerorganisation zu bilden, die quasi als innerkirchliche Pressure-group wirken konnte. Zweitens sollte durch eine organisierte Mitarbeit von Pfarrern in der SED eine Veränderung der gesamtgesellschaftlichen Rahmenbedingungen erreicht werden, was wie-

---

[517] SAPMO DY28/II/73/3/2 SPD-SBZ Zentralausschuss Akte Landesverband Mecklenburg.
[518] Michels, a.a.O., S. 207.
[519] A 15.

derum die Aktionsmöglichkeiten von Sozialisten in den Kirchen verbessern würde. Es handelte sich hierbei um eine Aktualisierung des klassischen Konzeptes der religiösen Sozialisten der Weimarer Republik.

Im Gegensatz zur SPD vor 1933 war die SED über die kleine Gruppe von Pfarrern, die aktiv mitarbeiten wollten, ausgesprochen erfreut. Die SED versprach sich in den ersten Jahren nach 1945 von den Geistlichen, die Parteimitglied waren, dass sie auf der einen Seite das kirchenpolitische Handeln der Partei unterstützten und Meinungsbildungs- und Entscheidungsprozesse in Synoden und Kirchenleitungen beeinflussten und gleichzeitig die christlich geprägte Bevölkerungsmehrheit an die Partei heranführten und zu einer Wahlentscheidung zugunsten der SED motivierten.

„Worin ist nun die Ursache dafür zu sehen, daß die SED in jener Zeit in der Frage Marxismus-Christentum so pragmatisch taktierte? Der wesentliche Grund für dieses Verhalten ist wohl darin zu suchen, daß die Partei Bündnispartner brauchte, wollte sie ihr damaliges Hauptziel, einen friedlichen Übergang vom Kapitalismus zum Sozialismus, ohne wesentliche Störungen erreichen; die Kirchen gehörten zu diesen Bündnispartnern. Die Partei ging von der richtigen Annahme aus, daß der weitaus größte Teil der Bevölkerung noch religiös gebunden war.“[520]

Zu dieser neuen Taktik gehörte auch ein bedeutsames Zeichen gegenüber den Amtskirchen. Nach 1945 kam es in der SBZ nicht zur Wiedergründung der atheistischen Freidenkerbewegung, die in der Weimarer Republik mehrere Hunderttausend Mitglieder gehabt hatte. Wiedergründungsversuche wurden bewusst verhindert. Man wollte die Kirchen nicht wegstoßen, sondern an sich binden. Stattdessen wurden die Gemeinsamkeiten von Christentum und Sozialismus beschworen. Das bedeutendste Dokument dieser Phase hierzu stellt ein Aufruf des Zentralsekretariats der SED vom August 1946 dar.

„SED und Christentum – Die Stellung der Sozialistischen Einheitspartei zur Kirche und zur Religion.

In dem entschiedenen Willen, nach der furchtbaren Katastrophe, die das deutsche Volk in seiner Geschichte erlebt hat, ein neues demokratisches Deutschland aufzubauen, haben sich in der sowjetisch besetzten Zone Deutschlands kurz nach dem Zusammenbruch die antifaschistisch-demokratischen Parteien zu einer Ein-

---

[520] Horst Dähn: Konfrontation oder Kooperation? Das Verhältnis von Staat und Kirche in der SBZ/DDR 1945-1980, Opladen 1982, S. 21.

heitsfront zusammengeschlossen. Vor das Trennende ihrer verschiedenen Weltan-
schauungen haben sie das Einigende gestellt, die Verantwortung vor der Zukunft.
Am Neuaufbau Deutschlands haben auch die Kirchen aller Konfessionen teil.

Das Ziel heißt:

Überwindung des Faschismus durch Demokratie und Sicherung des Friedens!

Die Sozialistische Einheitspartei Deutschlands hat in dieser gemeinsamen Auf-
bauarbeit ihre Initiative und ihr ehrliches Wollen unter Beweis gestellt. Sie hat
sich auch der Kirche gegenüber stets bereit erklärt, alles zu tun und jede Hilfe
zu gewähren, um den Glaubensgemeinschaften eine positive Mitwirkung am
Neuaufbau Deutschlands zu ermöglichen. Diese Feststellung ist nötig, weil sich
in letzter Zeit immer stärkere Bestrebungen zeigen, Christentum und Marxis-
mus in gegenseitige Kampfstellung zu bringen. So schreibt der Vorsitzende der
CDU, Herr Jakob Kaiser, in einem programmatischen Artikel der 'Neuen Zeit'
vom 11. August 1946: 'Es hilft nichts, es geht heute in der Welt um die beiden
weltanschaulichen Prinzipien: Christentum oder Marxismus.'

Christentum oder Marxismus? Mit dieser Gegenüberstellung wird die Gefahr
einer Bekämpfung der Kirche an die Wand gemalt, die ihr angeblich vom
Marxismus her drohe. Es besteht offensichtlich das Bestreben seitens der CDU,
sich die Rolle der 'Retterin' des Christentums anzumaßen.

Will man damit die Kirche etwa wieder in die Sphäre parteipolitischer Ausein-
andersetzungen hineinziehen? Will man einen Kulturkampf entfesseln?

Die Sozialistische Einheitspartei Deutschlands nimmt diese Herausforderung der
CDU nicht an. Die SED will und kann sie nicht annehmen, weil damit die von
allen demokratischen Kräften gemeinsam begonnene Aufbauarbeit gestört würde.
Es gibt keine solchen Gegensätze, die eine jetzt offenbar herbei gewünschte Kampf-
stellung Christentum oder Marxismus rechtfertigen könnten. Die SED ist viel-
mehr der Auffassung, daß weltanschauliche Unterschiede keinen Anlaß geben, die
verschiedenen Richtungen der aufbauenden Kräfte gegeneinander auszuspielen.

Über allem muß eines stehen:

Die Erkenntnis, ganz gleich, ob sie aus den Lehren der Religion oder aus der
Lehre des wissenschaftlichen Sozialismus stammt, daß nach der größten geschicht-
lichen Katastrophe unseres Volkes alle, die guten Willens sind, zusammenstehen
müssen in dem Streben:

Deutschland muß leben!

Die frühere allgemeine Ablehnung der Kirche durch die sozialistische Arbeiter-
bewegung galt nicht dem christlichen Glauben. Sie galt der Kirche als Machtin-
strument der herrschenden Klassen, also vor allem den Vertretern jener Staats-

kirche, die als politischer Faktor einseitig und ausschließlich nur den Interessen der Unterdrücker gegen die Unterdrückten dienten und zur Völkerverhetzung beitrugen. Der Sozialismus hat sich immer zu dem Grundsatz bekannt: Der Glaube ist eine persönliche Angelegenheit des einzelnen Menschen!

Zu diesem Grundsatz steht auch die Sozialistische Einheitspartei Deutschlands. Mit ihrer programmatischen Forderung nach Gesinnungs- und Gewissensfreiheit ist sie auch gegenüber der religiösen Überzeugung bis zur letzten Konsequenz tolerant. Der christliche Glaube und die Zugehörigkeit zu einer Religionsgemeinschaft sind kein Hinderungsgrund für das Bekenntnis zum Sozialismus und für die Mitgliedschaft in der marxistischen Partei.

Viele aufrechte Christen und selbst Pfarrer haben gerade aus ihrer religiösen Grundhaltung heraus den Weg zum Sozialismus gefunden, weil sie in ihm die Neugestaltung des gesellschaftlichen Lebens sehen, in dem kein Raum mehr ist für Herren und Knechte, für Überfluß und Armut, für Rassenhochmut, pharisäerische Selbstgerechtigkeit, imperialistisches Machtstreben und Kriege, die Völker ausrotten und Erdteile zerstören.

Deshalb kämpfen sie für den Sozialismus, gerade weil sie Christen sind!

Die Sozialistische Einheitspartei Deutschlands lehnt es mit aller Entschiedenheit ab, sich etwa die Kirche unterordnen zu wollen, wie es die Kirche mit Recht ablehnt, sich parteipolitisch zu binden. Allerdings, was die CDU als ‚christlichen Sozialismus‘ vertritt, das ist nicht jene Umgestaltung der Gesellschaft, wie sie die SED, gestützt auf die Erkenntnisse des wissenschaftlichen Sozialismus, fordert. Dieser ‚christliche Sozialismus‘ will nicht die Gesellschaftsordnung ändern: er beseitigt nicht die Ursachen der schweren sozialen Übelstände und diese selbst, sondern er will sie nur mildern. Er ist als Schlagwort ebenso irreführend wie der von der CDU konstruierte Gegensatz zwischen Christentum oder Marxismus.

Wir wollen keinen Kulturkampf! Er würde den Aufbau des demokratischen Deutschlands gefährden. Nicht von uns droht dem Christentum Gefahr, wohl aber von jenen Kreisen, die es jetzt wieder in den politischen Tagesstreit zerren wollen. Es geht also nicht um eine Kampffrage: Christentum oder Marxismus, sondern um die gemeinsame Verantwortung gegenüber der Zukunft Deutschlands, die in voller Größe steht vor Christentum und Marxismus.

ZENTRALSEKRETARIAT DER SOZIALISTISCHEN EINHEITSPARTEI DEUTSCHLANDS   Wilhelm Pieck Otto Grotewohl.“[521]

---

[521] Abgedruckt in: Otto Meier: Partei und Kirche, Berlin 1947, S. 45/46, und in: Zentralsekretariat der Sozialistischen Einheitspartei Deutschlands (Hg.): Dokumente der Sozialistischen Einheitspartei Deutschlands, Berlin 1948, S. 80-82.

Dieser Aufruf machte Furore, vergleichbares hatte es bislang in Deutschland nicht gegeben. Was war die Motivation dafür? Formal hatte das „Zentralsekretariat" der SED entschieden und die Erklärung beschlossen. So steht es auch im Protokoll.

„Stellungnahme zur Frage Christentum und Marxismus: Käte Kern, Ackermann und Lehmann werden beauftragt, den Vorschlag Meier und die beiliegenden Ergänzungsvorschläge zu überarbeiten und dem Zentralsekretariat in Form eines Aufrufes zur Beschlußfassung vorzulegen."[522]

Faktisch aber hatte man eine Initiative der Besatzungsmacht, bzw. der siegreichen Bruderpartei umgesetzt. Als nach 1990 die Ost-Archive geöffnet wurden, konnte die Frage anhand der schriftlichen Überlieferung beantwortet werden. Der Aufruf des Jahres 1946 war kein SED-Produkt, sondern kam auf Initiative der SMAD zustande, die auch eine inhaltliche Vorlage lieferte. Diese Fassung bestimmte „nahezu wörtlich" die SED-Erklärung.[523]

Auch dies verdeutlicht die Bedeutung der Kirchen für die sowjetische Nachkriegspolitik in Deutschland. Die SMAD hatte ein sehr realistisches Bild von den kirchlichen Verhältnissen und wählte in der ersten Phase eine psychologisch sinnvolle Taktik des Umgangs.

Die deutschen evangelischen Pfarrer waren in zwei unterschiedlichen Phasen geprägt worden. Die Älteren noch im Kaiserreich: Sie hatten den Untergang des Kaiserreichs und die Revolution erlebt und betrachteten die Arbeiterbewegung als Zerstörer aller kirchlichen Werte und im Besonderen als Vertreiber des Kaisers, der bis dahin in Personalunion oberster Führer der deutschen evangelischen Kirchen war.

Die jüngeren Pfarrer hatten die Weltanschauungskämpfe der Weimarer Republik erlebt und waren oftmals massiven Angriffen der „proletarischen Freidenkerverbände" ausgesetzt gewesen, bis hin zu Kirchenaustrittsparolen an Kirchenmauern. Diese sektiererische Kirchenpolitik der KPD und von Teilen der SPD führte bei der großen Mehrheit der Pfarrer zum Schulterschluss mit der NSDAP. Für das Russlandbild der deutschen Pfarrerschaft

---

[522] „Protokoll Nr. 30 der Sitzung des Zentralsekretariats am 26.8.1946", in: Akte DY 30/ IV/2/21.Bestand SED-Zentralsekretariat Akte (Fiche) 26: „Protokolle der Sitzungen des Zentralsekretariats."

[523] Angabe und Quellenbeleg bei: Stefan Creuzberger: Die sowjetische Besatzungsmacht und das politische System der SBZ, Weimar-Köln-Wien 1996, S. 80/81.

bestimmend waren auch die Vielzahl von Berichten über Gräuel während der Revolution und die permanenten Berichte über „Christenverfolgungen in Russland." Die Kirchenzeitungen hatten schon in der Weimarer Republik über russische Pfarrer berichtet, die in Straflager verschleppt wurden, über den „Bund der kämpfenden Gottlosen" und die Umfunktionierung von Kirchen zu Lagerhallen und Schweineställen. Die NS-Propaganda seit 1941 und das tatsächliche Verhalten der Fronttruppen der Roten Armee während des Einmarsches in Deutschland im Jahr 1945 taten das ihrige, dieses Bild zu verfestigen. Nach der Phase der Vergewaltigungen änderte sich die Situation rapide.

Eine Pfarrerschaft, die Christenverfolgungen erwartete und sich bald in Sibirien wähnte, traf auf Kulturoffiziere als Repräsentanten der Besatzungsmacht, die Deutsch sprachen, Goethe kannten und schätzten und überhaupt nicht den Befürchtungen entsprachen. Kurt Scharf, damals Pfarrer in Berlin-Brandenburg und späterer Bischof berichtete:

„Wir haben erlebt, daß Kulturoffiziere der Sowjets Pfarrfrauen, deren Männer noch nicht aus dem Krieg zurückgekehrt waren, ermahnt haben, Gottesdienste abzuhalten und zu predigen."[524]

Die SMAD sorgte dafür, dass die SED diesen Kurs mitverfolgte.

„In einem Rundschreiben an die Landesverbände wurde darauf hingewiesen, daß seitens der Partei die Mitarbeit der Kirche am demokratischen Aufbau begrüßt wird." Die Gliederungen wurden angewiesen, „der Kirche jede nur mögliche Hilfe zu gewähren", was auch Anschaffung von Gegenständen für Gottesdienste und Rückgabe von beschlagnahmtem Kircheneigentum bedeutete. „Ferner ist den Kirchen in Bezug auf die Überlassung von Schul- und geeigneten Räumen für die Erteilung des Religionsunterrichts entgegenzukommen."[525]

Das bedeutete allerdings nicht, dass die SED darauf verzichtet hätte, auf die Kirchen ideologisch wie personell Einfluss zu nehmen. Diesem Ziel sollte die unabhängig von KPD/SED entstandene „Bruderschaft sozialistischer Theologen" dienen. Die „Bruderschaft" war in der Weimarer Republik die Pfarrerorganisation des „Bundes der religiösen Sozialisten Deutschlands" (BRSD) gewesen und hatte nicht einmal 1% der evangeli-

---

[524] Kurt Scharf als Zeitzeuge in: Dieter Zimmer, (Hg.): „Auferstanden aus Ruinen …" Von der SBZ zur DDR, Stuttgart 1989, S. 101.

[525] Parteivorstand der Sozialistischen Einheitspartei Deutschlands (Hg.): Bericht des Parteivorstandes an den 2. Parteitag, Berlin 1947, S. 207.

schen Pfarrer umfasst, wohingegen der BRSD selbst fast 20.000 Mitglieder hatte. 1946/47 bildeten sich Arbeitskreise religiöser Sozialisten in Nürnberg, Frankfurt/Main, Berlin, Hamburg, Westfalen, Oberhausen, Württemberg und Baden mit dem Ziel, den BRSD neu zu gründen. Dazu kam es erst 1947 in Frankfurt. Bemerkenswert ist, dass die einzige religiös-sozialistische „Laiengliederung" in der russischen Zone, in Berlin, entstand und dass ihre Mitglieder überwiegend aus den Westsektoren kamen.

Die SED konnte kein Interesse an der Bildung einer parteiübergreifenden Organisation der religiösen Sozialisten haben, da sie damit ihren Alleinvertretungsanspruch für sozialistische Politik aufgegeben und die Bildung weiterer, schlecht zu kontrollierender Sonderorganisationen legitimiert hätte. Wichtig dagegen waren die Pfarrer als Meinungsführer und Entscheidungsträger in den Kirchen. Und so war es kein Zufall, dass die „Bruderschaft sozialistischer Theologen" im Westen nicht neu entstand, dafür aber in der SBZ zu einer Größe und Bedeutung anwuchs, die sie selbst vor 1933 nicht gehabt hatte.

Im April 1946 wandten sich Aurel von Jüchen, Karl Kleinschmidt, Heinrich Schwartze und Bruno Theek in einem Brief an alle Geistlichen der Evangelisch-Lutherischen Landeskirche Mecklenburgs.[526] Darin teilten sie mit, dass sich „die 1933 aufgelöste ‚Bruderschaft sozialistischer Theologen' im Reiche aufs Neue gebildet" habe und stellten sich als deren Geschäftsführung vor.[527] Die Geistlichen der Landeskirche luden sie zu einer Mitarbeit in einer noch zu bildenden „Arbeitsgemeinschaft für Christentum und Sozialismus" ein, deren Aufgabe eine wissenschaftliche Klärung des Verhältnisses von Christentum und Sozialismus sein solle, die nicht nur für die Zukunft der Kirche, sondern des gesamten Volkes von Wichtigkeit sei. Dabei machten die vier Pastoren ihr Selbstverständnis als Mittler zwischen der sozialistischen Arbeiterschaft und der Theologenschaft deutlich. Als Ausgangspunkt und Grundlage ihrer Überlegungen nannten sie die „Barmer Theologische Erklärung" der Bekennenden Kirche aus dem Jahr 1934. Demzufolge stehe auch der Lebensbereich der Politik „nicht jenseits

---

[526] Hierzu hat zuerst Michael Rudloff publiziert. Wo keine anderen Quellen benannt sind, folge ich seiner Darstellung: „Rote Deutsche Christen? Die religiösen Sozialisten und die SED", in: CuS, Nr. 4, 1996.

[527] An die Geistlichen der Evangelisch-Lutherischen Landeskirche Mecklenburgs, Schwerin im April 1946, im PAB, Ordner Rel. Soz. nach 1945, und im Archiv der Schelfkirche Schwerin.

von Gut und Böse, sondern politisches Handeln ist entweder Handeln im Gehorsam gegen Gottes Willen oder Handeln in der Auflehnung gegen Gott. Demnach muß der Christ am politischen Leben teilhaben." Seine politische Entscheidung müsse er „vor dem Herrn unseres Lebens" verantworten.

Dem möglichen Vorwurf, „politisierende Pfarrer" zu sein, begegneten die Unterzeichner mit dem Hinweis, dass Christen zu allen Zeiten der Kirchengeschichte am politischen Leben teilgenommen haben. Im 20. Jahrhundert sei es in der Kirche allgemein als ehrenhaft und unpolitisch hingenommen worden, wenn ein Geistlicher rechtsstehende politische Positionen vertreten habe, wogegen eine Entscheidung zu demokratischen oder gar sozialistischen Auffassungen als anrüchig und „politisch" galt. Da erstmals in der deutschen Geschichte die marxistischen Sozialisten nicht mehr in der Opposition ständen, sondern die volle politische Verantwortung übernommen hätten, sei es von aktueller Bedeutung, daß vornehmlich die Theologen ihr Verhältnis zum marxistischen Sozialismus einer neuen Überprüfung unterzögen.

Die „Bruderschaft" wurde vor allem von Jüchen vorbereitet, der auch die Geschäftsführung übernahm, unterstützt von Kleinschmidt. Ausgangspunkt war eine auf 1946 zu datierende Liste von „Interessenten für die Bruderschaft soz. Theol."[528] mit insgesamt 192 deutschen Pfarreradressen aus allen Besatzungszonen. Aus Mecklenburg waren davon 17, darunter der Rostocker Professor für Kirchengeschichte Leube und der Konsistorialrat Kruse.

Bis zum Oktober 1946 meldeten sich auf das Rundschreiben Jüchens 36 Interessenten für die „Arbeitsgemeinschaft für Christentum und Sozialismus." Zu ihnen gehörten der Schweriner Oberkirchenrat Lic. de Boor, zwei Superintendenten und ein Konsistorialrat sowie der aus dem Neuwerkkreis hervorgegangene Professor Will Völger.[529]

Mit Schreiben vom 23. Oktober 1946 luden Jüchen und Kleinschmidt im Auftrag der „Arbeitsgemeinschaft Christentum und Sozialismus" zu einem ersten Zusammentreffen ins Haus der Kultur in Schwerin ein. Seitens

---

[528] In: PAB-Akte I 9.

[529] Pfr. Prof. W. Völger (SED) vertrat gemeinsam mit Professor Koepp den Greifswalder Kirchenkreis. Liste der Arbeitsgemeinschaft, Eingangsstempel vom 2. Oktober 1946, in: PAB.

des OKR wurde Lic. Werner de Boor[530] als Teilnehmer angekündigt. Das Programm und die Einladung wurde dem Genossen Glückauf[531] von der SED-Landesleitung zur Kenntnis gegeben.[532]

Eingeladen waren 38 Pfarrer, deren Daten Jüchen zu einer Adressenliste zusammenstellte und mit interessanten Randbemerkungen an Kleinschmidt weitersandte, so dass dieser gleich eine Kurzcharakteristik der Person erhielt. Wer war Mitglied der SED oder der CDU? Wer gehörte zur BK? Bei einigen Pfarrern wurde bemerkt, daß sie Nazis oder DC gewesen waren, sie wurden aber gleichwohl als geeignet für eine sozialistische, antifaschistische Organisation angesehen. Alles in allem war es eine ausgesprochen heterogene Gesellschaft.[533]

Am 7. November 1946 fand dann im Schweriner Haus der Kultur das erste Treffen der „Arbeitsgemeinschaft für Christentum und Sozialismus" statt. Zur Selbstverständigung und Standortbestimmung wurde ein Thesenpapier erarbeitet, das auf einem Entwurf Kleinschmidts und Jüchens basierte. Es fasste die Zielstellungen und notwendigen Abgrenzungen zusammen, wieder ist der Bezug zur zweiten These der Barmer Erklärung unübersehbar: Die Botschaft der Kirche habe ihren Sinn in der Verkündigung der Herrschaft Gottes „wie im Himmel also auch auf Erden." Soweit das in der gefallenen Welt möglich sei, müsse sich der einzelne Christ für die Verwirklichung christlicher Grundsätze in allen Ordnungen und Bereichen der Welt einsetzen. Dies führe ihn mit Notwendigkeit in den Raum der Politik, denn nur hier sei wirkliche Einflussnahme auf die Gestaltung des menschlichen Miteinanders möglich. Jede ernsthafte Bemühung um Verwirklichung christlicher Grundsätze im politischen Raum stoße auf Hindernisse, die in den vorgegebenen Eigentums- und Wirtschaftsverhältnissen insofern gegeben seien, als diese auf Ausbeutung beruhen. Daran könne

---

530 1899-1976. Im Oberkirchenrat von 1946 bis 1952. Danach Leiter der landeskirchlichen Volksmission (EPD v. 6.5.1999).

531 Erich Glückauf (1903-1977), ursprünglich Bergarbeiter. Seit 1922 KPD. 1933 SU. 1946 Chefredakteur der KPD-Tageszeitung „Volkszeitung", ab Juli 1946 Sekretariat der SED. Verantwortlich für die Abteilungen Werbung und Schulung sowie Kultur und Erziehung. Ab März 1948 Landesvorsitzender der SED. Seit Juni 1949 in der SED-Zentrale in Berlin. Angabe: Geschichte der Landesparteiorganisation der SED Mecklenburg 1945-1952, a.a.O., S. 232/33.

532 MLHA BPA Akte IV/L/2/14/643, „Landesleitung der SED Mecklenburg Evangelische Kirchenfragen 1946-1950."

533 Arbeitsgemeinschaft für Christentum und Sozialismus, Eingangsstempel v. 2.10.1946, im: PAB, Ordner 4b, Religiöse Sozialisten, Allgemeines und nach 1945.

auch kein privat-christliches Wohlverhalten etwas ändern, sondern nur die Beseitigung dieser hindernden Eigentums- und Wirtschaftsverhältnisse. Solange sich die wirtschaftlichen Machtmittel in den Händen privater Interessenten befänden, sei eine konsequente Verwirklichung christlicher Grundsätze unmöglich. Die Vergesellschaftung der Produktionsmittel bedeute als solche noch keine Verwirklichung christlicher Grundsätze, schaffe aber die äußere Voraussetzung dafür. Ihre Verwirklichung erfordere die Neubesinnung des Einzelnen wie der Gesamtheit und die bewusste Bindung des Lebens an Gottes Gebot.[534]

Nur zwei Tage später, vom 9. bis zum 11. November 1946, versammelten sich etwa 40 Geistliche aus allen wichtigen Landeskirchen der Sowjetischen Besatzungszone im Kultursekretariat des SED-Parteivorstandes in Berlin zum Generalkonvent der sozialistischen Pfarrer der Ostzone. Die Einladung war von Arthur Rackwitz im Auftrag des Berliner Arbeitskreises religiöser Sozialisten ausgegangen. Über die Tagung berichtete die wichtige evangelische Zeitschrift „Zeichen der Zeit."

> *„Vom 9.-11. November 1946 tagte unter Leitung des evangelischen Pfarrers Aurel von Jüchen/Schwerin ein Generalkonvent sozialistischer Theologen der Ostzone in Berlin. Diese haben sich erneut zu ihrer alten ,Bruderschaft sozialistischer Theologen' zusammengeschlossen. In vier Thesen hat diese Bruderschaft ihrer grundsätzlichen Haltung Ausdruck gegeben. 1. Ausgangspunkt der Arbeit ist der Glaube an die in der Heiligen Schrift gegebene Offenbarung Gottes. 2. Von diesem Glauben aus führt ein unmittelbarer Weg zwangsläufig zum Sozialismus. 3. Für den Sozialismus ist die religiöse Begründung nicht die allein mögliche. 4. Das Bekenntnis zum marxistischen Sozialismus schließt nicht die Bindung an eine rein materialistische Weltanschauung ein und nicht die Bejahung des christlichen Glaubens aus. Die Neubegründung des Bundes religiöser Sozialisten und die Herausgabe einer entsprechenden Zeitschrift wurden noch zurückgestellt. An die Geistlichen soll ein Appell gerichtet werden, der zu einem ernsthaften Durchdenken des Verhältnisses zwischen Christentum und Sozialismus auffordert."*[535]

In derselben Ausgabe wurde ein längerer Text Jüchens publiziert, der auf einem Vortrag bei der Berliner Tagung basierte. Er wurde nach 1968 mehrmals in der Bundesrepublik nachgedruckt.

---

[534] Aurel von Jüchen/Karl Kleinschmidt, Rundbrief vom 8. Januar 1947, in: PAB, a.a.O.
[535] In: Zeichen der Zeit, Jg. 1947, S. 62.

„Warum Christentum und Sozialismus einander begegnen müssen.[536]
Liebe Brüder in einem geistlichen Amt! Liebe Mitchristen!

In einem Augenblick, in dem es nicht nur um den äußeren, sondern auch um den inneren Neubau der Kirche geht, gestatten Sie mir ein Wort zu der Frage der rechten Begegnung von Christentum und Sozialismus. Gestatten Sie mir auch, diesem Wort die Form der Anrede zu geben, da es seinem ganzen Charakter nach Anrede ist, die Ihre Zustimmung oder Ihren Widerspruch sucht.

Wir sind der Meinung, daß die Frage der Begegnung zwischen Christentum und Sozialismus keine private Frage sein kann, sowenig es eine private Frage ist, wie es ein jeder mit dem Christentum hält. Es geht nicht darum, ob man als Christ Sozialist oder ob man als Sozialist ein Christ sein kann. Diese Frage ist längst durch die Tatsache entschieden, daß zahllose Christen Sozialisten und ebenso zahllose Sozialisten Christen sind. Nein, es geht um die Frage, wie diese beiden großen Bewegungen, die nach dem Zusammenbruch der nationalsozialistischen Irrlehre übrig geblieben sind, sich als solche zueinander verhalten. Müssen sie notwendig unversöhnliche Feinde sein? Oder haben sie etwa gar nichts miteinander zu tun, so daß die eine von der anderen keine Notiz zu nehmen brauchte? Oder sind sie auf eine unübersehbare Weise aneinander gewiesen?

In der Vergangenheit war die Beziehung von Christentum und Sozialismus durch tausend Vorurteile belastet. Es ist aber weder für die Haltung und für die Zukunft des Sozialismus, noch für die innere Haltung und für das Schicksal der Kirche gleichgültig, ob das Verhältnis von Sozialismus und Christentum durch gegenseitig mangelnde intellektuelle Redlichkeit und durch den Mangel an echter Bereitschaft zur Vorurteilslosigkeit überschattet wird, wie es in der Vergangenheit auf beiden Seiten der Fall war.

Man kann nicht einfach sagen, wir haben das Evangelium von Jesus Christus und die in ihm geschenkte ‚Soteria‘[537] *zu verkündigen und sonst nichts. Man kann nicht einfach sagen, wir haben uns um die Reinheit und Lauterkeit des Wortes Gottes zu bekümmern und sonst nichts. Denn das Wort Gottes ist keine Pistole, die wir unserer Zeit mit dem Rufe ‚Hände hoch!‘ auf die Brust halten könnten. Es ist Botschaft! Es ist wirkliches Wort! Und das heißt: Es ist nicht eine ein für allemal geschehene Rede.“*

Dieser Text wurde in der Pfarrerschaft durchaus rezipiert. Jüchen wurde als Referent zu vielen Veranstaltungen auch außerhalb Mecklenburgs

---

[536] Zeichen der Zeit, Nr. 6, 1947, S. 185-190.
[537] griechisch: *Erlösung.*

eingeladen. So referierte er beim Gesamtkonvent des „Bruderrates der Bekennenden Kirche von Berlin" am 13. Mai 1947 vor über hundert Pfarrern
„Zur Frage des Verhältnisses von Christentum und Sozialismus."[538]

Die Arbeit der „Bruderschaft" wurde im Zentralsekretariat der SED
als derart wichtig eingeschätzt, dass selbst kleine Aktivitäten Gegenstand
von Beratungen waren. So wurde etwa in der Sitzung des SED-Zentralsekretariats am 5.1.1946 in Anwesenheit u.a. von Pieck, Grotewohl, Fechner,
Dahlem, Meier und Gniffke unter Punkt 14 „Konferenzen" „der Durchführung einer Konferenz der sozialistischen Pfarrer ... zugestimmt."[539] Die
Entwicklung dieser Pfarrerorganisation war für die SED so bedeutsam,
dass sich Wilhelm Pieck kontinuierlich über den Stand der Entwicklung
unterrichten ließ.[540]

Selbst in die offiziellen Rechenschaftsberichte des SED-Zentralsekreta-
riates für den Parteitag hielten die religiösen Sozialisten Einzug.

*„Ebenso fanden die Bestrebungen der religiösen Sozialisten, in der Kirche dahin-
gehend zu wirken, daß die Kirche am demokratischen Aufbau mitwirken möge,
unsere Billigung."*[541]

Anläßlich der Herausgabe einer SED-Broschüre „Christentum und
Sozialismus", für die Otto Meier verantwortlich war, wurde diese vor der
Drucklegung von den Parteivorsitzenden Pieck und Grotewohl durch-
gesehen und erst nach deren Abzeichnung freigegeben.[542] In dieser Bro-
schüre, die in einer Auflage von 30.000 Stück gedruckt wurde, waren die
„Erklärung Christentum und Sozialismus" und Reden von Pfarrern und
Parteifunktionären der SED abgedruckt, die die prinzipielle Vereinbarkeit
von Christentum und Sozialismus betonten.

Um die Arbeit der „Bruderschaft" professionell betreuen zu können, wurde im April 1947 die neugeschaffene Stelle als „Referent für Kirchenfragen
in der Abteilung Kultur und Erziehung" beim SED-Zentralsekretariat mit

---

538 Einladung in: Akte Pfarrer Jungclaus/Religiöser Sozialismus im GA Berlin-Pankow

539 Protokoll Nr. 50, in: SAPMO, Akte DY 30/IV/2/21Akte (Fiche) 44: „Protokolle der Sitzungen des
Zentralsekretariats."

540 Die entsprechenden Berichte befinden sich im SAPMO, Bestand NY 4036: Akte 4036/756
Kirchenfragen, Juli 1946-Okt. 1952.

541 Parteivorstand der Sozialistischen Einheitspartei Deutschlands (Hg.): Bericht des Parteivorstandes
an den 2. Parteitag, Berlin 1947, S. 207.

542 Protokoll des SED-Zentralsekretariats v. 8.9.1947, in: SAPMO, Akte DY 30/IV/2/21-Fiche 124:
„Protokolle der Sitzungen des Zentralsekretariats."

dem Berliner Pfarrer und Bruderschaftsmitglied Hans-Joachim Mund besetzt. Das Sitzungsprotokoll[543] vermerkt als Anwesende „Pieck, Grotewohl,
Ulbricht, Ackermann, Meier, Lehmann, Merker, Karsten, Matern."

Auch Munds „Referat Kirchenfragen" wurde in den Rechenschaftsbericht des Zentralsekretariates aufgenommen. Dieses möge dazu beitragen,
„daß ein befriedigendes Verhältnis zwischen Partei und Kirche geschaffen
wird."[544]

Mund wurde in dieser Hinsicht sofort aktiv und machte der „Bruderschaft" gegenüber seine Aufgabe und seine Erwartungen deutlich. Am
19.5.47 teilte er Jüchen brieflich mit, dass er das Referat Kirche übernommen habe.

> „Aus diesem Grunde möchte ich Dich bitten, mir von Euren Plänen, Aufrufen usw.
> doch Mitteilung zu machen, und zwar möglichst, <u>bevor</u>[545] Ihr sie der Öffentlichkeit
> bekannt gebt, denn ich werde für diese Dinge mit verantwortlich gemacht."[546]

Als organisatorischen Hebel der Kirchenpolitik der SED organisierte
Mund die neu gegründete „Kommission Christentum und Kirche", die
beim „Zentralsekretariat" angesiedelt war und von dem Abteilungsleiter
Kultur im SED-Zentralsekretariat Richard Weimann geleitet wurde.

Bereits auf der Sitzung am 17.6.1947 wurden die unterschiedlichen
Auffassungen über die Parteinähe der „Bruderschaft" deutlich. In der
Diskussion sprach zuerst Weimann. „Zur Bruderschaft meinte der Redner,
daß diese enger an die Partei angeschlossen werden muss. Wichtig ist, daß
unsere Genossen endlich Klarheit erhalten über das Verhältnis zwischen
Kirche und Staat." Darauf reagierte Arthur Rackwitz: „Zur Bruderschaft
der sozialistischen Theologen erklärte Gen. Rackwitz, daß wir den Eindruck vermeiden müssen, als seien die sozialistischen Theologen der Partei
unterstellt und verantwortlich ... Gen. Weimann schlug vor: 1. Die Bruderschaft sozialistischer Theologen braucht nicht mit der Partei verbunden
zu sein, aber notwendig ist unbedingt die gegenseitige Verständigung über
unser Kirchenreferat."[547] „Gegenseitige Verständigung" bedeutete, aus der

---

543   SAPMO-Akte: DY 30/IV/2/2.1/78.
544   Parteivorstand der Sozialistischen Einheitspartei Deutschlands (Hg.): Bericht des Parteivorstandes
      an den 2. Parteitag, Berlin 1947, S. 207.
545   Im Original unterstrichen.
546   In: PAB, Mappe 4.
547   Protokoll, in: SAPMO Akte DY 30/IV/2/14/1: „Kommission Kirche und Christentum."

Parteisprache rückübersetzt, Abstimmung und de facto ideologisch-organisatorische Leitung durch die Partei.

Ausführliche Berichte über die Schweriner und die Berliner Ostzonen-Tagung, die Jüchen und Kleinschmidt für die Interessenten der „Bruderschaft sozialistischer Theologen" erstellt hatten, gingen zur Kenntnisnahme an die SED-Landesleitung in Schwerin.[548] Diesen Unterlagen ist auch zu entnehmen, dass an der Schweriner Tagung 12 Pfarrer teilnahmen und sich eine Reihe der Eingeladenen „als unabkömmlich entschuldigen" ließ. „Die Parteizugehörigkeit der Teilnehmer teilte sich in SED, CDU und Parteilose."

Jüchen wandte sich brieflich am 20. Februar 1947 als gewählter „Leiter der Bruderschaft sozialistischer Theologen" an Erich Glückauf, teilte ihm Namen und Adressen von 12 mecklenburgischen SED-Pfarrern mit und äußerte am Schluss des Briefes folgende Bitte:

„Um nun die Werbung für die Bruderschaft im Reichsmaßstab auch ordentlich durchführen zu können, bitte ich Euch, beim Zentralsekretariat vorstellig zu werden, daß uns ein Etat bewilligt wird für diese Arbeit. Gen. Hamacher regte an, daß ich diese Bitte schriftlich bei euch einreichen sollte."[549]

Gottfried Hamacher war leitender Funktionär in der Abteilung Kultur und Erziehung im Landesvorstand der SED und betreute in dieser Funktion die „Bruderschaft." Seine Rolle und die Bitte um die Finanzierung einer „überparteilichen" Organisation durch eine Partei macht deutlich, wie gering die Akteure die nach außen proklamierte „Überparteilichkeit" einschätzten.

Parallel zur „Bruderschaft" trafen sich die der SED angehörenden Pfarrer zu separaten Tagungen und Besprechungen. Diese wurden kontinuierlich mit den zuständigen SED-Stellen koordiniert. So teilte Jüchen[550] dem „Genossen Hamacher" in der Landesleitung der SED am 13.3.1947 mit:

„Nach Rücksprache mit Pastor Schwartze ... möchten wir den 29./30. April für die vorgesehene Zusammenkunft der SED-Pastoren in Aussicht nehmen. Tagungsort: Stift Bethlehem, Ludwigslust Tagesordnung etwa:

1. Was erwarten wir von unseren Pfarrergenossen? (Glückauf)

---

[548] In MLHA, BPA Akte IV/L/2/14/643.
[549] In: MLHA, BPA Akte IV/L/2/14/643.
[550] In: MLHA, BPA Akte IV/L/2/14/643.

2. *Die Stellung der Kirche zu den Parteien und unsere Stellung in der Kirche (v. Jüchen)*

3. *Die Stellung der Partei zur Kirche und unsere Stellung in der Partei (Kleinschmidt oder Schwartze)."*

Die Erwartungen der Partei waren eindeutig. Erwartet wurde die Unterstützung der Parteilinie in der Öffentlichkeit. Dieses hatten die „Pfarrer-Genossen" bereits seit langem geleistet, allerdings die „Parteilinie" nach ihren offiziellen Verlautbarungen definiert und interpretiert. So hatte Jüchen in einem Beitrag über „Der Christ und die Gemeindewahlen" geschrieben:

> *„1. Es ist eine unabweisbare Pflicht für jeden Christen, gleichgültig welcher Konfession, an den politischen Entscheidungen des Volkes aktiven Anteil zu nehmen …*
>
> *2. Die Kirche kann sich mit keiner Partei identifizieren. Sie muß vielmehr wünschen, daß in allen Parteien Christen mitarbeiten und sich mühen, daß das Zusammenleben in der staatlichen Gemeinschaft in bewußtem Gehorsam gegen Gottes Gebote oder, wo das nicht möglich ist, doch wenigstens in Übereinstimmung mit diesen Geboten sich vollziehe."*[551]

Nützlich machten sich die Pfarrer bei Wahlkämpfen, denen sich die SED 1946 noch aussetzen musste. Rackwitz schrieb am 30.9.1946 an „die religiössozialistischen Pfarrer der Ostzone, die bereit sind, für die SED einzutreten", um einem Wahlaufruf für die am 2. Oktober stattfindenden Wahlen zu organisieren. Veranlasst war diese Aktion von der Abteilung „Kultur und Erziehung beim Zentralsekretariat der SED." Dessen Mitarbeiter Weimann und Dr. Naas wandten sich ebenfalls am 30.9. deswegen an die Landes- und Provinzialleitungen der SED, damit diese weitere Pfarrer ansprachen.[552] Ergebnis war eine Erklärung mit der Hauptüberschrift „Christentum und Sozialismus sind keine Gegensätze!", mit der 16 Pfarrer zur Wahl der SED aufriefen, unter ihnen aus Mecklenburg Kleinschmidt, Theek, Jüchen und Schwartze. Unter den 16 Pfarrern waren vor allem frühere religiöse Sozialisten und u.a. Karl Manoury von der Potsdamer Hugenottengemeinde. Der Text wurde in hoher Auflage als Flugblatt[553] verteilt und als Anzeige publiziert, etwa im „Neuen Deutschland" vom 17.10.1946.

---

[551] Demokratische Erneuerung, Nr. 6/1946, S. 14/15.

[552] SAPMO, Akte DY 30/IV/2/14/ 1.

[553] Ein Exemplar in: MLHA-BPA Akte IV/L/2/4/1195.

Auch in der Tagespresse traten religiöse Sozialisten offensiv für die SED ein. So vertrat Rackwitz in der Berliner Zeitung[554] die Auffassung, „Christentum und Marxismus wären die beiden Größen, die, wenn sie sich ernstlich vereinen, stark genug wären, jeden Rückfall in Nazismus und Barbarei zu verhindern." Jüchen exponierte sich gegen den CDU-Vorsitzenden Jakob Kaiser, der die Unvereinbarkeit von Christentum und Sozialismus vertrat, in einem offenen Brief, der u.a. in der Täglichen Rundschau[555] publiziert wurde.

> *„Wir meinen aber, unsere positive Stellung zum Marxismus vor jedem theologischen Forum und vor jeder christlichen Fragestellung wohl verantworten zu können ... Der Marxismus hat nicht nur die Nationalökonomie, sondern alle Formen der Profan- und der Geistesgeschichte sehen gelehrt, wie weitgehend die materiellen Verhältnisse auch das geistesgeschichtliche und kulturgeschichtliche Geschehen beeinflussen. Nun, wir religiöse Sozialisten vermögen nicht zu erkennen, inwieweit eine solche wissenschaftliche Feststellung mit dem christlichen Glauben unvereinbar sein soll ... Haben Sie, Herr Kaiser, in dem letzten Jahre ein Wort geschrieben oder gesprochen, hinter dem nicht die materielle Katastrophe des Deutschen Reiches und die Notwendigkeit, ihr zu entrinnen gestanden hätte? ...*
> *Der Marxismus ist seiner eigenen Intention nach Wissenschaft und kann nur wissenschaftlich widerlegt werden. Weil er aber Wissenschaft ist, kann er ebenso wenig in einen Gegensatz zum christlichen Glauben treten wie die Entdeckungen des Kopernikus und des Galilei, wie die Kant-Laplacesche Theorie, die Entwicklungslehre, die Psychoanalyse, die moderne Atomphysik usw. Sie konstruieren einen Gegensatz zwischen Christentum und Marxismus, indem sie den Marxismus, entgegen seiner eigenen Intention, aus einer Wissenschaft zur Metaphysik machen.*
> *Diese Worte sollten besonders von bestimmten Kreisen des linken Flügels der CDU gehört werden, die einen ‚christlichen Sozialismus ohne Klassenkampf' fordern und dabei davor zurückschrecken, die vollen Konsequenzen der gesellschaftlichen und wirtschaftlichen Lage zu ziehen. Damit aber stützen sie, ohne es zu wollen – und sei es auch nur als Aushängeschild – die in ihrem Wesen unchristliche Kapitalherrschaft."*

Der offene Brief fand ein breites Presseecho und wurde auch im Westen wahrgenommen. Pfarrer, die zur Wahl der SED aufriefen, erweckten die

---

[554] Nr. 243 v. 17.10.1946.

[555] Nr. 146 v. 16.9.1946, auch auszugsweise in: Karl Zollig: Ein Christ soll Sozialist sein, Hamburg 1949, S. 20/21. Erschienen im SPD-Verlag Auer-Druck, Hamburg.

Aufmerksamkeit der CDU, die sich als christliche Monopolpartei verstand. Die „Evangelische Verbindungsstelle der CDU" der englischen Zone mit Sitz im ostwestfälischen Herford, ging in ihrem Rundbrief Nr. 4[556] auch auf Jüchen ein. Der Leiter der Verbindungsstelle und Landtagsabgeordnete Wilhelm Lindner wusste Beeindruckendes über Jüchen zu berichten:

> „[So] bringt die KPD-Presse jetzt einen offenen Brief an Jakob Kaiser von Aurel von Jüchen, Pfarrer an St. Nikolai in Schwerin, der sich als Mitglied der SED bekennt. Pfarrer von Jüchen ist meines Wissens einer jener adeligen Pastoren, die auf Empfehlung des ehemaligen deutschen Kronprinzen (1919) zur Theologie kamen."[557]

Andere Erwartungen der Partei wurden nicht erfüllt. Es gab keine Berichte über Kircheninterna, die etwa einer frühen Tradition „Informeller Mitarbeiter" entsprochen hätten. Auch abgesprochene Einflussstrategien verdeckter Art, wie sie für Stasi-Aktivitäten bis 1989 charakteristisch waren, sind nicht feststellbar. Die „SED-Pfarrer" der Jahre 1945-1950 machten aus ihren Positionen kein Geheimnis und traten offen für diese ein. Es ist erstaunlich, wie erfolgreich sie damit in dieser Phase waren und welche Akzeptanz sie in Teilen der Kirche fanden.

Nicht erfolgreich dagegen waren die Bemühungen Aurel von Jüchens, die „Bruderschaft sozialistischer Theologen" in Gesamt-Deutschland erneut zu sammeln. 1947 verfügte er zwar über die Adressen von etwa 200 Interessenten in ganz Deutschland. Bei einer Sammlung dürfte es allerdings im Wesentlichen geblieben sein. Im März 1947 beklagte Rackwitz, daß von der Bruderschaft kaum etwas zu hören sei. In den Westzonen und in Berlin kam die Arbeit über die Planung nicht hinaus. Nur in der SBZ existierte die „Bruderschaft" tatsächlich und führte noch 1948 eine „Tagung der sozialistischen Pfarrer in der Zeit vom 1.-3. März 1948 im Klubhaus des Kulturbundes Berlin" durch. Am 18.2.1948 wandte sich die Schulungsabteilung beim Zentralsekretariat der SED deswegen brieflich an die SMAD in Karlshorst und bat „herzlich um Bewilligung einer einmaligen Lebensmittelzuteilung für die Durchführung dieser Veranstaltung."[558]

Diese Pfarrertagung war der „Generalkonvent der Bruderschaft sozialistischer Theologen in Berlin" mit dem Gesamtthema „Dogmatik oder

---

556 In GA Gelsenkirchen-Scholven, Mappe: Dokumente zur Kirchengeschichte.
557 Über diese verschriftlichte Unkenntnis dürfte Jüchen herzlich gelacht haben!
558 In: SAPMO DY 30/IV/2/14/168.

Dialektik." Sie dürfte gleichzeitig die größte und die letzte Gesamttagung der russischen Zone gewesen sein. Alles, was unter den sozialistischen Pfarrern der SBZ Rang und Namen hatte, war vertreten. Die Hauptreferenten waren Professor Völger aus Greifswald zum Thema „Unser Verhältnis zum Marxismus", Kirchenrat Meinecke aus Dresden, Dr. Hertzsch aus Eisenach, Arthur Rackwitz aus Berlin sowie Schwartze und Jüchen aus Mecklenburg. Auf dieser Tagung sollten auch organisatorische Fragen besprochen und geregelt werden, so das Verhältnis zu den religiösen Sozialisten der Westzonen und die „Neuwahl des Vorstandes der Bruderschaft sozialistischer Theologen."[559]

Nach dieser Tagung fanden in den einzelnen Ländern der SBZ regionale Tagungen der SED-Pfarrer statt. Wegen der für den 28.9.1948 in Dresden geplanten sächsischen Tagung wandte sich Mund per Brief an den regionalen Organisator, Landeskirchenrat Werner Meinecke. Dieser Brief macht die Veränderungen deutlich, die seit der ersten Tagung im Jahr 1946 stattgefunden hatten. „… möchte ich Dich bitten, doch eine Resolution vorzubereiten, in der die versammelten Pfarrer den Zweijahresplan im Sinne unserer Partei begrüßen. Weiter hätte ich gern vor der Tagung eine kurze Charakterisierung der einzelnen Tagungsteilnehmer."[560] Zum Jahreswechsel 1948/49 verlaufen sich die Spuren der „Bruderschaft" und auch der SED-Pfarrergruppen. Die SED hatte an ihren Pfarrern das Interesse verloren.

Die Partei unterlag 1948/49 einem Wandlungsprozess. Nach dem Vorbild der KPdSU wurde sie zur stalinistischen „Partei neuen Typus" umgeformt. Damit einher ging die Bekämpfung der in Teilen der Parteimitgliedschaft noch vertretenen sozialdemokratischen Auffassungen sowie die Rücknahme der These vom „besonderen deutschen Weg" zum Sozialismus.[561] Am 24. September 1948 widerrief Anton Ackermann im SED-Zentralorgan „Neues Deutschland" sein Konzept.

Aus der lebendigen, neuen Partei war am Ende dieses Prozesses eine monolithische Organisation geworden, die autoritär „verwaltet" wurde, und dafür die richtigen Parteibürokraten benötigte. Diese besondere Spezies

---

559 Programmblatt im PAB, NL-KK, Mappe 4c.
560 SAPMO DY 30/IV/2/14/168.
561 Nach: Ulrich Mählert,: Einheitsdrang – Einheitszwang (Internetversion). Arbeitsbereich IV des Mannheimer Zentrums für Europäische Sozialforschung, Universität Mannheim.

bildete den Typus des „Apparatschiks", der die SED bis 1989 prägte und den deutschen Kommunismus irreparabel schädigte.

„Waren die deutschen Kommunisten seit den zwanziger Jahren durch die Komintern ganz auf die Sowjetunion eingeschworen, so hatten sie mit ‚deutscher Gründlichkeit' schon früh den sowjetischen Stalinismus kopiert. Welche ‚typisch deutschen' Eigenschaften den Stalinismus in der DDR noch verschärften, ist vorläufig nur anzudeuten: die ‚ordentliche', preußisch-straffe Organisation; ein oft ‚tierischer' Ernst; vor allem die bürokratische Handhabung stalinistischer Mechanismen. Charakteristisch waren Untertanenmentalität und ‚Strammstehen', freiwillige Einordnung und prompte Ausführung der einmal gegebenen Befehle. Erwähnt sei auch die allzu große Bereitwilligkeit vieler Intellektueller, dem System unkritisch zu dienen und dabei offensichtliche demokratische Defizite zu ignorieren. Fehlende Konfliktbereitschaft und mangelnde Zivilcourage waren auffällig, zumindest im Vergleich zu den Verhältnissen in Polen und anderen kommunistisch regierten Ländern. Deshalb gehen die Versuche, für den Verlauf der Entwicklung in der DDR allein ‚die Russen' verantwortlich zu machen, völlig an der Realität vorbei."[562]

Die Mutation zur stalinistischen Partei ging einher mit der Übernahme von Überwachungs- und Kontrollmechanismen nach russischem Vorbild. Am 29. Juli 1948 erfolgte die erstmalige Anordnung einer Säuberung der SED von „parteifeindlichen und sowjetfeindlichen Elementen" und am 16. September 1948 die Einrichtung der „Zentralen Parteikontrollkommission" (ZPKK) und der „Landesparteikontrollkommission" (LPKK).[563]

Der Historiker Michael Rudloff bewertet die geschilderte Aktivität der sozialistischen Pfarrer so:

„Offenkundig wurden die religiösen Sozialisten in der SED Opfer eines Missverständnisses. Maßgebliche Funktionäre dieser Partei hießen anfangs Pfarrer als Mitglieder durchaus willkommen. Sie hofften auf deren Hilfe bei der angestrebten wirtschaftlichen und politischen Umgestaltung und einen Polarisierungsprozess innerhalb der Kirchen. Zudem waren sie daran interessiert, Christen nicht von vornherein der CDU zu überlassen.[564] *Da die Pfarrer in der SED in der ‚wissen-*

---

[562] Hermann Weber: „Aufstieg und Niedergang des deutschen Kommunismus", in: Aus Politik und Zeitgeschichte. Beilage zur Wochenzeitung „Das Parlament", Nr. 40 v. 27.9.1991, S. 39.

[563] Vortrag von Wolfgang Leonhard über die Vereinigung von SPD und KPD, in: Enquête-Kommission: „Leben in der DDR, Leben nach 1989 – Aufarbeitung und Versöhnung", Schwerin 1997, Bd. I, S. 192.

[564] Die Wortführer der religiösen Sozialisten waren in der Regel durch die zeitgenössische Marxismusrezeption geprägt und von daher für die Auseinandersetzung mit dem innerhalb der CDU zu dieser Zeit propagierten „christlichen Sozialismus" prädestiniert, woran die SED, die sich 1946 noch relativ freien Wahlen stellen musste, interessiert war.

schaftlichen Weltanschauung geschult würden' sei es ohnehin eine Frage der Zeit, bis diese ihre ,religiösen Vorurteile' überwinden würden. "[565]

Diese Einschätzung wird durch viele Protokolle und Briefwechsel zwischen religiösen Sozialisten und Parteistellen bestätigt. Einige Beispiele sollen dies illustrieren.

Am 22.10.47 wandte sich Artur Rackwitz schriftlich an das Zentral-Sekretariat der SED.[566] Anlass war die Konferenz der SED-Kulturfunktionäre, die Anfang Oktober 1947 in Liebenwalde stattgefunden hatte. Hauptredner waren Frida Rubiner, seit Gründung der KPD Kommunistin, damals Dekanin der Fakultät „Grundfragen des Marxismus" an der SED-Parteihochschule, und Victor Stern, ebendort Professor und Dekan der Fakultät für Philosophie.

„Beide stimmten überein, daß der Marxismus eine Weltanschauung sei, in der für irgend eine Form des Gottesglaubens kein Platz sei … Meine Einwendungen und Hinweise, daß der dialektische Materialismus, den die religiösen Sozialisten als eine Methode der Welterklärung voll anerkennen und überall anwenden, wo es um die irdische Welt geht, durchaus mit dem Gottesglauben vereinbar sei, daß es für alle Fragen der praktischen Politik letzten Endes belanglos sei, wie der einzelne z. B. die Frage nach dem Ursprung der Welt beantworte, daß es nicht möglich sei, die Frage nach Gott ,wissenschaftlich' zu lösen, blieben ebenso unbeachtet wie der Hinweis auf alle programmatischen Erklärungen unserer Partei, … die die Freiheit der religiösen Überzeugung festgelegt habe … Alle Bemühungen der Partei um die christlichen Wählermassen beider Konfessionen werden illusorisch bleiben müssen, wenn die religiöse Neutralität nicht im letzten Sinne ehrlich und ernst gemeint ist … Es wäre naiv, anzunehmen, daß unsere politischen Gegner sich hier durch Tarnungsmanöver, durch ein kluges Schweigen oder Drumrumreden täuschen ließen … Ich will und kann es auch ertragen, daß sie [Rubiner und Stern] sich für die Vertreter der wahren Wissenschaft und uns fromme Menschen für mehr oder weniger armselige Ignoranten oder Träumer halten … Ich schreibe das alles nicht, weil ich als Pfarrer irgendwie für die Religion oder für meine Kirche Befürchtungen habe … die Kirche … wünscht sich in ihren reaktionärsten Vertretern die SED gerade genau so, wie Gen. Rubiner und Stern sie beschreiben. Eine im Grunde atheistische Partei, die den Leuten … [bei Atheismus und Religion] gern ein X für ein U machen möchte, deren Unaufrichtigkeit aber in diesem Punkte spielend zu erweisen ist."

---

[565] Rudloff, a.a.O., S. 51.

[566] In: SAPMO NY 4036, Akte 4036/756 Kirchenfragen, Juli 1946 – Okt. 1952. Eine textidentische Abschrift, allerdings auf den 28.10.1947 datiert, befindet sich im PAB-NL Kleinschmidt, Mappe 4.

Noch war die Zeit des offenen „wissenschaftlichen Atheismus" nicht gekommen. Die SED-Spitze saß zwischen zwei Stühlen. Auf der einen Seite hatten Rubiner und Stern Positionen vertreten, die Grotewohl und Pieck teilten. Andererseits störte die öffentliche Propagierung dieser Positionen die Bündnispolitik mit den „ehrlichen Christen" in SBZ wie im Westen. So beschäftigten sich im November 1947 führende Parteikader mit der Suche nach dem Dritten Weg. Grotewohl teilte per Hausmitteilung vom 10.11.1947 Wilhelm Pieck seinen Ausweg mit:

„Man sollte in der strittigen Frage Religion und Marxismus eine präzisere Formu-
lierung suchen, die zwar das Grundsätzliche der philosophischen Grundlagen des
Marxismus anerkennt, gleichzeitig aber auch darüber hinaus die Lehrer an unseren
Schulen verpflichtet, eine scharfe Trennung zwischen der grundsätzlichen Betrach-
tung dieser Frage und ihre Abwandlung in der Propaganda und organisatorischen
Entwicklung der Partei vorzunehmen."

Wir haben hier ein schönes Beispiel der SED-Dialektik vor uns, die Atheismus in der Theorie vorschrieb, aber, solange dies noch machtpolitisch notwendig erschien, die religiöse Freiheit in der Partei als propagandistisches Versprechen bei der Rekrutierung von Christinnen und Christen für die SED einsetzte. Wilhelm Pieck antwortete mit einem dreiseitigen Exposé und redete Klartext. „In diesem Gebäude [des Marxismus-Leninismus] gibt es keinen Raum für die auf dem Glauben beruhende Existenz eines Gottes … Das Bekenntnis zum dialektischen Materialismus ist aber keine Voraussetzung zur Parteizugehörigkeit. Es ist das Ziel unserer Bildungsarbeit, die Parteimitglieder damit bekannt zu machen. Es ergibt sich also, daß Menschen, die noch an Gott … glauben, Mitglieder der Partei sein können. Aber die Partei kann nicht darauf verzichten, die Lehren des dialektischen Materialismus in der Partei zu verbreiten."

Das war die klassische KPD-Position, die auf Lenin zurückging. Hermann Duncker[567] hatte im Vorwort zur Broschüre „Lenin über die Religion" diese Position in fünf Grundsätzen formuliert:

„1. Der Marxismus schließt das Bekenntnis zum Atheismus ein.

2. Eine klassenbewußte Arbeiterpartei muß ihre Anhänger zum Marxismus erzie-
hen   […]

---

[567] 1874-1960. Funktionär der SPD und nach 1919 der KPD. In der KPD Leiter der Parteischulungsarbeit. Nach 1945 KPD/SED und Professor für Gesellschaftswissenschaften.

4. Die politische Gewinnung der Masse muß sich in erster Linie unter Anknüpfung an ihre ökonomischen und politischen Gegenwartsinteressen vollziehen.

5. Die endgültige Loslösung der Masse von der Religion kann erst auf dem Boden einer kommunistischen Gesellschaftsordnung erfolgen."[568]

Dieses kleine Heft war in der Weimarer Republik in Massenauflagen erschienen und in der Arbeiterbewegung breit rezipiert worden. In dieser Broschüre ist auch Lenins Schrift „Sozialismus und Religion" abgedruckt, in der es z.B. heißt:

„In Bezug auf die Partei des sozialistischen Proletariats ist die Religion keine Privatsache ... [Sie] kann und darf sich nicht gegenüber dem Fehlen des Klassenbewußtseins, gegenüber der Unwissenheit und dem Irrsinn des religiösen Glaubens gleichgültig verhalten ... Für uns ist der geistige Kampf keine Privatsache, sondern eine Angelegenheit der ganzen Partei ... warum erklären wir nicht in unserem Programm, daß wir Atheisten sind? Warum verbieten wir nicht Christen und Gottesgläubigen, in unsere Partei einzutreten?"

Lenin führt dann aus, dass die dezidiert atheistische Propaganda angewandt wird, wenn das Proletariat

„nicht durch seinen eigenen Kampf gegen die finsteren Gewalten des Kapitalismus aufgeklärt wird. Die Einheitlichkeit dieses wirklichen revolutionären Kampfes der unterdrückten Klasse um die Schaffung eines Paradieses auf Erden ist uns wichtiger als die Einheitlichkeit der Meinungen der Proletarier über das Paradies im Himmel. Das ist der Grund, warum wir in unserem Programm nichts über unseren Atheismus verlautbaren und nichts verlautbaren dürfen, das ist der Grund, warum wir den Proletariern, die noch diese oder jene Überbleibsel der alten Vorurteile bewahrt haben, die Annäherung an unsere Partei nicht verbieten und nicht verbieten dürfen."

Religion war Schwund-Religion, die sich im Zuge der politischen Erfahrung und der Schulung in der Partei auflöst und sich historisch erledigt. Sollte die „Religiöse Neutralität" der SED jemals ernst gemeint gewesen sein – Ende 1947 hatte sie sich jedenfalls für die Führungskader der SED historisch erledigt. In der Außenarbeit wurde noch einige Zeit auf die Propagierung der Wahrheit verzichtet.

1948 fand in der Berliner Staatsoper der „Kulturtag" der SED statt, mit über 2.000 Delegierten und Gästen. Der Hauptreferent des zweiten

---

[568] W.I. Lenin: Über Religion. Aus Artikeln und Briefen. Mit einem Vorwort von Hermann Duncker, Wien/Berlin 1926, S. 11.

Verhandlungstages war Prof. Deiters zum Thema: „Die kulturelle Einheit Deutschlands und die Intellektuellen." Deiters ging explizit auf diese Schwundreligion ein und vertrat den Antagonismus von Wissenschaft und Religion. Ihm antworte mit einem längeren Beitrag Pfarrer von Jüchen.

„Liebe Freunde und Genossen! Gestatten Sie mir, daß ich zu Ihnen als der Vertreter einer Geistesanschauung spreche, die, wenn man dem Referat von Professor Deiters trauen müsste, gar nicht mehr existieren dürfte, nämlich als Pfarrer der Kirche." Er wandte sich, zum Teil mit den selben Argumenten wie Rackwitz 1947, gegen das Verständnis des Marxismus als „Weltanschauung" und der Religion „als Lückenbüßer dessen, was wir noch nicht völlig erforschen konnten." Die Ausführungen Jüchens, der Deiters mit Bezug auf 2000 Jahre Philosophie attackierte, reizten diesen in seinem Schlusswort zu einem bezeichnenden Vergleich der unterstellten „magischen Bestandteile" der Religion mit faschistischen Theoremen.

> *„Die ganze Ideologie des Faschismus beruhte ja auf magischen Wundervorstellungen wie Blut und Boden, Rasse usw., und deswegen haben wir allen Grund, mit der größten Entschiedenheit gegen jede Einmischung magischer Bestandteile in unser philosophisches und wissenschaftliches Denken vorzugehen."*[569]

In diesem Weltbild gab es keinen Raum für christliche Theologen. Arthur Rackwitz hatte 1946 in seinem christlichen „Bekenntnis zum Sozialismus" geschrieben:

> *„Es muß als ein wesentlicher Fortschritt auf dem Wege zu gegenseitiger Achtung verbucht werden, daß in der sozialistischen Presse die rein negative Kritik an Religion und Kirche verstummt ist. Ich kann für die, die es nicht wissen, aus eigener Erfahrung die Feststellung hinzufügen, daß wir Christen um unseres religiösen Bekenntnisses willen in der SED nicht die mindeste Zurücksetzung erfahren, daß allen berechtigten Anliegen der Kirche gegenüber sogar mit einem Wohlwollen gehandhabt wird."*

1952 verließ er die SED, der er bis dahin als Westberliner Pfarrer angehört hatte, in der Erkenntnis, sich „über das Wesen der SED gründlich geirrt" zu haben. Sein Eisenacher Amtsbruder Prof. Erich Hertzsch, der zeitweise für die SED dem thüringischen Landtag angehört hatte, zog ein Jahr später die gleiche Konsequenz.

---

[569] Protokoll der Verhandlungen des Ersten Kulturtages der Sozialistischen Einheitspartei Deutschlands 5.-7. Mai 1948 in der Deutschen Staatsoper zu Berlin, Berlin 1948, S. 124-127 und 161.

2.3. In der Freien Deutschen Jugend

„Das neue Leben muß anders werden
als dieses Leben, als diese Zeit.
Da darf's kein Hungern und kein Elend geben,
packt alle an, dann ist es bald soweit."[570]

Wer die FDJ nur in den letzten Jahrzehnten der DDR als Staatsjugend kennen gelernt hatte, vermag sich kaum vorzustellen, dass die „Kaderreserve der Partei" in ihren ersten Jahren intensiv um die christliche Jugend geworben hatte, dieser großes Mitspracherecht in der Organisation einräumte und eine ausgesprochene Toleranz dem Christentum gegenüber zeigte. Wilhelm Pieck hatte in einer Rede vor dem „Zentral-Jugendausschuss", der die FDJ-Gründung vorbereitete, ausgeführt:

> „Was dem Christentum als die hohe Nächstenliebe vor Augen steht, das soll und wird im Sozialismus seine volle Verwirklichung finden. Durch die gemeinsame Zusammenarbeit können wir unser Volk nur aus dem Chaos bringen. Sie darf nicht erschwert werden dadurch, daß wir politische oder weltanschauliche Fragen zum gegenseitigen Kampf machen. Wir wollen versuchen, das zu finden, was uns eint und worin wir ein großes Stück des Weges gemeinsam gehen, und daß durch diesen gemeinsamen Weg auch das volle gegenseitige Verständnis für die Aufgaben und Ziele geweckt wird ... Es ist selbstverständlich, daß die Jugend nach dem schlimmen Beispiel der letzten 12 Jahre über die wichtigsten Fragen diskutiert und nicht einheitlich marschiert ... Wir müssen der Jugend ein neues Ideal geben, um das es sich lohnt zu kämpfen."[571]

Wer kann sich etwa den langjährigen 1. FDJ-Sekretär Egon Krenz als Teilnehmer eines Jugendgottesdienstes vorstellen? Bei den FDJ-Parlamenten 1946 in Brandenburg und 1947 Meißen gab es noch große evangelische und katholische Jugendgottesdienste als Bestandteile des offiziellen Programms. Auch das innerverbandliche Klima war anders. Wolfgang Leonhard, damals

---

[570] Dieses Lied „Das neue Leben" von Louis Fürnberg mit der Musik von Hans Walter Süsskind war das wohl populärste FDJ-Lied der Jahre nach 1945.

[571] Auszug aus dem Protokoll der „Arbeitstagung des Zentral-Jugendausschusses mit den Landes- und Provinzialdelegierten und dem Berliner Hauptjugendausschuß am ... 3.12.1945 in Berlin" (abgedruckt in: Rudi Pahnke: Stichproben aus dem Zentralarchiv der FDJ. Aus der Sicht evangelischer Jugendarbeit, S. 29ff.).

Führungskader der KPD/SED und nach 1949 republikflüchtig, schildert seine Erinnerung an das 2. Parlament in Meißen.

„Über den späteren stalinistischen Charakter der FDJ braucht man mit mir nicht zu diskutieren. Aber ich lege Wert darauf, daß man das nicht auf die frühe Zeit projiziert ... Es gab noch eine relative pluralistische Freiheit, und freie Diskussionen waren im großen und ganzen möglich."[572]

Am 7. März 1946 gab die Sowjetische Besatzungsmacht in ihrer deutschsprachigen Tageszeitung „Tägliche Rundschau" die Zulassung der FDJ bekannt. Bereits in dieser Erklärung wurden die Ziele benannt, die dann auf dem 1. FDJ-Parlament[573] 1946 als „Grundsätze und Ziele der Freien Deutschen Jugend" beschlossen wurden:

„Wir wollen:

Die Erhaltung der Einheit Deutschlands.

Die Gewinnung der deutschen Jugend für die großen Ziele der Freiheit, des Humanismus einer kämpferischen Demokratie, des Völkerfriedens und der Völkerfreundschaft ...

Die Förderung unseres jugendlichen Zusammengehörigkeitsgefühls durch die Entwicklung aller Interessengebiete unseres Lebens; die Bildung von Arbeits- und Interessengemeinschaften, sozialer, kultureller und sportlicher Arbeit – sowie des Jugendwanderns."[574]

Von der KPD/SED-Führung wurde dieser proklamierte „Pluralismus" taktisch zielgerichtet eingesetzt als Methode zur Einbeziehung der nichtkommunistischen Jugendorganisationen in den Einheitsjugendverband, wobei das strategische Ziel der KPD/SED immer ein monolithischer, allein an der KPD/SED ausgerichteter Jugendverband war. Totale Weltanschauungen sind ungeeignet für Toleranz gegen und Akzeptierung von anderen Positionen. Diese Doppelbödigkeit und der immanente Widerspruch zwischen absolutem Wahrheitsanspruch und deklamierter weltanschaulicher Toleranz zeigte sich bereits auf dem ersten Parlament der FDJ am 8. bis 10.6.1946 in Brandenburg/Havel. Der Vorsitzende der FDJ Erich Honecker vertrat die offizielle Bündnislinie der KPD/SED und führte aus:

---

[572] In: Helga Gotschlich et al. (Hg.): Aber nicht im Gleichschritt. Zur Entstehung der Freien Deutschen Jugend, Berlin 1997, S. 99.

[573] Das Parlament der FDJ war das höchste Organ der FDJ und entsprach den Bundeskongressen anderer Organisationen.

[574] Zitiert in: Hanns Peter Herz: Freie Deutsche Jugend, München 1957, S. 16/17.

„Wir haben den Beweis erbracht, daß eine überparteiliche demokratische Orga-
nisation möglich ist ... Ich glaube auch, daß unsere Organisation breit genug ist,
um den einzelnen Interessen der Jugendlichen weitestgehend Spielraum lassen
zu können. Daher haben wir im Interesse der weiteren Entwicklung auch die
Verpflichtung, den überparteilichen Charakter unserer Organisation wie unseren
eigenen Augapfel zu hüten.“[575]

Auch Paul Verner, später SED-Politbüromitglied, vertrat diese Linie.

„Wenn wir mit den Jugendlichen anderer Glaubensbekenntnisse und Weltanschau-
ungen für das Wohl der deutschen Jugend, für das Wohl und Wehe unseres Volkes
und Vaterlandes gemeinsam arbeiten wollen, so ist es unsere Pflicht, die Toleranz
unserer Organisation zu garantieren.“ Das Protokoll verzeichnete „lebhafte Zu-
stimmung.“[576]

Einigen kommunistischen Delegierten, besonders aus den Westzonen,
fiel es schwer, diese „Toleranz“ zu ertragen. Solange die christlichen Delegierten anwesend waren, wurde „Bündnispolitik“ praktiziert. Als sich dann
nach Ende des Verhandlungstages die SEDler unter sich wähnten, sagte der
sächsische Landesjugendleiter Robert Bialek zu den westdeutschen Genossen
sinngemäß: „Ihr seid ja dumm, wir müssen die Kirchen erst an uns ziehen,
um so leichter können wir ihnen dann den Schnorchel umdrehen.“[577] Ein
katholischer Delegierter war noch anwesend und informierte seinen Jugendpfarrer, der seinerseits auch die evangelischen Delegierten unterrichtete.
Deren Leiter, Jugendpfarrer Hanisch, wollte sofort abreisen. Gespräche mit
Honecker und vor allem dem Vertreter der SMAD, Major Boddin, hielten
sie davon ab. Am nächsten Tag wurde der Vorfall vor dem Plenum des Parlaments verhandelt. Honecker und die führenden „Bündnispolitiker“ taten
alles, um diese Gefahr der Spaltung der FDJ auf dem Gründungskongress
zu bannen. Oswald Hanisch berichtete diesen Vorfall vor dem Plenum der
Tagung, wobei ein unbesonnener, aber ehrlicher Delegierter Bialeks Zitat
mit „Bravo“ kommentierte und der Versammlungsleiter Hermann Axen
seine liebe Not hatte, weitere Zwischenrufe zu unterbinden.

Axen rettete die Situation mit der „Betonung, daß die verantwortlichen Funktionäre der FDJ alles daransetzen werden, den Gedanken der

---

[575] Zentralrat der FDJ (Hg.): I. Parlament der Freien Deutschen Jugend, Brandenburg a.d.H. vom 8.
bis 10. Juni 1946 (Protokoll), Berlin o.J. (1946).

[576] A.a.O., S. 105.

[577] Manfred Klein: Jugend zwischen den Diktaturen 1945/56, Mainz 1968, S. 58ff.

Ehrlichkeit, der Duldsamkeit und der Kameradschaft entgegen allen Schwierigkeiten und jeder persönlichen Sturheit zum Trotz bis in die letzte Jugendgruppe hineinzutragen. (Stürmischer Beifall.)"[578]

Auf diesem Parlament wurde auch das Statut der FDJ[579] beschlossen. In Paragraph 18 wurde den christlichen Kirchen ein Mitspracherecht eingeräumt.

> „4. *Die Mitglieder des Sekretariats sind für folgende Abteilungen verantwortlich:*
> *[…]*
> *[die] evangelische Verbindungsstelle der kirchlichen Jugendarbeit*
> *[die] katholische Verbindungsstelle der kirchlichen Jugendarbeit.*
>
> 5. *Die im Zentralrat bearbeiteten Sachgebiete werden von den Bezirks-, Kreis- und Landesleitungen ebenfalls geführt …*
>
> 7. *Die Leiter der Verbindungsstellen werden nach gemeinsamer Beratung mit der FDJ von den zuständigen Kirchen entsandt."*

Diese „Verbindungsstellen" wurden auch auf den Kreis- und Landesebenen der FDJ eingerichtet.[580] Der Landesebene der FDJ entsprach in Mecklenburg die landeskirchliche Ebene, die bereits frühzeitig von den zentralen kirchlichen Stellen über die Verhandlungen in der FDJ-Gründungsphase unterrichtet worden war. Zudem hatten sich vor dem Brandenburger Parlament bereits die FDJ-Landesverbände konstituiert.

Am 10. März 1946 wurde im Schweriner Staatstheater die Freie Deutsche Jugend (FDJ) in Mecklenburg gegründet. Waldemar Borde vom Landesjugendausschuss Mecklenburg, der verantwortlich die FDJ-Gründung in Mecklenburg vorbereitet hatte,[581] eröffnete die Gründungsveranstaltung. Die Redner an diesem Abend – Kurt Bürger[582] als 1. Sekretär der KPD Mecklenburg, Wilfried Karge von der CDU, der Präsident der Landesverwaltung Höcker sowie Edith Baumann, die spätere Frau Erich Honeckers,

---

[578] Hierzu das Protokoll Zentralrat der FDJ, a.a.O., S. 115-117.

[579] „Statut der Freien Deutschen Jugend", in: Zentralrat der FDJ (Hg.): Dokumente zur Geschichte der Freien Deutschen Jugend, 2 Bde., Berlin/DDR 1960, Bd 1, S. 49ff.

[580] Fritz Dorgerloh, Geschichte der evangelischen Jugendarbeit, Hannover 1999, Teil 1: Junge Gemeinde in der DDR, S. 35/36.

[581] In der SAPMO-Akte DY 30/IV 2/16/208 ist die Vorbereitung für diese Gründung minutiös nachzuvollziehen.

[582] Kurt Bürger (1894-1951), ursprünglich Schlosser. Seit 1919 KPD. 1933 Exil in der SU. Spanienkämpfer. Seit 1945 erst 1. Sekretär der KPD-Mecklenburg, dann der SED. 19. Juli 1951 Ministerpräsident. Nach: Geschichte der Landesparteiorganisation der SED Mecklenburg 1945-1952, a.a.O., S. 159/60.

von der Reichsleitung der FDJ Berlin – stellten die Notwendigkeit zur Gründung der FDJ in den Zusammenhang mit den negativen Auswirkungen des Krieges und dem Mangel an Demokratie in der Hitlerjugend.

Die Jugend sei in den Jahren zwischen 1933 und 1945 um ihre Jugendzeit betrogen worden und die geistige Ausbildung der jungen Menschen sei verkümmert, zugunsten einer faschistischen und militaristischen Wehrerziehung, so Kurt Bürger. Auch die kirchliche Jugendarbeit wurde bei dieser Gründungsfeier im Staatstheater erwähnt: „Sie hat in 12 Jahren zum Teil sehr bewußt und stark ihre antifaschistische Einstellung gezeigt, sie hat sich bewährt", so Edith Baumann. Die kirchliche Jugend wurde in Schwerin ausdrücklich zum Mittun in der gemeinsamen Plattform für die Jugend eingeladen.[583]

Die Gründung der FDJ fand in Mecklenburg ihren Abschluss mit der Landesdelegiertenkonferenz am 4. und 5. Mai 1946 in Schwerin. Bis dahin waren 26.232 Jugendliche Mitglied der FDJ geworden.[584]

Der Oberkirchenrat der Evangelisch-Lutherischen Landeskirche Mecklenburgs hatte bereits am 10. April 1946 in einem „Rundbrief an die Herren Landes- Superintendenten, Pröbste und Pastoren" diese informiert:

„Die kirchliche Arbeit an der Jugend ist in der letzten Zeit in verschiedenen Gemeinden unserer Landeskirche auf Schwierigkeiten gestoßen. Darüber hinaus ist für die gesamte landeskirchliche Jugendarbeit durch die in der Tagespresse veröffentlichte Gründung der Freien Deutschen Jugend … die Frage nach den weiteren Möglichkeiten und etwaigen Begrenzungen gemeindlicher Jugendarbeit akut geworden.[585] …

Alle … kirchliche Jugendarbeit ist ein Teil der Arbeit an der gesamten deutschen Jugend. Das bedeutet nicht, daß die kirchliche Jugendarbeit wie vor 12 Jahren nun neu ‚eingegliedert' werden soll in eine neue ‚totalitäre' Jugendorganisation. Die Satzungen der FDJ machen es unzweideutig, daß hier weder der Totalitätsanspruch gestellt ist, noch der Wille zur gewaltsamen Eingliederung besteht …

Die Evangelisch-Lutherische Landeskirche Mecklenburgs legt Wert darauf, festzustellen, daß ihr sehr ernst daran gelegen ist, in steter Fühlungnahme mit dem großen

---

[583] Nach Claus Wergin: Der Einheitsjugendverband FDJ – 50 Jahre nach seiner Gründung in Mecklenburg – Nachwirkungen in der Gegenwart? Erschienen 1996 in der „Mecklenburgischen Kirchenzeitung", Internetausgabe o. Dat.

[584] Karl Heinz Jahnke: „Aus der Geschichte der FDJ in Mecklenburg", in: Schweriner Blätter. Beiträge zur Heimatgeschichte des Bezirkes Schwerin, Jg. 6 (1986), S. 20.

[585] Zitiert in: Seidel, a.a.O., Nr. 5/1985, S. 217.

Werk der FDJ zu bleiben. Sie hat daher, den Bestimmungen der Satzungen der FDJ entsprechend, ... für den Landesausschuß Mecklenburg bereits vor längerer Zeit einen solchen Verbindungsmann delegiert ...

Auch sollte von Seiten der gemeindlichen Jugendarbeit und ihrer Leiter alles geschehen, um das Verhältnis zur örtlichen FDJ so kameradschaftlich und reibungslos wie möglich zu gestalten. Falls irgendwo der Wunsch nach kirchlicher Mitarbeit in der FDJ ausgesprochen wird, besteht selbstverständlich kein Grund, sich solcher Bitte zu versagen. Der Kirche ist durch Gottes Gnade eine neue Stunde der Bewährung und des Dienstes geschenkt ... Im ganzen aber gilt: Die Aufgabe ist groß. Der Weg ist frei. Christus ruft unsere Jugend. Darum: Vorwärts in Gottes Namen!"[586]

Bischof Beste hatte in seinem Rundbrief angegeben, dass bereits ein Kontaktmann für den Landesausschuss der FDJ benannt worden war. Diese Person musste sowohl das Vertrauen der Landeskirche besitzen und dieser gegenüber loyal sein, wie auch in der Lage sein, der FDJ und der KPD/SED gegenüber souverän und kommunikativ auftreten zu können. Dies setzte eine Vertrautheit mit beiden Bereichen voraus, was die Anzahl der möglichen Kandidaten stark reduzierte. Beste entschied sich für den gerade nach Schwerin zugezogenen 44-jährigen Pfarrer von Jüchen.

„Ich [wurde] nach einer Absprache zwischen Bischof Beste und dem Leiter der FDJ, Waldemar Borde,[587] *zum Vermittler zwischen FDJ und der ‚Jungen Gemeinde' bestellt. Obwohl meine Haare damals schon eselsgrau*[588] *waren, wurde ich zum Mitglied des Vorstandes der FDJ [gewählt]. Meine Hauptaufgabe bestand darin, überall, wo der Frieden zwischen FDJ und der ‚Jungen Gemeinde' gestört war, einen verträglichen Zustand wiederherzustellen. Mit dem Leiter der FDJ in Schwerin kam ich ausgezeichnet aus, wir wurden im Laufe unserer Arbeit zu wirklichen Freunden.*

Als Jugendführer eignete er sich hervorragend. Mit den FDJ-Mitgliedern ging er um wie mit Freunden. Täglich übernachteten in seinem Haus 6-10 Jugendliche, meist unangemeldet auf Matratzen, in Schlafsäcken und auf schnell hergerichteten Schlafstätten. Mittags mußte seine Frau ebenso viele Jugendliche mit durchfüttern. Dieses Durcheinander der Lebensumstände meisterte Borde mit immer gleich bleibender Ruhe und Freundlichkeit. Bei unseren gemeinsamen ‚Friedensverhand-

---

[586] Zitiert nach: Horst Dähn/Helga Gotschlich (Hgg.): „Und führe uns nicht in Versuchung ..." Jugend im Spannungsfeld von Staat und Kirche in der SBZ/DDR 1945 bis 1989, Berlin 1998, S. 22.

[587] Von Beruf Schriftsetzer, geb. 1912. Kam aus der SAJ/SAP, Gestapohaft. 1945 KPD, 1. Januar 1946 Leiter des Landesjugendausschusses Mecklenburg-Vorpommern, seit FDJ-Gründung Landesvorsitzender. 1946 MdL.

[588] „Er war zwar Erwachsener unter Jugendlichen, aber ‚eselsgrau' war er damals nicht. Grau war er erst, als er aus Russland zurückkam." Schriftliche Mitteilung von Edith von Jüchen-Weiß vom 12.10.2004.

lungen' waren manchmal sehr harte Gegensätze durchzustehen. Oft konnten sie erst nach mehreren Aussprachen zwischen den Gruppen der FDJ und der ‚Jungen Gemeinde' überwunden werden … Die Friedensstiftung zwischen FDJ und ‚Junger Gemeinde' wurde so geregelt: Wo sich herausstellte, daß die Streitursache bei der FDJ lag, sprach der Leiter der FDJ, Waldemar Borde, mit der betreffenden FDJ-Gruppe, wo die Ursache des Streites bei den Jungen und Mädchen der ‚Jungen Gemeinde' lag, sprach ich mit den Vertretern der Jugendgruppe oder mit dem zuständigen Pfarrer. In den meisten Fällen genügte das, um den Frieden wiederherzustellen. Dieser friedliche Umgang dauerte etwa zwei bis drei Jahre."[589]

Die FDJ wurde für Jüchen in den Jahren 1946 bis 1948 zum kirchlichen Arbeitsschwerpunkt. Sie waren Aufbruchsjahre – sehr kompliziert und verworren, aber mit dem Schwung des Neubeginns. Es gab von Anfang an Skeptiker in den bürgerlichen Parteien, die statt des Neubeginns die Fortsetzung alter Strukturen befürchteten. So berichtete Waldemar Borde in einer Besprechung mit den Landes- und Provinzialjugendleitern der FDJ am 22. Oktober 1946 in Berlin über die Situation in Mecklenburg:

> *„In einer CDU-Mitgliederversammlung ist unter Beifall gesagt worden, daß die FDJ derselbe Haufen ist, wie die HJ … In der LDP und CDU sind diejenigen Kräfte vertreten, die gegen die SED sind. Sie sagen, die SED ist eine Partei, die die Diktatur anstrebe."*[590]

Unter diesen Bedingungen waren die Integration der konfessionellen Jugend in die FDJ und der sorgsam nach außen kommunizierte überparteiliche Charakter der FDJ eminent wichtig. Dies verdeutlichen nicht nur die offiziellen Dokumente großer Tagungen,[591] sondern insbesondere die Arbeitsmaterialien, die für die Gruppenarbeit vor Ort erstellt und von diesen benutzt wurden. Hierzu drei Beispiele.

In einem Laienspiel[592] „Wir tragen den Frieden – Was will die FDJ" aus dem Jahr 1946 fragt ein „Heimkehrer: … ‚Wie steht die Besatzungsmacht

---

[589] A 15, S. 54.

[590] SAPMO Akte DY 30/IV/2/0/25/9.

[591] Seitdem ich in den SAPMO-Akten das Zustandekommen von „Protokollen" der SED und ihrer Massenorganisationen verfolgen konnte und die unterschiedlichen Fassungen, die Redigierungen und Retuschierungen des Protokolls derselben Veranstaltung verglichen habe, kann ich die folgende von Hermann Weber konstatierte Einschätzung nachvollziehen. „Gerade gedruckte Protokolle u. ä. machen doch deutlich, was die Führung jeweils veröffentlicht wissen wollte." Vgl. Hermann Weber: „Asymmetrie' bei der Erforschung des Kommunismus und der DDR-Geschichte?" in: Aus Politik und Zeitgeschichte. Beilage zur Wochenzeitung „Das Parlament", Nr. 26/27 v. 20.6.1997, S. 11.

[592] Zentralrat der FDJ, Kulturabteilung (Hg.): Jugendbühne. Drei Laienspiele, Berlin 1947.

zur FDJ?' Ein Bergarbeiter ergänzt die Frage ,Mischen sich die militärischen Stellen viel in eure Arbeit ein?' Der FDJ-Schüler darf antworten: ,Wir führen ein völlig freies Jugendleben. Wir werden in keiner Weise in unseren Arbeiten gehemmt und beeinflußt. Wir in der sowjetischen Zone sind in der Beziehung wirklich gut dran.''

1946 erschien das FDJ-„Liederbuch der deutschen Jugend", das von vier Vertretern des FDJ-Zentralrates bearbeitet worden war, darunter dem Katholiken Manfred Klein und dem evangelischen Jugendpfarrer Oswald Hanisch. Den Inhalt bestimmten Fahrtenlieder aus dem „Zupfgeigenhansel", Volkslieder, einige Lieder der sozialdemokratischen Jugendbewegung der Weimarer Zeit und Weihnachtslieder wie „Leise rieselt der Schnee." Dass dies kein Liederbuch einer sozialistischen Jugendorganisation sein konnte, ist dem heutigen Betrachter sofort klar.

Ebenfalls 1946 gab die katholische Verbindungsstelle beim Zentralrat der FDJ ein „Werkheft für den Advent" heraus. Ohne die Verlags- und die Herausgeberangaben würde jeder Betrachter, dem die konfessionelle Jugendarbeit vertraut ist, dieses Heft für eine Publikation des Bundes der katholischen Jugend halten. Es ist nachzuvollziehen, dass die Publikation derartiger Schriften im FDJ-Verlag sehr dazu angetan war, den Charakter der FDJ als „überparteilich" zu vermitteln.

Diese Phase der Toleranz dauerte bis 1947. In diesem Jahr fanden wichtige FDJ-Kongresse statt. In Schwerin wurde im März das einjährige Bestehen der FDJ Mecklenburg gefeiert. Die CDU-Tageszeitung berichtete:

„Ein Jahr Freie Deutsche Jugend in Mecklenburg – Anlaß genug, um diesen Tag festlich zu begehen … Daß der Tag mit einem Jugendgottesdienst begann, freut uns als christliche Demokraten besonders, beweist die Tatsache doch, daß die Zeit vorbei ist, da man der Jugend verwehrte, vor ihren Gott zu treten. Pastor von Jüchen sprach über ein Wort des Johannesevangeliums. Dieser Gottesdienst soll der Auftakt sein zu regelmäßig stattfindenden Jugendgottesdiensten."[593]

Auf dem zweiten FDJ-Parlament vom 23.-26. Mai 1947 in Meißen, auf dem Erich Honecker als Vorsitzender wieder gewählt wurde, griff Jüchen selbst in die Debatte ein. Sein Beitrag ist im Protokoll überschrieben mit „Um die Einheit der deutschen Jugend":

---

[593] Der Demokrat, Nr. 26 v. 11. März 1947.

„Liebe Freunde!

Es ist mir als Ehrengast Eures Parlaments ein Bedürfnis, ein Wort zu Euch zu sprechen, und ich bitte Euch, es als Zeichen dafür zu nehmen, daß wir Ehrengäste nicht als Zuschauer oder als stille Beobachter bei diesem Kongreß anwesend sind, sondern daß wir an den Beratungen Eures Parlaments mit ganzen Herzen Anteil nehmen. Es gehört mit zu den großen Aufgaben, Vorurteile, die die Vergangenheit und die Gegenwart belasten, zu beheben. (Sehr richtig.) *Die Jugend hat es leichter als die Erwachsenen, über die Vorurteile, die die Vergangenheit belastet haben, hinwegzukommen. Wir haben in den letzten zwölf Jahren genügend Erfahrungen über die ungeheure Macht wahrer Urteile bzw. die gewaltige Macht falscher Urteile und Vorurteile gemacht. Denn alles, was unser deutsches Volk heute zu leiden hat, ist ja nichts anderes als die Folge der Vorurteile, die einst die Menschen im Kopf getragen haben ... Darum gibt es keine größere und keine geschichtsbildendere Aufgabe als diese Aufgabe, Vorurteile zu beseitigen.*

Ich möchte zu Euch als Vertreter der Kirche und als Vertreter der kirchlichen Jugendarbeit sprechen. Wir dürfen uns nicht einbilden, daß nur die Erwachsenen Vorurteile haben. Die Jugend ist durch die Welt der Erwachsenen und durch die Vorurteile der Erwachsenen ständig belastet ... Auch das Verhältnis zwischen der FDJ und der kirchlichen Jugend leidet bis auf den heutigen Tag darunter. Ich glaube, unsere Aufgabe besteht darin, etwas Neues zu schaffen ... Es gibt eine wunderbare christliche Legende ... die Legende vom Ritter Georg. Wenn man dem Ritter Georg zugemutet hätte, er sollte den Drachen, der vor den Toren der Stadt lag, nicht bekämpfen, sondern nur ablehnen, es sei ihm verboten, ihn zu bekämpfen, dann würde dieser Ritter Georg wahrscheinlich diesen Ausspruch lachend abgelehnt haben, und er würde diesen Drachen bekämpft haben. Der Drachen, der das deutsche Volk gefährdet hat in der Vergangenheit, hat aber viel größere und viel schrecklichere Opfer gefordert, als der Drachen, der in dieser christlichen Legende vor den Toren der Stadt lag. Darum bin ich allerdings der Meinung, daß die christliche Jugend die Aufgabe hat, an diesem Kampf gegen die Widersacher des Volkes, gegen die Widersacher der Nation und gegen die Widersacher der Jugend aktiv und kämpfend Anteil zu nehmen. (Anhaltender, starker Beifall.)
[...]

Aber, meine Freunde, auch nach der anderen Seite gilt es Vorurteile abzubauen. Wenn vorhin ... über eine gemeinsame Entschließung gesprochen wurde, die vorgelegt und von den christlichen Vertretern abgelehnt wurde, so muß ich sagen, auch ich hätte diese Entschließung nicht angenommen. Es stand darin, daß die

FDJ der kirchlichen Jugend eine gewisse Selbständigkeit gestattet. Ein solches Wort ist für die christliche Jugend unannehmbar.

(Zustimmung. – Zuruf: Das ist Auffassungssache!) *Nein, das ist keine Auffassungssache, das ist unannehmbar. Zur christlichen Jugend gehört ein Jugendlicher, weil er getauft ist und zur Gemeinde gehört. (Beifall.) Die christliche Kirche hat sich selbst vom Nationalsozialismus nichts gestatten lassen und kann sich auch von keiner Besatzungsmacht und von keiner Organisation, mag sie sein, welche sie will, gestatten lassen, ob sie existiert und in welcher Weise sie existiert. Abgesehen davon, möchte ich darauf aufmerksam machen, daß dieses Wort ,gestatten' dem widerspricht, was Freund Honecker uns gestern in seinem Referat gesagt hat … (Beifall.) Ein Jugendfreund sagte, ,wir wollen die Einheit in den Mittelpunkt stellen und das abziehen, was uns trennt. Ich kann nicht verstehen, daß die christliche Jugend von dem sprechen will, was sie bewegt.'*

Da muß ich sagen, auf diese Weise ist kaum keine Verständigung möglich. Der christliche Glaube ist keine Privatangelegenheit. Wir können ihn nicht als eine Überzeugung betrachten, die wir für uns persönlich haben und in unsere Brust einschließen. Genau so wie ein überzeugter Marxist von der Wahrheit, die er erkannt hat, sprechen muß, so müssen die christlichen Jungen und christlichen Mädchen von dem sprechen können und dürfen, was sie bewegt. (Beifall.) Es kommt auch weiter hinzu, daß die Christen der Überzeugung sind, daß dieser christliche Glaube nicht nur eine Privatangelegenheit ist, sondern eine eminent öffentliche Bedeutung hat. (Beifall.) Ich bitte alle, die das Christentum, wie viele Christen den Marxismus, aus den Quellen nicht kennen, die das Christentum nur aus Vorurteilen kennen, in diesem Punkte Brücken zu bauen und alte vergangene Vorurteile abzubauen. (Beifall.) […]

Ich bin der Meinung, daß der Zentralrat der Freien Deutschen Jugend gut daran täte, sich zu überlegen: was können wir tun, damit auch die Einheit mit der konfessionell gebundenen Jugend symbolkräftig wird. Ich sehe nicht ein, warum nicht die FDJ von sich aus an einen Pfarrer herantreten kann, zu dem sie Vertrauen hat, und ihn bitten kann, regelmäßig Jugendgottesdienst zu halten, dessen Besuch selbstverständlich nur freiwillig sein darf. Ich sehe nicht ein, warum wir nicht in der FDJ konfessionelle Jugendgruppen bilden können. Dann könnte im Westen nicht mit all den Vorurteilen operiert werden, die im Westen erzeugt werden. Ich möchte schließen, indem ich der Freien Deutschen Jugend und ihrer Zukunft diesen Charakter der wahren und für alle Gegensätze tragfähigen Einheit wünsche. (Anhaltender lebhafter Beifall.)"[594]

---

594 Freie Deutsche Jugend: II. Parlament der Freien Deutschen Jugend Meißen. vom 23. bis 26. Mai 1947 (Protokoll), S. 41-46.

In der zweiten Hälfte des Jahres 1947 wurde diese „Einheit" allmählich auch öffentlich sichtbar in Frage gestellt. Die Veränderung des überparteilichen Charakters der FDJ machte die Landesdelegiertenkonferenz der mecklenburgischen SED am 6.9.1947 deutlich. „Eine Orientierung des Parteivorstandes, künftig die Landesvorsitzenden des FDGB, der FDJ und des DFD mit beratender Stimme zu den Sekretariatssitzungen hinzuziehen", wurde angenommen und Waldemar Borde als Vorsitzender des „Einheitsjugendverbandes" zog in dieser Eigenschaft in den engeren SED-Vorstand ein.[595]

Hermann Weber, damals KPD-Funktionär im Westen und Schüler der SED-Parteischule zog 1997 sein Fazit der FDJ-Geschichte:

> *„Bereits in den ersten Jahren nach der FDJ-Gründung durchlief die Monopol-Jugendorganisation der SBZ einen Transformationsprozess. Die anfänglich versprochene Überparteilichkeit … wurde mit dem Bekenntnis zur Führungsrolle der SED aufgegeben … Die FDJ ist rasch in eine Massenorganisation der stalinistischen SED umgeformt worden."*[596]

Am 28. Januar 1948 bekannte sich die FDJ offen zur SED. Die CDU und LDPD zogen daraufhin ihre Vertreter aus dem FDJ-Zentralrat zurück. [597]

Mit der zunehmenden Instrumentalisierung der FDJ durch die Interessen der SED und den Charakter der Parteijugend verlor die Jugendorganisation jedoch rapide an Attraktivität und Überzeugungskraft. Seit ihrer Gründung war die FDJ nur zum Teil eine politische Organisation gewesen. Zum anderen, für die Jugendlichen vermutlich bedeutsameren Teil, bot sie Möglichkeiten zur sinnvollen Freizeitgestaltung. Die größte Rolle spielten die Tanzveranstaltungen, die sich zumeist an Vorträge anschlossen. Viele Jugendlichen lebten zu Hause unter beengten und widrigen Bedingungen, waren ausgebombt worden oder hatten Flüchtlingsfamilien in die Wohnung aufnehmen müssen. Im Winter waren die Kohlen knapp, man fror. Hunger war allgegenwärtig. Und so verbrachten vielerorts Jugendliche Wochenende für Wochenende ihre Abende im FDJ-Klubraum. Selbst wenn auch dort die Kohlen fehlten, war man wenigstens mit Gleichgesinnten unter sich,

---

[595] Angabe in: Geschichte der Landesparteiorganisation der SED Mecklenburg 1945-1952, a.a.O., S. 307.
[596] In: Gotschlich et al., Aber nicht im …, a.a.O., S. 60.
[597] Vortrag von Wolfgang Leonhard über die Vereinigung von SPD und KPD, in: Enquête-Kommission: Leben in der DDR, Leben nach 1989 – Aufarbeitung und Versöhnung, Schwerin 1997, Bd. 1, S. 192.

konnte reden, tanzen, trinken, und so manche erste große Liebe fand dort ihren Anfang.[598]

Die zunehmende Stalinisierung der FDJ drängte die „unpolitischen" Anteile zurück und veränderte damit den Charakter der Arbeit in den Gruppen. Viele Jugendliche „stimmten mit den Füßen" ab. Im Jahr 1948 musste die FDJ einen zehnprozentigen Mitgliederrückgang in der Altersgruppe der Vierzehn- bis Sechzehnjährigen konstatieren.

Die Zahl der Jugendlichen, die sich den damals noch geduldeten Jugendgruppen der CDU und LDPD zuwandten, stieg rapide an. Auch bei den Gewerkschaften hatte sich eine von der FDJ unabhängige Jugendarbeit entwickelt. An den Oberschulen und Universitäten führte die FDJ ein Schattendasein.[599] Außerdem gab es eine breite, gut frequentierte Jugendarbeit der Kirchen. Diese Entwicklung beantworteten die SED und die ihr unterstellten FDJ-Leitungen nicht mit einer selbstkritischen Änderung der Arbeitsweise, sondern mit massivem Vorgehen gegen diejenigen, die der FDJ Konkurrenz machten. Zwischen 1947 und 1949 vollzog sich die Wandlung der FDJ. Diese Veränderungen führten zu Dauerkonflikten zwischen der FDJ und den Kirchen. Der Verbindungspfarrer Jüchen musste einen immer größeren Spagat aushalten.

Er hatte

„als ständiger Vermittler zwischen FDJ und Junger Gemeinde durch Jahre hindurch nicht abreißende Auseinandersetzungen mit der SED und mit sowjetischen Jugendoffizieren. Seit dem Jahre 1948 verschärfte sich der Kampf zwischen FDJ und Junger Gemeinde fühlbar. Die Zahl der Zusammenstöße mit dem Jugendsekretariat und mit dem Sekretariat der SED ist nicht zu zählen. Es ging um kirchliche Rüstzeiten der Jugend, um Zeltlager, um das Tragen des Abzeichens der Jungen Gemeinde. Verweigerung von Beihilfen und Stipendien an Mitglieder der Jungen Gemeinde, Verweigerung des Universitätsstudiums für Jugendliche."[600]

Der Kampf von SED/FDJ mit den Kirchen eskalierte immer weiter. Auf der Konferenz der Landesvorsitzenden der FDJ am 12.11.1948 wurde Klartext geredet. Die Agentenfurcht und politische Paranoia der Stalinisten

---

[598] Nach Ulrich Mählert: Die Freie Deutsche Jugend 1945-1949, Paderborn-München-Wien-Zürich 1995, S. 190-200.

[599] Ulrich Mählert/Gerd-Rüdiger Stephan: Blaue Hemden, Rote Fahnen. Die Geschichte der Freien Deutschen Jugend, S. 65.

[600] A 7.

zeigte das Infame und Denunziatorische des gesamten Systems. Die Junge Gemeinde wurde spätestens 1948/49 als feindlich eingeschätzt.

„Es ist an der Zeit, daß wir ganz ernsthaft mit den zentralen Kirchenstellen verhandeln und ihnen zu verstehen geben, daß wir nicht mehr länger mit ansehen können, wie sie gegen Anordnungen der Militärverwaltung verstoßen … Erich Honecker erklärte zusammenfassend, daß wir die Angriffe der Kirche nicht mehr ohne Erwiderung hinnehmen können … Der unterirdische Kampf wird von diesen kirchlichen Kräften geführt, um die Entwicklung der sowjetischen Zone zur Volksdemokratie und zum Sozialismus zu verhindern. Initiator und Lenker dieses Kampfes ist die amerikanische Militärregierung. Die kirchlichen Verbindungsstellen existieren praktisch schon gar nicht mehr. Die Verbindungsleute nehmen fast nie an den Sitzungen teil. In Verbindung mit dem III. Parlament und den sich ergebenden Statutenänderungen werden wahrscheinlich auch die kirchlichen Verbindungsstellen aufgelöst.“[601]

So geschah es. Das III. Parlament der FDJ in Leipzig vom 1. bis zum 5. Juni 1949 wählte den Vorsitzenden Erich Honecker wieder und änderte das Statut der FDJ. Die kirchlichen Verbindungsstellen wurden gestrichen. Im Frühsommer 1949 war die Trennung der Kirchen von der Repräsentation in den zentralen FDJ-Gremien vollzogen.[602] Der mecklenburgische „Verbindungspfarrer“ Jüchen hatte ausgedient.

2.4. In der Leitung des Kulturbundes

Am 4. Juli 1945 wurde in Berlin der „Kulturbund zur demokratischen Erneuerung Deutschlands“ gegründet.[603] Im August konstituierte er sich dann als Organisation mit dem kommunistischen Schriftsteller Johannes R. Becher an der Spitze. Vizepräsidenten wurden der Maler Carl Hofer und der Schriftsteller Bernhard Kellermann, Ehrenpräsident war Gerhart Hauptmann. An vielen Orten, nicht nur in der sowjetisch besetzten Zone, fanden sich im Sommer und Herbst 1945 Intellektuelle unterschiedlichen

---

[601] Protokoll der Konferenz der Landesvorsitzenden der FDJ am 12.11.1948, in: Rudi Pahnke: Stichproben aus dem Zentralarchiv der FDJ. Aus der Sicht evangelischer Jugendarbeit. EPD-Dokumentation Nr. 10/1992, Frankfurt/Main 1992.

[602] Hierzu: Martin Höllen, Loyale Distanz? Katholizismus und Kirchenpolitik in SBZ und DDR, Bd. 1, Berlin 1994.

[603] Hierzu die Überblicksdarstellung von Gerd Dietrich in: Gerd-Rüdiger Stephan/Andreas Herbst et al (Hg.): Die Parteien und Massenorganisationen der DDR. Ein Handbuch, Berlin 2002.

politischen Standorts zu Ortsgruppen des Kulturbundes zusammen. Die Ziele fasste der Kulturbund 1945 programmatisch zusammen:

> *„Leitsätze des Kulturbundes zur demokratischen Erneuerung Deutschlands*
> *Vernichtung der Naziideologie auf allen Lebens- und Wissensgebieten.*
> *Kampf gegen die geistigen Urheber der Naziverbrechen und der Kriegsverbrechen.*
> *Kampf gegen alle reaktionären, militaristischen Auffassungen. Säuberung und*
> *Reinhaltung des öffentlichen Lebens von deren Einfluß.*
> *Bildung einer nationalen Einheitsfront der deutschen Geistesarbeiter.*
> *Schaffung einer unverbrüchlichen Einheit der Intelligenz mit dem Volk.*
> *Im Vertrauen auf die Lebensfähigkeit und die Wandlungskraft unseres Volkes:*
> *Neugeburt des deutschen Geistes im Zeichen einer streitbaren demokratischen*
> *Weltanschauung.*
> *Zusammenarbeit mit allen demokratisch eingestellten weltanschaulichen, reli-*
> *giösen und kirchlichen Bewegungen und Gruppen.*
> *Überprüfung der geschichtlichen Gesamtentwicklung unseres Volkes, und damit*
> *im Zusammenhang Sichtung der positiven und negativen Kräfte, wie sie auf*
> *allen Gebieten unseres geistigen Lebens wirksam waren.*
> *Wiederentdeckung und Förderung der freiheitlichen humanistischen, wahrhaft*
> *nationalen Traditionen unseres Volkes.*
> *Einbeziehung der geistigen Errungenschaften anderer Völker in den kulturellen*
> *Neuaufbau Deutschlands. Anbahnung einer Verständigung mit den Kulturträgern*
> *anderer Völker. Wiedergewinnung des Vertrauens und der Achtung der Welt.*
> *Verbreitung der Wahrheit. Wiedergewinnung objektiver Maße und Werte.*
> *Kampf um die moralische Gesundung unseres Volkes, insbesondere Einflußnahme*
> *auf die geistige Betreuung der deutschen Jugenderziehung und der studentischen*
> *Jugend. Tatkräftige Förderung des Nachwuchses und Anerkennung hervorra-*
> *gender Leistungen durch Stiftungen und Preise.“*

Der Kulturbund übte auf die intellektuellen und bürgerlichen Schichten, die für die KPD/SED besonders wichtig waren, eine ungemein große Attraktivität aus. „Der Kulturbund wurde in Mecklenburg-Vorpommern zum wichtigsten Mittler der Bündnispolitik der Arbeiterklasse gegenüber der Intelligenz."[604]

Was machte diese Anziehungskraft aus? „Gegenüber der Umerziehung durch die Siegermächte … besaß die moralische Anstalt Kulturbund die

---

[604] Geschichte der Landesparteiorganisation der SED Mecklenburg 1945-1952, a.a.O., S. 281.

große Attraktivität eines in eigener Regie durchgeführten, wie es damals hieß, Hausputzes. Das Kulturbund-Mitglied war Mitglied einer moralischen Überpartei-Partei. Kultur, das bewährte Zauberwort, verarbeitete die Last der Vergangenheit und versprach moralische Erlösung."[605]

Am 26.8.1945 fand die Gründung des Landesverbandes Mecklenburg-Vorpommern in Schwerin statt. Zum ersten Vorsitzenden wurde der Kommunist Willi Bredel gewählt. Stellvertreter wurden Domprediger Kleinschmidt und Prof. Mittheis. Im August 1945 wurde die Ortsgruppe Ludwigslust gebildet und am 21.9. folgte die Gründung der Ortsgruppe Schwerin.

Jüchen trat dem Kulturbund bald nach seiner Gründung bei und wurde nach dem Umzug nach Schwerin aktiv in der dortigen Wirkungsgruppe, wie sich die Ortsgruppen des Kulturbundes nannten. Über seine Motivation und seine Erfahrungen hat er mehrfach berichtet. Daraus einige Auszüge:

> *„Kulturbund zur demokratischen Erneuerung … jedes Wort seines Namens versuchte ich ernst zu nehmen. Zwar war der Kulturbund wie alle so genannten ‚Massenorganisationen‘ der DDR abhängig von der SED. Im Zentralrat bestimmten der Lyriker Johannes R. Becher, der Schriftsteller Bredel und Alexander Abusch, Kommunisten, die in der Emigration in der Sowjet-Union ihre Ausbildung erfahren hatten. Aber der Kulturbund hatte vor anderen Massenorganisationen den Vorzug der demokratischsten Verfassung. Der Vorstand und der Landesvorstand wurden von den Mitgliedern direkt gewählt. Im übrigen bezeichnete der Name ‚Kulturbund zur demokratischen Erneuerung Deutschlands‘ genau das, was mir damals für die Entwicklung Deutschlands nötig erschien. Ich wurde sehr bald Mitglied des Vorstandes der Wirkungsgruppe Schwerin und des Landesvorstandes Mecklenburg. Die Wirkungsgruppe Schwerin wuchs in kurzer Zeit … [stark] an und bot mit ihren Dutzend Arbeitsgemeinschaften eine Fülle von Möglichkeiten politischer, liberaler, kulturpolitischer Betätigung. Die meisten Mitglieder waren nicht passiv, sondern sie arbeiteten durch selbständige Beiträge und Reaktionen auf Vorträge, Antworten auf Fragebogen an bestimmten Aufgaben selbständig mit. Im Mittelpunkt der politischen Diskussionen stand die damals noch sehr virulente Frage der Einheit Deutschlands, für die die DDR sich damals noch intensiv einsetzte …*
>
> *Der Kulturbund bereicherte das kulturelle Leben um viele neue Ideen. So war die Gewohnheit entstanden, daß alle Theaterbesucher, die Mitglieder oder auch Nichtmitglieder des Kulturbundes waren, sich nach dem Theaterabend*

---

[605] Wolfgang Schivelbusch: Vor dem Vorhang. Das geistige Berlin 1945-1948, Frankfurt/M. 1997, S. 129.

im Haus des Kulturbundes versammelten, um das Theaterstück und die Aufführung mit dem Regisseur und den Schauspielern zu besprechen. Ja, es kam vor jedem Winterhalbjahr zu einer gemeinsamen Planung der Stücke, die im Winterhalbjahr gespielt werden sollten. Durch diese Zusammenarbeit von Kulturbund und Theater [bestimmten wir], ohne daß es den meisten bewußt war, das allgemeine Stadtgespräch von Schwerin. Der Kulturbund beschränkte sich nicht darauf, sein eigenes Angebot nur im eigenen Hause anzubieten, sondern, wenn dann das Programm des nächsten halben Jahres fest stand, luden wir aus den einzelnen Betrieben der Stadt Vertreter zu einem Bierabend ins Haus der Kultur und sprachen mit ihnen das Programm durch.

Nicht alle Vorträge eigneten sich für den Betrieb. Darum suchten wir gemeinsam diejenigen aus, die für die Angehörigen ihres Betriebes von Interesse waren. Entweder wurden Vortrag und Datum noch am selben Abend festgelegt oder die Vertreter sprachen zuvor noch mit ihren Kollegen darüber. Es waren vor allem die Großbetriebe, wie Post, Eisenbahn, die Bibliotheken und die größeren Gewerbebetriebe, die von unseren Angeboten Gebrauch machten ... Man muß bedenken, daß Mecklenburg einmal das stockkonservativste Land Deutschlands war und daß fast alle Menschen durch die Ideen des Nationalsozialismus infiziert waren. Dieses Land ... mußte von einem extremen Rassismus befreit werden ... Die Einwohner Mecklenburgs, bei denen noch wie im vorigen Jahrhundert das Wort 'Demokrat' ein Schimpfwort war, mußten zur Demokratie erzogen werden."[606]

„[In den Kulturbund] durfte jeder Nationalsozialist eintreten. Alle, die Mitläufer waren, die traten da ein. An einem Kulturbund, da wollen sie auch teilnehmen, Schiller und Goethe und Gedenktage und andere Dinge und Musikabende und Liederabende; die ganzen Künstler traten bei, denn die waren ja brotlos ohne Kulturbund; Schauspieler, Sänger, Sängerinnen, Musiker, alles trat in den Kulturbund ein. Und Kleinschmidt mit seiner bewundernswerten Organisationsgabe gelingt es, Kulturbünde in ganz Mecklenburg aufzumachen und viele mit uns sympathisierende und mit uns freundschaftlich verbundene Leute zu Leitern des Kulturbundes zu machen. Alle Pastoren Mecklenburgs, die ehemalige religiöse Sozialisten waren, waren Mitglied des Kulturbundes. Kleinschmidt träumte davon – ich habe die Träume nicht ganz mitgeträumt -, den Kulturbund zu unserer Organisation zu machen. Und er träumte davon, selbst Mitglied des Präsidialrates zu werden. Und er war in Berlin im Präsidialrat und hoffte und träumte davon, mal der Nachfolger von Johannes R. Becher zu werden."[607]

---

[606] A 15, S. 40.
[607] A 21.

Was sagt der Kulturbund dem Bauern ?

In dem Beitrag „Die Musen aufs Land" der vorliegenden Nummer der „Demokratischen Erneuerung" ist von der Hilfe die Rede, die der Kulturbund den Bauern zu leisten entschlossen ist. Wir können mit den auf dieser Seite abgedruckten Klischees unseren Mitgliedern und Freunden einen ersten Beitrag des Kulturbundes zur Frühjahrsbestellung vorlegen: Nachdrucke zweifarbiger Plakate, die im ganzen Land Mecklenburg - Vorpommern verbreitet worden sind und auf eine besondere, dem Kul-

turbund angemessene Weise den vollen Einsatz aller Kräfte für die Frühjahrsbestellung werben wollen. Unser Freund B a r t h o l o m ä u s aus Ludwigslust, der durch seine graphischen Arbeiten einen guten Namen auch über die Grenzen unseres Landes hinaus besitzt, hat alte Bauernregeln und Bauernweisheiten illustriert, um den Bauern auf ihre Weise zu sagen, was in ihrem Interesse gesagt werden muß und was sich so besser und wirksamer sagt, als mit den Worten behördlicher Anordnungen und Ver-

fügungen. Das Echo, das diese Plakatpropaganda im Lande gefunden hat, ist uns ein beglückendes Zeichen dafür, daß die Bauern uns richtig verstanden haben. Die Landesleitung hat von diesen Plakaten auch zweifarbige Postkarten drucken lassen, die im Handel zum Preise von 0,10 RM. pro Stück zu haben sind. Auch sie werden, wie die Plakate, den Gedanken der Verbundenheit von Stadt und Land, von Arbeit und Kultur und den der gegenseitigen Hilfe ins Land tragen.

Was sagt der Kulturbund den Bauern? (aus: Demokratische Erneuerung, April 1946)

Obwohl die SED-orientierten Mitglieder im Kulturbund dominierten und SED und SMAD ein wachsames Auge auf ihn hatten, waren die ersten Kulturbund-Jahre ausgesprochen pluralistisch und offen. Aus heutiger Sicht ist besonders hervorzuheben, wie lange er auch Nichtmarxisten eine geistige Heimat bot. In der Zeitschrift des Kulturbundes mit dem Titel *Aufbau*, die mit sowjetischer Lizenz Ende September 1945 erstmals erschien, wurde das Verlangen nach einer demokratischen Reformation in Deutschland artikuliert. Die Absicht, die antifaschistische Umwälzung auf überparteilichem Wege zu erreichen, wurde durch den Personenkreis der Herausgeber und ständigen Mitarbeiter der ersten Hefte demonstriert. Neben Heinrich Mann, Theodor Plivier, Georg Lukács und Willi Bredel wurden auch das CDU-Mitglied Ferdinand Friedensburg und Ernst Wiechert genannt. Aber auch Aurel von Jüchen wurde noch im Jahr 1948 unter „Ständige Mitarbeiter" des *Aufbau* geführt und veröffentlichte mehrere Beiträge. Aufsätze von Hans Fallada wie von Thomas Mann wurden gedruckt, und der CDU-Politiker Ernst Lemmer firmierte noch im 4. Jahrgang der Zeitschrift als Mitglied des Redaktionskollegiums.

Aussagefähiger für den tatsächlichen Charakter einer Organisation sind nicht ihr Grundsatzprogramm und noch weniger die Erklärungen der Spitzenfunktionäre, sondern die reale Kulturarbeit in den Basisgliederungen. Was wird dort aufgeführt? Was wird gesungen? Welche Werte werden durch diese Rituale vermittelt und welche nicht? Das erste Liederbuch, das im Kulturbund Verwendung fand, war das „Volksliederbuch zur demokratischen Erneuerung Deutschlands", publiziert im Jahr 1945 in Schwerin. Es enthält auf 80 Seiten „Volks- und volkstümliche Lieder", wie sie in der bündischen Jugend vor 1933 in Gebrauch und klassischer Bestandteil gymnasialer Musikerziehung waren. Dann folgen 16 Seiten „Arbeiter- und Freiheitslieder." Hier finden wir die Hymne des jüdischen Arbeiterbundes, russische Lieder und Liedgut überwiegend sozialdemokratischer Ausrichtung. Auffällig ist, daß alle Lieder mit (auch-) antisozialdemokratischer Ausrichtung, die in der Weimarer Zeit in der KPD gesungen wurden, wie der „Rote Wedding" mit der „Schande der SPD" etc., fehlen. Dieses Liederbuch war ein eindeutiges Signal, dass ein „neuer Weg" beschritten werden sollte, und wurde auch so verstanden.

Dem Zeitgenossen war nicht bekannt, dass bereits bei der Gründung des Kulturbundes alle Fäden bei der KPD zusammenliefen und die Über-

KLEINE SCHRIFTENREIHE

DES KULTURBUNDES
MECKLENBURG-VORPOMMERN

HEFT 3

Pastor Aurel von Jüchen

Kulissenbegriffe
der Politik

Titelblatt der Kulturbundsbroschüre „Kulissenbegriffe der Politik" (1947)

parteilichkeit nur für eine Übergangsperiode vorgesehen war. Willi Bredel, KB-Landesvorsitzender in Mecklenburg und Kommunist äußerte sich auf der „Konferenz der Landesleitung der KPD Mecklenburg-Vorpommern" am 13. Oktober 1945:

> *„Es ist aber klar, daß mehr oder weniger die Leitung des ganzen Kulturbundes in meinen Händen liegt. Doch muß die Führung so sein, daß nicht nach außen hin der Kulturbund als kommunistische Organisation in Erscheinung tritt, sondern die Leitung und die Führung muß so geschickt sein und in einem solchen engen Zusammenarbeiten mit den anderen Mitgliedern erfolgen, daß nach außen hin der Kulturbund eine überparteiliche Organisation ist."*[608]

Die Entwicklung des Kulturbundes hatte für die SED eine hohe Priorität. Ein großes Problem für die SED-Zentralen war deswegen der geradezu sprichwörtliche Antiintellektualismus vieler unterer Parteifunktionäre, die den „Proletkult" und das „Klasse gegen Klasse" Schema der Weimarer KPD weiter tradierten und noch nicht in der „neuen Zeit" angekommen waren.

> *„In einigen Kreisvorständen nimmt man gegenüber dem Kulturbund eine nicht zu verstehende, beinahe feindliche Haltung ein. Diese ist zu erklären aus dem manchmal mißtrauischen Verhalten verschiedener Kreissekretäre gegenüber den intellektuellen Schichten."*[609]

Bereits in der Frühzeit des KB wurden missliebige Exponenten aus dem Kulturbund beseitigt. Der 1. Landesleitung Mecklenburg gehörte Prof. Ernst Lohmeyer, Rektor der Greifswalder Universität, an. Er wurde am 15. Februar 1946 verhaftet und starb im Lager Fünfeichen. Diese Entfernung missliebiger Persönlichkeiten fand in einem Kontext von allgemeinen Massenverhaftungen statt, die die NKWD-Sonderlager der SBZ füllten.

In diesem Kontext wuchs der Kulturbund in Mecklenburg rasant.[610] Er hatte bereits im Januar 1946 22 Ortsgruppen. Bis zum 1. Juli 1948 traten

---

[608] Zitiert in: Mathias Rautenberg: „Das vorzeitige Ende der demokratischen Erneuerung im ‚Kulturbund zur demokratischen Erneuerung Deutschlands'", in: Zeitgeschichte. Regional. Mitteilungen aus Mecklenburg-Vorpommern, 3. Jg. (1999), Nr. 1. Quellenangabe Mecklenburgisches Landeshauptarchiv, BPAS, I/37.

[609] SED-Mecklenburg-Vorpommern: „Bericht über die Kulturarbeit des Landesvorstandes der SED Mecklenburg 1. Quartal 1947", datiert 23.4.47, in: SAPMO Akte: DY 30/IV/2/9.06/1 SED-Zentralkomitee, Abt. Kultur.

[610] Hierzu Karl-Heinz Schulmeister: Auf dem Wege zu einer Kultur. Der Kulturbund in den Jahren 1945-1949, Berlin/DDR 1977, und die Protokolle des Präsidialrates des KB, die sich im Nachlass Kleinschmidt befinden und die Dr. Michael Rudloff ausgewertet hat. Ich darf mich bei ihm für Kopien seiner Unterlagen und für die Benutzung der Exzerpte bedanken.

137 Pastoren in den Landesverband ein, der viel stärker als in den anderen Ländern durch SPD, KPD und danach durch die SED unterstützt wurde, aber auch durch die deutsche Selbstverwaltung und ebenfalls auch von CDU und LDPD.

Auf einer Landestagung des Kulturbundes im Mai 1946 wurde ein aus 53 Personen bestehendes Landesleitungsaktiv[611] gewählt, darunter einige Personen, die Organisationen vertraten. Unter den Mitgliedern waren u.a. „2. Pastor Karl Kleinschmidt; 6. FDJ: Borde; 8. Ev. Kirche: A. v. Jüchen; 9. kath. Kirche: Dr. Schräder; 35. Bürgermeister Theek [Für die Sektion Wissenschaft]."[612]

Diese starke Repräsentanz von religiösen Sozialisten im KB ging einher mit der Gewinnung weiterer Geistlicher für die Arbeit des KB. Willi Bredel konnte bei der Präsidialratssitzung am 4.10.1946 stolz berichten:

„Mecklenburg …[hat] 12.840 Mitglieder … wie überhaupt bei uns die Pastoren regen Anteil an der ganzen Arbeit nehmen, ungefähr 16 Pastoren sind an führender Stelle und leisten wirklich gute Arbeit. Diese kandidierten zum Teil bei den hinter uns liegenden Gemeindewahlen und sind auch bei den Landtagswahlen als Kandidaten aufgestellt.

Schwerin … hat die stärkste Kulturbundortsgruppe (3200 Mitglieder) … Das Kulturhaus in Schwerin [hat] … einen Konzertsaal, der etwa 400 Personen faßt, Restaurantbetrieb für ca. 200 Menschen und dort finden sich auch unsere Büroräume … Wir haben begonnen, in den Betrieben Kulturbundveranstaltungen durchzuführen und zwar nicht nur Referate, sondern auch künstlerische Darbietungen."

Die Schweriner Wirkungsgruppe war in dieser Zeit die Vorzeige-Gliederung des mecklenburgischen KB. Sie hatte nicht nur die meisten Mitglieder, sondern auch die aktivste Mitgliederbeteiligung am Organisationsleben. Am 4.9.1946 wurde der Schriftsteller Ehm Welk zum 1. Vorsitzenden der Schweriner Kulturbunds-Ortsgruppe gewählt, wobei die Wahlversammlung in zwei Sälen des Hauses des Kulturbunds zugleich durchgeführt werden musste, so stark war der Andrang der Mitglieder.[613]

Im Oktober 1945 erschien das erste Heft der vom mecklenburgischen KB herausgegebenen Zeitschrift „Demokratische Erneuerung", zu deren

---

611 Erweiterter Landesvorstand.

612 Demokratische Erneuerung, Nr. 6/1946, S. 36/37.

613 Reinhard Rösler: Autoren, Debatten, Institutionen. Literarisches Leben in Mecklenburg-Vorpommern 1945-1952, Hamburg 2003, S. 55.

regelmäßigen Autoren Jüchen zählte. Ohne ihn fand kaum eine Kulturbund-Veranstaltung in Schwerin statt, und seine Broschüre „Kulissenbegriffe der Politik" wurde vom mecklenburgischen Kulturbund als Anleitungsmaterial im ganzen Land benutzt. Auch für die dritte Zeitschrift des Kulturbundes „Heute und Morgen", die 1947 erstmalig erschien, wurde Jüchen zusammen mit Kleinschmidt, Theek und Schwartze als ständiger Mitarbeiter aufgeführt, veröffentlichte allerdings keinen Beitrag.

Die Aktivität Jüchens hat durch faksimilierte Nachdrucke von zeitgenössischen Presseartikeln auch Spuren in offiziellen SED-Publikationen hinterlassen. So wurde von einer Veranstaltung im August 1946 mit dem Thema „Warum schon jetzt eine Verfassung?" berichtet. „Nach einleitenden Worten des Mitglieds des Landesvorstandes des Kulturbundes, Pastor Aurel von Jüchen, sprach Genosse Erich Glückauf zu dem Diskussionsentwurf."[614]

Die Skala der Veranstaltungen im Schweriner KB war breit, wie Jüchen berichtete.

> *„Auf religiösem Gebiet stehen Themen, wie sie durch die Zeit diktiert sind, im Vordergrund, so: Christentum und Geschichte, Christentum und Sozialismus, Christentum und materialistische Geschichtsbetrachtung. Daneben natürlich Kulturpolitik, wie z.B. Fragen des deutschen Geschichtsbildes. Literarisches mit Lesungen von z.B. Ehm Welk, Adam Scharrer. Musikalisches und Ausstellungen."*[615]

1947 war der Landesverband Mecklenburg mit über 24.000 Mitgliedern in 91 Ortsgruppen der stärkste der SBZ. In Mecklenburg war 1 % der Bevölkerung im KB organisiert. Der zweitstärkste Landesverband, Sachsen, organisierte dagegen nur 0,4 %. Im KB Mecklenburg waren 4.362 Mitglieder unter 20 Jahre alt und 5.447 21 bis 30 Jahre alt. 102 Theologen waren Mitglied im KB.[616]

---

[614] Landeszeitung Nr. 117 v. 24.8.1946, faksimiliert auf S. 51, in: Kommission zur Erforschung der Geschichte der örtlichen Arbeiterbewegung bei der Kreisleitung Schwerin-Stadt der SED (Hg.): Beiträge zur Geschichte der Arbeiterbewegung in der Stadt Schwerin. Nr. 1, Mai 1945 bis Oktober 1946, Schwerin o.J. (1977).

[615] Aurel von Jüchen: „Mitglieder haben das Wort", in: Demokratische Erneuerung, Nr. 3/1947, S. 22/23.

[616] Demokratische Erneuerung, Nr. 7-8/1947, S. 4/5.

2.5. Laboratorium der Demokratie: Das Schweriner Jugendforum

„Von der Struktur her bestand die … Bevölkerung der Stadt Schwerin in der Mehrzahl aus Angehörigen der Bourgeoisie, aus Familien der ehemaligen faschistischen Offiziere, aus Beamtenfamilien, aus dem Kleinbürgertum, das aus Handwerkern und Geschäftsleuten bestand, und aus Umsiedlern, sowie Flüchtlingen aus den Gebieten östlich von Oder und Neiße, die durchaus noch keinen festen Fuß gefasst hatten und zum Teil noch revanchistische Gefühle hatten."[617]

Diese einer SED-Rückschau entnommene Schilderung der Bevölkerungsstruktur Schwerins war für eine Partei, die sich als „Partei der Arbeiterklasse" verstand, denkbar ungünstig. Es gab unter den Einwohnern Schwerins zwar viele ehemalige Mitglieder demokratischer Parteien der Weimarer Republik, aber die früheren Mitglieder von Rechtsparteien waren weitaus zahlreicher. Zudem musste in der SBZ/DDR die Integration von rund 1,5 Millionen NSDAP-Mitgliedern bewältigt werden. Dieses Problem stellte sich im Jugendbereich noch schwieriger dar. Zum einen gab es in Schwerin kaum die klassische „Arbeiterjugend" als genuine Rekrutierungsbasis für den Nachwuchs einer Arbeiterpartei, und zum anderen hatte der real vorhandene Nachwuchs des Bürgertums fast sein gesamtes Leben im Nationalsozialismus verbracht und war in und durch die NS-Jugendorganisationen geprägt worden. Diskussion und freie Aussprache war ihnen unbekannt, Demokratie und demokratische Prozesse genauso fern wie fremde Gestirne. Demokratie kann nicht gelehrt werden, Demokratie muss eingeübt werden!

Ausgehend von dieser pädagogischen Erkenntnis organisierte der Schweriner Kulturbund zur Jahreswende 1946/47 zwei Projekte. Nach einer langen Zeit der Vorbereitungen erfolgte im Dezember 1946 die Gründung des Schweriner „Sprechbodens." „Sprechboden" war ein Begriff aus der bündischen Zeit vor 1933, mit dem viele Erwachsene, die als bürgerliche Jugendliche einen Teil ihrer Jugendphase in einem der vielen Jugend-Bünde verbracht hatten, etwas anfangen konnten. Auf dem „Sprechboden" der Bünde wurde diskutiert, referiert, gestritten und der überbündische Diskurs gepflegt. Alles Eigenschaften, die nach 1945 wieder en vogue waren

---

[617] Beiträge zur Geschichte der Arbeiterbewegung in der Stadt Schwerin, a.a.O., Nr. 2, November 1946 bis Oktober 1949, S. 5.

und an die angeknüpft werden konnte. Die in der örtlichen Presse und durch Plakate angekündigten Veranstaltungen waren in der Anfangsphase traditionelle Diskussionsveranstaltungen mit politischen Referaten und anschließender Diskussion. Als eines der ersten Themen wurde die Frage „Die künftige Verfassung Deutschlands" behandelt.

Später „entwickelten [sie] sich bald zu kulturpolitischen Vorträgen für die breite Öffentlichkeit."[618]

> *„Als gut gelungenes Beispiel des Schweriner Sprechbodens möchte ich den Abend nennen, der mit einem Referat von Pastor Aurel von Jüchen unter dem Thema stand ‚Bismarck und Marx'; ein Thema, das in die Reihe der Auseinandersetzungen um das Buch ‚Irrweg einer Nation' von Alexander Abusch gehört ... Die Diskussion erörterte vor allem die Gründe, die zu der beklagenswerten Trennung von Bürgertum und Arbeiterschaft in Deutschland geführt haben. Der nächste Abend ... wird übrigens unter dem Thema ‚Friderikus' stehen."*[619]

Der Erfolg dieses Projektes war so bedeutend, dass Jüchen es auf dem I. Bundeskongress des Kulturbundes vorstellte und dafür warb, es auch in anderen Ortsgruppen einzuführen.

> *„Eine ... Einrichtung, die wir erprobt haben und die wir allgemein empfehlen möchten, ist die eines ‚Sprechbodens', den wir neben den Veranstaltungen und Vorträgen eingerichtet haben. Das heißt, wir haben die Vorträge, die wichtig genug waren, in weiteren Aussprachen entfaltet zu werden, aufgegliedert und dem Sprechboden überantwortet ... Dieser Sprechboden hat den Erfolg gehabt, daß ... so etwas wie eine eigene Kulturbund-Atmosphäre entstand."*[620]

Das zweite Projekt war die Gründung der Arbeitsgemeinschaft „Jugendforum" zu Beginn des Jahres 1947. Der Beginn dieser Arbeit markierte eine wesentliche Änderung in der Arbeitsweise des Kulturbundes, der, obwohl formal überparteilich, auch in Schwerin sorgsam darauf achtete, nicht in Bereichen aktiv zu werden, die die SED und ihre Massenorganisationen für sich reklamiert hatten. Heinz Willmann, Kulturbunds-Sekretär in der Berliner Zentrale, machte dies 1947 in seinem Rechenschaftsbericht für die zurückliegenden ersten zwei Jahre des KB deutlich:

---

[618] Demokratische Erneuerung, Nr. 9-10/1947, S. 6.

[619] Auf dem „Sprechboden" des Kulturbundes, in: Der Demokrat Nr. 36 v. 15.4.1947, S. 2.

[620] Kulturbund zur demokratischen Erneuerung Deutschlands (Hg): Der erste Bundeskongreß (Protokoll) Berlin 1947, S. 164-166. Der Kongress fand am 20/21.5.1947 statt.

„Die Bildung von Jugendgruppen wurde bisher abgelehnt, obwohl vielerorts aus der Jugend selbst solche Anregungen kamen. Es ist aber nicht unsere Absicht, den bestehenden ... Jugendorganisationen Konkurrenz zu machen ... Erfreulicherweise wurden viele junge Menschen durch den Kulturbund interessiert ... eine Statistik belegt, ...daß in Schwerin 45 Prozent aller Mitglieder des Kulturbundes jünger als 30 Jahre sind.“[621]

Diese Jugendlichen des KB waren nur selten, so Aurel von Jüchen, gleichzeitig in der FDJ organisiert, so dass dieses Reservoir für die Mitgliederwerbung der FDJ interessant wurde. Jüchen regte die gesonderte Erfassung dieser Jugendlichen in einer „Arbeitsgemeinschaft Jugend“ an, als weitere AG des Kulturbundes zu den vielen anderen bereits bestehenden.

„Ich [kam] auf den Gedanken, auf dem Boden des Kulturbundes eine Aussprachemöglichkeit für alle Jugendlichen der Stadt zu schaffen. Dieses regelmäßige Treffen, wollte ich ‚Jugendforum‘ nennen. So wie das Forum Romanum einst der Aussprachemöglichkeit aller Bürger der Stadt gedient hatte, so sollten sich alle Gruppen von Jugendlichen im Jugendforum treffen und alle sie betreffenden Jugendfragen besprechen. Die aus dem Faschismus hervorgegangenen Jugendlichen sollten praktisch die Demokratie in diesem Jugendforum einüben. Alles, was an eine geschlossene Organisation erinnerte, sollte vermieden werden. So sollte das Jugendforum keinen eigenen Vorstand haben, keine Satzung, keine gemeinsame Zielsetzung als die freie Aussprache. Geleitet werden sollte es durch einen Programmausschuß, der jeweils für ein Vierteljahr die Themen festlegen sollte. Thema konnte alles sein, was Jugendliche angeht, z.B. Gewerkschaftsfragen, Schulfragen, bis zu religiösen, literarischen und politischen Fragen. Ich trug meine Gedanken dem Vorstand des Kulturbundes vor, der sofort die Einrichtung einer Arbeitsgemeinschaft ‚Jugendforum‘ beschloß.“[622]

Das Jugendforum entwickelte sich zu einem ausgesprochenen Erfolgsmodell des Schweriner Kulturbundes, auch über Schwerin hinaus. Das Konzept machte Jüchen in verschiedenen zeitgenössischen Darstellungen und in späteren Erinnerungen an diese Zeit deutlich:

In der Kulturbundszeitschrift „Demokratische Erneuerung“ nannte er das Projektziel:

„Hier [im Jugendforum] wird die Umerziehung gerade der empfänglichsten Teile des Volkes, der Jugend, zum demokratischen Lebens- und Staatsbewußtsein und

---

[621] Kulturbund zur demokratischen Erneuerung Deutschlands (Hg.): Zwei Jahre Kulturbund, Berlin 1947, S. 38.

[622] A 15.

zu einer neuen Gesellschaftsordnung von Grund auf – und was weit wichtiger ist – durch Selbsterziehung und Selbstkritik durchgeführt.[623] *... Der erste Schritt in der Arbeit eines Jugendforums muß darin bestehen, den Jugendlichen klar zu machen, daß sie nicht nur alles, was sie auf dem Herzen haben, sagen dürfen, sondern, daß sie es unbedingt sagen sollen. Zum Teufel also zunächst mit aller Leisetreterei.*"[624]

Der Ausgangspunkt und die notwendige Methodik der Arbeit wurden ebenfalls deutlich benannt:

„Mit dem Nationalsozialismus sind für den jungen Menschen auch alle jene billigen Antworten auf bestimmte Lebensfragen zusammengebrochen, und die Jugend hat genau die Jahre, die die natürliche Entwicklung zur Bildung einer eigenen Lebensanschauung bestimmte, versäumt ... Die Haltung ... ist der Attentismus.[625] *Sie lassen sich bestimmen durch irgendeine Theorie des Abwartens. Sie fühlen sich noch nicht fähig, ja noch nicht aufgerufen zu verantwortlicher Entscheidung ... Es ist der beste Teil der Jugend, der in sich den Drang verspürt, aus dem lähmenden Bann dieses Attentismus herauszukommen. Was kann der Kulturbund tun, um der Jugend zu helfen?*

Eine neue Welt- und Lebensanschauung vermögen die Jungen von heute nicht zu beziehen, wie sie einmal als die Pimpfe des Führers fertig und mühelos eine ,national-sozialistische Weltanschauung' bezogen haben. Sie müssen sich eine neue Haltung und Verantwortung dem Leben gegenüber erkämpfen und erarbeiten. Die natürlichste Form der Aneignung aber ist die Aussprache, die lebendige Diskussion. Die Wirkungsgruppe Schwerin hat mit gutem Erfolg den Weg des Jugendforums beschritten, den wir allen Wirkungsgruppen hierdurch nahe legen möchten. Das heißt: Wir haben die aktivsten Jugendlichen eingeladen, um wichtige Gegenwartsfragen in offener und freier Aussprache miteinander zu diskutieren.

Behandelt werden können alle Themen politischer, kulturpolitischer, weltanschaulicher und religiöser Natur. Jeder kann sagen, was er denkt. Jeder hat den unabdingbaren Anspruch, gehört und ernst genommen zu werden. In Schwerin bezeugten drei Vertreter der drei Parteien durch ihre Teilnahme ihr gemeinsames Interesse an der inneren Entwicklung der Jugend. Doch entscheidet ein Arbeitskreis von gewählten Jugendlichen selbst über die Themen, deren Behandlung nach Möglichkeit Jugendliche übernehmen. Wir hoffen und glauben, daß auf diese Weise ein Stück gelebter und lebendiger Demokratie unter der Jugend entsteht."[626]

---

[623] Demokratische Erneuerung, Nr. 9-10/1947, S. 6.

[624] Demokratische Erneuerung, Nr. 5-6/1947, S. 40.

[625] Abwarten (von dem französischen Verb *attendre*).

[626] Demokratische Erneuerung, Nr. 2/1947, S. 5-7.

Auf dem ersten Bundeskongress des Kulturbundes im Mai 1947 nahm Jüchen ausführlich zur Arbeitsweise des „Jugendforums" Stellung:

„Die gestern gestellte Frage, was wir praktisch tun können, um die Jugend im Kulturbund zu aktivieren und um sie heranzuziehen an die Arbeit des Kulturbundes, ist nicht beantwortet.

Ich möchte Ihnen einen Vorschlag machen, den wir in der Schweriner Wirkungsgruppe verwirklicht haben. Wir haben ein Jugendforum eingerichtet, d.h. wir haben zu diesem Forum nicht nur die Jugendlichen, die Mitglieder des Kulturbundes sind, eingeladen, sondern alle Jugendlichen, zunächst die Aktivisten der verschiedenen Jugendgruppen, die Aktivisten unter den höheren Schülern, der FDJ, des Kulturbundes, der Gewerkschaften usw. Wir können sagen: an diesem Punkt, nämlich im Jugendforum, ist dem Kulturbund zum ersten Male das gelungen, was ihm in der Sphäre der Erwachsenen bisher nicht gelungen ist, nämlich Angehörige aller Schichten auf einer Plattform zu sammeln. Das ist uns im Jugendforum in Schwerin gelungen.

Dieses Jugendforum erfreut sich bei den Jugendlichen außerordentlicher Beliebtheit. Die Leitung des Jugendforums liegt fest in den Händen des Kulturbundes, und die Jugendlichen der verschiedenen Organisationen haben zum Kulturbund das Vertrauen, daß er in absoluter Überparteilichkeit und in absoluter Ungebundenheit jeden Jugendlichen zu Wort kommen und ihn das sagen läßt, was er auf dem Herzen hat.

Wenn wir uns fragen, welches die große Bedeutung dieses Jugendforums ist, so liegt sie nicht so sehr in dem, was erarbeitet wird. Das ist unter Umständen bescheiden. Aber sie liegt darin, daß die Jugend selber an einem Punkte ein Stück Demokratie verwirklicht. Ohne daß über Demokratie viel gesprochen wird, üben sie demokratische Tugenden. Sie üben die Tugend der Toleranz, der gegenseitigen Achtung, sie vollziehen ein Stück Demokratie, das ihnen zum Erlebnis wird."[627]

Über die Arbeitsweise des „Jugendforums" informieren zeitgenössische Presseberichte und Berichte von Zeitzeugen. Über das zweite Treffen des Jugendforums mit dem Thema „Was ist Demokratie?" und dem Referenten Karl Kleinschmidt berichtete im Februar 1947 die Schweriner CDU-Tageszeitung. „Im Anfang kamen die Wortmeldungen etwas zaghaft, um aber nach den Erläuterungen der Landtagsabgeordneten Herzog und Borde zu lebhaften Debatten um das Wesen der Demokratie aufzuflackern. Jungen

---

[627] Kulturbund zur demokratischen Erneuerung Deutschlands (Hg.): Der erste Bundeskongreß (Protokoll), Berlin 1947, S. 164-166. Der Kongress fand am 20./21.5.1947 statt.

und Mädchen beteiligten sich rege, ein schönes Zeichen der fortschreitenden demokratischen Erneuerung unserer Jugend."[628]

Inge Borde-Klein, Ehefrau des damaligen FDJ-Landesvorsitzenden Waldemar Borde, sprach 1948 im Jugendforum über „Die Frau in der heutigen Gesellschaft" und erinnerte sich vier Jahrzehnte später noch gut an die Schweriner Zeit: „Wir hatten sehr interessante Veranstaltungen. Wir hatten sogar mal einen Hellseher. Auch Veranstaltungen ganz anderer Art: mit Autoren über Literatur."[629] Für die Jugend, die durch Krieg und Nachkrieg kulturell defizitär aufgewachsen war, muss das „Jugendforum" von großer Attraktivität gewesen sein. Karl-Heinz Schulmeister, nach 1945 mecklenburgischer KB-Sekretär, erinnert sich an diese Phase:

„In Schwerin wurde das Jugendforum im Januar 1947 ins Leben gerufen ... Den Wünschen der Jugendlichen entsprechend wurde über Heldentum, Humanität, Politik, Materialismus und über die deutschen Klassiker ... diskutiert ... Jugendliche aus allen Bevölkerungsschichten fanden sich zu lebhaften Diskussionen über Zeitprobleme zusammen. Die FDJ, die SED, die LDPD, die CDU und die Gewerkschaften beteiligten sich ... Wer macht Geschichte? Was ist Demokratie? Ist der Mensch gut oder schlecht? – das waren einige Probleme, um die heiß diskutiert wurde."[630]

Die Veranstaltungen waren gut besucht, und die FDJ hoffte, das dort vorhandene Potential an Jugendlichen für ihren Verband erschließen zu können. „Da das Jugendforum zu etwa 1/4 aus organisierten, 3/4 nichtorganisierten Jugendlichen bestand, hoffte die Partei, daß die organisierten und meist parteilich geschulten Jugendlichen die anderen überzeugen konnten."[631]

„Die Jugendlichen kamen in hellen Scharen. Die Palette der Themen war bunt und abwechslungsreich, die Aussprachen waren kontrovers und lebendig. Da die Erwachsenen sich zu dieser Zeit bereits an das Verschweigen ihrer wirklichen Ansichten gewöhnt hatten – sie hatten Rücksicht zu nehmen auf ihren Beruf und auf die Überlebensmöglichkeiten ihrer Familien –, diskutierten die Jugendlichen noch frei von der Leber weg. Sie sagten noch das, was sie dachten und dachten das,

---

[628] Der Demokrat, Nr. 18 v. 12.2.1947.

[629] Kulturamt der Landeshauptstadt Schwerin (Hg.): Zwischen Hoffnung und Verzweiflung. Protokolle von Zeitzeugen aus Schwerin 1945-1952, Schwerin 1995, S. 44.

[630] Karl-Heinz Schulmeister: Auf dem Wege zu einer Kultur. Der Kulturbund in den Jahren 1945-1949, Berlin (DDR) 1977, S. 249.

[631] A 3, S. 7.

was sie sagten ... Natürlich wurde ich häufig von Parteigenossen angesprochen, daß die eine oder andere Äußerung doch im Grunde nazistisch sei. Ich hätte sie zurückweisen müssen. Ich fragte dann zurück; wie sie sich eigentlich die demokratische Erziehung von ehemaligen Hitlerjungen und BDM-Mädchen vorstellten. Sollte man sie durch Kommando zu Sozialisten machen? Müssen sie nicht in einer reinigenden Aussprache am besten mit Gleichaltrigen ihre alten Ansichten abstoßen, um neue zu gewinnen?"[632]

„Die Skeptiker blieben noch in der Minderheit. Der quantitative Erfolg des „Jugendforums' schien die Kritiker zu widerlegen. Der Kulturbund richtete Jugendforen in vielen Orten ein, vornehmlich auch in den Universitätsstädten wie Rostock, Greifswald, Leipzig und Halle. Da sich die Jugendforen in der ganzen DDR ausbreiteten, mußte ich in der Folgezeit viel reisen, um neue Jugendforen zu gründen."[633]

In der ersten Jahreshälfte 1948 bestanden allein im Kulturbund Mecklenburg 11 Jugendforen.[634]

„Die SED förderte zunächst ganz offiziell ihre Einrichtung, versandte in Mecklenburg einen Brief an alle ihre Ortsgruppen, berichtete von den Erfolgen des Jugendforums Schwerin und riet ihnen, in den Städten und Kleinstädten Mecklenburgs solche Jugendtreffen einzurichten."[635]

Als dann nach einiger Zeit die Arbeit konsolidiert war, nahmen die Jugendforen eine Entwicklung, die SED und FDJ weder gewünscht noch erwartet hatten. Die „Freie Aussprache" verselbständigte sich und führten zu unerwünschten Konsequenzen.

„Diese Jugendrepublik innerhalb der SBZ hatte ihre eigene Dynamik. Zunächst hatten die FDJ und die Gewerkschaftsjugend in den Jugendforen ein natürliches Übergewicht. Sie waren keine Nazis, sie kannten keinen Rassismus und keine nationale Arroganz. Sie nahmen in regelmäßigen Abständen an Lehrgängen teil. Die Gruppen lernten voneinander. Sie fingen an, soziologisch zu denken. Der Rassismus, die Deutschland-Arroganz starb dahin. Sie lernten die Niederlage Deutschlands zu begreifen und anzunehmen. Ein neues globales Denken nahm von ihnen Besitz. Es dauerte nicht lange, bis ihr globales Denken das der Erwachsenen weit übertraf.[636] *... Ursprünglich hatten die geschulten Jugendlichen, also FDJ-*

---

[632] A 15.

[633] A 15.

[634] Staatsarchiv Schwerin (Hg.): Dokumente zur Kulturpolitik in Mecklenburg nach der Befreiung vom Faschismus, S. 60.

[635] A 15.

[636] A 15.

geschulte und Gewerkschaftsjugendliche, eine Priorität gegenüber der unorganisierten Jugend. Das dauerte aber nicht lange. Nach einem halben bis dreiviertel Jahr hatten die ehemaligen Hitlerjungen den Nachholbedarf an Marxismus und an Antifaschismus gedeckt. Und es ergab sich jetzt ein Umkippen der Jugendforen. Die höheren Schüler hatten es nicht schwer nun zu sagen: Was ist denn das für eine Demokratie und wo ist denn Freiheit?"[637]

Diese Entwicklung, die sich in der Mehrheit der Jugendforen vollzog, veränderte auch ihre Betrachtung durch die Apparate von SED und FDJ. Statt ein Potential erhoffter neuer Mitglieder nutzen zu können, sahen sich die Funktionäre zusehends Jugendlichen gegenüber, die SED und FDJ kritisierten. Dies konnte von einer stalinistischen Wahrnehmungsstruktur aus nur mit feindlichen Einflüssen zusammenhängen. Hier war Wachsamkeit geboten und Gegenmaßnahmen von Nöten.

3. Im Visier von Staatspartei und Staatsorganen

3.1. Das Ende des Jugendforums

Das Jahr 1948 wurde für die mecklenburgische FDJ zum Krisenjahr. Von Januar bis zum Oktober dieses Jahres sank die Mitgliederzahl von 69.073 auf 53.382.[638] Damit einher ging das Abflauen der Aktivitäten vieler Gruppen. Demgegenüber fiel der FDJ-Leitung die positive Entwicklung der Jugendforen auf. Auf einer Schweriner Tagung im März 1948 wurde die Lage analysiert.

„Das Für und Wider der Schaffung von Jugendclubs wurde lebhaft diskutiert. Es kommt immer darauf an, ob unsere Kräfte stark genug sein werden, diese Clubs richtig zu führen, daß sich in diesen nicht gerade die Gegner breit machen, wie es im Jugendforum der Fall ist. Schwerin ist dafür ein Beispiel, wo sich im Jugendforum nach und nach die Arbeiterjugend ganz zurückgezogen hat, da sie in der Diskussion mit den Oberschülern nicht standhalten [konnte]. Es muß vor allem darauf gesehen werden, daß es mit den einzurichtenden Clubs vom Jugendamt nicht genauso kommt. Genosse Adam [Willi A., Leiter des Landesjugendamtes] vertrat die Ansicht, daß wir stark genug sind, diese Dinge zu realisieren und machte den Vorschlag, zu überlegen, ob man nicht das Jugendforum für die Zukunft dem Landesjugendamt und nicht weiterhin dem Kulturbund unterstellt."[639]

---

[637] A 21.

[638] Angabe bei Mählert, FDJ, a.a.O., S. 377.

An diesem Protokollauszug sind zwei Sichtweisen interessant, die für die nächsten Jahre bedeutsam werden. Zum einen wird bereits zu dieser Zeit intern in der FDJ-Leitung davon ausgegangen, dass der „Gegner", also der „Klassenfeind", sich in den Jugendforen „breit" gemacht hat. Demnach lässt also der Genosse von Jüchen zu, dass statt der FDJ der „Gegner" das Sagen hat. Dies ist bestenfalls als Unfähigkeit zu bewerten, zu befürchten ist, dass Jüchen als bürgerlicher Pfarrer mit dem Bürgertum sogar gemeinsame Sache macht. Zumindest ist er ein unsicherer Kantonist.

Zum anderen wird hier die organisatorische Ablösung der Foren vom Kulturbund angedacht und ihre Überführung unter die Obhut des Staates, sprich der Staatspartei SED. Die Wahrnehmung der FDJ-Leitung deckt sich mit der Erinnerung von Jüchens. „Zuerst hatten die organisierten Jugendlichen [im Jugendforum] das Sagen. Dann aber entglitt der SED die Jugend, zumal viele Funktionäre die höheren Schüler beschimpften."[640]

Hinzu kam die Anziehungskraft der offenen Arbeit des Forums auch auf Funktionäre der FDJ. Friedrich-Wilhelm Schlomann, Schüler des Goethe-Gymnasiums, war 1947 Mitglied der Schweriner FDJ geworden und als CDU-Mitglied Pressereferent der Schweriner FDJ-Kreisleitung. Er erinnerte sich 1991 an seine damaligen Tagebuchaufzeichnungen: „April 1948 … Seit einiger Zeit sind wir Schüler oft im ‚Kulturbund'."[641]

Aus heutiger Sicht erscheint der Umfang der Arbeit des Jugendforums für eine Massenorganisation wie die FDJ kaum bedrohlich. Als am 18. September bei der Mitgliederversammlung des Schweriner KB im Haus der Kultur der Vorsitzende Ehm Welk den 98 Anwesenden den Rechenschaftsbericht für den Zeitraum vom 1. September 1947 bis 31. August 1948 erstattete, konnte er auf 230 Veranstaltungen mit 24.986 Besuchern verweisen. Davon waren in der Arbeitsgemeinschaft Jugendforum (es gab 11 AGs) 16 Veranstaltungen mit 672 Besuchern.[642]

Allein diese eher geringe Zahl konnte die Bedrohungsangst der FDJ/SED nicht verursacht haben. Starke Konkurrenz erwuchs der FDJ auch durch

---

[639] Protokoll der ganztägigen Arbeitstagung der Landesjugendkommission Schwerin am 2.3.1948, S. 6 (Blatt 227 der Akte) in: SAPMO, DY 30/IV 2/16/216, Bestand SED-Zentralkomitee, Abt. Jugend.

[640] A 4.

[641] Friedrich-Wilhelm Schlomann: Mit so viel Hoffnung fingen wir an. 1945-1950, München 1991, S. 99.

[642] Manfred Krieck/Helga Leopoldi: Chronik des Kulturbundes in der Stadt Schwerin, Teil 2: 1948-1952, Schwerin 1985, S. 10.

die evangelische „Junge Gemeinde." Erst das Zusammenkommen dieser Entwicklungen ergaben in einer stalinistischen Weltsicht ein Weltbild, in dem es von Feinden und Agenten wimmelte. Die Berichte, die aus Schwerin nach Berlin geschickt wurden, machen die Entwicklung dieser Paranoia augenfällig.

Am 30.7.48 erstattete das Jugendsekretariat der SED Mecklenburg dem

„Zentraljugendsekretariat Berlin [einen]
‚Bericht … für die Monate Mai bis Juli 1948‘[643] *…*

Tätigkeit der bürgerlichen Parteien und Kirchen

… Die Kirchen entfalten jetzt überall eine rege Tätigkeit. Durch Abhaltung von Bibelstunde, in denen man meistens zu politischen Tagesfragen einseitig und subjektiv Stellung nimmt, versucht man die Jugendlichen zu fangen … Ist die Arbeit der kirchlichen Gemeinschaften nicht gerade besorgniserregend, so bedarf es doch einer ernsten Aufmerksamkeit und vor allem einer zentralen Anweisung, wie mit den kirchlichen Gruppen verhandelt und umgegangen werden soll.

Jugendarbeit des Kulturbundes

[Dieser Teil des Schreibens hat links am Rand zwei rote Markierungsstriche und ein großes rotes Ausrufungszeichen.]

Die im Jugendforum des Kulturbundes erfaßten Jugendlichen setzen sich in der überwiegenden Mehrheit aus Kindern von ehemaligen Angehörigen der NSDAP – und dieses sind in erster Linie die Oberschüler und Studenten – und aus Kindern von begüterten Familien (kleine Geschäftsleute) zusammen. Deshalb ist das Jugendforum auch mehr das Organ der bürgerlichen Jugend, wo man versucht, fortschrittliche Maßnahmen zu diskreditieren und teilweise dazu übergeht, in provokatorischer Form den Kampf um die alten Klassenprivilegien aufzunehmen. Dies kam besonders beim Landestreffen aller Jugendforenleiter in Schwerin am 20. Juni 1948 zum Ausdruck. Man erklärte sich hier nicht bereit, die FDJ als die einzigst [sic] bestehende Jugendorganisation anzuerkennen und nahm auch demonstrativ die von dem Kreisvorstand der FDJ Schwerin übersandte Einladung zu einem Heimabend im dortigen Jugendheim anläßlich ihrer Jugendtagung nicht an. Die Arbeit der Jugendforen schwächt immer mehr ab, da die Jugendlichen selbst das Interesse an ihrer eigenen Bildungsarbeit im Jugendforum mehr und mehr verlieren. Man geht jetzt dazu über, das Jugend-

---

[643] In: DY 30/IV/2/16/210: SED-Zentralkommittee, Abt. Jugend, Blatt 485ff.

forum, soweit es noch besteht, als Besucherorganisation anzusehen, wo man sich nur noch über gemeinsam besuchte Veranstaltungen und Filme unterhält.

> *Im Jugendforum haben die Jugendlichen der LDP und die kirchlich organisierten Jugendlichen die Führung. Erwähnenswert wäre hier noch, daß die Arbeit der Jugendforen stark durch den Genossen Pfarrer Aurel von Jüchen gelenkt und gefördert wird.*[644]

Überblick über die Jugendarbeit in den Kreisen

… 6. Schwerin: … FDJ-Arbeit im Kreis nicht gleichmäßig gut entwickelt, jedoch im Durchschnitt allgemein gut … Die Parteijugendarbeit in der Stadt Schwerin steht noch in den Anfängen."

Am 25.Oktober 1948 folgte ein

„Zusammenfassender Bericht über die Tätigkeit des Landesjugendsekretariats Mecklenburg für die Monate August bis 15. Oktober 1948."[645]

„Tätigkeit der bürgerlichen Parteien und Kirchen

… Die kirchliche Jugendarbeit, obwohl sie im Landesmaßstab gesehen, noch keinen entscheidenden Einfluss ausübt, nimmt organisatorische Formen an. Besonders rege Arbeit entwickeln die kirchlichen Gemeinden in den Kreisen Neustrelitz … und Schwerin. Über den Rahmen, Jugendliche zu religiöser Erbauungsarbeit zusammenzufassen, schaffen sie kirchliche Jugendgruppen. Regelmäßig finden z.B. in Schwerin … Bibelstunden, Gesangsstunden u.a. statt, wo man mit den Jugendlichen auch über soziale und manchmal sogar politische Fragen diskutiert. Der Zustrom der Jugendlichen ist zwar im Verhältnis zur Gesamtzahl der jugendlichen Einwohner äußerst gering, wird aber doch unterstützt durch die Möglichkeit, den Jugendlichen durch ausländische Spenden zu helfen. Verhandlungen mit den Leitern dieser kirchlichen Gemeinden ergaben kein positives Ergebnis. Für eine Einreihung ihrer kirchlichen Jugendarbeit in die Jugendorganisation sind sie nicht zu gewinnen. Eine direkte Verbindung mit kirchlichen Jugendorganisationen des Westens ist nicht nachweisbar. Beweise für die Lenkung der kirchlichen Jugendarbeit vom Westen aus fehlen uns. Allein die Tatsache, daß viele Jugendliche Abzeichen von kirchlichen Jugendorganisationen tragen, zeigt die Bindung zum Westen … Zu diesen Problemen der kirchlichen Jugendarbeit muß bald von zentraler Seite aus Stellung genommen werden, um ein weiteres Ausreifen dieser Entwicklungserscheinungen zu verhindern."

---

[644] Der umrahmte Teil ist im Original vom Berliner Bearbeiter rot unterstrichen!

[645] DY 30/IV/2/16/210, SED-Zentralkommittee, Abt. Jugend; Blatt 475ff.

Hier tauchen bereits Feindbilder auf, die auf Westagenten hindeuten. „Ausländische Spenden" waren Spenden aus dem Westen, sonst wäre es „brüderliche Hilfe" gewesen. Auch wenn (noch?) keine „direkte" Verbindung mit dem Westen beweisbar war, vermutet wurde sie. Am 20.1.1949[646] wurde der Bericht für das letzte Quartal 1948 erstattet. Die Situation war für die FDJ noch schlechter geworden.

> *„Schwerin: Nach dem Ausscheiden des ehemaligen Kreisvorsitzenden M. Tomu-schat[647] hat die Arbeit im Kreis Schwerin einen ziemlichen Tiefstand erreicht. Trotz Neubesetzung des Sekretariats mit Theo Frickmann und Vervollständigung der übrigen Referate ist kaum eine Vorwärtsentwicklung festzustellen. Die Arbeit in der Stadt wird von einem guten Funktionärskader getragen, insbesondere läßt die Kulturarbeit, trotz Bestehens eines Jugendchores, viel zu wünschen übrig. Einen negativen Einfluß übt die Schweriner Oberschule auf die gesamte FDJ-Arbeit aus …*
>
> *Gegnerische Arbeit: Obwohl offiziell keine weiteren Organisationen neben der FDJ bisher zugelassen sind und auch offiziell keine gegnerischen Organisationen im vergangenen Jahr beobachtet werden konnten, machten sich doch deutliche Strömungen gegen die FDJ bemerkbar … Unter der Leitung des Kulturbundes wurde Ende des vergangenen Jahres mit der offiziellen Arbeit in den Jugendforen begonnen. Das Beispiel Kröpelin, das bereits mehrfach genannt ist, ist eines der negativen Auswirkungen dieser Tätigkeit. [sic!]*
>
> *Der stärkste heimliche Gegner unserer Organisation ist die Kirche. Bereits mit einer systematisch betriebenen Kinderarbeit, die meistens vor Schulbeginn durchgeführt wird, beginnt die erste Beeinflussung, nicht nur in seelsorgerischem Sinne, sondern bewußt von unserer Organisation abgekehrt … In der Arbeit der Jungmännervereine, die ebenfalls keine straffe organisatorische Form haben, wird diese Beeinflussung fortgesetzt … In noch ungenügendem Maße ist diese Entwicklung von unserer Organisation überwacht und beeinflußt worden. Auch auf diesem Gebiet wird unsere Organisation im kommenden Jahr wichtige Aufgaben zu lösen haben."*

Am 15. Januar 1949 erstattete das SED-Jugendsekretariat Mecklenburg der Berliner Zentrale den Jahresabschlußbericht.[648] In diesem Bericht wurden die Lage bilanziert und die Probleme benannt.

---

[646] Jahresabschlußbericht für das Jahr 1948 des LV-Mecklenburg [der FDJ], in: DY 30/IV/2/16/216, Bestand SED-Zentralkomitee Abt. Jugend, Blatt 266-290.

[647] Manfred Tomuschat war von Juli 1947 bis September 1948 1. Sekretär der FDJ-Kreisleitung Schwerin.

[648] In: DY 30/IV/2/16/210. SED-Zentralkommittee, Abt. Jugend, Blatt 469ff.

„Entwicklung der Freien Deutschen Jugend in Mecklenburg ...

Der Mitgliederbestand des Jugendverbandes ist im Laufe des Jahres um rd. 13.000 Mitglieder zurückgegangen, wobei in den Sommermonaten der Mitgliederstand des Verbandes den tiefsten Stand aufzeigte. Von den gesamten jugendlichen Einwohnern in Mecklenburg im Alter von 14-25 Jahren sind Ende des Jahres 1948 17% in der FDJ organisiert ...

Kulturbund zur demokratischen Erneuerung Deutschlands ...

Innerhalb des Kulturbundes sind überwiegend Jugendliche aus bürgerlichen Kreisen organisiert, die hier ihren persönlichen Interessen nachgehen. Allgemein gesehen hat der Kulturbund keinen großen Zustrom von Jugendlichen. Es gelang ihm im Laufe des Jahres nicht, durch entsprechende Jugendveranstaltungen junge Menschen zur Kulturarbeit zu gewinnen oder ihnen einen gewissen Ausgleich zu bieten. Die proletarische Jugend ist bis auf sehr wenige Ausnahmen nicht innerhalb des Kulturbundes erfasst.

Tendenzen gegen unsere Jugendarbeit

[Die CDU] legte ihr Schwergewicht auf die Unterstützung der sich im ganzen Lande entwickelnden kirchlichen Jugendgruppen. Diese kirchlichen Jugendgruppen ... versuchen mit allen Mitteln, eigene Jugendgemeinschaften ins Leben zu rufen und lehnen eine direkte Zusammenarbeit bzw. eine organisatorische Einbeziehung ihrer Gruppen in den Jugendverband ab. Die bürgerliche Jugend, die konzentriert an den Oberschulen und an den Universitäten auftritt, zeigt nach wie vor eine negative Einstellung zur FDJ. Insbesondere tun sie das zur Erhaltung ihrer alten Bildungsprivilegien.

Bemerkenswert in diesem Zusammenhang ist die Arbeit des Kulturbundes, wo sich diese besagten Jugendlichen zusammengeschlossen haben und dort ihre Jugendarbeit entwickeln, die sie in Gegensatz zur FDJ bringen."

In diesen zitierten Berichten wird mehrfach auf Abzeichen evangelischer Jugendlicher verwiesen. Jüchen erinnert sich an die Bedeutung des Kugelkreuzes und seine Aufnahme in Kirche und Staatspartei.

„Im Westen war das Kugelkreuz erfunden worden. Das Kugelkreuz ist ein Kreis, eine Kugel, und auf der Kugel ein Kreuz. Und da hat sich die westdeutsche Kirche viel Gedanken gemacht, daß sie unverwechselbar bleibt gegenüber Parteien. Es sollte kein Parteiabzeichen werden und da waren die im Westen zu dem Entschluß gekommen, wir nennen das ein Bekenntniszeichen. Und

dies Bekenntniszeichen wird nicht beim Eintritt gegeben, als Eintrittsbillett, sondern muß erworben werden. Also, ehe jemand das Kugelkreuz bekommen kann, muß er sich ein Jahr als evangelischer Christ in der evangelischen Jugend bewährt haben. Für die DDR wirkte sich das nun sonderbar aus. Denn da war jetzt ein einjähriger Zeitzünder eingebaut, an den man im Westen gar nicht gedacht hatte.

In der DDR kam es zu ersten Reibereien zwischen Jugend und Partei. Und zwar entspannen sie sich an den höheren Schülern und an ihren Mützen. [Die] Mützenträger ... wurden in allen [FDJ-] Jugendveranstaltungen beschimpft ...

Und als die ersten Auseinandersetzungen in der Schule zwischen Lehrern und Schülern begannen, kommen mit Spätzündung die ersten Kinder mit Kugelkreuz in die Klassen. Das mußte in der DDR als Affront wirken. Die machen das unserer Polemik zum Trotz. Das ist geradezu eine Trotzreaktion. Die wurden schlechter gestellt, wurden beschimpft, wurden lächerlich gemacht, aber es kamen immer mehr dazu, die ein Jahr dabei waren. Und die Lehrer beschimpften sie ...

Etwa vier Jahren nach meinem Eintritt in die FDJ findet in Güstrow[649] *eine Rüstzeit der Jungen Gemeinde statt. Mit Bischof Lilje als Prediger im Dom von Güstrow. Und das ist eine so gewaltige Jugendkundgebung, daß der Lilje seine Predigt zweimal wiederholen muß. Und zum ersten Mal kommt die SED da drauf und sagt: Mensch, so viel Jugendliche sind in der Jungen Gemeinde. Das haben wir ja gar nicht geglaubt. Und da wird es aber schleunigst Zeit, etwas zu machen. Und die SED und FDJ geben zwei Enquêten in Auftrag. Überall nur die Frage: ‚Wie ist euer Verhältnis zur Jungen Gemeinde? Gibt's Schwierigkeiten? Gibt's Vertragen?' Beide Enquêten kommen zur SED zurück. Großes Erstaunen.“*[650]

Das größte Erstaunen dürfte die Stärke der evangelischen Jugendarbeit ausgelöst haben. Der spätere Greifswalder Bischof Horst Gienke erinnert sich an die damalige Arbeit:[651]

---

[649] Die Mecklenburgische Kirchenzeitung. Evangelisch-lutherisches Sonntagsblatt. Jg. 4/1949 meldete unter dem Titel „Nach 16 Jahren der erste landeskirchliche Jugendtag in Güstrow am 19.6.1949“, dass fast 4000 Jugendliche teilnahmen.

[650] A 21.

[651] Zeitzeugen-Bericht von Horst Gienke: Dome, Dörfer, Dornenwege. Lebensbericht eines Altbischofs, Rostock 1996.

„In jenen Jahren blühte die kirchliche Jugendarbeit überall. Schwerin war keineswegs eine Ausnahme. Mehr als 100 Jungenkreise gab es 1948 allein in Mecklenburg; dazu kamen die Mädchenkreise in vielen Gemeinden und einige gemischte Kreise … In den Monatsrüsten wurde das Zeichen der Jungen Gemeinde, das Kreuz auf der Weltkugel, an Konfirmierte verliehen, die treu in ihrem Jugendkreis mitarbeiteten und bereit waren, dieses Bekenntniszeichen zu tragen."

Ein weiteres Ergebnis der Umfrage betraf das Verhältnis der FDJ zur kirchlichen Jugendarbeit. Die „Enquête der SED stellte fest, daß in fast allen Gemeinden zwischen FDJ und Junger Gemeinde Entfremdung und Feindschaft bestand. Die SED versuchte mich für diesen Zustand verantwortlich zu machen."[652]

Dringend geboten schien die Neutralisierung der Jugendforen. Zeitweise wurde es mit einem verstärkten Einsatz von Kadern versucht. So sprach am 7. März 1949 im „Jugendforum des Kulturbundes … Horst Brie, Mitglied der Landesleitung Mecklenburg der FDJ, über die gegenwärtige politische Lage. Eine vom Redner geleitete Aussprache schließt sich dem Vortrag mit reger Beteiligung der Jugendlichen an."[653] Aber dieser Einsatz brachte nicht die gewünschten Ergebnisse. Was tun? Jetzt stand die SED vor Durchführungsproblemen.

„Als die SED diese kritische Entwicklung der Jugendforen bemerkte, mußte sie die Jugendforen, die sie selbst angeregt hatte, wieder los werden, ohne sie zu verbieten. Was sollte man machen? Die Führung der SED forderte den Präsidialrat des Kulturbundes auf, die Leitung dieser Arbeitsgemeinschaft aufzugeben und sie in die Hände der FDJ zu legen.

Sie wurden der Zuständigkeit des Kulturbundes entzogen und der FDJ unterstellt. Alle Leiter der Jugendforen traten zurück, führende FDJler traten an ihre Stelle. Von da ab ließ die Anziehungskraft der Jugendforen rasant nach … So starben die Gruppen dahin und ließen sich nie wieder regenerieren. Natürlich wurde mir die ‚Fehlentwicklung' der Jugendforen, der Jungen Gemeinde und der Höheren Schüler zugeschoben."[654] …

Da konnten in der Sicht der Apparat-Funktionäre nur der Westen und die amerikanischen Agenten ihre Hand im Spiel haben. Und diese arbeiteten in der Wahrnehmung der Geheimdienstler immer mit örtlichen Helfers-

---

[652] A 4.

[653] Landeszeitung vom 10.3.1949.

[654] A 3, S. 7, und A 15.

helfern. Hinzu kam, dass sich im Laufe des Jahres 1948 der Kulturbund immer stärker von seinem „überparteilichen Charakter" verabschiedete. Das West-CDU-Mitglied des KB-Präsidialrates Ferdinand Friedensburg wurde am 14. September 1948 aus dem Kulturbund wegen „antisowjetischer Äußerungen", die er auf einer öffentlichen Kundgebung gemacht haben sollte, ausgeschlossen.[655] Mit Jüchen wurde entsprechend verfahren.

In der ersten Runde verlor er 1949 alle Funktionen im Kulturbund. Erst schied er aus der Landesleitung aus, dann aus dem Schweriner Vorstand. Zuletzt war er noch Mitglied des von der Landesleitung des Kulturbundes in Schwerin gegründeten „Vorbereitungskomitees für das Goethejahr 1949", in welchem außerdem u.a. die Schriftsteller Willi Bredel und Ehm Welk, der Völkerkundler Prof. Hermann Teuchert und Karl Kleinschmidt wirkten.[656] Der „Goethe-Ausschuß für das Land Mecklenburg" war am 29.12.1948 im Schweriner Haus der Kultur gebildet worden. Ihm gehörten Vertreter der Regierung, der SED sowie der Massenorganisationen KB, FDJ und DFD sowie Künstler an.[657] Danach war Jüchen im Kulturbund lediglich einfaches Mitglied.

3.2. FDJ und Junge Gemeinde im Widerstreit

Bereits im Januar 1947 erschienen in der Landeszeitung kritische Artikel zur Situation an den Schweriner Oberschulen.[658] Berichtet wurde, dass sich in Veranstaltungen Schüler respektlos über die Entwicklung der SBZ geäußert hätten und dass sich der Klassendünkel wieder zeige. Der reale Kern dieser Berichte war die eindeutige Dominanz der Schüler bürgerlicher Herkunft an den Oberschulen, die sich nur in Ausnahmefällen zur „proletarisch" ausgerichteten FDJ hinorientierten. Jugendliche aus bürgerlichen Elternhäusern hatten eine deutlich höhere Affinität zur Kirche als Arbeiterjugendliche, und es war nicht überraschend, dass sich sehr viele

---

[655] Schivelbusch, a.a.O., S. 162.

[656] Schweriner Volkszeitung, Nachrichten aus Rostock, 30.3.1999.

[657] Manfred Krieck/Helga Leopoldi: Chronik des Kulturbundes in der Stadt Schwerin. Teil 2: 1948-1952, Schwerin 1985, S. 15.

[658] Kommission zur Erforschung der Geschichte der örtlichen Arbeiterbewegung bei der Kreisleitung Schwerin-Stadt der SED (Hg.): Chronik der Entwicklung des Kreisverbandes Schwerin der FDJ von der Gründung bis 1952. Teil I: 8. Mai 1945 bis 31. Dezember 1948, S. 21.

dieser Oberschüler, auch angesprochen durch den Religionsunterricht, in den Gemeindegruppen organisierten. Solange die „Bündnisphase" von SED/FDJ anhielt, wurde dies nicht gern gesehen, aber toleriert. Mit der zunehmenden „Verschärfung des Klassenkampfes" gegen den „inneren Feind" in der SBZ/DDR wurden „Maßnahmen" ergriffen. Zuerst waren die „bürgerlichen Bündnispartner" der Blockparteien LDPD und CDU im Visier. Es ging darum, die Kräfte, die die „Einheit sabotierten", sprich, die nicht bereit waren, sich zu Befehlsempfängern der SED degradieren zu lassen oder sogar sich freiwillig zu degradieren, in ihren Parteien zu isolieren und durch Druck von außen zu neutralisieren.

Hierzu fanden öffentliche Veranstaltungen in Schulen und Stadtteilen statt, die zum einen der „Entlarvung" dieser Kräfte dienen sollten und auf denen sich zum zweiten „positiv Bündniswillige" zur öffentlichen Abkehr und zur Verurteilung ihrer bisherigen „Parteifreunde" positionierten. Der dritte und vielleicht wichtigste Grund war die öffentliche Anprangerung der „Gegner." Hunderte Zuschauer erlebten exemplarisch, wie mit denjenigen umgegangen wurde, die „nicht auf Linie" lagen. Eine derartige Veranstaltung „Jugend zieht Lehren aus der Vergangenheit. Abrechnung mit den rückschrittlichen Schweriner LDP- und CDU-Stadtverordneten" fand im November 1948 statt. Die FDJ hatte zu dieser Jugendkundgebung mit Erich Glückauf eingeladen und etwa 800 Jugendliche waren gekommen. Die SED-Tageszeitung druckte Auszüge aus der Rede Glückaufs: „Es ist an der Zeit, namentlich die Erzieherschaft der Schweriner Oberschule auf ihre Eignung zu überprüfen und Reaktionäre rücksichtslos zu entfernen."[659]

In vielen historischen und auch kirchengeschichtlichen Studien wird das Jahr 1950 als Beginn des Kampfes von SED/FDJ gegen die „Junge Gemeinde" benannt. In Mecklenburg begann dieser Kampf früher. Am 29.4.1949 wandte sich der Landesvorstand der SED Mecklenburg, Abt. Kultur, Erziehung und Schule, an das Zentralsekretariat der SED.

„Die Frage des Religionsunterrichtes spielt in allen Besprechungen, Tagungen und Sitzungen der letzten Zeit eine große Rolle. Es wird festgestellt, daß die Kirche auf diesem Gebiet immer mehr Boden gewinnt und daß nach Meinung aller Genossen, die dieses Gebiet anschneiden, hier etwas unternommen werden muß.

---

[659] Landeszeitung v. 13.11.1948 , faksimiliert auf S. 25 in: Chronik zur Geschichte der Arbeiterbewegung in der Stadt Schwerin 1948-1950, a.a.O.

Es genügt nicht, daß man die Vorstöße der Kirche durch eine bessere Leistung in den Schulen zu paralysieren versucht. Die FDJ beklagt sich darüber, daß die Kirche Schüler und Jugendliche tatsächlich organisatorisch zusammenfaßt, denen eingeprägt wird, daß sie unter allen Umständen anzugeben haben, sie seien keine kirchliche Jugendorganisation. Die wesentlichen Begriffsmerkmale einer Organisation sind aber vorhanden: Tragen von Abzeichen, regelmäßige Zusammenkünfte, in denen die Mitglieder religiös-weltanschaulich geschult werden."[660]

Im Laufe des Jahres 1949 wurden von der SED systematisch Berichte über die Situation der kirchlichen Jugendarbeit eingeholt. Im Oktober befasste sich die Landesjugendkommission Mecklenburg mit den Ergebnissen.

„Punkt 2: Kirchliche Jugendarbeit ... Der Landesjugendkommission war bisher nur in örtlichen Fällen die Stärke der kirchlichen Jugendarbeit bekannt ... Das Landesjugendamt, die FDJ, die Pioniere, Sport, der FDGB, sowie die Partei werden in den nächsten Wochen von sich aus das Verhältnis zur Kirche klären ... Gute, vor allem aber starke Jugendfunktionäre in den Grundeinheiten sollen beauftragt werden, die Versammlungen der kirchlichen Jugendgruppen zu besuchen, jedoch nicht deshalb, um diese zu sprengen, sondern um die Jugendlichen durch freundschaftliche Unterhaltungen über aktuelle Fragen (Nationale Front, Einheit Deutschlands) für uns zu gewinnen, damit einmal die geheime Arbeit aufhört und an ihre Stelle eine kontrollierte Arbeit tritt und die Jugendlichen auch von ihren Leitern abgesondert werden ... Zuverlässige junge Genossen, die im Jugendverband mitarbeiten, sollen beauftragt werden, sich direkt um die kirchliche Jugendarbeit zu kümmern und sie zu überprüfen. Die FDJ als Organisation wird in Zukunft nicht mehr die Jugendarbeit der Kirchen durch Gestellung von Jugendheimen unterstützen."[661]

„Aus Rostock geht uns die Nachricht zu, daß in den letzten Monaten die christliche Jugendgemeinschaft ungeheuer an Aktivitäten zugenommen hat. Äußerlich ist das ersichtlich durch das Tragen der verschiedenen christlichen Abzeichen. [Kugelkreuz] Die einzelnen christlichen Jugendgemeinschaften arbeiten sehr verschleiert, doch sehr gut. FDJ-Mitglieder, die ehemals sehr aktiv gearbeitet haben, verfallen der Passivität und sie erklären ihren Austritt aus der FDJ mit der Begründung, sie können nur einem Herren dienen und sehen ihren Herrn in Gott und Jesu Christi. Das Programm der kirchlichen Gemeinden beruht nach Ansicht der Rostocker Freunde auf rein kirchlichen bzw. biblischen Angelegenheiten."[662]

---

[660] In: Gert Geißler et. al.: Schule: Streng vertraulich. Die Volksbildung der DDR in Dokumenten, Berlin 1996, S. 431.

[661] Protokoll der Landesjugendkommission Mecklenburg am 12.10.1949, in: Akte DY 30/IV/2/16/216, Blatt 39.

[662] Bericht des SED-Landesverbandes Mecklenburg an das Zentraljugendsekretariat Berlin vom 13.10.1949, in: Akte DY 30/IV/2/16/216, S. 2 des Berichts (Blatt 46 der Akte).

In Schwerin war die evangelische Jugend derart stark, dass sich die SED auf ihrer Landesvorstandssitzung am 30. Juli 1949 damit beschäftigte. Das Vorstandsmitglied Heinz Schulz führte aus: „Die Kirche zerschlägt unsere Arbeit mit dem Kreuz und der Weltkugel. Über 1000 Jugendliche laufen in Schwerin mit diesem Abzeichen herum."[663] Diese für SED und FDJ bedrohliche Situation fand noch mehr als dreißig Jahre später ihren Niederschlag in der offiziellen Parteigeschichte.

> *„Als Landesvorsitzender der SED war Kurt Bürger persönlich für die Arbeit mit der Jugend verantwortlich. Dieser Arbeit widmete er sich mit besonderer Energie ... In den Oberschulen und in einer Reihe größerer Grundschulen befanden sich die fortschrittlichen Kräfte häufig in der Minderheit. Dort gab es noch offene oder versteckte Hetze gegen die demokratische Entwicklung, insbesondere gegen die Aktivistenbewegung und gegen die Sowjetunion."[664]*

Die „besondere Energie" zeigte sich besonders in Form von Repression. Im Oktober 1949 kündigte in Schwerin ein Sprecher des mecklenburgischen Volksbildungsministeriums die bevorstehende Auflösung kirchlicher Jugendverbände und das Verbot ihrer Abzeichen an.[665] Von dem SED-Pfarrer Jüchen erwartete die Partei loyales Verhalten. „1949 verlangte man von mir, ich solle öffentlich die reaktionäre Entwicklung der Jungen Gemeinde bedauern und sie als eine illegale Jugendorganisation erklären."[666]

Jüchen weigerte sich entschieden. Ebenfalls widersetzte er sich Versuchen der SED, die

> *„kirchliche Jugend zur Nachwuchsorganisation der CDU zu machen. Sie wollten mich zwingen, das zuzugeben. Die kirchliche Jugend ist Nachwuchsorganisation der CDU. Und da hab ich gesagt: Nein, das ist sie nicht. Wenn man altersmäßig FDJ und Junge Gemeinde einrichten soll, dann hat es die Jungen Gemeinden immer gegeben in der Kirche. Ganz früher im Wilhelminischen Reich hießen sie die Bibelkreise. Dann später hießen sie Eichenkreuzjugend. Als Eichenkreuzjugend hat sie sich durch das ganze Dritte Reich erhalten. Heute heißt sie Junge Gemeinde. Das sind Werke der Kirche und gehören zur Kirche."[667]*

---

[663] Georg Diederich: Nationale Front und SED-Kirchenpolitik 1949-1961, Rostock/Schwerin 1999, S. 24.

[664] Geschichte der Landesparteiorganisation der SED Mecklenburg 1945-1952, a.a.O., S. 418 und 426.

[665] „Der bisherige Verlauf des Kirchenkampfes in der Ost-Zone Deutschlands", S. 4, in: EZA 7/2073.

[666] A 7.

[667] A 21, S. 78ff.

Auch die CDU verweigerte sich nach der Erinnerung Jüchens, als „die SED von den Abgeordneten der CDU Mecklenburg gefordert hatte, die Junge Gemeinde als eine Nachwuchsorganisation der CDU zu bezeichnen. Die Abgeordneten der CDU erklärten, die Junge Gemeinde sei ein Werk der Kirche. Die SED unterstellte mir, daß ich hinter der Weigerung der CDU-Abgeordneten stecke, da ich mit einigen von ihnen befreundet war."[668]

3.3. Der Ausschluss aus der SED

Wer mit stalinistischen Denkstrukturen vertraut war, wusste genau: Jetzt zog sich allmählich die Schlinge zu und es wurde eng um Jüchen.

„Ich wurde eines Tages wieder vor den Parteivorstand in Schwerin geladen. Diesmal ließen mich die Vorstandsmitglieder Einblick nehmen in die beiden Enquêten, von der eine die SED, die andere die FDJ in Auftrag gegeben hatten. Das Ergebnis beider Enquêten war niederschmetternd. In den meisten Gruppen bestand zwischen FDJ und Junger Gemeinde gegenseitiger Kampf und eisiges Mißtrauen. Hier hatten sich beide Gruppen mit Stuhlbeinen blutige Köpfe geschlagen, dort waren auf einen Schlag ein Dutzend FDJler zur Jungen Gemeinde übergetreten, dort hatten sich einige Mitglieder der Jungen Gemeinde negativ zur Oder-Neiße-Linie geäußert.

Für alle diese Spannungen und Auseinandersetzungen, ja für das Absterben vieler FDJ-Gruppen wurde ich verantwortlich gemacht. Ich blieb die Antwort nicht schuldig. Ich wies darauf hin, daß die Redner der SED die höheren Schüler in ihren Versammlungen beschimpften und wegen ihrer bunten Mützen verspottet hätten. Gewiß seien die bunten Mützen ein Statussymbol der höheren Schüler geworden. Aber das sei eine alte Tradition, die bis auf die Ständekleidung mittelalterlicher Studenten zurückgehe. Keiner der Schüler sei je auf den Gedanken gekommen, diese Mütze als Symbol des sozialen Klassenkampfes anzusehen. Immer hätten die Mützen dazu gedient, die Schulklasse und die Versetzung des Schülers in eine höhere Klasse öffentlich zu machen. Darum sei Stolz auf den schulischen Erfolg sicher mit den Mützen verbunden.

Aber zu einem Symbol der Klassenverachtung hätten erst die Redner der SED die Mützen gemacht. Was mich betrifft, so hätte ich oft die Redner selbst, aber

---

[668] A 7.

auch den Unterrichtsminister Grünberg,[669] *auf die schädliche Wirkung solcher Argumentation aufmerksam gemacht. Es könne nicht ausbleiben, daß die Schüler, die ständig grundlos angegriffen würden, feindliche Gefühle entwickelten und diesen schließlich politisch Ausdruck gäben. Wenn der Parteivorstand mir die Schuld an der Entwicklung der Jugendfrage auflade, so sei das genau so widersinnig, wie wenn man bei einem Brand den einzigen Feuerwehrmann, der den Brand zuerst entdeckt hat, als Brandstifter verantwortlich mache.*"[670]

Grünberg hat in der Erinnerung damaliger Schüler bleibende Spuren hinterlassen. Klaus-Henning Schroeder[671] erinnert sich an eine Schulversammlung, auf der Minister Grünberg eine „Rede in scharfen Formulierungen" hielt. „In Wirklichkeit seien die meisten Schweriner Oberschüler eine Bande von Reaktionären." Nach der Rede werden die Schüler aufgefordert, ihre Meinung zu sagen. Keine Reaktion. Sie werden erneut ermutigt. Dann äußern sich nach einigem Zögern doch noch einige Schüler und erhalten postwendend die Quittung.

> „*Grünberg fauchte vor Wut und schrie: ,Von wem wirst Du bezahlt? … Gib doch zu, daß die Amerikaner Dich bezahlen!!' … Die Schüler, die von Grünbergs Angebot, ihre Meinung zu sagen, Gebrauch gemacht hatten, wurden von der Schule gewiesen.*"

Jüchen konnte nicht von der Schule verwiesen werden, wohl aber aus der „Partei der Arbeiterklasse." Nur ein passender Grund musste noch gefunden werden, und dies verzögerte den Ausschluss. Am 4. November 1949 wandte sich Karl Mewis,[672] der mecklenburgische SED-Sekretär für Agitation und Propaganda, brieflich an die für Ausschlüsse zuständige Landesparteikontrollkommission. Es sei …

---

[669] Gottfried Grünberg (1899-1985). Ursprünglich Bergmann. Seit 1928 KPD, Leninschule Moskau, Spanienkämpfer und Offizier der Roten Armee. Seit November 1946 Minister für Volksbildung und Kultur in Mecklenburg. 1950 bis 1956 Generalsekretär der DSF. Danach Funktionen in der Volksarmee, u.a. Militärattaché in Moskau. Angaben in: Geschichte der Landesparteiorganisation der SED Mecklenburg 1945-1952, a.a.O., S. 147/48.

[670] A 15, S. 59ff.

[671] Vgl. Klaus-Henning Schroeder: David's Enkel. Eine Jugend in Schwerin, Schwerin 1991, S. 178ff.

[672] Karl Mewis (1907-1987), ursprünglich Schlosser. Seit 1924 KPD. Spanienkämpfer. 1946 kurzzeitig KPD-Landesleitung Mecklenburg, danach Landesleitung Berlin der SED, ab Sommer 1949 SED-Sekretär Mecklenburg. Später wichtige Funktionen im Staatsapparat, u.a. Botschafter in Peking. Nach: Geschichte der Landesparteiorganisation der SED Mecklenburg 1945-1952, a.a.O., S. 565/66.

„nicht zulässig, den Ausschluß des von Jüchen noch weiter hinauszuzögern. Wenn ihr feste Anhaltspunkte habt, daß er an der Organisierung der christlichen Jugendorganisationen beteiligt ist, dann legt bitte [einen] Beschluß vor, der folgendermaßen formuliert sein könnte: ,Wegen Beteiligung an der Schaffung ungesetzlicher Jugendorganisationen ausgeschlossen.' Mehr ist dazu m.E. nicht notwendig."[673]

So geschah es. Der Beschluss im Fall Jüchen wurde im Parteiapparat Schwerin vorbereitet und lag zur abschließenden Beschlussfassung dem Sekretariat des SED-Landesverbandes vor. Auf der 41. Sekretariatssitzung am 23. November 1949 wurde unter Punkt 6 „Vorlagen der Kaderabteilung" auch der Fall Jüchen verhandelt. Das Protokoll[674] hierzu war lapidar: „Jüchen, Aurel. Der Ausschluß wird vom Sekretariat bestätigt." Unter dem Punkt „Kaderangelegenheiten" wurde neben den Ausschlüssen auch die „Abwicklung der aufzulösenden Jugendabteilung" des SED-Landesverbandes behandelt. Offensichtlich wurde in Mecklenburg die Jugendarbeit der SED generell neu strukturiert, und die Übeltäter und Verantwortlichen für die bisherige Misere waren gefunden worden.

Am 1. Dezember 1949 meldete die SED-„Landeszeitung"[675] in der Rubrik

„Aus dem Parteileben. Die Landesparteikontrollkommission beschloß, das ehemalige Mitglied der SED, Aurel v. Jüchen, aus der Partei auszuschließen. Pastor v. Jüchen hat als Mitglied der SED ein doppelzüngiges Spiel getrieben und versucht, zwischen den demokratischen Parteien Mißtrauen zu säen, wodurch er die gute Zusammenarbeit im Block gefährdete. Durch die Schaffung von separaten Jugendzirkeln betrieb er die Untergrabung der Einheit der Jugend."

Einen Tag später erschien diese Meldung auch in der CDU-Tageszeitung.[676] Jüchen erfuhr seinen Ausschluss aus der Presse.

„Ein Dokument über diesen Ausschluß ist mir niemals zugeschickt worden ... Als das Berliner Zentralsekretariat den Versuch machte, meinen Ausschluß (wahrscheinlich wegen des ungünstigen Eindrucks nach außen) zu verhindern, führte der Bezirkssekretär von Mecklenburg, Karl Mevis, den Beschluß einer Landesbe-

---

[673] Jürgen Borchert: Kalter Krieg – der Fall Jüchen, in: Kulturamt der Landeshauptstadt Schwerin (Hg.): Zwischen Hoffnung und Verzweiflung. Protokolle von Zeitzeugen aus Schwerin 1945-1952, Schwerin 1995. Auf S. 17 zitiert er diesen Brief. Die genaue Quelle wollte Borchert mir mitteilen, ist aber leider verstorben, bevor er das ausführen konnte.

[674] Im MLHA, Akte IV/L/2/3/82 „Protokolle Parteisekretariat."

[675] Der Demokrat. Tageszeitung der Christlich Demokratischen Union Mecklenburg, Nr. 281 des 4. Jg. v. Freitag, 2.12.1949.

[676] Ebd.

zirksleitertagung herbei, die meinen Ausschluß forderte. Diesem Beschluß einer Landesbezirksleitertagung beugte sich auch das Berliner Sekretariat."[677]

Jüchen hatte es seinen Schweriner Gegnern allerdings auch einfach gemacht. Aus heutiger Sicht ist kaum nachvollziehbar, dass er die Hoffnung hatte, durch eine Gegendarstellung in der Nicht-SED-Presse auf die Schweriner SED Druck auszuüben. Hierzu schrieb er 1990 rückwirkend: „Ich war noch nicht am Ende meines Lernprozesses."[678] Aber überraschenderweise erschien seine Gegendarstellung in der Schweriner CDU-Tageszeitung. Es muss in Schwerin Furore gemacht haben, dass sich ein aus der SED ausgeschlossener Pfarrer ausgerechnet in der CDU-Zeitung dagegen zur Wehr setzt.

„Zum Ausschluß aus der SED. Pastor Aurel von Jüchen bittet uns, folgendes mitzuteilen. ‚Ich bin durch ein Urteil der Parteikontrollkommission aus dieser Partei ausgeschlossen worden, weil ich angeblich ein doppelzüngiges Spiel getrieben, zwischen den demokratischen Parteien Mißtrauen gesät und die gute Zusammenarbeit im Block gefährdet hätte. Außerdem soll ich versucht haben, die Einheit der Jugend zu untergraben. Ich versichere, daß an der Begründung kein wahres Wort ist. Ich habe bei der zentralen Kontrollkommission der SED um eine Revision des Urteils nachgesucht und bin gewiß, daß sie das ehrenrührige Urteil der Landeskontrollkommission Mecklenburg aufheben wird, die offenbar das Opfer einer verleumderischen Denunziation geworden ist. Auch habe ich den Oberkirchenrat der Mecklenburgischen Landeskirche gebeten, die für einen Pfarrer untragbaren Vorwürfe auf ihren Wahrheitsgehalt zu prüfen."[679]

Jetzt waren die Würfel endgültig gefallen, und Jüchens Antrag auf Revision des Ausschlusses wurde entsprechend dem Parteistatut auf der SED-Landeskonferenz verhandelt. Dass es nur um die Bestätigung des Beschlusses ging, machte die Landesparteikontrollkommission in ihrem Bericht zur Konferenz deutlich. Auf Seite fünf des Berichtes hieß es im Teil „Kreis Schwerin ... Jüchen wurde aus der Partei ausgeschlossen."[680]

Die Schweriner „Landeszeitung"[681] *meldete am 13.12.1949 die Bestätigung. „Entschließung der SED-Landesdelegiertenkonferenz v. 9.-11.12.1949 ... Von Jüchen mußte aus unserer Partei ausgeschlossen werden, weil er die Bildung einer besonderen kirchlichen Jugendorganisation förderte, gegen die Einheit der Jugendbewe-*

---

[677] A 7.

[678] A 15, S. 61.

[679] Der Demokrat, Nr. 288 v. Sonnabend, 10.12.1949, S. 3, Rubrik: Die Hauptstadt des Landes.

[680] In: MLHA, Akte IV/L/2/4/1180, „Bezirksparteikontrollkommission."

[681] Nr. 291 v. Dienstag, 13.12.1949.

gung arbeitete und durch sein Auftreten die Nationale Front des demokratischen Deutschlands schwächte."

Jüchens erneuter Versuch, die Revision des Ausschlusses zu erreichen, scheiterte. Die Zentrale Parteikontrollkommission unter Hermann Matern bestätigte die Schweriner Entscheidung.[682] Der Historiker Hermann Weber bezeichnet die Jahre 1948 bis 1955 als „Periode der Stalinisierung der SED" und gibt an, dass in dieser Phase etwa 150.000 Mitglieder ausgeschlossen wurden.[683] Klaus Schwabe verweist auf Massenausschlüsse aus der SED in Mecklenburg im Jahr 1949. Allein im Januar 1949 waren es 225, davon 15 in Schwerin.[684]

Eine andere Darstellung[685] gibt für die Zeit von Oktober 1947 bis Januar 1950 mehrere Tausend Ausschlüsse aus der SED-Mecklenburg an. Allein im November/Dezember 1949 seien es 305 Ausschlüsse gewesen.

Aber der Ausschluss eines stadtbekannten Pfarrers war etwas Besonderes und wurde dadurch zum Stadtgespräch.

> *„Alle meine Feinde waren plötzlich alle meine Freunde. Ich wurde begrüßt und beglückwünscht auf der Straße. In Schwerin ging ein Witz um: Wissen Sie, Pastor von Jüchen macht 'n Blumenladen auf. Wieso das denn? Ist denn der von der Kirche abgesetzt? Nein, der hat zu seinem Rausschmiß aus der SED so viel Blumen bekommen, daß er nun einen Blumenladen aufmachen muß."*[686]

3.4. Pfarrer in Gemeinde und Landeskirche

Eine weitere Reaktion auf Jüchens Ausschluss kam vom Kirchgemeinderat der Schelfgemeinde, der sich am 10. Dezember 1949 an den Oberkirchenrat wandte:

> *„Der Kirchgemeinderat der Schelfgemeinde hat in seiner Sitzung vom 9. Dezember einstimmig beschlossen, dem Oberkirchenrat folgende <u>Entschließung</u> zu unterbreiten:*

---

[682] Leider war seine Kaderakte im Zentralen Parteiarchiv des SAPMO nicht auffindbar.

[683] Hermann Weber: „Aufstieg und Niedergang des deutschen Kommunismus", in: Aus Politik und Zeitgeschichte. Beilage zur Wochenzeitung: „Das Parlament", B 40 v. 27.9.1991, S. 31.

[684] In seiner Schrift: Die Zwangsvereinigung von KPD und SPD in Mecklenburg-Vorpommern, Schwerin 1996³ auf den Seiten 154/55.

[685] Marko Michels: Einheitszwang oder Einheitsdrang? Der Vereinigungsprozess von KPD und SPD zwischen 1945 und 1950 in Mecklenburg-Vorpommern, Schwerin 1999, S. 247-252.

[686] A 21, S. 88.

'Wir sehen in der Begründung, die in der Tagespresse über den Ausschluß des Pastors von Jüchen aus der SED veröffentlicht worden ist, eine unverdiente, schwere Ehrenkränkung unseres Geistlichen. Wie erklären einmütig, daß Pastor von Jüchen nach wie vor unser ganzes Vertrauen besitzt, und bitten den Oberkirchenrat, mit allem Nachdruck sich darum zu bemühen, den wahren Tatbestand ans Licht zu bringen. Wir glauben zuversichtlich, daß damit der Ehre unseres Gemeindepastors am sichersten Genugtuung geschehen wird.' Der Kirchgemeinderat."[687]

Nun konnte sich aber der evangelische Bischof schlecht in interne SED-Angelegenheiten einmischen und sich öffentlich gegen den Parteiausschluss eines seiner Pfarrer aussprechen. Möglich hingegen war eine Ehrenerklärung. Diese erfolgte am 11. Januar 1950.

„Auf die … Mitteilung vom 10. Dezember 1949 erwidert der Oberkirchenrat, daß er nach eingehender Prüfung der ihm bekannt gewordenen Mitteilungen über den Ausschluß des Pastors von Jüchen aus der Sozialistischen Einheitspartei Deutschlands keine Veranlassung hat, gegen den Pastor von Jüchen irgendwelche Vorwürfe zu erheben."[688]

Die Solidarität seiner Kirchengemeinde hatte sich Jüchen in den Jahren seit 1946 erarbeitet. Trotz seiner vielen gesellschaftlichen Aktivitäten vernachlässigte er seine Aufgaben in der Landeskirche und in der Kirchengemeinde nicht. Gertrud Hartmann, die 1947 als Jugendleiterin in die Schelfgemeinde kam, erinnert sich[689] an Jüchens Wirken:

„Herr von Jüchen war der Verantwortliche für die Jugendarbeit in der St.-Nikolai-Gemeinde. Vom ersten Augenblick an hatte ich einen guten Kontakt zu ihm, weil seine Liebe wirklich den Jugendlichen galt … Die kirchliche Jugendarbeit war damals vom Staat nicht gewünscht, und wenn sie erlaubt wurde, dann ausschließlich in dem Sinne, daß wir mit der Jugend nichts anderes machen sollten als Bibelarbeit, Choräle singen u.ä. Aurel von Jüchen war sehr tolerant im Umgang mit den Jugendlichen … Er sagte immer: ‚Es kann nicht ein, daß Jugendliche sich ausschließlich nur mit der Bibel befassen. Jugend will doch mehr, Jugend will miteinander wandern, miteinander reisen, miteinander spielen, singen und musizieren.' … Er kam oft in meine Jugendstunden und unterhielt sich mit den jungen Leuten … Die Jugendlichen konnten ihn alles fragen, und er wußte immer eine gute Antwort. Er legte Wert darauf, von ihnen zu erfahren,

---

[687]   In: PAJ.
[688]   In: PAJ.
[689]   Zitiert bei Borchert, a.a.O., S. 95ff.

warum sie sich in der Kirche sammelten, was sie besonders beeindruckte, oder was sie motivierte, in die Junge Gemeinde zu kommen. Nach solchen Gesprächen fühlten sich die jungen Leute bereichert und verstanden. Viele von ihnen waren in der FDJ und blieben auch in der FDJ. Das billigte Jüchen. Er sagte: ,Das ist gut, daß ihr da hingeht. Wenn ihr dort das bekommt, was euch von einer ganz anderen Seite anspricht, dann ist das in Ordnung. Aber ihr könnt den Platz in der FDJ auch als junge Christen ausfüllen.'

Das ging nicht so ganz konform mit meinen Gedanken ...

Ich schätzte seine Einsatzfreude. Wenn man Schwierigkeiten in der Arbeit hatte und darüber klagte, sagte er: ,Ich bringe die Sache in Ordnung.' Ich erinnere mich noch an folgenden Fall. Ich hatte in meiner Gruppe zwei Jugendliche, die in der Schule Schwierigkeiten bekommen hatten und sagten: ,Wir können nicht mehr zur Jungen Gemeinde kommen. In der Schule verübelt man uns das. Wir wollen aber unseren Weg in der Oberschule machen.' Darüber sprach ich mit Jüchen ... Eine der Jugendlichen stellte sich dann zu einem Gespräch zur Verfügung. Nachdem er sich das Problem angehört hatte, sagte er: ,Ich werde mich für Sie verwenden, werde zum Schuldirektor gehen. Ich werde an der Stelle, wo es hingehört, meinen Mund auftun.' Auch zu mir sagte er wiederholt: ,Tun Sie alles, was der Jugend Freude macht. Wenn man Ihnen bei Ihrer Arbeit von Seiten des Staates Schwierigkeiten bereitet, dann kommen Sie zu mir.' Er brachte auch tatsächlich manches in Ordnung."

Jüchen hatte sich auch übergemeindlich exponiert. So hielt er z.B. am 10. Oktober 1948 eine Rundfunkpredigt im Landessender Schwerin. Aber seine Hauptarbeit leistete er in der Schelfgemeinde. Jüchen hatte seit 1946 die Pfarrstelle nur „verwaltet." Ende 1948 wollte ihm der Oberkirchenrat diese Stelle regulär übertragen. Entsprechend der traditionellen Praxis bei der Besetzung von Pfarrstellen erfolgte eine „Aufforderung der Schelfkirche an die Gemeindeglieder zur Äußerung über die Lehre des Herrn Pastors Aurel v. Jüchen." Das Gemeinde- und Kirchenchormitglied Tomtzik reagierte umgehend mit einem ausgesprochenen gehässigen Schreiben:

„Seine Kanzelreden werden vollständig vom Zeitgeist beherrscht. Am Sonntag der Lenin-Gedenkfeier hat Herr Pastor v. Jüchen aus seinem Herzen keine Mördergrube gemacht. Die Hand auf die Hl. Schrift legend, betonte er mit erhobener Stimme: ,Wo steht es hier geschrieben, daß uns beispielsweise ein Lenin nichts zu sagen hätte?'"[690]

---

[690] In: LKAS-Akte Schwerin St. Nikolai, (Bd. II): Bestellung des ersten Predigers an der St. Nikolai-Kirche in Schwerin, Teil III, Blatt 376ff.

Diese Reaktion war zwar nicht mehrheitsfähig, aber es gab auch in anderen Teilen der Gemeinde Vorbehalte, wie Pfarrer Kleiminger dem OKR mitteilte.

Allerdings habe

„der Kirchgemeinderat Schelf auf seiner Sondersitzung am Freitag, dem 19. November 1948, einstimmig beschlossen, … auf sein Wahlrecht bei der Berufung der 3. Pfarre an der Schelfkirche zu verzichten. Damit erklärt sich dieselbe einverstanden, daß Herr Pastor v. Jüchen nunmehr vom Oberkirchenrat als 3. Pastor berufen wird … Es soll aber nicht verheimlicht werden, daß die ernsthaften Bedenken gegen Herrn Pastor v. Jüchen zum Ausdruck gebracht worden sind, soweit sie in vielen Häusern bestehen. Man wünscht keine politisch tätigen Pastoren. Auch wünscht man, daß der Pastor seine ganze Kraft in der Gemeinde und nicht anderswo auf nichtkirchlichem Gebiet einsetzt. Herr Pastor v. Jüchen hat zugesichert, daß er diesen Wünschen gewissenhaft Rechnung tragen will."[691]

Am 1.4.1949 wurde Jüchen im Rahmen einer Feier des Kirchgemeinderats die Ernennungsurkunde überreicht. Jüchen liebte die Gemeinde und schwärmte noch Jahrzehnte später von ihr und der Kirche:

„Die Schelfkirche war und ist trotz ihres baulichen Verfalls bis zum heutigen Tag ein architektonisches Kunstwerk geblieben. Sie ist eine der wenigen Kirchen im Backstein-Barock, eine glückliche Mischung aus dunklem Backstein und hellem Sandstein und mit einer fröhlich geschwungenen kupfernen Turmhaube. Mit ihrer Umgebung, dem so genannten Schelfmarkt, bildet sie eine vollendete architektonische Einheit. Die Gemeinde, die zu dieser Kirche gehörte, brauchte ich nicht mühsam aufzubauen, sie bildete seit ihrer Gründung durch die pietistischen Väter eine geschlossene, intakte Gemeinde. Der Pfarrer brauchte diese Gemeinde nicht zu tragen, sie trug ihn ruhig und sicher durch alle Konflikte und Anfechtungen des Glaubens hindurch."[692]

Jüchens Gemeindearbeit gab zu keinen Klagen Anlass, und der Gemeindekirchenrat konnte sich auf seinen Pfarrer verlassen. Diesen Eindruck einer guten Gemeindearbeit vermittelt auch der „Bericht über die Inspektion in der St. Nikolai-Gemeinde zu Schwerin am 15. September 1949,"[693] die vom Superintendenten und einer Kommission durchgeführt wurde. In diesem Bericht hieß es u.a.:

---

[691] Brief des 1. Pfarrers der Schelfkirche, Gottfried Kleiminger, an Oberkirchenrat vom 20.11.1948, in: ebd., Teil III, Blatt 371. Auch im GA-Schelfgemeinde, Chronik/Gemeindegeschichte, Bd. 3, „1943-1973."

[692] A 15, S. 37.

[693] In: GA-Schelfgemeinde Chronik/Gemeindegeschichte, Bd. 3, „1943-1973."

„Die drei Pastoren der Schelfgemeinde predigen, einer wie der andere, gern. Die Krankenhausseelsorge ist verhältnismäßig intensiv, alle Pastoren sind daran beteiligt." In der Gemeinde blühte vor allem die Arbeit mit der weiblichen Jugend. Jüchen war für den Kindergottesdienst zuständig. „Auch in der männlichen Jugendarbeit besteht in Schwerin ein übergemeindlicher Kreis, dessen kirchliche Prägung verstärkt werden muß ... Die Kinder erhalten die Christenlehre in 275 verschiedenen Gruppen. Es gibt 30 hauptamtliche Katecheten, die jeweils 20 Wochenstunden unterrichten." Bei der Helferversammlung „versammelten sich von den [ehrenamtlichen] 135 Helfern und Helferinnen der Gemeinde ungefähr 100 ... „Es zeigte sich, daß in der Nikolai-Gemeinde zu Schwerin eine sehr vielseitige, tiefdringende und ersprießliche Arbeit von den drei Pastoren, den hauptamtlichen Mitarbeitern, den Kirchenältesten, der Helferschaft und der beträchtlichen Zahl von Arbeitskreisen geleistet wird und daß wir auf einen gesegneten Fortgang dieser Arbeit hoffen können." Ein Satz des Berichtes war auffällig: „Die besuchenden Katecheten müssen sich sorgsam vor unbedachten Äußerungen hüten."

1949 hatte es wegen einer derartigen Äußerung eine bemerkenswerte Kontroverse mit dem mecklenburgischen SED-Vorsitzenden Bürger gegeben.[694] Der Sohn Bürgers, Heinz Bürger, war Schüler der Schweriner Gerhard-Hauptmann-Schule und nahm dort als Kind aus atheistischer Familie nicht am Religionsunterricht teil. Dieser Unterricht fand außerhalb des Schulgebäudes statt und wurde von einem Katecheten, einem kirchlichen Lehrer, erteilt. Zu dieser Zeit nahm noch die überwiegende Mehrheit der Schüler an dieser „Christenlehre" teil. Zwei Ereignisse motivierten Bürger zur Intervention bei Jüchen, der sofort der Landeskirche davon Mitteilung machte. Zum einen war Bürger jun. von Mitschülern „angepöbelt worden, weil er am Religionsunterricht nicht teilnimmt." Bei dieser harmlosen Hänselei vermutete Bürger einen tieferen, konterrevolutionären Hintergrund, denn die Schüler hätten folgendes geäußert: „Die den Religionsunterricht besuchen, werden in Zukunft bestimmen. Du kannst dann im besten Falle Straßenkehrer werden." Für Bürger war der Fall klar: „Ich kann nicht glauben, daß Kinder von selbst – ohne Beeinflussung – auf solche Gedanken und zu solchen Äußerungen kommen." Als dann noch der Religionslehrer dieser Kinder bei Bürger in der Wohnung vorbeiging „um nachzufragen, warum mein Sohn den Religionsunterricht nicht besuche," war das Bild Bürgers komplett. Die Landeskirche hatte ein großes Interesse daran, den

---

[694] Alle Dokumente hierzu befinden sich im MLHA, Akte: IV/L/2/3/134.

Fall zu klären und wandte sich sofort an Bürger, der erst nach mehreren Aufforderungen antwortete und den Fall auf sich beruhen ließ. Warum sollte er ausgerechnet mit der Landeskirche kooperieren, der er konterrevolutionäre Politik unterstellte? Dass Jüchen den Vorgang „kirchenöffentlich" gemacht hatte, dürfte Bürger nicht gefreut haben.

Am Jahresende 1949 war Jüchen aus den SED-Organisationen ausgeschieden und widmete fast seine gesamte Zeit der Gemeindearbeit. Der Kontakt zu seinen drei Kampfgefährten in Mecklenburg war immer schwächer geworden. Nach Jüchens Ausschluss aus der SED kam immerhin eine Reaktion von Schwartze.

„In der Landeszeitung las ich … daß Du aus der SED ausgeschlossen worden bist …
Ich halte es für unerläßlich, daß wir unsere Ludwigsluster Besprechungen wieder auf-
nehmen und uns über die nun eingetretene Lage auch mit Karl unterhalten."[695]

Aber obwohl dieses Treffen noch stattfand,[696] kam es zu keinem gemeinsamem Vorgehen. Zu sehr hatten sich die vier auseinander entwickelt. Kleinschmidt war Mitglied im Präsidialrat des Kulturbundes und Volkskammerabgeordneter geworden, Schwartze Landtagsabgeordneter, und Theek Mitglied im Vorstand der VVN und Bürgermeister in Ludwigslust. Der einzige Bereich, in dem sie auch vor Jüchens Ausschluss noch zusammengearbeitet hatten, war die Kirchenpolitik. Sie verfassten 1949 nur noch einige gemeinsame Erklärungen zum Weg der evangelischen Kirchen in Ost und West. Jüchen war Mitglied der Landessynode der mecklenburgischen Kirche und insofern direkt an der Ausarbeitung und Beschlussfassung der kirchlichen Politik beteiligt.

1949 kritisierten die vier im „Neuen Deutschland" die Kirchenpolitik des Berliner Bischofs Otto Dibelius, der sich eindeutig auf die Seite des Westens und der Nato geschlagen habe. Zu ihrer Kritik gehörte auch ein expliziter Hinweis auf dessen antidemokratische Tradition und zeitweilige Unterstützung der NS-Regierung im Jahr 1933. Die West-Kirche beobachtete diese Kontroverse genau, und es gab im Westen genug Personen, die mit thüringischen und lippischen Kirchen-Interna gut vertraut waren.

---

[695] Brief Schwartze 2.12.1949 an Jüchen mit Kopie an Kleinschmidt (im PAB, NL-KK).
[696] Mitteilung Aurel von Jüchens an den Verfasser.
[697] „Was geht in der Ostzone vor?" In: Evangelische Welt. Informationsblatt für die Evangelische Kirche in Deutschland, August 1949, im: EZA 7/640.

„[Es] dürfte … dem von uns zitierten Landespastor Schwartze … und einem seiner Schweriner Amtsbrüder wenig sympathisch sein, wenn man bei ihnen zu einer Durchleuchtung ihrer pfarramtlichen Vergangenheit überginge, wie das von ihren SED-Freunden bei dem Berliner Bischof für angemessen gehalten wird."[697]

Am 26.3.1949 schrieben die vier einen „Offenen Brief" an die Leitung der „Vereinigten Lutherischen Kirchen in Deutschland" zu Händen des Vorsitzenden Bischof Meiser in München. Thema war der „Weltfriedenskongreß"[698] in Paris im April 1949, zu dem auch die Kirchen eingeladen waren, aber nicht teilnahmen.

„Es gibt keinen aufrichtigen Christen, der nicht für den Frieden wäre. Es genügt aber nicht, für den Frieden zu sein. Man muß für ihn kämpfen, und man kann nur wirksam für ihn kämpfen, wenn man weiß, wer ihn bedroht und wer ihn verteidigt. Sie vertreten eine Auffassung, nach der der Krieg mit der Ordnung der Welt notwendig verbunden ist, wir hingegen, daß er mit den gegenwärtigen gesellschaftlichen Zuständen in der Welt notwendig verbunden ist. Sie sind der Meinung, daß der Krieg erst mit der Sündhaftigkeit des Menschen aus der Welt verschwinden kann. Wir wissen, daß er mit der Beseitigung seiner immanenten Ursachen verschwinden wird. Für Sie ist vermutlich der Atlantikpakt einer unter vielen Versuchen zur Sicherung des Weltfriedens. Demgegenüber stellen wir fest, daß dieser Pakt eine Koalition der Kräfte ist, die an der Aufrechterhaltung einer Weltordnung interessiert sind, zu der der Krieg gehört, wie die Frucht zum Baum."[699]

Fast vier Jahrzehnte später bewertete ein Kirchenjournalist die Rolle Jüchens und seiner Freunde in der damaligen Kirchenpolitik.

„Dem mecklenburgischen Oberkirchenrat bereiteten die Aktivitäten einiger so genannter ‚fortschrittlicher Pfarrer' Sorgen, die für eine Option der Kirche für ein sozialistisches Staatsgebilde plädierten … So versuchten sie, eine eigene Kirchenpolitik zu betreiben, und strebten allem Anschein nach danach, eine Kirchenleitung nach eigenen Vorstellungen zu bilden. Zu ihnen gehörten Domprediger Karl Kleinschmidt … und Gemeindepfarrer Aurel von Jüchen … Am 26. März 1949 schrieben die vier Pfarrer ihre Bedenken zum gegenwärtigen Kirchenregiment in Mecklenburg, das sich der aktuellen Tagespolitik zu entziehen suche und damit zu einer friedensfeindlichen Haltung beitragen würde. ‚Wir stehen unter dem Eindruck, daß die

---

[698] Kleinschmidt war einer von acht ostdeutschen Delegierten auf dem Pariser Kongress. Er berichtete darüber in „Heute und Morgen", Nr. 5/1949, S. 258, und in „Glaube und Gewissen", Nr. 6/1969, S. 106.

[699] MLHA, Akte IV/L/2/14/643: „Landesleitung der SED Mecklenburg, Evangelische Kirchenfragen, 1946-1950."

gegenwärtige Leitung der evangelisch-lutherischen Kirche Mecklenburgs immer dann, wenn das Schicksal unseres Vaterlandes auf eine besondere Weise auf dem Spiel steht, sich ihrer Verantwortung durch den Rückzug in eine zwar theologisch möglicherweise ausdrucksvolle, aber geschichtlich gefährliche Unverbindlichkeit zu entziehen sucht.' ... Teilweise erübrigten sich durch besondere Umstände weitere direkte Auseinandersetzungen ... Pfarrer Aurel von Jüchen wurde am 23. März 1950 verhaftet und zu mehrjähriger Haft in der Sowjetunion verurteilt."[700]*

In der folgenden Darstellung sollen die Vorgeschichte und die Umstände dieser Verhaftung geschildert werden.

3.5. Der Konflikt um die Goethe-Schule

Karl Mewis, seit Juli 1949 im Land Mecklenburg als 2. Sekretär der Landesleitung tätig, gehörte im Parteiapparat zu den Hardlinern und aktiven „Ketzerjägern." Er wurde bald Jüchens größter Feind in der SED-Hierarchie. Mewis erinnerte sich dreißig Jahre später an diese Phase der Parteigeschichte in Mecklenburg.

„Einige der Gestrigen wühlten gegen die neue Ordnung, versuchten zu zersetzen und zu sabotieren. Einen Teil dieser Menschen konnten wir durch unsere elastische Politik neutralisieren."[701]

1948/49 war diese „Zersetzung" durchaus real. In vielen Städten der SBZ/DDR widersetzten sich frühere Sozialdemokraten, die durch die Parteivereinigung Mitglieder der SED geworden waren, der Stalinisierung ihrer neuen Partei und hielten Kontakt zum „Ostbüro der SPD."

Die Verfolgung oppositioneller Sozialdemokraten in der SBZ/DDR hatte schon 1946 begonnen, bald nach der Verschmelzung von KPD und SPD, aber sie erreichte ihre größte Intensität erst in den Jahren 1947/49, als die Kommunisten ihren monopolistischen Herrschaftsanspruch in der Partei mit rücksichtsloser Gewalt durchsetzten und die SED zur stalinistischen Kaderpartei umschmolzen. Laut einem Brief des Freundeskreises ehemaliger politischer Häftlinge aus den Reihen der Sozialdemokratischen Partei Deutschlands vom 31. März 1971 an das Zentralkomitee der SED

---

[700] J. Seidel, a.a.O., S. 218 u. Anm. 99 auf S. 220.

[701] Karl Mewis: „Frischer Wind in Mecklenburg", in: Ilse Schiel (Hg.): Die ersten Jahre. Erinnerungen an den Beginn der revolutionären Umgestaltungen, Berlin/DDR 1979, S. 144.

[702] Nach: Karl Wilhelm Fricke: Politik und Justiz in der DDR, Köln 1979, S. 117.

waren es mehr als fünftausend Mitglieder und Funktionäre der deutschen Arbeiterbewegung, [die] lange Jahre in menschenunwürdiger Haft ihrer Freiheit beraubt wurden. Über vierhundert von ihnen seien dabei umgekommen.[702] In Mecklenburg und Vorpommern wurden von 1946 bis 1951 ca. 5000 ehemalige Sozialdemokraten „als Feinde und Schädlinge unserer Partei entlarvt und ausgeschlossen.“[703]

Parallel und unabhängig davon widersetzten sich in den Blockparteien CDU und LDPD an vielen Orten Mitglieder und Funktionäre der „Gleichschaltung“ ihrer Organisationen und ihrer endgültigen Mutation zu Befehlsempfängern der SED. CDU und LDPD hatten besonders viel Anhang unter Oberschülern und Studenten, die auch aufgrund ihres Alters eher zu Widerstandsaktionen bereit waren. Seit der Öffnung der Stasi-Akten wurde deutlich, dass dieser Widerstand breiter war, als vorher im Westen angenommen. So konnten für den Zeitraum 1945-1952 an 13 Orten derartige Widerstandsgruppen an Oberschulen nachgewiesen werden.[704]

Eine dieser Schulen war das Goethe-Gymnasium in Schwerin. An dieser Oberschule für Jungen waren 1947 fast die Hälfte der Lehrer Mitglied von CDU und LDPD (12 von 26), selbst der Direktor war CDU-Mitglied. In der SED dagegen waren nur 7[705] Lehrer organisiert. Unter den Schülern bestand eine starke Gruppe der LDPD. In der 2. Jahreshälfte 1948 verhinderten die LDPD-Schüler die Gründung einer SED-Betriebsgruppe an der Schweriner Oberschule. Hierbei trat der Schüler Arno Esch besonders hervor, auf den noch zurück zu kommen ist. Als 1949/50 die SED immer stärker versuchte, ihr missfallende Lehrer aus der Goetheschule zu verdrängen, nahmen die Konflikte an der Schule zu. 144 Schüler solidarisierten sich per Unterschrift mit einem Lehrer, der auf Druck der SED die Schule verlassen sollte. Die Stärkeverhältnisse an der Schule macht eine Angabe aus dem Jahr 1952 deutlich. Von 440 Schülern der Goetheschule waren 352

[703] Klaus Schwabe in: Sozialdemokratische Partei Deutschlands, Parteivorstand und Landesverband Mecklenburg-Vorpommern (Hg.): Zwangsvereinigung von SPD und KPD in Mecklenburg-Vorpommern, Schwerin 1996, S. 25/26.

[704] Klaus-Dietmar Henke/Peter Steinbach/Johannes Tuchel (Hg.): Widerstand und Opposition in der DDR, Köln/Weimar/Wien 1999; S. 127ff.

[705] Georg Herbstritt: „… den neuen Menschen schaffen“. Schule und Erziehung in Mecklenburg-Vorpommern und die Konflikte um die Schweriner Goetheschule von 1945 bis 1953, Schwerin 1996.

in der FDJ, davon 60 aktiv. Gleichzeitig hatte die „Junge Gemeinde" rund dreihundert Mitglieder an der Schule.

Als am 20. Januar 1950 an der Goethe-Schule illegal angeklebte „anti-sowjetische Plakate und Handzettel" gefunden wurden, die über Nacht dort angebracht worden waren, klingelten bei SED und Staatssicherheit alle Alarmglocken. Georg Herbstritt zitiert in seinem Bericht über die Vorgänge an der Goetheschule einen Bericht der Mecklenburger Stasi, in dem angegeben wird, dass „seit Oktober 1949 ... in Schwerin die Tätig-keit einer Untergrundbewegung festzustellen gewesen" ist.[706] Tatsächlich wurden dann am 5. Juli 1950 mindestens neun Schüler aus den Klassen 11 und 12, z.T. in der Schule, verhaftet, die seit längerer Zeit Flugblätter der „Kampfgruppe gegen Unmenschlichkeit" in Schwerin verteilt hatten.

Die Sicht deutscher Kleinbürger und die Sicht deutscher Stalinisten haben eine gemeinsame Schnittmenge. Wer sich gegen die staatlichen Ver-hältnisse auflehnt, ist aufgehetzt worden und wird gesteuert. Also müssen die Hintermänner und Rädelsführer gesucht, gefunden und ausgemerzt werden. In Schwerin war der Verursacher schnell gefunden. Minister Grün-berg teilte am 10.3.1950 dem „Block der Anti-Faschistischen Demokratischen Parteien" Schwerins[707] „Betr. Oberschule Schwerin" mit:

„Die Oberschule Schwerin ist die einzige Oberschule in unserem Lande mit einer gespaltenen Jugend. Dort machen sich illegale Jugendorganisationen, angeblich konfessioneller Art, bemerkbar. Kreuzler, Kugelkreuzler, aber auch Hakenkreuzler, wie das Anmalen von Hakenkreuzen an den Türen der Schulen beweist. Diese abgespaltene Jugend steht in scharfer Feindschaft zur FDJ ... An der Oberschule gibt es Agenten der Imperialisten ... Es wurden Hetzschriften aus dem Westen verteilt. Der Zustand ist also untragbar. Es bedarf eines sofortigen, radikalen Eingriffes. Die Ursachen für die Zustände kann man in folgendem suchen ... Die Jugend der Oberschule wurde durch einen Feind, nämlich den Pastor von Jüchen, systematisch gespalten. Obwohl dieser Pastor aus der SED ausgeschlossen wurde, treibt er immer noch sein Unwesen unter der Jugend. Er ist immer noch Mitglied des Kulturbundes. Weder die Lehrerschaft noch die Schülerschaft hat zu diesem Fall Stellung genommen ... Die Verantwortung, die ich vor dem Gesetz und der Verfassung zu tragen habe, zwingt mich, zu handeln."

---

[706] Ebd., S. 106.
[707] Abgedruckt in: ebd., S. 98/99.

Was Grünberg und die Seinen unter Handeln verstanden, hatten sie bereits vorexerziert. Die wichtigste Persönlichkeit der Liberaldemokraten im Norden mit erheblicher Ausstrahlung auf junge Menschen war Arno Esch, ehemaliger Goetheschüler, Student an der Universität Rostock und Mitglied des LDPD-Gesamtvorstandes. Esch wurde in der Nacht vom 18. zum 19. Oktober 1949 zusammen mit dreizehn weiteren LDPD-Freunden verhaftet. Er wurde im SMT-Gefängnis am Schweriner Demmlerplatz inhaftiert und dann nach Moskau überführt, dort am 20. Juli 1950 zum Tode verurteilt und am 24. Juli 1951 hingerichtet.

Die Alltäglichkeit des Terrors und das Ausmaß machen die Zahlen der damals Verhafteten klar. In den Jahren 1948 bis 1953 wurden an den Hochschulen der SBZ/DDR 641 Personen verhaftet und davon 82 nach Workuta und weitere 57 in andere russische Lager deportiert.[708]

3.6. Der russische Geheimdienst sucht einen IM

1950 war die SED in der DDR zwar an der Regierung, aber nicht an der Macht. Diese übte unumschränkt die Sowjetische Militäradministration aus. Und in dieser regierte der Geheimdienst NKWD. Er hatte in jeder größeren Gemeinde, in jeder Stadt seine Niederlassung. Der russische Geheimdienst hatte mehrmals seinen Namen gewechselt. Zuerst hieß er Tscheka, dann GPU. 1934 nannte er sich „Volkskommissariat für Innere Angelegenheiten" (NKWD – Narodny Kommissariat Wnutrennych Djel). Innerhalb des NKWD versah eine besondere Sektion die Aufgaben der Geheimpolizei, der Spionage und Spionage-Abwehr. 1941 wurde aus der „Hauptabteilung für Staatssicherheit" das Staatssicherheitsministerium (MGB).

Unter direkter Regie des sowjetischen Geheimdienstes waren in der sowjetischen Besatzungszone Internierungslager eingerichtet worden, in denen – wie in den Westzonen – ehemalige Nazis arretiert waren, um sie zur Rechenschaft ziehen zu können. Die Speziallager unterschieden sich freilich in einem Punkt grundlegend von den Internierungslagern der Westzonen: Sie dienten neben der Inhaftierung von Nationalsozialisten

---

[708] Verband ehemaliger Rostocker Studenten (Hg.): Namen und Schicksale der von 1945 bis 1962 in der SBZ/DDR verschleppten Professoren und Studenten (überarbeiteter Reprint der VDS-Dokumentation von 1962), Rostock 1994, S. 206ff.

auch dazu, Gegner der gesellschaftlichen Umwälzung (Sozialdemokraten, Liberale und Konservative) aus dem Verkehr zu ziehen und mundtot zu machen. Schlechte Behandlung war ebenso charakteristisch wie die Willkür, mit der man inhaftiert wurde. Das ehemalige KZ Buchenwald war das Speziallager Nr. 2, Sachsenhausen diente ab August 1945 als Speziallager Nr. 7 und war bis 1950 die größte Haftstätte der SBZ/DDR. Etwa 50.000 Menschen waren im Laufe der fünf Jahre in diesen Lagern inhaftiert, etwa 12 000 sind ums Leben gekommen und wurden in Massengräbern beerdigt. Die Vorgänge waren bis zum Ende der DDR tabuisiert.[709]

Das mecklenburgische Speziallager des NKWD war das Lager Nr. 9 „Fünfeichen/Neubrandenburg." Es bestand von Mai 1945 bis September 1948. Hier waren insgesamt 15.400 Gefangene inhaftiert, von denen ca. 4.800[710] verstarben. Die Verhaftungszahlen sprengten bald alle bekannten Dimensionen. Neueren russischen Angaben zufolge sind allein im Jahr 1948 in der SBZ 160.000 Personen „wegen Verstößen gegen die alliierte Ordnung" verhaftet worden.[711]

Neben dem alltäglichen Terror und der dadurch planmäßig verbreiteten Angst überzog der NKWD das Land mit einem engmaschigen Spitzelnetz. Heute glauben viele Menschen im Westen, dies sei eine Erfindung der DDR und der Staatssicherheit gewesen. Tatsächlich hatte die SED auch hier das sowjetische „Modell" kopiert. Das Ergebnis jedenfalls entsprach den russischen Erwartungen. Es gab genug Menschen, die bereit waren, ihre Umgebung zu bespitzeln. Andere zerbrachen an dem dadurch ausgelösten Gewissenskonflikt, wie Jüchen sich erinnert.

„Einer der schlimmsten, gesellschaftszersetzenden Schäden ist die Durchseuchung des ganzen Landes mit dem Spitzelwesen. Ich hatte eines Tages einen alten verläßlichen Sozialdemokraten zu beerdigen, der in einem Sägewerk beschäftigt war. Er hatte sich selbst das Leben genommen. Als ich seine Frau nach dem Grunde befragte, antwortete sie nach langem Zögern, weil er sich zu Tode geschämt hätte. Eines Tages hätten sie ihn nach Feierabend von der Firma abgeholt und auf dem Rücksitz ihres

---

[709] Wolfgang Benz, Demokratisierung durch Entnazifizierung und Erziehung, in: Bundeszentrale für politische Bildung (Hg.): Deutschland 1945-1949 (Informationen zur politischen Bildung 259), Bonn 1998.

[710] Peter Reif-Spirek/Bodo Ritscher (Hg.): Speziallager in der SBZ, Berlin 1999, S. 310.

[711] Jan Foitzik: Der sowjetische Terrorapparat in Deutschland, in: Schriftenreihe des Berliner Landesbeauftragten für die Unterlagen des Staatssicherheitsdienstes der ehemaligen DDR, Band 7, Berlin 2000, S. 13.

Motorrades zu einer Vernehmung geholt. Jeder Mann im Betrieb, jeder Mann auf der Straße hätte gesehen, daß er von der NKWD abgeholt wurde. Als die NKWD ihre Spitzelwerbung begann, geschah das noch nicht, wie heute, geheim, sondern sie handelten so, wie sie es in der Sowjetunion gewöhnt waren. Ich weiß nicht, ob es auch in Rußland konspirative Wohnungen gibt, aber jedenfalls haben sie sie dort nur in Ausnahmefällen nötig, weil dort jedermann mit der Existenz der NKWD vertraut ist. Viele russische Filme haben die NKWD zum Gegenstand. Ihre Angehörigen und Leiter sind die Helden des Films, die die Bevölkerung eines Dorfes oder einer Kolchose vor Ungerechtigkeiten bewahren und Schuldige ihrer gerechten Bestrafung zuführen. Ich habe viele solcher Filme während meiner Gefangenschaft in der SU gesehen und weiß, in wie hohem Maße der Film der Sympathiewerbung für die NKWD dient. Erst in Deutschland, wo die Menschen mit Tobsucht und Selbstmord auf Verhaftungen durch die NKWD reagierten, wurde die Ablegung der Uniform und die geheime Konspiration an geheimen Orten zur Regel.

... [Es] meldeten sich bedrängte Bürger aus allen Teilen der Stadt in meiner pfarramtlichen Sprechstunde. Alle wurden umgetrieben von Angst. Alle waren durch den NKWD angesprochen, bestellt, beauftragt, und wußten nicht, wie sie sich verhalten sollten. Es waren darunter junge Mädchen, die auf irgendeinen jungen Mann angesetzt wurden. Wenn sie antworteten, das könnten sie nicht, weil sie es noch nie gemacht hätten, gab man ihnen eine Art Unterricht. Sie setzten eine Art Rendezvous in Gang in einem Café oder in einem Restaurant. An einem Nebentisch saß ein Beobachter des NKWD. Nach dem Treffen gab der Beobachter den Mädchen Zensuren, was sie gut gemacht und ebenso zu allem, was sie verpatzt hatten. Ich gab den Mädchen den Rat, sich konsequent dumm und ungeschickt zu anzustellen, bis der Vertreter der NKWD zu dem Urteil kam: Dieses Mädchen ist für die Konspiration völlig ungeeignet. Vielen Mädchen gelang es, sich auf diese Weise konsequent dumm zu stellen.

Unter den für den Spitzeldienst Angeheuerten waren viele ehemalige Nationalsozialisten, ehemalige Offiziere, Beamte, die aus irgendeinem Grund um ihre berufliche Stellung fürchten mußten. Immer waren es die Schwächen der Menschen, auf die die NKWD und später die Stasi ihre Taktik aufbauten. Sie mußten etwas fürchten, was eintreten könnte, wenn sie das Angebot ablehnten. Ich war erstaunt, wie weich, nachgiebig und furchtsam die Menschen waren und wie wenig ihr Ich eine Substanz hatte, auf die sie sich wie auf einen festen Kern zurückziehen konnten. Ich nutzte darum die Sprechstunde, mit ihnen zusammen eine solche unangreifbare Substanz zu finden. Ehemaligen Offizieren sagte ich: ‚Ihr habt euch immer soviel auf eure Ehre berufen. Nun zeigt doch einmal den Werbern [für den NKWD], was ein Offizier der deutschen Wehrmacht ist! Beruft euch auf eure Offiziersehre!' Sekretäre und Sekretärinnen fragte ich, ob sie wüßten, was das Wort Sekretär bedeutet. Für die meisten war es ein unverstandenes Fremdwort. Ich sagte ihnen, daß das Wort sie zur Geheimhaltung verpflichtet und forderte von ihnen, ihren Bedrängern zu sagen, sie könnten nicht gegen die Grundvoraussetzung ihres Berufes handeln und sie würden ihn sofort verlieren, wenn sie gegen diese Grundvoraussetzung handelten. Wenn sie Christen wären, so sei ihre Antwort einfach die: Ihr christlicher Glaube verbiete es ihnen, andere Menschen in Angst und Not zu versetzen.'[712]

Jüchen hatte mit dem NKWD bereits Erfahrungen gesammelt. Ein Pfarrerkollege war verhaftet worden. Der spätere Greifswalder Bischof Horst Gienke war damals im Jungenkreis der Schelfgemeinde und erinnert sich an den Fall.

„Erschrocken hörten wir eines Tages – es war der 31. Januar 1949 – von der Verhaftung des damals nicht mehr jungen Pastors Kleiminger. Er hatte bei seinen Krankenhausbesuchen unbesehen alte Traktate am Krankenbett zurückgelassen, von denen einige auch ein Gebet für den ‚Führer' enthielten. Er wurde angezeigt und sofort verhaftet … Aurel von Jüchen, der Amtsbruder an der Schelfkirche, der als religiöser Sozialist gute Kontakte zu den Machthabern hatte, begann sofort, sich um die Freilassung zu bemühen. Karl Kleinschmidt wird bestimmt auch geholfen haben.'[713]

Es gelang. Kleiminger wurde einige Tage später freigelassen. Aber das war im Januar 1949 und Jüchen war noch Mitglied der SED. Ein Jahr später, im Januar 1950, hatten sich die Zeiten verändert, wie er bald erfahren musste.

„Ich erhielt eines Tages von der NKWD die Aufforderung, in einem bestimmten Haus zu einer Besprechung zu erscheinen. Dort traf ich auf ein halbes Dutzend NKWD-Offiziere. Jede Tür, die ich durchschritt, wurde hinter mir geschlossen. Ich wurde in einen bürgerlichen Salon geleitet, in dem die Teppiche merkwürdig verschossen und alle Möbel dick verstaubt anmuteten. Es war eine der konspirativen Wohnungen der NKWD. Man behandelte mich sehr freundlich. Ich zeigte mich so aufgeräumt wie ich konnte.

Die erste Frage, die man an mich richtete, lautete: ‚Herr Pfarrer, Sie fahren doch öfter nach Berlin?' Ich bejahte die Frage. ‚Dürfen wir fragen, wen Sie in Berlin besuchen?' Ich antwortete, daß ich der Herausgeber einer kleinen Schriftenreihe sei, die die Nazis verboten hätten und die die Gesamtüberschrift ‚Gespräche über den Zaun' führe. Der Verlag, die Evangelische Verlagsanstalt, Berlin, möchte die Reihe fortsetzen. Zugleich würde darüber verhandelt, ob der Verlag die während der Nazizeit erschienenen Traktate als Buch herausgeben könnte. [Sie fragten weiter:] Ob ich sonst noch Besuche in Berlin machte. Ich ahnte, daß diese Frage auf das Ostbüro der SPD in Berlin zielte, das ich

---

[712] A 15, S. 47ff.

[713] Gienke, a.a.O., S. 49/50.

nie besucht hatte, ja dessen Adresse ich nicht einmal kannte. Ich wolle aber Schwerin verlassen und mich um eine Stellung in Berlin bemühen. Ich nannte die Namen von Bischof Dibelius und einiger Konsistorialräte. Die nächste Frage war, wen in Schwerin ich kennte und besuchte. Ich erwiderte, ein Pastor sei verpflichtet jeden Tag in seiner Gemeinde Hausbesuche zu machen. Darum sei es mir unmöglich, die Menschen zu nennen, die ich besuche. Auch sei ich durch die Schweigepflicht des Pfarrers gebunden, keine Aussagen über Gespräche mit Gemeindegliedern zu machen.

Sie antworteten, sicher hätte ich als Seelsorger gegenüber Menschen, die mir ihre Geheimnisse anvertrauten eine Schweigepflicht. Aber politisch gesehen hätte ich auch eine Offenbarungspflicht, gegenüber denen, die für eine Demokratie in Deutschland kämpfen. Sie erwarteten darum von mir, daß ich alle jene Personen nenne, die der Entwicklung der Demokratie in Deutschland entgegenarbeiten. In der Erinnerung an die hinter mir abgeschlossenen Türen suchte ich nach einem Kompromiß. Ich sagte, ich verstünde, daß sie als Besatzungsmacht an gewisse Barrieren stießen. Die Sprachbarriere und die Kulturbarriere hinderten sie vielfach, die Verhältnisse in Deutschland voll zu verstehen. Ich sei darum bereit, ihnen die anderen Verhältnisse verständlich zu machen, aber ich könne im Hinblick auf meine berufliche Schweigepflicht nicht über Menschen mit ihnen sprechen.

Darauf entwickelte sich eine breite Aussprache über die Beziehung zwischen Verhältnissen und Menschen. Alle Verhältnisse seien an Menschen gebunden. Es seien ja die Menschen, die die Verhältnisse machen. Wir kamen zu keiner Übereinkunft. Ich wurde entlassen, aber genau in einer Woche zur selben Stunde in diese verstaubte Wohnung bestellt. Als ich die Wohnung nach einer Woche besuchte, wiederholten sich dieselben Vorgänge und dieselben Gespräche. Wieder saß ich als einziger Zivilist mit sechs Uniformen um denselben Tisch. Wieder lehnte ich mit dem Hinweis auf meine pastorale Schweigepflicht jede Auskunft über Menschen ab. Sie schlugen vor, mich ein drittes Mal mit ihnen zu treffen, aber leider stünde ihnen die Wohnung in einer Woche nicht zur Verfügung. Einer der Offiziere, dem die Wohnung gehöre, führe in Urlaub nach Hause. Ich beglückwünschte den Offizier und stellte ihm eine ganz schnelle Frage, wo er denn in Rußland zu Hause sei. Er antwortete nicht, sondern sandte statt dessen einen hilflosen Blick in die Runde der Offiziere. Wie eine dicke Wolke stand für ein paar Minuten die Lüge in dem grau verstaubten Raum. Ein anderer Offizier schlug vor, da die Wohnung in der nächsten Woche nicht verfügbar sei, sollte ich zu einem Auto kommen, das auf dem Schweriner Schloßplatz[714] auf mich warten würde.

---

[714] Das war der Alte Garten. Schriftliche Mitteilung von Edith von Jüchen-Weiß vom 12.10.2004.

Ich brach meinen entgegenkommenden Ton ab und antwortete: ‚Nein, zu einem Auto werde ich nicht kommen. Wer die Geschichte des Nationalsozialismus erlebt habe ... der wisse, wie viele Menschen in ein Auto eingestiegen seien, um nie wiederzukommen ... In Schwerin brauche das Auto nur in einen Torweg einzubiegen und ich sei verschwunden.' Wie ich nur so etwas von ihnen denken könne, war ihre einzige Antwort. Die Türen wurden wieder aufgeschlossen.

Ich stand wieder auf der Straße. Ich war wieder in Schwerin und konnte nach Hause gehen. Aber ich empfand die Straße, die Luft, den Himmel über mir nicht mehr als Freiheit. Es war mir, als wenn ich durch die Straßen einer mir unbekannten Stadt ginge. Von einer Telefonzelle rief ich Landesbischof Dr. Beste an und bat ihn um eine baldige Unterredung. Er gewährte sie mir sofort. Ich erzählte ihm alles, was ich erlebt hatte. Im Stillen hoffte ich darauf, daß er vielleicht sagen würde: ‚Ich gehe an dem Tag, an dem Sie zu dem Auto bestellt sind, mit Ihnen und bringe Sie in meinem Auto in Ihr Pfarrhaus zurück.' Eine solche Entscheidung wäre eigentlich von einem Bischof gefordert. Aber diese Hoffnung hatte ich tief in die Erde vergraben. Nie während der ganzen Nazizeit und ebenso wenig danach hatte man je von einem Bischof gehört, daß er sich in dieser Weise mit einem gefährdeten Pastor gegenüber der Gestapo oder gegenüber einem Staatssicherheitsdienst solidarisiert hätte, obwohl für einen Bischof auch nicht die geringste Gefahr bestanden hätte. Denn alle politischen Unrechtstaten leben von der Feigheit der Verantwortlichen und von der Verschwiegenheit der Betroffenen. Er hätte mir auch antworten können: ‚Ich entbinde Sie von allen Ihren Aufgaben und rate Ihnen, sich sofort nach dem Westen abzusetzen. Ich werde dies selbst den betreffenden Stellen mitteilen!'

Wie verlief das Gespräch in Wirklichkeit? Nachdem ich dem Bischof die entscheidende Frage: ‚Wie soll ich mich verhalten?' gestellt hatte, antwortete er: ‚Wenn Sie an dem Tag zu dem Auto gehen und man Sie verhaftet, dann könnten Sie auch in den Schweriner See gegangen und ertrunken sein. Niemand könnte das Gegenteil beweisen. Wenn Sie aber nicht hingehen und zuhause verhaftet werden, dann wissen wir wenigstens die Umstände, wissen Zeit und Stunde und können vielleicht etwas für Sie tun. Darum rate ich Ihnen: Gehen Sie nicht hin.' So blieb ich und hielt mich an die in der Kirche geltende Forderung, daß ein Pfarrer seine Gemeinde nicht verlässt.

Vor dem Tag, an dem ich zu dem dritten Treffen bestellt war, scheute ich mich, ohne Erklärung einfach wegzubleiben und schrieb zur Erklärung meines Verhaltens noch einmal einen Brief. Aber an wen schickt man einen solchen Brief? Man erfährt von keinem Angehörigen der NKWD je einen Namen. Von niemandem erfährt man je eine Adresse. Also entschloss ich mich, den Brief ohne Adresse und *ohne Zuhilfenahme der Post abzusenden. Ich fuhr mit dem Fahrrad zu dem Haus, zu dem man mich zweimal bestellt hatte und warf meinen Brief in den Hausbriefkasten. Ich versicherte in meinem Brief nochmals, daß ich aus Gründen meiner pastoralen Schweigepflicht ihrer Aufforderung, über Menschen zu berichten, und diesen dadurch womöglich zu Schaden zuzufügen nicht nachkommen könne.*

Von dieser Stunde an lebte ich mit der Angst. Jeden Tag erwartete ich meine Verhaftung. Jede Nacht lauschte ich selbst im Schlaf auf die Autos, die am Hause vorbei fuhren. Dem Pfarrhaus gegenüber lag auf der anderen Straßenseite ein von den Russen beschlagnahmtes Gebäude, das ihnen wahrscheinlich als Magazin für Lebensmittel diente. Jedes Mal, wenn in der Nacht vor diesem Gebäude ein Wagen hielt, ging ich ans Fenster und versicherte mich, daß es ein Lastwagen war, der irgendetwas abholte. Erst dann kehrte ich in mein Bett zurück und schlief beruhigt wieder ein. Dieser Zustand der Angst dauerte etwa zwei Monate. Als in diesen zwei Monaten nichts passierte, verschwand die Angst. Ich glaubte, sie haben meinen Brief gelesen, sie haben ihn richtig verstanden. Ich kann wieder leben ohne Angst und Gefahr."[715]

Diese Angst hatte einen mehr als realen Hintergrund. Der NKWD verhaftete seit 1949 in großem Umfang auch bekannte Vertreter von Organisationen und Parteien, um ihren Einfluss in diesen Institutionen zu brechen und so Platz für der SED willfährige Personen zu machen. Am 25. Mai 1949 wurde der Schweriner CDU-Kreisvorsitzende Werner Olters verhaftet und nach Sibirien deportiert. Am 2. Juni 1949 wurde der Schweriner CDU-Jugendsekretär Wilhelm Thiemann zu 25 Jahren Zuchthaus verurteilt. Weitere Fälle gab es außerhalb von Schwerin, u.a. wurden Gruppen von Oberschülern verhaftet. Nach der DDR-Gründung folgte Ende Oktober 1949 eine Verhaftungswelle in ganz Mecklenburg, „bei der zahlreiche CDU- und LDPD-Funktionäre zum Teil auf offener Straße verhaftet wurden."[716]

Hätte Jüchen eingewilligt über einige Gemeindemitglieder Aussagen zu machen und sie politisch zu charakterisieren, wie es der NKWD verlangt hatte, ihm wäre kaum etwas passiert. Die „Freunde" schützten ihre Informanten notfalls auch vor der SED. Jüchen zu schützen hatten sie nach dessen Weigerung keinen Grund. Und so nahmen die Dinge ihren Lauf.

---

[715] A 15, S. 47ff.

VIII. Gefangen im Archipel GULag
1. Die Verhaftung

Am 23. März des Jahres 1950 endete für Jüchen die Ungewissheit. Der russische Geheimdienst hatte ihn nicht vergessen.

„Eines Abends ging ich besonders früh ins Bett, da ich am Tage mit dem Fahrrad von Schwerin nach Ludwigslust und zurückgefahren war. Ich war so tief eingeschlafen, daß ich auf Autogeräusche nicht achten konnte. Es war 1 Uhr nachts, als ich geweckt und von vier Herren in Zivil verhaftet wurde. Sie hatten bei Leuten, die mit im Hause wohnten, geklingelt und standen schon vor meinem Bett. Ich verabschiedete mich von meiner Frau und meinen Kindern.[717] *Das Versprechen, das ich bei früheren Verhaftungen gegeben hatte: ‚Ich bin bald wieder da‘, konnte ich dieses Mal nicht über die Lippen bringen. Auch alle Hausbewohner waren aufgestanden und verabschiedeten sich von mir. Es würde lange dauern, bis ich sie wieder sah.“*[718]

Die Personen, die Jüchen verhafteten, mussten keinen Haftbefehl vorweisen und keine Gründe für die Verhaftung nennen. Es reichte, dass sie mit der Autorität staatlicher Organe auftraten. Wohin er gebracht werden würde, brauchte in Schwerin ohnehin nicht gesagt zu werden. Jeder Einwohner wusste, dass sich das Gefängnis des NKWD am Schweriner Demmlerplatz befand. Einen Tag später wurde auch Irmgard von Jüchen festgenommen. Der Schweriner Oberkirchenrat (OKR) berichtete am 29.3. an die Berliner Kirchenkanzlei über die Vorgänge.

„Der Pastor Aurel von Jüchen … ist in der Nacht vom Mittwoch, den 22., auf Donnerstag, den 23. März in seiner Wohnung gegen 2 Uhr verhaftet worden. Im Anschluß daran fand eine Hausdurchsuchung statt. Seine Ehefrau wurde am Freitag, dem 24. März abends gegen 20 Uhr mit der Aufforderung, zu dem Küster zu kommen, der ihr wegen ihres Mannes etwas sagen wolle, auf die Straße gerufen und dort ebenfalls verhaftet. Gegen 19 Uhr war der Landesbischof Dr. Beste bei ihr noch zu einem Besuch gewesen. Die Gründe, welche zur Verhaftung der beiden Eheleute geführt haben, sind dem Oberkirchenrat nicht bekannt. Der Oberkirchenrat hat sofort Nachforschungen angestellt. Aber weder der Generalstaatsanwalt noch die Kriminalpolizei in Schwerin hatten

---

[716] Manfred Richter: Die Ost-CDU 1948-1952, 2. korrigierte Auflage, Düsseldorf 1991, S. 177 u. 231.

[717] „Von Mutti hat er sich verabschiedet, aber nicht von seinen Kindern. Hanspeter war zu der Zeit schwer krank in der Heilstätte Beelitz und ich hatte mein Zimmer eine Etage höher, war wach geworden durch die Unruhe im Haus und verfolgte, angstvoll im Dunkeln stehend, was unten geschah." Schriftliche Mitteilung von Edith von Jüchen-Weiß am 20.11.2004.

einen Haftbefehl erlassen oder konnten über die Verhaftung Auskunft geben
... Oberkirchenratspräsident Spangenberg und Oberkirchenrat Lic. de Boor
begaben sich am Sonnabend, dem 25. März zum Innenminister des Landes
Mecklenburg, Herrn Bick ... Der Minister wußte von der Verhaftung nichts,
versprach Nachfrage zu halten und ließ dann mitteilen, daß ihm unterstehende
Polizeistellen die Verhaftung nicht vorgenommen oder verfügt hätten.
Die Konfirmanden des Pastors von Jüchen sind zur Kriminalpolizeistelle
gegangen und haben wegen ihres Pastors Nachfrage gehalten. Auch sie haben
nichts erreichen können. Es ist möglich, daß diese Verhaftung mit anderen
Verhaftungen, die in Schwerin um den 22. März herum stattgefunden haben,
zusammenhängt. Dem Oberkirchenrat ist darüber nichts bekannt. Polizeistellen
sollen davon gesprochen haben, daß es sich um den Artikel 6 der Verfassung der
Deutschen Demokratischen Republik, Absatz 2 handeln könne ... Die Ehefrau
des Pastors von Jüchen ist tuberkulosekrank und kaum haftfähig. Der Ober-
kirchenrat hat durch Abkündigung der St. Nikolaigemeinde ... in Schwerin
durch die dort amtierenden Pastoren eine kurze Nachricht über die Tatsache
der Verhaftung geben lassen und die Gemeinde zur Fürbitte aufgerufen, auch
die Pastoren der Landeskirche in Kenntnis gesetzt."[719]

In einer Situation, wo der offizielle Haftgrund nicht bekannt ist, sprie-
ßen die Gerüchte und Vermutungen. Der Verdacht mit dem Artikel 6 war
durchaus plausibel. Der Artikel 6, Absatz 2 der Verfassung der Deutschen
Demokratischen Republik vom 7. Oktober 1949 lautete:

„*(2) Boykotthetze gegen demokratische Einrichtungen und Organisationen, Mord-*
hetze gegen demokratische Politiker, Bekundung von Glaubens-, Rassen-, Völkerhaß,
militaristische Propaganda sowie Kriegshetze und alle sonstigen Handlungen, die sich
gegen die Gleichberechtigung richten, sind Verbrechen im Sinne des Strafgesetzbuches.
Ausübung demokratischer Rechte im Sinne der Verfassung ist keine Boykotthetze."

Dieser Artikel wurde in vielen Fällen als Begründung von Inhaftierun-
gen angewandt. Aber dies traf nur für Verhaftungen durch Staatsorgane
der DDR zu. Und diese wussten offensichtlich oder zumindest offiziell
nichts von der Sache. Ebenso plausibel war die Annahme, dass Jüchen vom
russischen Geheimdienst NKWD verhaftet worden war und dann lag der
Verdacht auf Spionage nahe.

---

[718] A 15, S. 64.

[719] Brief OKR Schwerin vom 29.3.1950 an die „Kanzlei der Evangelischen Kirche in Deutschland",
Berlin, Jebenstr. In: PAJ.

Als dann noch Frau von Jüchen verschwand, ging der Oberkirchenrat an die Öffentlichkeit. Da dies verständlicherweise in der DDR nicht möglich war, informierte die West-Kirche über ihre Kanäle die Presseagenturen. Und so ging am 30. März 1950 die Meldung über Jüchens Verhaftung über die Fernschreiber der Redaktionen.

„Pfarrer von Jüchen verhaftet.

Berlin (dpa) Der evangelische Pfarrer von Jüchen ist in Schwerin verhaftet worden. Von Jüchen, der aktiv in der Bekennenden Kirche mitgearbeitet hat, gehörte schon vor 1933 der Gruppe religiöser Sozialisten an und trat 1945 der SED bei. Ende vorigen Jahres wurde er wegen seiner betont religiösen Haltung aus der SED ausgeschlossen."[720]

Die Nachricht erschien in Hunderten von Tageszeitungen der Bundesrepublik und wurde auch durch die westlichen Radiosender verbreitet. Diese Sender erreichten auch eine große Hörerzahl in der DDR, vor allem in Berlin. Dieter Borkowski war 1950 ein junger Reporter des (Ost-) Berliner Rundfunks und in dieser Eigenschaft anwesend bei den Tagungen der Volkskammer. Er erinnert sich nach 1990 an die Reaktionen auf Jüchens Verhaftung:

„Die westlichen Medien hatten in den Morgenstunden gemeldet, der evangelische Pfarrer Aurel von Jüchen sei in Schwerin verhaftet worden. Von Jüchen war einst als religiöser Sozialist Mitglied der SPD gewesen und strebte nach einer Synthese zwischen Christentum und Sozialismus ...

In einer Kulturgruppe der Freien Deutschen Jugend hatte ich seine Tochter kennen gelernt und einiges vom Leben dieses aufrichtigen Christen erfahren. Ich hielt die Nachricht von der Verhaftung für eine ‚westliche Hetzmeldung.' An der Sitzung der DDR-Abgeordnetenkammer nahm ich wieder als Rundfunk-Reporter teil und entschloß mich, dieser vermeintlichen Lüge des Senders RIAS[721] *nachzugehen. In der Sitzungspause sprach ich den gleichfalls der SED angehörenden früheren religiösen Sozialisten Karl Kleinschmidt, Dompastor in Schwerin, an. Dieser Geistliche war Vizepräsident des Kulturbundes und saß für dessen Fraktion ... im Abgeordnetenhaus. Als ich ihn nach seinem Amtskollegen Aurel von Jüchen befragte, schoß ihm das Blut ins Gesicht. Unsicher und nervös meinte er, von meiner Frage sichtlich unangenehm berührt: Ja, Pastor von Jüchen wurde verhaftet. Ich weiß nicht von wem und warum. Fragen wir doch den mecklenburgischen*

---

[720] „Tagesspiegel" Berlin vom 30.3.1950 In: EZA 7/640.
[721] RIAS: Rundfunk im amerikanischen Sektor.

Landtagspräsidenten Moltmann, der steht ja da drüben!' Gemeinsam gingen wir zu Carl Moltmann, der vierzig Jahre aktiver Sozialdemokrat gewesen war, bevor er 1946 im Land Mecklenburg ‚seine‘ SPD mit der KPD fusionierte ...

Meine Frage, warum der in der Landeshauptstadt Schwerin bekannte Geistliche und SED-Genosse von Jüchen verhaftet worden sei, konnte er nicht beantworten. ‚Ja, mein Junge, Jüchen ist verhaftet worden. Die ‚Freunde‘ haben ihn abgeholt. Näheres über die Gründe ist mir nicht bekannt.‘ ...

Jetzt gingen wir zu dritt zum Ministerpräsidenten von Mecklenburg. Wilhelm Höcker, ebenfalls ein früherer Sozialdemokrat, war die Frage nach dem Verschwinden des stadtbekannten evangelischen Pfarrers peinlich. ‚Ich weiß gar nichts. Ein Ministerpräsident erfährt heutzutage immer alles Wichtige zuletzt. Fragen wir doch den Staatssicherheitsminister Zaisser, der liest ja gerade die Zeitung.‘ ... Minister Wilhelm Zaisser (Altkommunist, Mitglied des Politbüros der SED) hörte sich meine Frage an, während er die Zeitung zusammenfaltete. ‚Ja, Jüchen ist von den ‚Freunden‘ verhaftet worden. Sie mußten zugreifen! Er soll unter seinen Konfirmanden gegen die Sowjetunion gehetzt haben. Aber ein genauer Tatbericht liegt mir noch nicht vor.‘ Zum zweiten Mal hörte ich in den letzten fünf Minuten die Bestätigung der westlichen Meldung. Zwei führende Genossen der SED wußten von der Einkerkerung eines Pastors, der als religiöser Sozialist, früherer Sozialdemokrat und jetziges SED-Mitglied vom sowjetischen NKWD verhaftet worden war. Denn das angenehm klingende Wort ‚die Freunde‘ galt in Führungskreisen als Synonym für die sowjetische Besatzungsmacht.‘[722]

Die russische Besatzungsmacht gab keine Auskünfte und die deutsche Staatsmacht wusste von nichts. Es muss für die Kinder der Familie Jüchen, die mittlerweile 25 bzw. 21 Jahre alt waren, eine fürchterliche Situation gewesen sein, die Eltern verhaftet zu wissen, aber nicht in der Lage zu sein, etwas für diese tun zu können. Hilfestellung von der Landeskirche erhielten sie nicht.

> *„Mir fällt erst heute auf, daß von Seiten des Oberkirchenrates sich kein Mensch um mich gekümmert hat. Ich stand völlig allein da, die Eltern verhaftet, nicht wissend, wo sie sind und ob sie je wieder freigelassen werden, und Hanspeter schwer krank in Beelitz.“*[723]

---

[722] Konrad Löw (Hg.): Verratene Treue. Die SPD und die Opfer des Kommunismus, Köln 1994, Beitrag von Dieter Borkowski „Brüder in eins nun die Hände?“, S. 190/91. Fast identisch auch in: Enquête-Kommission des Deutschen Bundestages „Aufarbeitung von Geschichte und Folgen der SED-Diktatur in Deutschland“, Band VII/1, Baden-Baden 1995, S. 102/103.

[723] Schriftliche Mitteilung von Edith von Jüchen-Weiß am 20.11.2004.

Die Solidarität der Kirchengemeinde dagegen war groß und erfolgte auch öffentlich. Bereits genannt wurden die Konfirmanden, die als Gruppe zur Schweriner Kriminalpolizei gingen, um nach ihrem Pfarrer zu forschen. In der Schelfkirche wurde unverzüglich für Jüchen Fürbitte gehalten. Diese wurde von der Staatssicherheit argwöhnisch beobachtet. Dem Protokoll der Sekretariatssitzung der SED-Landesleitung Mecklenburg am 25. April 1950 verdanken wir einen diesbezüglichen Hinweis.

> *„Der Pastor Kleiminger, Schelfkirche Schwerin, wußte zu berichten, daß heute alle Christen genau so verfolgt werden wie früher. Im Zusammenhang damit forderte er die Kirchgänger auf, gemeinsam für den inhaftierten Pastor v. Jüchen zu beten.“*[724]

Auch in den anderen Schweriner Gemeinden wurde Fürbitte gehalten. Das Schicksal Jüchens wurde in Schwerin stadtbekannt. Horst Gienke, Jahrgang 1930, später Bischof in Greifswald, berichtet: „Daß Aurel von Jüchen bald nach der Gründung der DDR verhaftet wurde, hat uns damals stark bewegt.“[725] Friedrich-Wilhelm Schlomann, damals FDJ- und CDU-Funktionär, schrieb in sein Tagebuch:

> *„Aurel von Jüchen, Pfarrer an der Schweriner Schelfkirche, ist verhaftet worden. Von seinen Predigten hatte ich manchmal den Eindruck, er träume etwas gegenwartsfremd von einem Sozialismus. Doch jetzt scheint das frühere SPD-Mitglied mit seiner lebendigen Jugendarbeit dem DDR-Regime zu gefährlich geworden zu sein.“*[726]

Da alle Versuche, über die lokalen Stellen etwas in Erfahrung zu bringen, ergebnislos blieben, wandte sich der OKR am 5. April 1950 an die Kirchenkanzlei in Berlin.

> *„Da die Verhaftung des Pastors Aurel von Jüchen jetzt bereits 14 Tage zurückliegt, bittet der Oberkirchenrat darum, bei den etwa zuständigen Stellen in Berlin (insbesondere beim Ministerium für Staatssicherheit) Nachfrage nach dem Verbleib des Pastors von Jüchen zu halten und um seine und seiner Ehefrau Freilassung zu bitten. Sollte das nicht möglich sein, wäre der Oberkirchenrat dankbar, wenn der Grund der Verhaftung mitgeteilt werden könnte.“*[727]

In Berlin sprachen Beauftragte der Kirche bei Stellen der DDR vor, erhielten aber nur die Antwort, dass die Angelegenheit geprüft würde. Am 18.

---

[724] Georg Diederich: Nationale Front und SED-Kirchenpolitik 1949-1961, Rostock/Schwerin 1999, S. 38.
[725] Gienke, a.a.O.
[726] Friedrich-Wilhelm Schlomann: Mit so viel Hoffnung fingen wir an. 1945-1950, München 1991, S. 227.
[727] In PAJ.

4.1950 wandte sich Bischof Beste an den mecklenburgischen Ministerpräsidenten Höcker in Schwerin, denn seit dem 11. April war auch der Pfarrer Peters aus Feldberg verschwunden.

> *„Heute komme ich mit einer großen Sorge zu Ihnen. Der vielleicht auch Ihnen bekannte Pastor Aurel von Jüchen … ist seit dem 23. März, und seine Ehefrau sei dem 24. März ds. Js. nicht mehr aufzufinden … In beiden Fällen sind Polizeibeamte, die sich auswiesen, tätig geworden. Wenn sich die Betroffenen schuldig gemacht haben, so wäre es doch notwendig, daß den Angehörigen über ihren Verbleib und über den Grund der Verhaftung Nachricht gegeben würde."*[728]

Er bat Höcker nachzuforschen. Dieser antwortete am 22. April, er habe die Nachforschung veranlasst. „Der Minister des Innern und der Chefinspekteur der Volkspolizei" prüfen die Angelegenheit und werden berichten.[729]

Mehrere Wochen erfolgt keine Reaktion. Verschiedene Eingaben und Interventionen wegen des schlechten Gesundheitszustandes (Tuberkulose) von Irmgard von Jüchen bei den staatlichen Stellen haben schließlich Erfolg. Sie wird freigelassen. Die Tochter erinnert sich an die möglichen Gründe dafür.

> *„Mutti war zu dem Zeitpunkt nicht Tbc-krank. Sie hatte als junges Mädchen eine leichte Tb, die damals völlig ausgeheilt wurde. Ich kam auf die Idee, dieses Attest zu besorgen und einzureichen. Ob der Arzt absichtlich mißverständlich ‚alte' Tb geschrieben hat oder ausgeheilte Tb meinte, weiß ich nicht. Die Russen haben es aber wohl mißverstanden, und Mutter kam daraufhin frei."*[730]

> *„Die Ehefrau des Pastors Aurel von Jüchen … ist in der Nacht vom 10. auf den 11. Mai wieder in ihre Wohnung zurückgekehrt. Über das Schicksal ihres Mannes konnte sie nichts mitteilen."*[731]

Irmgard von Jüchen ist durch die Wochen in der NKWD-Haft am Demmlerplatz und die Tortur der Verhöre schwer traumatisiert. Die psychischen Folgeschäden verändern ihre Persönlichkeit. Von der Haftpsychose wird sie sich niemals erholen.[732]

---

[728] In PAJ.

[729] In PAJ.

[730] Schriftliche Mitteilung von Edith von Jüchen-Weiß am 20.11.2004.

[731] Brief OKR an EKiD v. 15.5.1950, in PAJ.

[732] Zu den psychischen Folgeschäden nach politischer Haft verweise ich auf den Aufsatz „Die Gesichter der Verhörer begleiten einen das ganze Leben lang" von Doris Denis und Stefan Priebe, in „Deutschlandarchiv", Heft 6 des 32. Jahrgangs, 1999.

Nach ihrer Entlassung gehen die Bemühungen für ihren Mann weiter. Propst Grüber, in Berlin Beauftragter der Evangelischen Kirche bei der DDR-Regierung, berichtet dem OKR am 22.5.1950 den Zwischenstand:

„In der Angelegenheit der Verhaftung des Pastors von Jüchen habe ich im Innen-ministerium bei Staatssekretär Warnke vorgesprochen, der mir mitteilte, daß eine Verhaftung durch die Volkspolizei oder Kriminalpolizei nicht erfolgt sei … Eine Auskunftserteilung [könne] … nur erfolgen, wenn von Jüchen sich in Gewahrsam deutscher Dienststellen befinde und wenn er nicht von der russischen Kontrollmacht verhaftet worden sei."[733]

Mittlerweile wusste der Schweriner OKR genaueres. Offensichtlich hatte Ministerpräsident Höcker für Aufklärung sorgen können. Bischof Beste teilte der Kirchenkanzlei der EKiD in Berlin am 3. Juni 1950 mit:

„Der Pastor … von Jüchen … ist … von der sowjetischen Polizei verhaftet und muß sich in sowjetischer Haft befinden. Alle deutschen Dienststellen, die ange-gangen worden sind, konnten keine Auskunft geben. Bei einer Besprechung mit der sowjetischen Kontrollkommission am 21. April wurde von dem Offizier der Informationsabteilung gesagt, daß man in dieser Angelegenheit nicht zuständig sei. Der Oberkirchenrat bittet zu erwägen, ob eine Vorstellung bei der russischen Kontrollkommission in Karlshorst … erfolgreich sein könnte."[734]

Über ein weiteres Gespräch über „die Pastoren von Jüchen, Schwerin und Peters, Feldberg" berichtete er an die Kanzlei der EKiD in Berlin am 29. Juni 1950.

Beste teilte mit,

„daß [er] am 15. Juni in einem Gespräch, das mit dem Leiter der Informationsabtei-lung der Sowjetischen Kontrollkommission, Oberstleutnant Schischkow, stattfand, erfuhr, daß die beiden genannten Pastoren der Spionage verdächtig gehalten werden. Nach dem entstandenen Eindruck ist an der Meinung der Sowjetischen Kontroll-kommission, daß der Verdacht wirklich begründet ist, nicht zu rütteln.

Der Oberkirchenrat steht deshalb wieder vor der ernsten Frage, wie eine etwaige Fürbitte in den Gottesdiensten für die beiden an der Ausübung ihres Dienstes durch die Verhaftung behinderten Geistlichen, die unter so schwerem Verdacht gestellt werden, gehandhabt werden soll. Die Sowjetische Kontrollkommission scheint eine Fürbitte als Identifizierung mit den der Spionage bezichtigten Personen in vollem Umfange anzunehmen."[735]

---

[733] In PAJ.
[734] In PAJ.
[735] In PAJ.

Beste stand in einer Konfliktsituation, die er während des Kirchen-kampfes von 1933 bis 1945 vielfach zu bewältigen hatte. Das Schema war einfach. Im Fall Jüchen bedeutete das, dass ihm die Solidarität und die Fürbitte der Kirche nur dann zukam, wenn er „um seines Glaubens willen" verfolgt worden war, also aus rein religiösen Gründen. Traf allerdings der Spionagevorwurf zu oder erschien er wenigstens plausibel, hatte die Kirche dem Staat nicht in den Schwertarm zu fallen. „Gebt dem Kaiser was des Kaisers ist."

Immerhin entzog die mecklenburgische Kirche Jüchen nicht die Solidari-tät und bezog eindeutig Position. Leider ist den Akten nicht zu entnehmen, was schließlich den Ausschlag für diese Entscheidung des OKR gegeben hat. Zu vermuten ist, dass in diese Entscheidung auch die Berliner Kir-chenkanzlei und die West-Kirche miteinbezogen wurden.

In Mecklenburg dauert alles länger als woanders. Erst am 26. Juni 1950 erhielt der OKR Antwort auf seinen Brief vom 18. April an die mecklen-burgische Landesregierung. Der Ministerpräsident teilte mit,

> *„daß ich im Zuge der von mir veranlaßten Nachprüfung der Angelegenheit von der Verwaltung für Staatssicherheit die Nachricht bekommen habe, daß Herr von Jüchen auf Anordnung höherer Dienststellen seinerzeit in Haft genommen wurde und daher jetzt nicht mehr der Volkspolizei untersteht. Ich bin daher nicht in der Lage, dem in Ihrem Schreiben geäußerten Wunsche zu entsprechen."*[736]

Jetzt waren alle institutionellen Wege versucht worden. Ohne Erfolg. Was blieb, war die Hoffnung, durch Druck aus dem Westen etwas erreichen zu können. Die Westmedien wurden in regelmäßigen Abständen über den Stand unterrichtet. So berichtete etwa die „Junge Kirche" im Juli 1950:

> *„Der Schweriner evangelische Pfarrer Aurel von Jüchen ... ist noch immer nicht zurückgekehrt. Trotz kirchlicher Bemühungen ist über seinen Aufenthaltsort nichts in Erfahrung zu bringen ... v. Jüchen gehörte zu dem kleinen Kreis der ‚Religiösen Sozialisten' und hatte sich in den Jahren 1945–47 stark für eine Zusammenarbeit mit den kommunistischen Dienststellen der Sowjetzone und der sowjetischen Besat-zungsmacht eingesetzt. Insbesondere hat er sich für die FDJ und den Kulturbund ... verwendet. Ende vorigen Jahres wurde v. Jüchen aus der SED ausgeschlossen."*[737]

In ebenso regelmäßigen Abständen wandte sich der OKR an die Kir-chenkanzlei.

---

[736] In PAJ.
[737] Junge Kirche Nr. 1./11. vom 10. Juli 1950, S. 396.

„Vor wenigen Tagen ist ein halbes Jahr vergangen, seit der Pastor Aurel von Jüchen in Haft genommen ist. Über seinen Verbleib und über den Grund seiner Verhaftung ist bis heute noch nichts Zuverlässiges bekannt geworden. Auch scheint alles, was über eine etwaige Verurteilung des Pastors von Jüchen gerüchteweise bekannt geworden ist, nicht sicher zu sein. Der Oberkirchenrat bittet bei sich bietender Gelegenheit um Fürsprache für den Pastor von Jüchen bei den zuständigen Stellen."[738]

Auch Freunde Jüchens versuchten zu helfen.

„Arthur Rackwitz versuchte sofort nach der Verhaftung des Freundes, für ihn zu tun, was er nur konnte. Er wandte sich an Emil Fuchs, inzwischen Theologieprofessor in Leipzig (und auf dem Weg, ein hochdekorierter Bürger der DDR zu werden), doch der rührte, ‚aus Angst vor der SED' (Rackwitz) keinen Finger für den gemeinsamen Freund. Darüber zerbrach die Freundschaft mit Fuchs."[739]

Während die Landeskirche und Jüchens Familie vor einer Mauer des Schweigens standen, wusste der langjährige Jüchenfreund und Schweriner Domprediger Karl Kleinschmidt augenscheinlich mehr.

Am 21. April 1950 wandte sich der Ingenieur Werner Schmidt aus Nürnberg brieflich an ihn. Wie dem Schreiben zu entnehmen ist, war Schmidt ehemals Einwohner im thüringischen Eisenberg und dort aktiv in der Ortsgruppe des BRSD. Dadurch gut bekannt mit Kleinschmidt und Jüchen, hatte er von Jüchens Verhaftung aus der Zeitung erfahren und fragte tief erschüttert nach den Umständen des Verschwindens.[740]

Am 26.5.1950 antwortete Kleinschmidt,

„daß Aurel v. Jüchen weder ‚verschwunden' noch sein derzeitiger Aufenthaltsort ‚unbekannt' ist. Aurel von Jüchen und seine Frau sind verhaftet worden, weil sie in einer Angelegenheit, die weder mit Meinungsverschiedenheiten mit der SED noch mit kirchlichen Angelegenheiten irgend etwas zu tun hat, O B J E K T I V belastet sind, wenn ich auch der Meinung bin, daß sie S U B J E K T I V schuldlos sind. Frau v. Jüchen ist inzwischen schon wieder entlassen worden, und ich habe nicht nur den Eindruck, sondern mich auch selbst davon überzeugen können, daß die Untersuchung sachlich, rasch und gründlich geführt wird."[741]

---

[738] OKR an Kirchenkanzlei Berlin vom 3.10.1950, in: PAJ.

[739] Klaus Schmidt: „Christ und Sozialist zugleich. Zum 80. Geburtstag von Arthur Rackwitz", in: Junge Kirche, Heft 8/9-1975, S.426.

[740] Privatarchiv Bredendiek im Bestand der Stadtbibliothek Berlin, Mappe ohne Signatur: Korrespondenz Karl Kleinschmidt. Im folgenden als PAB NL-KK zitiert.

[741] PAB NL-KK.

Eine Quelle dafür war Irmgard von Jüchen, wie sich die Tochter Edith erinnert:

> *„Damals schon mißtrauten wir Karl Kleinschmidt. Deshalb bekam er den Ein-*
> *druck, als er Mutti besuchte, daß ,die Untersuchung sachlich rasch und gründlich*
> *geführt' wird."*[742]

Dieser Brief machte bei den religiösen Sozialisten im Westen die Runde und erreichte über diesen Umweg auch die DDR. Bei nicht wenigen von ihnen entstand der Eindruck, dass Kleinschmidt in die Verhaftung Jüchens verwickelt war. Dieser Eindruck wirkte noch Jahrzehnte später nach. 1986 interviewte der Leipziger Historiker Michael Rudloff in Ludwigslust den religiös-sozialistischen Veteranen Bruno Theek, der zum Zeitpunkt des Interviews 95 Jahre alt war. Theek nahm auch Stellung zu Jüchens Jugendforen und seiner Verhaftung.

> *„Er hatte einen Jugendverein um sich versammelt, den er nach außen hin sozialis-*
> *tisch tarnte und [nach] innen ihnen Widerstand predigte … Das soll Kleinschmidt*
> *angezeigt haben, daraufhin wurde Jüchen verhaftet, verurteilt und kam nach*
> *Workuta."*[743]

Aurel von Jüchen war ebenfalls davon überzeugt, dass Kleinschmidt in diese Angelegenheit involviert war. Hierauf wird in der Darstellung nach Jüchens Rückkehr aus Workuta 1955 noch einzugehen sein.

Bevor er nach Workuta kam, verbrachte Jüchen neun Monate im Schweriner Gefängnis der NKWD.

2. Inhaftiert am Demmlerplatz

Seit 1947 war das Gerichtsgebäude am Demmlerplatz Sitz des NKWD und des zentralen Sowjetischen Militärtribunals (SMT) für Mecklenburg-Vorpommern. Hier wurden Tausende von Menschen verurteilt – zu hohen Freistrafen, zu Zwangsarbeit, zum Tode. Hier, wo es 100 Gefängniszellen gab, fanden auch die Verhöre der Inhaftierten statt.

Wer verstehen will, was einem Gefangenen in NKWD-Haft passierte, muss alles vergessen, was er über ein rechtsstaatliches Untersuchungsver-

---

742 Schriftliche Mitteilung von Edith von Jüchen-Weiß am 20.11.2004.
743 Ich danke Dr. Rudloff für die Überlassung einer Kopie des Tonbandinterviews von 1986.

fahren gehört oder gelernt hat. Unschuldsvermutung zu Gunsten des Angeklagten, Rechte des Gefangenen wie das Recht auf Aussageverweigerung, die Hinzuziehung eines Anwaltes, eine Anklageschrift – alles Relikte der bürgerlichen Gesellschaft und nicht zu gebrauchen in „tschekistischer Wachsamkeit" gegen die Feinde des Sozialismus. Jüchen beschrieb 1958 in seinem Buch „Was die Hunde heulen. Die sowjetische Wirklichkeit von unten betrachtet" die Arbeitsweise des russischen Staatssicherheitsdienstes.

„Für die NKWD, heute MWD, hat die Welt einen einzigen großen Fehler, nämlich den, daß man die Gedanken eines Menschen nicht sehen kann … Alle psychologischen Untersuchungsmethoden, alle Methoden der Belohnung und Bestrafung, alle Methoden der Folterung kreisen um dieses Problem: ‚Wie kann man einen Menschen zum Sprechen bringen, und wie kann man erreichen, daß er das sagt, was er weiß?' So wird also der Mensch, der möglicherweise etwas weiß, was die NKWD wissen möchte, verhört, künstlich ermüdet, übermüdet, gelobt, beschimpft, entehrt, geschlagen und völlig entkleidet tagelang, wochenlang in Kellern dem Frost und einem künstlich erzeugten Zugwind ausgesetzt. Er wird geblendet, der körperlichen Entspannung künstlich beraubt, in Fesseln geschlagen, grellstem Licht ausgesetzt, in Dunkelzellen aufbewahrt und immer wieder herausgeholt, verhört, verhört und wieder verhört. Er soll das letzte Wissen, das in seiner Gehirnschale aufbewahrt ist, auskramen."[744]

1950, nach seiner Verhaftung, wähnte sich Jüchen wie …

„in einem Actionfilm. Ich fand mich wieder im Gefängnis der NKWD, dem ehemaligen Schweriner Justizministerium. Ich wurde meinem Untersuchungsführer sofort zugeführt und erfuhr zu meinem Erstaunen, daß ich in Schwerin zu einer Spionagegruppe von etwa zwanzig Leuten gehörte, ja, daß ich diese Gruppe geleitet hätte. Alle anderen hätte man schon vor mir verhaftet. Es habe keinen Zweck, das zu leugnen, weil sie alle schon gegen mich ausgesagt hätten. Ich erwiderte lachend, daß sie mir auch nicht einen von diesen zwanzig Leuten gegenüberstellen könnten. Sie darauf, das sei auch nicht ihre Methode, sondern sie wollten alles von mir selbst hören. Es dauerte geraume Zeit, bis ich begriff, daß hier alles anders war als bei einem Verhör vor der deutschen Polizei oder vor einem Gericht. Hier mußte nicht der Ankläger beweisen, daß man etwas getan hätte, was gegen die Gesetze verstieß. Hier mußte man selbst beweisen, daß man etwas nicht getan hatte, was man einem vorwarf. Eine Tatsachenerhebung gab es nicht. Vorwürfe brauchten nicht auf Tatsachen zu beruhen. Einen Rechtsanwalt, der Gegenbeweise erheben oder Behauptungen hinterfragen konnte, gab es nicht. Alles, was man selbst vorbrachte, war Lüge, Täuschung, Tarnung. Es war wie in einer

---

[744] Aurel von Jüchen: „Was die Hunde heulen", Stuttgart 1958, S. 172.

Irrenanstalt. Es wurde von einem verlangt, an seiner eigenen Wahrnehmung, an seinem Verstand, an seinem Gedächtnis, an seiner eigenen Erinnerung zu zweifeln, um eine andere Wirklichkeit, eine unwahre Welt als Wahrheit anzunehmen.

Und das geschah nicht aus Versehen oder Unkenntnis, sondern es geschah Abend für Abend, Nacht für Nacht, Wochen und Monate hindurch. Mein erstes Verhör dauerte zwei Nächte und einen Tag. Alle Verhöre wurden in stehender Haltung durchgeführt. Alles, die nächtlichen Verhöre, die man nicht durch entsprechenden Schlaf am Tage ersetzen konnte, der Schlafentzug, die Erschöpfung des Stehvermögens …

Das änderte sich erst, als sie eines Morgens ihre Nachtschicht beendet hatten und schlafen gingen, aber sicher gehen wollten, daß ich bis zu neuen Verhören in der Frühschicht nicht einschlafe. Sie schickten mir einen einfachen Soldaten, eine biedere Haut, der keine andere Aufgabe hatte, als mich wach zu halten. Er konnte nur wenige Brocken deutsch sprechen, während alle Untersuchungsführer ein fließendes Deutsch sprachen. Dieser Mann hatte sofort mein Vertrauen, und ich fragte ihn: ,Wenn man feststellt, daß alle Anschuldigungen gegen mich falsch sind, werde ich dann entlassen?' Er zog bedauernd die Schultern und antwortete: ,Nein! Wer hier reinkommt, kommt nicht wieder hinaus!'

Ich fragte: ,Wo kommt er dann hin?' Seine Antwort: ,Er kommt nach Rußland, irgendwohin. Aber er ist verloren.'

Dieses kleine Gespräch ließ mich zum ersten Mal meine Lage erkennen. Es war wie ein Drehpunkt in meinem Leben. Ich überschaute das Leben, das hinter mir lag. In dieses Leben, das schön, aber auch sehr schwer war, würde ich nie wieder zurückkehren. Meine Freunde würde ich nie wieder sehen. Meine Frau und meine Kinder würde ich für immer verlieren. Diese Stunde war wie ein Abschied von meinem eigenen Leben, das mir viel geschenkt hatte. Ich dankte in dieser stillen Stunde, die zwischen meinem alten und einem bedrohlich unbekannten, neuen Leben lag, meinem Schöpfer für alle Freuden und Wohltaten meines vergangenen Lebens.

Das neue Leben drohte mir mit Eis und Schneestürmen, mit undurchdringlicher Dunkelheit und mit schwerster Arbeit. Aber wenn ich es bestehen wollte, dann durfte ich keine Angst vor ihm haben. Ich mußte die Ängste, von denen mein Herz voll war, besiegen. Wenn ich an das Gefängnis dachte, das bis zum Dach voll war von Mitgefangenen, dann hatte ich auf dem Weg in dieses unbekannte zweite Leben viele, viele Kameraden. Vor den Untersuchungsführern mußte ich die Rolle der Selbstsicherheit weiterspielen, die ich mir selbst gewählt hatte. Aber ich spielte sie von nun ab wie eine Rolle. Die Zeit der Untersuchung und der ständigen Verhöre dauerte mehr als ein halbes Jahr. Dann herrschte von

einem Tag zum anderen absolute Funkstille. Man vermißte plötzlich die Ver-
höre, nicht nur, weil sie eine erregende Abwechslung in die öde Langeweile der
Gefängniszelle und in die 100mal wiederholten Zellengespräche brachten. Was
war bei den Hunderten von Verhören herausgekommen?"745

Der repressive Apparat des NKWD übertrug mechanisch die Praktiken
der Massenrepressalien in der UdSSR auf die besetzten Gebiete im Westen.
Die Mitarbeiter des NKWD

„arbeiteten bei voller Straflosigkeit und ohne jegliche Kontrolle. ‚Die Organe machen
keine Fehler!' Dieser zum Klassiker gewordene Ausspruch über die Tätigkeit des
NKWD war nach wie vor die stereotype Antwort auf alle Zweifel an der Berech-
tigung der Aktionen seiner Mitarbeiter."746

Zur stalinistischen Repression gehörte wesentlich die Angst vor Spionen
und die Gewissheit, dass es sie überall gab. Und gegen Spione war alles
erlaubt.

„Jeder Häftling, der durch die Keller des MWD gegangen ist, wird von Mißhand-
lungen berichten können. Die Verhöre fanden ausschließlich nachts statt ... Da
das Schlafen am Tage verboten war, kamen sie schon zermürbt zur Vernehmung
und brachen unter den psychischen und physischen Torturen zusammen. Es war
unter den Häftlingen eine weit verbreitete Meinung, so schnell wie möglich das
von den Vernehmern geforderte ‚Protokoll' zu unterschreiben, damit man nicht
mehr gequält wurde."747

Als Gerhard Finn diesen Bericht 1958 in Westberlin veröffentlichte,
stießen derartige Berichte bei vielen Lesern im Westen auf Unglauben. Er
hatte deswegen z.T. auf Detailschilderungen verzichtet. „Eine sachliche
Aufzählung der verschiedenen Verhörmethoden käme zu leicht in den
Geruch, unwahr oder zumindest tendenziös zu sein."

1986 wurde Jüchen auch zu seinen Erfahrungen während der Schweriner Haft befragt. Das Gespräch wurde protokolliert und befindet sich im
Jüchen-Nachlaß.748

---

745 A 15, S. 65ff.

746 Leonid Pawlowitsch Kopalin: „Die Rehabilitierung deutscher Opfer sowjetischer politischer
Verfolgung." Vortrag vor dem Gesprächskreis Geschichte der Friedrich-Ebert-Stiftung in Bonn
am 16 Mai 1995, in: Friedrich-Ebert-Stiftung (Hg.): Gesprächskreis Geschichte Nr. 10, Bonn 1995,
Seite 21.

747 Gerhard Finn: Die politischen Häftlinge der Sowjetzone 1945-1958. Berlin-Nikolassee 1958, S. 19.

748 A 18, S. 5.

„Bei seiner einjährigen Untersuchungshaft wurde er [Jüchen] oft gefragt, ob er den Rostocker Studentenpfarrer kenne oder ob er Verbindungen zum ‚Nauheimer Kreis‘[749] Prof. Ulrich Noacks pflege. Grundsätzlich hatte von Jüchen den Eindruck, daß es in der Untersuchungshaft weniger um die Erforschung des Tatbestandes ging, als vielmehr darum, Schwächen des Häftlings herauszufinden und ihm dann einen Urteilsgrund aufzuzwingen. Zu diesem Zweck dienten, neben Schlägen der ‚Vernehmer‘ aus Affekt, der Wasserkarzer, der mit beliebig ansteigendem Wasser den Körper auskühlte, der Windkarzer, der den gleichen Effekt mit ständiger kalter Zugluft erreichte, der Stehkarzer, wo in festgemauerten Fußstapfen, im engen Hautkontakt mit den Zellenmauern, der Gefangene sich nicht hinsetzen konnte, der Dunkelkarzer, in den keinerlei Licht fiel. Auch war es beliebt, Essen, Trinken oder Zigaretten zu entziehen. All dies sollte eingestellt werden, wenn der Häftling ein gewünschtes Geständnis machte. Für den Häftling entstand so ein Konflikt zwischen Angst und Gewissen. Wollten die Sowjets zusätzliche Informationen erlangen, so steckten sie den Häftling in die Todeszelle mit geschwärztem Fensterglas, in der Hoffnung, daß er nun beredsamer werde.“

Nach 1990 erschienen einige Darstellungen über die Zustände im Gefängnis Demmlerplatz, die die Verhörmethoden im Detail schilderten.

„Die Verhöre fanden anfangs von etwa 21.00 Uhr bis Mitternacht statt. Später wurde … ab 23.00 Uhr aus der Zelle geholt und bis 5.00 Uhr oder 6.00 Uhr verhört. Am Tag zu schlafen war verboten, und ständig kontrollierten die Wachtposten durch den Türspion, daß der Gefangene wach blieb. Liegen war nicht erlaubt, an die Wand lehnen war nicht erlaubt. Falls die Häftlinge gegen diese Regeln verstießen, drohten die verschiedensten Strafen.“[750]

Alle Befragten über die Verhöre in Schwerin berichteten über Schläge bei den Verhören.

---

[749] Der 1948 gegründete Nauheimer Kreis war eine neutralistisch ausgerichtete Gruppe, die sowohl pazifistische wie nationale Tendenzen hatte. Ihr Ziel war ein wiedervereinigtes, entmilitarisiertes Deutschland. Ihr Gründer und Leiter Prof. Noack war Historiker. *2.6.1899 Darmstadt, †14.11.1974 Würzburg. Zum Nauheimer Kreis zählte auch Prof. Reinhard Strecker (1876-1954), religiöser Sozialist seit Beginn der Weimarer Republik und nach Kriegsende Stadtschulrat und Professor in Leipzig. Nach der SPD-Gründung 1945 profilierter Kulturpolitiker in Sachsen, geriet er in zunehmende Konflikte und flüchtete im März 1946 in den Westen. Jüchen und Strecker kannten sich bereits seit der Weimarer Republik. Zu Strecker vgl. Ulrich Peter: „Reinhard Strecker (1876-1954). Ein religiöser Sozialist im gottlosen Leipzig", in: Michael Rudloff/Mike Schmeitzner (Hgg.): „Solche Schädlinge gibt es auch in Leipzig." Sozialdemokraten und die SED, Bern-Frankfurt 1997.

[750] Anne Drescher/Werner Pankow et al.: „Inhaftiert am Demmlerplatz – zwei lebensgeschichtliche Erinnerungen", in: Zeitgeschichte Regional. Mitteilungen aus Mecklenburg-Vorpommern, 3. Jg. (1999), Heft 1, S. 74.

Der Stralsunder Günter Albrecht, der als LDP-Funktionär 1949 verhaftet wurde, berichtete im Mai 2000 über sein Verhör im Demmlerplatz:

> „Mit stockender Stimme erzählt [er], dass er im Keller des Schweriner Justizgebäudes völlig unbekleidet mit einem Eimer Wasser übergossen, bei eisiger Kälte eine Nacht zu verbringen hatte, um eine Aussage zu erzwingen."[751]

Der Historiker Peter Erler hat die Verhörmethoden in den NKWD-Gefängnissen auf dem Territorium der DDR untersucht:

> „Die Praxis der sowjetischen Untersuchungsorgane, die oft die Anwendung von physischer Gewalt einschloss, war durch Vorverurteilungen charakterisiert und verzichtete in den meisten Fällen auf materielle Beweismittel. Die sowjetischen Untersuchungsbeamten machten den Betroffenen auf jegliche Art verständlich, dass sie ihnen bedingungslos auf Leben und Tod ausgeliefert waren. In vielen, von Zeitzeugen belegbaren, Fällen wurden die Geständnisse und fiktiven Selbstbezichtigungen aus den Beschuldigten – Frauen bildeten dabei keine Ausnahme – regelrecht herausgeprügelt. Dies geschah oft nach Denunziationen von Mitgefangenen. Um Geständnisse zu erpressen, ließ der sowjetische Sicherheitsdienst in seiner zentralen Untersuchungshaftanstalt in Berlin-Hohenschönhausen im Jahre 1947 verschiedene Folterzellen installieren. Vielfach wurde die Vernehmung mit Schlaf- und Nahrungsentzug verbunden. Zum Repertoire der psychischen Folter gehörten auch Drohungen mit der unmittelbaren Erschießung, Scheinhinrichtungen oder die Ankündigung, Angehörige zu verhaften. Nach einer Gruppenverhaftung wurden die Betroffenen üblicherweise gegeneinander ausgespielt. Mitunter dauerte die Untersuchungshaft in verschiedenen Gefängnissen ein Jahr und auch länger. In einer solchen Zwangssituation waren die Häftlinge im allgemeinen bereit, alles zuzugeben, bloß um den Misshandlungen zu entgehen."[752]

Hans-Jürgen Below berichtete 1999[753] über das Leben im NKWD-Gefängnis: „Das Zellenfenster war von außen mit Holz verblendet, so daß der Gefangene nicht hinaussehen konnte. Am Tag schimmerte etwas Licht durch schmale Schlitze in den Blenden." Am dritten Tag nach der Verhaftung wurde er in einen Waschraum gebracht. Dort mußte er auf einem Stuhl Platz nehmen und dann wurde ihm der Kopf kahl geschoren. Es gab keine Häftlingskleidung. Der Häftling behielt Tag und Nacht die Kleider

---

[751] Schweriner Volkszeitung v. 13. Mai 2000 über die Ausstellung am Demmlerplatz über SMTs.

[752] Peter Erler: „Zehn Jahre sowjetische Militärgerichtsbarkeit", in: Konrad-Adenauer-Stiftung (Hg.): Zukunftsforum Politik Nr. 11. Kriegsgefangene – Politische Häftlinge – Rehabilitation, Sankt Augustin 2000, S. 14.

[753] Anne Drescher et al.: „Recht muß doch Recht bleiben." Das Justizgebäude am Schweriner Demmlerplatz in sechs Epochen deutscher Geschichte, Schwerin 1999, S. 23ff.

an, die er bei der Verhaftung getragen hatte. Die Hygiene war katastrophal. An manchen Tagen wurden eine Wasserkanne und eine Schüssel in die Zelle gestellt. Das war die einzige Möglichkeit, sich zu waschen. Seife, Handtuch, Zahnbürsten, Toilettenpapier und dergleichen gab es nicht. Kein einziges Mal durfte er duschen oder baden. „Die Untersuchungshaftanstalt am Demmlerplatz war zeitweise derart überbelegt, daß zehn und mehr Personen in eine Einzelzelle gepfercht wurden."[754]

So kann es nicht verwundern, dass Häftlinge aufgrund der Haftbedingungen starben, so z.B. der Wismarer Pfarrer Robert Lansemann (1908 bis 1951). Er war im Dezember 1950 in Stasi-Haft genommen und an den NKWD übergeben worden. Am 19. April 1951 starb er im Schweriner NKWD-Gefängnis. Sein Todesdatum und die Umstände wurden erst nach der Wende bekannt.[755]

Das NKWD/MWD hatte in der Sowjetzone und später in der DDR keine eigene Gerichtsbarkeit. Die verurteilungsreifen Häftlinge wurden von Militärtribunalen abgeurteilt. Nach Angaben von Andreas Hilger und Mike Schmeitzner sind zwischen 1941 und 1955 insgesamt rund 70.000 Deutsche von sowjetischen Militärtribunalen (SMT) einerseits wegen Kriegsverbrechen und andererseits aus politischen Gründen, die im Zusammenhang mit dem Aufbau des sowjetischen Besatzungsregimes standen, verurteilt worden. Davon seien 35.000 bis 40.000 deutsche Zivilisten gewesen, die zwischen Kriegsende und 1955 vorrangig aus politischen Gründen, die nicht als Kriegs- und Gewaltverbrechen gelten können, strafrechtlich belangt worden sind.[756]

Nach Abschluss der Untersuchung wurde der Fall des Angeklagten Jüchen vor dem Schweriner „Sowjetischen Militärtribunal" (SMT) verhandelt.

„Die Grundlage für die ‚Rechtsprechung' der SMT bildete hauptsächlich der Paragraph 58, der nach einer Verordnung über Staatsverbrechen vom 25. Februar 1927 in das Strafgesetzbuch der Russischen Sozialistischen Föderativen Sowjet-Republik (RSFSR) eingefügt worden war. Die Vollmachten der sowjetischen Militärtribunale sowie deren Zusammensetzung und Wirkungsweise wurden durch den Erlass des

---

[754] Anne Drescher et al.: Gedenken – erinnern – lernen. Der Demmlerplatz in Schwerin 1914 bis 1997, Schwerin 1997, S. 6.
[755] EPD Nr. 17/2001.
[756] Andreas Hilger/Ute Schmidt/Mike Schmeitzner (Hrsg.): Sowjetische Militärtribunale, Band 2: Die Verurteilung deutscher Zivilisten 1945-1955/57 (Schriften des Hannah-Arendt-Instituts für Totalitarismusforschung 17,2), Köln 2003.

Präsidiums des Obersten Sowjets der UdSSR vom 22. Juni 1941 ‚Über die Festlegung der Lage der Militärtribunale in den Gebieten, die unter Kriegszustand stehen, und in den Bezirken der militärischen Aktivitäten‘, bestimmt. Da auch nach der Kapitulation Deutschlands der Kriegszustand formell weiter bestand, kam in der Sowjetischen Besatzungszone der Artikel 8 der sowjetischen Militärgerichtsordnung vom 20. August 1926 zur Anwendung. Er erlaubte die Rechtsprechung von Militärtribunalen ‚in Gebieten, in denen infolge außergewöhnlicher Umstände keine ordentlichen Gerichte funktionieren‘ gegenüber allen ‚Verbrechen, von wem auch immer sie begangen wurden.‘

Die Tribunale bestanden in den 40er Jahren in der Regel aus einem Militärrichter (einem Offizier des Justizdienstes) als dem Vorsitzenden und zwei Militärschöffen (Laien) als Beisitzern. Außerdem waren jeweils ein Sekretär und ein Dolmetscher am Verfahren beteiligt. Die Militärtribunale in der SBZ wirkten nach Kriegsende zunächst in allen größeren sowjetischen Militäreinheiten ab Divisionsstärke. Wahrscheinlich ab 1946/47 wurde ihre Zahl schrittweise bis auf die Ländertribunale reduziert.“[757]

Was machte den besonderen Charakter eines derartigen Verfahrens aus? Alle Verfahren vor den SMT wurden wie ein ordnungsgemäßer Prozess protokolliert und aktenmäßig festgehalten. Es sollte der Eindruck eines rechtmäßigen Verfahrens erweckt werden. Da alle Unterlagen zu den Geheimakten genommen und mit dem berühmten Stempel „Aufbewahren für alle Zeit“ versehen wurden, haben sie in der Regel bis heute in den russischen Archiven überdauert, als ein kleiner Teil der über 25 Millionen GULag-Strafakten.[758]

Die Hauptstraftatbestände dieser Verfahren waren nach dem § 58 des russischen Strafgesetzbuches die Absätze 6 „Spionage“ und 13 „Kampf gegen die Arbeiterklasse oder die revolutionäre Bewegung.“ Hierzu gehörten unter anderem:

- *„Unterhaltung von Beziehungen zu einem ausländischen Staat oder zu einzelnen Vertretern desselben entgegen revolutionärer Absicht“*
- *„Jegliche Art der Unterstützung des Teiles der internationalen Bourgeoisie, der die Gleichberechtigung des das kapitalistische System ablösenden kommunistischen Systems nicht anerkennt und seinen Sturz erstrebt“*

---

[757] Erler, a.a.O., S. 7 und 15.
[758] Die Einsichtnahme in die Strafakte von Jüchens ist 2004 bei den russischen Stellen beantragt worden.

- *„Propaganda oder Agitation, die zu Sturz, Unterhöhlung oder Schwächung der Sowjetherrschaft oder zur Begehung einzelner gegenrevolutionärer Verbrechen auffordern."*

„Entlastungszeugen wurden grundsätzlich abgelehnt. Bitten um einen Verteidiger wurden mit dem Hinweis abgetan, daß nach sowjetischem Recht der Staatsanwalt für die Einhaltung der sozialistischen Gesetzlichkeit verantwortlich sei und deshalb auch die Interessen des Angeklagten vertrete. Die Verhandlungen vor dem SMT entbehrten nicht der Komik. Der zerschlagene und von einem Posten mit angelegter Maschinenpistole bewachte Häftling wurde als erstes von dem Vorsitzenden gefragt, ob er einen der anwesenden Richter wegen Befangenheit ablehne. Diese Fragen wurden nicht etwa ironisch gestellt. Der sowjetische Richter glaubte wohl allen Ernstes, dem Häftling eine Art Gerechtigkeit widerfahren zu lassen und ging mit der gleichen Überzeugung von der Richtigkeit des sozialistischen Rechts nach einigen Minuten aus dem Saal, um mit seinen Kollegen über das Urteil zu beraten. Daß der Häftling aus dem Beratungszimmer manchmal Lachen hörte und die Beratung nur einige Minuten dauerte, änderte nichts an der Überzeugung der Richter, daß hier mit Hilfe der sozialistischen Gesetzlichkeit Gegner des Sozialistischen Friedenslagers und Feinde des Aufbaus der DDR einer gerechten Bestrafung zugeführt wurden."[759]

Jüchen wartete weiter in seiner Zelle und verlor allmählich das Zeitgefühl.

„Man erfuhr nichts, absolut nichts. Man wartete, man lechzte nach einem Urteil. Nun gab es in der Praxis der NKWD zweierlei Urteile. Die eine Form des Urteils war das sogenannte ‚Tribunal'. Es wurde in all den Fällen angewandt, in denen man jemandem wirklich etwas nachweisen konnte oder wenn jemand im Laufe der Verhöre die Nerven verloren und sich selbst beschuldigt hatte. Im Falle des ‚Tribunals' wurde eine Farce einer Gerichtsverhandlung. durchgeführt. Auf einer Art Bühne wurde ein langer Tisch aufgestellt, an dem einige Offiziere saßen, die eine Anklage und die Geständnisse des Angeklagten berichteten. Ein Urteil wurde verkündet, das meist auf 25 Jahre Zwangsarbeit lautete … es gab nach der Verurteilung des Angeklagten ein letztes Wort des verurteilten Angeklagten, und er setzte als letzten Akt seine Unterschrift unter das Protokoll der Verhandlung."

In der Haft hatte er, um geistig zu überleben, Texte und Gedichte entworfen, diese aber mangels Schreibunterlagen nicht aufzeichnen können. Erst in der Haft in Russland hatte er diese Möglichkeiten und zeichnete eine Reihe von Gedichten auf. Einige konnten 1955 aus der SU herausge-

---

759 Finn, a.a.O., S. 24.

schmuggelt werden. Das folgende, wie alle unpubliziert geblieben, liefert einen Eindruck aus der Sicht des Häftlings.

Gefangen

Türen tun sich auf und fallen
Hinter mir ins Schloß,
Riegel rauben mir die Freiheit,
Die ich einst genoß.

Zwischen meterdicken Mauern
In verbrauchter Luft
Sitz ich, – draußen blieb mein Leben –
Wie in einer Gruft.

Lebe ohne Gegenwart
Von Gewesenheiten,
Zehre wie ein Toter zehrt
Von vergangenen Zeiten.

Nur im tiefsten Grund des Herzens
Wo das Leben haust,
Ballt sich ein geheimer Wille
Allgemach zur Faust.[760]

Trotz vieler Verhöre legte Jüchen nicht das gewünschte Geständnis ab. Als den NKWD-Leuten klar war, dass sie auf diesem Weg nichts erreichen konnten, wählten sie die zweite Verfahrensweise der SMT-„Urteilsfindung.“

„*Die andere Form des Urteils war das sogenannte ,Moskauer Fernurteil.' Wem man nichts nachweisen konnte und wer die Nerven behalten hatte und nichts zugegeben hatte, erschien den Sowjets als besonders gefährlich. Man entließ sie selbstverständlich nicht in die Freiheit – dazu hatten sie in einem NKWD-Gefängnis zuviel erlebt und gehört – sondern man verurteilte sie von Moskau aus durch ein Dreier-Kollegium unter dem ehemaligen Justizminister Berija, das die Russen, die durch dieses Fernurteil verurteilt wurden, die ,Troika' nannten. Während der Gefangene in seiner Zelle wartete und wartete und wartete, reisten seine Akten nach Moskau und es dauerte noch einmal ein halbes Jahr oder noch länger, bis man das Urteil dieser ,Troika' erfuhr. So habe ich also meine Richter nie von Angesicht zu Angesicht gesehen und meine Richter haben mit mir auch*

---

760 Dieses Gedicht ist Teil eines Zyklus von ca. 20 Gedichten. Sie wurden von einem Workuta-Kameraden Jüchens aus der UdSSR herausgeschmuggelt. Das Gedicht „Gefangen" schenkte mir Aurel von Jüchen kurz vor seinem Tod. Es befindet sich im Jüchen-Bestand meines Archivs.

*nicht ein einziges Wort gewechselt … Den einzigen wahren Grund meiner
Verurteilung habe ich genannt. Es war meine Aktivität in der Jugendfrage …
Aber alle diese wirklichen Gründe konnten die Russen ja nicht zum Gegen-
stand eines Prozesses machen, weil sie in die Verantwortung der DDR fielen.
So mußten sie aus mir einen Spion machen und nutzten als Aufhänger dazu
den Besuch eines Vetters meiner Frau. Mein ganzes Verbrechen bestand also
darin, daß ich einen ehemaligen Offizier, der aus Mecklenburg stammte, und
der viele Verwandte in Mecklenburg hatte, einem Gesetz selbstverständlicher
Gastfreundschaft gemäß, zum Essen eingeladen und ihm für zwei Nächte ein
Bett zur Verfügung gestellt hatte, ehe er wieder zurück nach Berlin fuhr. Meine
Rechtfertigung, daß ich nichts anderes getan hätte, als was jeder Russe einer
jahrtausende alten Sitte gehorchend, einem Verwandten gegenüber tun würde,
kam gegen die unbeweisbare Behauptung, ich sei an seiner angeblichen Spionage
maßgeblich beteiligt gewesen, nicht an.*[761]

Diese Person war Hans Klett, über den Jüchen mir gegenüber sagte, dass
er wahrscheinlich tatsächlich Mitarbeiter der „Organisation Gehlen", dem
Vorläufer des Bundesnachrichtendienstes gewesen war.[762]

In der Nähe der Schelfstrasse in Schwerin gab es ein Antiquitätenge-
schäft Michaelsen. Dort hatte Irmgard von Jüchen in der Hungerzeit nach
1945 Silber und anderes verkauft. Michaelsen hatte einen Sohn Klaus, der
kannte Klett. Er war von ihm angestiftet worden, zu „spionieren." Dies
umfasste vor allem Autonummern von sowjetischen Militärfahrzeugen
aufzuschreiben. Vorher hatte Klett erfolglos versucht, Edith und Hanspeter
von Jüchen hierfür anzuwerben.

Klaus Michaelsen war gut mit Karl Kleinschmidt befreundet war und
hatte sich ihm offenbart, als ihm bewußt wurde, dass die Angelegenheit
gefährlich wurde. Karl Kleinschmidt hatte mit Klaus Michaelsen eine
Bibelstelle vereinbart „Was Du tun willst, tue bald", die als Code dienen
sollte für den Fall, dass für Klaus Gefahr drohte. Diese Situation trat mit
der Verhaftung Jüchens ein. Kleinschmidt warnte Klaus Michaelsen, der
sofort in den Westen floh. Michaelsen sen. wurde verhaftet und verschwand
ohne Wiederkehr.[763]

---

[761] A 15, S. 68/69.
[762] A 21, S. 82/83.
[763] Mündliche Mitteilung Edith von Jüchen-Weiß am 31.10.04.

Klett selbst war nicht verhaftet worden, was den heutigen Betrachter erstaunt. Außerdem wurde Jüchen in den Verhören mit zwei weiteren Vorwürfen konfrontiert. Zum einen sollte er Rädelsführer der Widerstandsgruppe an der Schweriner Goetheschule gewesen sein, deren Angehörige im Juli 1950 verhaftet und ebenfalls am Demmlerplatz inhaftiert wurden. Zum anderen sollte er über eine gewisse „Evelyn"[764] den Kontakt zwischen der Schweriner Gruppe und einer Gruppe an der Rostocker Universität gehalten haben.

Jüchen erhielt 15 Jahre Zwangsarbeit. Die „Urteilsverkündung" dürfte sich etwa so abgespielt haben:

> *„Da sagte dieser Untersuchungsrichter: ‚Das Fernurteil von Moskau liegt vor. Sie sind verurteilt zu 15 Jahren. Und wenn Sie nichts zugeben, spielt das gar keine Rolle.'… In zwei, drei Minuten war die Sache abgetan."*[765]

Anfang Januar 1951 erhielt die Familie von Jüchen über kirchliche Stellen die Mitteilung, dass er im Rahmen der Amnestie zum Geburtstag des Staatspräsidenten Pieck (3. Januar) entlassen werden sollte. Diese Entlassung entfiel. Die Westpresse erfuhr dies aus der Kirchenkanzlei. „Der evangelische Pfarrer Aurel v. Jüchen, der im Sommer vergangenen Jahres … verhaftet worden ist, ist jetzt zu 25[766] Jahren Gefängnis verurteilt worden."[767]

Von Schwerin wurde der Verurteilte nach Berlin überstellt, und von dort aus ging es Tausende von Kilometern im Gefangenentransportwagen nach Workuta.

3. Verschleppt ans Eismeer

Das Lagersystem des Archipel GULag[768] wurde von Alexander Solschenizyn schon umfangreich dargestellt. Es bestand bereits seit den 20er Jahren und umfasste insgesamt 8.000 Lager, Teillager, Kolonien, Sonderlager und

---

[764] Jüchen erinnerte sich im Interview 1989 zwar daran, dass er eine Studentin dieses Namens flüchtig gekannt hatte, konnte sich aber nicht an den Nachnamen erinnern. In den mir zugänglichen Namenslisten inhaftierter Rostocker Studentinnen befindet sich niemand mit diesem Vornamen. Möglicherweise hieß die Freundin von Klaus Michaelsen Evelyn. (Mündliche Mitteilung Edith von Jüchen-Weiß am 31.10.04).

[765] Anne Drescher: Haft am Demmlerplatz. Gespräche mit Betroffenen, Schwerin 2001, S. 167.

[766] In den Akten, Presseberichten und selbst in Auskünften Jüchens werden sowohl 15 Jahre wie auch 25 Jahre als Strafmaß genannt. Ich halte 15 Jahre für wahrscheinlich.

[767] Die Welt, 23.1.1951, und Junge Kirche, Heft 5 v. 1. März 1951, S. 134.

[768] GULag: Der aus der russischen Sprache übernommene Name für die Hauptverwaltung der Lager – Glawnoje Uprawlenije Lagerej.

lagerähnliche Einrichtungen für insgesamt 20 Mio. Häftlinge. Der GULag hatte Besserungslager (ITL) und Besserungsarbeitskolonien (ITK), in denen hart gearbeitet werden musste. Zu den bekanntesten GULag-Lagern zählen u.a. Solowki, Workuta, Kolyma und Potma.

Die Stadt Workuta, 36 Bahnstunden von Moskau entfernt, und das sie umgebende ehemalige Lagergebiet befinden sich jenseits des Polarkreises in der autonomen russischen Komi-Republik, einem Bundesland der Russischen Föderation für die finnisch-ugrische Minderheit der Komi, die fast ein Viertel der Einwohner stellen. Workuta ist nicht weit vom Nördlichen Eismeer entfernt. In der baumlosen Tundra lebten einst nur wenige nomadisierende Rentierzüchter. Workuta gehört zu den klimatisch unwirtlichsten Gebieten unserer Erde. Die Winter dauern dort acht bis neun Monate. Die Jahresdurchschnittstemperatur beträgt minus 7 Grad, im Winter sinken die Temperaturen manchmal auf bis zu minus 60 Grad. Etwa 240 Tage im Jahr weisen Schneebedeckung auf. In jedem Winter jagen 15 bis 20 mehrtägige Schneestürme (‚Purga‘) vom Eismeer her über die Tundra mit Windgeschwindigkeiten von 20 bis 30, in Böen auch über 40 m/s. Der Boden in der Polarzone taut in den wenigen Sommerwochen nur um einige Zentimeter auf. In den dreißiger Jahren wurden dort reiche Kohlevorkommen entdeckt, die Kohleflöze reichten kilometertief. Für den Bau einer der größten Energiebasen der Sowjetunion verschleppte man Häftlinge aus den Kerkern des sowjetischen Geheimdienstes in den Norden. Am Fluss Workuta errichteten sie unter unsäglichen Bedingungen die Lager, Bergwerke, eine Stadt für ihre Bewacher und eine Eisenbahnlinie, die heute noch der erste Friedhof Workutas genannt wird, weil beim Bau der Linie so viele Häftlinge umkamen, dass unter jeder Eisenbahnschwelle zwei tote Häftlinge liegen müssten. Bis Mitte der fünfziger Jahre gab es in den Lagern der Strafregion Workuta weit über 100.000 Häftlinge – auch Frauen. Die genaue Zahl der deutschen Häftlinge in Workuta ist nicht bekannt, man schätzt, dass es etwa drei- bis viertausend waren.[769]

Jüchen arbeitete in Workuta im Straßen- und Eisenbahnbau und im Bergbau.

---

[769] Nach Informationen der Lagergemeinschaft ehemaliger Workutahäftlinge und Auskünften Aurel von Jüchens.

„Es gelang mir, diese Verbannung wie eine interessante Expedition in ein unbekanntes Land aufzufassen. Ich hatte zahllose Gespräche, machte viele Beobachtungen immer unter dem Gesichtspunkt, was würde Karl Marx über diesen Realisierungsversuch des Sozialismus denken, wenn er beurlaubt aus dem Hades die Sowjet-Union besuchen könnte. Immer versuchte ich, marxistische Betrachtungskategorien an meine Beobachtungen anzulegen. Über meine Erfahrungen schrieb ich nach dem Tode Stalins und nach meiner Entlassung [ein Buch,] das [1958] in der Deutschen Verlagsanstalt, Stuttgart, unter dem Titel ,Was die Hunde heulen' [erschien, und] das in Deutschland sieben Auflagen und eine holländische Taschenausgabe[770] erreichte. Das Buch hat den Charakter eines sachlichen Berichts, den ich nicht durch eine politische Stellungnahme belasten wollte."[771]

Jüchens Analyse und Beschreibungen des Lebens in Workuta vermitteln nicht den Eindruck, dass der Verfasser als Häftling über fünf Jahre seines Lebens schreibt. Das Buch ist eher eine sozialwissenschaftliche Fallstudie hoher Qualität, dessen Autor diese Erkenntnisse im Rahmen einer „teilnehmenden Beobachtung" gewonnen hat. Über sein eigenes Ergehen verliert von Jüchen kein einziges Wort der Klage, sondern schildert die Passion eines ganzen, des russischen Volkes und vorab der ärmsten seiner „armen Hunde" – der Alten, Intellektuellen, Juden, der frommen Christen, Bauern, Jugendlichen.

Es ist in der Dichte der Beschreibung und in der Differenzierung der Beschriebenen und der unterschiedlichen Gruppen im Lager durchaus vergleichbar mit den Darstellungen Alexander Solschenizyns.[772] Erst durch Solschenizyns Schriften wollen einige Maoisten des französischen Mai 1968 wie André Glucksman veranlasst worden sein, den Charakter des Stalinismus zu durchschauen. Lange vor Solschenizyn gab es in vielen Sprachen eine Vielzahl von Darstellungen und Berichten aus und über den Archipel GULag. Im englischsprachigen Teil der Welt machte der Bericht des US-Amerikaners John H. Noble Furore, der von 1950 bis 1955 in Workuta inhaftiert war. Sein Bericht über die Haft „I Was A Slave In Russia" erreichte eine Vielzahl von Auflagen mit über 1,5 Millionen Exemplaren.

---

[770] De Werkelijkheid in Sowjet-Rusland, Utrecht/Antwerpen 1960.

[771] A 3, S. 8.

[772] Der Archipel GULag. Versuch einer künstlerischen Bewältigung. Bern 1974; Der Archipel GULag. Folgeband. Arbeit und Ausrottung. Seele und Stacheldraht, Bern 1974; Der Archipel GULag. Schlußband. Die Katorga kommt wieder. In der Verbannung. Nach Stalin, Bern 1976.

Im deutschsprachigen Sprachraum erschienen neben Jüchens Buch in den 50er Jahren eine Reihe von Darstellungen und Memoirenliteratur von Russland-Heimkehrern. Diese Welle ebbte bald ab. Im Wirtschaftswunderland BRD wollte kaum jemand an die „schlechten Zeiten" erinnert werden, und die Massenflucht aus der DDR lieferte genug Anschauungsmaterial über die Zustände im Ostblock. Erst nach dem Ende der DDR gab es einen neuen Schub von Literatur über den Archipel GULag. In der DDR war es den zehntausenden von Inhaftierten sowohl der russischen Speziallager nach 1945 wie den Insassen des GULag nicht möglich gewesen, über diese Erfahrungen offen und vor allem öffentlich zu reden. Dieser Nachholbedarf wurde nach 1989 gedeckt. Für den Workuta-Häftling Peter Bordihn war es eine Befreiung. „Die Ereignisse des Novembers 1989 und die Wende … lassen mich die bedrückende Last abwerfen und endlich reden."[773] Neben einer Vielzahl von Büchern gibt es auch zwei beeindruckende Filmdokumentationen über das Lager Workuta.[774]

Das bereits konzipierte Workuta-Kapitel seiner Autobiographie konnte Jüchen 1991 nicht mehr beginnen. Er hat sich aber bei anderen Gelegenheiten über seine Jahre im Lager geäußert, und bestehende Lücken und weiße Flecken können durch die Berichte anderer Häftlinge geschlossen werden.[775]

Oft gibt es die Vorstellung, dass der GULag die russische Ausgabe des nationalsozialistischen KZ-Systems gewesen sei. Die amerikanische Buchautorin Anne Applebaum, die im Jahre 2003 die Studie „Der Gulag"[776] publizierte, wurde hierzu befragt:[777]

773 Peter Bordihn: Bittere Jahre am Polarkreis. Als Sozialdemokrat in Stalins Lagern. Berlin 1990, S. 124.
774 Lager des Schweigens – Workuta im Nordpolarkreis. Chronos-Film, Bundesrepublik Deutschland, 1990. 62 Minuten-Video, farbig (Dokumentarfilm), und: Reise in die Hölle-Straflager Workuta – Ein Film von Rita Knobel-Ulrich, NDR/2004.
775 An Darstellungen sind zu nennen: Drescher: Haft am Demmlerplatz, a.a.O.; John H. Noble: Verbannt und verleugnet, Dresden 2004; Jan Foitzik/Horst Hennig (Hg.): Begegnungen in Workuta, Leipzig 2003; Horst Schüler: Workuta. Erinnerung ohne Angst, München 1993; ders.: Vergessene Opfer, Berlin 1996; MEMORIAL Deutschland (Hg.): Von Potsdam nach Workuta. Katalog zur Ausstellung, Berlin 2003; Ralf Stettner: ‚Archipel GULag': Stalins Zwangsarbeitslager, Paderborn/München/Wien/Zürich 1996; Eva Donga-Sylvester et al.: „Ihr verreckt hier bei ehrlicher Arbeit!" Deutsche im GULAG 1936-1956, Graz-Stuttgart 2000; Vereinigung der Opfer des Stalinismus (Hg.): Zwischen Waldheim und Workuta. Erlebnisse politischer Häftlinge 1945-1965, Bonn 1967; Joseph Scholmer: Arzt in Workuta, München 1963; Fritjof Meyer, „Tod im Gulag", in: Spiegel online, 10.10.2003; ders.: „In der erloschenen Hölle", Spiegel Nr. 40/1997, S. 206-216; Heinz Gerull: „Ich war Zwangsarbeiter in Sibirien", <http://50jahre-deutschland.bild.de/50iger/55/politik/02/02.html.>
776 Anne Applebaum: Der Gulag, Berlin 2003.
777 In: Jüdische Allgemeine, Beilage zur Nr. 26 vom 27.11.2003.

„Wenn Sie die Konzentrationslager und das Gulag-System vergleichen: Wo sind die wichtigsten Unterschiede?

Applebaum: ... Der eine ist, dass der Gulag kein Instrument der Massentötung war. Es gab in der Sowjetunion keine Vernichtungs- sondern ausschließlich Arbeitslager. Trotzdem sind darin Millionen Menschen umgekommen. Ich will also nicht sagen, dass der Gulag ‚netter‘ war, aber es steckt eine andere Mentalität dahinter.“

Wie muss man sich ein Lager des Archipel GULag vorstellen?

Workuta bestand aus etwa 40 einzelnen Lagern, die den jeweiligen Kohlegruben (Schächten) zugeordnet waren. Unterschiedliche Darstellungen nennen als Gesamtzahl der Häftlinge in der ersten Hälfte der 50er Jahre 100.000 bis 130.000. Die Kapazität der einzelnen Lager reichte von mehreren Hunderten bis zu mehreren tausend Häftlingen. Das Lager Schacht 8, in dem Jüchen inhaftiert war, bestand aus etwa 70 Baracken, die mit jeweils 70 bis 80 Gefangenen belegt waren. „Die einzelnen Lager waren von einem meterhohen Stacheldrahtzaun umgeben, der mit Wachtürmen, Scheinwerfern, mit Minen und Wachhunden gesichert war. Gefangene, die sich dem Zaun mehr als 6 Meter näherten, konnten ohne Warnung erschossen werden. Die Lager bestanden aus mehreren Dutzend Baracken, die jeweils für weit über 100 Personen ausreichen mussten. Entlang der Wände erstreckten sich in zwei Etagen die Schlafplätze, die in der Regel nicht durch entsprechende Bretter voneinander abgeteilt waren. Jeder Gefangene durfte offiziell 80 cm Breite für sich in Anspruch nehmen.[778]

Bei einem Schlafplatz auf einem durchgehenden Brettergestell in drangvoller Enge war oftmals der Schlaf nur in der Seitenlage möglich. Von „Intimsphäre“ konnte nicht die Rede sein.

Der Hauptzweck des Lagers war die Bereitstellung von Zwangsarbeitern für die Kohlezechen. Jüchen, der als Student zu Beginn der Weimarer Republik als Werkstudent im Ruhrbergbau gearbeitet hatte, lernte schlagartig die Unterschiede zwischen deutschem und russischem Bergbau kennen.

Gearbeitet wurde in mehreren Schichten rund um die Uhr, es gab auch kein freies Wochenende. Dafür bekam jedes Mitglied einer Brigade nach neun Tagen Arbeit einen freien Tag, den sogenannten Wichatnoij. Die Gefangenen arbeiteten täglich 10 bis 12 Stunden in zwei Schichten. Morgens um vier wurde die erste Schicht geweckt. Peter Bordihn und Karl Heinz Quade waren zusammen mit von Jüchen im Schacht 8 und haben ihre Erlebnisse aufgeschrieben.

„Wir erhalten Wintersachen, Unterwäsche und ein Hemd zum Überziehen. Zur kompletten Ausstattung gehören noch eine Wattehose, eine kurze und eine lange Wattejacke, eine Pelzmütze und ein Paar halbhohe Lederstiefel. Auch Fasthandschuhe bekommen wir als Schutz gegen die große Kälte."[779] ... *„Der Schutz der arbeitenden Bergleute steht nur auf dem Papier. Zum Beispiel ist der Besitz von Grubenmasken vorgeschrieben. Keiner hat eine. Die technische Ausrüstung des Schachtbetriebes unter Tage ist ausgesprochen primitiv. Manuelle Tätigkeiten herrschen vor, Schaufel und Keilhaue sind in der Mitte des 20. Jahrhunderts die Hauptwerkzeuge der Arbeiter ... Zum Transport der ein- und ausfahrenden Kumpel gibt es keine Förderkörbe. Der achte Schacht ist schräg angelegt, die Kohleflöze werden diagonal abgebaut. Zu Fuß müssen die Arbeiter den Weg über mehr als tausend Stufen zum Förderplatz hinunter- und auch wieder heraufklettern."*[780]

„Wir stiegen etwa 600 Stufen in den Berg. Es gab zwar eine Fahrmöglichkeit, dafür aber hätte der Transport der Kohle unterbrochen werden müssen, was ungern getan wurde ... Die Flöze des 8. Schachtes befanden sich zum Teil unter dem Fluß. Ein ständiger Regen gehörte auf manchen Strecken also mit dazu. In Verbindung mit der Dauertemperatur von 4 Grad Celsius und dem Ventilationswind die beste Methode, den Schachteur zur ständigen Arbeit zu zwingen, wollte er nicht erfrieren. Als besonders unangenehm erwies sich auf den nassen Strecken die wattierte Arbeitskleidung, die in kurzer Zeit wie ein nasser Schwamm am Körper hing. Dabei galt die Ausgabe von Arbeitskleidung als großer Fortschritt, der erst seit zwei Jahren bestand. Vorher arbeiteten und lebten die Schachteure mit nur einer Montur."[781]

Gearbeitet wurde zu jeder Jahreszeit, Leningrad brauchte Kohle. In einem undatierten Manuskript, „Weihnacht der Gefangenen",[782] entstanden zwischen 1956 und 1958, hat Jüchen einen Teil seines Lebens in Workuta gezeichnet.

„... in der trostlosen Weite eines unendlichen Raumes, den acht Monate des Jahres Schnee und Eis bedeckten, lebendig begraben ... Anfang Dezember ging die Sonne, deren Scheibe schon zuvor nur in einem ganz flachen und kurzen Bogen den

---

778 Begrüßungsansprache von Dr. Hubertus Knabe zur Eröffnung der Ausstellung „Workuta – Vergessene Opfer" am 9. Januar 2002 in der Gedenkstätte Berlin-Hohenschönhausen.

779 Bordihn, S. 72.

780 Ebd., S. 75.

781 Donga-Sylvester et al., a.a.O., S.150.

782 In: EZA/743, Mappe-107.

Horizont überschritt, so daß die Morgenröte zugleich die Abendröte des Tages war,
für einige Zeit völlig unter, um erst Ende Januar verhüllt von dicken Nebeln und
Wolken in einem ebenso flachen Bogen wieder aufzutauchen. Es war dies die Zeit,
da eisige Stürme über die kristallenen Schneefelder dahinbrausten, es war die Zeit,
da ein heulender Wind mächtige Berge von Schnee heranwehte ... Die Baracken
lagen bis über das Dach im Schnee, so daß man die Tür nur von oben durch einen
in den Schnee gegrabenen Schacht erreichen konnte ... wenn wir Nachtschicht
hatten, ... sind wir auch [in] dieser [Weih-]Nacht vermummt und verpackt, mit
Gesichtsmasken ausgerüstet, [so] daß wir vorsintflutlichen Sauriern ähnlicher als
Menschen schienen, mit geschulterter Schaufel und frisch angespitzter Hacke zur
Arbeit hinausgezogen."

In den Bergwerken kam es häufig zu Unglücksfällen, viele davon mit
tödlichem Ausgang. Es war zum einen die schwere Arbeit, aber erschwerend
kam hinzu, daß die Arbeitsbrigaden eine bestimmte Norm zu erfüllen
hatten. Schaffte die Brigade das nicht, wurden die schon kargen Rationen
noch gekürzt.

Die Gefangenen bekamen täglich etwa 500 bis 600 Gramm Brot, zwei
dünne Suppen und eine Kelle Kascha, einen dicken Brei aus Hirse, Mais
oder Gerste. Außerdem gab es alle zehn Tage etwas Zucker. Vom Grad der
Normerfüllung hing es ab, was der Häftling an Essen erhielt: In der unters-
ten Gruppe gab es lediglich Brot und Wassersuppe. Wenn man mindestens
111% der Norm erreicht hatte, bekam man 200g Brot zusätzlich.

„Medizinisch ist es kaum erklärbar, wie Menschen, die so schlecht verpflegt wurden,
schwerste Arbeit unter Tage, auf dem Holzplatz des Bergwerks oder in der Ziegelei
der Stadt leisten konnten, über viele Jahre hinweg."[783]

Der Krankenstand im Lager war aufgrund der Unglücksfälle, wegen der
mangelhaften Ernährung und der katastrophalen hygienischen Bedingungen außerordentlich hoch, doch nur ein kleiner Teil der Kranken wurde
in die Krankenbaracke aufgenommen.

Der Arzt Joseph Scholmer war von 1950 bis 1954 in Workuta. Nach seiner
Rückkehr veröffentlichte er ein Buch mit dem Titel „Die Toten kehren
zurück", in dem er die Zustände in Workuta schilderte:

„In diesem Herbst [1950] ist die Lage der Deutschen in Workuta verzweifelt. Der
Ernährungszustand ist nur bei denen ausreichend, die im Schacht arbeiten. Das

---

[783] Schüler, Vergessene Opfer, a.a.O., S. 27.

Gros der Deutschen leidet an Hungerdystrophie jeden Stadiums … Im Lager des Schachtes 6 waren Ende 1953 unter einer Belegschaft von dreitausendfünfhundert Gefangenen etwa siebenhundert Invaliden … Man muß diese Armee des Elends gesehen haben. Körperlich ruiniert durch Jahre und Jahrzehnte einer Haft unter barbarischen Bedingungen, schlecht bekleidet, … in überfüllten Baracken zusammengepfercht, tuberkulös, herzkrank, fast sämtlich unter hohem Blutdruck leidend, der charakteristischen Krankheit des Nordens. Jede Woche werden einige von ihnen in der Tundra verscharrt."[784]

Viele Häftlinge gingen erst psychisch zu Grunde. Nichts war so unerträglich wie die Ungewissheit, ob man hier jemals wieder herauskommen konnte und was wohl aus den Angehörigen in der Heimat geworden war. Der Kontakt nach Zuhause war abgebrochen. – Günter Albrecht, 1949 als LDPD-Mitglied mit 22 Jahren verhaftet, durfte erst fünf Jahre nach der Verhaftung eine erste Nachricht an die Angehörigen schicken.[785] Viele Gefangene resignierten und gaben sich auf.

„Der Tod kam in Workuta schnell: Hunger, Erschöpfung, Krankheit (fast alle Gefangenen hatten Skorbut, viele Ruhr, Erfrierungen, Tuberkulose, Typhus), Prügel, ein selbstmörderischer Sprung an den Lagerzaun, eine Kugel, brachten das Ende. Um sicher zu sein, daß einer sich nicht nur tot stellte, zertrümmerten die Wachen jedem Leichnam noch den Schädel."[786]

Je nach Gesundheitszustand arbeiteten die Gefangenen entweder unter Tage im Kohlebergwerk, auf Baustellen im Freien oder in der Zementfabrik.

Jüchen erkrankte und wurde im Lazarett behandelt. Die Diagnose war Dystrophie. Die Krankheit wurde nur oberflächlich behandelt, kehrte mehrmals wieder und schädigte ihn nachhaltig.

„Mein Gedächtnis [hat] durch den ständigen Wechsel von Dystrophie und Behandlung der Dystrophie in der Gefangenschaft ziemlich gelitten. Man behauptet, daß der ständige Wechsel zwischen Unterernährung und Wiederaufpäppelung das Gedächtnis mehr mitnähme als eine gleich bleibende Hungerperiode."[787]

Da er nicht mehr bergbautauglich war, wurde er im Innendienst beschäftigt.

---

[784] Neu aufgelegt unter dem Titel: Joseph Scholmer: Arzt in Workuta, München 1963, S. 77 und 133.

[785] Drescher, Haft am Demmlerplatz, a.a.O., S. 167.

[786] Meyer, „In der erloschenen Hölle", a.a.O., S. 206-216.

[787] A 3, S. 1.

Edith, Irmgard und Hanspeter 1954 in Schwerin.
Dieses Bild wurde Jüchen nach Workuta geschickt.

„Ich habe vorübergehend in einer Fabrik gearbeitet, in der ein Drittel der Maschinen ... amerikanischer Herkunft aus dem Pacht- und Leihgesetz waren, ein weiteres Drittel deutscher Herkunft aus den Reparationen der sowjetischen Besatzungszone und das letzte Drittel russische Maschinen ... Ich habe folgenden Fall erlebt: In einer Kistenwerkstatt bestand die Norm, täglich eine bestimmte Anzahl von Kisten fertig zu stellen. Die Arbeiter lieferten ihre Norm an Kisten und die Kisten wurden irgendwo gestapelt. Eine benachbarte Schreinerei aber brauchte Nägel, um ihr gesetztes Soll an Fensterrahmen und Türen zu liefern. Alle paar Nächte besorgte ein Arbeiter der Schreinerei die Nägel, indem er sie aus den fertigen Kisten herauszog. Beiden, den Kistenmachern und den Schreinern, war geholfen ... Für den russischen Arbeiter ist die Sache erledigt, wenn für die Arbeit, die er geleistet hat, die Prozente in der Buchhaltung angemeldet sind."[788]

Aus den Eindrücken dieser Zeit entstand ein Gedicht, das 1956 in einem unter anderem von Helmut Gollwitzer herausgegebenen Band mit Gedichten und Kurzgeschichten[789] von Gefangenen publiziert wurde.

„DIE KINDERHAND

Sehr müd' bewegte sich ein dunkler Zug
Gefangener auf einer öden Straße.
Kein Baum! Kein Strauch! Unendlichkeit
dehnt' sich nach allen Seiten ohne Maße.

Da kam ein kleiner Bub daher,
fünf Jahre mocht' er haben,
trat ohne Scheu zu uns heran
vom rechten Straßengraben

und legte seine kleine Hand
vertrauend in die meine,
und kauderwelschte frisch drauf los,
als wüßt' ich, wie er's meine.

Ich hielt die warme Bubenhand,
die sich in meiner regte,
und grübelte,
was ihn so frei
zu grüßen mich bewegte.

Du lieber Junge weißt noch nicht,
wie sehr die Welt vergiftet.

---

[788] Jüchen, Was die Hunde heulen, a.a.O., S. 78 und 189.
[789] Und bringen ihre Gaben aus russischer Kriegsgefangenschaft. Stuttgart 1956. Im Autorenverzeichnis steht auf S. 284: „Aurel von Jüchen: Angaben fehlen."

Doch sei geheim und zeichenhaft
in deinem kauderwelschen Gruß
ein neuer Bund gestiftet!"

Nach der Fabrikarbeit wurde Jüchen in der Rekonstruktion von Häusern („Remontage") eingesetzt. Seine Arbeitserfahrungen waren für ihn sehr beeindruckend.

> *„Als wir einmal an solch einer Remontage arbeiteten, gab mir der Brigadier wegen einer Fußverletzung, die ich mir zugezogen hatte, eine leichte Arbeit. Ich hatte nichts anderes zu tun, als in allen Zimmern die Öfen zu heizen. [Es gab aber kein Holz!] Für die Russen war das überhaupt kein Problem. ‚Verbrenne die Türen! Reiß die Dielen heraus! Verfeuere die hölzernen Fensterläden! Es ist doch genug Holz da.' riefen sie mir zu. Für den inneren Widerstand, den ein Deutscher überwinden muß, ehe er einen heilen Fußboden aufreißt ... haben sie gar kein Verständnis mehr."*[790]

In der Extremsituation des Zwangsarbeitslagers erinnern sich auch die religiös Indifferenten an die tröstende Funktion der Religion. In der Abgeschiedenheit der Tundra

> *„wirkt die Unendlichkeit der Landschaft, in welcher sich kein Baum erhebt und kein Strauch, und in der das Auge keinen Anhaltspunkt findet, wie das Meer, wenn man sich auf hoher See befindet. Rundum Moor. Es war eine Zeit des Heimwehs und des täglichen Ausgesetztseins gegenüber dem Eindruck kollektiven menschlichen Elends. Jeder Mensch war ein dicht zusammengeschnürtes Bündel von Leid und Elend. Die meisten Mitgefangenen hatten Verurteilungen von 20 und 25 Jahren. Viele hatten bereits 20 oder 22 Jahre Lager hinter sich. Jugendliche gab es, deren Leben war das Leben im Lager."*[791]

Zu Workuta gehört auch die Existenz einer Untergrundkirche, die Hoffnung vermittelt, Geborgenheit und Zugehörigkeit schenkt und das Überleben stärkt. Mit großem Risiko allerdings.

> *„Das Abhalten von Gottesdiensten war strengstens verboten. Jede Art religiöser Handlung wurde schwer bestraft. Und doch fanden geheime Treffen der Gläubigen statt ... Dies musste unter allen Umständen geheim bleiben ... Wurde man entdeckt, mussten die Teilnehmer nach der erschöpfenden Arbeit weitere vier bis sechs Stunden schuften."*[792]

> *„Durch einen Verräter war bekannt geworden, daß sich Gefangene ... in einem verlassenen Stollen einen Altar geschaffen hatten und heimlich Gottesdienste ab-*

---

[790] Jüchen: Was die Hunde heulen, a.a.O., S. 79.
[791] A 4, S. 10.
[792] Noble, Verbannt und verleugnet, a.a.O., S. 77

hielten. Die Wachmannschaften griffen sofort zu. Es fiel ihnen nicht schwer, die geistigen Anführer zu finden. Acht Tage Isolator" (Strenge Einzelhaft).[793]

Der Pfarrer Jüchen hatte in seiner Baracke mehrere deutschsprachige Häftlinge, die er seelsorgerlich betreute. Er hat viele Spuren bei seinen Mithäftlingen hinterlassen. In seiner Personalakte wird mehrfach darauf Bezug genommen. Hierin befindet sich auch ein Zeitungsartikel vom 30. Dezember 1953, angefertigt aufgrund der Aussage von entlassenen Häftlingen, in dem es über ihn heißt: „Er habe gegen ein gespartes Brot einem Mitgefangenen ein Neues Testament abgekauft, um seinen Leidensgefährten geistlichen Zuspruch geben zu können."[794]

Er erzählte mir davon, dass er mit mehreren Häftlingen die hohen christlichen Feste und besonders intensiv das Weihnachtsfest beging. In einem Gedicht[795], verfasst nach seiner Freilassung, erinnerte er sich daran:

„Advent 1952

Die Kraft der Sonne geht zur Neige
Die Tundrawinde wehen kalt und scharf
Ein Lichtlein bleibt auf einem Kiefernzweige
Das um der Menschheit willen
Nie verlöschen darf."

Ab dem Jahr 1953 verbesserte sich die Situation der Workutahäftlinge wesentlich. Die ersten deutschen Häftlinge waren schon vor 1953 entlassen worden und hatten durch ihre Berichte mit dafür gesorgt, dass sich die Regierung der BRD und das Rote Kreuz verstärkt um die Häftlinge bemühten. Die russische Regierung, der an der Verbesserung der Beziehungen zur Adenauer-Regierung gelegen war, lockerte die Haftbedingungen. Im August 1953 wurde den Häftlingen erstmals erlaubt, nach Deutschland zu schreiben. Die Lagerverwaltung gab vorgedruckte Klapp-Karten vom sowjetischen Roten Kreuz aus. Die eine Hälfte konnten die Häftlinge beschreiben, die andere Hälfte war für die Antwort gedacht.

Ab 1954 durften die deutschen Gefangenen Pakete mit Lebensmitteln empfangen. Dadurch verbesserte sich ihre Lage entscheidend. Mit den Waren konnten sie sich auch bessere Arbeitsbedingungen eintauschen. Der

---

[793] Bordihn, a.a.O., S. 101.
[794] Der Artikel befindet sich auch in: NLJ, Mappe 8: Geschäftliches und Workuta 1955-1972.
[795] NLJ-Mappe 43.

Paketversand hatte Ähnlichkeiten mit dem Geschenkverkehr zwischen den beiden deutschen Staaten in den 50er Jahren.

Die westlichen Workuta-Gefangenen wurden zentral vom Bonner Hauptausschuss der AWO betreut. Monatlich erhielt jeder Gefangene ein Paket, wobei die Angehörigen umgehend informiert wurden, was darin enthalten war. Im Mai 1955 waren dies „Eisbein, Schmalzfleisch, Margarine, Schokobona, Milch, Konfitüre, Trockenobst, Kekse, Zigaretten, Bonbon."[796]

Was erhielten die Gefangenen aus der SBZ/DDR? Und wie sollte das Paket das Lager erreichen?

Jüchens Tochter Edith, immer noch wohnhaft in Schwerin und DDR-Bürgerin, studierte in der Sicht der DDR-Behörden „illegal" und auf abenteuerliche Art und Weise (nach BRD-Recht legal!) an der Textil-Ingenieur-Schule im rheinischen Krefeld. Mittlerweile wusste die Familie durch Heimkehrerberichte, dass der Gefangene von Jüchen noch lebte und wo er inhaftiert war. Und so begann eine kreative Operation. Edith bat eine ihrer Lehrerinnen um Hilfe, da sie einen unverdächtigen „westlichen" Absender benötigte. Diese willigte ein und das Paket machte sich auf den Weg in die Tundra. Zu aller Erstaunen erreichte es den Adressaten. Dem Dankesbrief Jüchens an Frau Professorin Schu vom 16. Januar 1956[797] ist zu entnehmen, welche immense psychologische Bedeutung diesem Paket zukam.

> „Das erste Paket, das mich überhaupt erreichte, und das im ganzen Lager eine gewisse Sensation war, trug als Absender Ihren Namen. Das war umso erstaunlicher, als ich zu der Zeit selbst noch gar nicht schreiben durfte. Nun, es wirkte in der künstlichen Abgeschiedenheit der Lager im Polgebiet, als wenn plötzlich am Strande eines verlorenen Fischerdorfes eine außerordentlich wichtige Flaschenpost an den Strand gespült wird. Von diesem Augenblick an wußte ich, daß man in Deutschland ausmachen konnte, wo wir steckten, ja, daß man sogar die Lagernummer ausfindig gemacht hatte. Von diesem Augenblick an, konnte man für das Bewußtsein der freien Welt nicht verloren gehen und es war sicher, daß man irgendwann einmal wieder nach Hause zurückkehren würde."

Wie hatte die Familie vom Aufenthaltsort Jüchens erfahren? An dieser Stelle müssen wir wieder in das Jahr 1951 zurückgehen. Im Laufe dieses Jahres verdichteten sich die Annahmen, dass Jüchen in Russland war.

---

[796] MEMORIAL Deutschland (Hg.): Von Potsdam nach Workuta. Katalog zur Ausstellung. Berlin 2003, S. 41.

[797] Kopie in SP.

Klaus-Henning Schroeder hat in seinem Schweriner Tagebuch unter „Osterspaziergang 1952" festgehalten:

> *„Pastor Aurel von Jüchen soll nun in Sibirien sein. Jüchen, ein stadtbekannter Mann, der gerade bei Jugendlichen Anklang fand, war ... verhaftet worden. Niemand wußte, was er Schwerwiegendes getan hatte. Gegen die politische Situation polemisiert, ja das hatte er. Sogar in öffentlichen Versammlungen ... Aber Sibirien?"*[798]

Der OKR ging in der Öffentlichkeit weiterhin davon aus, dass es sich im Falle Jüchen nur um eine zeitweilige Abwesenheit handeln könne. Er wurde weiterhin als Synodaler geführt und in amtlichen Verzeichnissen als Pfarrer an der Schelfkirche.[799]

Aber je länger die Ungewissheit dauerte, um so unwahrscheinlicher schien dem OKR ein guter Ausgang.

> *„Dem Oberkirchenrat ist bisher ebensowenig wie der Familie des Pastors von Jüchen eine sichere Auskunft über sein Schicksal, über die Gründe seiner Verhaftung und die etwaige Verurteilung sowie über seinen jetzigen Aufenthalt bekannt geworden. Deshalb bittet der Oberkirchenrat die Kirchenkanzlei, bei den zuständigen Stellen in Berlin darüber Nachfrage halten zu wollen, damit wegen seiner Vertretung und der etwaigen Neubesetzung der Pfarre endgültiges beschieden werden kann."*[800]

Die Kirchenkanzlei kann nichts in dieser Hinsicht tun. Alles ist versucht worden und von Jüchen fehlt jede Spur. Was allerdings getan werden kann, ist die öffentliche Fürbitte für den Verschleppten in den Kirchen des Westens und der DDR. Und so bringen hunderte Pfarrer das Schicksal Jüchens und seiner Leidensgenossen vor die Gemeinden. Die Fürbitte erfolgt für Pfarrer und kirchliche Mitarbeiter, die von der EKiD auf eine „Liste der im Gebiet der DDR verhafteten ... Pfarrer" gesetzt werden, die im SED-Apparat in der Akte „Kirchliche Fürbitte für Pfarrer, die wegen Spionage verurteilt wurden"[801] abgeheftet werden. Im Frühjahr 1952 enthielt diese Liste die Namen von 28 Pfarrern und kirchlichen Amtsträgern, darunter waren aus Mecklenburg neben Jüchen weitere sechs Personen.

Aus den Akten der SED ist die Beunruhigung zu erspüren, die diese Verlesung in den Kirchen der DDR bei den Parteibürokraten ausgelöst hat.

---

[798] Klaus-Henning Schroeder: David•s Enkel. Eine Jugend in Schwerin, Schwerin 1991, S. 205.

[799] Oberkirchenrat der Evangelisch-Lutherischen Landeskirche Mecklenburgs (Hg.): Leitung, Dienststellen und Pfarren der Evangelisch-Lutherischen Landeskirche Mecklenburgs. Beilage zum Kirchlichen Amtsblatt für Mecklenburg, Schwerin 1951.

[800] Brief Beste für OKR an EKiD, Schwerin 18. April 1951, in PAJ.

[801] SAPMO, Akte DY 30/IV A2/14/161, 1952.

Am 23.7.1952 wird diese Liste der verhafteten Pfarrer durch den Mitarbeiter des SED-Zentralkomitees Bruno Wolff – er ist in der „Abteilung Staatliche Verwaltung" zuständig für den „Sektor Kirchen" – an den Genossen Willi Barth weitergeleitet. Barth seinerseits hat wegen dieser Liste bereits mit dem Genossen Warnke aus der Parteileitung gesprochen.

> „Er [Warnke] ist der Meinung, daß es nicht ratsam ist, in den Gemeinden in öffentlichen Versammlungen die Gründe der Verhaftung aller dieser Personen bekannt zu geben, da sie fast ausnahmslos wegen Spionage und ähnlichen Dingen verhaftet wurden ... Entweder machen wir nun nichts mehr in dieser Sache, da ... die Pastoren die Gelegenheit bestimmt ausgebeutet haben, oder ... das ‚Hauptamt Verbindung zu den Kirchen', also Nuschke selber, müßte angewiesen werden, den einzelnen Landeskirchenleitungen die Auflage zu geben, diese Predigten einzustellen. Warum nutzen wir diesen Apparat in solchen für die Kirche negativen Dingen nicht viel mehr aus, sondern machen das immer durch unsere Genossen, während N. [Nuschke] immer sagen kann, er sei ja dagegen, aber er komme mit seiner Meinung nicht durch."[802]

Es ist erstaunlich, wie gering die Kenntnisse über kirchliche Strukturen selbst bei hohen Parteifunktionären waren. Zumindest in dieser Zeit hatte die Ost-CDU und ihr formaler Vorsitzender Nuschke überhaupt keine Möglichkeiten, durch Diskussion oder Druck die Fürbitte in den Gemeinden zu verhindern.

Der Fürbitte in der Gemeinde folgte der obligatorische Brief aus Schwerin nach Berlin.

> „Noch immer fehlt jede zuverlässige Nachricht über den Verbleib des Pastors Aurel von Jüchen aus Schwerin ... In der Pastorenschaft der Landeskirche herrscht tiefe Betrübnis und dauernder Unwillen über die Tatsache, daß der Pastor von Jüchen aus seiner Pfarre fortgeholt ist, ohne daß bis heute irgendeine Nachricht über den Grund der Verhaftung bekannt gegeben [worden] ist. Auch die Familie lebt in völliger Unsicherheit."[803]

Hierauf erfolgt die ebenso obligatorische Antwort, dass man nichts wisse und annehmen müsse, dass er „sich nicht in einem Gewahrsam befindet, der der Regierung der DDR untersteht."

---

[802] SAPMO, ibid..

[803] Brief OKR an EKiD, 4.10.1952, in: PAJ und Antwort EKiD – Gefangenendienst des ev. Hilfswerkes, Berlin 5.11.1952 ebd.

Im Sommer 1953 schlug die mecklenburgische Kirche eine andere Taktik ein. Da immer noch 12 mecklenburgische Pfarrer und Amtsträger verhaftet waren, die mehrheitlich in russischem Gewahrsam vermutet wurden, waren diesmal russische Stellen die Adressaten.

Am 20.6.1953 wandte sich der OKR an die Berliner Kirchenkanzlei mit der Bitte, ein beigefügtes Schreiben[804] an den „Hohen Kommissar der UdSSR in Deutschland, … Botschafter W.S. Semjonow" [zu übermitteln].

„Der Pastor Aurel von Jüchen … ist seit dem 23. März 1950 verhaftet. Dem Ober-kirchenrat ist es trotz eifrigen Bemühens nicht gelungen, irgendwelche Nachrichten über das Schicksal und den Aufenthaltsort von Pastor v. Jüchen bisher zu erhalten. Pastor von Jüchen hat auch während der ganzen Zeit von sich aus keine Nachricht gegeben … Der Oberkirchenrat bittet Sie, Herr Botschafter, Nachforschungen anstellen zu wollen und zu prüfen, ob nicht jetzt der Zeitpunkt gekommen ist, daß Pastor v. Jüchen in seine Heimat zurückkehren kann."

Am 8. Juli 1953 teilte die Kirchenkanzlei dem OKR mit, dass „zunächst" dieses Schreiben nicht abgeschickt wird. Stattdessen solle mit deutschen Stellen geredet werden. Dies unternahm am 9. Dezember 1953 Präses Scharf, der mit dem Generalstaatsanwalt der DDR die Fälle Jüchen und Lansemann erörterte.[805]

Sichtbare Konsequenzen hatte auch dieses Gespräch nicht. Die mecklenburgische Kirche wurde immer ungeduldiger. Wenn der Versuch, über DDR-Stellen etwas zu erreichen, seit Jahren scheiterte, musste endlich auf offizieller Ebene der direkte Kontakt zu russischen Stellen aufgenommen werden.

Im Dezember 1953 beschloss die mecklenburgische Landessynode deshalb, die EKD zu bitten, zum Staatspräsidenten Pieck und zu Botschafter Semjo-now eine Delegation zu entsenden, um „in Sachen der verurteilten Amtsträger der mecklenburgischen Landeskirche" vorstellig zu werden. Am 6.2.1954 antwortete die Kirchenkanzlei, dass darüber mit Propst Grüber gesprochen wurde, der „bei der derzeitigen Lage leider keine Möglichkeit [sieht], einen Empfang der Delegation bei den beiden Staatsmännern zu erreichen."

In der zweiten Jahreshälfte 1953 waren viele Häftlinge aus Workuta zurückgekehrt und waren in den Notaufnahmelagern auch nach weiteren

---

[804] In PAJ. Auch die im Folgenden erwähnten Schreiben befinden sich in den Personalakten, insofern keine andere Quelle bezeichnet wird.

[805] Aktenvermerk in EZA – 7/2073.

Verhafteten befragt worden. So erhielten das Rote Kreuz und der kirchliche „Flüchtlingsdienst" auch Nachricht vom Verbleib des Pfarrers von Jüchen. Am 30.12.1953 meldete epd. Berlin:

> *„Wie durch Heimkehreraussagen bekannt wird, befindet sich in dem Zwangsarbeitslager Workuta ... seit 1950 auch der zu 25 Jahren Zwangsarbeit verurteilte mecklenburgische Pfarrer Aurel von Jüchen ... Sein Gesundheitszustand soll nicht besonders gut sein. Seitdem er an Dystrophie leidet, gilt er seit etwa einem Jahr als Invalide und ist von den Außenarbeiten, die für jeden Westeuropäer zu schwer sind, befreit. Aber auch die Arbeiten, die er innerhalb der Baracken ausführen muß, sind außerordentlich schwer. Er ist jedoch geistig durchaus frisch und moralisch ungebrochen."*[806]

Der „Kirchendienst Ost" bekam vom „Landesnachforschungsdienst Berlin" eine „Liste von 20 verhafteten" Pfarrern und deren Verbleib.[807] 11 Heimkehrer hatten angegeben, Jüchen in den Lagern im Laufe des Jahres 1953 gesehen zu haben. Genannt wurden das Lager Olp 9 Workuta im Juni und Dezember 1953 und der Schacht 8 im Januar 1953, im Juni 1953, am 2. Juli 1953 und am 10.12.1953. Da sich sechs Heimkehrer an Begegnungen im Schacht 8 erinnern konnten, wusste jetzt der OKR erstmalig den genauen Aufenthaltsort Jüchens. Er informierte sofort die Berliner Kirchenkanzlei.

> *„Dem Oberkirchenrat ist durch Heimkehrer bekannt geworden, daß der Pastor Aurel von Jüchen in einem Lager zu Walkutta [gemeint ist Workuta] ... als Sanitäter tätig sein soll. Es geht ihm körperlich gut, nachdem er eine schwere Erkrankung in früheren Jahren überstanden hat ... Er soll unter den Kameraden sehr beliebt sein. Eine Möglichkeit, daß er sich mit seinen Angehörigen direkt in Verbindung setzt, soll nicht bestehen. Er soll zu 25 Jahren nach §58, 6 vom sowjetischen Tribunal verurteilt sein (Spionage)."*[808]

Die EKD informiert umgehend die Presse. „Nach Heimkehrerberichten befindet sich der 1950 verhaftete mecklenburgische Pfarrer Aurel von Jüchen in dem russischen Zwangsarbeiterlager Workuta."[809]

Aber es geschieht noch etwas anderes. Die ev. Kirchenkonferenz und der Rat der EKD führen am 11./12.2.1954 eine Konferenz in Berlin durch.

---

806 Schreiben der Kirchenkanzlei vom 5.1.1954 an den OKR in: PAJ.
807 Schreiben vom 6.5.1954. In: EZA – 7/2073; 7/2079 und in PAJ.
808 Brief OKR Schwerin an Kirchenkanzlei Berlin v. 4.1.1954, in: PAJ.
809 Junge Kirche Heft 1/1954 vom 16. Januar, S. 53.

Zu den Themen gehört auch die Lage der weiterhin inhaftierten Pfarrer. Im selben Monat findet in Berlin vom 25.1. bis 18. 2.1954 die Vier-Mächte-Konferenz statt. Die Kirchenkonferenz richtet einen Appell an die Alliierten mit der Bitte um

„die sofortige Freilassung aller politischen Gefangenen ... Es ist ein Moment der Entspannung gewesen, daß die Regierung der UdSSR wenigstens einen Teil der von sowjetischen Militärgerichten verurteilten politischen Gefangenen kurz vor Beginn der Konferenz entlassen hat. Noch aber befinden sich viele Tausende in Gefängnissen und Zuchthäusern."[810]

Es hat zu dieser Zeit seitens der Adenauer-Regierung die ersten zarten Versuche gegeben, den Kontakt zur UdSSR zu verbessern. Die noch in russischen Händen befindlichen Kriegsgefangenen waren im Westen ein viel größeres Thema als die Zivilinternierten, die fast sämtlich in der russischen Zone verhaftet worden waren. Der steigende öffentliche Druck, für die Rückkehr der „Spätheimkehrer" zu sorgen, verbesserte auch die Ausgangsposition der Zivilinternierten. Aber Diplomatie in Zeiten des Kalten Krieges benötigte viel Zeit.

1954 gelang es der Familie, mit dem Mann und Vater in Workuta brieflichen Kontakt aufzunehmen und das Schweigen zu beenden. So erfuhr auch der OKR von der gesundheitlichen Situation Jüchens, die sich 1955 verschlechterte.

Am 30. April 1955 wurde Irmgard von Jüchen beim OKR vorstellig und berichtete, dass ihr Mann mit Postkarte vom 5.3.1955 mitgeteilt habe, dass er an einem Tumor im Halse leide. Der OKR wandte sich noch am selben Tag an die Kirchenkanzlei in Berlin und bat um eine sofortige Intervention, „um zu erreichen, daß der Pastor von Jüchen entlassen wird."

Dies geschah umgehend. Der EKD-Ratsvorsitzende und Berliner Bischof Otto Dibelius wandte sich am 12. Mai 1955 an den „Herrn Botschafter Puschkin, Berlin." Dibelius hatte in seiner Eigenschaft als oberster Repräsentant des gesamtdeutschen Protestantismus bereits ein Gespräch mit Puschkin geführt und diesem auch eine Liste inhaftierter Amtsträger überreicht. Hieran konnte jetzt angeknüpft werden.

„Auf der Liste ... befand sich auch der Name des Pastors Aurel von Jüchen aus Schwerin. Von Herrn Pastor von Jüchen ist inzwischen eine Nachricht gekommen,

---

[810] KJ 1954, S. 59.

daß er an einem Tumor im Halse leide und nur noch wenig Nahrung zu sich nehmen könne. Seine Ehefrau ist deswegen in größter Sorge. Wir teilen diese Sorge. Ich wäre Ihnen daher besonders dankbar, wenn gerade diesem Fall besondere Aufmerksamkeit zugewendet würde. Vielleicht wäre es möglich, die Entlassung von Herrn Pastor von Jüchen so zu beschleunigen, daß eine Operation, die eventuell notwendig werden wird, in seiner deutschen Heimat vorgenommen werden kann."[811]

Jüchens Entlassung konnte tatsächlich beschleunigt werden. Im Sommer 1955 bekamen die diplomatischen Prozesse zwischen der BRD und der UdSSR eine bis dahin unerwartete Dynamik. Im September 1955 flogen Bundeskanzler Konrad Adenauer und Außenminister Heinrich von Brentano nach Moskau zu Verhandlungen mit Parteichef Nikita Chruschtschow und Ministerpräsident Bulganin. Die Interessen waren klar. Bonn wollte die Rückkehr der Gefangenen und Moskau die Aufnahme diplomatischer Beziehungen zur BRD, nachdem es bereits diplomatische Beziehungen zur DDR aufgenommen hatte. Die Verhandlungen dauerten vom 8. bis zum 14.9.1955 und verliefen sehr mühselig. Aufgrund der Unversöhnlichkeit beider Positionen drohten sie zu scheitern. Erst am letzten Tag erfolgte die Einigung. Die BRD errichtete eine Botschaft in Moskau, und die UdSSR verpflichtete sich zur Repatriierung der letzten deutschen Kriegsgefangenen und der deutschen politischen Häftlinge.

In den Lagern löste das großen Jubel aus. Die deutschen Zwangsarbeiter wurden umgehend von der Arbeit befreit und auf die Heimkehr vorbereitet. Am 2. Oktober 1955 erreichte die Mitteilung der bevorstehenden Freilassung Irmgard von Jüchen in Schwerin, die ihre Freude mit der Familie Telschow teilte. „Eben kam eine Karte von Aurel aus Moskau … Er hofft, bald daheim zu sein. Freut Euch mit mir und betet mit mir, daß Gott ihn wohlbehalten bald hier ankommen lässt."[812]

Wohin sollte er heimkehren? Nach Schwerin in eine ungewisse Zukunft und einer möglicherweise neuen Verhaftung? Oder in den Westen, wo zumindest keine Verhaftung zu befürchten war? Der Schweriner Pfarrer gab als Heimatort Westberlin an und als Adresse das Neuköllner Pfarrhaus von Arthur Rackwitz.[813]

---

[811] Brief Bischof Dibelius vom 12.5.1955, in: PAJ.

[812] Im Privatarchiv Telschow, Kopie SP.

[813] Mitteilung Jüchens an den Verfasser.

Die Häftlinge der Workuta-Lager wurden zum Rücktransport nach Deutschland in ein Sammellager südlich von Moskau gebracht (Potma). Hier blieben die Häftlinge bis zur Heimkehr, die Jüchen über Moskau führte, von wo sein Zug weitergeleitet werden sollte. Und hier spielte sich ein Ereignis ab, das in gewisser Hinsicht typisch war für den Charakter des Pfarrers von Jüchen. Da er mittlerweile kein Strafgefangener mehr war, genoss er volle Bewegungsfreiheit. Beim Zugwechsel in Moskau hatte er mehrere Stunden Aufenthalt, die er zu einer Besichtigung der Tretjakov-Galerie nutzen wollte, die die weltweit bedeutendste Sammlung russischer Malerei vom Mittelalter bis zur Moderne beherbergt, darunter die berühmtesten russischen Ikonen.[814] Er blieb zu lange in der Ausstellung und verpasste den Zug. Es gelang ihm, sich den russischen Stellen verständlich zu machen und er wurde in den nächsten Heimkehrerzug gesetzt.

Die Heimführung der etwa 10.000 Frauen und Männer nach Deutschland erfolgte unter starker Anteilnahme nicht nur der (west-) deutschen Bevölkerung vom Oktober 1955 an. Die letzten Häftlinge kehrten erst 1956 wieder. Diejenigen, die in die Bundesrepublik gingen, erhielten dort nach ihrer Heimkehr gesellschaftliche Anerkennung und finanzielle Unterstützung. Die Bilder der ausgezehrten Heimkehrer gingen durch alle Medien. Die Häftlinge jedoch, die zu ihren Familien in Ostdeutschland zurückkehrten, erhielten lediglich 50 Mark und wurden verpflichtet, über ihre traumatischen Lagererfahrungen zu schweigen.[815]

4. Rückkehr wohin?

„Man möchte die schreckliche Vergangenheit am liebsten vergessen, aber die Betroffenen können es leider nicht. Zu tief sitzen die Einschnitte in das damals noch junge Leben. Die Wunden sind vernarbt, aber die Schmerzen sind noch immer in der Seele. Sie denken an die erbarmungslosen Verhöre, an die Hungerjahre in ... Workuta ... und in den vielen anderen Lagern. Sie denken vor allem aber auch an die vielen Freunde und Weggefährten, die diese Zeit der Entbehrungen und des Schreckens nicht überstanden haben.“[816]

---

814   Jüchen, Was die Hunde heulen, a.a.O., S. 207.

815   Begrüßungsansprache von Dr. Hubertus Knabe zur Eröffnung der Ausstellung „Workuta – Vergessene Opfer" am 9. Januar 2002 in der Gedenkstätte Berlin-Hohenschönhausen.

816   „Ich möchte vergessen ...", in: Die Brücke, 48. Jg., Ausgabe 15.1.1994.

Am 16.10.1955[817] traf Jüchen „in einem geschlossenen Transport aus Russland im Grenzdurchgangslager Friedland ein." Dort wurden die Heimkehrer ärztlich versorgt und auch bürokratisch erfasst. Dadurch ist Jüchens Meldeschein, den er bei seiner Ankunft im Lager Friedland ausfüllen musste, erhalten mit der Angabe: „Ort des letzt. Arbeitslagers: Workuta 5110/36."[818]

Von Friedland reiste er weiter und traf am 21.10.1955 mit dem Flugzeug in Berlin-Tempelhof ein. Er wurde von seiner Frau, die aus Schwerin und von der Tochter Edith, die aus Krefeld angereist war, empfangen. Der Sohn Hanspeter, der damals am Konservatorium in Schwerin tätig war, durfte nicht ausreisen. Außerdem empfingen ihn Charlotte und Arthur Rackwitz, in deren Neuköllner Pfarrhaus in der Kranoldstrasse er in den nächsten Monaten wohnen sollte.[819]

Die Nachricht von seiner Rückkehr hatte sich in seinem Freundeskreis wie ein Lauffeuer verbreitet, und der Evangelische Oberkirchenrat in Schwerin teilte seinerseits die frohe Botschaft mit. Die „Junge Kirche" teilte auch den Westgemeinden mit, dass mit den „Heimkehrertransporten aus Rußland … [auch] Aurel von Jüchen (Schwerin)" zurückgekehrt war.

Jüchen erhielt in den ersten Tagen und Wochen nach seiner Ankunft viele Briefe und Karten, in denen Freude über seine Rückkehr aus Workuta ausgedrückt wurde. Darunter waren die Kollegen Jüchens im Schelfpfarramt, darunter Pfarrer Kleiminger wie auch Bischof Beste und die Berlin-Brandenburgische Synode. Die Tochter erinnert sich auch an ein Schreiben von Albert Schweitzer aus Lambarene.[820] Im ganzen sind mehrere Dutzend Briefe und Karten erhalten.[821] Besonders anrührend ist ein Brief von Christine Ragaz, den sie am 24.11.1955 aus Zürich an Frau von Jüchen sandte. Die Tochter des 1948 verstorbenen Führers der „Religiös-Sozialistischen Internationale" und prominente Schweizer religiöse Sozialistin kündigte an, dass sie in der Schweiz für ein Wäschepaket gesammelt hatten, das bereits unterwegs sei. Ein neuer Bademantel komme direkt aus Westdeutschland.

---

[817] Brief Jüchen an das Ausgleichsamt v. 11.1.1956, in: NLJ-Mappe 14 Geschäftssachen.
[818] NLJ-Mappe 8 Geschäftliches und Workuta 1955-1972.
[819] Schriftliche Mitteilung von Edith von Jüchen-Weiß am 20.11.2004.
[820] . Schriftliche Mitteilung von Edith von Jüchen-Weiß am 20.11.2004.
[821] NLJ-Mappe 71 Korrespondenz 1955-1956 u.a. Workuta/Schwerin.

Die schweizerischen religiösen Sozialisten teilten durch sie ihre große Freude über Jüchens Freilassung mit.

Den Bademantel konnte er gut gebrauchen, denn fast unmittelbar nach seiner Ankunft in Berlin wurde in der Berliner Universitätsklinik sein Stimmschaden behandelt. Es konnte schnell festgestellt werden, dass es sich nicht, wie vorher befürchtet, um einen Tumor handelte.

> *„Die ärztliche Indikation besagt, daß ich ohne es zu wissen eine Bulhitis (Entzün-dung des oberen Rückenmarks) durchgemacht habe, die zwar stationär geworden ist, in deren Folge aber eine Lähmung des linksseitigen Nervs, der zum Schluckmuskel führt, und eine Lähmung des linken Stimmbandnervs eingetreten ist."*[822]

Er wird deswegen sowohl im Berliner Martin-Luther-Krankenhaus wie auch im Westend-Krankenhaus behandelt. Aber die Bemühungen der Ärzte sind erfolglos, die Stimmbandlähmung ist irreparabel.

An Jüchens Schicksal nehmen viele seiner alten Freunde Anteil. So besucht ihn u.a. der langjährige Jenaer Freund Prof. Erich Hertzsch in Berlin. Ihm teilt er mit, dass weder Heinrich Schwartze noch Karl Kleinschmidt ihn bisher aufgesucht oder kontaktiert hätten. Bei Heinrich Schwartze ist dies nicht überraschend.

Der mecklenburgische Landtagsabgeordnete der SED, Vorsitzende des Jugendausschusses des Landtages, Stadtverordnetenvorsteher in Ludwigs-lust und Vorsitzender des Kreisausschusses der nationalen Front[823] war am 14.10.1950 vom OKR als Leiter des Ludwigsluster Stiftes Bethlehem amtsenthoben worden und aus dem Kirchendienst ausgeschieden. Die SED versorgte ihn anschließend mit einer Stelle, die er vier Jahre innehatte, bevor er sich dann größeren Aufgaben widmete.

> *„Im Juni 1954 verließ der verdienstvolle Landes- und Bezirkssekretär der Gesellschaft für Deutsch-Sowjetische Freundschaft, Heinrich Schwartze, Schwerin, um eine Dozentur für Geschichte und Ethik an der ‚Karl-Marx-Universität' in Leipzig zu übernehmen."*[824]

Schwartze hatte inzwischen seine religiös-sozialistischen Wurzeln gekappt und war auch weltanschaulich auf die Seite der Staatspartei übergegangen. Von einem linientreuen Funktionär konnte kaum tätiges Mitleid

---

822   Schreiben an das Kreisamt Schwerin (9.3.55) im NL-KK, Kopie SP.

823   Angaben nach Landeszeitung, Nr. 135 v. 14.6.1950: „Regierung schützt Geistliche."

824   Zur Geschichte der Deutsch-Sowjetischen Freundschaft in Mecklenburg, S. 12.

für den von der Sowjetmacht verschleppten Freund erhofft werden. Beim zweiten Freund, Karl Kleinschmidt, war der Fall schwerer. Hier war die Freundschaft länger und intensiver als bei Schwartze, aber der Fall auch umso komplizierter. Kleinschmidt war Volkskammerabgeordneter, Mitglied des Schweriner Bezirkstages, Mitglied des Präsidialrates des Kulturbundes und Funktionsträger weiterer „gesellschaftlicher" Organisationen. Aber er war auch noch amtierender Pfarrer und Domprediger in Schwerin. Und über ihn war bereits seit Anfang der 50er Jahre kolportiert worden, er habe eine „undurchsichtige Rolle" im „Fall Jüchen" gespielt. An diesem Vorwurf knüpfte Jüchen 1955 an.

Da im Kleinschmidt-Nachlass[825] ein Teil der betreffenden Korrespondenz erhalten geblieben und daneben, in geringem Umfang, weiteres Material vorhanden ist, lässt sich der „Fall" rekonstruieren.

Am 7.12.1955 wandte sich Karl Kleinschmidt brieflich an Arthur Rackwitz, um sich gegen Jüchens Behauptung zur Wehr zu setzen, er sei an dessen Inhaftierung (mit-) schuldig gewesen.

„Ich habe am 4. Dezember in Bad Homburg durch Erich[826] erfahren, daß Aurel ihm und Dir gegenüber behauptet hat, auf Grund einer Anzeige oder Aussage verurteilt worden zu sein, die ihm im Original vorgelegen habe und die ich mit eigener Hand geschrieben und unterschrieben hätte. Diese Behauptung ist in vollem Umfang unwahr. Ein solches Dokument existiert nicht und hat nie existiert. Es gibt oder gab in dieser Sache ein in russischer Sprache handgeschriebenes Vernehmungsprotokoll, das auf jeder seiner Seiten mindestens zwei Unterschriften von mir trägt ...

Es gibt außerdem einige in deutscher Sprache mit der Schreibmaschine geschriebene und von mir unterschriebene Eingaben an mehrere deutsche und russische Dienststellen. Sie alle versuchten, ebenso wie meine Aussage im Vernehmungsprotokoll, Aurel zu entlasten bzw. seine Begnadigung zu erreichen, ohne eine Stellungnahme zu der mir völlig unbekannten Anklage zu enthalten, unter der Aurel stand.

Aurels Behauptung entbehrt also jeder, wenn auch noch so bescheidenen Grundlage im Tatsächlichen, enthält aber andererseits den Vorwurf eines Verbrechens gegen die Menschlichkeit, den ich unter keinen Umständen auf mir sitzen lassen werde ...

---

[825] Soweit nicht anders bezeichnet, befinden sich die im folgenden genannten Dokumente im „Bestand Bredendiek, Nachlass Kleinschmidt" in der Berliner Stadtbibliothek. Kopien in SP.
[826] Gemeint ist Erich Hertzsch.

Ich schlage zu diesem Zwecke einen Untersuchungsausschuß vor mit den Mitgliedern Rackwitz, Theek, Hertzsch, Poelchau und Lachmund. Als Tagungsort kommt m. E. Dein oder irgendein anderes Westberliner Pfarrhaus in Betracht … Ich habe nicht die geringste Neigung, so moralisch verurteilt zu werden, wie Aurel gerichtlich verurteilt worden zu sein behauptet."[827]

Am 9.12.1955 antwortete ihm Arthur Rackwitz:

„Ich habe aus Deinem Munde wohl kritische Worte über die heimgekehrten ‚begnadigten Kriegsverbrecher‘, aber nicht ein Wort der Freude über Aurels Rückkehr gehört. Du hast auch bis heute keinen Versuch gemacht, Aurel zu sehen und zu sprechen, hast ihm kein Wort geschrieben und ihm nicht einmal einen Gruß bestellen lassen. Wer Euer früheres Verhältnis zueinander kennt, kann sich da nur wundern und muß sich Gedanken machen.

Was nun den Inhalt Deines Briefes betrifft, so will ich zunächst feststellen, daß Aurel niemals behauptet hat, er sei durch Dich angezeigt oder auf Grund Deiner Aussage verurteilt worden. Aurel hat im Gegenteil immer betont, daß er auch ohne Deine Aussagen verurteilt worden wäre. Daß er ein von Deiner Hand geschriebenes und von Dir eigenhändig unterschriebenes Schriftstück mit eigenen Augen gesehen und gelesen hat und daß er Deine ihm wohl bekannte Handschrift mit Bestimmtheit wiedererkannt hat, hat er in der Tat erzählt … Wenn Du meinst, daß Aurel Verleumdungen über Dich verbreitet, liegt doch nichts näher, als daß Du ihn selbst daraufhin anredest."

Er wandte sich gleichzeitig gegen Kleinschmidts Vorschlag eines Untersuchungsausschusses, „da keinem hier in Deutschland die Einsicht in die Untersuchungsakten möglich ist."

Der darauf folgende Antwortbrief Kleinschmidts ist nicht erhalten. Die Stoßrichtung der Antwort lässt sich allerdings gut aus dem nächsten Brief von Rackwitz erschließen, der auf den 17.12.1955 datiert ist.

„Wenn es sich nur darum handelt, ein Gespräch zwischen Dir und Aurel zu vermitteln und dabei zugegen zu sein, so will ich mich dem nicht entziehen, auch wenn ich Deine Begründung für die Notwendigkeit eines Zeugen nicht akzeptiere …

---

[827] Harald Poelchau (1903-1972) , religiöser Sozialist, Widerstandskämpfer und nach 1948 Leiter des Kirchlichen Dienstes in der Arbeitswelt (KDA) der Berliner Evangelischen Kirche. Margarethe Lachmund (1896-1985), Quäkerin und Widerstandskämpferin.

Deine Annahme, Du könntest die echten sowjetischen Akten über den Fall Aurel heranschaffen, erscheint mir reichlich phantastisch, aber Du kannst mich ja eines Besseren belehren. Eins aber muß ich gleich noch richtig stellen: Wenn Du mit mir reden willst, Karl, kannst Du mir doch nicht wie einer Volksversammlung in der DDR mit den dümmsten Argumenten kommen.

Es ist doch einfach nicht wahr, daß Du mich nach einem Besuch bei Aurel gefragt hättest und daß ich Dir abgeraten hätte: Die Tatsachen liegen ganz eindeutig so: Ich hatte immer als selbstverständlich angenommen, daß Du nach Aurels Rückkehr (wie <u>alle</u>[828] seine anderen Freunde) Deine erste Anwesenheit in Berlin unter Hintansetzung aller sonstigen Verpflichtungen und Verabredungen dazu benutzen würdest, nach ihm zu sehen. Da es bis dahin nicht geschehen war, erwartete ich es um so bestimmter nach der Sitzung in der Möwe. Du fragtest mich dort nach Aurels Befinden und später nach den Gründen seiner Verurteilung, aber die von mir erwartete Ankündigung: ,Ich fahre nachher mit Dir nach Neukölln' kam eben aus Deinem Munde nicht. Wenn man so wie ich damals direkt auf etwas <u>wartet</u>[829], kann man es nicht gut überhören. Noch unmöglicher aber ist, daß ich Dir geraten haben soll, mit Deinem Besuch lieber noch zu warten … Eine solche Verschiebung war weder in Aurels Gesundheitszustand begründet, noch entsprach sie etwa seinen Wünschen. Wir hatten nämlich davon gesprochen, daß Du wahrscheinlich an diesem Tage in Berlin sein und dann auch nach Neukölln kommen würdest. So wenigstens hatte ich gesagt, und Aurel hatte große Zweifel und glaubte nicht, daß Du kommen würdest, aber ausdrücklich hatte er gesagt: ,Wenn Karl kommen will, ist es mir recht.' Nur sollte es Dir überlassen bleiben und ich sollte Dich nicht extra zum Mitkommen auffordern. Und aus dieser tatsächlichen und psychologischen Situation heraus hätte ich Dir das Fernbleiben empfehlen sollen? Nein, mein Lieber, das wird Dir niemand abnehmen … Und wieder frage ich Dich weiter: Wo blieb ein Gruß, den ich hätte bestellen können, wo ein kleines Briefchen mit ein paar lieben Worten, die Deiner Freude über seine Rückkehr hätten Ausdruck verleihen können?"

Arthur Rackwitz war spätestens jetzt davon überzeugt, dass Kleinschmidt an Jüchens Verurteilung mitbeteiligt war und wandte sich an die langjährigen Freunde und Genossen Bruno Theek und Erich Hertzsch. Der Brief an Theek ist auf den 19.12.1955 datiert und hat im Stasi-Archiv[830] die Zeiten überdauert.

---

828 Im Original unterstrichen.
829 Im Original unterstrichen.
830 In BSTU-Material Storrer, Kopie SP.

„Karl hat Dir eine Abschrift des Briefes zugehen lassen, den er wegen Aurel an mich gerichtet hat. Damit Du über den Stand der Dinge orientiert bist, lege ich zu Deiner persönlichen Information den weiteren Briefwechsel zwischen Karl und mir in dieser Sache vor. Bitte, behandle ihn so diskret wie möglich und schicke ihn mir zurück, weil ich auch Jena[831] ins Bild setzen will. Bei dieser Gelegenheit möchte ich Dich noch etwas fragen:

Ist es zutreffend, daß Karl nach Aurels Verhaftung einen Brief an die SED (an irgendeine Stelle in Schwerin oder Berlin?) gerichtet und darin seine durch nichts zu erschütternde Treue und Loyalität der Partei gegenüber zum Ausdruck gebracht hat? Angeblich soll dieses Schriftstück auch Schwartzes und Deine Unterschrift tragen. Aber darauf kommt es mir gar nicht an, und selbst wenn es so wäre, ist mir klar, daß Karl der spiritus rector gewesen ist. Ich vertraue Dir, daß Du mir die richtige Auskunft gibst, auch wenn es für Dich ein wenig peinlich sein sollte. Du konntest ja aber damals unmittelbar nach der Verhaftung nicht ahnen, wie schlimm es für Aurel werden würde (während Karl darüber ganz anders im Bilde zu sein gewesen scheint). Und damals standen wir ja außerdem alle der Partei rückhaltlos positiv gegenüber …"

Eine Antwort Theeks ist in den benutzbaren Beständen nicht auffindbar, und der Nachlaß von Arthur Rackwitz, in dem sie vorhanden sein könnte, war nicht zugänglich. Jüchen erinnerte sich an ein Treffen mit Karl Kleinschmidt zur Jahreswende 1955/1956, bei dem sie sich ausgesprochen hätten. „Ich wollte ihm glauben."[832]

Im Nachlaß Kleinschmidts befindet sich ein Originalbrief Jüchens an Kleinschmidt vom 9.3.1956, der in der Anlage ein Schreiben an das Kreisamt Schwerin enthält, verbunden mit der Bitte an ihn, sich dort um eine ordnungsgemäße Umzugserlaubnis für Jüchen und Irmgard zu verwenden.

„I. [Irmgard von Jüchen] leidet offenbar immer noch unter den Nachwirkungen einer Haftpsychose und läßt sich von mir nur schwer überzeugen, daß eine ordnungsgemäße Abmeldung das einzig Vernünftige ist. Ich habe mich nie an der DDR schuldig gemacht, will mich selbst nicht als DDR-Flüchtling betrachten und möchte jederzeit Peter in der DDR besuchen können … Während ich überhaupt keine Nachwirkung einer Haftpsychose kenne, ist I. sehr ängstlich geworden und ich bitte Dich oder Mimi, ihr gut zuzureden. Inzwischen sprach ich mit Propst Grüber über meinen Fall. Er sagte, über wirkungslose Proteste hinaus hätten sich

---

[831] Gemeint ist Erich Hertzsch, der als Theologieprofessor in Jena amtierte.
[832] Mitteilung vom 15.3.1990.

4 Menschen am intensivsten um mich bemüht: 1.) Dibelius, 2.) er selbst, 3.) Karl
Kleinschmidt, 4.) Grete Lachmund.

Er zeigte eine außerordentliche Sachkenntnis. Er habe auch mit Grotewohl und
Pieck über mich gesprochen und glaube sagen zu können, daß beide an meiner
persönlichen Ehrenhaftigkeit keinen Zweifel hätten. Besonders gefreut hat mich,
daß er Dich unter den aktivsten Helfern genannt hat. Wenn auch bei der Firma[833]
alles zwecklos ist – niemand weiß das besser als ich – so möchte ich Dir doch von
Herzen danken. Was mich vorübergehend an Dir irre werden ließ, waren die
merkwürdigen Verhandlungen über Evelyn und die Rostocker Studentenaffäre,
von der ich doch nur aus Deinem[834] *Munde etwas wußte."*

Der Glaube, dass Kleinschmidt an seinem Schicksal völlig unbeteiligt
gewesen war, war jedoch ebenso nur vorübergehend. Bis zu seinem Tod war
sich Jüchen sicher, dass Kleinschmidt an seinem Schicksal aktiven Anteil
hatte. Die Freundschaft zerbrach daran und seit dem Ende der 50er Jahre
bestand kein Kontakt mehr.

Als 1968 Irmgard von Jüchen in Berlin stirbt, erhält auch Karl Kleinschmidt eine Traueranzeige. Daraufhin wendet er sich noch einmal an
den langjährigen Freund. Die Briefkopie ist im Kleinschmidt-Nachlass
erhalten, im Jüchen-Nachlass befindet sich dagegen das Original nicht.
Kleinschmidt schrieb mit Datum vom 25.2.1968:[835]

„Lieber Aurel,

unser tiefes Mitgefühl mit Deinem Betroffensein! Wir haben mit Euch beiden ein
gutes Stück Leben zusammengelebt, ein gutes Stück im Doppelsinn des Wortes. Es
war weder kurz noch unerheblich. Es hat unser Leben verändert und wird es auch
weiterhin maßgeblich bestimmen. Ihr beide bleibt in unseren Herzen, wie weit
wir auch aus dem Deinen getilgt sein mögen ...

Wir grüßen Dich in Liebe und Herzlichkeit, so wie wir uns an Euren Schweriner
Kindern freuen, so oft wir sie sehen.

Immer Deine ..."

---

[833] NKWD und Staatssicherheit.
[834] Im Original unterstrichen.
[835] Kleinschmidt-Nachlass, Akte Rel.-Soz. nach 1945.

Verlagswerbung 1958

IX. Die Berliner Jahrzehnte

1. Von Schwerin nach Berlin:
Die Normalisierung

In Berlin musste Jüchen seine Lebensumstände fast vollständig neu ordnen. Die Wochen in den Krankenhäusern lagen hinter ihm, und der Befund, dass sein Stimmschaden irreparabel war, lag vor. Das bedeutete für einen Pfarrer, dass er im Predigtdienst einer Kirchengemeinde nicht mehr einsetzbar war, da die Stimme nicht mehr für die Belastung üblicher Gemeindegottesdienste ausreichte. Hinzu kam, dass Jüchen im Kirchenbeamtenverhältnis der mecklenburgischen Kirche gestanden hatte und rechtlich weiter stand, sich aber in Berlin aufhielt und nicht beabsichtigte, nach Schwerin zurückzukehren.

Die Berlin-Brandenburgische Evangelische Kirche half schnell und erstaunlich unbürokratisch. Sie übernahm die Gehaltsweiterzahlung des Schweriner Pfarrers, um Jüchen einen Neuanfang im Westen zu ermöglichen, und finanzierte auch alle Krankenhausaufenthalte und Behandlungskosten. Im Frühjahr 1956 wurde seine Zukunft in Berlin auch kirchenjuristisch formal geregelt.

Jüchen beantragte am 15.2.1956 seine Entlassung aus dem mecklenburgischen Pfarrdienst. Dem Antrag wurde am 24.4. mit Wirkung zum 1.3.1956 entsprochen.[836] Am 1. April 1956 wurde er in den Dienst der EKiBB übernommen.[837] Jetzt musste die Berliner Kirche eine adäquate Beschäftigung für ihren neuen Pfarrer finden. Der stellvertretende Bischof Kurt Scharf kannte Jüchen aus der brandenburgischen BK und wusste um dessen schriftstellerische Qualitäten. Und so wurde für Jüchen 1956 eine Verwendung gefunden, die fast genau den Plänen entsprach, die der mecklenburgische Bischof Beste 1945 für Jüchen entwickelt hatte. Er sollte Pressepfarrer werden.

„Protokoll über die Gründungssitzung eines Evangelischen Presseamtes Berlin am 27.4.1956 bei Herrn Bischof D. Dr. Dibelius …

Hinsichtlich der Verwendung von Pastor Aurel von Jüchen wird folgendermaßen entschieden: Probeweise Beschäftigung zur Hälfte in der Rundfunkarbeit, zur

---

[836] Brief OKR-Mecklenburg an Konsi EKiBB v. 28.3.1956., in: PAJ, 15/3255, Bd. II von 1955 bis 1969.
[837] PAJ, 15/3255.

Hälfte in der Sonntagsblattarbeit[838] *(vorerst trägt eine Hälfte des Gehalts die EKD, eine Hälfte das Konsistorium Berlin-Brandenburg) … gez. Dibelius.*"[839]

Es zeigte sich bald, dass Jüchens Stimme auch für die Rundfunkarbeit (Morgenfeiern, Worte zum Tag und ähnliches) nicht ausreichte und für ihn eine andere Verwendung gefunden werden musste. Dibelius wollte ihn aufgrund seiner Biographie als Strafanstaltspfarrer einsetzen.

Aber vorher musste Jüchen seine Familienangelegenheiten regeln. Der Sohn und die Frau waren noch in Schwerin, die Tochter mittlerweile im Westen und Jüchen selbst offiziell immer noch DDR-Bürger. Eine schwierige Lage, die nur in kleinen Schritten zu verändern war. Jüchen versuchte es auf dem offiziellen Weg und beantragte im März 1956 beim Kreisamt Schwerin eine Umzugserlaubnis für seine Frau und sich nach Westberlin, womit automatisch die Entlassung aus der Staatsbürgerschaft der DDR verbunden war. Mit dieser Entlassung würden sie nicht als republikflüchtig gelten und hätten somit jederzeit die Möglichkeit, ihren Sohn Hanspeter, der am Schweriner Konservatorium unterrichtete, zu besuchen. Jüchen gab zwei Gründe an. Zum einen, dass er in Schwerin wegen seines Stimmschadens als Pfarrer nicht mehr verwendbar sei. „Pastor Kleinschmidt, der mich hier besucht hat, kennt den Zustand meiner Stimme." Der zweite Grund dürfte den Ausschlag gegeben haben.

„Ich glaube, daß es auch aus politischen Gründen gut ist, daß ich nicht nach Schwerin zurückkehre, weil ich dort tausend neugierige Fragen nach dem Grund meiner Verhaftung beantworten müßte."[840]

Die Genehmigung wurde erteilt, Jüchens Aufenthalt in West-Berlin wurde DDR-offiziell legalisiert und Irmgard von Jüchen durfte übersiedeln. Dies löste ein weiteres Problem aus. In West-Berlin herrschte eine große Wohnungsnot. Die Stadt war im Krieg stark zerstört worden, und der große Flüchtlingsstrom aus der DDR verschärfte die Lage auf dem Wohnungsmarkt weiter. Wohnungen wurden seitens der Bezirksämter zugewiesen, und es gab lange Warteschlangen. Jüchen war in Berlin im Neuköllner Pfarrhaus seines Freundes Rackwitz aufgenommen worden, wollte aber mit seiner Frau dort nicht einziehen. Sie erhielten aber keine

---

[838] Gemeint war das „Berliner Sonntagsblatt", das Wochenblatt der West-EKiBB.

[839] PAJ, 15/3255.

[840] Schreiben an das Kreisamt Schwerin (9.3.56) Im NL-KK, Kopie SP.

eigene Wohnung. So kamen sie nach Irmgards Ankunft in Berlin vom 28. 2. bis zum 26.3.1956 bei der evangelischen Bahnhofsmission unter, die dafür am 6.4.1956 210,- DM für Kost und Logis in Rechnung stellte.[841] Danach gelang es Jüchen, eine Wohnung in Berlin-Britz zu erhalten.

„Nach meiner Gefangenschaft in der Sowjet-Union, aus welcher ich Ende 1955 zurückkehrte, habe ich mir in eigener Initiative ohne Vermittlung des Wohnungsamtes eine Wohnung gesucht. Da ich meine Frau möglichst bald aus der Sowjetzone nach Berlin holen wollte, mußte ich eine Wohnung nehmen, wie sie sich mir gerade bot. Sie war nicht nur als Wohnung, sondern erst recht als Pfarrwohnung denkbar ungünstig und hatte besonders für meine kränkliche Frau mancherlei Nachteile (Lichtlosigkeit und hochgradige Feuchtigkeit). Wir haben sie immer als Notwohnung betrachtet, die ich nach Maßgabe meiner Mittel einrichten mußte. Da ich alle meine Habe verloren hatte, mußte ich allen Hausrat und Möbel neu beschaffen.“[842]

Da die Familienzusammenführung abgeschlossen war, konnte jetzt die Berufsperspektive geregelt werden. Der Berliner Bischof Otto Dibelius berief Jüchen als Strafanstaltspfarrer nach Berlin-Plötzensee. Dort in der Jugendstrafanstalt begann er am 1.2.1957 seinen Dienst.

„Zunächst empfand ich diese Arbeit als höchst ungeliebt, weil ich von Gefängnissen genug hatte. Dann wurde sie für mich eine sehr interessante und ausfüllende Arbeit. Psychologisch war diese Arbeit interessant, und in jedem Gespräch war man im existentiellen Ernstfall des Lebens.“[843]

In den ersten Monaten fuhr er den weiten Weg von Britz bis nach Plötzensee mit einem dazu angeschafften „Lambretta“-Motorroller. Das war für seinen Hals gesundheitsschädlich, und deswegen hatte er „(mit Hilfe meiner Tochter) einen Volkswagen günstig erstanden.“[844] Das Konsistorium anerkannte den Volkswagen Pfarrer von Jüchens als Dienstfahrzeug und leistete Fahrtkostenzuschüsse.[845] Mit Wirkung vom 1.9.1958 wurde er außerdem zum Gefängnispfarrer bei der Frauenstrafanstalt Tiergarten, Lehrter Straße, berufen.[846]

---

[841] PAJ, 15/3255, Bd. II. Alle folgenden Zitate und Darstellungen ohne separaten Nachweis stammen aus Schreiben und Vermerken in dieser Akte.

[842] Brief Jüchen ans Konsistorium v. 29.7.1963, in: PAJ, 15/3255.

[843] A 4.

[844] PAJ, 15/3255.

[845] PAJ, 15/3255.

[846] PAJ, 15/3255.

Die äußeren Familienverhältnisse hatten sich nun konsolidiert. Instabil blieb weiterhin die Gesundheit Irmgard von Jüchens, die immer noch an den Folgen der Haft litt. Die Berliner Kirche finanzierte für sie mehrere Kuraufenthalte und vermittelte beide vom 8. April bis zum 6. Mai 1958 zu einer kostenlosen Erholung im Schweizer Locarno.[847] Diese Kuren wie auch eine kontinuierliche ärztliche Behandlung in Berlin blieben weitgehend ohne Erfolg.

Jüchen, der sich in Berlin auch politisch neu orientieren musste, blieb längere Zeit ungebunden. Zu stark wirkten die Schweriner Erfahrungen nach, und zu polarisiert war die Situation in der „Frontstadt" Westberlin. Er wandte sich stattdessen schriftstellerischer Tätigkeit zu. Die ersten Versuche, fertige Texte bei Verlagen unterzubringen, scheiterten.

„Ich bin soeben aus russischer Gefangenschaft heimgekehrt, und es ist mir gelungen, Gedichte, die in einem Lager in der Polarzone entstanden sind, mit nach Hause zu bringen."[848]

Der Verlag antwortete nicht, und weitere Versuche mit diesem Material scheiterten ebenfalls.

Das selbe Resultat hatte er bei zwei Hörspielen „Der kleine Unbekannte" und „Eine alte Geschichte", für die er einen Verleger suchte.[849] Auch der Versuch, den früheren BRSD-Genossen und SPD-Kulturpolitiker Adolf Grimme als Förderer für sich zu gewinnen, blieb erfolglos.

1958 erschien das Passional „Sehet, welch ein Mensch" mit Versen und Choralstrophen für Gemeindefeiern in der Kar-Woche. „Nun neigt sein Haupt sich nieder, / es senken sich die Lider / zu einer gnädigen Nacht. / Geendet ist die Reise, / die Lippen hauchen leise: / Es ist vollbracht."[850] Die Choräle vertonte Hanspeter von Jüchen.

Beinahe zeitgleich mit dem Passional veröffentlichte Jüchen die literarische Aufarbeitung seiner Gefangenschaft. Dieses Buch brachte ihm den erhofften schriftstellerischen Erfolg.

---

847 Brief 6.3.58 vom „Casa Locarno"-Komitee, in: NLJ, Akte 212: Korrespondenz 1956-1971.

848 Brief an den „Marion von Schröder-Verlag Hamburg 25.4.1956" in: NLJ, Akte 54. „Verlagskorrespondenz 1955-1960."

849 Geheimes Staatsarchiv Preußischer Kulturbesitz, Repositum 92, Paket 57.

850 Aurel von Jüchen, „Sehet, welch ein Mensch!", S. 61.

2. Pfarrer im kalten Krieg

1958 kommt die Bilanz der russischen Gefangenschaft heraus. „Was die Hunde heulen. Die sowjetische Wirklichkeit, von unten betrachtet" schildert ein Panorama der Leiden des russischen Volkes und besonders der Ärmsten seiner „armen Hunde" – der Alten, Intellektuellen, Juden, der frommen Christen, Bauern, Jugendlichen. Wer erwartet hatte, dass Jüchen über seine persönlichen Leiden in Workuta berichten würde, wurde enttäuscht. Über sein eigenes Ergehen verliert von Jüchen kein Wort.

Als in den 70er Jahren die Archipel-Gulag Bücher Alexander Solschenizyns in Deutschland publiziert wurden, war Jüchen über die Ähnlichkeit von Darstellung und Einschätzung in ihrer beider Büchern überrascht.[851]

Die Originalausgabe von Jüchens „Hunden" erschien 1958 in der renommierten „Deutschen Verlagsanstalt" und erlebte in diesem Verlag fünf Auflagen. Eine Lizenz-Ausgabe erschien 1960 bei der Evangelischen Buchgemeinde Stuttgart, eine Taschenbuchausgabe 1960 in den Niederlanden und eine weitere deutsche Ausgabe 1961 in der Buchgemeinschaft „Deutscher Bücherbund." Die Auflage dürfte insgesamt bei etwa 100.000 Exemplaren gelegen haben. Zur Verbreitung des Buches hatte ein Vorabdruck einer Kurzfassung in der Wochenzeitung „Das Parlament – Die Woche im Bundeshaus" wesentlich beigetragen.[852] Diese Wochenzeitung wurde von staatlichen Stellen der Bundesrepublik in hoher Auflage auch außerhalb der BRD vertrieben und sorgte für die Wahrnehmung des Jüchen-Buches auch jenseits des Eisernen Vorhanges, wo sich staatliche Stellen zur Reaktion herausgefordert sahen. Eine Reaktion bestand in einer dezidiert gehässigen Besprechung des „antikommunistischen Machwerks" in der deutschsprachigen Moskauer „Neue Zeit."[853]

Jüchens Workutabuch ist ein Buch der Anklage gegen ein System, dessen humanistische Theorie und menschenverachtende Praxis völlig auseinander fallen. Es ist kein Antikommunismus-Pamphlet, wie sie im Kalten Krieg zu Hunderten erschienen, aber artikuliert doch eine deutliche Warnung

---

[851] Brief Jüchen an Solschenizyn v. 11.12.1975, in: NLJ, Mappe 176 „Verlagskorrespondenz 1966-1986."

[852] In der Beilage: „Aus Politik und Zeitgeschichte" in den Ausgaben XXXVI, XXXVII, XXXVIII. vom 17.9. und 1.10.1958 auf den S. 465-512

[853] In Nr. 2/1959, auf den S. 29-31. Ein Exemplar der Zeitschrift befindet sich in der NLJ-Akte 191 „Besprechungen und Korrespondenzen 1959."

davor, den Charakter des Sowjetkommunismus naiv zu übersehen. Genau so wenig dürfe aber ignoriert werden, dass der Kommunismus als Reaktion auf die Ausbeutung und Unterdrückung in den feudalistischen und kapitalistischen Gesellschaften entstanden ist. Am Schluss des Buches nennt Jüchen die Perspektive der Demokratien:

> „*Freilich sollten wir keinen Augenblick vergessen, daß der Bolschewismus eine Re-Aktion ist auf einen Missbrauch, daß er die Antwort auf einen Schaden ist, der mit dieser Freiheit [im Kapitalismus] angerichtet wurde, weil diese Freiheit der Bindungen und Verantwortungen nicht eingedenk war, durch die der Mensch dem Mitmenschen nach Gottes Willen verbunden ist. Die unbegrenzte, ungebundene Freiheit, die Freiheit des Egoismus und der Willkür, die Freiheit der Gott- und Nächstenlosigkeit ruft nach dem Kommunismus so notwendig wie die Rattenplage nach dem Rattengift. Die Aufgabe Europas liegt darin, Freiheit in der Bindung durch Liebe und Gerechtigkeit zu verwirklichen.*"[854]*

Das Workuta-Buch erscheint mitten in der bundesrepublikanischen Wiederbewaffnungsdebatte. 1956 wurde die Bundeswehr eingerichtet und 1957 die Wehrpflicht wiedereingeführt. Jetzt schlägt die Atombewaffnung hohe Wellen und beeinflusst auch stark die Diskussionen in der Evangelischen Kirche. Sie beginnt sich in dieser Frage in zwei Lager zu spalten. Das eine Lager folgt der klassischen „Zwei-Reiche-Lehre" (Gebt dem Kaiser, was des Kaisers ist) und unterstützt, auch durch konservative politische Positionen mitbestimmt, die Wehrpolitik der Adenauer-Regierung. Das andere Lager wendet sich dezidiert gegen die atomare Bewaffnung als solche. Die Atomwaffen haben eine derartige Zerstörungskraft, dass, um einen bekannten Satz aus der Friedensbewegung der 80er Jahre zu verwenden, derjenige, „welcher sie zuerst einsetzt, als zweiter stirbt" (d.h. mit untergeht). Zu diesem Lager zählen die „Bruderschaften", die die Tradition der „Bekennenden Kirche" fortsetzen und zu denen bekannte Exponenten des Kirchenkampfes wie Helmut Gollwitzer, Martin Niemöller und Heinrich Vogel gehören. Der Westen müsse, notfalls auch einseitig, auf Atomwaffen verzichten. Auf gar keinen Fall dürfe die Bundeswehr atomar bewaffnet werden.

Die Ablehnung einer atomaren Aufrüstung der Bundeswehr war (noch) Konsens links von der CDU. Am 23. März 1958 wurde mit einer Großkundgebung in der Frankfurter Paulskirche die Aktion „Kampf dem Atomtod"

---

[854] S. 285/86.

Irmgard und Aurel von Jüchen ca. 1960

eröffnet. Redner waren u.a. der SPD-Vorsitzende Erich Ollenhauer, die frühere CDU-Abgeordnete Helene Wessel, der DGB-Vorsitzende Willi Richter und die Publizisten Eugen Kogon und Robert Jungk. Der Kongress verabschiedete einen Aufruf „Kampf dem Atomtod." Im ganzen Bundesgebiet wurden in der Zeit danach zahlreiche weitere Kundgebungen durchgeführt und in vielen Städten entstanden lokale Arbeitsausschüsse.

Jüchen nahm, wenn auch milder als der konservative Flügel, eindeutig Partei gegen die „Bruderschaften." Seine Positionen machte er in zwei Büchern deutlich.

> *„Da ich … einer politischen Stellungnahme nicht aus dem Weg gehen wollte, schrieb ich … ‚Die Christenheit zwischen den Übeln' (zwischen dem Übel des Kommunismus und dem des Atomkrieges) und das im Luther-Verlag Witten erschienene Buch: ‚Mit dem Kommunismus leben?'"*[855]

> *„Die Christenheit hat heute die Aufgabe, der Gefahr des Kommunismus ebenso tapfer wie der des Atomkrieges widerstehend, der Zukunft Gottes zu dienen. Ihre größte Gefahr droht ihr von den Kleingläubigen, die da meinen, die Welt könne sich durch einen Atomkrieg gegen den Kommunismus, oder sie könne sich durch ein Paktieren mit dem Kommunismus vor den Schrecken des Atomkrieges bewahren."*[856]

Jüchen machte aus seiner Bejahung der Bundeswehr und der NATO keinen Hehl. Seiner Meinung nach müsste dies die Christenheit insgesamt tun. Er vertrat explizit die Nato-Doktrin der „Abschreckung" und trat auch für die atomare Bewaffnung ein.

> *„Bejaht sie [die Christenheit] aber eine Wehrmacht, so muß sie auch bejahen, daß sie nicht wie ein Schützenverein bewaffnet ist. Ihre Bewaffnung muß in einem angemessenen Verhältnis zu der jeweils möglichen Gefährdung stehen."*[857]

Diese Position entfremdet ihn den Freunden aus der Kirchenkampfzeit, die auch nach dem Ausscheiden der SPD aus der Anti-Atom-Bewegung weiter an ihren pazifistischen Positionen festhalten. Zuerst suchen sie noch das Gespräch und die Diskussion. So führt Jüchen im Jahr 1961 einen Briefwechsel mit dem späteren Bundespräsidenten Gustav Heinemann über die christliche Friedensethik und über die Frage, ob der Christ notfalls eine militärische Aufrüstung und das Potential für einen Krieg (Jüchen nennt dies „Schwertfrieden") zur Verteidigung gegen den Stalinismus/Bolsche-

---

[855] A3, S. 8. Die Bücher erschienen 1959 und 1963.
[856] Aurel von Jüchen, „Die Christenheit zwischen den Übeln", S. 116.
[857] Ebd., S. 116.

wismus akzeptieren könne und müsse, wie Jüchen dies tat.[858] Es wird fast zwei Jahrzehnte dauern, bis die Verwerfungen zwischen Jüchen und den „Kirchlichen Bruderschaften" aus dieser Phase überwunden sein werden.

Der Kalte Krieg sieht die langjährigen Freunde Jüchen und Kleinschmidt in der ersten Reihe der ideologischen Akteure. Während Jüchen mit dem Nimbus des langjährigen Sozialisten und mit der Aura des Workuta-Häftlings von den Konservativen als Beweis der Richtigkeit der westlichen Politik in Stellung gebracht wird – und sich auch trotz aller Differenzierungen seines Denkens bringen lässt – macht sich in der DDR Karl Kleinschmidt zum Apologeten staatlicher Willkür.

In der DDR ist der Streit um die Jugendweihe Teil der Systemauseinandersetzung. Am 28. November 1957 wurde der Leipziger Studentenpfarrer Georg-Siegfried Schmutzler wegen „Boykotthetze" zu fünf Jahren Zuchthaus verurteilt. Knapp einen Monat später begann in Schwerin der Prozess gegen den mecklenburgischen Propst Otto Maercker. Die „Schweriner Volkszeitung" berichtete am 17. Dezember aus der Anklageschrift.

> *„Propst Maercker wird angeklagt, durch staatsfeindliche Propaganda die politischen und gesellschaftlichen Grundlagen unseres Staates angegriffen zu haben … Er diffamierte gesellschaftliche Einrichtungen, indem er die Teilnehmer an der Jugendweihe … öffentlich von der Kanzel bloßstellte, um dadurch eine Mißachtung dieser Jugendlichen in der Gemeinde zu erreichen und unter Mißbrauch kirchlicher Einrichtungen die Tätigkeit der Jugendweiheausschüsse zu beeinträchtigen. Er verweigerte für die verstorbene Tochter eines LPG-Vorsitzenden die würdige Beisetzung auf dem Friedhof der Gemeinde, weil sie an der Jugendweihe teilgenommen hatte."*

Propst Maercker wurde wegen Verbrechen nach Artikel 6 „Boykotthetze" der DDR-Verfassung zu einer Zuchthausstrafe von zwei Jahren und sechs Monaten verurteilt. Zu diesem Prozess schrieb der Schweriner Domprediger Karl Kleinschmidt in der staatsnahen protestantischen Monatszeitschrift „Glaube und Gewissen" in der Januarausgabe 1958:

> *„Und wenn wir gerichtet werden, ob nun von Pontius Pilatus oder einem Gericht unserer Republik, so ist es der Herr, der uns züchtigt. So will er uns auch durch Verhaftung und Bestrafung der Grünbaum, Maercker und Schmutzler zur Buße und Besserung rufen, die straffällig geworden sind, weil sie Verbrechen begangen haben."*[859]

---

[858] NLJ, Akte 205 „Materialsammlung 1956–1976."

[859] Karl Kleinschmidt: „Wenn wir uns selber richteten." In: Glaube und Gewissen, Heft 1 (Januar) 1958, S. 3.

Arthur Rackwitz schrieb deswegen an Karl Kleinschmidt:

„Du darfst Dich nicht wundern, lieber Karl, wenn Du mit solchen Darlegungen Dir zwar das Wohlgefallen der Welt verdienst, aber von der Kirche und den Pfarrern als nicht mehr dazugehörig betrachtet wirst. Es ist sehr schade und ich finde es betrübend, daß Du völlig die ,Stimme Deines Herrn' geworden bist (wobei aber nicht etwa Christus Dein Herr ist)."[860]

In der Frontstadt Westberlin wird die Systemauseinandersetzung intensiver erlebt als im Bundesgebiet. Hier treten auch in den politischen Organisationen die Widersprüche stärker hervor. Jüchen wird, was bei seiner Biographie überrascht, nicht wieder Mitglied der SPD, da er deren militärpolitische Orientierung ablehnt. Erst als die SPD nach dem Godesberger Programm 1959 auch in der Militärpolitik ihre Positionen verändert – 1961 fordert der SPD-Parteivorstand dazu auf, daß sich Sozialdemokraten an den geplanten Ostermärschen der Atomwaffengegner nicht mehr beteiligen – und zudem durch die Veränderungen in der Weltpolitik die Atombewaffnung der Bundeswehr nicht mehr zur Debatte steht, tritt er wieder der Partei bei. Seine Motive machte er in seinem Eintrittsbrief vom 20.8.1961 an den Parteivorsitzenden und Regierenden Bürgermeister von Berlin Willy Brandt deutlich:

„Ich bin ... der SPD nicht beigetreten. Ich habe ... die utopische Außenpolitik der SPD nicht[861] *verstanden. Erst die realistische Wendung, die Sie der Außenpolitik der SPD gegeben haben, öffnet mir wieder die Tür zu einer Partei, mit welcher im Grunde die Hoffnungen, die Enttäuschungen und Kämpfe meines Lebens verbunden waren.*"[862]

In Berlin war Jüchen bald nach seiner Rückkehr aus Russland Mitglied der „Vereinigung politischer Häftlinge" geworden[863] und „Mitglied des von Dr. Suchan geleiteten Arbeitskreises von Christen und Sozialisten."[864] Dieser Arbeitskreis war beim SPD-Landesvorstand angesiedelt, bestand bis in die 70er Jahre hinein und ist ein Vorläufer der heutigen Arbeitskreise „Christen in der SPD." In Berlin hatte er eine große Ausstrahlung in die

---

[860] Brief v. 19.1.1958 in: PAB, NL-KK.

[861] Im Original unterstrichen.

[862] NLJ, Akte 212: Korrespondenz 1956-1971.

[863] A 7.

[864] Brief an die Redaktion des Vorwärts mit Datum v. 17.1.1959, in: NLJ, Akte 177: Verlagskorrespondenz 1956-1974.

Kirchen hinein und führte eine Reihe von Veranstaltungen mit prominenten Sozialdemokraten und Kirchenvertretern durch, die es im Einzelfall auf Besucherzahlen von bis zu 1200 brachten.[865]

Auch prominente religiöse Sozialisten wie der Schweizer Theologieprofessor Artur Rich hielten hier Vorträge. Rich referierte am 26.11.59 über „Die Verantwortung der Kirche für den Menschen in der industriellen Welt."[866]

Die SPD war in Berlin nicht nur deswegen auch zur „Partei des protestantischen Milieus" geworden. Jüchen nahm an den Treffen des Arbeitskreises teil, exponierte sich allerdings nicht, was auch daran lag, dass es dort viele „große Geister" gab. Wichtig in dieser Zeit seiner Parteimitgliedschaft war lediglich, dass die Berliner SPD vergaß, ihn zu seiner 40-jährigen Parteimitgliedschaft zu ehren und dies dann mit einer Ehrenurkunde „Aurel von Jüchen für 41-jährige Mitgliedschaft gewidmet. 6.11.1967", unterschrieben von Kurt Mattick und Willy Brandt,[867] nachholte.

Er war in Berlin noch in anderen Gruppierungen tätig, so unter anderem im „Freideutschen Kreis", in dem sich die ehemaligen Angehörigen der Bündischen Jugend der Jahrzehnte bis 1933 trafen. Hier übernahm er Vorträge und „Vorweihnachtliche Stunden."[868] Ein wichtiges Standbein hatte er in der „Evangelischen Akademikerschaft", die für die Meinungsbildung in der Evangelischen Landeskirche eine wichtige Rolle inne hatte. Jüchen wurde im Juni 1965 in den Vorstand des Berliner Landesverbandes der „Ev. Akademikerschaft" gewählt.[869]

Durch den guten Verkauf seiner Bücher und Honorare für Vorträge konnte Jüchen endlich die Wohnsituation der Familie verändern.

> „Ich bin am 1. Februar dieses Jahres von Berlin-Britz ... nach Zehlendorf-Süd in die Hilfswerksiedlung, Andreezeile 31 E verzogen, ... nachdem es mir nun gelungen ist, durch Vermittlung der Hilfswerksiedlung ein Eigenheim zu erwerben."[870]

In diesem Haus wird er bis zu seinem Tode leben und arbeiten. Aurel von Jüchen war in den 60er Jahren in Deutschland ein gefragter Referent in

---

[865] Hierzu z.B. SPD-Landesverband Berlin (Hg.): Jahresbericht 1963/64, Berlin 1965.

[866] In: SAPMO DY 30/IV/2/14/252 „Tätigkeiten der Religionsgemeinschaften in der BRD, u.a. religiöse Sozialisten."

[867] NLJ, Mappe 11.

[868] NLJ, Mappe 28, Material zum „Freideutschen Kreis" Berlin.

[869] NLJ, Mappe 40: Texte 1959-1971.

[870] Brief Jüchen an das Konsistorium v. 29.7.1963, in: PAJ, 15/3255, Bd. II: von 1955 bis 1969.

Veranstaltungen kirchlicher Institutionen, von Bildungseinrichtungen und Akademien. Fast immer sind es die Themen „Ost-West" und „Atheismus" in all ihren Ausprägungen und Facetten. 1961 referierte er z.B. in einer Studienwoche norddeutscher Lehrer über „Die Aufgaben des Christen in der geistigen Auseinandersetzung mit totalitären Systemen."[871]

Jüchen hatte sich bereits jahrzehntelang mit dem Atheismus befasst und ging aus diesem Blickwinkel an die philosophischen und theologischen Wurzeln des Ost-West-Gegensatzes heran. In drei Atheismus-Büchern (Gespräch mit Atheisten, 1962; Mit dem Kommunismus leben?, 1963, und: Atheismus in West und Ost, 1968) legte er die Resultate seiner Denkarbeit nieder.

Wie er diese Auseinandersetzung sah und führen wollte, illustriert ein Beitrag in der „Berliner Morgenpost" vom 30.9.1961 in der Rubrik „Leser schreiben zur deutschen Tragödie." Am 13. August 1961 hatte die DDR Westberlin eingemauert, und zum Entsetzen großer Teile der Westberliner Bevölkerung hatten die West-Alliierten dies tatenlos hingenommen. Jüchen schrieb deswegen einen Brief an den amerikanischen Präsidenten John F. Kennedy, aus dem die „Morgenpost" Auszüge publizierte:

„Das Denken jedes westlichen Politikers ist durch die Zustände westlicher Legalität geprägt. Darum glaubt er an die Macht des Wortes und an die Macht der Überzeugung. Seine Siege verdankt er der freien Zustimmung einer Mehrheit. Muß er einen Kompromiß schließen, so trägt dieser den Charakter des Ausgleichs … Der Sowjetpolitiker dagegen vertraut nicht der Kraft des Arguments, sondern allein der materiellen Gewalt. Er verdankt seine Siege nicht der Zustimmung, sondern entweder der List oder der Vergewaltigung. Für ihn ist ein Kompromiß nicht ein Ausgleich zwischen zwei Willen, sondern das auf Grund der Machtverhältnisse eben noch gerade Erreichbare. Ändern sich die Machtverhältnisse, so wird der Kompromiß hinfällig. Einen Vertrag hält er nur solange, wie die Gegenseite die Einhaltung erzwingen kann … die Sowjetunion riskiert keinen Krieg. Nur die Unentschlossenheit des Westens kann sie dazu verführen. Wenn am 13. August amerikanische und englische Panzer Ulbrichts Mauern niedergewalzt hätten, es wäre zu keinem Krieg gekommen … Unsere Forderungen müssen lauten: ‚Wahlen in ganz Berlin, Volksabstimmung in ganz Berlin, Wiederherstellung des Viermächtestatuts, Schleifung der Mauer, Wiederherstellung der Freizügigkeit.'"

---

[871] Besinnung und Umschau. Beiträge und Mitteilungen für evangelische Lehrer (Erscheinungsort: Hamburg), 12. Jahrgang 1961, Heft 1/März.

In diesen Jahren griff er überwiegend publizistisch in die Auseinandersetzungen ein. In der SPD-Wochenzeitung „Berliner Stimme" wie auch in der Tagespresse wurden eine Reihe seiner Beiträge gedruckt. Das „Berliner Evangelische Sonntagsblatt" und das „Deutsche Allgemeine Sonntagsblatt"[872] Heinz Zahrnts brachten Beiträge von ihm. Jüchen war Mitglied im Schriftstellerverband, Lektor im Berliner Lettner-Verlag und ein ungemein produktiver und vielseitiger Autor. Seine Publikationen an dieser Stelle auch nur einzeln zu nennen, würde den Umfang der Darstellung sprengen. Es sei auf den Versuch einer Bibliographie im nächsten Kapitel verwiesen, die in diesem Band integriert ist.

Jüchen verfasst Bilderbücher für Kinder, Bildbetrachtungen und Tonbildschauen für den Religionsunterricht. In viele Sprachen übersetzt wird der Adventskalender, „Die Reise nach Bethlehem"[873] und „Die Heilige Nacht", ein Weihnachtsbilderbuch mit Bildern von Celestino Piatti.[874] 1968 erscheint „The Holy Night" auch in den USA.

Ein wunderschönes Buch gelingt ihm 1959 mit dem Band „Seltsame Reportagen. Gespräche mit der stummen Kreatur." Hier behandelt er in der Kunstform der Fabel das Verhältnis des technischen Menschen zur Natur, aus heutiger Sicht eine frühe Auseinandersetzung mit einer christlichen Ökologie. Stellvertretend für viele andere Mitkreaturen kommt eine alte Kastanie zu Wort:

> *„Wenn der Mensch uns liebt, wenn er gleichsam durch uns hindurch die Schöpfung Gottes erkennt, so sind wir plötzlich aufs höchste erhoben ... Aber wenn er uns mißachtet, dann sind wir Naturdinge nichts als eben Holz oder Dreck oder Stein. Durch seine Mißachtung sind wir erledigt. Durch seine Ehrfurcht sind wir erhöht. Sehen Sie, darum trauert die Natur, wenn der Mensch sie nicht erkennt."*[875]

1970 erscheint mit dem schmalen Band „Politische Diakonie. Luthers Denkansatz und Folgerungen für unsere Zeit" wieder ein dezidiert politisches Buch, in dem Jüchen die Aufgaben und Grenzen der politischen Wirksamkeit der Kirche bestimmt.

---

[872] So z.B. als „Wort zum Sonntag" am 4.10.1959 (Erntedank): „Die heilige Erde" (Joh. 4, 35-38).

[873] Grafik von Eva-Maria Rubin/Texte Aurel von Jüchen. Verlag Kaufmann/Lahr im Schwarzwald, 1. Auflage 1966, 10. Auflage 1989.

[874] 1. Auflage 1968. 5. Auflage 1980.

[875] „Interview mit einer Kastanie", in: Aurel von Jüchen: Seltsame Reportagen. Gespräche mit der stummen Kreatur, Witten/Ruhr 1959, S. 147/48.

416

Ein weiteres Projekt scheitert 1971. Jüchen wollte zusammen mit dem Schweizer Pfarrer Burchard Michaelis, der bis 1933 aktiv im BRSD gewesen war, sowie mit Arthur Rackwitz einen Band „Ich erinnere mich" über die Zeit von Weimar herausgeben. Erscheinen sollte er im Lettner-Verlag. Da der Lettner-Verlag in Konkurs ging, konnte das Projekt nicht mehr realisiert und ein Ersatzverlag nicht gefunden werden.[876]

In einem anderen Feld erzielte Jüchen eine große Breitenwirkung. Er gründete 1959 ein christliches Puppentheater.

> *„Als ich in Gefangenschaft war, hab ich gedacht: Ich bin ja stimmlich gar nicht mehr für eine Gemeinde tragbar. Was mach ich so eigentlich? Und ich wollte ein eigenes Puppentheater machen und gleichsam meine eigene Kanzel haben, nicht selber sprechen, aber die Stücke schreiben. Und dann habe ich als erstes ein Stück geschrieben ‚Der verlorene Sohn' und der schlug großartig ein. Es war eine fruchtbare Zeit für Berlin, weil es überall Flüchtlingslager gab und in allen Stadtteilen Krankenhäuser, Altersheime und Gemeinden. Und mein Puppenspieler war katholisch. So haben wir eine kleine Ökumene gemacht. Wir haben in katholischen und evangelischen Gemeinden gespielt."*[877]

Jüchen hatte bereits nach seiner Rückkehr aus Workuta Stücke geschrieben und suchte Ende der 50er Jahre nach einem geeigneten Puppenspieler. Über die Artistenloge der Gewerkschaft Kunst wurde er an Konrad Peters verwiesen, der im Branchenbuch unter „Peters Puppenspiele" firmierte. Beide wurden einig, begründeten den „Gleichniskarren. Christliche Puppenspiele Berlin. Leitung Konrad Peters" und Jüchen stellte über das Konsistorium der Berliner Kirche eine Grundfinanzierung sicher. Bis zum Tode von Peters,[878] der am 21.8.1972 kurz vor Vollendung des siebzigsten Lebensjahres starb, gab es über 3000 Aufführungen.[879]

In Berlin war der „Gleichniskarren" so gut bekannt, dass Jüchen 1963 vom Land Berlin ausgezeichnet wurde und für seine christlichen Puppenspiele den „Gebrüder-Grimm-Preis" erhielt,[880] der

---

[876] NLJ, Akte 212: Korrespondenz 1956-1971.

[877] A 21, S. 85.

[878] Nachruf „Fröhlicher Himmelreicher" von Aurel v. Jüchen im Berliner Sonntagsblatt ohne Datum (August 1974) in: NLJ, Mappe 65 „Puppenspiele 1958-1979."

[879] Brief an Rechtsanwältin Movsessian v. 17.4.1974 und Eidesstattliche Versicherung ohne Datum in: NLJ, 743/65.

[880] Ich danke Herrn Wolfgang Meyer von der Senatsverwaltung für Wissenschaft, Forschung und Kultur für die Überlassung von Kopien der Verleihungsbegründung und der Presseberichte.

„der Förderung des modernen Märchen- und Kindertheaters dienen" sollte. Damit verbunden war ein Geldpreis von 2.000 DM, den er, so die Begründung der Prämierung, erhielt „für die in echter Zusammenarbeit mit dem Puppenspieler Konrad Peters für den ,Gleichniskarren' entwickelte Modernisierung biblischer Stoffe (wie etwa in ,David und Goliath' und ,Der verlorene Sohn') bei Wahrung der Elemente des Puppenspiels."

Verliehen wurde der Preis in der Akademie der Künste vom Senator für Wissenschaft und Kunst, Dr. Adolf Arndt. Zur dreiköpfigen Jury gehörte auch die Schriftstellerin Ingeborg Drewitz.

„In der Feierstunde sprach abschließend Pfarrer von Jüchen über die Stellung des Märchens in unserer technisierten Zeit … [Er] versuchte … der geheimnisvollen Existenz des Märchens in unserer technischen Welt auf die Spur zu kommen. ,Unsere Gegenwart ist nämlich gar nicht so seelenlos und phantasiearm, wie immer behauptet wird.'"[881]

Mit dem Tod von Peters endete 1972 der „Gleichniskarren." 1975 unternahm Jüchen einen erneuten Anlauf mit einem anderen Puppenspieler. Das Unternehmen „Der Gleichniskarren. Christliches Marionettentheater Fritz Wachholz 1-45, Undinerstr. 28" scheiterte trotz großer Bemühungen Jüchens am veränderten Zeitgeist. Im Berlin der antiautoritären Kinderläden und der „Sesamstrasse" waren christliche Puppenspiele nicht mehr up to date. Das erste Spiel des neuen „Gleichnis-Karrens" „Simson verliert sich selbst" wurde am 18.1.1975 noch im Haus der Kirche uraufgeführt.[882] Aber noch im selben Jahr reduzierte das Konsistorium drastisch die Zuschüsse für den „Karren" und seine Veranstaltungen[883] und ließ das Projekt nicht aus den Startschwierigkeiten herauskommen. 1976 wollte Jüchen mit dem „Gleichniskarren" am Berliner Kirchentag 1977 im Rahmen des „Marktes der Möglichkeiten" teilnehmen und das Puppenspiel „Killer, Schnappsack und die Barmherzigkeit" aufführen. Ohne Erfolg. Der „Gleichniskarren" musste endgültig eingestellt werden.

Jüchen hatte auch christliche Kindertheaterstücke wie z.B. „Dem Kind muß geholfen werden. Weihnachtspiel für Kindertheater", geschrieben, die er nun Berliner Kindertheatern offerierte.

Eines dieser Theater, die allesamt ablehnten, war das weltberühmte „Grips-Theater", das sich mit linken Stücken profiliert hatte. Der künst-

---

[881] Tagesspiegel und Berliner Morgenpost vom 19.12.1963.

lerische Leiter Volker Ludwig begründete in seinem Brief vom 22.10.1977 auf nette Art und Weise die Ablehnung. „Dem Stück wohnt ein religiöser Optimismus inne, den wir nur schwer teilen können."[884]

Im Bereich der Familie gab es wenig Grund zum Optimismus. Irmgard von Jüchens Zustand verbesserte sich auch durch den Umzug in das Zehlendorfer Haus nicht mehr. Die Intervalle zwischen den notwendigen Aufenthalten in der Klinik wurden immer kürzer, die Aufenthalte immer länger, betrugen manchmal über ein halbes Jahr. Um die Eltern kümmerte sich in dieser Phase die Tochter Edith, die dafür aus ihrem Wohnort Lindau am Bodensee nach Berlin reisen musste. Aber der körperliche Verfall Irmgard von Jüchens ist nicht mehr aufzuhalten. Am 18. Februar 1968 wird sie in der Wohnung tot aufgefunden.

Aurel von Jüchen hat im Rahmen seiner Arbeit als Gefängnispfarrer eine neue Partnerin, Gerda Adelheid Haak, kennen gelernt, die er nach Abschluss des Trauerjahres am 8. April 1969 in Langhecke im Taunus heiratet, dem Altersruhesitz seines Kindermädchens Finchen, die seine Ersatz-Mutter gewesen war. Dem Konsistorium teilte er das per Postkarte mit,[885] was beim kirchlichen Personalchef für Missstimmung sorgte, hatte Jüchen doch vor der Heirat nicht wie sonst üblich vor der Hochzeit seine Pläne mitgeteilt und die Verlobte vorgestellt. Aber in diesen Zeiten änderte sich vieles.

3. Der Kreis schließt sich

Im Jahr 1969 wird in Berlin der Sozialdemokrat Gustav Heinemann von der Bundesversammlung zum neuen Bundespräsidenten gewählt. Die DDR und die Sowjetunion, für die Westberlin eine „besondere politische Einheit" und der dritte deutsche Staat ist, sehen dies als Provokation an. Die Bundesversammlung wird ständig durch sowjetische Düsenjäger gestört, die über Westberlin die Schallmauer durchbrechen. Bereits im Vorfeld der Versammlung gingen in Westberlin die Wogen hoch. Sollte die Bundesversammlung nicht lieber ins Bundesgebiet verlegt werden, um die Sowjets nicht zu provozieren und die begonnene Entspannung nicht zu gefährden?

---

[882] NLJ, Akte 65.

[883] NLJ, Akte 65.

[884] NLJ, Akte 94 „Manuskripte 1977-1979."

[885] In PAJ, Bd. II.

Der Leiter der Berliner Evangelischen Akademie, Erich Müller-Gangloff, hatte sich prononciert gegen die Wahl des Bundespräsidenten in Berlin ausgesprochen. Daraufhin wurde er von Jüchen massiv kritisiert. Diese Kritik übte er in einem scharfen Artikel in der Berliner Morgenpost am 16.2.1969.[886] Der Artikel hatte die Überschrift „West-Berlin in den Rücken gefallen. Offener Brief an Dr. Müller-Gangloff." Jüchen wandte sich entschieden gegen die Drei-Staaten-Theorie, vertrat die Zugehörigkeit der Westsektoren zur Bundesrepublik und die unaufgebbare und anzustrebende Einheit Deutschlands. Der Artikel im Umfang von ¼ Zeitungsseite dürfte im Kontext der damaligen Zeit der Entspannung und der näher rückenden faktischen Anerkennung der DDR durch die Bundesrepublik Jüchens Ruf als „kalter Krieger" bestätigt haben. Aus den Kreisen dieser „Krieger" bekam er auch rege Zustimmung. Müller-Gangloff reagierte brieflich und öffentlich auf Jüchens Intervention, aber die Diskussion versandete bald.

Drei Jahre später trat Jüchen noch einmal berlinweit in Erscheinung. Berlin war seit 1966 das deutsche Zentrum der Studentenbewegung. Seit 1968 ist die Stadt polarisiert und die Linke in all ihren Schattierungen zu einem großen Faktor geworden mit einer immensen zahlenmäßigen Stärke. Es ist an der Freien Universität (FU) gelungen, Schritte der Hochschuldemokratisierung zu gehen, wozu auch die paritätische Besetzung von Berufungskommissionen zählt. Berufungen von Hochschullehrern sind ein Dauerthema an der FU. Die linken Studentengruppen wollen durch die Berufungen marxistischer Dozenten das „bürgerliche Wissenschaftsmonopol" brechen. Demgegenüber hat das konservative Lager parteienübergreifend massive Ängste vor dem Ausbruch der Revolution. Wer heute zeitgenössische Flugblätter und Schriften liest, trifft überall auf Gläubige. Die Einen glauben und hoffen auf die baldige Revolution, die Anderen befürchten, dass sie bald kommt. Diese haben sich an der FU zur „Notgemeinschaft für eine Freie Universität (NoFU)" zusammengeschlossen, um das „Eindringen" des Marxismus in die Hochschule zu verhindern.

Für einen ökonomischen Lehrstuhl wird von der zuständigen Berufungskommission der FU der Brüsseler Marxist Ernest Mandel ausgewählt. Mandel ist zweifelsohne ein weltberühmter Ökonom und wissenschaftlich ausgewiesen, aber er ist auch erklärter Revolutionär und Führungsmitglied

---

[886] NLJ, Mappe 82: Politische Texte 1969.

der trotzkistischen IV. Internationale. Dagegen macht die NoFU mobil und nutzt alle ihre hervorragenden Drähte zu Parteien und staatlichen Institutionen.

Der Berliner Senat beschließt, die Berufungsentscheidung der FU nicht zu akzeptieren und Mandel nicht zu berufen. Als dieser dann zu einer Protestkundgebung an die FU eingeladen wird, verhängt der Senat ein Einreiseverbot für den belgischen Staatsbürger Mandel, der nicht vorbestraft ist und gegen den nichts vorliegt. Allerdings hatte Mandel bereits Einreiseverbote in den Ostblockstaaten aufgrund seiner antistalinistischen Schriften und Positionen.

In den linken und liberalen Kreisen Berlins erhebt sich ein Proteststurm. Auch die SPD-Linke in Person ihres Berliner Wortführers Harry Ristock kritisiert die eigenen Genossen in der Regierung. In dieser Situation meldet sich Jüchen in der SPD-Wochenzeitung „Berliner Stimme" vom 25. 3.1972 zu Wort. Sein Artikel ist überschrieben mit „Kronstadt ist Maßstab."

Er schafft in dem Artikel das Kunststück, einerseits den Trotzkismus mit rätekommunistischen Positionen sozusagen von Linksaußen zu kritisieren und als eine (an der Ausführung gehinderte) Spielart des Stalinismus zu kennzeichnen, und sich andererseits mit den „Berufsverboten", die im Jahr 1972 beschlossen worden waren und selbst von gemäßigten Liberalen als Rückfall in autoritäre Zeiten kritisiert wurden, einverstanden zu erklären.

„Der Kommunismus weiß längst, daß das Hauptportal der Demokratie durch die demokratischen Parteien SPD, FDP und CDU gut bewacht ist und daß es an diesem Hauptportal für ihn keinerlei Einlaß gibt … Die von den Ministerpräsidenten beschlossenen ‚Grundsätze zur Frage der verfassungsfeindlichen Kräfte im öffentlichen Dienst' … bedeuten einen Riegel an den Hinter- und Seitentüren … Trotzki [hat] nicht gezögert, die lauterste, großzügigste, gläubigste Räterepublik, die die Geschichte je gekannt hat, die Räteherrschaft von Kronstadt, zusammenzuschießen. Die Niederschlagung dieses Aufstandes von Kronstadt, das ist, werter Genosse Ristock, die Praxis, an welcher ihr leichtfertiges Plädoyer für Ernest Mandel gemessen werden muß."

Dieser Artikel des „Russlandkenners" von Jüchen machte in Berlin Furore.[887] Es wirkte wie eine Wiederauflage der Anti-Atom-Debatte 15 Jahre

---

887 An der FU konstituierte sich ein „Komitee zur Aufhebung des Einreiseverbotes gegen Ernest Mandel", das die Auseinandersetzungen dokumentierte. In seiner „Dokumentation zum Fall Ernest Mandel. Berlin" ist der Jüchen-Artikel faksimiliert..

zuvor. In der Gesamtpolitik war Jüchen bei den Siegern. Mandel musste auf dem Berliner Flughafen in die Maschine nach Brüssel zurück und hatte für die nächsten Jahre Einreiseverbot. Aber in der Evangelischen Akademikerschaft blieb Jüchen in der Minderheit. Im Vorstand wurde er von der senatskritischen Gruppe um den ehemaligen Regierenden Bürgermeister Heinrich Albertz überstimmt. Von der publizierten „Stellungnahme des Vorstandes des Landesverbandes Berlin der Ev. Akademikerschaft" vom 24.2.72, in der die Nicht-Berufung Mandels an die FU bedauert wurde, distanzierte sich Jüchen öffentlich, unter anderem durch einen Brief an die „Berliner Stimme", mit dem Tenor: Der demokratische Staat muss sich gegen antidemokratische Kräfte verteidigen.[888]

In einem anderen Bereich hatte sich dieser Staat tatsächlich zu verteidigen. Am 14. Mai 1970 hatten Ulrike Meinhof und Gudrun Ensslin die Befreiung des „Kaufhausbrandstifters" Andreas Baader aus der Haft organisiert. Diese Aktion gilt als Geburtsstunde der sogenannten Baader-Meinhof Gruppe oder „Rote-Armee-Fraktion", zu der neben Meinhof, Baader, Ensslin und Holger Meins noch eine Reihe weiterer Personen gehörte. Aus der ersten Generation der „Rote-Armee-Fraktion" erfolgten bald die ersten Verhaftungen. In der Berliner Frauenhaftanstalt waren seit dem 8.10.1970 Monika Berberich, Ingrid Schubert und Brigitte Asdonk inhaftiert. Jüchen amtierte hier als Pfarrer bis 1972 und betreute auch die „RAF"-Gefangenen, mit denen er auch politisch diskutierte und die er durch den Rekurs auf die marxistische Anarchismuskritik von ihrem „Irrweg des individuellen Terrors" abbringen wollte.

In der ersten Juni-Woche, unmittelbar nach der Verhaftung Ulrike Meinhofs am 1.6.1972, verabschiedete er sich von ihnen mit einem Brief[889]

„an Mitglieder der Baader-Meinhof-Gruppe.
Meine feindlichen Freunde!
Ich weiß nicht, ob ich durch diese Anrede das dialektische Verhältnis, in welchem wir in der Zeit Eurer Haft zueinander gestanden haben, genau bezeichne, immerhin ist es eine Verbundenheit in harter Gegnerschaft gewesen, die mich bestimmt, Euch nun, nachdem wir durch Eure Verlegung in eine andere Anstalt die politischen Gespräche, die wir pflegten, nicht fortsetzen können, Euch auf diesem Wege Adieu zu sagen ... Ich schätze Eure innere Wahrhaftigkeit hoch

---

888 NLJ, Akte 162: Texte zu Politik und Kirchenpolitik.
889 NLJ, Akte 165.

genug ein, um zu glauben, daß Ihr Euch wohl kaum der Erkenntnis entziehen könnt, daß Euch alle Theorien, die ihr im Laufe der Jahre auf- und wieder abgebaut habt, getrogen haben ... Die APO-Theorie, d.h. der Glaube, von der gesellschaftlichen Insel der Universität aus die Fackel der Revolution in die Gesellschaft werfen zu können, hat getrogen. Aber auch die Theorie, die Arbeiter gewinnen zu können, habt ihr sehr schnell als Illusion erkennen müssen, weil nämlich Arbeiter durch ihren jahrhundertealten Kampf mit der realen Mächtigkeit gesellschaftlicher Strukturen zu rechnen gelernt haben und weil sie keine Schwärmer sind, die meinen, mit etwas revolutionärem Wind könne man die gesellschaftlichen Strukturen wegpusten.“

Zu diesem Zeitpunkt war Jüchen bereits Ruhestandspfarrer. Sein Beschäftigungsverhältnis mit der Landeskirche endete „mit Ablauf des Monats Mai 1972.“[890] Der Berliner Bischof Kurt Scharf schrieb ihm am 2.5.1972 einen liebevollen Brief zum Abschied, der sich himmelweit von den Briefen unterschied, die heutzutage kirchliche Verwaltungen schreiben. Jüchen antwortete am 3.7.1972, dass er „sehr glücklich war, unter diesem Bischof arbeiten zu können, und [er sei] froh, daß Sie der Berlin-Brandenburgischen Kirche noch einige Jahre erhalten bleiben.“[891]

Zwei Jahre später muss er mit aktiv werden, um dem verehrten Bischof das Amt zu erhalten. Im Frühjahr 1974 gab es seitens der CDU und der theologisch und politisch konservativen „Bekenntnisbewegung kein anderes Evangelium“ in Berlin eine massive Kampagne gegen Bischof Scharf. Er habe die Baader-Meinhof-Gruppe verharmlost und die Berliner Kirche an die Seite von Linksradikalen gebracht. Der damalige Berliner Kirchenstreit ist von Freimut Duve im rororo-Aktuell Band „Pfarrer, die dem Terror dienen“[892] dokumentiert worden.

Ein weiterer Streitpunkt war die Unterstützung der Anti-Apartheidsprogramme des Weltkirchenrates durch Gelder der Berliner Kirche. Diese Programme wurden seitens der konservativen Gruppen des Protestantismus als Unterstützung des Terrorismus denunziert. Die „Welt am Sonntag“ vom 24.2.1974 brachte es auf die Kurzfassung „Kirchensteuermittel und Gaben

---

[890] PAJ, Akte 15/3261.
[891] Beide Briefe in PAJ.
[892] Freimut Duve (Hg.): **Pfarrer** die dem **Terror** dienen. Bischof Scharf und der Berliner Kirchenstreit 1974. Dokumentation. Heinrich Albertz, Heinrich Böll, Helmut Gollwitzer u.a., Rowohlt Taschenbuchverlag, Reinbek 1975.

für den Klingelbeutel können tödlich sein!" Die heutige Regierungspartei Südafrikas, der ANC, wurde als kommunistische Organisation tituliert und jeglicher Boykott südafrikanischer Produkte als Destabilisierung einer westlichen Macht und indirekte Unterstützung des Weltkommunismus angeprangert. Gerade am Beispiel des von der Evangelischen Frauenarbeit organisierten Früchteboykotts „Kauft keine Früchte der Apartheid" vollzog sich in vielen Gemeinden die Polarisierung zwischen „Apartheidgegnern" und Unterstützern des Status-quo im südlichen Afrika. CDU/CSU orientierte Gruppen in der Kirche bauten eigene Südafrika-Arbeitskreise auf, die unter dem Etikett der „Versöhnung" und der „Gewaltfreiheit" die bestehende Ordnung in Südafrika nicht infrage stellten.

Scharf sprach sich in seinem Hirtenbrief für die Unterstützung dieser Programme aus. Hinzu kam die Frage des kirchlichen Umgangs mit Theologen, die sich als Sozialisten verstanden. Diese Frage war in der ersten Hälfte der 70er Jahre in den evangelischen Kirchen virulent. Durch die Studentenbewegung von 1967 bis 1970 hatte es an den theologischen Fakultäten starke Verschiebungen nach links gegeben. Die Akzeptanz und Repräsentanz sozialistischer und kommunistischer Gruppierungen war unter den Studierenden der Theologie beträchtlich, mancherorts sogar größer als an den anderen, selbst geisteswissenschaftlichen, Fakultäten. Insbesondere die Berliner Kirchliche Hochschule (KiHo) war eine Hochburg des Sozialistischen Deutschen Studentenbundes und der späteren maoistischen Studentenparteien. Eine Vorsitzende der KiHo-Studentenvertretung dieser Tage war die spätere Grünen-Politikerin Antje Vollmer.

Nach Studium und Vikariat kamen diese linken Pfarrerinnen und Pfarrer nun in die Gemeinden. Wie zu erwarten, kam es zu ersten Konflikten. In anderen Landeskirchen, etwa in Hessen-Nassau, reagierte die Amtskirche mit der Entlassung von Pfarrern, die Mitglied der DKP oder maoistischer Gruppen waren. In Berlin schlug Bischof Scharf einen anderen Weg ein. Er wandte sich dagegen, dass CDU und Bekenntnisbewegung massiv Front gegen junge Theologen machten, die sich als Sozialisten verstanden, und vertraute auf den „geschwisterlichen Weg" und auf gemeinsame Lernprozesse.

Dies löste erneut eine Kampagne in der Springerpresse aus. Im konservativen „Berliner Kirchenreport" vom 6. März 1974 veröffentlichte Pfarrer Hasper einen Artikel „Christ-Sein und Sozialist-Sein schließen sich aus."

Seiner Meinung nach gehörten Christentum und Konservatismus zusammen. Auf diese Stellungnahme antwortete Jüchen in der Ausgabe vom 4. April 1974.[893] Er versuchte Hasper und seinem Kreis mit Belegen aus der Theologiegeschichte zu vermitteln, dass diese Position in der Vergangenheit verheerende Konsequenzen gehabt habe und auch für die Gegenwart untauglich sei.

Aber es ging im Berliner Kirchenstreit nicht um Theologie und nicht um einen Diskurs über Quellen und deren sachgemäße Interpretation. Der konservative Flügel der Kirche machte massiv Politik, und so wurde auch Jüchen gezwungen, kirchlich-politisch zu argumentieren. Es schien, als wiederholten sich auf anderer Ebene die Argumentationen und die Konfliktlinien der Weimarer Republik. Diesen Zusammenhang hatte Jüchen bereits in einem längeren Beitrag mit dem Titel „Messer weg!" im evangelischen Berliner Sonntagsblatt vom 17. März 1974 ausgeführt:

> *„Die Kirche hat in der Gesamtheit ihrer Ämter im vorigen Jahrhundert nicht auf der Seite der unterdrückten Arbeiterschaft gestanden. Sie hat es einem Häuflein von Außenseitern, nämlich den ‚Christlich-Sozialen' und den ‚Religiösen Sozialisten' überlassen, zu tun und zu sagen, was die Kirche hätte tun und sagen müssen … Können die Gegner des Hirtenbriefes von Bischof Scharf nicht begreifen, daß ein großer Teil der Pastoren und Laien verhindern will, daß zum dritten Mal in einem Jahrhundert die Unterdrückten im Stich gelassen werden von der christlichen Kirche? Unser Amtsverständnis gebietet uns, das zu verhindern."*

In dieser Phase kam es zum Bruch zwischen Jüchen und denjenigen, auf deren Seite er nach seiner Rückkehr aus Workuta gestanden hatte. Die Bruchlinien sind einfach zu beschreiben. Die Einschätzung der Sowjetunion, und dass sich „der Westen" verteidigen müsse, auch durch Bekämpfung des Kommunismus im Inland, hatte Jüchen mit den Konservativen in der Kirche und ihren politischen Verbündeten in der CDU in eine „Front" gebracht. Dass diese jetzt Bischof Scharf zum Helfershelfer Moskaus hochstilisierte, war für Jüchen inakzeptabel. Er kannte Scharf seit mehreren Jahrzehnten als integre, unkorrumpierbare und mutige Person, die immer nur vom Evangelium und der Kirche aus dachte und handelte – sowohl gegen den NS-Staat, wie gegen die SED-Politik und jetzt gegen die Angriffe der Konservativen.

---

[893] In: NLJ, Mappe 190.

Den letzten Ausschlag hatte das Verdikt „Christ-Sein und Sozialist-Sein schließen sich aus" gegeben. Jüchen hatte mit seinem Leben das Gegenteil praktiziert und bewiesen. Sollte er sich jetzt von seiner Biographie und seinen Leitgedanken distanzieren und verabschieden? Er blieb sich treu. Als sich 1974/75 in Berlin zur Unterstützung von Bischof Scharf der Arbeitskreis „Kirche in der Verantwortung"[894] (KiV) bildete, war Jüchen Gründungsmitglied und schlug bei der Gründung den Namen „Bund religiös-sozialistischer Pfarrer" vor – ohne Erfolg.

„Ich habe bei der Gründung von KiV probiert, den Gedanken des religiösen Sozialismus mit ins Spiel zu bringen. Das ist damals auch an Albertz und Gollwitzer gescheitert. Sie haben mir gesagt: Das ist die alte Anhänglichkeit von Aurel, das kann man verstehen. Ich bekam mildernde Umstände."[895]

Aus KiV heraus bildete sich 1976/1977 ein „Arbeitskreis Christentum und Sozialismus", der als Arbeitskreis im „Evangelischen Bildungswerk Berlin" angesiedelt war. Er wurde von Studienleiter Dietrich Schirmer geleitet und vereinigte eine Reihe von Pfarrerinnen, Pfarrern und Laien, innerhalb und außerhalb des Kirchendienstes stehend, die interessiert waren, sich mit Geschichte und Gegenwart des Verhältnisses von „Christentum und Sozialismus" zu beschäftigten. Zu nennen von den damals Teilnehmenden sind u.a. Eva Schirmer, die mit „Mystik und Minne" und den „Müttergeschichten" Standardbücher der feministischen Theologie verfasste; Günter Busch, damals Religionslehrer und Mitglied der Hauptmitarbeitervertretung der Landeskirche, danach Gewerkschaftssekretär und Leiter der Kirchenabteilung in der ÖTV/ver.di-Hauptverwaltung, und Friedhelm Kraft, damals Religionslehrer, heute Leiter des Religionspädagogischen Institutes in Loccum. Die Diskussionen fanden auf einem hohen Niveau statt, und die Protokolle[896] geben Zeugnis von einem Bemühen, sich mit den Traditionen von Kirche und Marxismus qualifiziert und undogmatisch auseinanderzusetzen. Ältester Teilnehmer der Runde war Aurel von Jüchen, der sich aktiv beteiligte, in marxistische Texte einführte, theologische Texte interpretierte und eine Rolle (wieder-) einnahm, die seinen Tätigkeiten bis zur Verhaftung 1950 in Schwerin ähnelte. Aufgrund des großen Interesses

---

[894] NLJ, Mappe 72.
[895] A 21.
[896] In SP.

der überwiegend jüngeren Teilnehmenden des Arbeitskreises beschäftigte sich ein Sondertreffen, ausgehend von der Biographie Jüchens, mit der Geschichte des religiösen Sozialismus.[897]

Neben der theoretischen Arbeit mischten sich die Angehörigen des Kreises auch in die innerkirchlichen Auseinandersetzungen ein. Die gemeinsame Abwehr der Angriffe der Konservativen auf den Links-Protestantismus führte Jüchen an die Seite seiner Gegner der 60er Jahre. Unter einem „Aufruf zu einer Versammlung westeuropäischer Christen zur Erinnerung des Darmstädter Wortes nach 30 Jahren" im Oktober 1977 in Darmstadt, fanden sich u.a. die Namen von Heinrich Albertz und weiterer prominenter Vertreter der „Kirchlichen Bruderschaften" wie Heinz Kloppenburg und Martin Niemöller, sowie die Unterschrift von „Aurel von Jüchen, Berlin."[898] In das „Darmstädter Wort" des „Bruderrates der Bekennenden Kirche" von 1947 waren die Leitgedanken der religiösen Sozialisten eingegangen:

„Wir sind in die Irre gegangen, als wir begannen, eine ,christliche Front' aufzurichten gegenüber notwendig gewordenen Neuordnungen im gesellschaftlichen Leben der Menschen. Das Bündnis der Kirche mit den das Alte und Herkömmliche konservierenden Mächten hat sich schwer an uns gerächt. Wir haben die christliche Freiheit verraten, die uns erlaubt und gebietet, Lebensformen abzuändern, wo das Zusammenleben der Menschen solche Wandlung erfordert. Wir haben das Recht zur Revolution verneint, aber die Entwicklung zur absoluten Diktatur geduldet und gutgeheißen …

Wir sind in die Irre gegangen, als wir übersahen, daß der ökonomische Materialismus der marxistischen Lehre die Kirche an den Auftrag und die Verheißung der Gemeinde für das Leben und Zusammenleben der Menschen im Diesseits hätte gemahnen müssen. Wir haben es unterlassen, die Sache der Armen und Entrechteten gemäß dem Evangelium von Gottes kommendem Reich zur Sache der Christenheit zu machen."[899]

Dieses Wiederanknüpfen an Inhalte früherer Perioden fiel für Jüchen zusammen mit der Begegnung mit dem sich seit 1976 reorganisierenden

---

[897] „Protokoll der Sitzung am 15. November 1987. Die Geschichte der Religiösen Sozialisten: Das Beispiel Aurel von Jüchens – Ein autobiographischer Bericht." Dem von Günter Busch geführten siebenseitigen Protokoll ist zu erspüren, wie stark Jüchens Schilderungen die Anwesenden beeindruckt hatte. (In: NLJ, Mappe 77)

[898] Aufruf in: Theologische Kommission der Evangelischen Studentengemeinde (Hg.): Flugblätter zur Versammlung europäischer Christen Darmstadt 7. bis 9. Oktober 1977, Stuttgart 1977.

[899] „Wort des Bruderrats der Bekennenden Kirche (Darmstadt 8. August 1947)", These 3 und 5.

BRSD, auf dessen Stand er auf dem Berliner evangelischen Kirchentag 1977 eher zufällig traf.

„Durch den Kirchentag wurde ich auf die Aktivität der Bochumer Gruppe aufmerksam und bin aufs höchste erfreut, daß ihr euch unter dem Namen ‚Religiöse Sozialisten' neu etabliert habt. Es ist mir zumute wie jemand, der eine Stafette, die er ein ganzes Leben lang getragen hat, glücklich in die Hand eines jungen und ausgeruhten Läufers weitergeben kann.“[900]

Er begann am Organ des Bundes „Christ und Sozialist“ mitzuarbeiten, trat aber offiziell erst am Ende des Jahres 1979 dem BRSD bei.[901]

Jüchen hatte sich innerhalb weniger Jahre bemerkenswert entwickelt. Derselbe Jüchen, der 1972 das Einreiseverbot Mandels und die Berufsverbote befürwortet hatte und damit die Einschränkung demokratischer Rechte, setzte sich jetzt zur Verteidigung der demokratischen Rechte von Angehörigen der Berliner „autonomen Szene“ ein.

Jüchen wandte sich am 30.5.1978 brieflich an den Generalsekretär von Amnesty international in London und bat um die Unterstützung für die vier „Agit-Drucker“, die wegen des Drucks des „Info-BUG“ in der Untersuchungshaftanstalt Moabit inhaftiert waren.[902] Das 1974 entstandene „Info – Berliner undogmatischer Gruppen“ war eine linksradikale Stadtzeitung mit überregionaler Verbreitung und ein wichtiges Diskussionsorgan für die Umsetzung autonomer Ideen. Das „Info“ verstand sich als Organ und Mittel der Gegenöffentlichkeit, in dem Berichte, Termine und Aktionen der „autonomen Szene“ unzensiert veröffentlicht wurden. Darunter waren auch Texte sog. „militanter Gruppen.“ Da das „Info“ ohne Impressum erschien, konnte der „Staatsschutz“ die Verfasser und Herausgeber nicht dingfest machen. Stattdessen wurden die Beschäftigten der Druckerei „Agit-Druck“ verhaftet und angeklagt, da sie die einzig fassbaren beteiligten Personen des „Infos“ waren.

In diesen Jahren nach 1974 beschäftigt sich Jüchen wieder stärker mit exegetischen Fragen der Bibelauslegung. Durch die Diskussionen in der „Evangelischen Akademie“ kommt er mit neuen Methoden in Berührung

---

[900] Brief Jüchen an Prof. Günter Ewald (BRSD) v. 28. Juli 1977. In: SP, Bestand 2, Akte II, 1 Reorganisation nach 1976.
[901] Aufnahmeantrag in SP, Bestand 2, Akte II,1.
[902] NLJ, Mappe 76, Ev. Akademikerschaft 1968-1982.

und erschließt sich die sozialgeschichtliche Methode der Bibelauslegung. Hier kann er an eigene Vorarbeiten aus der Weimarer Zeit anknüpfen.[903]

> *„Ich widme mich nun der theologischen Arbeit und gewinne neue Erkenntnisse. Ich suche den sozialgeschichtlichen Hintergrund des Neuen Testaments für die Exegese fruchtbar zu machen. Jede Person wird erst auf ihrem geschichtlichen Hintergrund zur Person. Darum wird erst im Kontext mit ihrer Geschichtlichkeit eine Begegnung zur echten Begegnung.“[904]*

Jüchen als gelernter Marxist arbeitete sich schnell in die sozialgeschichtliche Methode ein und lernte die Bibel auch mit der materialistischen Methode zu befragen und zu interpretieren.

In den Texten des Neuen Testamentes erscheint mit Jesus ein Beauftragter Gottes, den die spätere Auslegung der Kirche über weite Strecken hin verharmlost und zu einer zeitlosen Größe verdünnt, ja streckenweise entstellt hat. Der originale Jesus Christus ist, so Jüchen, ein Kämpfer gegen alle destruktiven politischen Mächte, welche die gottgewollte Bruderschaft der Menschen zerstören.

Da er als Pensionär ein ausreichendes Zeitbudget besitzt, veröffentlicht er innerhalb weniger Jahre wichtige Schriften, die ihn auch als Exegeten bekannt machen. Kurz nacheinander erscheinen seine beiden Bücher „Jesus Christus und die Tabus der Zeit" (1981) und „Die Kampfgleichnisse Jesu" (1981). Als reifstes Produkt von Jüchens Neu-Beschäftigung mit der Auslegung des Neuen Testamentes erscheint 1985 „Jesus zwischen reich und arm. Mammonworte und Mammongeschichten im Neuen Testament" mit einem biographischen Nachwort von Reinhard Gaede.

> *„Die letztgenannten drei Arbeiten hätten nicht entstehen können, wenn mir nicht durch Luise Schottroff, Wolfgang Stegemann und Kuno Füssel die Notwendigkeit der kontextuellen Theologie aufgegangen wäre. Die kontextuelle Theologie geht davon aus, daß der biblische Text erschöpfend nur verstanden werden kann im Kontext der sozialpolitischen Situation. Gesellschaftliche Situation und theologische Reflexion bilden für eine Theologie, die die Geschichtlichkeit des Menschen begriffen hat, eine Einheit. Daß Jesus Christus ‚Fleisch' geworden ist, bedeutet, daß er Geschichte geworden ist und daß sein Reden und Handeln eine Antwort auf die Geschichte ist. Aber auch die heutige Auslegung des Evangeliums ist nur dadurch möglich, daß wir*

---

[903] So z.B. „Wenn Luther die materialistische Geschichtsauffassung gekannt hätte…" In: SDAV Nr. 46 v. 15.11.1931.

[904] A 4.

Jüchen in seinem Zehlendorfer Haus 1988.

*unsere Einbezogenheit und Betroffenheit durch die spätkapitalistische Wirtschafts-
und durch die bürgerliche Gesellschaftsstruktur begreifen. Fast zweitausend Jahre
lang wurde die herrschende Theologie durch die griechische Ontologie auf die Ebene
allgemein-gültiger, normativer Wahrheiten geschoben …
Das Heil des Reiches Gottes ist [aber] konkret."*[905]

Seit Anfang der 80er Jahre bekam Jüchen immer größere Schwierigkeiten,
seine Bücher zu verlegen. Sein „Haus-Verlag" Lettner in Berlin existierte
nicht mehr, und die anderen Verlage, die noch bereit waren, ihn zu verlegen, erwarteten zunehmend, dass die Autoren Druckkostenzuschüsse
mitbrachten, anstatt Honorarforderungen zu stellen. Das „Mammonbuch"
erschien 1984/85 im Alektor-Verlag erst, als der chronisch finanzschwache
BRSD den Druck mit 2.000 DM subventionierte.[906]

Mehrere gute Manuskripte blieben so ungedruckt. Zum einen ein Werk
„Frieden, Wege und Holzwege", das 1982 bis 1984 entstand und 204 Manuskriptseiten umfasste, und „Der missverstandene Karl Marx, eine Kritik
seiner Kritiker" im Umfang von 157 Manuskriptseiten.[907]

Beide Bücher haben ein gutes Niveau und wurden leider zu Zeiten fertig, als es hierfür keine Konjunktur mehr gab. Besonders zu bedauern ist
das bei dem Marx-Buch, für dessen Erscheinen sich sogar der prominente
Sozialdemokrat Peter von Oertzen einsetzte.[908] Jüchen musste die Erfahrung machen, dass sich kein Verleger fand, der das Risiko der Publikation
eingehen wollte.

Welches Ansehen Aurel von Jüchen genoss, konnte er anlässlich seines
80. Geburtstages feststellen. Der Tag wurde mit vielen Gästen im Haus
der Evangelischen Akademie am Wannsee gefeiert. Der Theologieprofessor
Helmut Gollwitzer, den er seit der Bekennenden Kirche kannte, und die
Schriftstellerin Ingeborg Drewitz hielten die Laudatio. Mit Ingeborg Drewitz hatte er gemeinsame Arbeitserfahrungen. 1980, als Franz-Josef Strauß
als Kanzlerkandidat der CDU/CSU antrat, erschien ein von Ingeborg
Drewitz herausgegebenes Buch mit dem Titel „Strauß ohne Kreide."[909] Es
wurde im Wahlkampf von vielen SPD-Wählerinitiativen eingesetzt, um

---

[905] A 19.
[906] Korrespondenz in SP, Akte II, 3: Bundesvorstand/Bundesgremien nach 1980.
[907] Beide Manuskripte und die dazugehörige Korrespondenz im Original in SP.
[908] NLJ, Akte 189 „Korrespondenz zu Büchern und Buchprojekten 1983-1990."
[909] Rororo aktuell 4637, Reinbek 1980.

Strauß aus unterschiedlichsten Gesichtspunkten zu delegitimieren. Jüchen steuerte als evangelischer Theologe einen Beitrag „Brauch oder Missbrauch des großen C" bei, in dem er sich gegen die Instrumentalisierung des Christentums durch CDU und CSU wandte.

In kirchlichen Zeitschriften erschienen anlässlich von Jüchens Geburtstag Artikel von Claus Heitmann, die Jüchens Lebensweg skizzierten und seine Lebensleistung würdigten,[910] und im Kirchenfunk des Senders Freies Berlin wurde am 18.5.1982 der Beitrag „Aurel von Jüchen. Porträt eines streitbaren Mitmenschen" gesendet.

In der Zeitschrift des BRSD „Christ und Sozialist" Nr. 2/1982 erschienen drei Beiträge zum Geburtstag. Ingeborg Drewitz zeichnete ein literarisches Porträt von Jüchens, Karl Heinz Mann und Bernd Brede veröffentlichten ein Interview, das sie mit Jüchen „Über Leben und Sterben" geführt hatten, und Klaus Grammel stellte zwei Bücher Jüchens vor.

Am 14. Juni 1985[911] gründete sich wieder eine Berliner BRSD-Gruppe, bestehend aus Theologiestudierenden im Alter von 20 bis 25 Jahren, einigen Berufstätigen im Alter von 30 bis 50 und, wie eine Mit-Gründerin später schrieb,

„auch zwei Menschen, die den Bund noch aus seinen Kindertagen kannten, Aurel von Jüchen und … Marie Hirsch. Die beiden Alten kannten und schätzten sich, blieben aber füreinander stets ‚Frau Dr. Hirsch' und ‚Herr von Jüchen', während wir uns sonst alle duzten und die beiden sich von uns ganz selbstverständlich ‚Marie' und ‚Aurel' nennen ließen. Maries körperliche Kräfte ließen zu diesem Zeitpunkt schon spürbar nach, sie mußte zu den Treffen abgeholt und wieder nach Haus gebracht werden, während der um ein Jahr ältere Aurel noch mit dem eigenen Auto fuhr. Bei unseren Diskussionen haben wir von den beiden , die ja verschiedene Richtungen des religiösen Sozialismus verkörperten, viel gelernt. Beide waren nicht stehen geblieben in ihrem Denken, sie lasen viel, nahmen an Tagungen und Seminaren teil, schrieben Artikel … und betrachteten kritisch die bundesrepublikanische Wirklichkeit."[912]

Wie wichtig Jüchen für die Berliner BRSD-Gruppe war, verdeutlichte diese mit einer Gratulationsanzeige zu seinem 85. Geburtstag im Berliner

---

[910] Claus Heitmann: „Ein bekennender Christ. Aurel von Jüchen geht ins neunte Lebensjahrzehnt", in: Berliner Sonntagsblatt v. 16.5.1982 und „In beiden Reichen zu Hause. Am 20. Mai wird Aurel von Jüchen 80 Jahre", in: Deutsches Allgemeines Sonntagsblatt, Nr. 20/1982.

[911] NLJ, Mappe 181, Laufzeit 1959-1985. „Kirchenpolitik/BRSD."

[912] Christa Peter: Zum Gedenken an Marie Hirsch, in: CuS 1/1997.

Evangelischen Sonntagsblatt: „Wir danken ihm, daß er nach sechzigjährigem Wirken für den religiösen Sozialismus seit zwei Jahren aktiven und freudigen Anteil am Aufbau unserer Gruppe nimmt."[913] Als Geschenk wurden ihm fünf gebundene Bände mit Kopien aller zu ermittelnden Jüchen-Schriften überreicht, so dass er erstmals seit 1950 ein (fast) vollständiges Exemplar seiner Publikationen besaß.

Seine letzte größere Veranstaltung bestritt er im Rahmen des Evangelischen Kirchentages 1989 in Berlin im Thematischen Zentrum „Lehrhaus Reich Gottes und Sozialismus" der Berliner religiösen Sozialistinnen und Sozialisten und der Evangelischen Versöhnungsgemeinde Bernauer III im Wedding. Vom 8. Juni bis zum 10. Juni fanden in unmittelbarer Nähe der Mauer neun Veranstaltungen mit mehreren tausend Besucherinnen und Besuchern statt, darunter am 8.6. eine Diskussion „Reich Gottes- Sozialismus-Theologie der Befreiung" mit Pfarrerin Bé Ruys von der Niederländischen Ökumenischen Gemeinde, dem Kirchenhistoriker und evangelischen Pfarrer Arnold Pfeiffer, dem katholischen Theologen Manfred Böhm und Aurel von Jüchen.

Im September 1989 löste Jüchen, ohne dies beabsichtigt zu haben, eine intensive Kontroverse über die Geschichtsdeutung in der Berliner Evangelischen Kirche aus. Im Berliner Evangelischen Sonntagsblatt erschien ein Kommentar zum 50. Jahrestags des Beginns des zweiten Weltkrieges. Jüchen schrieb hierzu einen Leserbrief, in dem er die Mitschuld der Evangelischen Kirche an der „Machtübernahme" der NSDAP und damit auch am Weltkrieg benannte und in diesem Zusammenhang darauf hinwies „daß vornehmlich die evangelische Kirche das deutsche Volk für die Propaganda des Nationalsozialismus präpariert hat." Als ein Beispiel führte er die Rolle des späteren Berliner Bischof Otto Dibelius am Ende der Weimarer Republik und in der ersten Phase der NS-Herrschaft an.

Dies provozierte eine massive Leserbriefreaktion empörter Dibelius-Freunde aus, die ausschließlich auf die Rolle von Dibelius in der Zeit der Bekennenden Kirche abhoben und dies von der Zeit vor 1934 abtrennten. Darauf reagierten wiederum Unterstützer von Jüchens Position, die mit Dokumenten die Rolle von Dibelius und seiner kirchenpolitischen Richtung bei der Destabilisierung der Weimarer Republik belegten. In der Zeit von

---

[913] In der Ausgabe v. 20.5.1987.

September bis Ende November erschienen in der Berliner Kirchenpresse fast zwei Dutzend Stellungnahmen. Die Studierendenvertretung der Kirchlichen Hochschule Berlin lud zu einer Diskussionsveranstaltung zu diesem Komplex ein, zu der sich die Jüchen-Kritiker „aufgrund der unsicheren Quellen-Lage" allerdings nicht bereit fanden. So wurden die geplanten Beiträge Jüchens und anderer eingeladener Diskutanten zusammen mit einer Dokumentation der Leserbriefe vom ASTA der Kirchlichen Hochschule als Broschüre publiziert.[914] Im Jüchen-Nachlaß befindet sich ein Exemplar mit einer Widmung an Gerda von Jüchen, „die so gezittert hat." Aber „Es hat sich gelohnt!"[915] Durch die öffentliche Kontroverse gelang es noch einmal, den Versuch zu vereiteln, die Kirchengeschichte „zu säubern" und die Evangelische Kirche nach 1945 von der vor 1933 zu trennen. Dieser kleine „Historikerstreit" brach durch die Maueröffnung im November 1989 ab. Jetzt standen andere Fragen auf der Tagesordnung. Geschichte wurde nicht mehr diskutiert, Geschichte ereignete sich.

Ein Weltsystem brach zusammen und alles schien sich zu verändern. Durch die „friedliche Revolution" kam selbst die Staatspartei SED in Bewegung, mutierte erst zur SED-PDS und dann zur PDS. Viele Positionen wurden über Bord geworfen, andere korrigiert.

Am 14. März 1990 veröffentlichte das „Neue Deutschland" eine Erklärung „Positionen der PDS zu Gläubigen, Kirchen und Religionsgemeinschaften", in der unter anderem ausgeführt wurde: [Die PDS]

„steht zu einer Toleranz im Umgang miteinander, die mehr ist als gönnerhaftes Geduldetsein … Die PDS knüpft an die durch die stalinistische Deformation weitgehend verdrängten Traditionen des Zusammengehens von Arbeiterbewegung und religiösen Sozialisten … an. Die PDS ist willens, unsere bisherige Geschichte nach Hypothek und Vermächtnis zu befragen."

Darauf reagierte der Bundesvorstand des BRSD am 19.3. mit einem Brief[916] an das „Neue Deutschland", der dort in der Ausgabe vom 31.3./1.4.1990 abgedruckt wurde. In diesem Brief wurde das Schicksal der „SED-Pfarrer"

---

[914] Jüchens Beitrag hatte den Titel „Ideologie und Glaube am Beispiel von Bischof Otto Dibelius", in: ASTA der KiHo Berlin (Hg.): Deutschnationales Christentum am Beispiel Otto Dibelius. Die Broschüre erschien im Dezember 1989 in Westberlin.

[915] NLJ, Mappe Nr. 83.

[916] Brief des BRSD, i.A. Ulrich Peter, Berlin.

Mundt, Rackwitz und Jüchen dargestellt, die Ausschluss- bzw. Austrittsgründe aufgeführt und ein Fazit gezogen:

„Wir nennen diese Fälle nicht, um Gräben aufzureißen, sondern um sie öffentlich zu machen und dadurch zu überwinden. Die Glaubwürdigkeit der PDS … hängt wesentlich vom Verhältnis zur eigenen Geschichte ab."

Als ein Ergebnis dieses Briefes fand auf Einladung der „Arbeitsgruppe Kirchenpolitik" beim Parteivorstand der PDS am 27. April ein Informationsgespräch von Vertretern des BRSD und Vertretern der AG Kirchenpolitik in Berlin statt, in dem mitgeteilt wurde, dass die Schiedskommission der PDS Jüchens Fall überprüfen werde. Dies geschah und das „Neue Deutschland" vom 25. Juni 1990 berichtete:

„Zentrale Schiedskommission der PDS: Weitere Opfer des Stalinismus rehabilitiert … Eingehend nahm die Schiedskommission zu der von der SED seit etwa 1950 betriebenen Politik der Abgrenzung von den religiösen Sozialisten Stellung … Die aus der SED ausgeschlossenen Pfarrer Aurel von Jüchen und Hans-Joachim Mundt wurden rehabilitiert."

Dies wurde auch über die Nachrichtenagenturen verbreitet und in vielen Zeitungen berichtet.[917] Ausgesprochen aussagekräftig für das Tempo und den Charakter der Rehabilitierungen war dann der Brief der Schiedskommission des Parteivorstandes der PDS vom 25. Juni, mit dem Jüchen mitgeteilt wurde,

„daß Sie durch die zentrale Schiedskommission der PDS am 23.6.1990 politisch rehabilitiert wurden. Ihr Parteiausschluß durch die Landeskontrollkommission Mecklenburg, bestätigt von der ZPKK am 31.8.1950, wurde aufgehoben … gez. Günther Wieland."[918]

Der formlose Brief, der keine Entschuldigung, kein Gesprächsangebot enthielt und fünf Jahre Straflager behandelte wie ein Verkehrsdelikt, wurde ihm mit der Normalpost zugestellt und nicht einmal persönlich übergeben. Als er mir den Brief zeigte, kommentierte er den Vorgang, dass er von dieser „Bande" nichts anderes erwartet hätte. Vielleicht würden sie ja jetzt noch verlangen, dass er für 40 Jahre den Beitrag nachzahle.

Ein weiteres Ergebnis dieses Rehabilitierungsprozesses war der Wunsch des „Brandenburgischen Verlagshauses" (bis zur Wende der Militärverlag der

---

[917] So z.B. in der FAZ vom 26. Juni 1990. „PDS rehabilitiert wieder Opfer des Stalinismus."
[918] NLJ, Mappe 10: Rehabilitierung durch PDS 1990.

DDR), ein Buch mit den Erinnerungen Jüchens und Beiträgen zu Mundt und Rackwitz herauszugeben. Das Projekt hatte den Arbeitstitel „Die große Hoffnung und die große Lüge – Drei sozialistische Pfarrer in der DDR." Es war schon weit gediehen, als das Verlagshaus sich im Oktober 1990 aus finanziellen Gründen von dem Vorhaben zurückzog.

Im Sommer 1990 erschien sein letztes Buch „Wie politisch war Jesus Christus?"

Hierin zieht er noch einmal die Linien des Neuen Testamentes aus und rekonstruiert den tatsächlichen Inhalt der jesuanischen Botschaft. Diese Schrift ist praktisch die Summe der Erkenntnisse Jüchens. Das Schlusskapitel ist überschrieben mit „Erfolglosigkeit – das Ende der Theopolitik?" Es endet mit den Sätzen:

„Die Christenheit braucht … keinen anderen Erfolg als den Erfolg in der Nachfolge. Es gab für Jesus an keinem Punkt seines Lebens ein Verhängnis der Erfolglosigkeit. Wenn er von sich bekennt: ‚Ich bin gekommen, ein Feuer anzuzünden; und was wollte ich lieber, denn es brennete schon' oder wenn er seinen Jüngern sagt ‚Ihr seid das Licht der Welt und ihr seid das Salz der Erde', so sind das wahrhaftig keine Worte des Fatalismus, sondern Worte des Glaubens."[919]

Christentum und Sozialismus, das Reich Gottes und seine Gerechtigkeit für diese Welt, waren seine Anliegen. Zum 80. Geburtstag 1982 wurde er im Rundfunk interviewt. Hieraus eine kleine Sequenz:

„Was ich mit eigenen Augen in der Sowjetunion gesehen habe und was sich in ihrem Satellitenbereich immer wieder abspielt, ist politische Unterdrückung und wirtschaftliche Ausbeutung und damit das Gegenteil von Sozialismus. An meiner sozialistischen Überzeugung hat mich diese Fehlentwicklung nicht irre gemacht. Ich glaube, daß ein toleranter, demokratischer Sozialismus kein utopischer Traum ist. Ein Traum wäre es zu glauben, daß Menschen in lauter Freiwilligkeit jeden Egoismus fahren lassen. Sozialismus aber hat zur Voraussetzung, daß Menschen in einer gesetzlichen Ordnung leben müssen. Aber die Grundlage dieser Ordnung wird nicht das Profitstreben sein, sondern gegenseitige Verantwortung und ein Höchstmaß an Gerechtigkeit."[920]

Er war bis zu seinem Lebensende Sozialist. Er blieb dem sog. „realen Sozialismus" gegenüber ein entschiedener Kritiker und sprach mir gegenü-

---

[919] Aurel von Jüchen: Wie politisch war Jesus Christus?, Hildesheim 1990, S. 112.

[920] Interview anlässlich eines Radio-Features des Sender Freies Berlin zu seinem 80. Geburtstag im Mai 1982 (Manuskript in SP).

ber immer nur vom bürokratischen Staatssozialismus, der sich entweder zu einem tatsächlichen Sozialismus weiterentwickeln würde oder untergehen müsse. Das Experiment Gorbatschows verfolgte er mit großer Sympathie. Als dann 1989/90 die DDR ihre friedliche Revolution erlebte, hoffte er auf einen Übergang zu einem demokratischen Sozialismus. Der Wahlsieg der CDU 1990 riss ihn aus dieser Hoffnung, der Sieg Kohls in den neuen Ländern entsetzte ihn regelrecht. Zum Tat der Wiedervereinigung verfasste er einen Artikel, der erst nach seinem Tod in der Zeitschrift des BRSD erschien.

„Meine Gedanken zum 3. Oktober 1990[921]

Gerne legen wir einem Ereignis den Titel ‚historisch‘ bei. Wir verbinden damit die Hoffnung, daß es ein Ereignis ist, das nicht mit dem Sonnenuntergang des Tages vergeht. Oft irren wir uns, indem wir etwas allzu schnell historisch nennen. Aber dieser 3. Oktober ist nun wirklich ein historisches Datum. Eine neue Wirklichkeit ist in die Geschichte eingetreten. Der Tag soll ein Fest der Deutschen werden. Und doch ist dieser Tag mit Sorgen belastet. Von beidem wollen wir sprechen, von der Freude und von der Sorge um den 3. Oktober 1990.

Unsere Freude besteht darin, daß sich erfüllt hat, was wir 40 Jahre ersehnt haben. Wir können einander wieder ungehindert ohne lebensgefährliche Grenzen, elektrisch geladene Zäune und Schießbefehle besuchen. Unsere Landsleute können wieder in eigener Verantwortung denken, reden und ihr Leben gestalten. Zugleich ist dieses Ereignis das Ende des kalten Krieges und der Trennung und Feindseligkeit in Europa. Wir haben die Chance, der gegenseitigen Bedrohung durch atomare Vernichtung ein Ende zu bereiten. Gott hat uns die Welt neu geschenkt. Es kommt alles darauf an, was wir aus den angebotenen Chancen machen.

Aber an diesem Punkt schlägt die Freude in Sorge um. Ich bin heute 88 Jahre alt. Infolgedessen hatte ich die Möglichkeit, das wilhelminische Reich, die Republik, das Dritte Reich und die Zeit nach dem 2. Weltkrieg mit wacher Aufmerksamkeit zu beobachten. Ich war nie ein Pessimist. Aber aus dem Abstand, den der christliche Glaube schenkt, erkannte ich auch die Ursachen der Zusammenbrüche. Das kaiserliche Deutschland war die Zeit des Staatsenthusiasmus. Wie ich von Mitgliedern meiner Familie weiß, stießen damals die jungen Leute bei ihren Feten ihre Gläser mit dem Toast an: ‚Auf den nächsten Krieg.‘ Die einzige Massenbegeisterung, die ich erlebt habe, galt dem Ausbruch des Krieges 1914. Die Menschen waren so blind, daß sie den Krieg für eine Sache von vier oder

---

[921] Original in SP. Abgedruckt in: CuS, Heft 2/91, S. 38-40.

fünf Wochen hielten. Er dauerte 4 Jahre, forderte Millionen Tote und machte unser Volk tief unglücklich.

Die Republik begann mit dem Versprechen: ‚Nie wieder Krieg!‘ Aber, die Frustration über den verlorenen Krieg war nach wenigen Jahren so groß, daß der ‚Stahlhelm‘, die nationalsozialistischen Verbände und das konservative Bürgertum einen neuen Krieg für die einzige Lösung der deutschen Probleme hielten. Die kirchliche Verkündigung wurde vom

Nationalsozialismus und seinen Vorurteilen so durchtränkt, daß im ‚Dibelianismus‘ (Prof. Heinrich Vogel) Evangelium und Nationalismus in eine so enge Verbindung gerieten wie der Buckel mit dem Körper eines buckeligen Menschen. Man kann sie nicht voneinander trennen.

Die Väter der Verfassung der Bundesrepublik haben alles getan, um Deutschland in ein friedliches Europa einzufügen. Aber Adenauer und sein ehrgeiziger Schüler Helmut Kohl sind der Versuchung erlegen, der Atompolitik Amerikas mehr zu trauen als den Grundsätzen der deutschen Verfassung. Sie riskierten mit dem verlogenen Wort ‚Abschreckung‘ die ganze Welt bis an den Rand des atomaren Unterganges zu locken. Die amerikanische und die deutsche Friedensbewegung und die klare Absage an die Politik der Atomkraft durch Gorbatschow bewahrten die Welt vor der atomaren Katastrophe.

Und was ist mit der ehemaligen DDR? Auch sie schwor auf das Prinzip der Nation. Sie versuchte mit allen Mitteln der Propaganda, diese DDR zum ‚Sozialistischen Vaterland‘ zu machen. Das ganze Leben und Denken der Menschen sollte sich im Staat abspielen. Während Marx mit allen Links-Hegelianern den Staat als ein Instrument der Verwaltung einstufte, machten die National-Enthusiasten von rechts und links den Staat zum Despoten und seine Bürger zu Objekten. Das Beängstigende an dieser kurzen Aufzählung ist, daß derselbe Fehler nicht einmal, sondern drei- und viermal gemacht wurde. Das deutsche Volk hat einen Hang zum Nationalismus, Militarismus und einer Obrigkeitsvorstellung, die die Macht und nicht die Gerechtigkeit zur Grundlage des Handelns macht. Da das politische und wirtschaftliche Gewicht eines vereinten Deutschlands sich gleichsam automatisch steigert, kommt alles auf die Entschlossenheit seiner Bürger an, den Begriff der Bundesrepublik von jedem Prestigedenken freizuhalten, zumal es keinen Grund für ein solches Denken gibt. Denn die vergangene DDR hatte ein weit schwereres Schicksal zu bewältigen. Die unterdrückten Menschen hatten stets schwerere Entscheidungen zu treffen. Sie haben eine echte Revolution ohne Blutvergießen vollbracht. Wo Prestigedenken herrscht – zumal wenn es wirtschaftlich begründet ist –, ist keine echte Liebe zu den Schwestern und Brüdern der DDR.“

Zu dieser Zeit nahm er aus Krankheitsgründen schon nicht mehr an der Arbeit der Berliner BRSD-Gruppe teil. Die Krankheit schwächte seinen Körper immer mehr, und in der Nacht des 11. Januar 1991 ist Aurel von Jüchen in seiner Wohnung in Berlin-Zehlendorf gestorben. Sein Lebenskreis hatte sich geschlossen. Am 22. Januar 1991 fand in der Ernst-Moritz-Arndt-Kirche in Zehlendorf der von mehreren Hundert Trauernden besuchte Beerdigungs-Gottesdienst statt. Anschließend wurde Aurel von Jüchen auf dem Zehlendorfer Friedhof beigesetzt.

Die Schwachen kämpfen nicht.
Die Stärkeren kämpfen vielleicht eine Stunde lang.
Die noch stärker sind, kämpfen viele Jahre.
Aber die Stärksten kämpfen ihr Leben lang.
Diese sind unentbehrlich. (B. Brecht)

Wir trauern um unseren Freund und Genossen

Pfr. i. R. Aurel von Jüchen

der am 11. Januar im Alter von 88 Jahren verstarb.

Aurel von Jüchen gehörte seit 1926 zum Bund der religiösen Sozialisten Deutschlands. Er war Mitglied des Thüringer Landesvorstandes und von 1931-1933 des Reichsvorstandes. Er war aktives Mitglied der Bekennenden Kirche und nach 1945 Pfarrer in Schwerin. Er geriet mit Partei und Staat in Konflikt und wurde 1950 nach Workuta ins Straflager verschleppt. 1955 entlassen, wirkte er als Gefängnispfarrer in Berlin. Aurel v. Jüchen war seit vielen Jahren aktives Mitglied in unserer Organisation. Wir verdanken ihm vieles. Wir werden ihm ein ehrendes Andenken bewahren und in seinem Sinne weiterarbeiten.

«Tradition heißt nicht,
Asche aufheben,
sondern die Flamme
am Brennen erhalten»

Bund der religiösen Sozialisten Deutschlands
(Ulrich Peter, Bundesvorsitzender)

Religiöse SozialistInnen Berlin
(Sabine Schwarze)

Hans-Francke-Initiative Berlin
(Norbert Andrae)

Traueranzeige im Berliner Sonntagsblatt Januar 1991

X. Aurel von Jüchen als Schriftsteller: Versuch einer Bibliographie

Aufgenommen wurden alle selbstständigen Schriften und Beiträge Jüchens zu Sammelwerken. Aufsätze und Beiträge in Zeitschriften und Zeitungen sind nur dann aufgenommen worden, wenn diese Publikationen im Original oder als Mikrofilme/Mikrofiches ausreichend in Bibliotheken vorhanden und/oder auf dem Weg der Fernleihe beschaffbar sind.

Beim Verfasser sind Bezugsmöglichkeiten antiquarischer Jüchen-Schriften zu erfragen. E-Mail: Upeter2964@aol.com

1929
- *Vom Handeln der Kirche. Auseinandersetzung eines religiösen Sozialisten mit Gogartens Schrift: Von der Schuld der Kirche gegen die Welt*, in: Christliche Welt, Nr. 10, S. 485-490.
- *Abwehr. Zu Georg Sinns „Wort an die Religiösen Sozialisten"*, in Christliche Welt, Nr. 21, S. 1060-1061.

1930
- *Der Faschismus, eine Gefahr für das Christentum*. In: Zeitschrift für Religion und Sozialismus (ZRS) S. 299-311.
- *Faschismus und Christentum*. In: Sonntagsblatt des arbeitenden Volkes (SDAV) Nr. 49 v. 7.12., S. 390-391.
- *Politisierung des Gottesbegriffes oder Wo bleibt die Thüringer Evangelische Kirche?* In: SDAV, S. 203-204.
- *Die Thüringer Kirche läßt sich kompromittieren*, in: SDAV, Nr. 34 v. 24.8., S. 269.

1931
- *Autorität und Freiheit. Zu Gogartens „Wider die Ächtung der Autorität"*, in: ZRS, Heft 1, S. 10-18.
- *Die Gefangenschaft der Kirche. Ein Wort zum Disziplinarverfahren des Thüringer Landeskirchenrates*, in: ZRS, Heft 1, S. 31-38.
- *Kirche und Sozialismus*, in: ZRS, Heft 2, S. 97-115.
- *Demokratie und Diktatur als deutsche Gegenwartsfrage* in: ZRS, Heft 5, S. 323-332.
- *Der Faschismus nackt*, In: ZRS, Heft 5, S. 347-354.
- *Der Mörder Faschismus*, in: SDAV, Nr. 15 v. 12.4., S. 70.
- *Mörder Faschismus*, in: SDAV, Nr. 23 v. 7.6. S. 101.
- *Wenn Luther die materialistische Geschichtsauffassung gekannt hätte*, in: SDAV, Nr. 46 v. 15.11., S. 193.
- *Selig sind, die da hungert und dürstet nach der Gerechtigkeit*, in: SDAV, Nr. 46 v. 15.11.1931, S. 194.
- *Ihr seid das Salz der Erde – Ihr seid das Licht der Welt! Predigt des Genossen Pfarrer A. v. Jüchen in Eisenach bei der Kundgebung der Religiösen Sozialisten*, in: SDAV, Nr. 17 v. 26.4., S. 75.
- *Kapitalismus und Recht*. In: SDAV, Nr. 34 v. 23.8. S. 143.

1932
- *Unser Kampf in Thüringen. Unser Kampf ist unser Sieg,* in: SDAV Nr. 38 v. 18.9., S. 149.

1937
- *Ohne Gott – Das ist kein Leben,* Evangelischer Preßverband für Deutschland, Berlin-Steglitz, 19 S. (Heft 1 der Schriftenreihe *Über den Zaun*).

1939
- *Vor der Tür des Paradieses, Ein Adventsspiel von Aurel von Jüchen,* Chr. Kaiser-Verlag München.
- *Des Sonntags zwischen Neun und Zehn,* 19 S., Evangelischer Preßverband für Deutschland, Berlin-Steglitz (Heft 2 der Schriftenreihe *Über den Zaun*).
- *Was uns am Christentum ärgert,* Evangelischer Preßverband für Deutschland, Berlin-Steglitz (Heft 3 der Schriftenreihe *Über den Zaun*).
- *Von der Erkenntnis Gottes,* Evangelischer Preßverband für Deutschland, Berlin-Steglitz (Heft 4 der Schriftenreihe *Über den Zaun*).
- *Wozu noch Kirche?* Evangelischer Preßverband für Deutschland, Berlin-Steglitz (Heft 5 der Schriftenreihe *Über den Zaun*).
- *Und das Alte Testament ...?* Evangelischer Preßverband für Deutschland, Berlin-Steglitz (Heft 6 der Schriftenreihe *Über den Zaun*).
- *Wir lassen taufen,* Evangelischer Preßverband für Deutschland, Berlin-Steglitz (Heft 7 der Schriftenreihe *Über den Zaun*).
- *Gott befohlen,* Evangelischer Preßverband für Deutschland, Berlin-Steglitz (Heft 8 der Schriftenreihe *Über den Zaun*).

1940
- *Letzte Reise,* Evangelischer Preßverband für Deutschland, Berlin-Steglitz (Heft 9 der Schriftenreihe *Über den Zaun*).
- *Das Wort vom Anfang,* Wichern Verlag Spandau.
- *Ratgeber für das christliche Gemeindespiel,* Chr. Kaiser Verlag München.
- *Die frohe Botschaft. Ein Krippenspiel von Aurel von Jüchen,* Chr. Kaiser-Verlag München (Christliche Gemeindespiele Nr. 71).
- *Erschienen ist der herrlich Tag. Ein Osterspiel von Aurel von Jüchen,* Chr. Kaiser-Verlag München (Christliche Gemeindespiele Nr. 74).
- *Als der Tag der Pfingsten erfüllet war." Ein Pfingstspiel von Aurel von Jüchen um die Gestalt des Nikodemus,* Chr. Kaiser-Verlag München (Christliche Gemeindespiele Nr. 75).
- *Heute ward ich ein Christ." Weihnachtliche Geschichten,* Acker-Verlag Berlin.

1941
- *Jesus und Pilatus. Eine Untersuchung über das Verhältnis von Gottesreich und Weltreich im Anschluß an Johannes 18, V. 28-29,* Evangelischer Verlag Albert Lempp in München, früher Chr. Kaiser Verlag. (Reihe Theologische Existenz heute, Heft 76).

1945
- *Pfarrer begrüßen die Bodenreform*, in: KPD (Hg.): *Bodenreform. Junkerland in Bauernhand*, Verlag Neuer Weg Berlin.
- *Die frohe Botschaft. Ein Krippenspiel von Aurel von Jüchen*, Evangel. Arbeitsgemeinschaft Christliches Gemeindespiel Altenhundem/Westfalen. (Neuauflage der 1939/40 im Chr. Kaiser-Verlag München erschienenen Ausgabe) (Christliche Gemeindespiele Nr. 71).

1946
- *Der Christ und die Gemeindewahlen*, in: Demokratische Erneuerung, Schwerin, Nr. 6, S. 14-16.
- *Das heimliche Gespräch*, in: Mecklenburgische Kirchenzeitung (MKZ) Nr. 19/20, S. 1f., Fortsetzungen in Nr. 21/22, S. 2, und Nr. 25/26, S. 2.
- *Das Pfingstlied,* in: MKZ, Nr. 8, S. 4.
- *Die Sorge.* Ein Gespräch über den Zaun, in: MKZ. Nr. 5/6, S. 3.
- *Über die Menschlichkeit*, in: MKZ, Nr. 5/6, S. 1f.
- *Warum man seine Kirche lieben muß*, in: MKZ, Nr. 8 v. 9.6. (Pfingsten), S. 3.
- *Wir spielen zum Erntedankfest*, in: MKZ, Nr. 17/18, S. 3.
- *Zeichen und Stätten der Verkündigung: Der Hahn auf dem Turm*, in: MKZ, Nr. 11/12, S. 4
- *Zeichen und Stätten der Verkündigung: Die Kirche*, in: MKZ, Nr. 8, S. 4.
- *Jugend diskutiert „die Illegalen"*, in: Demokratische Erneuerung, Heft 5, S. 32-35.
- *Protestantismus und Selbstverantwortlichkeit*, in: Aufbau. Kulturpolitische Monatsschrift, Heft 10, S. 1008-1015.

1947
- *Lob des Vaterunsers. Der Rufer*, Evangelischer Verlag Gütersloh.
- *Vom rechten Bekennen. Gespräche übern Zaun*, Ev. Verlagsanstalt Berlin.
- *Mut zum Leben. Gespräche übern Zaun*, Ev. Verlagsanstalt Berlin.
- *Kulissenbegriffe der Politik"* (Kleine Schriftenreihe des Kulturbundes Mecklenburg-Vorpommern Heft 3), Verlag Demokratische Erneuerung Schwerin.
- *Volk in der Kelter. Gedichte*, Evangelische Verlagsanstalt Berlin.
- *Warum Christentum und Sozialismus einander begegnen müssen*, in: *Die Zeichen der Zeit*, Nr. 6/1947, S. 185-190
- *Situation der Jugend*, in: Demokratische Erneuerung, Heft 2, S. 5-7.
- *Mitglieder haben das Wort.* In: Demokratische Erneuerung, Nr. 3, S. 22-23.
- *Um die Einheit der deutschen Jugend*, in: Zentralrat der Freien Deutschen Jugend (Hg.): *II. Parlament der Freien Deutschen Jugend Meissen 23.-26. Mai 1947. Junge Abgeordnete sagen ihre Meinung*, Bd. II, S. 41-46.
- *Rede zur Einheit der Jugend*, in: *Zentralrat der Freien Deutschen Jugend (Hg.): II. Parlament der Freien Deutschen Jugend Meissen 23.-26. Mai 1947. Protokoll*, S. 163-167.
- *Rede zur Jugendarbeit*, in: *Der erste Bundeskongreß. Protokoll der ersten Bundeskonferenz des Kulturbundes zur demokratischen Erneuerung Deutschlands am 20. und 21. Mai 1947 in Berlin*, Aufbau-Verlag Berlin, S. 164-166.
- *Welche Laienspiele können wir einüben?*, in: MKZ, Nr. 17/18.
- *Passions- und Osterspiele.* In: MKZ, Nr. 43/44 v. 25.3.

1948

- *Jesus und die Kinder. Ein Bilderbuch von Ruthild Busch-Schumann mit Versen von Aurel von Jüchen,* Evangelische Verlagsanstalt Berlin.
- *Gespräche übern Zaun. Mut zum Leben,* Evangelische Verlagsanstalt Berlin.
- *Gespräche übern Zaun. Vom rechten Bekennen,* Evangelische Verlagsanstalt Berlin.
- „Warum Christentum und Sozialismus einander begegnen müssen", in: Aufbau, 4. Jg. S. 355-358.
- *Der Zorn Gottes. Ein Beitrag zur kirchlichen Verkündigung heute,* Evangelische Verlagsanstalt Berlin.
- „Diskussionsbeitrag zur religiösen Frage", in: *Protokoll der Verhandlungen des Ersten Kulturtages der Sozialistischen Einheitspartei Deutschlands 5.-7. Mai 1948 in der Deutschen Staatsoper zu Berlin,* Dietz-Verlag Berlin, S. 124-127.

1949

- *Herrschaft der Wenigen.,* Petermänken-Verlag Schwerin.

1956

- Gedicht *Die Kinderhand* in: *und bringen ihre Gaben aus russischer Kriegsgefangenschaft,* hrsg. v. Helmut Gollwitzer, Josef Krahe und Karl Rauch, Kreuz-Verlag.

1957

- *Interview mit einem Tagpfauenauge,* in: *Der Sonntag,* 13. Jg., Nr. 41, S. 164f.
- *Weihnachten.* In: Christlicher Zeitschriften Verlag Berlin (Hg.): *Kirchenbote 1957,* S. 23.

1958

- *Was die Hunde heulen. Die sowjetische Wirklichkeit von unten betrachtet* Deutsche Verlagsanstalt Stuttgart.
- „Was die Hunde heulen." Kurzfassung. in: Aus Politik und Zeitgeschichte. Beilage zur Wochenzeitung „Das Parlament." Nr. B XXXVI, XXXVII, XXXVIII vom 17.9. und 1.10.1958, S. 465-512.
- *Sehet, welch ein Mensch. Ein Passional.* (Choräle vertont von Hanspeter von Jüchen), Berlin-Dahlem Wichernverlag.

1959

- *Seltsame Reportagen,* Luther-Verlag Witten/Ruhr.
- *Die Christenheit zwischen den Übeln,* Deutsche Verlagsanstalt Stuttgart.

1960

- *Gespräche über den Zaun* (Neufassung), Luther-Verlag Witten.
- *Gespräche über den Zaun* (Buchclubausgabe), Ev. Buchgemeinde Stuttgart.
- *Was die Hunde heulen. Die sowjetische Wirklichkeit von unten betrachtet* (Buchclubausgabe), Ev. Buchgemeinde Stuttgart.
- *Die Christussäule des Bischofs Bernward von Hildesheim,* Teil 1-6, Text: Aurel v. Jüchen, Burckhardthaus-Verlag Gelnhausen/Hessen (Dias mit Begleitheften.).
- außerdem 6 weitere Dia-Serien für den Religionsunterricht mit Begleitheften zu

1.) *Der Beginn des Heils* (Zu Evangelien-Texten der Epiphanias-Zeit)
2.) *Der Vorläufer* (zu Johannes dem Täufer)
3.) *Die Boten* (zu den Jüngern)
4.) *Christus und die Frauen*
5.) *Christus, Sieger über Siechtum und Tod*
6.) *Kampf und Verklärung.*
- *De Werkelijkheid in Sowjet-Rusland* (= Was die Hunde heulen, niederländisch), Prisma-Boeken Utrecht/Antwerpen 1960.

1961

- *Martin Schongauer: Die Anbetung der Hirten. Gemäldegalerie Berlin-Dahlem,* Burckhardthaus-Verlag Gelnhausen/Hessen. 14 Dias mit 12 S. Begleitheft.
- *Die Anbetung der Hirten. Der Portinari-Altar des Hugo van der Goes,* Text Aurel v. Jüchen, 24 Dias. Burckhardthaus-Verlag Gelnhausen/Hessen.
- *Bilder zur Passionsgeschichte: 17 Bilder aus dem Codex Purpureus Rossanensis,* Burckhardthaus-Verlag Gelnhausen/Hessen, 17 Dias mit Begleitheft.
- *Das Abendmahl: 7 Bilder aus dem Codex Purpureus Rossanensis,* Burckhardthaus-Verlag Gelnhausen/Hessen, 7 Dias mit Begleitheft.
- *Zeichen: Die Heilung des Blindgeborenen nach Joh. IX, V. 1-7; die Auferwekkung des Lazarus nach Joh. XI, V. 1-45, 6 Bilder aus dem Codex Purpureus Rossanensis,* Burckhardthaus-Verlag Gelnhausen/Hessen, 6 Dias mit Begleitheft.
- *Was die Hunde heulen,* Ausgabe Deutscher Bücherbund Hamburg/Stuttgart.

1962

- *Gespräch mit Atheisten,* Verlag Kirche und Mann Gütersloh.

1963

- *Mit dem Kommunismus leben?* Luther Verlag Witten.
- „Man sollte ruhig darüber sprechen!", in: Fritz. J. Raddatz (Hg.): *Summa iniuria oder Durfte der Papst schweigen? Hochhuths „Stellvertreter" in der öffentlichen Kritik,* (Rororo aktuell) Reinbek 1963

1965

- *Moderne Naturwissenschaft und Atheismus,* Information Nr. 17 der Ev. Zentralstelle für Weltanschauungsfragen Stuttgart.

1966

- *Die Reise nach Bethlehem. Ein Adventskalender,* Grafik von Eva-Maria Rubin. 11 Bl., Großformat, Verlag Kaufmann/Lahr im Schwarzwald.

1968

- *Atheismus in West und Ost,* Lettner Verlag Berlin.
- *The holy night.* Illustrated by Celestino Piatti. Text by Aurel von Jüchen. Translated from the German by Cornelia Schaeffer, 1st U.S.A. ed. New York, Atheneum.
- *Die heilige Nacht.* Die Weihnachtsgeschichte erzählt von Aurel von Jüchen mit Bildern von Celestino Piatti, 16 Blätter Artemis-Verlag Zürich.

1969

- *Besinnung hinter Gittern,* Lettner-Verlag Berlin.
- *Krankheit, Anfechtung und Sinn,* Lettner-Verlag Berlin.
- *Konfirmation und was nun? Eine Anrede an Konfirmanden und solche, die es einmal waren,* Lettner-Verlag Berlin.
- *Last und Segen des Alters,* Lettner-Verlag Berlin.

1970

- *Politische Diakonie. Luthers Denkansatz und Folgerungen für unsere Zeit,* Radius Verlag Stuttgart.

1974

- „Militanter Atheismus I", in: „Materialsammlung für die Männerarbeit der EKD", Beilage zu *Botschaft und Dienst,* Verlag Kirche und Mann, Gütersloh, II. Quartal 1974.
- *Wer mit dem Teufel frühstücken will: Nachdenkliches zu vergessenen Sprichwörtern",* Neukirchen-Vluyn.
- *Last und Segen des Alters,* Gladbeck Schriftenmissionsverlag (Volksmissionarische Schriftenreihe des Schriftenmissions-Verlages Gladbeck, H. 134), Neuauflage 1977
- *Bileams Stern: Der Stern der Weisen,* Konstanz Christliche Verlagsanstalt.
- *Kirchenaustritt ist keine Lösung. Anrede an alle, die mit dem Gedanken des Kirchenaustritts umgehen,* Schriftenmissions-Verlag Gladbeck.

1975

- *Kain und Abel; der heimgekehrte und der zuhause gebliebene Sohn,* mit Ill. von Horst Mielitz, Christliche Verlags-Anstalt Konstanz.
- *Brüder,* Christliche Verlagsanstalt Konstanz.
- „Warum Christentum und Sozialismus einander begegnen müssen", in: Walter Dirks/Klaus Schmidt/Martin Stankowski (Hg.): *Christen für den Sozialismus,* Bd. II: *Dokumente,* Kohlhammer Verlag Stuttgart.

1976

- Mit Claus Heitmann. *Gelebte Wahrheit. Stationen im Christusjahr,* Neukirchener Verlag.

1977

- *Militanter Atheismus II,* in: *Materialsammlung für die Männerarbeit der EKD,* Beilage zu *Botschaft und Dienst,* Verlag Kirche und Mann Gütersloh, I. Quartal 1977.
- *Brief an Günter Ewald und die Bochumer Gruppe,* in: *Christ und Sozialist* (CuS), Nr. (Heft) 2, S. 34-36.
- *Kirche in der Verantwortung, Arbeitsgemeinschaft Berliner Christen,* in: CuS, Nr. 3, S. 32-35.

1978

- *Militanter Atheismus III,* in: *Materialsammlung für die Männerarbeit der EKD,* Beilage zu *Botschaft und Dienst,* Verlag Kirche und Mann, Bielefeld, I. Quartal 1978.

1979

- *Militanter Atheismus IV,* in: *Materialsammlung für die Männerarbeit der EKD,* Beilage zu „*Botschaft und Dienst",* Verlag Kirche und Mann, Bielefeld, Mai/August 1979.
- *Militanter Atheismus V,* in: *Materialsammlung für die Männerarbeit der EKD,* Beilage zu *Botschaft und Dienst",* Verlag Kirche und Mann, Bielefeld, September/Dezember 1979.
- *In welchem Sinne kann ein Christ ein Marxist sein?* in: *CuS,* Nr. 2/1979, S. 8-23
- *Erwartungen eines Pfarrers an eine materialistische Bibelauslegung,* in: Willy Schottroff/Wolfgang Stegemann „*Der Gott der kleinen Leute. Sozialgeschichtliche Auslegungen. Altes Testament",* Gelnhausen.

1980

- Reprint von *Jesus und Pilatus. Eine Untersuchung über das Verhältnis von Gottesreich und Weltreich im Anschluß an Johannes 18, V. 28-29,* Christian Kaiser Verlag, Reihe Theol. Existenz heute, Nr. 76.
- *Militanter Atheismus VI,* in: *Materialsammlung für die Männerarbeit der EKD,* Beilage zu *Botschaft und Dienst,* Verlag Kirche und Mann, Bielefeld, September/Dezember 1980, 8 S.
- *Arthur Rackwitz – Ein Nachbild,* in: *CuS,* Nr. 4, S. 11-13.
- *Brauch oder Mißbrauch des großen C,* in: Ingeborg Drewitz (Hg.): *Strauß ohne Kreide* (Rororo aktuell 4637), Reinbek, S. 144-153.
- *Gott begegnet dir alle Tage, wenn du ihn nur grüßen möchtest: Christl. Sprichwörter,* Agentur d. Rauhen Hauses, Fundus-Taschenbuch.

1981

- *Militanter Atheismus VII* in: *Materialsammlung für die Männerarbeit der EKD,* Beilage zu *Botschaft und Dienst,* Verlag Kirche und Mann, Bielefeld, Januar/April 1981.
- *Militanter Atheismus VIII,* in: *Materialsammlung für die Männerarbeit der EKD,* Beilage zu *Botschaft und Dienst,* Verlag Kirche und Mann, Bielefeld, Mai/August 1981.
- *Militanter Atheismus IX,* in: *Materialsammlung für die Männerarbeit der EKD,* Beilage zu *Botschaft und Dienst,* Verlag Kirche und Mann, Bielefeld, Sept./Dez. 1981.
- *Jesus und der Einbruch des Mammon,* in: *CuS,* Nr. 3, S. 6-14.
- *Meditation zum politischen Engagement der Kirche,* in: Freundeskreis der Evangelischen Akademie Berlin-West (Hg.) *Kommunität,* 1981, S. 82-85.
- *Die Kampfgleichnisse Jesu,* Christian Kaiser München.
- *Jesus Christus und die Tabus der Zeit",* Radius Verlag Stuttgart.

1982

- *Über Leben und Sterben. Ein Gespräch mit Aurel von Jüchen* in: *CuS,* Nr. 2, S. 9-11. (Hierin auch eine Laudatio von Ingeborg Drewitz und Klaus Grammel).

1983
- *Militanter Atheismus X*, in: *Materialsammlung für die Männerarbeit der EKD*, Beilage zu *Botschaft und Dienst*, Verlag Kirche und Mann, Bielefeld, Mai/ Juni 1983.
- *Militanter Atheismus XI*, in: *Materialsammlung für die Männerarbeit der EKD*, Beilage zu *Botschaft und Dienst*, Verlag Kirche und Mann, Bielefeld, Nov./Dez. 1983.

1984
- *Das Tabu des Todes und der Sinn des Sterbens,* Radius-Verlag Stuttgart.

1985
- Besprechung des Buches von Detlef Döring *Christentum und Faschismus*, in: *CuS*, Nr. 1, S. 38-48.
- *Jesus zwischen reich und arm. Mammonworte und Mammongeschichten im Neuen Testament.* Mit einem Nachwort von Reinhard Gaede, Alektor-Verlag Stuttgart.
- *Der Bund religiöser Sozialisten in Deutschland. Ihr sozialgeschichtlicher Hintergrund*, in: Dietrich Schirmer (Hg.): *Kirchenkritische Bewegungen*, Bd. II: *Neuzeit.* Kohlhammer-Verlag Stuttgart.

1986
- *Zur Geschichte des religiösen Sozialismus. Das Beispiel Aurel von Jüchen* (Gespräch mit Ulrich Peter und Gunter Schwarze), in: *CuS*, Nr. 3, S. 9-27.

1989
- *Ideologie und Glaube am Beispiel von Bischof Otto Dibelius*, in: ASTA der KiHo Berlin (Hg.): *Deutschnationales Christentum am Beispiel Otto Dibelius*, S. 43-50.

1990
- *Wie politisch war Jesus Christus?* Georg Olms Verlag Hildesheim.

1991
- *Gespräch mit Aurel von Jüchen*, in: Heinrich W. Grosse (Hg.): *Bewährung und Versagen. Die Bekennende Kirche im Kirchenkampf,* Berlin, S. 69-90.
- *Brief aus Berlin. Meine Gedanken zum 3.10.1990*, in: *CuS*, Nr. 2/91, S. 38-40.

1992
- *Der Kaiser geht – die Kirche bleibt. Gedanken zum Erbe bürgerlichen Kirchenverständnisses in der Berliner Kirche. Ein Gespräch mit Aurel von Jüchen*, in: Thomas D. Lehmann (Hg.): *Kirche die aus der Reihe tanzt,* Alektor Verlag Berlin.

1993
- *Die Reise nach Bethlehem. Ein Adventskalender"*, Grafik von Eva-Maria Rubin, Verlag Kaufmann/Lahr im Schwarzwald, 12. Auflage.

1996
- *Meditation zum politischen Engagement der Kirche.* in: *CuS*, Nr. 4/96, S. 4-6. (Nachdruck des Textes: Freundeskreis der Evangelischen Akademie Berlin-West (Hg.): *Kommunität*, 1981, S. 82-85).

Sigelliste
der autobiographischen Darstellungen von Jüchens

Zitiert als **A** plus der lfd. Nummer.

1. **Personalbogen** o.J., im Archiv der Schelfgemeinde St. Nikolai-Schwerin, Chronik/Gemeindegeschichte Bd. 3, „1943-1973."
2. **Abschied vom Kriege**. 1. Kapitel der Autobiographie. (1990). Schreibmaschinenmanuskript, je 1 Ex. in SP und im EZA, 743/160.
3. **Selbstauskunft**, Brief an Claus Schmidt v. 12. August 1974, (Maschinenschrift, in: SP).
4. **Versuch einer Biographie**, datiert 10. März 1982, Schreibmaschinenmanuskript (in: SP).
5. **Aurel von Jüchen/Porträt eines streitbaren Mitmenschen**, Manuskript der SFB-Kirchenfunksendung v. 18.5.1982, Autor Claus Heitmann (in: SP).
6. Interviewmanuskript-Schreibmaschinentext o. Dat. (Dezember 1990), ohne Titel, (in: SP). Publiziert unter dem Titel **Der Kaiser geht – die Kirche bleibt**. Gedanken zum Erbe bürgerlichen Kirchenverständnisses in der Berliner Kirche. Ein Gespräch mit Aurel von Jüchen, in: Thomas D. Lehmann (Hg.): Kirche, die aus der Reihe tanzt, Alektor Verlag, Berlin 1992, S. 25-36.
7. **Erklärung** zum Antrag auf Eingliederungshilfe, datiert „Berlin den 1.2.1961", (Personalakte Nr. 15/3261 im LKA-Berlin).
8. **Interview mit Aurel von Jüchen am 24.1.1981 in Dahlem**, Schreibmaschinenmanuskript (in: SP). Publiziert als „Gespräch mit Aurel von Jüchen", in: Heinrich W. Grosse (Hg.): Bewährung und Versagen. Die Bekennende Kirche im Kirchenkampf, Berlin 1991, S. 69-90.
9. **Personalbogen**, in: LKA-Berlin, Akte 15/3255, Akten betr. Aurel von Jüchen, Bd. II von 1955 bis 1969.
10. **Lebenslauf**, 28.12.1947, im MLHA Schwerin, Mappe Dr. Schwabe „A. v. Jüchen/Karl Kleinschmidt" (Maschinenschrift).
11. **Aufnahmeantrag VVN** v. 27.12.1947, im MLHA Schwerin, Mappe Dr. Schwabe, „A. v. Jüchen/Karl Kleinschmidt" (Formular, handschriftlich ausgefüllt).
12. **Lebenslauf v. 23.6.1933 (für Stellenbewerbungen)** Maschinenschrift, in: Nachlaß Jüchen im LKA Schwerin, Mappe Zeugnisse und Bewerbungen.
13. **Lebenslauf (1946)**, in: Nachlaß Jüchen im LKA Schwerin, Mappe Korrespondenz.
14. **Fragebogen und Interview 31.5.1982**, Daten publiziert in der kirchengeschichtlichen Hauptseminararbeit „Das Schaffen des religiösen Sozialisten Aurel von Jüchen in den Jahren 1926 bis 1933", vorgelegt von Renate Pitzner in der im SS 1982 von Dr. Friedrich-Martin Balzer in der Uni Marburg abgehaltenen Veranstaltung „Zum Polarisierungsprozess im deutschen Protestantismus zur Zeit der Weltwirtschaftskrise mit besonderer Berücksichtigung des Bundes der Religiösen Sozialisten." (Manuskript, in: SP).

15. **Die Faszination des Neu-Anfangs**, 2. Kapitel der Autobiographie. (1990), Schreibmaschinenmanuskript, im EZA, 743/160.
16. **Autobiographische Skizze**, o. Dat., in: EZA 743/Mappe 177: Verlagskorrespondenz 1956-1974 (Maschinenschrift).
17. **Lebenslauf**, in: EZA 743/Mappe 212: Korrespondenz 1956-1971. (Maschinenschrift).
18. **Protokoll des Gesprächs mit Pfarrer Aurel von Jüchen am 27.1. 1986 in Berlin**, (Schreibmaschinen-Manuskript), in: EZA 743/Mappe 2: Biographisches 1967-1989.
19. **Theologische Entwicklung**, o. Dat. (nach 1985), (Schreibmaschinen-Manuskript), in: EZA 743/Mappe 2: Biographisches 1967-1989.
20. **Die Geschichte der Religiösen Sozialisten: Das Beispiel Aurel von Jüchens – Ein autobiographischer Bericht**, Sitzungsprotokoll des Berliner Arbeitskreises „Christentum und Sozialismus" v. 15.11.1978, in: EZA 743/Mappe 77: Materialien Christentum und Sozialismus 1974-1981.
21. **Interview mit Aurel von Jüchen**, maschinenschriftliches Manuskript. Teilabdruck in: „Zur Geschichte des religiösen Sozialismus. Das Beispiel Aurel von Jüchen" (Gespräch mit Ulrich Peter und Gunter Schwarze), in: CuS (ChristIn und SozialistIn), Heft 3/1986, S. 9-27.

Abkürzungsverzeichnis

APU	Evangelische Kirche der Altpreußischen Union
BBKL	Biographisch-Bibliographisches Kirchenlexikon (Bautz)
BK	Bekennende Kirche
BRSD	Bund der religiösen Sozialisten Deutschlands
BST	Bruderschaft sozialistischer Theologen
CuS	Christ und Sozialist/Christin und Sozialistin.
CW	Christliche Welt
DBD	Demokratische Bauernpartei Deutschlands
DC	Deutsche Christen
DEK	Deutsche Evangelische Kirche
DFV	Deutscher Freidenkerverband
DNVP	Deutschnationale Volkspartei
DSF	Gesellschaft für Deutsch-Sowjetische Freundschaft
EKD	Evangelische Kirche Deutschlands
EKiBB	Evangelische Kirche in Berlin und Brandenburg
EKiD	Evangelische Kirche in Deutschland
EOK	Evangelischer Oberkirchenrat
EPD	Evangelischer Pressedienst
EZA	Evangelisches Zentralarchiv Berlin
FDJ	Freie Deutsche Jugend
IML/ZPA	Institut für Marxismus-Leninismus, Zentrales Parteiarchiv (jetzt SAPMO)

KB	Kulturbund zur demokratischen Erneuerung Deutschlands
KG	Kirchengemeinde
KK	Kirchenkreis
KKR	Kreiskirchenrat
KPD	Kommunistische Partei Deutschlands
KPDO	Kommunistische Partei Deutschlands – Opposition
LDPD	Liberaldemokratische Partei
LKA	Landeskirchenarchiv
LKAB	Landeskirchenarchiv Berlin
LKABI	Landeskirchenarchiv Bielefeld
LKAE	Landeskirchenarchiv Eisenach
LKAS	Landeskirchenarchiv Schwerin
LKT	Landeskirchentag
LV	Landesverband
MLHA	Mecklenburgisches Landeshauptarchiv
NKWD	Russischer Geheimdienst
NL	Nachlaß
NLJ	Nachlaß Aurel von Jüchen im Ev. Zentralarchiv Berlin
NLJ-S	Nachlaß Aurel von Jüchen im Landeskirchenarchiv Schwerin
NL-KK	Nachlaß Karl Kleinschmidt
NSBO	Nationalsozialistische Betriebszellenorganisation
OG	Ortsgruppe
OKR	Oberkirchenrat
OV	Ortsverein
PA	Personalakte
PAB	Privatarchiv Bredendiek, jetzt im Bestand der Stadtbibliothek Berlin
PAJ	Personalakte Aurel von Jüchen im Landeskirchlichen Archiv Berlin
PAJ-E	Personalakte Aurel von Jüchen im Landeskirchlichen Archiv Eisenach
SAP	Sozialistische Arbeiterpartei
SAPMO-Barch	Bundesarchiv Berlin, Bestand Sammlung der Parteien und Massenorganisationen der DDR
SDAV	Sonntagsblatt des arbeitenden Volkes
SED	Sozialistische Einheitspartei Deutschlands
SMAD	Sowjetische Militäradministration (in Deutschland)
SMT	Sowjetisches Militärtribunal
SP	Sammlung Ulrich Peter
SPK-VKB	Landeskirchenarchiv Karlsruhe, Sammlung Pfarrer Kappes
Sup	Superintendent
THEK	Thüringische Evangelische Kirche
VVN	Vereinigung der Verfolgten des Naziregimes
ZK	Zentralkomitee
ZPKK	Zentrale Parteikontrollkommission
ZRS	Zeitschrift für Religion und Sozialismus

Quellen- und Literaturverzeichnis

I. Quellen

1. Auskünfte, Archive und Sammlungen

1.a. Schriftliche (s) und mündliche (m) Auskünfte:

Aurel von Jüchen † (ehem. Bundesvorstandsmitglied des BRSD), Berlin (m, s)

Edith von Jüchen (Tochter Aurel von Jüchens), Lindau. (m, s)

Hanspeter von Jüchen (†), (Sohn Aurel von Jüchens), Schwerin (m, s)

Christoph Kleinschmidt, (Sohn Karl Kleinschmidts) Berlin (m)

Superintendent i. R. Detloff Telschow (†), Brandenburg (s)

Bruno Theek, (Pfarrer i. R., Mitglied des BRSD) (†) Ludwigslust (m)

1.b. Ungedruckte Quellen (Archive und Sammlungen)

Staatliche Archive:
1.b.1. Geheimes Staatsarchiv Preußischer Kulturbesitz, Berlin-Dahlem

Repositum 92: Nachlass Adolf Grimme, Paket 57 Korrespondenzen
  Buchstabe Hb – J

1.b.2. Bundesarchiv Berlin:

Abteilung: Sammlung der Parteien und Massenorganisationen der DDR

Bestand DY 28 SPD in der sowjetisch besetzten Zone

DY 28/II/3/3/2 SPD-SBZ Zentralausschuss, Akte Bezirksverband Mecklenburg
  1946

Bestand DY 30 SED-Zentralsekretariat/Zentralkomitee

Akte DY 30/IV/2/15 SED-Zentralkomitee, Abt. Befreundete Parteien (Akte
  1946-1962)

Akte DY 30/IV/2/21 Protokolle der Sitzungen des Zentralsekretariats, Fiches 26,
  44, 78 und 124

Akte DY 30/IV/2/0/25/9 SED-Zentralkomitee, Sekretariat Otto Meier

Akte DY 30/IV/2/9.06/1 SED-Zentralkomitee, Abt. Kultur

Akte DY 30/IV/2/14 SED-Zentralkomitee, Arbeitsgruppe Kirchenfragen 1946-
  1962

Akte DY 30/IV A2/14/161 Kirchliche Fürbitte für Pfarrer, die wegen Spionage
  verurteilt wurden

Akte DY 30/IV A2/14/168 Gründung und Entwicklung des Bundes Evangelischer Pfarrer

Akte DY 30/2/14/252 Tätigkeiten der Religionsgemeinschaften in der BRD, u.a.
  religiöse Sozialisten

Akte DY 30/IV/2/14/1 Kommission Kirche und Christentum

Akten DY 30/IV 2/16/208, 210 und 216 SED-Zentralkomitee Abt. Jugend.

Bestand NY 4036 Nachlass Wilhelm Pieck

Akte 4036/756, Kirchenfragen Juli 1946 bis Okt. 1952

1.b.3. Staatsarchiv Münster:

Bestand SPD/REICHSBANNER, Akte 14 „Rundschreiben Bezirk WW und Unterbezirk Recklinghausen"

1.b.4. Archiv des Instituts für Zeitgeschichte (IFZ) München

Depositum 163 „Nachlass Karl Thieme", Bd. 11 Bund der religiösen Sozialisten

1.b.5. Mecklenburgisches Landeshauptarchiv Schwerin

Bestand Bezirksleitung Schwerin der SED, Bezirksparteiarchiv-Landesleitung der SED Mecklenburg

Akte IV/L/2/3/82; Akte IV/L/2/3/134; Akte IV/L/2/4/1180; Akte IV/L/2/4/1195, Akte IV/L/2/14/643 und Mappe Dr. Schwabe „A. v. Jüchen/Karl Kleinschmidt." (Enthält u.a.: Bezirksleitung Schwerin der SED v. 23.3.1989. „Angaben zu Theek" (Sign. IV/7/2/3/883)

Aufnahmeantrag Aurel von Jüchens in die VVN incl. „Antifaschistischer Lebenslauf" (ohne Sign.) und Abschrift „Entnazifizierung beim Oberkirchenrat Schwerin" (Sign. L/643)

1.b.6. Stadtbibliothek Berlin

Bestand: Sondersammlung Nachlass Walter Bredendiek

Ordner 4a Rundbriefe der Arbeitsgemeinschaft religiöser Sozialisten in Berlin

Ordner 4b Religiöse Sozialisten, Allgemeines und nach 1945

Ordner 4e Religiöse Sozialisten in Thüringen/Unterlagen Hertzsch

Ordner 27d Religiöse Sozialisten diverses

Ordner ohne Signatur: Nachlass Karl Kleinschmidt betr. Religiöse Sozialisten in Thüringen, Teil I

Ordner ohne Signatur: Nachlass Karl Kleinschmidt betr. Religiöse Sozialisten in Thüringen, Teil II

Ordner ohne Signatur: Nachlass Kleinschmidt (enthält u.a. Spruchkammerverfahren Schultz)

Ordner ohne Signatur: Nachlass Kleinschmidt (enthält Materialien und Protokolle des Kulturbundes)

Mappe ohne Signatur: Korrespondenz Karl Kleinschmidt

Ordner ohne Signatur: Nachlass Bruno Theek

Ordner ohne Signatur: Biographien

1.b.7. Stadtarchiv Gelsenkirchen

Gelsenkirchener Allgemeine Zeitung. Unabhängige Tageszeitung für die Großstadt Gelsenkirchen, Jg. 1911 bis 1933

Adressbuch der Handel- und Gewerbetreibenden der Stadt und des Amtes Gelsenkirchen 1896

Einwohnerbuch der Stadt Gelsenkirchen, 1902 bis 1934

Adressbuch Buer 1910/1911 und 1925

Gymnasium zu Gelsenkirchen: Bericht 1912/13; ibid.: Bericht über das Schuljahr 1914/15

Festschrift zum 50 jährigen Bestehen des Gymnasiums zu Gelsenkirchen. Herausgegeben vom Lehrerkollegium Gelsenkirchen 1926

Bestand: Einwohnermeldekartei

Akte XXII, 2, Nr. 1 (P 12 145) „Patronate/Synoden des Kirchenkreises Gelsenkirchen bis 1928"

1.b.8. Stadtarchiv Münster

Adressbücher 1914 bis 1950.

Kirchliche Archive:

1.b.9. Evangelisches Zentralarchiv Berlin:

Bestand 1 Deutsche Evangelische Kirche vor 1943
   Akten A 4/96; A 4/ 340; A 4/341; A 4/343; A 4/ 349; A 4/350 und 1/C 3/174

Bestand 7 Evangelischer Oberkirchenrat
   Akten 640; 2073 und 2079

Bestand 50 Kirchenkampfarchiv
   Akten 451a; 483 c und 483 d

Bestand 600/199 Nachlass D. Schmidt
   (Sammlung zum Kirchenkampf), Bd. 9-1939

Bestand 743 Nachlass Aurel von Jüchen
   Mappen 1; 2; 8; 10; 12; 13; 14; 28; 40; 43; 48; 54; 65; 71; 72; 76; 77; 81; 82; 83; 94; 121; 160;162; 165; 176;177; 184; 189; 190; 191; 205; 212; 213; 214; 217; 218; 219; 220; 223; 225; 229; 232 und 233

1.b.10. Landeskirchliches Archiv Berlin-Brandenburg in Berlin

Personalakten Aurel von Jüchen, 15/3254; 15/3255; hierzu: 1 Beiheft; 15/3257; 15/3258; 15/3259; 15/3260; 15/Akte o. Sign. Jüchen Diszip.-Verf. Adh. Bd. III und 15/3261

1.b.11. Landeskirchliches Archiv Detmold

Akte Rep. II-72/31

1.b.12. Landeskirchenarchiv Schwerin

<u>Bestand Personalakten</u>
Personalakten 5235: „Heinrich Schwartze"

Bestand Nachlass Pastor Ludwig Praag

Archivaliensammlung zum Kirchenkampf in Mecklenburg

Mappen: Rundschreiben der Glaubensbewegung „Deutsche Christen,
Gau Mecklenburg" und des Bundes der NS-Pastoren Mecklenburg,
Jahrgänge 1935, 1936, 1937, 1938

Mappe: BK-Rundschreiben und Flugblätter 1933-1938

<u>Bestand Generalia</u>

Akte: Gehren, Bestellung des Predigers, Bd. 1, 1837-1957; Akte:
Schwerin St. Nikolai (Bd. II)

<u>Bestand Bibliothek</u>

Staatshandbuch für Mecklenburg 1937; Mecklenburgische Kirchenzeitung.
Evangelisch-lutherisches Sonntagsblatt. Herausgegeben vom Oberkirchenrat
Schwerin. Jg. 1946-1998

Kirchliches Amtsblatt für Mecklenburg, Nr. 1 (Mitteilungsblatt) Jg. 1938 bis Jg.
1956

<u>Bestand: Nachlass Aurel von Jüchen</u>, (Hinterlassenschaft des Pfarrers Aurel
von Jüchen, abgeliefert an das Archiv am 7.7.1959 vom Gemeindepfarrer der
Schelfkirche), alles unsortiert und unpaginiert

Mappe Thüringen; Mappe Druckschriften; Mappe Theologische Fragen;
Mappe Verfahren; Mappe Disziplinarverfahren/Persönliche Briefe;
Mappe Zeugnisse und Bewerbungen, und Mappe Korrespondenz

1.b.13. Landeskirchliches Archiv Eisenach

Personalakten Aurel von Jüchen: Bd. I und Bd. II, Nr. G 494; Beiakten zu
Nr. G 494,

1.b.14. Archiv des Diakonischen Werks (ADW) Berlin

Bestand: Apologetische Centrale des Centralausschusses für Innere Mission
(CA), Akte 2025, I

1.b.15. Ev. Kirchengemeindearchiv Gelsenkirchen-Buer-Scholven

Mappe Dokumente zur Kirchengeschichte

1.b.16. Archiv der Schelfgemeinde St. Nikolai-Schwerin

Chronik/Gemeindegeschichte Bd. 3 „1943-1973"

1.b.17. Archiv der Ev. Kirchengemeinde Berlin-Pankow

Akte Pfarrer Jungclaus/Religiöser Sozialismus

Sonstige Archive und Sammlungen:

1.b.18. Sammlung Dr. Ulrich Peter, Berlin

Bestand 1: Aurel von Jüchen

Akte XIII Autobiographisches/Unveröffentlichte Texte und XIV Disziplinarverfahren 1932 und Folgen

Schuber 1 Unpublizierte Buchmanuskripte; Schuber 2 Publizierte Texte/
Manuskripte; Schuber 3 Tonbandinterviews mit v. Jüchen, Bruno Theek
und Erich Hertzsch

Bestand 2: Altarchiv des Bundes der religiösen Sozialisten Deutschlands

Akten I,6; I,7; I,8; II,1; II,3 und Akte Westfalen 18

1.b.19. Privatarchiv Christoph Kleinschmidt, Berlin

Entlassungsunterlagen Karl Kleinschmidt

1.b.20. Privatarchiv Christoph Telschow, Berlin

Briefe von Irmgard von Jüchen

1.b.21. Privatarchiv Dr. Michael Rudloff, Leipzig

Kopien von Materialien aus dem Besitz von Minister a.D. Ludwig Metzger
betr. Korrespondenz mit Emil Fuchs und Religiöse Sozialisten nach 1945

Tonbandinterviews mit Bruno Theek und Prof. Erich Hertzsch.

Exzerpte Kulturbund

1.b.22. Privatarchiv Hartmut Dreier, Marl.

Nachlass Pastor Dreier: Unterlagen zu DC und Amt Rosenberg 1937-1945

2. Zeitungen/Zeitschriften

Amtsblatt der Landesverwaltung Mecklenburg-Vorpommern. Jahrgang 1946,
Schwerin

Aufbau. Kulturpolitische Monatsschrift. Herausgegeben vom Kulturbund
zur demokratischen Erneuerung Deutschlands, Erscheinungsort Berlin,
Jg. 1 (1945) bis Jg. 6 (1950)

Berliner Kirchenbriefe. Jg. 1968

Berliner Sonntagsblatt. Jg. 1957-2001

Berliner Zeitung. Jg. 1948-2001

Besinnung und Umschau. Beiträge und Mitteilungen für evangelische Lehrer
(Erscheinungsort Hamburg), 12. Jahrgang 1961

Christ und Sozialist/Christin und Sozialistin (CuS). Blätter der Gemeinschaft
für Christentum und Sozialismus, Bund der Religiösen Sozialisten Deutschlands (Erscheinungsort Bielefeld, Herausgeber Bund der religiösen Sozialis-

ten Deutschlands), Jg. 1977-2004 (Seit 1991 mit dem Untertitel: Blätter des
Bundes der religiösen Sozialistinnen und Sozialisten)

Die Christliche Welt, Jg. 1907-1934

Der Demokrat. Tageszeitung der Christlich Demokratischen Union Mecklenburg, Erscheinungsort Rostock, Jg. 1 (1946) bis Jg. 4 (1949)

Demokratische Erneuerung. Mitteilungsblatt für die Mitglieder und Freunde des Kulturbundes, Mecklenburg-Vorpommern, Erscheinungsort Schwerin, Jg. 1 (1946) – Jg. 2 (1947)

Deutsche Volkszeitung. Zentralorgan der Kommunistischen Partei Deutschlands, Jg. 1 (1945) bis Jg. 2 (1946)

Evangelischer Pressedienst-Wochenspiegel (EPD), Ausgabe Ost, Jg. 1990-2001

Evangelisches Pfarrerblatt (Erscheinungsort Dresden), Jg. 1 (1959) – Jg. 14 (1972)

Glaube und Gewissen. Eine protestantische Monatsschrift, Halle 1955-1972

Heute und Morgen. Literarische Monatszeitschrift, Erscheinungsort Schwerin, Herausgeber Willi Bredel, Jg. 1947 – Jg. 1950

Internationale Wissenschaftliche Korrespondenz zur Geschichte der Deutschen Arbeiterbewegung (IWK), Jg. 1 (1965) – Jg. 40 (2004)

Jüdische Allgemeine, Jg. 2003

Junge Kirche. Jg. 1933-2003

Junge Welt. Sozialistische Tageszeitung, Erscheinungsort Berlin, Jahrgang 2001

Kirche im Sozialismus, Erscheinungsort Berlin, Jg. 1985

Kirchliches Jahrbuch für die evangelischen Landeskirchen Deutschlands. Jg. 1918-1960

Landeszeitung, Erscheinungsort Greifswald, Hg.: SED-Bezirksleitung Mecklenburg, Jg. 1 (1946) bis 1989

Mitteilungsblatt der Glaubensbewegung Deutsche Christen in Mecklenburg. Jg. 2 (1937) und Jg. 3 (1938)

Der Morgen. Tageszeitung der Liberal-Demokratischen Partei Deutschlands, Erscheinungsort Berlin, Jg. 1 (1945)

Neue Wege. Blätter für religiöse Arbeit, Erscheinungsort Zürich, Jg. 1908-1999

Neues Deutschland. Zentralorgan der Sozialistischen Einheitspartei Deutschlands, Jg. 1 (1946) bis Jahrgang 59 (2004)

Schweriner Blätter. Beiträge zur Heimatgeschichte des Bezirkes Schwerin, Jg. 6 (1986) bis Jg. 8 (1988)

Schweriner Volkszeitung, Jg. 1990-2001

Sonntagsblatt des arbeitenden Volkes, Jg. 1925-1930, danach fortgeführt als *Der Religiöse Sozialist,* Erscheinungsort Mannheim, Jg. 1930-1933

Standpunkt. Evangelische Monatsschrift, Erscheinungsort Berlin/DDR, Jg. 1 (1973) – Jg. 18 (1990)

Studienhefte zur mecklenburgischen Kirchengeschichte, Erscheinungsort Schwerin, Jg. 1989

Thüringer Kirchenblatt und Kirchlicher Anzeiger, Jg. 7 (1926) bis Jg. 21 (1940)

Unser Weg. Monatsschrift für die Mitglieder der Berliner Sozialdemokratie, Jg. 1927-1933

Völkischer Beobachter, Jg. 1932 und 1933. Erscheinungsort Berlin

Vorwärts. Berliner Volksblatt, Jg. 1913 – Jg. 1933

Zeitgeschichte Regional. Mitteilungen aus Mecklenburg-Vorpommern. Erscheinungsort Rostock, 1. Jg. (1997) bis 7. Jg. (2004)

Zeitschrift für Religion und Sozialismus, Erscheinungsort Marburg, Jg. 1929-1933

Die Zeichen der Zeit. Evangelische Monatsschrift für Mitarbeiter der Kirche, Erscheinungsort Berlin/DDR, Jg. 1 (1947) – Jg. 42 (1988)

3.   Gedruckte Quellen

Ackermann, Anton: „Gibt es einen besonderen deutschen Weg zum Sozialismus?" in: *Einheit.* Monatsschrift zur Vorbereitung der Sozialistischen Einheitspartei, Heft 1/Februar 1946, Erscheinungsort Berlin

Das Programm der NSDAP und seine weltanschaulichen Grundlagen, von Dipl. Ing. Gottfried Feder, München (71.-79. Auflage) 1932

Deiters, Heinrich: *Die kulturelle Einheit Deutschlands und die Intellektuellen.* Rede auf dem ersten Kulturtag der Sozialistischen Einheitspartei Deutschlands am 6.Mai 1948, Berlin 1948

Deutsche Christen Thüringen (Hg.): *Deutsche Christen im Kampf,* Heft 1: *Jesus und die Juden,* Weimar 1937

Deutschlandberichte der Sozialdemokratischen Partei Deutschlands (SOPADE) (Reprint in 7 Bänden), Frankfurt 1980

Gauger, Joachim: *Gotthardbriefe.* 146. bis 158. Brief, Elberfeld 1935

Gerull, Heinz: *Ich war Zwangsarbeiter in Sibirien.* Internetpräsentation Dez. 2000 (Adresse http://50jahre-deutschland.bild.de/50iger/55/politik/02/02.html)

Greve, R.: *Werkheft für den Advent. Merkblätter für den Advent.,* hrsg. v. der katholischen Verbindungsstelle beim Zentralrat der FDJ durch F. Schneider, Berlin 1946

Großer Gott, wir loben Dich! (Gesangbuch), Weimar 1941

Grundmann, Walter: *Wer ist Jesus von Nazareth?* Weimar 1940

  - Ders.: *Die Entjudung des religiösen Lebens. Aufgabe deutscher Theologie und Kirche,* Weimar 1939

Hossenfelder, Joachim. *Unser Kampf.* (Schriftenreihe der ‚Deutschen Christen', Nr. 1), Berlin 1933

Institut zur Erforschung und Beseitigung des jüdischen Einflusses auf das deutsche kirchliche Leben (Hg.): *Die Botschaft Gottes* (Volkstestament), Weimar 1940

Jüchen, Aurel von (Senior): *Fröhliche Geistererscheinungen,* Berlin 1896[2]

- *Ders.: Belgische Kriegsgreuel. Verirrungen menschl. Scheusale, Dresden 1914*
- *Ders.: „Gelsenkirchen im Dienste des Vaterlandes", in: Gelsenkirchen.*
Beiträge zur Heimatkunde, Gelsenkirchen 1917, S. 40-48
- *Ders.: Frauenleben im Weltkriege, Leipzig 1915*
- *Ders.: Hermann Franken: Sein Leben und sein Werk. Zur fünfzigsten Wiederkehr des Gründungstages der Firma Hermann Franken Gelsenkirchen. Gelsenkirchen 1920*
- *Ders.: Geschichte des Feuerschutzes in Rheinland und Westfalen. Hrsg. v. Vorstand des Rhein.-Westf. Feuerwehr-Museums, Gelsenkirchen 1924*

Kommunistische Partei Deutschlands, Zentralkomitee (Hg.): *Bodenreform. Junkerland in Bauernhand,* Berlin 1945

Kulturbund zur demokratischen Erneuerung Deutschlands (Hg): *Der erste Bundeskongress* (Protokoll), Berlin 1947
- *Ders.: Manifest des Kulturbundes zur demokratischen Erneuerung Deutschlands, Berlin 1945*

Landessekretariat Mecklenburg der VVN (Hg.): *Widerstand in Mecklenburg gegen das Naziregime,* o.O., o.J.

Landesverwaltung Mecklenburg (Hg.): *Mecklenburg-Vorpommern im Neuaufbau.* Rechenschaftsbericht der Landesverwaltung, o.O. (Schwerin) o.J. (1946)

Leffler, Siegfried: *Christus im Dritten Reich der Deutschen,* Weimar 1935

Lenin, W.I.: *Über Religion.* Aus Artikeln und Briefen. Mit einem Vorwort von Hermann Duncker, Wien/Berlin 1926

Leutheuser, Julius: *Die deutsche Christusgemeinde und ihre Gegner,* Weimar o.J. [1935]

Mecklenburgischer Oberkirchenrat (Hg.): *Über die „Deutsche Gotterkenntnis"* (*Ludendorff*). Fragen des modernen Menschen an die Prediger des Evangeliums, ohne Verf. (i.e. Heinrich Schwartze), Schwerin 1937

Meier, Otto: *Partei und Kirche,* Berlin 1947
- *Ders.: Karl Marx, der Mensch und sein Werk. Rede auf dem ersten Kulturtag der Sozialistischen Einheitspartei Deutschlands am 5. Mai 1948, Berlin 1948*

Meyer, Olaf. (Hg.): *Trachtet am ersten nach dem Reich Gottes und nach seiner Gerechtigkeit,* Berlin 1981

Nationalsozialistischer Pfarrer- und Lehrerkreis des Wieratales (Hg.): *Unsere Kampflieder,* Weimar 1933

Parteivorstand der Sozialistischen Einheitspartei Deutschlands (Hg.): *Dokumente der Sozialistischen Einheitspartei Deutschlands,* Bd. 1, Berlin/DDR 1951
- *Ders.: Bericht des Parteivorstandes an den 2. Parteitag, Berlin 1947*

Pahnke, Rudi: *Stichproben aus dem Zentralarchiv der FDJ.* Aus der Sicht evangelischer Jugendarbeit, EPD-Dokumentation Nr. 10/1992, Frankfurt/M. 1992

Pastor Aurel von Jüchen löscht in Rossow/Kreis Waren ein jüdisches Gartenhaus während der Novemberpogrome 1938. In: *Mecklenburgia sacra.* Jahrbuch für mecklenburgische Kirchengeschichte, Wismar 1998

Pieck, Wilhelm/Ackermann, Anton: *Unsere kulturpolitische Sendung.* Reden auf der Ersten Zentralen Kulturtagung der Kommunistischen Partei Deutschlands vom 3. bis 5. Februar 1946, Berlin 1946

Protokoll der Verhandlungen des Ersten Kulturtages der Sozialistischen Einheitspartei Deutschlands 5-7. Mai 1948 in der Deutschen Staatsoper zu Berlin, Berlin 1948

Rackwitz, Arthur: *Christliches Bekenntnis zum Sozialismus,* Berlin o.J. (1946)

- *Ders.: Der Marxismus im Lichte des Evangeliums, Berlin 1948*

Sasse, Martin: *Martin Luther über die Juden: Weg mit ihnen!* Freiburg (60.-100. Tausend) 1938

Schwartze, Heinrich: *Kampf um die Volkskirche in Lippe* (Schriften der religiösen Sozialisten Nr. 13), Mannheim o.J. (1930)

- *Ders.: „Über den Mißbrauch der Religion zu irdischen Zwecken", in: Forum, Zeitschrift der FDJ. Wissenschaftliche Beilage zur 1. Februarausgabe 1958, Berlin/DDR 1958*

- *Ders.: „Die Darstellung der Geschichte der Philosophie bei Ernst Bloch", in: Ernst Blochs Revision des Marxismus. Kritische Auseinandersetzungen marxistischer Wissenschaftler mit der Blochschen Philosophie, Berlin/DDR 1957*

Sekretariat der Evangelisch-Lutherischen Kirche Deutschlands (Hg.): *Kirche in Not.* Bilder aus dem Kampf der Evangelisch-Lutherischen Kirche in Mecklenburg, Berlin o.J. (ca. 1938)

Schmidt, Kurt Dietrich: *Die Bekenntnisse des Jahres 1933,* Göttingen 1934

Sozialistische Einheitspartei Deutschlands (Hg.): *Bericht des Parteivorstandes an den 2. Parteitag,* Berlin 1947

SPD-Landesverband Berlin (Hg.): *Jahresbericht 1963/64,* Berlin 1965

Um die Erneuerung der deutschen Kultur. Erste zentrale Kulturtagung der Kommunistischen Partei Deutschlands vom 3. bis 5. Februar in Berlin (Stenographische Niederschrift), Berlin 1946

Vereinigung der Verfolgten des Naziregimes (Hg.): *Bericht von der Delegierten-Konferenz zur Gründung der Vereinigung der Verfolgten des Naziregimes in der sowjetischen Besatzungszone Deutschlands am 22. und 23. Februar 1947 in Berlin,* o.O. 1947

Volksliederbuch zur demokratischen Erneuerung Deutschlands, zusammengestellt von Paul Schimanke, o.O. (Schwerin) 1945

Zentralkomitee der Kommunistischen Partei Deutschlands (Hg.): Vortragsdisposition Nr. 9: *Die Bodenreform,* Berlin 1945

Zentralrat der FDJ. (Hg.): *I. Parlament der Freien Deutschen Jugend, Brandenburg an der Havel vom 8.-10. Juni 1946 (Protokoll),* Berlin 1946

- *Ders.: (Hg.) II. Parlament der FDJ, Meißen 23. bis 26 Mai 1947. Junge Abge-ordnete sagen ihre Meinung,* Berlin 1947
- *Ders.: II. Parlament der Freien Deutschen Jugend Meißen vom 23. bis 26. Mai 1947 (Protokoll),* Berlin 1948
- *Ders.: (Hg.): Dokumente zur Geschichte der Freien Deutschen Jugend, 2 Bde.,* Berlin/DDR 1960
- *Ders., Kulturabteilung (Hg.): Jugendbühne. Drei Laienspiele,* Berlin 1947
- *Ders.: Liederbuch der deutschen Jugend,* Berlin/Leipzig 1946

Zentralsekretariat der Sozialistischen Einheitspartei Deutschlands: *Dokumente der Sozialistischen Einheitspartei Deutschlands,* Berlin 1948
- *Dass.: Lesebuch für Kreisschulen,* Berlin 1947

II. Literatur

1. Hilfsmittel und Lexika

Biographisches Lexikon des Sozialismus, hg. von Franz Osterroth, Hannover 1960

Baumgartner, Gabriele/Dieter Hebig (Hgg.): *Biographisches Handbuch der SBZ/ DDR 1945-1990,* München-Saur, Bd. I 1996, Bd. II 1997

Bundesministerium für gesamtdeutsche Fragen (Hg.): *SBZ-Biographie,* Bonn/ Berlin 1964[3]

Das evangelische Deutschland. Jahr- und Adressbuch der kirchlichen Behörden und der gesamten evangelischen Geistlichkeit Deutschlands, Leipzig 1907[6] u. Leipzig 1929/30[11]

Evangelische Kirchengemeinde Rossow/Ostprignitz: *Kirche Rossow,* Internet-Präsentation auf der Homepage der Ev. Kirche von Berlin-Brandenburg (http://www.ekib.com), Stand 15.1.2000

Geschichte der deutschen Arbeiterbewegung. Biographisches Lexikon, Berlin/DDR 1970

Grewolls, Grete: *Wer war wer in Mecklenburg-Vorpommern?* Bremen 1995

John, Jürgen/Jonscher, Reinhard/Stelzner, Axel: *Geschichte in Daten,* Thüringen, München/Berlin 1995

Kirchliches Jahrbuch 1933, 1. Teil: Kirchliche Statistik (Hg. von Hermann Sasse), Gütersloh o.J. (1933)

Klee, Ernst. *Das Personenlexikon zum Dritten Reich,* Frankfurt/M. 2003

Lexikon zur Parteiengeschichte. Die bürgerlichen und kleinbürgerlichen Parteien und Verbände in Deutschland (1789-1945), in vier Bänden, hrsg. v. Dieter Fricke, Köln 1983-1986

Oberkirchenrat der Evangelisch-Lutherischen Landeskirche Mecklenburgs (Hg.): *Die mecklenburgischen Pfarrer seit dem dreißigjährigen Kriege. Nachtrag 1987/1993.* Schwerin o.J. (1993)

- Ders.: „Leitung, Dienststellen und Pfarren der Evangelisch-Lutherischen Landeskirche Mecklenburgs" (Beilage zum Kirchlichen Amtsblatt für Mecklenburg), Schwerin 1951

Overesch, Manfred: *Das besetzte Deutschland 1945-1947.* Eine Tageschronik der Politik, Wirtschaft, Kultur, Augsburg 1992

- Ders.: *Das besetzte Deutschland 1948-1949. Eine Tageschronik der Politik, Wirtschaft, Kultur, Augsburg 1992*

- Ders./Saal, Friedrich W.: *Die Weimarer Republik. Eine Tageschronik der Politik, Wirtschaft, Kultur, Augsburg 1992*

Röll, Ludwig: *Der Tourist in Thüringen,* Gotha 1909

Rostig, Dittmar: *Bibliographie zum Religiösen Sozialismus in der SBZ und der DDR,* Frankfurt/M.-Berlin-Bern 1992

Sperlings Zeitschriften- und Zeitungsadreßbuch. Handbuch der deutschen Presse, 52. Ausgabe Leipzig 1926; 57. Ausgabe Leipzig 1931

Statistik des Deutschen Reichs: Band 450: Amtliches Gemeindeverzeichnis für das Deutsche Reich, Berlin 1939

Stephan, Gerd-Rüdiger/Herbst, Andreas et al (Hgg.): *Die Parteien und Massenorganisationen der DDR.* Ein Handbuch, Berlin 2002

Landeskirchenrat der Thüringer evangelischen Kirche (Hg.): *Thüringer Kirchenrecht,* Eisenach (Ostern) 1938

Thüringer Verkehrsverband (Hg.): *Thüringen.* Das grüne Herz Deutschlands, Gotha 1927[5]

Troschke, Paul: *Evangelische Kirchenstatistik Deutschlands,* Heft 2/3: Konfessionsstatistik, Berlin-Charlottenburg 1929

Wer ist wer? Frankfurt/M. 1973

Wer war wer in der DDR? Ein biographisches Handbuch, Neuauflage Frankfurt/M. 1995

- *Dass., Berlin 19922*

Woerl's Reisehandbücher: *Führer durch Thüringen,* Leipzig 1925[9]

2. Darstellungen

ASTA Kirchliche Hochschule und Hans-Francke-Initiative Berlin (Hg.): *Deutschnationales Christentum am Beispiel Otto Dibelius,* Berlin 1989

Baier, Helmut: *Die Deutschen Christen Bayerns im Rahmen des bayerischen Kirchenkampfes,* Nürnberg 1968

Balzer, Friedrich-Martin/Stappenbeck, Christian (Hg.): *Sie haben das Recht zur Revolution bejaht. Christen in der DDR,* Bonn 1997

- Ders.: „Ein Christ für den Sozialismus", in: Jankowski, Gerhard/Schmidt, K. (Hg.): Arthur Rackwitz- Christ und Sozialist zugleich, Hamburg 1976

Fritz Bauer Institut (Hg.): *„Beseitigung des jüdischen Einflusses..."*, Frankfurt/ New York 1999

Behrens, Beate: *Mit Hitler zur Macht.* Der Aufstieg des Nationalsozialismus in Mecklenburg und Lübeck 1922-1933, Rostock 1998

Benz, Wolfgang: „Demokratisierung durch Entnazifizierung und Erziehung", in: Bundeszentrale für politische Bildung (Hg.): *Deutschland 1945-1949* (Informationen zur politischen Bildung 259), Bonn 1998

Beste, Niklot: *Der Kirchenkampf in Mecklenburg von 1933-1945*, Göttingen 1975

Bezirkskommission zur Erforschung der Geschichte der örtlichen Arbeiterbewegung bei der Bezirksleitung Schwerin der SED (Hg.): *Dokumente zur Bauernbefreiung.* Quellen zur Geschichte der demokratischen Bodenreform, Schwerin 1975

Bezirkskommissionen zur Erforschung der Geschichte der örtlichen Arbeiterbewegung bei den Bezirksleitungen Rostock, Schwerin und Neubrandenburg der Sozialistischen Einheitspartei Deutschlands (Hg.): *Der antifaschistische Widerstandskampf unter Führung der KPD in Mecklenburg 1933 bis 1945*, Rostock 1970

- Dies. (Hg.): *Der antifaschistische Widerstandskampf unter Führung der KPD in Mecklenburg 1933 bis 1945*, Berlin/DDR 1985

Bezirksleitungen der SED Neubrandenburg, Rostock, Schwerin (Hg.): *Geschichte der Landesparteiorganisation der SED Mecklenburg 1945-1952*, Rostock 1986

Borchert, Jürgen /Klose, Detlef: *Jüdische Spuren in Mecklenburg*, Berlin 1994

Bordihn, Peter: *Bittere Jahre am Polarkreis.* Als Sozialdemokrat in Stalins Lagern, Berlin 1990

Brakelmann, Günter: *Kirche in Konflikten ihrer Zeit*, München 1981

Broszat, Martin/Weber, Hermann (Hg.): *SBZ-Handbuch*, München 1990

Buchheim, Hans: *Glaubenskrise im Dritten Reich*, Stuttgart 1953

Creuzberger, Stefan: *Die sowjetische Besatzungsmacht und das politische System der SBZ*, Weimar-Köln-Wien 1996

Creutzburg, Reinhard: „Religiöse Sozialisten in der Thüringer evangelischen Kirche 1918-1933", in: Seidel, Thomas A. (hrsg. im Auftrag der Ev. Akademie Thüringen und der Gesellschaft für Thüringische Kirchengeschichte): *Thüringer Gratwanderungen*: *Beiträge zur fünfundsiebzigjährigen Geschichte der evangelischen Landeskirche Thüringens*, Leipzig 1998

- Ders.: *Zur Entwicklung der religiös-sozialistischen Bewegung in Thüringen 1918-1933 (theol. Diplomarbeit), Halle-Wittenberg 1979*

- Ders.: *„In der Kirche – Gegen die Kirche – Für die Kirche." Die religiös-sozialistische Bewegung in Thüringen 1918-1926. (theol. Diss.), Halle/Saale 1989*

Dähn, Horst: *Kooperation oder Konfrontation?* Das Verhältnis von Staat und Kirche in der SBZ/DDR 1945-1980, Opladen 1982

- Ders./Gotschlich, Helga (Hgg.): „Und führe uns nicht in Versuchung" Jugend im Spannungsfeld von Staat und Kirche in der SBZ/DDR 1945 bis 1989, Berlin 1998

Denis, Doris/Priebe, Stefan: „Die Gesichter der Verhörer begleiten einen das ganze Leben lang", in: Deutschlandarchiv, Heft 6 des 32. Jahrgangs, 1999.

Deutscher Gewerkschaftsbund, Kreis Tübingen (Hg.): Arbeitertübingen, Tübingen 1980

Diederich, Georg: Nationale Front und SED-Kirchenpolitik 1949-1961, Rostock/ Schwerin 1999

Donga-Sylvester, Eva et al.: „Ihr verreckt hier bei ehrlicher Arbeit!" Deutsche im GULAG 1936-1956, Graz-Stuttgart 2000

Dorgerloh, Fritz: Geschichte der evangelischen Jugendarbeit. Teil 1: Junge Gemeinde in der DDR, Hannover 1999

Drescher, Anne et al.: „Recht muß doch Recht bleiben." Das Justizgebäude am Schweriner Demmlerplatz in sechs Epochen deutscher Geschichte, Schwerin 1999

- Dies.: Haft am Demmlerplatz. Gespräche mit Betroffenen, Schwerin 2001
- Dies./Pankow, Werner: „Inhaftiert am Demmlerplatz – zwei lebensgeschichtliche Erinnerungen", in: Zeitgeschichte Regional. Mitteilungen aus Mecklenburg-Vorpommern, 3. Jg. (1999) Heft 1
- Dies. et al.: Gedenken – erinnern – lernen. Der Demmlerplatz in Schwerin 1914 bis 1997, Schwerin 1997

Drewitz, Ingeborg: „Über Leben und Sterben. Ein Gespräch mit Aurel von Jüchen", in: CuS, Nr. 2/1982

Drobisch, Klaus/Fischer, Gerhard (Hg.): Widerstand aus Glauben. Christen in der Auseinandersetzung mit dem Hitlerfaschismus, Berlin/DDR 1985

Duve, Freimut (Hg.): Pfarrer die dem Terror dienen. Bischof Scharf und der Berliner Kirchenstreit 1974, Dokumentation, Reinbek 1975

Enquête-Kommission „Aufarbeitung von Geschichte und Folgen der SED-Diktatur in Deutschland": Bd. VII/I, Baden-Baden 1995

Enquête-Kommission „Leben in der DDR, Leben nach 1989 – Aufarbeitung und Versöhnung": Bd. I bis Bd. X, Schwerin 1997

Erler, Peter.: „Zehn Jahre sowjetische Militärgerichtsbarkeit", in: Konrad-Adenauer-Stiftung (Hg.): Zukunftsforum Politik Nr. 11: Kriegsgefangene – Politische Häftlinge – Rehabilitation, Sankt Augustin 2000

Faust, Anselm: Der nationalsozialistische deutsche Studentenbund, 2 Bde., Düsseldorf 1973

Fink, Heinrich (Hg.): Stärker als die Angst, Berlin/DDR 1968

Finn, Gerhard: Die politischen Häftlinge der Sowjetzone 1945-1958, Berlin-Nikolassee 1958

Fließ, Gerhard: Die politische Entwicklung der Jenaer Studentenschaft vom November 1918 bis zum Januar 1933 (Phil. Diss.), 2 Bde., Jena 1959

Foitzik, Jan: „Der sowjetische Terrorapparat in Deutschland", in: *Schriftenreihe des Berliner Landesbeauftragten für die Unterlagen des Staatssicherheitsdienstes der ehemaligen DDR*, Band 7, Berlin 2000

- Ders./Hennig, Horst (Hg.): *Begegnungen in Workuta, Leipzig 2003*

Fricke, Karl Wilhelm: *Opposition und Widerstand in der DDR*, Köln 1984

- Ders.: *Politik und Justiz in der DDR, Köln 1979*

Friedrich, Gerd: *Der Kulturbund zur demokratischen Erneuerung Deutschlands*, Köln 1952

- Ders.: *Die Freie Deutsche Jugend, Köln 1951*

Froese, Peter: *Streifzüge durch die Geschichte der Metallarbeiter in Münster und Umgebung*, Münster 1989

Gaede, Reinhard: „Als Christ – Sozialist. Ein Lebensbild des Theologen Aurel von Jüchen." Nachwort zu: Jüchen, Aurel von : *Jesus zwischen reich und arm*, Stuttgart 1985

Gailus, Manfred: *Protestantismus und Nationalsozialismus*, Köln/Weimar/Wien 2001

Gerlach, Wolfgang: *Als die Zeugen schwiegen*. Bekennende Kirche und die Juden, Berlin 1987

Gerlach-Praetorius, Angelika: *Die Kirche vor der Eidesfrage*, Göttingen 1967

Gesellschaft für Deutsch-Sowjetische Freundschaft Bezirksvorstand Schwerin (Hg.): *Zur Geschichte der Deutsch-Sowjetischen Freundschaft in Mecklenburg*, 3. Teil 1952 bis 1967, Schwerin o.J.

Geißler, Gert et. al.: *Schule: Streng vertraulich*. Die Volksbildung der DDR in Dokumenten, Berlin 1996

Gienke, Horst: *Dome, Dörfer, Dornenwege*. Lebensbericht eines Altbischofs, Rostock 1996

Glaessner, Gert-Joachim et al.(Hg.): *Zwischen Utopie und Alltagserfahrung*. Studien zur Arbeiterbewegung und Arbeiterkultur in Berlin, Berlin 1989

Goch, Stefan: *Sozialdemokratische Arbeiterbewegung und Arbeiterkultur im Ruhrgebiet*. Eine Untersuchung am Beispiel Gelsenkirchen 1848-1975, Düsseldorf 1990

Gollwitzer, Helmut et al.: *Und bringen ihre Gaben aus russischer Kriegsgefangenschaft*, Stuttgart 1956

Gotschlich, Helga (Hg.) et al.: *Aber nicht im Gleichschritt*. Zur Entstehung der Freien Deutschen Jugend, Berlin 1997

- Dies. et al.: *„Das neue Leben muß anders werden." Studien zur Gründung der FDJ, Berlin 1996*

Gottwald, Monika/Steinke, Volker: „Zur Widerspiegelung des Kriegserlebnisses und der militärischen Niederlage des deutschen Imperialismus im 1. Weltkrieg in der Presse der bürgerlichen Jugendbewegung" in: *Jenaer Beiträge zur Parteiengeschichte*, Nr. 25/3, Jena 1969.

Heimann, Siegfried /Walter, Franz: *Religiöse Sozialisten und Freidenker in der Weimarer Republik*, Bonn 1993

Henke, Klaus-Dietmar/Steinbach, Peter/Tuchel, Johannes (Hgg.): *Widerstand und Opposition in der DDR*, Köln/Weimar/Wien 1999

Herbst, Andreas et al. (Hg.): *Die SED*. Geschichte-Organisation-Politik. Ein Handbuch, Berlin 1997

Herbstritt, Georg: *„den neuen Menschen schaffen."* Schule und Erziehung in Mecklenburg-Vorpommern und die Konflikte um die Schweriner Goetheschule von 1945 bis 1953, Schwerin 1996

Hergt, Angelika: „November-Pogrom 1938", in: *Schweriner Blätter,* Beiträge zur Heimatgeschichte des Bezirkes Schwerin, Jg. 8 (1988)

Herz, Hanns Peter: *Freie Deutsche Jugend*, München 1957

Heschel, Susannah: „Deutsche Theologen für Hitler. Walter Grundmann und das Eisenacher ‚Institut zur Erforschung und Beseitigung des jüdischen Einflusses auf das deutsche kirchliche Leben'", in: Fritz Bauer Institut (Hg.): *„Beseitigung des jüdischen Einflusses …"* Antisemitische Forschung, Eliten und Karrieren im Nationalsozialismus, Frankfurt/New York 1999

Hilger, Andreas/Schmidt, Ute/Schmeitzner, Mike (Hrsg.): *Sowjetische Militärtribunale*. Band 2: *Die Verurteilung deutscher Zivilisten 1945-1955/57* (Schriften des Hannah-Arendt-Instituts für Totalitarismusforschung 17,2), Köln 2003

Hille, Karoline: „Beispiel Thüringen: Die ‚Machtergreifung' auf der Probebühne", in: Staatliche Kunsthalle Berlin (Hg.): *1933 – Wege zur Diktatur*, Berlin (West) 1983

Hinz, Michael: „Notizen zur Presbyteriologie der Prignitz, 1933-1945", in: Evangelische Kirche in Berlin-Brandenburg (Hg.): *Archivbericht Nr. 12/13*, Berlin 2001

Höllen, Martin: *Loyale Distanz? Katholizismus und Kirchenpolitik in SBZ und DDR*, Band 1, Berlin 1994

Jacobs, Manfred: *Die Evangelisch-Theologische Fakultät von 1914 bis 1933*, in: Neuser, W.H. (Hg.): Die Evangelisch-Theologische Fakultät Münster 1914 bis 1989, Bielefeld 1991

Jahnke, Karl Heinz et al.: *Geschichte der Freien Deutschen Jugend. Chronik,* Berlin/DDR 1976

- Ders.: *Widerstand und Opposition gegen das NS-Regime aus den Kirchen in Mecklenburg 1933-1945*, Rostock 1994

- Ders.: *„Aus der Geschichte der FDJ in Mecklenburg"*, in: Schweriner Blätter. Beiträge zur Heimatgeschichte des Bezirkes Schwerin, Jg. 6 (1986)

Jankowski, Gerhard/Schmidt, Klaus (Hg.): *Arthur Rackwitz – Christ und Sozialist zugleich*, Hamburg 1976

Kahl, Joachim/Wernig, Erich (Hg.): *Freidenker – Geschichte und Gegenwart,* Köln 1981

Karge, Wolf/Rakow, Peter-Joachim/Wendt, Ralf (Hgg.): *Ein Jahrtausend Mecklenburg und Vorpommern*, Rostock 1995.

Kasten, Bernd: *Ausgrenzung-Vertreibung-Vernichtung*. Juden in Schwerin 1933-1945, Schwerin 1995

Kischke, Horst: *Die Freimaurer*, München 1999

Klein, Manfred: *Jugend zwischen den Diktaturen 1945/56*, Mainz 1968

Klenke, Dietmar: *Die SPD-Linke in der Weimarer Republik*, Neubearbeitete Auflage Münster 1989

Koch, Ernst: „Thüringer Weg im ‚Dritten Reich'", in: Seidel, Thomas A. (hgg. im Auftrag der Ev. Akademie Thüringen und der Gesellschaft für Thüringische Kirchengeschichte): *Thüringer Gratwanderungen: Beiträge zur fünfundsiebzigjährigen Geschichte der evangelischen Landeskirche Thüringens*, Leipzig 1998

Komitee zur Aufhebung des Einreiseverbotes gegen Ernest Mandel (Hg.): *Dokumentation zum Fall Ernest Mandel*, Berlin o.J. (1972)

Kommission zur Erforschung der Geschichte der örtlichen Arbeiterbewegung bei der Kreisleitung Schwerin-Stadt der SED (Hg.): *Beiträge zur Geschichte der Arbeiterbewegung in der Stadt Schwerin*, Heft 1, Mai 1945 bis Oktober 1946, Schwerin o.J. (1977)

- Dies.: *Beiträge zur Geschichte der Arbeiterbewegung in der Stadt Schwerin, Heft 2, November 1946 bis Oktober 1949, Schwerin o.J. (ca. 1978)*

- Dies.: *Chronik zur Geschichte der Arbeiterbewegung in der Stadt Schwerin 1948-1950, Schwerin 1978*

- Dies.: *Chronik der Entwicklung des Kreisverbandes Schwerin der FDJ von der Gründung bis 1952, Teil I: 8. Mai 1945 bis 31. Dezember 1948, Schwerin 1982*

Kopalin, Leonid Pawlowitsch (Generalstaatsanwaltschaft in Moskau): *Rechtsmißbrauch sowjetischer Militärtribunale (SMT) gegen deutsche Staatsbürger* (Vortragsmanuskript). Materialien des Gesprächskreises Geschichte der Friedrich-Ebert-Stiftung, Bonn 1995

- Ders.: *Die Rehabilitierung deutscher Opfer sowjetischer politischer Verfolgung. Vortrag vor dem Gesprächskreis Geschichte der Friedrich-Ebert-Stiftung in Bonn am 16 Mai 1995, in: Friedrich-Ebert-Stiftung (Hg.): Gesprächskreis Geschichte Nr. 10, Bonn 1995 (Internetversion)*

Korn, Elisabeth et al.: *Die Jugendbewegung.* Zur 50. Wiederkehr des Freideutschen Jugendtages auf dem Hohen Meissner, Düsseldorf-Köln 1963

Krieck, Manfred/Leopoldi, Helga: *Chronik des Kulturbundes in der Stadt Schwerin,* Teil 1: 1945-1947.; Teil 2: 1948-1952, Schwerin 1985

Krüger, Dieter/Finn, Gerhard: *Mecklenburg-Vorpommern 1945 bis 1948 und das Lager Fünfeichen*, Berlin o.J. (1991)

Kuczynski, Jürgen: *Die Geschichte der Lage der Arbeiter in Deutschland 1871-1932,* Berlin/DDR 1954

Künneth, Walter/Schreiner, Helmut (Hg.): *Die Nation vor Gott.* Zur Botschaft der Kirche im Dritten Reich, Berlin 1934[4]

Kuhn, Katja: *„Wer mit der Sowjetunion verbunden ist, gehört zu den Siegern der Geschichte." Die Gesellschaft für Deutsch-Sowjetische Freundschaft im Spannungsfeld von Moskau und Ostberlin,* Diss. Mannheim 2002

Kulturamt der Landeshauptstadt Schwerin (Hg.): *Zwischen Hoffnung und Verzweiflung. Protokolle von Zeitzeugen aus Schwerin 1945-1952,* Schwerin 1995

Kulturbund zur demokratischen Erneuerung Deutschlands (Hg.): *Zwei Jahre Kulturbund,* Berlin 1947

Kupke, Martin: *Der Klassenkampf im religiösen Sozialismus und seine Hintergründe, sowie der praktische Kampf des Bundes der religiösen Sozialisten Deutschlands in der Weimarer Republik* (theol. Diss.), Leipzig 1977

Kurz, Lothar et al (Hg.): *200 Jahre zwischen Dom und Schloß,* Münster 1980

Lächele, Rainer: *Ein Volk, ein Reich, ein Glaube.* Die Deutschen Christen in Württemberg 1925–1960, Stuttgart 1994

Löw, Konrad (Hg.): *Verratene Treue.* Die SPD und die Opfer des Kommunismus, Köln 1994

- *Ders: Rezension zu Günter Benser/H.-J. Krusch (Hgg.): Dokumente zur Geschichte der kommunistischen Bewegung in Deutschland, in: HPB – Das historisch-politische Buch, 46. Jg., Heft 2.*

Loewenich, Walther von: *Erlebte Theologie,* München 1979

Ludwig, Hartmut: *Die Opfer unter dem Rad verbinden.* Vor- und Entstehungsgeschichte, Arbeit und Mitarbeiter des „Büro Pfarrer Grüber" (Diss. theol.), Berlin/DDR 1988

Mählert, Ulrich: *Die Freie Deutsche Jugend 1945-1949,* Paderborn-München-Wien-Zürich 1995

- *Ders./Stephan, Gerd-Rüdiger: Blaue Hemden. Rote Fahnen. Die Geschichte der Freien Deutschen Jugend, Opladen 1996*

- *Ders.: Kleine Geschichte der DDR, München 1998*

- *Ders.: Geschichte der DDR (1949-1990), Materialien des Arbeitsbereiches IV des Mannheimer Zentrums für Europäische Sozialforschung, Universität Mannheim, o.J.*

- *Ders.: Einheitsdrang – Einheitszwang (Internetversion), Arbeitsbereich IV des Mannheimer Zentrums für Europäische Sozialforschung, Universität Mannheim o.J.*

Malycha, Andreas: *Die SED.* Geschichte ihrer Stalinisierung, Paderborn, München, Wien, Zürich 2000

Meier, Kurt: *Die Deutschen Christen,* Halle 1964

- *Ders.: Kirche und Judentum. Die Haltung der evangelischen Kirche zur Judenpolitik des Dritten Reiches, Halle 1968*

- *Ders.: Der evangelische Kirchenkampf, 3 Bde., Halle 1976/1984*

Meister-Karanikas, Rolf: „Die Thüringer evangelische Kirche und ‚die Judenfrage‘“, in: Seidel, Thomas A. (hgg. im Auftrag der Ev. Akademie Thüringen und der Gesellschaft für Thüringische Kirchengeschichte): *Thüringer Gratwanderungen*: Beiträge zur fünfundsiebzigjährigen Geschichte der evangelischen Landeskirche Thüringens, Leipzig 1998

Melis, Damian van (Hg.): *Sozialismus auf dem platten Land*, Schwerin 1999

MEMORIAL Deutschland (Hg.): *Von Potsdam nach Workuta*. Katalog zur Ausstellung, Berlin 2003

Mewis, Karl: „Frischer Wind in Mecklenburg“, in: Schiel, Ilse (Hg.): *Die ersten Jahre*. Erinnerungen an den Beginn der revolutionären Umgestaltungen, Berlin/DDR 1979

Meyer, Olaf: „Eine Gemeinde im Kirchenkampf“, in: Dietrich Schirmer (Hg.): *Kirchenkritische Bewegungen, Bd. 2*, Stuttgart 1985

Meyer, Fritjof: „In der erloschenen Hölle“, in: *Der Spiegel*, Nr. 40/1997

Michels, Marko: *Einheitszwang oder Einheitsdrang?* Der Vereinigungsprozeß von KPD und SPD zwischen 1945 und 1950 in Mecklenburg-Vorpommern, Schwerin 1999

Murken, Jens: „Bodenreform in Mecklenburg-Vorpommern“, in: *Zeitgeschichte Regional*. Mitteilungen aus Mecklenburg-Vorpommern, 3. Jg. (1999), Nr. 1.

Naimark, Norman M.: *Die Russen in Deutschland*, Berlin 1997

Neumann, Siegfried: *Evangelische Demokraten in den Klassenauseinandersetzungen der Weimarer Republik* (Diss. Gesellschaftswissenschaften), Jena 1982

Neuser, Wilhelm H.: „Die Evangelisch-Theologische Fakultät im Dritten Reich“, in: Neuser, W.H. (Hg.): *Die Evangelisch-Theologische Fakultät Münster 1914 bis 1989*, Bielefeld 1991

Nigg, Walter: *Geschichte des religiösen Liberalismus*, Zürich/Leipzig 1937

Noble, John H.: *I was a slave in russia*, New York 1958

- Ders.: *Verbannt und verleugnet*, Dresden 2004

Nowak, Kurt: *Evangelische Kirche und Weimarer Republik*. Zum politischen Weg des deutschen Protestantismus zwischen 1918 und 1932, Weimar 1988

Overesch, Manfred: „Die Einbürgerung Hitlers 1930“, in: *Vierteljahreshefte für Zeitgeschichte*, 40. Jg. (1992), S. 543-566

Peter, Christa: „Zum Gedenken an Marie Hirsch“, in: *CuS*, Nr. 1/1997

Peter, Ulrich/Schwarze, Gunter: „Zur Geschichte des religiösen Sozialismus. Das Beispiel Aurel von Jüchen“, in: *CuS*, Nr. 3/1986, S. 9-27.

Peter, Ulrich: „Aurel von Jüchen 1902-1991. Ein Nachbild“, in: Initiative Christliche Linke (Hg.): *Dritter Weg, Journal für eine solidarische Welt*, Nr. 4, Berlin 1991

- Ders.: *Entstehung und Geschichte des Bundes der religiösen Sozialisten in Berlin 1919-1933* (Diss.), Frankfurt 1995

- Ders.: *„Reinhard Strecker (1876-1954). Ein religiöser Sozialist im gottlosen*

Leipzig", in: *Rudloff, Michael/Schmeitzner, Mike (Hg.): „Solche Schädlinge gibt es auch in Leipzig." Sozialdemokraten und die SED, Bern/Frankfurt 1997*

- Ders.: *Christuskreuz und Rote Fahne: Die religiösen Sozialisten in Westfalen 1919-1933, Bielefeld 2002*

- Ders.: *„Aurel von Jüchen 1902-1991"*, in: *Herbergen der Christenheit. Jahrbuch für deutsche Kirchengeschichte, Band 26 (2002), Leipzig 2003*

Pöppinghege, Rainer: *Absage an die Republik.* Das politische Verhalten der Studentenschaft der Westfälischen Wilhelms-Universität Münster 1918-1935, Münster 1994

Rautenberg, Mathias: „Das vorzeitige Ende der demokratischen Erneuerung im ‚Kulturbund zur demokratischen Erneuerung Deutschlands'", in: *Zeitgeschichte Regional.* Mitteilungen aus Mecklenburg-Vorpommern, 3. Jg. (1999), Nr. 1

Reif-Spirek, Peter/Ritscher, Bodo (Hg.): *Speziallager in der SBZ*, Berlin 1999

Richter, Manfred: *Die Ost-CDU 1948-1952*, 2., korrigierte Auflage, Düsseldorf 1991

Rinnen, Anja: *Kirchenmann und Nationalsozialist*, Weinheim 1995

Röhm, Eberhard/Thierfelder, Jörg: *Juden – Christen – Deutsche*, Band 1: 1933-1935, Stuttgart 1990.

Rösler, Reinhard: *Autoren, Debatten, Institutionen.* Literarisches Leben in Mecklenburg-Vorpommern 1945-1952, Hamburg 2003.

Rohe, Karl: *Das Reichsbanner Schwarz-Rot-Gold*, Düsseldorf 1966

Rosenberg, Alfred: *Der Mythus des 20. Jahrhunderts*, München 1930

Rudloff, Michael: *Christliche Antifaschisten der „ersten Stunde" im Widerstand*, in: *Wissenschaftliche Zeitung der Karl-Marx-Universität Leipzig*, Gesellschaftswissenschaftliche Reihe, Nr. 3/1989

- Ders.: *„Das Verhältnis der SED zur weltanschaulichen Toleranz in den Jahren 1946-1949"*, in: *IWK, Nr. 4/1993*

- Ders.: *„Rote Deutsche Christen? Die religiösen Sozialisten und die SED"*, in: *CuS, Nr. 4, 1996*

Schenkel, Gotthilf: *Die Freimaurerei im Lichte der Religions- und Kirchengeschichte*, Gotha 1926

Schiel, Ilse (Hg.): *Die ersten Jahre.* Erinnerungen an den Beginn der revolutionären Umgestaltungen, Berlin/DDR 1979

Schivelbusch, Wolfgang: *Vor dem Vorhang.* Das geistige Berlin 1945-1948, Frankfurt/M. 1997

Schlomann, Friedrich-Wilhelm: *Mit so viel Hoffnung fingen wir an.* 1945-1950, München 1991

Schmidt, Klaus: „Christ und Sozialist zugleich. Zum 80. Geburtstag von Arthur Rackwitz", in: *Junge Kirche*, Nr. 8/9 1975

Schnoor, Werner: *Die Vergangenheit zieht mit*, Schwerin 1984

Schönhoven, Klaus/Vogel, Hans-Jochen (Hg.): *Frühe Warnungen vor dem Nationalsozialismus*, Bonn 1998

Scholmer, Joseph: *Arzt in Workuta*, München 1963

Schreier, Beate: „Die Gründung der Thüringer evangelischen Kirche und ihr Weg während der Weimarer Republik", in: Seidel, Thomas A. (hrsg. im Auftrag der Ev. Akademie Thüringen und der Gesellschaft für Thüringische Kirchengeschichte): *Thüringer Gratwanderungen: Beiträge zur fünfundsiebzigjährigen Geschichte der evangelischen Landeskirche Thüringens*, Leipzig 1998

Schroeder, Klaus-Henning: *David's Enkel. Eine Jugend in Schwerin*, Schwerin 1991

Schüfer, Tobias: „Die Theologische Fakultät Jena und die Landeskirche im Nationalsozialismus", in: Seidel, Thomas A. (hgg. im Auftrag der Ev. Akademie Thüringen und der Gesellschaft für Thüringische Kirchengeschichte): *Thüringer Gratwanderungen: Beiträge zur fünfundsiebzigjährigen Geschichte der evangelischen Landeskirche Thüringens*, Leipzig 1998

Schüler, Horst: *Workuta. Erinnerung ohne Angst*, München 1993

- Ders.: *Vergessene Opfer*, Berlin 1996

Schulmeister, Karl-Heinz: *Auf dem Wege zu einer Kultur*. Der Kulturbund in den Jahren 1945 - 1949, Berlin/DDR 1977

Schwabe, Klaus: *Die Zwangsvereinigung von KPD und SPD in Mecklenburg-Vorpommern*, Schwerin 1996[3]

- Ders.: *Landtagswahl in Mecklenburg-Vorpommern 1946*, Schwerin 1996

Seidel, Jürgen: „Die Evangelisch-Lutherische Landeskirche Mecklenburgs nach Kriegsende", in: *Kirche im Sozialismus*, Teil I, in Heft 4/1985, S. 168-173; Teil Ia in Heft 6/1985, Teil II, in Heft 5/1985, S. 214-220

Seidel, Thomas A. (hgg. im Auftrag der Ev. Akademie Thüringen und der Gesellschaft für Thüringische Kirchengeschichte): *Thüringer Gratwanderungen: Beiträge zur fünfundsiebzigjährigen Geschichte der evangelischen Landeskirche Thüringens*, Leipzig 1998

Seils, Markus: „*Aufgabe: Die planmäßige ideologische Umgestaltung der Universitäten.*" Staatliche Hochschulpolitik im Land Mecklenburg 1945 bis 1950, Schwerin 1996

Siegele-Wenschkewitz, Leonore (Hg): *Christlicher Antijudaismus und Antisemitismus*, Frankfurt/M. 1994

Solberg, Richard W.: *Kirche in der Anfechtung*, Berlin und Hamburg 1962[2]

Solschenizyn, Alexander: *Der Archipel GULag*. Versuch einer künstlerischen Bewältigung. Bern 1974; *Der Archipel GULag*. Folgeband. Arbeit und Ausrottung. Seele und Stacheldraht, Bern 1974; *Der Archipel GULag*. Schlußband. Die Katorga kommt wieder. In der Verbannung. Nach Stalin, Bern 1976

Sozialdemokratische Partei Deutschlands, Parteivorstand und Landesverband Mecklenburg-Vorpommern (Hg.): *Zwangsvereinigung von SPD und KPD in Mecklenburg-Vorpommern*, Schwerin 1996

Sozialistische Einheitspartei Deutschlands, Bezirksleitung Erfurt (Hg.): *Dokumente und Materialien zur Geschichte der Bezirksparteiorganisation der KPD Großthüringen 1925-1928*, Erfurt 1981

SPD-Parteivorstand (Hg.): *Der Freiheit verpflichtet.* Gedenkbuch der deutschen Sozialdemokratie im 20. Jahrhundert, Marburg 2000

SPD-Unterbezirk Münster (Hg.): *100 Jahre SPD in Münster (1878-1978)*, Münster 1978

Staatsarchiv Potsdam (Hg.): *Dokumente zur demokratischen Bodenreform im Land Brandenburg*, Potsdam 1966

Staatsarchiv Schwerin (Hg.): *Dokumente zur Kulturpolitik in Mecklenburg nach der Befreiung vom Faschismus*, Schwerin 1972

Stadt-Sparkasse Gelsenkirchen (Hg.): *1869-1969. Ein Rückblick*, Wiesbaden/ Gelsenkirchen 1969

Staffa, Christian (Hg.): *Vom protestantischen Antijudaismus und seinen Lügen*, Magdeburg 1993

Stegmann, Erich: *Der Kirchenkampf in der Thüringer evangelischen Kirche*, Berlin/DDR 1984

Steinbach, Peter: „Widerstand gegen den Nationalsozialismus", in: Steinbach, Peter/Tuchel, Johannes (Hgg.): *Widerstand gegen den Nationalsozialismus*, Bonn 1994

Stettner, Ralf: *„Archipel GULag': Stalins Zwangsarbeitslager*, Paderborn/ München/Wien/Zürich 1996

Storrer, Eva: *Hoch begabt und tief verachtet – der ,rote Karl.'* Radiofeature im NDR, Landesfunk MV, Schwerin 2002

Tenfelde, Klaus: *Sozialgeschichte der Bergarbeiterschaft an der Ruhr im 19. Jahrhundert*, Bonn 1981^2

Theek, Bruno: *Keller – Kanzel und Kaschott*, Berlin/DDR 1961
- Ders.: *SOS – Jugend am Kreuz*, Hamburg 1929 *(Reprint Rostock 2003)*
- Ders.: *KZ Dachau. Vortrag, gehalten 13. Mai 1945, Ludwigslust 1945 und Reprint Rostock 2003*

Theologische Kommission der Evangelischen Studentengemeinde (Hg.): *Flugblätter zur Versammlung europäischer Christen Darmstadt 7.-9. Oktober 1977*, Stuttgart 1977

Thien, H.G. et al (Hg.): *Überwältigte Vergangenheit.* Faschismus und Nachkriegszeit in Münster i.W., Münster 1984

Verband ehemaliger Rostocker Studenten (Hg.): *Namen und Schicksale der von 1945 bis 1962 in der SBZ/DDR verschleppten Professoren und Studenten* (überarbeiteter Reprint der VDS-Dokumentation von 1962), Rostock 1994

Vereinigung der Opfer des Stalinismus(Hg.): *Zwischen Waldheim und Workuta.* Erlebnisse politischer Häftlinge 1945-1965, Bonn 1967

Vereinigung der Verfolgten des Naziregimes, Ortsgruppe Tübingen (Hg.):

Braunbuch zum 500jährigen Jubiläum der Eberhard-Karls-Universität Tübingen, Tübingen o.J. (1977)

Von der Osten-Sacken, Peter (Hg.): *Das missbrauchte Evangelium*. Studien zu Theologie und Praxis der Thüringer Deutschen Christen, Berlin 2002

Wagenlehner, Günther: *Die russischen Bemühungen um die Rehabilitierung der 1941-1956 verfolgten deutschen Staatsbürger*, Bonn-Bad Godesberg 1999 (Printausgabe) und Bonn FES Electronic Library 2000 (Internetfassung)

Walter, Franz: *Sozialistische Akademiker- und Intellektuellenorganisationen in der Weimarer Republik*, Bonn 1990

Weber, Hermann (Hg.) *Die Wandlung des deutschen Kommunismus*, 2 Bde., Frankfurt 1969

- *Ders.: Kleine Geschichte der DDR, Köln 1980*

- *Ders.: Parteiensystem zwischen Demokratie und Volksdemokratie, Köln 1982*

- *Ders.: Die DDR 1945-1986, München 1988*

- *Ders.: DDR. Grundriß der Geschichte 1945-1990, Hannover 1991*

- *Ders.: „Aufstieg und Niedergang des deutschen Kommunismus", in: „Aus Politik und Zeitgeschichte", Beilage zur Wochenzeitung Das Parlament, Nr. 40 v. 27.9.1991*

- *Ders.: „Asymmetrie" bei der Erforschung des Kommunismus und der DDR-Geschichte?" in: „Aus Politik und Zeitgeschichte." Beilage zur Wochenzeitung Das Parlament, Nr. 4 26/27 v. 20.6.1997*

Weddigen, Dr. Otto: *Unser Seeheld Weddigen*, Berlin 1915

Wergin, Claus: *Der Einheitsjugendverband FDJ – 50 Jahre nach seiner Gründung in Mecklenburg – Nachwirkungen in der Gegenwart?* Erschienen 1996 in der „Mecklenburgischen Kirchenzeitung", Internetausgabe o. Dat.

Zimmer, Dieter (Hg.): *„Auferstanden aus Ruinen…"* Von der SBZ zur DDR, Stuttgart 1989

Zimmermann, Rüdiger: *100 Jahre ÖTV*. Die Geschichte einer Gewerkschaft und ihrer Vorläuferorganisationen. Band Biographien, Frankfurt/M. 1996

Zollig, Karl: *Ein Christ soll Sozialist sein*, Hamburg 1949